# France

## France | Frankreich | Frankrijk | Francia | França
## Franciaország | Francie | Francja | Frankrig | Frankrike

### (F) Sommaire



### (I) Indice



### (CZ) Obsah



### (GB) Contents



### (E) Índice



### (PL) Spis treści



### (D) Inhaltsverzeichnis



### (P) Índice



### (DK) Inholdsfortegnelse



### (NL) Inhoud



### (H) Tartalomjegyzék



### (S) Innehållsförteckning

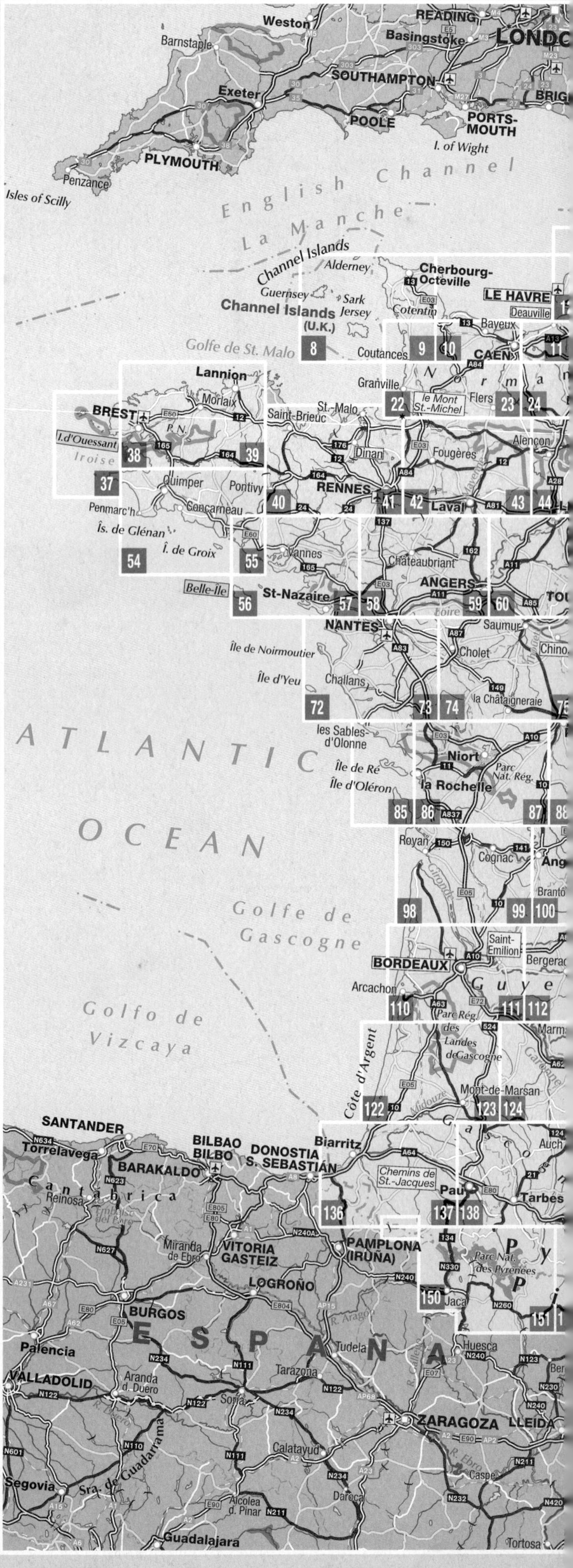

Weston
READING
Basingstoke
LONDON
Barnstaple
SOUTHAMPTON
Exeter
POOLE
PORTS-MOUTH
I. of Wight
PLYMOUTH
Penzance
Isles of Scilly
English Channel
La Manche
Channel Islands
Alderney
Guernsey
Sark
Jersey
Channel Islands (U.K.)
Cherbourg-Octeville
LE HAVRE
Deauville
Cotentin
Bayeux
Golfe de St. Malo
8
Coutances
9
10
CAEN
11
Lannion
Granville
22
le Mont St.-Michel
Flers
23
24
BREST
Morlaix
St.-Malo
Saint-Brieuc
I.d'Ouessant
Iroise
38
39
Dinan
Fougères
Alençon
37
Quimper
Pontivy
RENNES
40
41
42
Laval
43
44
Penmarc'h
Concarneau
Îs. de Glénan
Î. de Groix
54
55
Vannes
Châteaubriant
ANGERS
Belle-Île
56
St-Nazaire
57
58
59
60
NANTES
Saumur
Île de Noirmoutier
Cholet
Île d'Yeu
Challans
72
73
74
la Châtaigneraie
ATLANTIC OCEAN
les Sables-d'Olonne
Niort
Île de Ré
Île d'Oléron
la Rochelle
Parc Nat. Rég.
85
86
87
Royan
Cognac
98
99
100
Golfe de Gascogne
Saint-Émilion
BORDEAUX
Bergerac
Arcachon
110
111
112
Parc Rég. des Landes de Gascogne
Golfo de Vizcaya
Côte d'Argent
Mont-de-Marsan
122
123
124
SANTANDER
Torrelavega
BILBAO BILBO
DONOSTIA S. SEBASTIÁN
Biarritz
BARAKALDO
Chemins de St.-Jacques
Cantabrica
Reinosa
Pau
Tarbes
136
137
138
Miranda de Ebro
VITORIA GASTEIZ
PAMPLONA (IRUÑA)
Parc Nat. des Pyrénées
LOGROÑO
150
Jaca
151
BURGOS
ESPAÑA
Palencia
Tudela
Huesca
VALLADOLID
Aranda d. Duero
Tarazona
Soria
ZARAGOZA
LLEIDA
Calatayud
Caspe
Segovia
Sra. de Guadarrama
Daroca
Alcolea d. Pinar
Guadalajara
Tortosa

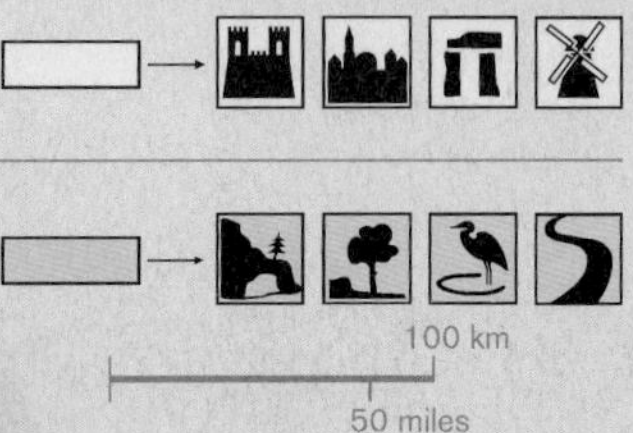

SOUTHEND
Oostende
Dover
Calais
Boulogne-sur-Mer
BRUGGE
GENT
EINDHOVEN
Venlo
ANTWERPEN
DUISBG.
WUPPERT.
DÜSSELDF.
SOLINGEN
KÖLN
Leuven
MAASTRICHT
BRUXELLES
BRUSSEL
AACHEN
BONN
SIEGEN
Marburg
KASSEL
B. Hersfeld
ERFURT
Weimar
GERA
JENA
ZWICKAU
Plauen
DEUTSCHLAND
Gießen
Suhl
Rhön
Hof
LILLE
BELGIË-BELGIQUE
LIÈGE
NAMUR
CHARLEROI
Douai
Arras
Abbeville
le Tréport
Bastogne
KOBLENZ
Wetzlar
Limburg a.d.L.
FRANKFURT a.M.
WIESBADEN
MAINZ
DARMSTADT
Schweinfurt
Coburg
Bayreuth
WÜRZBURG
ERLANGEN
Fürth
NÜRNBERG
Sulzbach-Rosenberg
Dieppe
AMIENS
St.-Quentin
Charleville-Mézières
LUXEMBOURG
Luxembourg
Trier
KAISERSLAUTERN
MANNHEIM
HEIDELBERG
ROUEN
Beauvais
Laon
Pirmasens
Schwäb. Hall
REGENSBURG
Seine
PARIS
Beaumont-sur-Oise
REIMS
Châlons-en-Champ.
Verdun
METZ
SAARBRÜCKEN
KARLSRUHE
PFORZHM.
STUTTGART
Nördlingen
Ingolstadt
Nancy
STRASBOURG
VERSAILLES
Provins
Chartres
Étampes
Fontainebleau
Troyes
St.-Dizier
Mont Ste. Odile
St.-Dié
Offenburg
Tübingen
AUGSBURG
MÜNCHEN
Colmar
Chaumont
Sens
FREIBURG i.Br.
Memmingen
ORLÉANS
Auxerre
Châtillon-s.-Seine
MULHOUSE
Friedrichshfn.
Kempten (A.)
Val de Loire
Blois
Chambord
Amboise
Aubigny-s.-Nère
Vézelay
Fontenay
BASEL
Konstanz
Winterthur
ZÜRICH
St.Gallen
Oberstdorf
INNSBRUCK
ÖSTERREICH
BESANÇON
LIECHTENSTEIN
Landeck
Selles-s.-Ch.
Loches
Bourges
Saulieu
Parc Rég. du Morvan
DIJON
Dole
Solothurn
Luzern
BERN
Nevers
Beaune
Salines Royales
Châteauroux
Autun
Chalon-sur-Saône
Interlaken
Andermatt
Chur
Sluderno Schluderns
St-Savin
LAUSANNE
SCHWEIZ
Rätische Alpen
BOLZANO BOZEN
Digoin
Montluçon
Lac Léman
GENÈVE
Sion
Domodossola
Chiavenna
Bellinzona
Lugano
Trento
Guéret
Bourg-en-Bresse
Vichy
Roanne
Annecy
Varese
BERGAMO
BRESCIA
CLERMONT-FERRAND
Parc Rég. Livradois Forez
LYON
Aix-l.-B.
Aosta
Biella
MONZA
VERONA
MILANO
Chambéry
Moûtiers
Val-d'Isère
Parc Nat. de la Vanoise
ST-ÉTIENNE
GRENOBLE
Massif
Pavia
Cremona
Mantova
Casale
TORINO
Brive-la-Gaillarde
Volcans d'Auvergne
Aurillac
le Puy
Valence
Parc Rég. du Vercors
Parc National des Écrins
Gap
Pinerolo
ALESSANDRIA
ITALIA
PARMA
MODENA
BOLOGNA
Figeac
Central
Mende
Montélimar
Cúneo
GÉNOVA
Pontrèmoli
Appennini
Grotte du Peche-Merle
Rodez
Moissac
Millau
Gorges du Tarn
Parc Nat. des Cévennes
Alès
Orange
Digne-l.-B.
Parc Nat. du Mercantour
Savona
LA SPÉZIA
Montauban
Albi
Pont du Gard
NÎMES
Avignon
Parc Rég. du Lubéron
Provence
MONACO
Monaco
Sanremo
PRATO
Arles
AIX-EN-PROV.
Draguignan
NICE
LIVORNO
Can. du Midi
Montpellier
Parc Nat. Rég. de Camargue
Cannes
Mar Ligure
Volterra
Béziers
Sète
MARSEILLE
Côte d'Azur
Carcassonne
TOULON
Îles d'Hyères
Ísola di Capraia
Grosseto
St.-Girons
Golfe du Lion
Bastia
Calvi
Ísola d'Elba
Í. Pianosa
Andorra la Vella
ANDORRA
PERPIGNAN
Í. di Montecristo
Í. d. Giglio
Mont-Louis
La Scandola
Corse (Fr.)
Aléria
Ripoll
Berga
Ajaccio
Girona
Costa Brava
MEDITERRANEAN
SEA
Corse
Sartène
TERRASSA
SABADELL
Bonifacio
Ísola Maddalena
BARCELONA
Santa Teresa d.G.
Ísola Asinara
Golfo dell' Asinara
Sardegna (It.)
TARRAGONA
Olbia
SASSARI
Óschiri
Sardegna

| | F | MC | AND |
|---|---|---|---|
| | ATOUT France<br>+33 1 42 96 70 00<br>www.franceguide.com | Direction du Tourisme et des Congrès de la Principauté de Monaco<br>+377 92 16 61 16<br>www.visitmonaco.com | Andorra Turisme SAU<br>+376 82 02 14<br>www.andorra.ad |
| | **+33** | **+377** | **+376** |
| | **1 Euro (EUR) =**<br>100 Cent | **1 Euro (EUR) =**<br>100 Cent | **1 Euro (EUR) =**<br>100 Cent |
| | **17** | **17** | **110** |
| | **15** | **15** | **116** |
| | **112** | **112** | – |
| | ✓ | ✓ | ✓ |
| | **+33 800 08 92 22**<br>AIT – Assistance | **+33 800 08 92 22**<br>AIT – Assistance | **+376 80 34 00**<br>Automòbil Club d'Andorra |
| | **0,5 ‰** | **0,5 ‰** | **0,5 ‰** |
| | × | × | × |
| | ✓ | ✓ | ✓ |
| | ✓ | × | × |

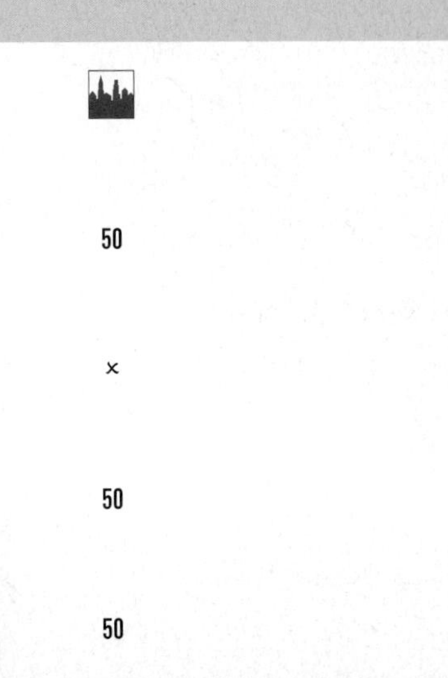
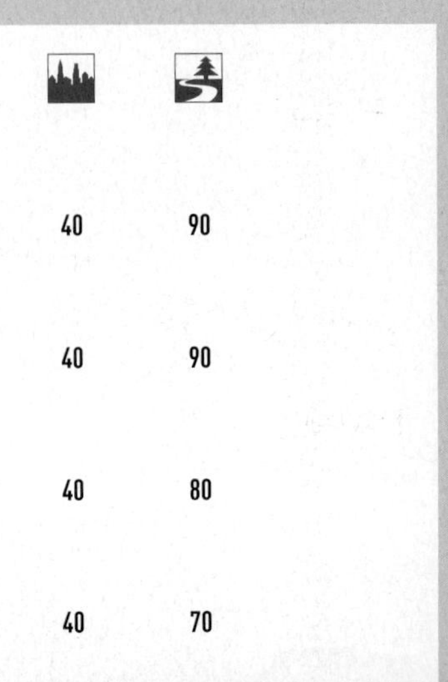

| km/h | F | | | | MC | AND | |
|---|---|---|---|---|---|---|---|
| | **50** | **90** | **110** | **130** | **50** | **40** | **90** |
| | **50** | **90** | **110** | **130** | × | **40** | **90** |
| | **50** | **90** | **90** | **90** | **50** | **40** | **80** |
| | **50** | **80** | **80** | **80** | **50** | **40** | **70** |

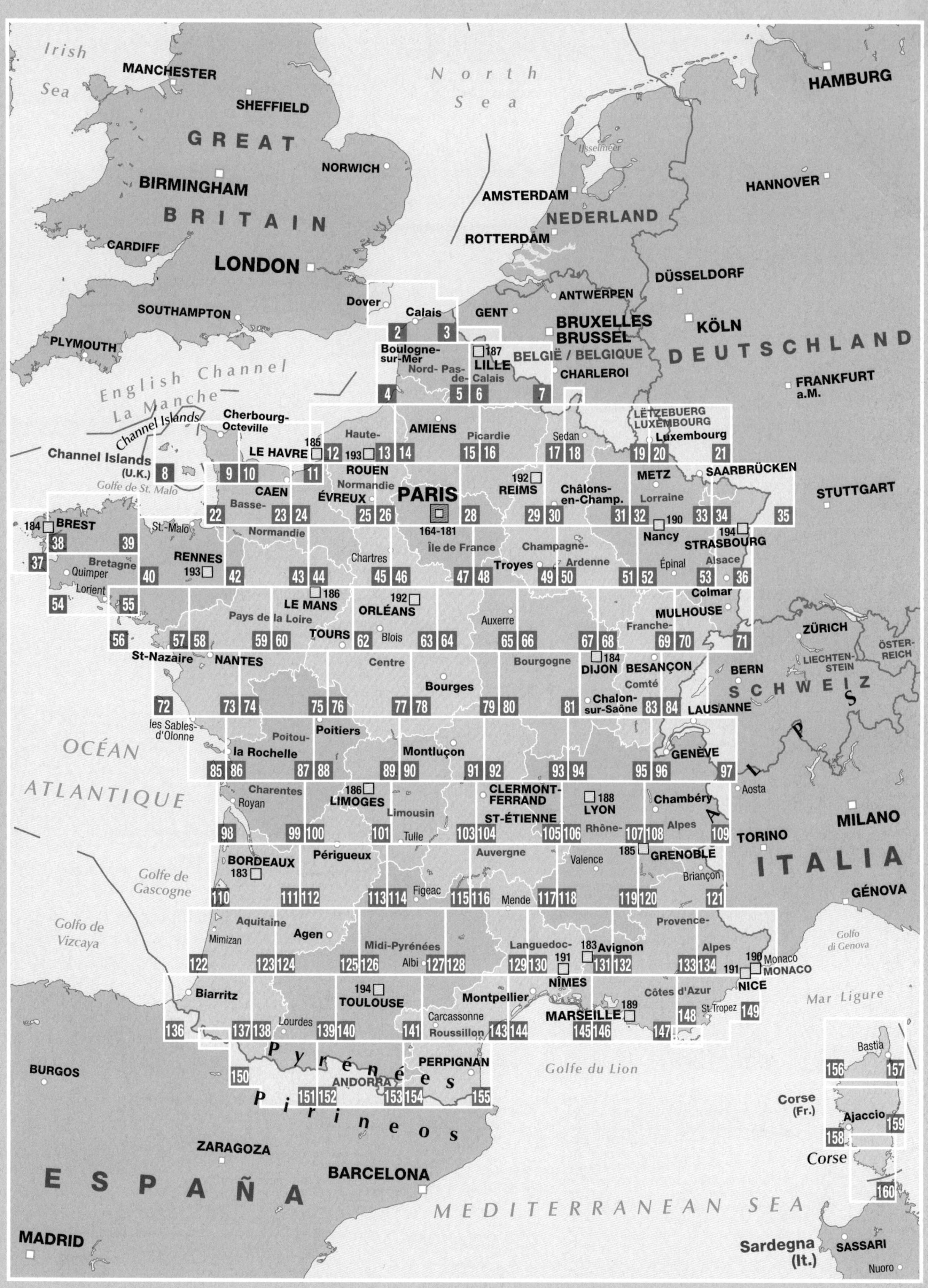

Irish Sea
MANCHESTER
SHEFFIELD
GREAT BRITAIN
BIRMINGHAM
NORWICH
CARDIFF
LONDON
SOUTHAMPTON
PLYMOUTH
Dover
English Channel
La Manche
Channel Islands
Channel Islands (U.K.)
Golfe de St. Malo
North Sea
AMSTERDAM
NEDERLAND
ROTTERDAM
IJsselmeer
HAMBURG
HANNOVER
DÜSSELDORF
KÖLN
DEUTSCHLAND
FRANKFURT a.M.
STUTTGART
ANTWERPEN
GENT
BRUXELLES BRUSSEL
BELGIË / BELGIQUE
CHARLEROI
LËTZEBUERG LUXEMBOURG
Luxembourg
SAARBRÜCKEN
Calais
Boulogne-sur-Mer
LILLE
Nord-Pas-de-Calais
AMIENS
Picardie
Haute-Normandie
Sedan
Cherbourg-Octeville
LE HAVRE
ROUEN
CAEN
Basse-Normandie
ÉVREUX
PARIS
164-181
Île de France
REIMS
Châlons-en-Champ.
METZ
Lorraine
Nancy
STRASBOURG
Alsace
Épinal
Champagne-Ardenne
Troyes
BREST
Bretagne
Quimper
Lorient
St.-Malo
RENNES
Chartres
LE MANS
ORLÉANS
Pays de la Loire
TOURS
Blois
Auxerre
Colmar
MULHOUSE
Franche-Comté
St-Nazaire
NANTES
Centre
Bourges
Bourgogne
DIJON
BESANÇON
Chalon-sur-Saône
ZÜRICH
LIECHTENSTEIN
ÖSTERREICH
BERN
SCHWEIZ
LAUSANNE
GENÈVE
ALPS
les Sables-d'Olonne
Poitou-Charentes
Poitiers
la Rochelle
Montluçon
OCÉAN ATLANTIQUE
Royan
LIMOGES
Limousin
Tulle
CLERMONT-FERRAND
ST-ÉTIENNE
LYON
Rhône-Alpes
Chambéry
Aosta
TORINO
MILANO
ITALIA
BORDEAUX
Périgueux
Auvergne
Valence
GRENOBLE
Briançon
Golfe de Gascogne
Figeac
Mende
GÉNOVA
Golfo de Vizcaya
Aquitaine
Mimizan
Agen
Midi-Pyrénées
Albi
Languedoc-Roussillon
Avignon
Provence-Alpes-Côte d'Azur
Monaco
MONACO
NICE
Golfo di Genova
Biarritz
TOULOUSE
Lourdes
Carcassonne
Montpellier
NÎMES
MARSEILLE
St.Tropez
Mar Ligure
Pyrénées
ANDORRA
PERPIGNAN
Golfe du Lion
BURGOS
Pirineos
Bastia
Corse (Fr.)
Ajaccio
Corse
ZARAGOZA
BARCELONA
ESPAÑA
MEDITERRANEAN SEA
MADRID
Sardegna (It.)
SASSARI
Nuoro
2 3 4 5 6 7 8 9 10 11 12 13 14 15 16 17 18 19 20 21 22 23 24 25 26 28 29 30 31 32 33 34 35 36 37 38 39 40 42 43 44 45 46 47 48 49 50 51 52 53 54 55 56 57 58 59 60 62 63 64 65 66 67 68 69 70 71 72 73 74 75 76 77 78 79 80 81 83 84 85 86 87 88 89 90 91 92 93 94 95 96 97 98 99 100 101 103 104 105 106 107 108 109 110 111 112 113 114 115 116 117 118 119 120 121 122 123 124 125 126 127 128 129 130 131 132 133 134 136 137 138 139 140 141 143 144 145 146 147 148 149 150 151 152 153 154 155 156 157 158 159 160
183 184 185 186 187 188 189 190 191 192 193 194

# Légende | Legend | Zeichenerklärung | Legenda

## 1 : 300.000

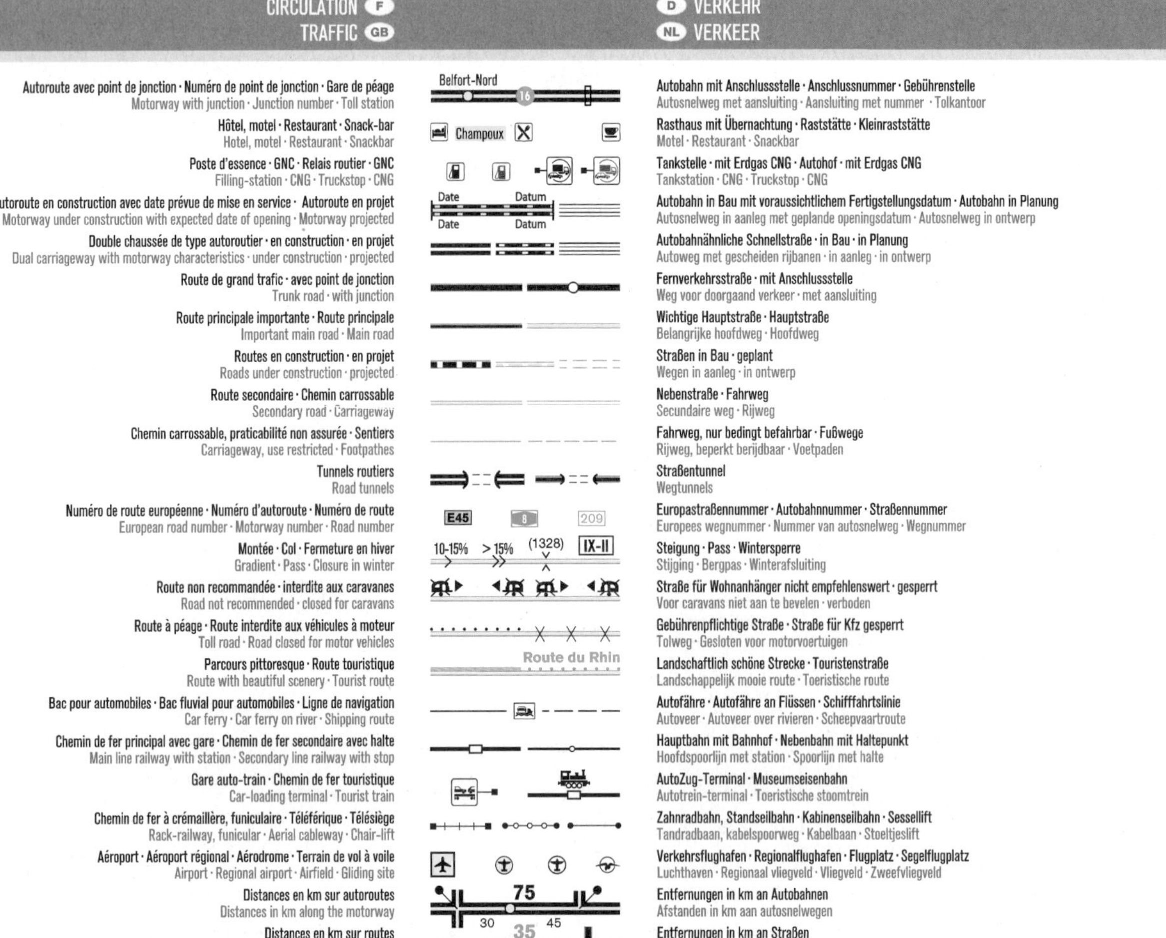

## CIRCULATION (F) · TRAFFIC (GB) · (D) VERKEHR · (NL) VERKEER

| F / GB | D / NL |
|---|---|
| Autoroute avec point de jonction · Numéro de point de jonction · Gare de péage<br>Motorway with junction · Junction number · Toll station | Autobahn mit Anschlussstelle · Anschlussnummer · Gebührenstelle<br>Autosnelweg met aansluiting · Aansluiting met nummer · Tolkantoor |
| Hôtel, motel · Restaurant · Snack-bar<br>Hotel, motel · Restaurant · Snackbar | Rasthaus mit Übernachtung · Raststätte · Kleinraststätte<br>Motel · Restaurant · Snackbar |
| Poste d'essence · GNC · Relais routier · GNC<br>Filling-station · CNG · Truckstop · CNG | Tankstelle · mit Erdgas CNG · Autohof · mit Erdgas CNG<br>Tankstation · CNG · Truckstop · CNG |
| Autoroute en construction avec date prévue de mise en service · Autoroute en projet<br>Motorway under construction with expected date of opening · Motorway projected | Autobahn in Bau mit voraussichtlichem Fertigstellungsdatum · Autobahn in Planung<br>Autosnelweg in aanleg met geplande openingsdatum · Autosnelweg in ontwerp |
| Double chaussée de type autoroutier · en construction · en projet<br>Dual carriageway with motorway characteristics · under construction · projected | Autobahnähnliche Schnellstraße · in Bau · in Planung<br>Autoweg met gescheiden rijbanen · in aanleg · in ontwerp |
| Route de grand trafic · avec point de jonction<br>Trunk road · with junction | Fernverkehrsstraße · mit Anschlussstelle<br>Weg voor doorgaand verkeer · met aansluiting |
| Route principale importante · Route principale<br>Important main road · Main road | Wichtige Hauptstraße · Hauptstraße<br>Belangrijke hoofdweg · Hoofdweg |
| Routes en construction · en projet<br>Roads under construction · projected | Straßen in Bau · geplant<br>Wegen in aanleg · in ontwerp |
| Route secondaire · Chemin carrossable<br>Secondary road · Carriageway | Nebenstraße · Fahrweg<br>Secundaire weg · Rijweg |
| Chemin carrossable, praticabilité non assurée · Sentiers<br>Carriageway, use restricted · Footpathes | Fahrweg, nur bedingt befahrbar · Fußwege<br>Rijweg, beperkt berijdbaar · Voetpaden |
| Tunnels routiers<br>Road tunnels | Straßentunnel<br>Wegtunnels |
| Numéro de route européenne · Numéro d'autoroute · Numéro de route<br>European road number · Motorway number · Road number | Europastraßennummer · Autobahnnummer · Straßennummer<br>Europees wegnummer · Nummer van autosnelweg · Wegnummer |
| Montée · Col · Fermeture en hiver<br>Gradient · Pass · Closure in winter | Steigung · Pass · Wintersperre<br>Stijging · Bergpas · Winterafsluiting |
| Route non recommandée · interdite aux caravanes<br>Road not recommended · closed for caravans | Straße für Wohnanhänger nicht empfehlenswert · gesperrt<br>Voor caravans niet aan te bevelen · verboden |
| Route à péage · Route interdite aux véhicules à moteur<br>Toll road · Road closed for motor vehicles | Gebührenpflichtige Straße · Straße für Kfz gesperrt<br>Tolweg · Gesloten voor motorvoertuigen |
| Parcours pittoresque · Route touristique<br>Route with beautiful scenery · Tourist route | Landschaftlich schöne Strecke · Touristenstraße<br>Landschappelijk mooie route · Toeristische route |
| Bac pour automobiles · Bac fluvial pour automobiles · Ligne de navigation<br>Car ferry · Car ferry on river · Shipping route | Autofähre · Autofähre an Flüssen · Schifffahrtslinie<br>Autoveer · Autoveer over rivieren · Scheepvaartroute |
| Chemin de fer principal avec gare · Chemin de fer secondaire avec halte<br>Main line railway with station · Secondary line railway with stop | Hauptbahn mit Bahnhof · Nebenbahn mit Haltepunkt<br>Hoofdspoorlijn met station · Spoorlijn met halte |
| Gare auto-train · Chemin de fer touristique<br>Car-loading terminal · Tourist train | AutoZug-Terminal · Museumseisenbahn<br>Autotrein-terminal · Toeristische stoomtrein |
| Chemin de fer à crémaillère, funiculaire · Téléférique · Télésiège<br>Rack-railway, funicular · Aerial cableway · Chair-lift | Zahnradbahn, Standseilbahn · Kabinenseilbahn · Sessellift<br>Tandradbaan, kabelspoorweg · Kabelbaan · Stoeltjeslift |
| Aéroport · Aéroport régional · Aérodrome · Terrain de vol à voile<br>Airport · Regional airport · Airfield · Gliding site | Verkehrsflughafen · Regionalflughafen · Flugplatz · Segelflugplatz<br>Luchthaven · Regionaal vliegveld · Vliegveld · Zweefvliegveld |
| Distances en km sur autoroutes<br>Distances in km along the motorway | Entfernungen in km an Autobahnen<br>Afstanden in km aan autosnelwegen |
| Distances en km sur routes<br>Distances in km along the other roads | Entfernungen in km an Straßen<br>Afstanden in km aan wegen |



## CURIOSITÉS · PLACES OF INTEREST · SEHENSWÜRDIGKEITEN · BEZIENSWAARDIGHEDEN

| F / GB | | D / NL |
|---|---|---|
| Localité très intéressante<br>Place of particular interest | BORDEAUX | Besonders sehenswerter Ort<br>Bijzonder bezienswaardige plaats |
| Ville très recommandée<br>Very interesting city | BIARRITZ | Sehr sehenswerter Ort<br>Zeer bezienswaardige plaats |
| Monument culturel particulièrement intéressant · Monument culturel intéressant<br>Cultural monument of particular interest · Interesting cultural monument | St. Pierre · Chateau | Besonders sehenswertes kulturelles Objekt · Sehenswertes kulturelles Objekt<br>Bijzonder bezienswaardig cultuurmonument · Bezienswaardig cultuurmonument |
| Curiosité naturelle intéressante · Curiosité naturelle<br>Natural object of particular interest · of interest | Grotte · Gorges | Besondere Natursehenswürdigkeit · Natursehenswürdigkeit<br>Zeer bezienswaardig natuurschoon · Bezienswaardig natuurschoon |
| Autres curiosités<br>Other objects of interest | Dolmen | Sonstige Sehenswürdigkeiten<br>Overige bezienswaardigheden |
| Jardin botanique, parc intéressant · Jardin zoologique<br>Botanical gardens, interesting park · Zoological gardens | | Botanischer Garten, sehenswerter Park · Zoologischer Garten<br>Botanische tuin, bezienswaardig park · Dierentuin |
| Parc national, parc naturel · Point de vue<br>National park, nature park · Scenic view | | Nationalpark, Naturpark · Aussichtspunkt<br>Nationaal park, natuurpark · Mooi uitzicht |
| Église · Chapelle · Église en ruines · Monastère · Monastère en ruines<br>Church · Chapel · Church ruin · Monastery · Monastery ruin | | Kirche · Kapelle · Kirchenruine · Kloster · Klosterruine<br>Kerk · Kapel · Kerkruïne · Klooster · Kloosterruïne |
| Château, château fort · Château fort en ruines · Monument · Moulin à vent · Grotte<br>Palace, castle · Castle ruin · Monument · Windmill · Cave | | Schloss, Burg · Burgruine · Denkmal · Windmühle · Höhle<br>Kasteel, burcht · Burchtruïne · Monument · Windmolen · Grot |

## AUTRES INDICATIONS · OTHER INFORMATION · SONSTIGES · OVERIGE INFORMATIE

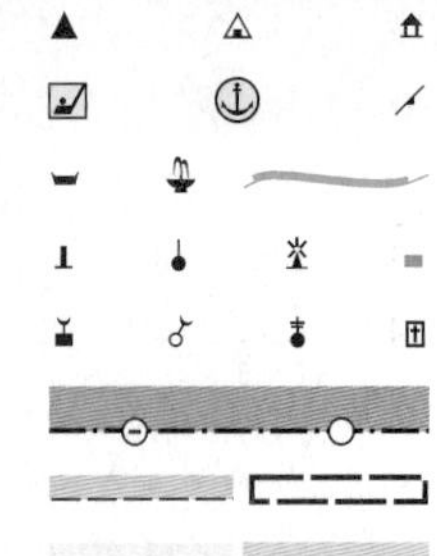

| F / GB | D / NL |
|---|---|
| Terrain de camping · Auberge de jeunesse · Hôtel, motel, auberge, refuge, village touristique<br>Camping site · Youth hostel · Hotel, motel, inn, refuge, tourist colony | Campingplatz · Jugendherberge · Hotel, Motel, Gasthaus, Berghütte, Feriendorf<br>Kampeerterrein · Jeugdherberg · Hotel, motel, restaurant, berghut, vakantiekolonie |
| Terrain de golf · Marina · Cascade<br>Golf-course · Marina · Waterfall | Golfplatz · Jachthafen · Wasserfall<br>Golfterrein · Jachthaven · Waterval |
| Piscine · Station balnéaire · Plage recommandée<br>Swimming pool · Spa · Recommended beach | Schwimmbad · Heilbad · Empfehlenswerter Badestrand<br>Zwembad · Badplaats · Mooi badstrand |
| Tour · Tour radio, tour de télévision · Phare · Bâtiment isolé<br>Tower · Radio or TV tower · Lighthouse · Isolated building | Turm · Funk-, Fernsehturm · Leuchtturm · Einzelgebäude<br>Toren · Radio of T.V. mast · Vuurtoren · Geïsoleerd gebouw |
| Mosquée · Ancienne mosquée · Église russe orthodoxe · Cimetière militaire<br>Mosque · Former mosque · Russian orthodox church · Military cemetery | Moschee · Ehemalige Moschee · Russisch-orthodoxe Kirche · Soldatenfriedhof<br>Moskee · Voormalig moskee · Russisch orthodox kerk · Militaire begraafplaats |
| Frontière d'État · Point de contrôle international · Point de contrôle avec restrictions<br>National boundary · International check-point · Check-point with restrictions | Staatsgrenze · Internationale Grenzkontrollstelle · Grenzkontrollstelle mit Beschränkung<br>Rijksgrens · Internationaal grenspost · Grenspost met restrictie |
| Limite administrative · Zone interdite<br>Administrative boundary · Prohibited area | Verwaltungsgrenze · Sperrgebiet<br>Administratieve grens · Afgesloten gebied |
| Forêt · Lande<br>Forest · Heath | Wald · Heide<br>Bos · Heide |
| Sable et dunes · Mer recouvrant les hauts-fonds<br>Sand and dunes · Tidal flat | Sand und Dünen · Wattenmeer<br>Zand en duinen · Bij eb droogvallende gronden |

# Legenda | Signos convencionales | Sinais convencionáis | Jelmagyarázat

1 : 300.000

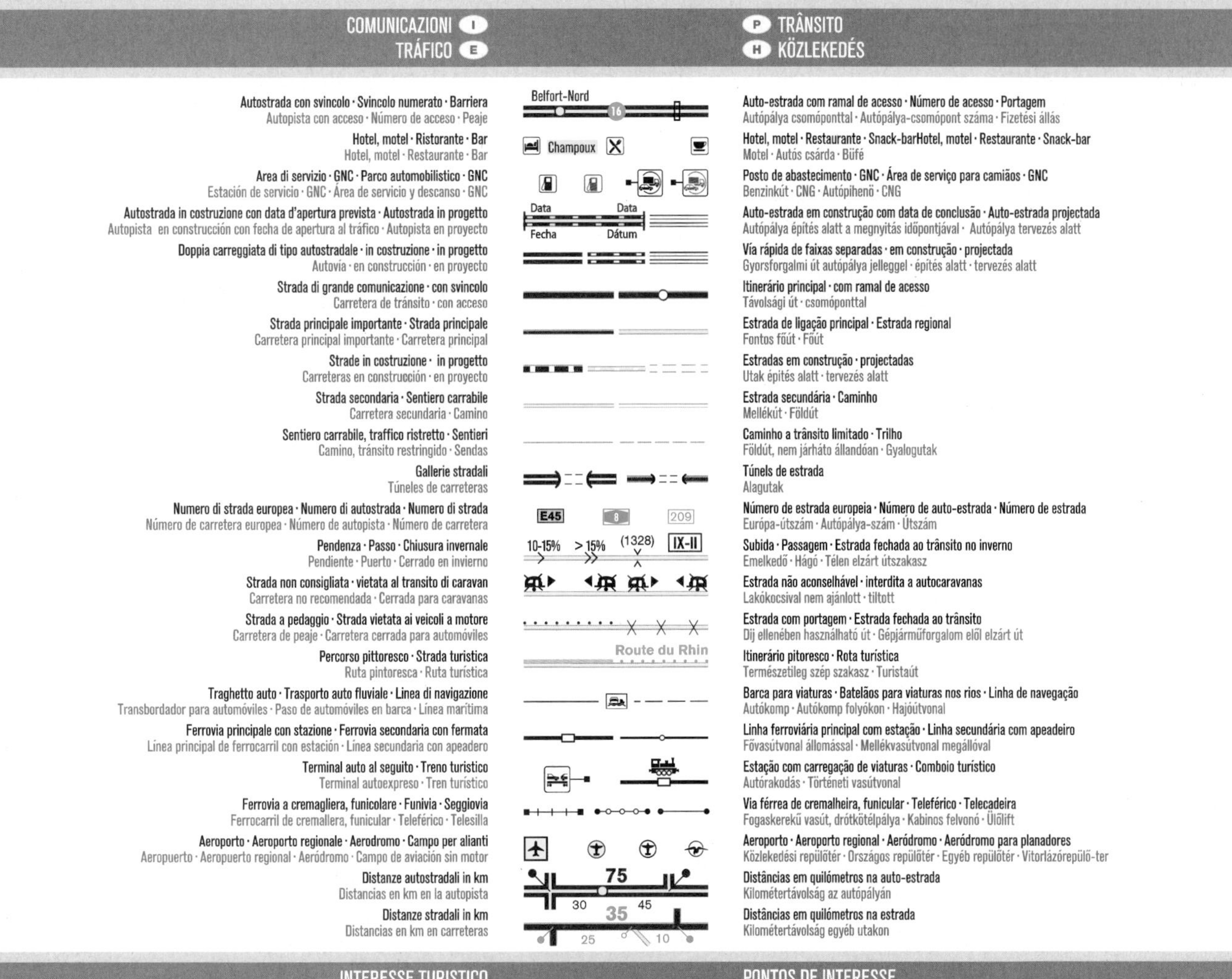


## INTERESSE TURISTICO / PUNTOS DE INTERÉS / PONTOS DE INTERESSE / LÁTVÁNYOSSÁGOK

|  |  |  |
|---|---|---|
| Località molto interessante<br>Población de interés especial | BORDEAUX | Povoação de interesse especial<br>Különösen látványos település |
| Località molto interessante<br>Localidad de mucho interés | BIARRITZ | Povoação muito interessante<br>Nagyon látványos hely |
| Monumento di interesse · Monumento di particolare interesse<br>Monumento cultural de interés especial · Monumento cultural de interés | St. Pierre · Chateau | Monumento cultural de interesse especial · Monumento cultural de interesse<br>Különösen nevezetes műemlék · Nevezetes műemlék |
| Curiosità naturale interessante · Curiosità naturale<br>Curiosidad natural de interés · Curiosidad natural | Grotte · Gorges | Curiosidade natural interessante · Curiosidade natural<br>Különleges természeti látnivaló · Természeti látnivaló |
| Altre curiosità<br>Otras curiosidades | ★ Dolmen | Outros pontos de interesse<br>Egyéb látnivaló |
| Giardino botanico, parco interessante · Giardino zoologico<br>Jardín botánico, parque de interés · Jardín zoológico | | Jardim botânico, parque interessante · Jardim zoológico<br>Botanikus kert, látványos park · Állatkert |
| Parco nazionale, parco naturale · Punto panoramico<br>Parque nacional, parque natural · Vista pintoresca | | Parque nacional, parque natural · Vista panorâmica<br>Nemzeti park, természeti park · Kilátópont |
| Chiesa · Cappella · Rovine di chiesa · Monastero · Rovine di monastero<br>Iglesia · Ermita · Iglesia en ruinas · Monasterio · Ruina de monasterio | | Igreja · Capela · Ruína de igreja · Mosteiro · Ruína de mosteiro<br>Templom · Kápolna · Templomrom · Kolostor · Kolostorrom |
| Castello, fortezza · Rovine di fortezza · Monumento · Mulino a vento · Grotta<br>Palacio, castillo · Ruina de castillo · Monumento · Molino de viento · Cueva | | Palácio, castelo · Ruínas castelo · Monumento · Moinho de vento · Gruta<br>Kastély, vár · Várrom · Emlékmű · Szélmalom · Barlang |

## ALTRI SEGNI / OTROS DATOS / DIVERSOS / EGYÉB

| Italiano / Español | Português / Magyar |
|---|---|
| Campeggio · Ostello della gioventù · Hotel, motel, albergo, rifugio, villaggio turistico<br>Camping · Albergue juvenil · Hotel, motel, restaurante, refugio, aldea de vacaciones | Parque de campismo · Pousada da juventude · Hotel, motel, restaurante, abrigo de montanha, aldeia turística<br>Kemping hely · Ifjúsági szállás · Szálloda, motel, vendéglő, menedékház, nyaralótelep |
| Campo da golf · Porto turistico · Cascata<br>Campo de golf · Puerto deportivo · Cascada | Área de golfe · Porto de abrigo · Cascata<br>Golfpálya · Jachtkikötő · Vízesés |
| Piscina · Terme · Spiaggia raccomandabile<br>Piscina · Baño medicinal · Playa recomendable | Piscina · Termas · Praia recomendável<br>Uszoda · Gyógyfürdő · Ajánlatos strand |
| Torre · Torre radio o televisiva · Faro · Edificio isolato<br>Torre · Torre de radio o televisión · Faro · Edificio aislado | Torre · Torre de telecomunicação · Farol · Edifício isolado<br>Torony · Rádió- vagy tévétorony · Világítótorony · Magában álló épület |
| Moschea · Antica moschea · Chiesa ortodossa russa · Cimitero militare<br>Mezquita · Antigua mezquita · Iglesia rusa-ortodoxa · Cementerio militar | Mesquita · Mesquita antiga · Igreja russa ortodoxa · Cemitério militar<br>Mecset · Egykori mecset · Oroszkeleti templom · Katonatemető |
| Confine di Stato · Punto di controllo internazionale · Punto di controllo con restrizioni<br>Frontera nacional · Control internacional · Control con restricciones | Fronteira nacional · Posto de controlo internacional · Posto de controlo com restrição<br>Államhatár · Nemzetközi határátlépő · Korlátozott átjárhatóságú határátkelőhely |
| Confine amministrativo · Zona vietata<br>Frontera administrativa · Zona prohibida | Limite administrativo · Área proibida<br>Közigazgatási határ · Zárt terület |
| Foresta · Landa<br>Bosque · Landa | Floresta · Charneca<br>Erdő · Puszta |
| Sabbia e dune · Barena<br>Arena y dunas · Aguas bajas | Areia e dunas · Baixio<br>Homok, föveny · Watt-tenger |

# Vysvětlivky | Objaśnienia znaków | Tegnforklaring | Teckenförklaring

1 : 300.000

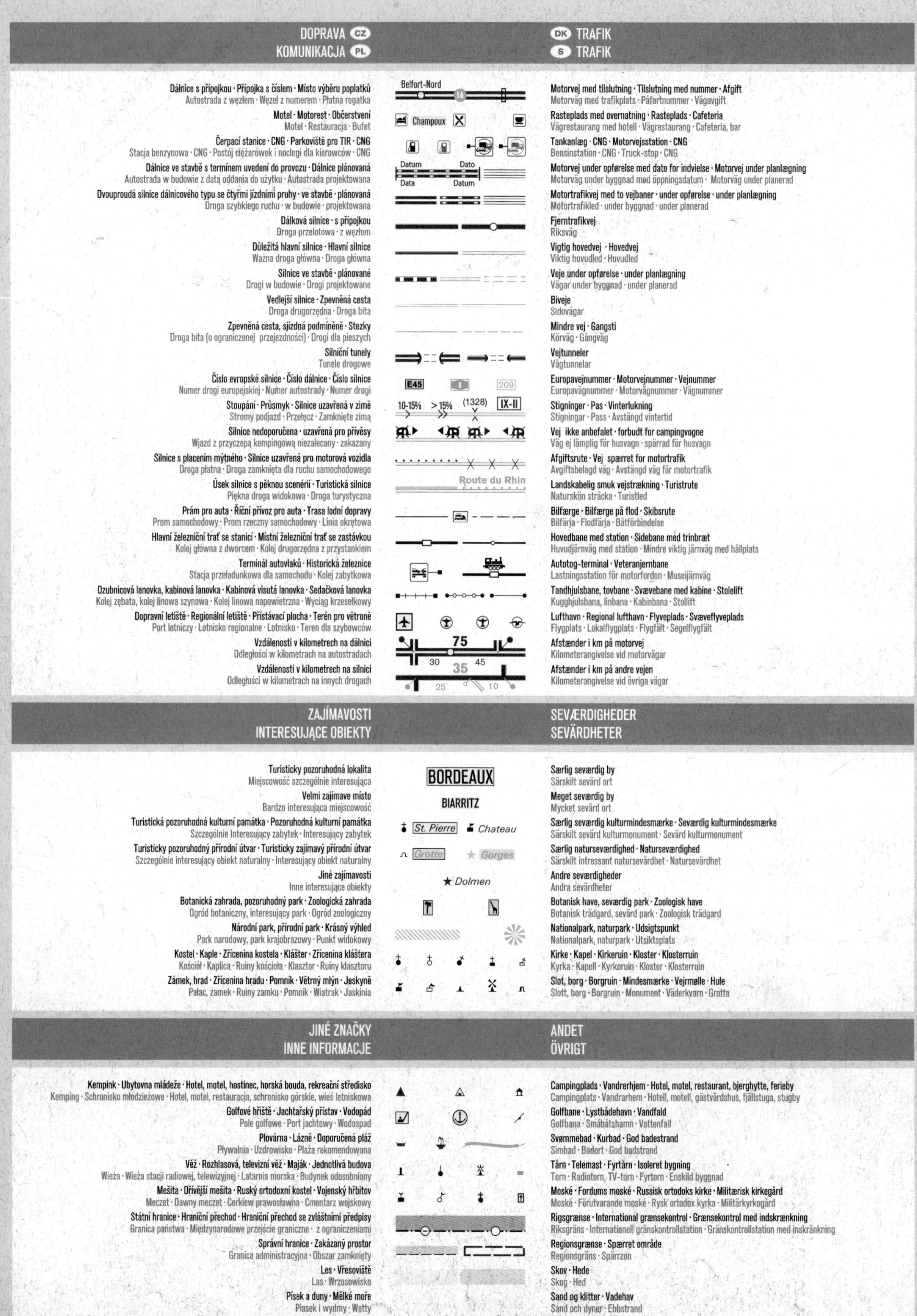

Photo: Weinberge, Champagne-Ardenne (getty images/Stone/Fernand Ivaldi)

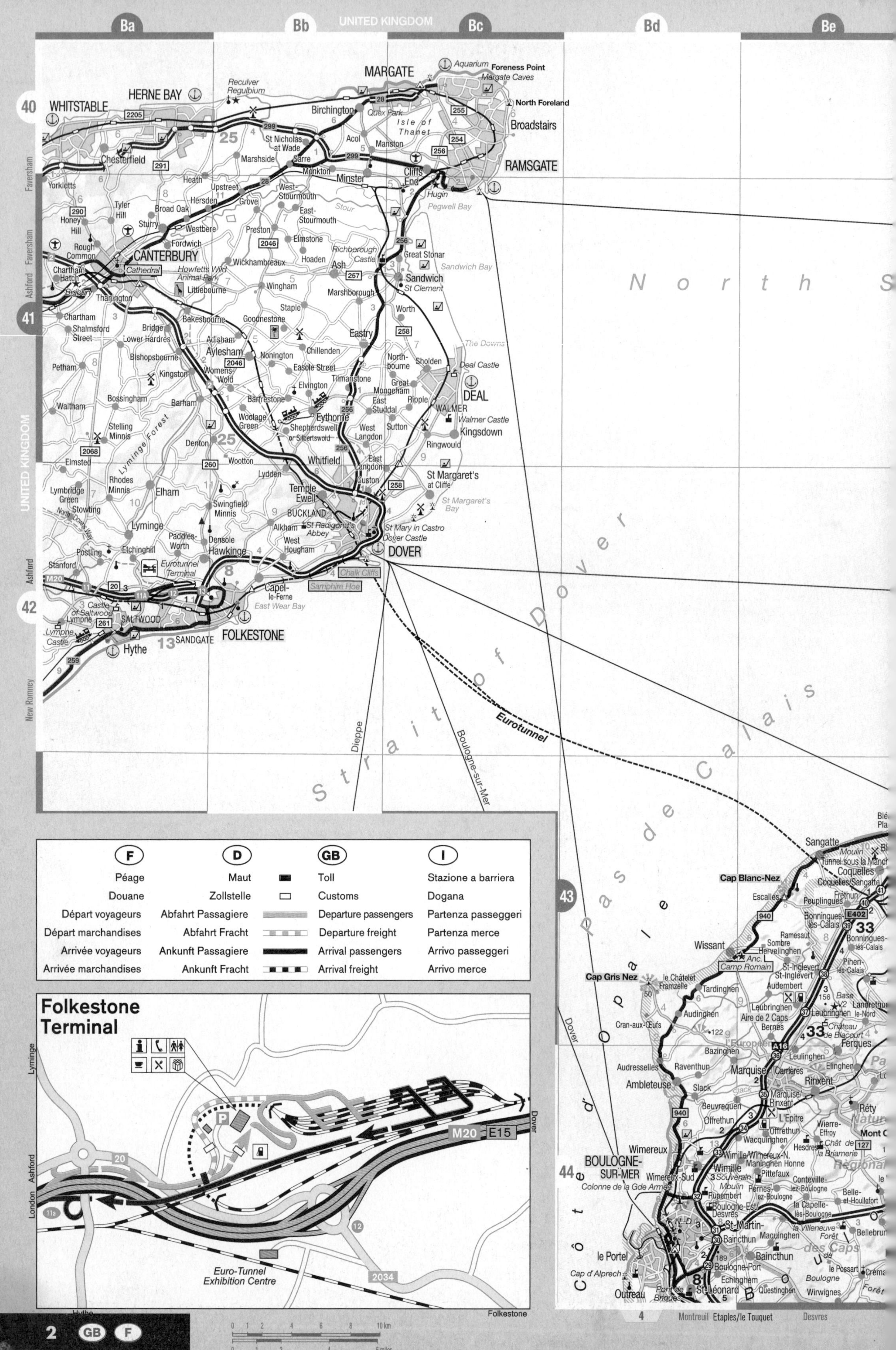


| F | D | | GB | I |
|---|---|---|---|---|
| Péage | Maut | | Toll | Stazione a barriera |
| Douane | Zollstelle | | Customs | Dogana |
| Départ voyageurs | Abfahrt Passagiere | | Departure passengers | Partenza passeggeri |
| Départ marchandises | Abfahrt Fracht | | Departure freight | Partenza merce |
| Arrivée voyageurs | Ankunft Passagiere | | Arrival passengers | Arrivo passeggeri |
| Arrivée marchandises | Ankunft Fracht | | Arrival freight | Arrivo merce |

## Folkestone Terminal

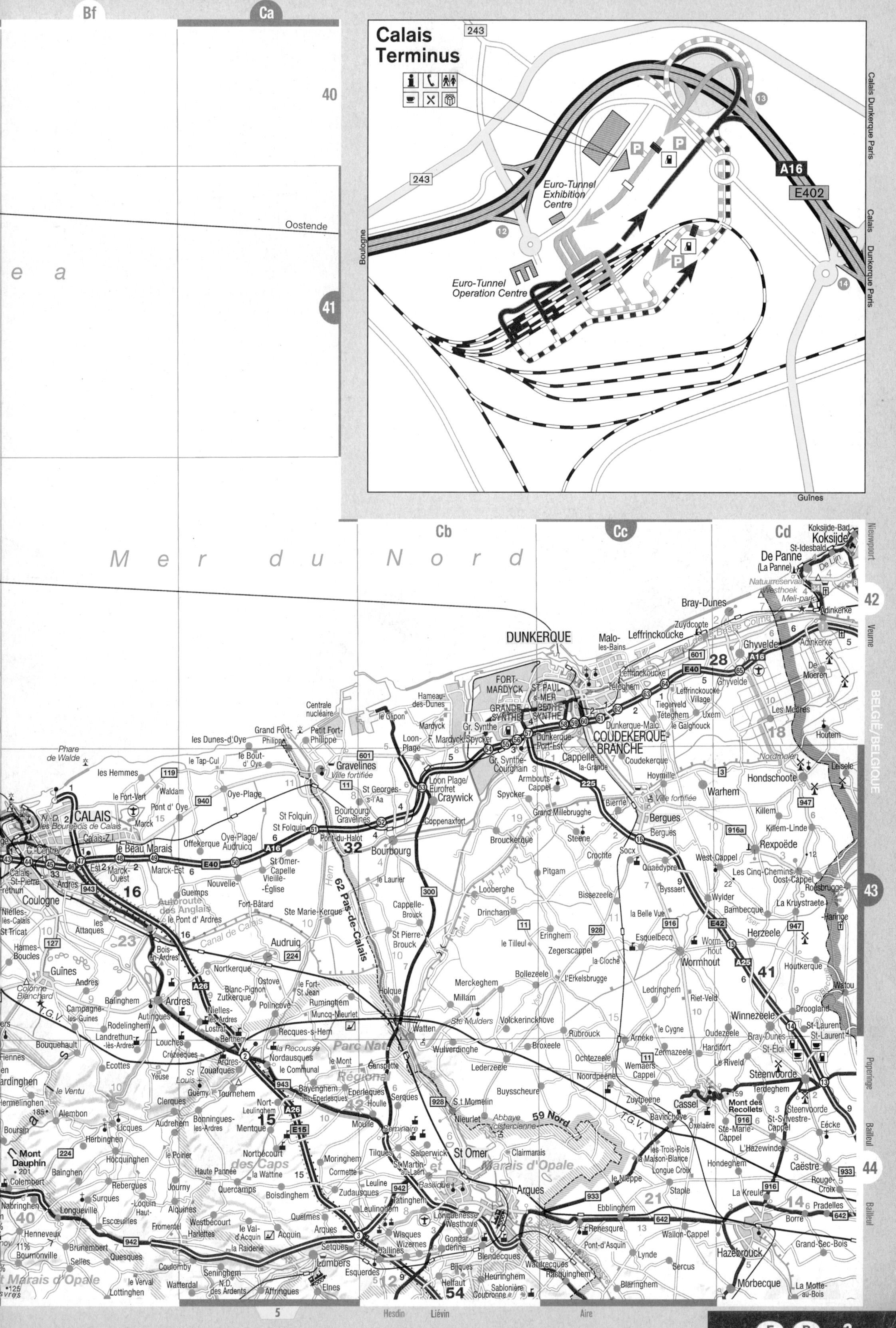
Calais Terminus
Euro-Tunnel Exhibition Centre
Euro-Tunnel Operation Centre
Calais Dunkerque Paris
A16
E402
243
Boulogne
Guînes
Bf
Ca
Cb
Cc
Cd
40
41
42
43
44
Oostende
Mer du Nord
DUNKERQUE
CALAIS
Gravelines
Bourbourg
Bergues
Hondschoote
Wormhout
Cassel
St Omer
Hazebrouck
Ardres
Guînes
Audruicq
Steenvoorde
Bray-Dunes
De Panne
Koksijde
COUDEKERQUE-BRANCHE
Grande-Synthe
Malo-les-Bains
Leffrinckoucke
Ghyvelde
Watten
Arques
Lumbres
Marais d'Opale
62 Pas-de-Calais
59 Nord
BELGIË/BELGIQUE
Nieuwpoort
Veurne
Poperinge
Bailleul
Hesdin
Liévin
Aire
F
B

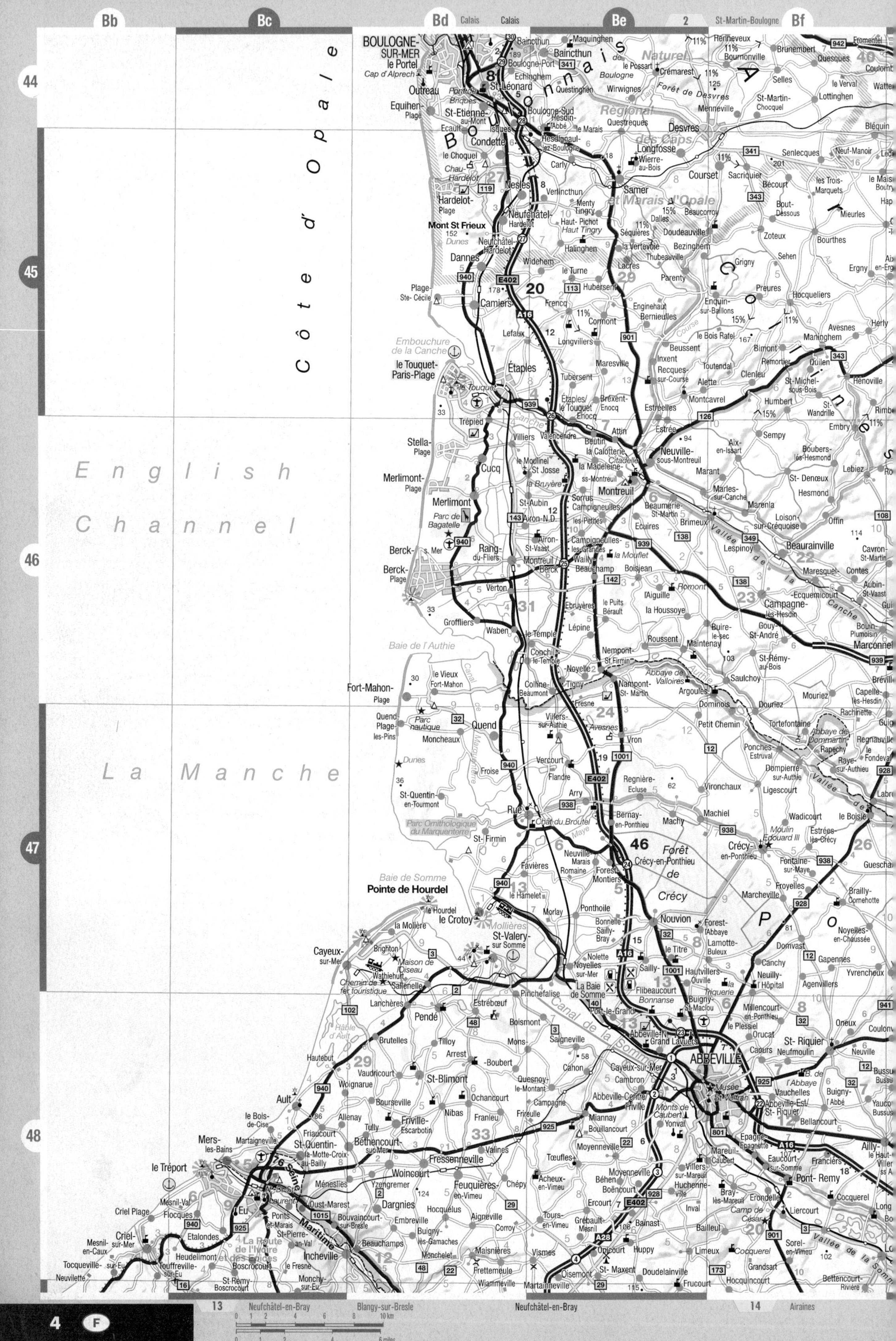

Bb
Bc
Bd
Calais
Be
2
St-Martin-Boulogne
Bf
44
45
46
47
48
Côte d'Opale
English Channel
La Manche
Boulonnais
Parc Naturel Régional des Caps et Marais d'Opale
Collines de l'Artois
Ponthieu
BOULOGNE-SUR-MER
le Portel
Cap d'Alprech
Outreau
Equihen-Plage
St-Etienne-au-Mont
Condette
Hardelot-Plage
Mont St Frieux
Dannes
Neufchâtel-Hardelot
Camiers
Plage-Ste-Cécile
Embouchure de la Canche
le Touquet-Paris-Plage
Étaples
Stella-Plage
Merlimont-Plage
Merlimont
Parc de Bagatelle
Berck-s. Mer
Berck-Plage
Rang-du-Fliers
Verton
Groffliers
Waben
Baie de l'Authie
Fort-Mahon-Plage
Quend-Plage-les-Pins
Quend
St-Quentin-en-Tourmont
Parc Ornithologique du Marquenterre
Rue
St-Firmin
Baie de Somme
Pointe de Hourdel
le Hourdel
le Crotoy
St-Valery-sur Somme
Cayeux-sur-Mer
Brighton
Maison de l'Oiseau
Chemin de fer touristique
Lanchères
Pendé
Brutelles
Ault
Mers-les-Bains
le Tréport
Eu
Criel Plage
Criel-sur-Mer
Samer
Desvres
Longfossé
Courset
Montreuil
Neuville-sous-Montreuil
Beaurainville
Campagne-lès-Hesdin
Marconne
Nempont-St-Firmin
Abbaye de Valloires
Argoules
Dominois
Crécy-en-Ponthieu
Forêt de Crécy
Nouvion
Forest-l'Abbaye
Sailly-Flibeaucourt
Noyelles-sur-Mer
La Baie de Somme
Canal de la Somme
ABBEVILLE
Musée St Vulfran
St-Riquier
Pont-Remy
Long
Fressenneville
Friville-Escarbotin
Feuquières-en-Vimeu
Woincourt
Gamaches
Oisemont
La Route de l'Ivoire et des Épices
E402
A16
A28
13
Neufchâtel-en-Bray
Blangy-sur-Bresle
Neufchâtel-en-Bray
14
Airaines
0 1 2 4 6 8 10 km
0 1 2 4 6 miles

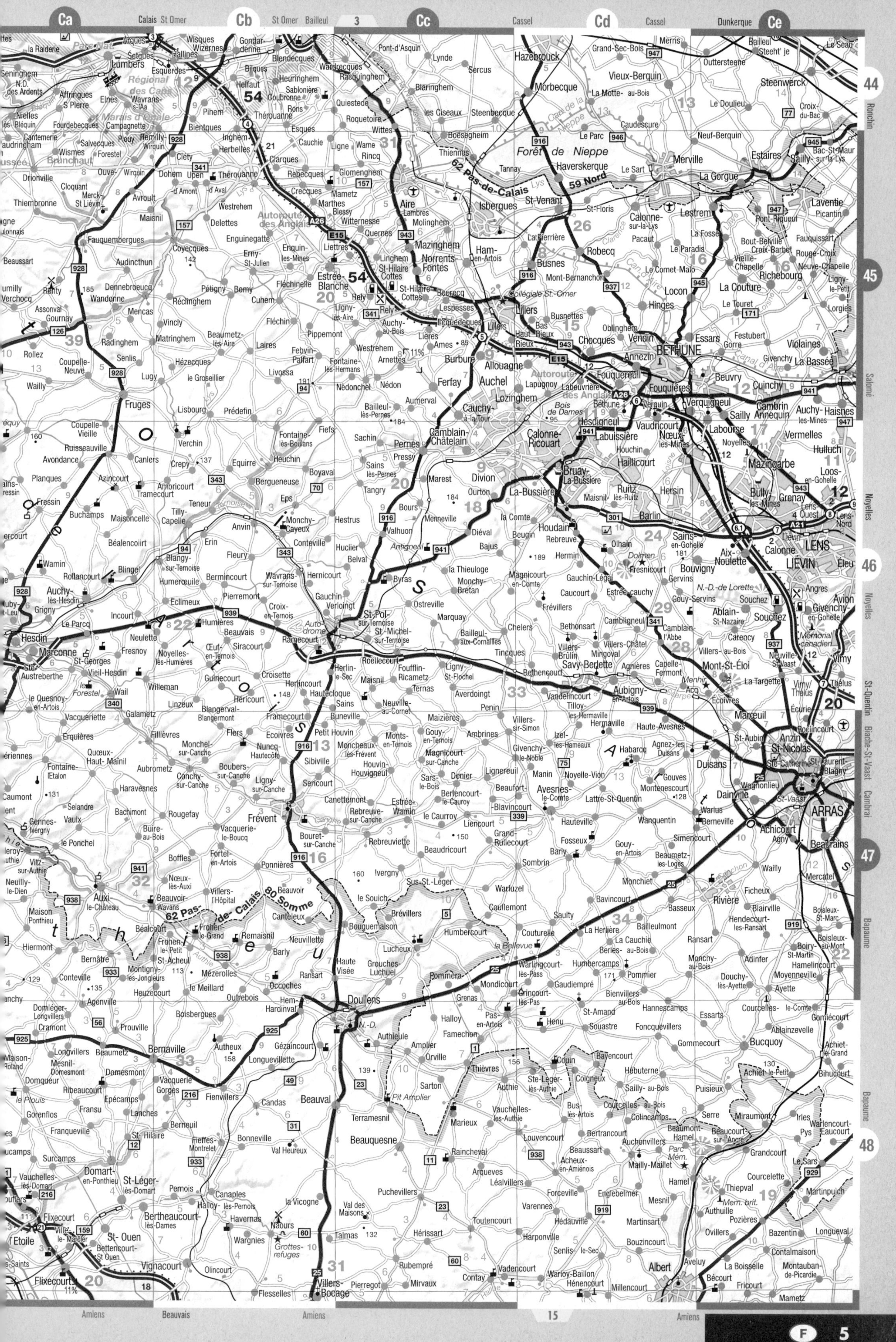
Ca
Calais St Omer
Cb
St Omer Bailleul
3
Cc
Cassel
Cd
Cassel
Dunkerque
Ce
44
Ronchin
45
Salomé
Noyelles
46
Noyelles
St-Quentin
Biache-St-Vaast
Cambrai
47
Bapaume
Bapaume
48
Hesdin
Fruges
Frévent
Doullens
Aire
Hazebrouck
Forêt de Nieppe
62 Pas-de-Calais
59 Nord
BETHUNE
Lillers
Auchel
St-Pol-sur-Ternoise
LENS
LIEVIN
ARRAS
Albert
Bernaville
Beauval
Amiens
Beauvais
Amiens
15
Amiens

ARMENTIÈRES
LILLE
LOMME
LAMBERSART
ROUBAIX
WATTRELOS
VILLENEUVE-D'ASCQ
TOURNAI (DOORNIK)
LENS
LIÉVIN
HENIN-BEAUMONT
DOUAI
ARRAS
CAMBRAI
Bapaume
Valenciennes
Denain
Seclin
Orchies
Carvin
Estaimpuis
Mouscron
Tourcoing
Forêt de St-Amand-Raismes
Plaine de la Scarpe
Parc Régional et de l'Escaut
Brunehaut
Béthune
Bully-les-Mines
Bruay-les-Bussière
St. Pol-sur-Ternoise
Doullens
Albert
44
45
46
47
48

Dunkerque
Cd
Ieper
Ce
BELGIË/BELGIQUE
Cf
Da
Brugge
Kuurne
Db
Waregem
Oudezeele
Winnezeele
Bray-Dunes
St-Laurent
St-Eloi
Le Riveld
Steenvoorde
Terdeghem
Mont des Recollets
Ste-Marie-Cappel
St-Sylvestre-Cappel
L'Hazewinde
Eécke
Callicanes
Godewaersvelde
Abele
Boeschepe
Westouter
Berthen
Loker
Reningelst
Dikkebus
Voormezele
Zillebeke
Hollebeke
Monts-de-Flandre
Kemmel
Wijtschate
Mesen (Messines)
Dranouter
Heuvelland
Wulvergem
Nieuwkerke
Ploegsteert
Hooge Crater Museum
Slagveld
Geluveld
Zandvoorde
Kruiseke
Beselare
Wervik
Menen
Geluwe
MENEN (MENIN)
Wervik
Moorsele
Gullegem
WEVELGEM
KORTRIJK (COURTRAI)
Heule
Bissegem
Marke
Bellegem
Aalbeke
Rekkem
Lauwe
Rollegem
West-Vlaanderen
Hainaut
Ten Brielen
Houthem
Comines (Komen)
Warneton (-Waasten)
Bas-Warneton
Ste-Marguerite
Comines
Wervicq-Sud
Bousbecque
Halluin
Roncq
Neuville-en-F.
MOUSCRON (MOESKROEN)
LUINGNE
Dottignies
Herseaux
Estaimpuis
Evregnies
Estaimbourg
TOURCOING
Mouvaux
WATTRELOS
Leers
Leers-Nord
Croix
Le Blaton
Le Pacau
Linselles
La Croix-Blanche
Bondues
Quesnoy-sur-Deûle
MARCQ-EN-BARŒUL
Wambrechies
Frelinghien
La Houlette
Houplines
ARMENTIÈRES
Le Bizet
Pont-de-Nieppe
Nieppe
Le Seau
Steenwerck
Bailleul
Steeht' je
Outtersteene
Méteren
St-Jans-Cappel
Flêtre
Caëstre
Le Thieushouck
Monts de Flandre
Hondeghem
La Kreule
Pradelles
Borre
Strazeele
Hazebrouck
Merris
Grand-Sec-Bois
Vieux-Berquin
Hazebrouck
Morbecque
La Motte-au-Bois
Ronse (Renaix)
Lille
Ath
La Chapelle D'Armentieres
Soignies
Mons-e.B.
Arquennes
Tournai
Gent
Oudenaarde
44
Dd
De
Df
Ea
Eb
Bury
Thumaide
Ramegnies
Wadelincourt
Péruwelz
Roucourt
Basècles
Quevaucamps
Blaton
Les Écacheries
Neufmaison
Château d'Egmont
Herchies
Cimetière historique
Erbaut
Erbisœul
Château du Mont Garni
Sirault
Jurbise
Masnuy-St-Jean
Masnuy-St-Pierre
Maison de la Forêt
Grandglise
Stambruges
Villerot
Baudour
Site de bataille
Maisières
Nimy (Maisières)
Bois du Gard St-Denis
Obourg
Thieusies
Le Rœulx
Mignault
Familleureux
Seneffe
Feluy
Rosseignies
Houdeng-Gœgnies
Bois-d'Haine
Manage
Godarville
Mont-de-Peruwelz
Bon-Secours
B. de l'Ermitage
Bernissart
Hautrage
Harchies
Tertre
Douvrain
Ghlin
Nimy
MONS (BERGEN)
Havré
Thieu
Ville-sur-Haine
HOUDENG-AIMERIES
LA LOUVIÈRE
Bellecourt
Chapelle-lez-Herlaimont
Haine-St-Pierre
St-Vaast
Haine-St-Paul
Trazegnies
Mariemont
Morlanwelz
Condé-sur-l'Escaut
Thivencelle
St-Aybert
Pommerœul
Ville-Pommerœul
Hautrage
St-Ghislain
Dour
Quaregnon
Jemappes
Flénu
Wasmuel
Hornu
Boussu
Cuesmes
Hyon
Mesvin
Ciply
Spiennes
St-Symphorien
Boussoit
Maurage
Bray
Péronnes
Trivières
Cronfestu
Carnières
Forchies-la-Marche
Anderlues
Fontaine-l'Évêque
Leval-Trahegnies
Mont-Ste-Aldegonde
Ressaix
Battignies
Binche
Waudrez
Estinnes-au-Val
Vellereille-le-Sec
Estinnes-au-Mont
Mus. int. du carnaval et du masque
Estinnes
Haulchin
Villers-St-Ghislain
Harmignies
Harveng
Nouvelles
Asquillies
Genly
Noirchain
Frameries
Colfontaine
Wasmes
Pâturages
La Bouverie
Courte de Wasmes Anc.A6
Crespin
Quiévrain
Hensies
Thulin
Hainin
Élouges
Dour
Warquignies
Eugies
Sars-la-Bruyère
Bougnies
Quévy-le-Petit
Quévy
Quévy-le-Grand
Givry
Havay
Rouveroy
Croix-lez-Rouveroy
Faurœulx
Vellereille-les-Brayeux
Abbaye de Bonne-Espérance
Buvrinnes
Epinois
Mont-Ste-Geneviève
Bienne-lez-Happart
Merbes-Ste-Marie
Lobbes
Thuin
Sars-la-Buissière
Peissant
Merbes-le-Château
Labuissière
Fontaine-Valmont
Biercée
Biesme-sous-Thuin
Ragnies
Leers-et-Fosteau
Thuillies
Donstiennes
Strée
Thirimont
Clermont
Beaumont
Barbençon
Solre-St-Géry
Renlies
Vergnies
Sivry-Rance
Forêt de Rance
Fourbechies
Froidchapelle
Montbliart
Rance
Eppe-Sauvage
Fagnes
Bois Robert
Moustier-en-Fagne
Wallers-Trélon
Baives
Robechies
Chimay
Salles
Villers-la-Tour
St-Remy
Forges
Macon
Momignies
Monceau-Imbrechies
Seloignes
Bois de Chimay
Beauwelz
Fourmies
Trélon
Ohain
Glageon
Couplevoire
Forêt de Trélon
Wignehies
Les Noires Terres
Pied-du-Terne
Féron
Buisson-Barbet
Sains-du-Nord
Pont-de-Sains
Bois l'Abbé
Liessies
Champiau
Willies
Barrage
Rainsars
Zorées
Fourmanoir
Avesnelles
Avesnes-sur-Helpe
St-Hilaire-s-Helpe
Semeries
Ramousies
de l'Avesnois
Dompierre
Marbaix
Le Cheval-Blanc
Cartignies
Warpont
Boulogne-s-Helpe
Etrœungt
Grand Bois
St-Pierre
Larouillies
Rocquigny
Les Hayettes
La Flamengrie
Floyon
Beaucamp
Fontenelle
Papleux
Garmouzet
Le Nouvion-en-Thiérache
Barzy-en-Thierache
Bergues
Laloüzy
Le Sart
Beaurepaire-Sambre
Les-Reteaux
Prisches
Grand Béart
Rue du Bois
La Groise
Catillon-sur-Sambre
Bazuel
Le Cambrésis
Mazinghien
Rejet-de-Beaulieu
Chapeau Rouge
Fesmy-le-Sart
Ribeauville
La Vallée-Mulâtre
Wasigny
Oisy
Boué
la Queue de Boué
La Voirie
Base de Loisirs
Forêt du Nouvion
59 Nord
02 Aisne
Guise
Hirson
Vervins
Le Favril
Grand-Fayt
Petit-Fayt
Coutant
Landrecies
Maroilles
Pommereuil
Bois l'Evêque
Ors
Fontaine-au-Bois
Forest-en-Cambrésis
Bousies
Robersart
Preux-au-Bois
Hachette
Noyelles-s-Sambre
Leval
Monceau-St-Waast
Taisnieres-en-Thierache
St-Remy-Chaussée
St-Aubin
La Lobiette
Le 3 Paves
Flaumont-Waudrechies
Englefontaine
Locquignol
Mormal
Arboretum
Sassegnies
Vendegies-au-Bois
Poix-du-Nord
Salesches
Raucourt-au-Bois
N. D. de la Flaquette
Le Sarsbarras
Berlaimont
Aulnoye-Aymeries
Limont-Fontaine
Ecuélin
Dourlers
Beaufort
Wattignies-la-Victoire
Floursies
Sars-Poteries
Dimont
Dimechaux
Solrinnes
Eccles
Choisies
Lez-Fontaine
Solre-le-Château
Beaurieux
Menhir
L'Epine
Clairfayts
Beugnies
Felleries
Damousies
Obrechies
Bérelles
Aibes
Quiévelon
Ferrière-la-Petite
Ferrière-la-Grande
Marlière
Fontaine
St-Rémy-du-Nord
Bachant
Pont-sur-Sambre
Le Petit Bavai
Aqueduc Romain
Hautmont
Boussières
Vieux-Mesnil
Hargnies
Quène-au-Leu
Les Mottes
Louvroil
MAUBEUGE
La Longueville
Obies
Mecquignies
Bavay
Ville Romaine
Bermeries
St-Waast
Amfroipret
Gommegnies
Carnoy
Herbignies
Villereau
Potelle
Forêt
Maison Pouge
Jolimetz
Louvignies
Ghissignies
Le Quesnoy
Jardin des Souvenirs
Beaudignies
Ruesnes
Orsinval
Sepmeries
Villers-Pol
Mareshes
Frasnoy
Preux-au-Sart
Wargnies-le-Petit
Wargnies-le-Grd
La Boiscrête
Préseau
Curgies
Jenlain
Sebourg
Estreux
Saultain
Sebourquiaux
Rombies-et-Marchipont
Angre
Marchipont
Onnezies
Honnelles
Autreppe
Angreau
Roisin
Meaurain
Bettrechies
La Flamengrie
Gussignies
Bellignies
Houdain
Taisnières-s-Hon
Hon-Hergies
Hergies
La Noire-Bouteille
Le Camp Perdu
Aulnois
Blaregnies
Malplaquet
B. de la Lanière
La Berliere
Gognies-Chaussée
Bettignies
Villers-Sire-Nicole
Vieux-Reng
Grand-Reng
Erquelinnes
Jeumont
Marpent
Bersillies
Elesmes
La Parapette
Boussois
Recquignies
Ostergnies
Rousies
Cerfontaine
Colleret
B. de Jeumont
Les 4 Bras
Cousolre
Bousignies-s-Roc
Reugnies
Bersillies-l'Abbaye
Montignies-St-Christophe
Hantes Wihéries
Solre-sur-Sambre
La Grisoëlle
Friegnies
La Banlieue
Fayt-le-Franc
Athis
Erquennes
Blaugies
Petit Dour
Audregnies
Montignies-sur-Roc
Wiheries
Baisieux
Quarouble
Onnaing
Vicq
Rombies
Sebourg
Saultain
VALENCIENNES
Trieux-de-Fresnes
Condé-sur-l'Escaut
Crespin
Leugnies
Grandrieu
Hestrud
Marcignies
Naturel
Parc
Régional
46
47
48
Thiméon
Charleroi
Philippeville
Givet
BELGIË/BELGIQUE
17

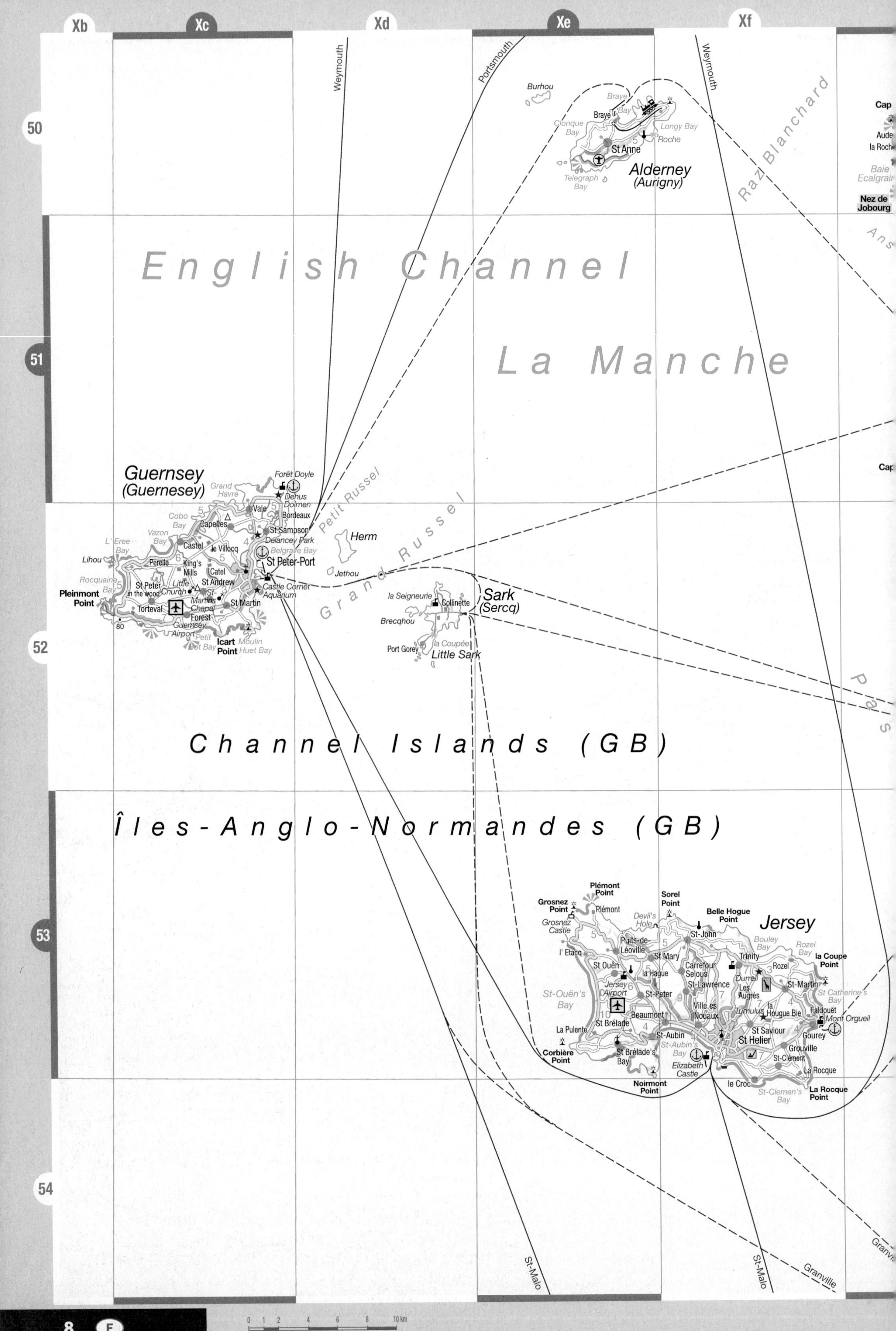
Xb
Xc
Xd
Xe
Xf
50
51
52
53
54
English Channel
La Manche
Channel Islands (GB)
Îles-Anglo-Normandes (GB)
Guernsey
(Guernesey)
Alderney
(Aurigny)
Sark
(Sercq)
Little Sark
Herm
Jethou
Jersey
Burhou
St Anne
Braye
St Peter-Port
St Sampson
St Martin
St Andrew
Castel
Vale
Torteval
Pleinmont Point
Icart Point
Lihou
Collinette
la Seigneurie
Brecqhou
Port Gorey
St Helier
St-Aubin
St Brélade
St Ouën
St Mary
St-John
Trinity
Rozel
Gorey
Grouville
Corbière Point
Noirmont Point
Grosnez Point
Plémont Point
Sorel Point
Belle Hogue Point
La Rocque Point
La Coupe Point
Petit Russel
Grand Russel
Raz Blanchard
Weymouth
Portsmouth
St-Malo
Granville
Cap
Nez de Jobourg
0 1 2 4 6 8 10 km
0 1 2 4 6 miles

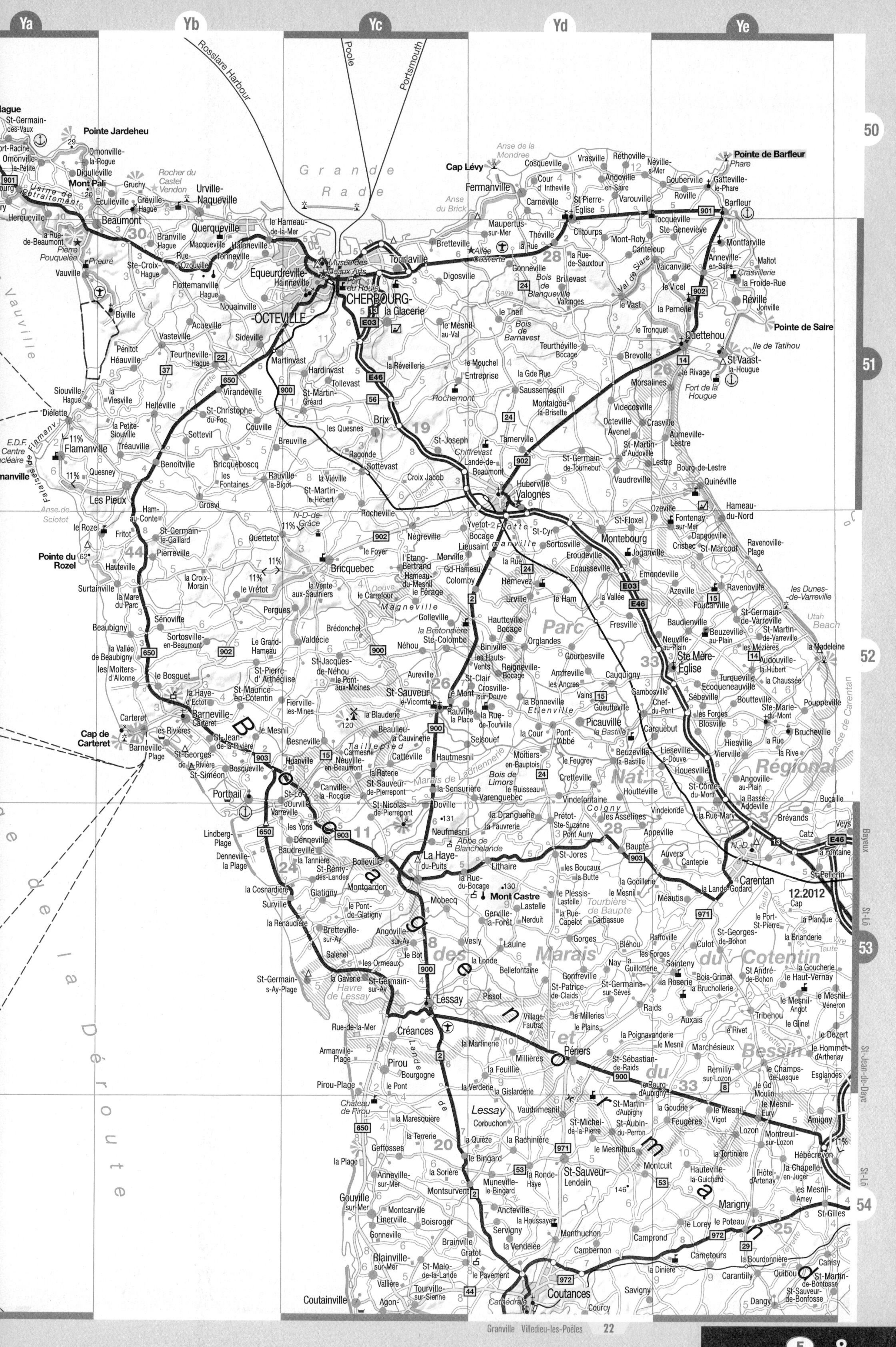

Ya
Yb
Yc
Yd
Ye
50
51
52
53
54
Rosslare Harbour
Poole
Portsmouth
Grande Rade
Pointe Jardeheu
Cap Lévy
Pointe de Barfleur
Phare
Anse de la Mondree
Anse du Brick
Rocher du Castel Vendon
Usine de Retraitement
St-Germain-des-Vaux
Omonville-la-Rogue
Omonville-la-Petite
Digulleville
Mont Pali
Gréville-Hague
Urville-Naqueville
Eculleville
Herqueville
Beaumont
Querqueville
Le Hameau-de-la-Mer
la Rue-de-Beaumont
Pierre Pouquelée
Prieuré
Vauville
Branville Hague
Macqueville
Hainneville
Tonneville
Rue-d'Ozouville
Ste-Croix-Hague
Flottemanville Hague
Equeurdreville-Hainneville
Musée des Beaux Arts
Fort du Roule
CHERBOURG-OCTEVILLE
Tourlaville
la Glacerie
Biville
Nouainville
Acqueville
Vasteville
Sideville
Pénitot
Héauville
Teurtheville-Hague
Martinvast
Hardinvast
Tollevast
St-Martin-Gréard
Virandeville
Siouville-Hague
la Viesville
Helleville
St-Christophe-du-Foc
Couville
Diélette
la Petite-Siouville
Tréauville
Sottevil
E.D.F. Centre nucléaire
Flamanville
Falaises de Flamanville
Quesney
Benoîtville
Bricqueboscq
les Fontaines
Rauville-la-Bigot
Les Pieux
Grosvi
Anse de Sciotot
Ham-au-Conte
le Rozel
Fritot
St-Germain-le-Gaillard
Pierreville
Pointe du Rozel
Hauteville
Surtainville
la Croix-Morain
le Vrétot
Quettetot
la Mare du Parc
Sénoville
Sortosville-en-Beaumont
Beaubigny
la Vallée de Beaubigny
les Moitiers-d'Allonne
le Bosquet
la Haye-d'Ectot
Barneville-Carteret
Carteret
Cap de Carteret
les Rivières
Barneville-Plage
St-Jean-de-la-Rivière
St-Georges-de-la-Rivière
St-Siméon
Bosqueville
Portbail
Lindbergh-Plage
Denneville-la Plage
Denneville
la Cosnardière
Surville
la Renaudière
St-Germain-s-Ay-Plage
Havre de Lessay
St-Germain-sur-Ay
la Gaverie
Lessay
Créances
Rue-de-la-Mer
Armanville-Plage
Pirou
Pirou-Plage
Château de Pirou
la Maresquière
la Terrerie
Geffosses
la Plage
Anneville-sur-Mer
Gouville-sur-Mer
Montcarville
Linerville
Boisroger
Gonneville
Blainville-sur-Mer
St-Malo-de-la-Lande
Tourville-sur-Sienne
Vallière
Agon-
Coutainville
Coutances
Cathédrale
Courcy
Savigny
Bricquebec
Négreville
Rocheville
Sottevast
Brix
Breuville
les Quesnes
Ragonde
la Vièville
St-Martin-le-Hébert
N-D-de-Grâce
le Foyer
Yvetot-Bocage
Valognes
Huberville
Tamerville
St-Joseph
Chiffrevast
Lande-de-Beaumont
Croix Jacob
l'Etang-Bertrand
Morville
Hameau-du-Mesnil
le Férage
Colomby
Lieusaint
Flottemanville
St-Cyr
Sortosville
Hémevez
Urville
le Ham
la Vente aux-Sauniers
le Carrefour
Magneville
Golleville
Pergues
Valdécie
Brédonchel
la Bretonnière
Ste-Colombe
Néhou
St-Jacques-de-Néhou
le Pont-aux-Moines
St-Pierre-d'Arthéglise
St-Maurice-en-Cotentin
Fierville-les-Mines
St-Sauveur-le-Vicomte
Aureville
la Blauderie
Beaulieu-la Cauvinerie
Besneville
Taillepied
Neuville-en-Beaumont
Catteville
Canville-la-Rocque
St-Sauveur-de-Pierrepont
St-Nicolas-de-Pierrepont
St-Lô-d'Ourville
Varreville
les Yons
Doville
Neufmesnil
Abbaye de Blanchelande
La Haye-du-Puits
Baudreville
la Tannière
St-Rémy-des-Landes
Bolleville
Montgardon
Glatigny
le Pont-de-Glatigny
Bretteville-sur-Ay
Angoville-sur-Ay
Salenel
les Ormeaux
le Bot
Mobecq
Mont Castre
Lithaire
Gerville-la-Forêt
Vesly
la Londe
Laulne
Bellefontaine
Pissot
Village-Fautrat
la Martinerie
Millières
la Feuillie
la Verderie
la Gislarderie
Corbuchon
la Quièze
le Bingard
la Rachinière
Vaudrimesnil
Montsurvent
Muneville-le-Bingard
Ancteville
la Houssaye
Servigny
la Vendelée
Brainville
Gratot
le Pavement
Monthuchon
Cambernon
Camprond
St-Sauveur-Lendelin
la Ronde-Haye
St-Michel-de-la-Pierre
St-Aubin-du-Perron
St-Martin-d'Aubigny
le Mesnilbus
Montcuit
Périers
Marais de Ladrienneriere
Hautmesnil
la Sensurière
Varenguebec
Bois de Limors
le Ruisseau
la Dranguerie
la Fauvrerie
Prétot-Ste-Suzanne
Coigny
les Asselines
Pont Auny
Vindefontaine
Vindelonde
Moitiers-en-Bauptois
le Feugrey
Crettevile
Pont-l'Abbé
Picauville
la Bastille
la Cour
Selsouef
la Rue-de-Tourville
Crosville-sur-Douve
le Mont
St-Clair
Rauville la Place
Reigneville-Bocage
les Hauts-Vents
Biniville
Hautteville-Bocage
Orglandes
Parc Naturel Régional des Marais du Cotentin et du Bessin
Gourbesville
Amfreville
les Ancres
Vains
Gueutteville
Cauquigny
Etienville
Fresville
Montebourg
Joganville
Eroudeville
Ecausseville
St-Floxel
la Vallée
Emondeville
Azeville
Fontenay-sur-Mer
Ozeville
Hameau-du-Nord
Dangueville
Crisbec
St-Marcouf
Ravenoville-Plage
Ravenoville
Foucarville
les Dunes-de-Varreville
Utah Beach
St-Germain-de-Varreville
St-Martin-de-Varreville
Baudienville
Beuzeville-au-Plain
Neuville-au-Plain
les Mézières
Audouville-la-Hubert
la Madeleine
Ste Mère-Eglise
Turqueville
Ecoqueneauville
la Chaussée
Sébeville
Boutteville
Pouppeville
Gambosville
Chef-du-Pont
les Forges
Blosville
Ste-Marie-du-Mont
Carquebut
Hiesville
la Rue
la Rive
Brucheville
Beuzeville-la-Bastille
Liesville-s-Douve
Vierville
Houesville
Angoville-au-Plain
St-Côme-du-Mont
la Basse-Addeville
Houtteville
la Rue-Mary
Bucaille
Brévands
Catz
Veys
Bayeux
la Fontaine
St-Pellerin
Carentan
N.-D.
Appeville
Baupte
Auvers
Cantepie
St-Jores
les Boucaux
la Butte
la Godillerie
le Mesnil
Méautis
la Lande-Godard
le Plessis-Lastelle
Lastelle
la Rue-Capelot
Nerduit
Tourbière de Baupte
Carbasse
Gorges
Blehou
Raffoville
les Forges
Culot
St-Georges-de-Bohon
le Port-St-Pierre
la Planque
la Briandérie
Nay
la Guillotterie
Sainteny
Bois-Grimat
St André-de-Bohon
la Goucherie
le Haut-Vernay
Gonfreville
la Roserie
la Bruchollerie
St-Patrice-de-Claids
St-Germain-sur-Sèves
Raids
le Mesnil-Angot
le Mesnil-Véneron
Tribehou
le Glinel
les Milleries
les Plains
Auxais
la Poignavanderie
le Mesnil
le Rivet
Marchésieux
le Dézert
le Hommet-d'Arthenay
St-Sébastian-de-Raids
Remilly-sur-Lozon
le Champs-de-Losque
Esglandes
le Gd Moulin
le Bourg-d'Aubigny
la Goudrie
Feugères
le Mesnil-Vigot
le Mesnil-Eury
Lozon
Montreuil-sur-Lozon
Amigny
Hébécrevon
St-Lô
St-Jean-de-Daye
la Tortinière
Hauteville-la-Guichard
l'Hôtel-d'Artenay
la Chapelle-en-Juger
les Mesnil-Amey
Marigny
le Lorey
le Poteau
St-Gilles
la Bourdonnière
Cametours
la Dinière
Carantilly
Quibou
Canisy
St-Martin-de-Bonfossé
St-Sauveur-de-Bonfossé
Dangy
12.2012
Cap
Fermanville
Cosqueville
Cour d' Intheville
Carneville
Vrasville
Réthoville
Néville-s-Mer
Angoville-en-Saire
Varouville
Gouberville
Gatteville-le-Phare
Roville
Barfleur
St Pierre-Eglise
Maupertus-sur-Mer
Théville
Clitourps
Mont-Roty
Canteloup
Tocqueville
Ste-Geneviève
Montfarville
Anneville-en-Saire
Maltot
Crasvillerie
la Froide-Rue
Réville
Jonville
Pointe de Saire
Bretteville
Allée Couverte
la Rue
Gonneville
la Rue-de-Sauxtour
Brillevast
Bois de Blanqueville
Valognes
Val de Saire
Valcanville
le Vicel
la Pernelle
le Vast
Digosville
le Mesnil-au-Val
le Theil
Bois de Barnavest
Teurthéville-Bocage
le Tronquet
Quettehou
St Vaast-la-Hougue
Ile de Tatihou
Fort de la Hougue
le Rivage
Brevolle
Morsalines
la Réveillerie
le Mouchel
l'Entreprise
la Gde Rue
Saussemesnil
Montaigou-la-Brisette
Rochemont
Videcosville
Octeville l'Avenel
Crasville
Aumeville-Lestre
St-Martin-d'Audouville
Lestre
Bourg-de-Lestre
Quinéville
St-Germain-de-Tournebut
Vaudreville
Lessay
Lande de Lessay
Bocage
Granville
Villedieu-les-Poêles
22

Ye
Yf
Za
Zb
Zc
Rosslare Harbour
50
51
52
53
54
Equeurdreville-Hainneville
Valognes
La Haye-du-Puits
Lessay
Coutances
Pointe de Barfleur
Phare
Réthoville
Néville-s-Mer
Gouberville
Gatteville-le-Phare
Roville
Barfleur
Tocqueville
Ste-Geneviève
Mont-Roty
Canteloup
Montfarville
Val de Saire
Valcanville
Anneville-en-Saire
Maltot
Crasvillerie
la Froide-Rue
le Vicel
la Pernelle
Réville
Jonville
Pointe de Saire
le Tronquet
Quettehou
Ile de Tatihou
St Vaast-la-Hougue
le Rivage
Fort de la Hougue
Morsalines
Crasville
Aumeville-Lestre
Octeville l'Avenel
Lestre
Bourg-de-Lestre
Quinéville
Hameau-du-Nord
Ozeville
Fontenay-sur-Mer
St-Floxel
Dangueville
Crisbec
St-Marcouf
Ravenoville-Plage
Joganville
Emondeville
Azeville
Ravenoville
Fresville
Foucarville
les Dunes-de-Varreville
St-Germain-de-Varreville
St-Martin-de-Varreville
Baudienville
Beuzeville-au-Plain
Neuville-au-Plain
Utah Beach
Rade de la Chapelle
Ste Mère-Eglise
les Mézières
Audouville-la-Hubert
la Madeleine
Turqueville
Ecoqueneauville
la Chaussée
Gambosville
Sébeville
Chef-du-Pont
Boutteville
Ste-Marie-du-Mont
Pouppeville
les Forges
Blosville
Carquebut
Brucheville
la Bastille
Liesville-s-Douve
Hiesville
la Rue
Houesville
Vierville
la Rive
St-Côme-du-Mont
Angoville-au-Plain
la Basse-Addeville
Vindelonde
la Rue-Mary
Brévands
Appeville
Catz
Auvers
Cantepie
Carentan
la Godillerie
la Lande-Godard
Méautis
le Mesnil
Marais du Cotentin et du Bessin
Parc Naturel Régional
Baie de l
Côte de Nac
Banc du Gd Vey
Passe de Carentan
Passe d'Isigny
Grandcamp-Maisy
Pointe du Hoc
St-Pierre-du-Mont
Omaha Beach
Englesqueville-la-Percée
Vierville-sur-Mer
les Moulins
St-Laurent-sur-Mer
Cricqueville-en-Bessin
Asnières-en-Bessin
Louvières
le Douet
Gefosse-Fontenay
Maisy
Chât de Beaumont
Coquebourg
St-Clément
la Cambe
Deux-Jumeaux
Isigny-sur-Mer
Osmanville
Cardonville
St-Germain-du-Pert
Longueville
Formigny
le Gd-Hameau
Colleville-sur-Mer
Ste Honorine-des Pertes
Port-en-Bessin-Huppain
le Chaos
Arromanches-les-Bains
Commes
Longues-sur-Mer
Manvieux
Abbaye Ste-Marie
Tracy-sur-Mer
Musée du Débarquement
Fontenailles
Russy
Villiers-sur-Port
Escures
Bucaille
Veys
Ecrammeville
Aignerville
Surrain
Canchy
les Mares
Bessin
Trévières
Mosles
Etréham
Maisons
Manoir d'Argouges
Vaux-sur-Aure
Magny-en-Bessin
Ryes
la Fontaine
St-Pellerin
la Madeleine
Hameau-Minet
Colombières
Tour-en-Bessin
Bayeux
St-Sulpice
les Oubeaux
Vouilly
Dungy
Mandeville-en-Bessin
Vaucelles
Sommervieu
Montmartin-en-Graignes
Neuilly-la-Forêt
la Forêt
Castilly
Mestry
Bricqueville
Rubercy
la Goherrerie
Cussy
Cathédrale
St-Vigor-le-Grand
St-Martin-des-Entrées
Cap
le Port-St-Pierre
la Planque
les Clerbosq
les Landes-du-Rosey
la Folie
Bernesq
Saonnet
la Poterie
Saon
Blay
le Breuil-en-Bessin
Cottun
Barbeville
Crouay
St-Loupe
Raffoville
Culot
St-Georges-de-Bohon
la Briarderie
Château de la Rivière
Lison
la Lande
St-Marcouf
St-Martin-de-Blagny
le Molay
Ranchy
Agy
Nonant
les Forges
la Guilloterie
Sainteny
Bois-Grimot
St André-de-Bohon
la Goucherie
St-Jean-de-Daye
Cartigny-l'Epinay
le Molay-Littry
Campigny
le Tronquay
Subles
Gueron
Monceaux-en-Bessin
Carcagny
la Roserie
la Bruchollerie
le Haut-Vernay
Airel
Baynes
Tournières
Littry
les Petits-Carreaux
Noron-la-Poterie
Arganchy
Raids
Auxais
Tribehou
le Mesnil-Angot
le Mesnil-Véneron
la Fotelaie
la Forge Fallot
St-Fromond
la Perrine
Ste-Marguerite-d'Elle
14 Calvados
50 Manche
Cerisy-la-Forêt
Forêt de Cerisy
la Tuilerie
St-André
la Village-de-Juaye
Mondaye
Ellon
Chouain
le Rivet
le Glinel
le Dézert
Moon-sur-Elle
Castillon
Trungy
le Mesnil
Marchésieux
le Hommet-d'Arthenay
Cavigny
St-Clair-sur-l'Elle
St-Jean-de-Savigny
Vaubadon
St-Paul-du-Vernay
Juaye-Mondaye
Couvert
le Pont-Roc
les Hauts-Vents
Remilly-sur-Lozon
le Champs-de-Losque
Esglandes
la Meauffe
Pont-Hébert
Balleroy
Bernières-Bocage
Verrières
la Bourg-d'Aubigny
le Gd Moulin
le Mesnil-Eury
les Foulons
Montfiquet
Lingèvres
St Pierre
Tilly-sur-Seulles
la Goudrie
le Mesnil-Vigot
Villiers-Fossard
Couvains
St-Quentin
Litteau
la Bazoque
Planquery
Cahagnolles
Longraye
Hattot-les-Bagues
Juvigny-sur-Seulles
Feugères
Lozon
Amigny
le Mesnil-Rouxelin
St-Georges-d'Elle
Ste-Honorine-de-Ducy
Tortevai-Quesnay
le Mesnilbus
Montreuil-sur-Lozon
la Tortinière
Rampan
la Luzerne
Bérigny
le Chemin-de-St-Lô
Foulognes
Parfouru-l'Eclin
Crauville
les Douesnots
Orbois
Montcuit
Hauteville-la-Guichard
l'Hôtel-d'Artenay
la Chapelle-en-Juger
Hébécrevon
St-Georges-Montcocq
Martinville
St-Germain-d'Elle
Cormolain
St-Germain-d'Ectot
Sermentot
Feuguerolles-sur-Seulles
Agneaux
St-Lô
St-Pierre-de-Semilly
le Haut-Digny
Sallen
les Maréchaux
Tournay-s.-Odon
les Mesnil-Amey
la Barre-de-Semilly
Notre-Dame-d'Elle
Livry
Anctoville
Villy-Bocage
Monts-en-Bessin
Marigny
St-Gilles
Rouxeville
Vidouville
Havetot
St-Louet-sur-Seulles
le Lorey
Camprond
le Poteau
Gourfaleur
Baudre
St-Jean-des-Baisants
Précorbin
la Vacquerie
Caumont-l'Eventé
Briquessard
Château du Bosc
Villers-Bocage
Parfouru-sur-Odon
Cametours
la Bourdonnière
Canisy
St-Ebremond-de-Bonfosse
la Mancellière-sur-Vire
la Gerardière
Lamberville
le Breuil
Biéville
Sept-Vents
Amayé-s.-Seulles
Tracy-Bocage
Epinay-sur-Odon
Aunay-s.-Odon
la Dinière
Carantilly
Quibou
St-Samson-de-Bonfosse
Ste-Suzanne-sur-Vire
la Chapelle-du-Fest
la Lande-sur-Drôme
Cahagnes
Beaumont
Jurques
Longvillers
le Mesnil-au-Grain
Savigny
Dangy
St-Sauveur-de-Bonfosse
St-Martin-de-Bonfosse
St-Romphaire
Condé-sur-Vire
St-Amand
le Perron
Dampierre
St-Jean-des-Essartiers
les Loges
Coulvain
Maisoncelles-Pelvey
22
Villedieu-les-Poêles
Torigni-sur-Vire
Villedieu-les-Poêles
Vire
23
10 km
6 miles

Seine
Côte fleurie
Côte de Grâce
Rade de Caen
Campagne de Caen
Portsmouth
Portsmouth
LE HAVRE
CAEN
Étretat
Cap d' Antifer
Fécamp
Montivilliers
Harfleur
Gonfreville-l'Orcher
Ste-Adresse
Deauville
Trouville-sur-Mer
Honfleur
Houlgate
Cabourg
Dives-sur-Mer
Ouistreham
Courseulles-sur-Mer
Bernières-sur-Mer
St-Aubin-sur-Mer
Langrune-sur-Mer
Luc-sur-Mer
Lion-sur-Mer
Juno Beach
Sword Beach
Hérouville-St-Clair
Mondeville
Troarn
Argences
Mézidon-Canon
Pont-l'Évêque
Villers-sur-Mer
Blonville-sur-Mer
Bolbec
Goderville
Lisieux
Beuzeville
Pont-Audemer
Flers
Falaise
Falaise
50
51
52
53
54

Pont l'Évêque Pont l'Évêque Caen Bernay 24 Brionne
0 1 2 4 6 8 10 km
0 6 miles

Af
Ba
4
Bb
Bc
Bd
Mers-les-Bains
Eu
48
49
50
51
52
53
Newhaven
Dover
DIEPPE
Phare d'Ailly
St Marguerite-sur-Mer
Varengeville-sur-Mer
Hautot-sur-Mer
Pourville-sur-Mer
Neuville-lès-Dieppe
Puys
Bracquemont
Belleville-sur-Mer
Berneval-le-Grand
St-Martin-Plage
Criel-sur-Mer
Mesnil-en-Caux
Tocqueville-sur-Eu
Neuvillette
Biville-sur-Mer
Penly
Etalondes
Heudelimont
Touffreville-sur-Eu
St-Pierre-en-Val
Incheville
Embreville
Beauchamps
Buigny-lès-Gamaches
Gamaches
Boscrocourt
St-Remy-Boscrocourt
le Fresne
Monchy-sur-Eu
Longroy
la Tuilerie
Millebosc
Seine-Maritime
Litteville
Canehan
Assigny
Etocquigny
Baromesnil
le Mesnil-Réaume
St-Martin-le-Gaillard
Brunville
Guimécourt
Cuverville-sur-Yères
Sept-Meules
Melleville
Villy-le-Bas
Guerville
Bazinval
Grandes Vallée
Haute Forêt d'Eu
Monchaux-Soreng
Rieux
Greny
Tourville-la-Chapelle
Intraville
Auquemesnil
Fumechon
St-Quentin-au-Bosc
St-Aignan
Villy-le-Haut
Grancourt
Avesnes-en-Val
Folny
Bethencourt
Dancourt
St Remy
St-Riquier-en Rivière
Graincourt
Derchigny
Gilcourt
St-Martin-en-Campagne
la Vauvage
Sauchay-le-Haut
Sauchay-le-Bas
Gouchaupré
Grèges
Ancourt
Bellengreville
Envermeu
Bailly-en-Rivière
St-Ouen-sous-Bailly
Martin-Eglise
Arques-la-Bataille
St-Aubin-le-Cauf
St-Nicolas-d'Aliermont
Dampierre-St-Nicolas
Angreville
Douvrend
Les Vieux Ifs
Capval
Fresnoy-Folny
Hesmy
Puisenval
Bailly-en-Campagne
St-Pierre-des-Jonquières
Lignemare
Pierrecourt
la Leuqueue
Puchervin
Foucarmont
Réalcamp
Rouxmesnil-Bouteilles
St-Aubin-sur-Scie
Offranville
Ouville-la-Rivière
Longueil
Flainville
Quiberville
St-Aubin-sur-Mer
Bourg-Dun
St-Denis-d'Aclon
Ambrumesnil
Sauqueville
Tourville-sur-Arques
Martigny
St-Jacques-d'Aliermont
Notre-Dame-d'Aliermont
Wanchy-Capval
Londinières
Fréauville
Smermesnil
Callengeville
Villers-sous-Foucarmont
la Chapelle-sur-Dun
St-Pierre-le-Vieux
Avremesnil
Gueures
Colmesnil-Manneville
Patteville
Ecorchebœuf
Aubermesnil-Beaumais
Beaumais
les Bois-Robert
Meulers
le Hamel
Boissay
Luneray
Thil-Manneville
Auppegard
Manéhouville
St-Germain-d'Etables
Freulleville
Ste-Agathe-d'Aliermont
Bailleul-Neuville
Neuville
Clais
Foucarmont/Londinières
Aubermesnil-aux-Erables
Rétonval
Basse Forêt d'Eu
Gonnetot
Bacqueville-en-Caux
Lamberville
St-Mards
Lammerville
Omonville
Anneville-sur-Scie
Crosville
la Chaussée
Bois-Hulin
la Chapelle-du-Bourgay
Torcy-le-Petit
Torcy-le-Grand
Manoir-du-Val
St-Vaast-d'Equiqueville
Croixdalle
le Val-Mesneret
Les Grandes-Ventes
Ricarville-du-Val
Maintru
Baillolet
Fresques
Lucy
Vatierville
Ménonval
Les Ventes-Mésangères
Ste-Beuve-en-Rivière
le Caule-Ste-Beuve
Auvilliers
Mortemer
Muchedent
Mathonville
Mesnil-Follemprise
Bures-en-Bray
Mesnières-en-Bray
Neufchâtel-en-Bray
Neufchâtel-en-Bray-Nord
St-Germain-sur-Eaulne
Forêt
Ardouval
Fresles
St-Martin-l'Hortier
Quièvrecourt
Neufchâtel-en-Bray-Sud
Graval
Flamets-Frétils
Saussuese-Mare
Portmort
Pommeréval
Martincamp
Bully
Esclavelles
Forges-Les-Eaux
Massy
Neuville-Ferrières
St-Saire
Nesle-Hodeng
Dranville
Beaussault
Toupray
Tôtes
Auffay
Cressy
Sévis
Bellencombre
Rosay
Forêt d'Eawy
Ventes-St-Rémy
Maucomble
Perduville
Fontaine-en-Bray
Mesnil-Mauger
St-Saëns
Bosc-Mesnil
Bradiancourt
Mainemare
Neufbosc
Ste-Geneviève
Compainville
Beaubec-la-Rosière
le Thil-Riberpré
Yerville
Bretteville
Bertrimont
Varneville-Bretteville
Fresnay-le-Long
Bracquetuit
Etaimpuis
Grigneuseville
Beuzeville-la-Giffarde
Biennais
Bosc-Bérenger
St-Saëns/Tôtes
la Prée
St-Martin-Osmonville
Montérolier
Sommery
Roncherolles-en-Bray
Mauquency
Serqueux
Forges-les-Eaux
le Fossé
Beautot
St-Ouen-du-Breuil
Motteville
St-Etienne
Limésy
Cideville
Saussay
Emanville
Butot
le Valmartin
Bocasse
Grugny
Authieux-Ratiéville
Frichemesnil
Bosc-le-Hard
Touffreville
Cottévrard
Critot
Beaumont
Saveaumare
Mathonville
la Frenaye
Bosc-Bordel
Clères
Claville-Motteville
St-Germain-Ss-Cailly
Esteville
Vqubeuf
Rocquemont
Ecalles
Estouteville-Ecalles
Buchy
Bosc-Roger-sur-Buchy
Bosc-Edeline
Rouvray-Catillon
la Ferté
St-Samson
Pavilly
Barentin
Sierville
Goupillières
Anceaumeville
Fontaine-le-Bourg
Cailly
la Rue-St-Pierre
Colmare
Morgny
Vieux-Manoir
Ste-Croix-sur-Buchy
Bois-Héroult
Bosc-Asselin
Sigy-en-Bray
Mésangueville
Argueil
Hodeng-Hodenger
Fry
Mont Robert
Montville
Malaunay
Eslettes
Bosc-Guérard-St-Adrien
St-Georges-s-Fontaine
Quincampoix
St-André-sur-Cailly
Pierreval
la Pommeraye
Longuerue
le Coudray
Bierville
Héronchelles
Ernemont-sur-Buchy
la Gloe
Bois-Guilbert
Bois-Gaultier
Bruquedalle
la Hallotière
le Mesnil-Lieubray
St-Laurent
St-Paër
Epinay
Villers-Ecalles
Pissy-Pôville
le Paulu
Roumare
St-Jean-du-Cardonnay
Houppeville
le Houlme
Isneauville
Bellevue
Crevon
Morgny-la-Pommeraye
Blainville-Crevon
Catenay
Boissay
St-Aignan-sur-Ry
Rebets
St-Lucien
Nolléval
Beauvoir-en-Lyons
les Mazis
St-Pierre-de-Varengeville
Vaupalière
Hénouville
Duclair
Berville-sur-Seine
Anneville-Ambourville
N.-D.-DE-BONDEVILLE
MAROMME
Déville-lès-Rouen
MONT-ST-AIGNAN
BOIS-GUILLAUME
Bihorel
Préaux
Isneauville
Fontaine-sous-Préaux
St-Martin-du-Vivier
Roncherolles-s-le-Vivier
Quévreville
Salmonville
Seraville
Grainville-sur-Ry
Ry
Elbeuf-sur-Andelle
Croisy-sur-Andelle
Morville-sur-Andelle
la Feuillie
la Haye
Hêtre de la Bunodière
ROUEN
Canteleu
LE GD-QUEVILLY
LE PT-QUEVILLY
SOTTEVILLE-LES-ROUEN
ST-ETIENNE-DU-ROUVRAY
Darnétal
St-Léger-du-Bourg-Denis
Bonsecours
St-Aubin-Epinay
St-Jacques-sur-Darnetal
Bois-l'Evêque
Bois-d'Ennebourg
Martainville-Epreville
Auzouville-sur-Ry
Vascœuil
le Fresnay
Ecorcheval
Fleury-la-Forêt
le Fayel
Bosquentin
Beauficel-en-Lyons
Lilly
Yainville
Jumièges
Bardouville
St-Martin-de-Boscherville
la Greve
les Mesnil-Ss-Jumièges
Forêt de Mauny
Quevillon
Forêt de Roumare
St-Pierre-de-Manneville
Yville-s-Seine
le Mesnil-Esnard
Amfreville-la-Mi-Voie
Franqueville-St-Pierre
Belbeuf
Mesnil-Raoul
Montmain
Fresne-le-Plan
Letteguives
Bois Meigle
Renneville
Perruel
Perriers-s-Andelle
Forêt de Lyons
les Trainières
Lorleau
Lyons-la-Forêt
les Hogues
Eure
Barneville-sur-Seine
le Fayel
Gournets
Charleval
N.-D. de la Paix
Rosay-sur-Lieure
Morgny
Goupilière
Val-de-la-Haye
Grand-Couronne
Petit-Couronne
Oissel
Sahurs
Hautot-sur-Seine
Moulineaux
Bosgouet
Bouille
St-Ouen-de-Thouberville
Caumont
Maison-Brûlée
Forêt de la Londe
Robert-le-Diable
Thuit-Hébert
Bosc-Bénard-Commin
Celloville
Incarville
Boos
la Neuville-Chant-d'Oisel
les Gdes Masures
Bourg-Beaudouin
Vandrimare
Fleury-s-Andelle
Menesqueville
Grainville
Touffreville
Lisors
Puchay
la Neuve-Grange
St-Germain
Gouy
St-Aubin-Celloville
Ymare
Quévreville-la-Poterie
Le Port-St-Ouen
Rouen Est-Oissel
Romilly-s-Andelle
Fontaine-Guérard
Abbaye de Fontaine-Guérard
Douville-s-Andelle
Radepont
Gaillardbois-Cressenville
Coudray
Nojean-en-Vexin
Tourville-la-Rivière
Sotteville-ss-le-Val
Igoville
Alizay
les Manoir
Pitres
Côte des deux Amants
Pont-St-Pierre
Amfreville-les-Champs
Flipou
Bonnemare
Bacqueville
Villerest
Mesnil-Verclives
Ecouis
Saussay-la-Champagne
Doudeauville-en-Vexin
le Thil
St-Aubin-lès-Elbeuf
Cléon
Freneuse
le Pit Essart
Orival
Brionne
25
Elbeuf
Incarville
Val de Reuil
26
Magny-en-Vexin
Oisemont
Blangy-sur-Bresle
Abbeville
Amiens
Gournay-en-Bray

Bd
Be
Bf
Ca
Cb
Abbeville
48
49
50
51
52
53
le Tréport
Neufchâtel-en-Bray
Dieppe
Rouen
Gisors
Gisors Magny-en-Vexin
Paris Méru
Beaumont
Garnaches
Blangy-sur-Bresle
Forêt d'Eu
Haute Forêt
Basse Forêt d'Eu
Seine Maritime
Oisemont
Hallencourt
Airaines
Longpré-les-Corps-Saints
l'Etoile
Flixecourt
Picquigny
Amiens
Ailly-sur-Somme
Dreuil-lès-Amiens
Saleux
Hornoy-le-Bourg
Poix-de-Picardie
Conty
Aumale
Foucarmont
Gaillefontaine
Formerie
Forges-les-Eaux
Grandvilliers
Crèvecœur-le-Grand
Marseille-en-Beauvaisis
Songeons
Gournay-en-Bray
Ferrières-en-Bray
St-Germer-de-Fly
BEAUVAIS
Allonne
Auneuil
Sérifontaine
Forêt de Thelle
Noailles
Frocourt
Troissereux
Tillé
Pays de Bray
Vallée de la Somme
80 Somme
60 Oise
76 Seine Maritime
27 Eure
A28
A29
A16
E44
E46
E402
14
F

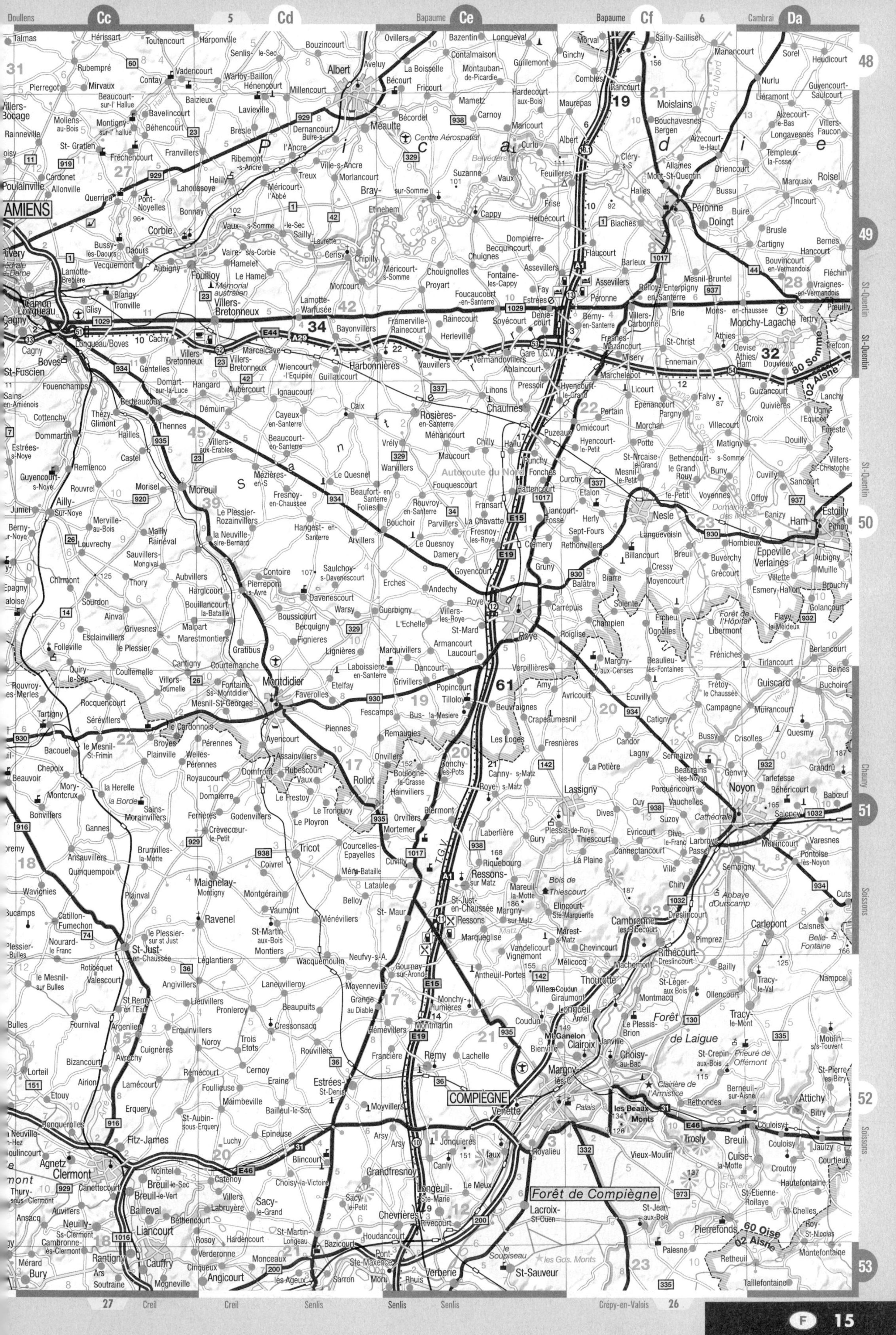
48
49
50
51
52
53
St-Quentin
Chauny
Soissons
AMIENS
Albert
Péronne
Nesle
Ham
Roye
Montdidier
Noyon
COMPIÈGNE
Clermont
Liancourt
Corbie
Moreuil
Villers-Bretonneux
Longueau
Boves
Camon
Méaulte
Bray-sur-Somme
Chaulnes
Rosières-en-Santerre
Harbonnières
Ressons-sur-Matz
St-Just-en-Chaussée
Maignelay-Montigny
Estrées-St-Denis
Pont-Ste-Maxence
Verberie
Lacroix-St-Ouen
Pierrefonds
Thourotte
Ribécourt-Dreslincourt
Margny-lès-C.
Choisy-au-Bac
Venette
Forêt de Compiègne
Forêt de Laigue
Centre Aérospatial
Autoroute du Nord
Mémorial australien
Abbaye d'Ourscamp
Clairière de l'Armistice
Cathédrale
Picardie
Santerre
60 Oise
02 Aisne
80 Somme
A1
A29
E44
E15
E19
E46

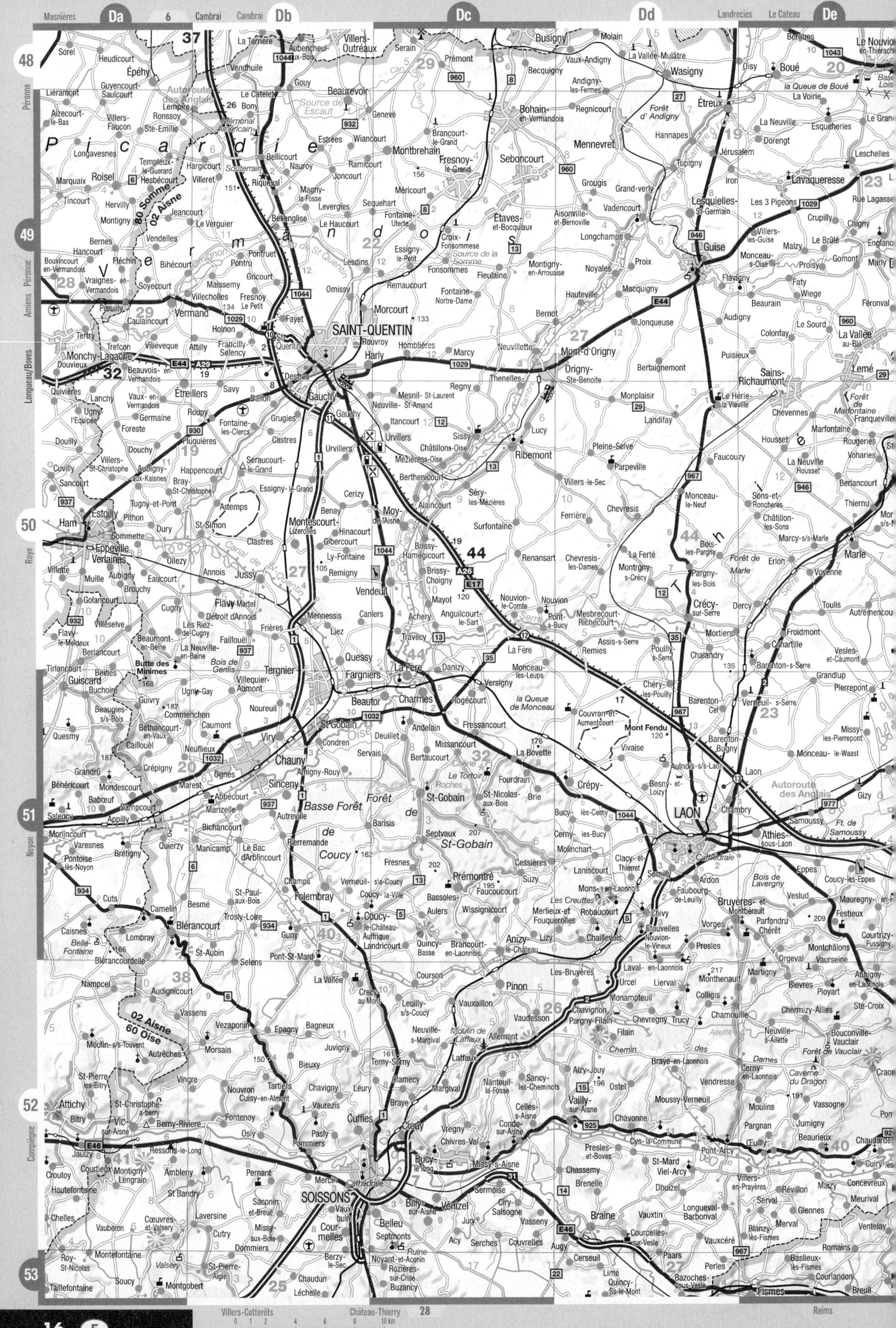
48
49
50
51
52
53
Péronne
Amiens Péronne
Longueau/Boves
Roye
Noyon
Compiègne
Picardie
Vermandois
Thiérache
SAINT-QUENTIN
LAON
SOISSONS
Chauny
La Fère
Tergnier
Guise
Ham
Bohain-en-Vermandois
Wassigny
Vervins
Marle
Crécy-sur-Serre
Ribemont
Moy-de-l'Aisne
Coucy-le-Château-Auffrique
Anizy-le-Château
Vailly-sur-Aisne
Braine
Fismes
Blérancourt
Vic-sur-Aisne
Attichy
St-Gobain
Forêt de St-Gobain
Basse Forêt de Coucy
Autoroute des Anglais
Canal de St-Quentin
Oise
Aisne
Serre
Sambre
E44
E46
E17
A26
A29
02 Aisne
60 Oise
80 Somme
02 Aisne
Mont Fendu
Butte des Minimes
Cathédrale
Villers-Cotterêts
Château-Thierry
28
Reims
0 1 2 4 6 8 10 km
0 1 2 4 6 miles

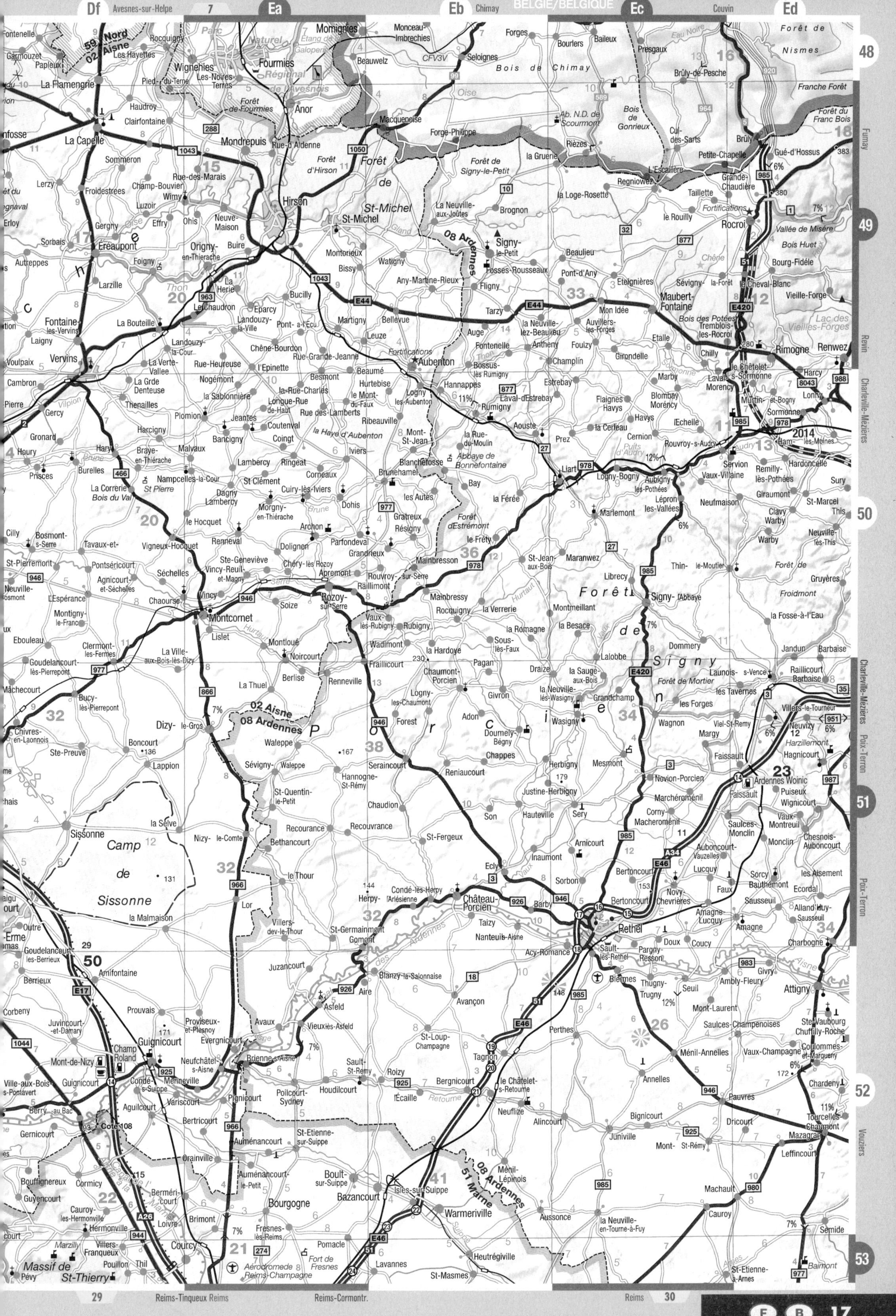

59 Nord
02 Aisne
08 Ardennes
02 Aisne
08 Ardennes
51 Marne
Fourmies
Momignies
Forges
Bourlers
Baileux
Presgaux
Brûly-de-Pesche
Forêt de Nismes
Franche Forêt
Bois de Chimay
Seloignes
Macquenoise
Forge-Philippe
Anor
Wignehies
La Flamengrie
La Capelle
Mondrepuis
Hirson
St-Michel
Forêt de St-Michel
Forêt de Signy-le-Petit
Signy-le-Petit
Rocroi
Gué-d'Hossus
Bourg-Fidèle
Maubert-Fontaine
Rimogne
Renwez
Vervins
Aubenton
Liart
Signy-l'Abbaye
Forêt de Signy
Montcornet
Rozoy-sur-Serre
Chaumont-Porcien
Château-Porcien
Rethel
Sissonne
Camp de Sissonne
Guignicourt
Asfeld
Juniville
Attigny
Warmeriville
Bazancourt
Bourgogne
Courcy
Massif de St-Thierry
Aérodrome de Reims-Champagne
Charleville-Mézières
Poix-Terron
Vouziers
Fumay
Revin
48
49
50
51
52
53

Ed
Givet
Ee
Ef
Beauraing
BELGIË/BELGIQUE
Fa
Beauraing
Rochefort
Fb
48
49
50
51
52
53
Rocroi
Hirson
Montcornet
Rethel
Reims
Ste Menehould
Verdun
Forêt de Nismes
Oignies-en-Thiérache
Le Mesnil
Fépin
Hargnies
Haybes
Fumay
Franche Forêt
Forêt du Franc Bois
Forêt de la Manise
Ardennes
Forêt des Ardennes
Bourseigne-Neuve
Bourseigne-Vieille
Vencimont
Malvoisin
Sart-Custinne
Patignies
Willerzie
Rienne
Gedinne
Bois de Rienne
Croix Scaille
Louette-St-Pierre
Louette-St-Denis
Houdremont
Bois de St-Remacle
Haut-Fays
Gembes
Porcheresse
Daverdisse
Redu
Transinne
Euro Space Center
Smuid
Libin
Villance
Glaireuse
Bois à Ban
Maissin
Our
Graide
Bièvre
Opont
Anloy
Ochamps
Naomé
Framont
Sart
Paliseul
Jéhonville
Libramont
Merny
Baillamont
Carlsbourg
Offagne
Assenois
Nollevaux
Fays-les-Veneurs
Plainevaux
Bellefontaine
Monceau-en-Ardenne
Nafraiture
Petit-Fays
Orchimont
Oizy
Vresse-sur-Semois
Gros-Fays
Cornimont
Vivy
Membre
Chairière
Bohan
Laforêt
Mouzaive
Alle
Rochehaut
Frahan
Mogimont
Bellevaux
Bertrix
Ucimont
Sensenruth
Noirefontaine
Botassart
Curfoz
Poupehan
Corbion
Bouillon
Les-Hayons
Dohan
Auby-sur-Semois
Cugnon
Mortehan
Herbeumont
Forêt d' Herbeumont
Sugny
Pussemange
Bagimont
Gespunsart
Mont Tranet
Revin
Anchamps
Laifour
Monthermé
Les Mazures
Vieille-Forge
Deville
Laval-Dieu
Thilay
Roc de la Tour
Les Hautes-Rivières
Nohan
Sorendal
Hautes
Linchamps
Bois des Haies
Château-Regnault
Sécheval
Bogny-s.-Meuse
Joigny-s-Meuse
Braux
Renwez
Montcornet
Meillier-Fontaine
Arreux
Harcy
Lonny
Clirón
Sormonne
Houldizy
Tournes
Sorel
Nouzonville
Neufmanil
Damouzy
CHARLEVILLE-MÉZIÈRES
Aiglemont
La Grandville
Warcq
Etion
Montcy-N-Dame
Gernelle
Rumel
St-Laurent
Bosseval-et-Briancourt
Issancourt-et-Rumel
Vivier-au-Court
Fleigneux
la Chapelle
Illy
St-Menges
Vrigne-au-Bois
Iges
Glaire
Floing
Sedan
Givonne
Daigny
Forêt de Sedan
Bois de Francheval
Villers-Cernay
Pouru-aux-Bois
Francheval
Escombres-et-le-Chesnois
Rubécourt
la Moncelle
Bazeilles
Douzy
Pouru-St-Rémy
Messincourt
Sachy
Pure
Matton-et-Clémency
Bois du Banel
Tremblois-les-Carignan
Williers
Florenville
Forêt de Muno
Muno
Fontenoille
Ste-Cécile
Laiche
Chassepierre
Lambermont
Giraumont
Sury
St-Marcel
Clavy
Warby
This
Neuville-lès-This
Fagnon
Warnécourt
Evigny
Lumes
Villers-Semeuse
Ville-s-Lumes
Mondigny
Champigneul-s-Vence
St-Marceau
Chalandry-Elaire
Nouvion-s-Meuse
Vrigne-Meuse
Donchery
St-Pierre-s-Vence
Guignicourt-s-Vence
Boulzicourt
Flize
Etrépigny
Dom-le-Mesnil
Villers-s-Bar
Frénois
Wadelincourt
Pont-Maugis
Jandun
Barbaise
Touligny
Balaives-et-Butz
Boutancourt
Feuchères
Hannogne-St-Martin
Cheveuges
St-Aignan
Noyers-Pont-Maugis
Remilly-Aillicourt
Mairy
Brévilly
Tétaigne
Osnes
Carignan
Raillicourt
Montigny-s-Vence
Poix-Terron
Villers-le-Tilleul
Elan
St-Roger
Sapogne-et-Feuchères
Chaumont
Thelonne
Angecourt
Petit Remilly
Amblimont
Euilly-et-Lombut
Blagny
Charbeaux
Les Deux-Villes
Mogues
Pouilly-sur-Meuse
Linay
Auflance
Villers-le-Tourneur
Harzillemont
Hagnicourt
la Horgne
Omicourt
Ht. de Sapogne
Connage
Chéhéry
Rocan
Bulson
Haraucourt
Villers-devt-Mouzon
Pourron
Mouzon
Vaux-lès-Mouzon
Sailly
Fromy
Margut
Mazerny
Omont
Mont Damion
Baâlons
Vendresse
Malmy
Chémery-sur-Bar
Raucourt-et-Flaba
Maisoncelle-et-Villers
Flaba
Artaise-le-Vivier
Villemontry
Moulins-St-Hubert
Autréville-St-Lambert
Bois de la Riotte
Malandry
Villy
La Ferté-sur-Chiers
Signy-Montlibert
Wignicourt
Vaux-Montreuil
Chesnois-Auboncourt
St-Loup-Terrier
Bouvellemont
Chagny
Jonval
Bois de la Cassine
la Cassine
La Neuville-à-Maire
Yoncq
Olizy-s-Chiers
Bièvres
Guincourt
Sauville
Forêt du Mont-Dieu
Ancienne Chartreuse
la Besace
Stonne
Létanne
B.d'Inor
Inor
Nepvant
Lamouilly
Chauvency-St-Hubert
les Aisement
la Sabotterie
Marquigny
Louvergny
les-Grandes-Armoises
Mont Damion
Beaumont-en-Argonne
Luzy-St-Martin
Martincourt-s-Meuse
Ecordal
Tourteron
Lametz
Lac de Bairon
Tannay
Alland'Huy-Sausseuil
Suzanne
le Chesne
la Berlière
Forêt de Jaunay
Cesse
Brouennes
Chauvency-le-Château
Charbogne
St-Lambert-et-Mont-de-Jeux
Day
Montgon
les Petites-Armoises
Verrières
Oches
Sommauthe
Forêt de Belval
Parc de Vision
Forêt de Dieulet
Laneuville-sur-Meuse
Stenay
Cervisy
Quincy-Landzecourt
Neuville-Day
Bois de Voncq
Bois du Chesne
Brieulles-sur-Bar
St-Pierremont
Vaux-en-Dieulet
Beaufort-en-Argonne
Baâlon
Bois du Chénois
Attigny
Rilly-s-Aisne
Semuy
Voncq
les Alleux
Châtillon-sur-Bar
Noirval
Le Champy-Haut
Wiseppe
Mouzay
Charmois
Ste-Vaubourg
Roche
Terron-sur-Aisne
Quatre-Champs
Authe
Autruche
Fossé
Nouart
Beauclair
Villefranche
Halles-s/s-les-Côtes
Vaux-Champagne
Chuffilly-Roche
Coulommes-et-Marqueny
Vandy
Belleville-Châtillon-sur-Bar
Germont
Bar-lès-Buzancy
Buzancy
Bois de la Folie
Tailly
Montigny-devt-Sassey
Forêt de woëvre
Chardeny
Vrizy
Ballay
Toges
Harricourt
Barricourt
Grivy-Loisy
Vouziers
Chestres
Forêt de Boult
Boult-au-Bois
Thénorgues
Mont-devt-Sassey
Lion-devant-Dun
Milly-sur-Bradon
Mars-s/s-Bourcq
Tourcelles-Chaumont
Mazagran
Blaise
la-Croix-Boult
Longwé
Boid du Ham
Briquenay
Sivry-lès-Buzancy
Verpel
Bayonville
Andevanne
Villers-devant-Dun
Dun-sur-Meuse
Murvaux
Falaise
Forêt de la Croix-aux-Bois
Rémonville
Landreville
Doulcon
Fontaines-St-Clair
Bréhéville
Ste-Marie
Contreuve
Sugny
Primat
Talma
Beffu-et-le-Morthomme
Imécourt
Champigneulle
Aincreville
Petit Cléry
-Grand
Liny-devant-Dun
Haraumont
Mont-St-Martin
St-Morel
Savigny-sur-Aisne
Olizy-Primat
Grandpré
St-Georges
Landres-St-Georges
Bantheville
Brieulles-sur-Meuse
Vilosnes-Haraumont
Semide
Brières
St-Juvin
Cim.américain
Cunel
Sivry-sur-Meuse
les Mts Chéry
Baimont
Brécy-Brières
Termes
Chevières
Sommerance
Romagne-Gesnes
Dannevoux
Liry
Monthois
Challerange
Mouron
Senuc
Marcq
08 Ardennes
55 Meuse
Ardennes
Argonne
0 1 2 4 6 8 10 km
0 1 2 4 6 miles

St-Hubert
Libramont-Chevigny
Bastogne
(Bastenaken)
Neufchâteau
Ste-Ode
Vaux-sur-Sûre
Fauvillers
Martelange
Léglise
Habay
Forêt d'Anlier
Forêt de Chiny
Étalle
Tintigny
Florenville
Arlon
(Aarlen)
Attert
Virton
Meix-devant-Virton
St-Léger
Lorraine Belge
Aubange
Messancy
Musson
Longwy
Longuyon
Montmédy
Rouvroy
Pierrepont
Mercy-le-Bas
Landres
Audun-le-Roman
Aumetz
Villerupt
Thil
Hussigny-Godbrange
Rédange
Longlaville
Herserange
Mont-St-Martin
Réhon
Cosnes-et-Romain
Tellancourt
Marville
Damvillers
Spincourt
Beuveille
Crusnes
Errouville
Fontoy
Algrange
Hayange
Knutange
Nilvange
Florange
Thionville
Dudelange
Kayl
Rumelange
Ottange
Volmerange-les-Mines
Bettembourg
Esch-sur-Alzette
Schifflange
Differdange
Pétange
Bascharage
Sanem
Mondercange
Dippach
Bertrange
Strassen
Mamer
Capellen
Steinfort
Koerich
Hobscheid
Septfontaines
Beckerich
Redange
Useldange
Préizerdaul
Saeul
Mersch
Bissen
Kehlen
Kopstal
Steinsel
Luxembourg
Leudelange
Reckange-sur-Mess
Roeser
Hesperange
Givet
Fumay
Haybes
Revin
Vireux-Wallerand
Vireux-Molhain
Aubrives
Beauraing
Doische
Agimont
Hastière
Vallée de la Meuse
Forêt des Ardennes
Ardennes
54 Meurthe-et-Moselle
55 Meuse
57 Moselle
BELGIË/BELGIQUE
LUXEMBURG/LUXEMBOURG
47
48
49
50
51
52
53

0 1 2 4 6 8 10 km
0 1 2 4 6 miles

Dr. Vulkaneifel
Gf
Daun
Ha
Cochem
Cochem
Hb
Emmelshausen
Hc
Emmelshausen
Hd
Oberwesel
48
49
50
51
52
53
Rheinböllen
DEUTSCHLAND
Bad Kreuznach
Meisenheim
Kaiserslautern
Kaiserslautern
Kaiserslautern
Pirmasens
Wittlich
Bernkastel-Kues
Traben-Trarbach
Zell (Mosel)
Simmern/Hunsrück
Kirchberg (Hunsrück)
Morbach
Hermeskeil
Birkenfeld
IDAR-OBERSTEIN
Kirn
Baumholder
Lauterecken
Wolfstein
Nohfelden
Nonnweiler
Wadern
Tholey
ST. WENDEL
Kusel
Lebach
Ottweiler
Illingen
NEUNKIRCHEN
HOMBURG (Saar)
Landstuhl
Ramstein-Miesenbach
Bexbach
Waldmohr
Schiffweiler
Merchweiler
Heusweiler
Quierschied
Riegelsberg
Marpingen
Eppelborn
Hunsrück
Hochwald
Idarwald
Soonwald-Nahe
Pfälzer Bergland
Westrich
Sickinger Höhe
Moselweinstraße
Hunsrück-Höhenstraße
Deutsche Edelsteinstraße
Naheweinstraße
Saar-Hunsrück
Rheinland-Pfalz
Saarland
Völklingen
Saarbrücken
Saarbrücken
Saarbrücken
Saarbrücken
Pirmasens
Zweibrücken
Zweibrücken
34

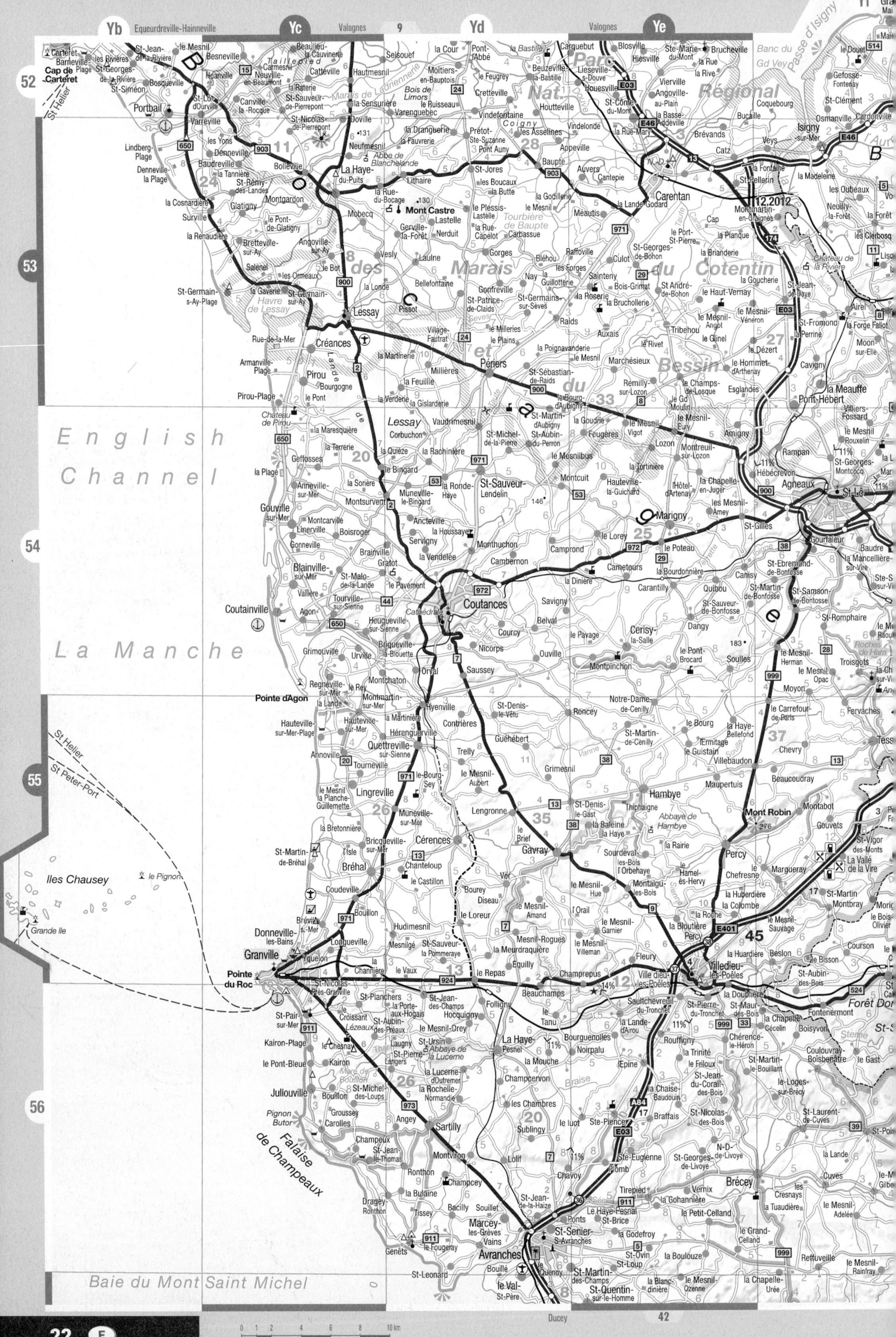
Yb
Equeurdreville-Hainneville
Yc
Valognes
9
Yd
Valognes
Ye
Yf
52
53
54
55
56
Cap de Carteret
Carteret
Barneville-Plage
les Rivières
St-Georges-de-la-Rivière
St-Jean-de-la-Rivière
le Mesnil
Besneville
Portbail
St-Lô-d'Ourville
Denneville
Lindberg-Plage
Denneville-la Plage
Surville
la Renaudière
St-Germain-s-Ay-Plage
Havre de Lessay
Bretteville-sur-Ay
Angoville-sur-Ay
le Bot
Lessay
Créances
Pirou
Pirou-Plage
Château de Pirou
Geffosses
Anneville-sur-Mer
Gouville sur-Mer
Blainville-sur-Mer
Coutainville
Agon-
Pointe d'Agon
Regnéville-sur-Mer
Hauteville-sur-Mer-Plage
Annoville
Lingreville
Bréhal
St-Martin-de-Bréhal
Coudeville
Bréville s/-Mer
Donneville-les-Bains
Granville
Pointe du Roc
St-Pair-sur-Mer
Kairon-Plage
le Pont-Bleue
Jullouville
Pignon Butor
Falaise de Champeaux
Champeaux
Carolles
St-Jean-le-Thomas
Dragey-Ronthon
Genêts
St-Léonard
Baie du Mont Saint Michel
English Channel
La Manche
Iles Chausey
le Pignon
Grande Ile
St Helier
St Peter-Port
Coutances
Cathédrale
St-Sauveur-Lendelin
Périers
Marais du Cotentin et du Bessin
Parc Nat. Régional
Carentan
Isigny-sur-Mer
Passe d'Isigny
Banc du Gd Vey
St-Lô
Agneaux
Marigny
Canisy
Cerisy-la-Salle
Gavray
Hambye
Abbaye de Hambye
Percy
Mont Robin
Villedieu-les-Poêles
Sartilly
La Haye-Pesnel
Avranches
St-Senier-s-Avranches
St-Martin-des-Champs
St-Quentin-sur-le-Homme
Brécey
La Haye-du-Puits
Mont Castre
Lithaire
Pont-l'Abbé
Baupte
Sainteny
Tribehou
Pont-Hébert
la Meauffe
Cavigny
Montmartin-en-Graignes
Quettreville-sur-Sienne
Cérences
Hyenville
Orval
Montchaton
Montpinchon
Savigny
Belval
Courcy
Nicorps
Saussey
Roncey
Lengronne
Ver
Champrepus
Fleury
Percy
Tessy
Forêt Domaniale de St-Sever
Ducey
42
E03
E46
E401
A84
0 1 2 4 6 8 10 km
0 1 2 4 6 miles

Pointe du Hoc
Za
Zb
10
Zc
Zd
Ze
Portsmouth
52
53
54
55
56
Côte de Nacre
Omaha Beach
Gold Beach
Juno Beach
Sword Beach
Campagne de Caen
Collines de Normandie
la Suisse Normande
Forêt de Cerisy
Bayeux
CAEN
Ouistreham
Courseulles-sur-Mer
Arromanches-les-Bains
Port-en-Bessin-Huppain
Isigny
Balleroy
Caumont-l'Éventé
Villers-Bocage
Aunay-sur-Odon
Évrecy
Thury-Harcourt
Condé-sur-Noireau
Vire
Vassy
Tinchebray
Flers
Sourdeval
Torigni-sur-Vire
St-Lô
Falaise
Pont-d'Ouilly
Putanges
Briouze
Messei
Mont Pinçon
Mont de Cerisy
14 Calvados
50 Manche
61 Orne
A84
A13
E46
E401
E03
Cabourg
Pont l'Évêque
Lisieux
Falaise
Argentan
St-Hilaire-du-Harcouët
Domfront
43
La Ferté-Macé

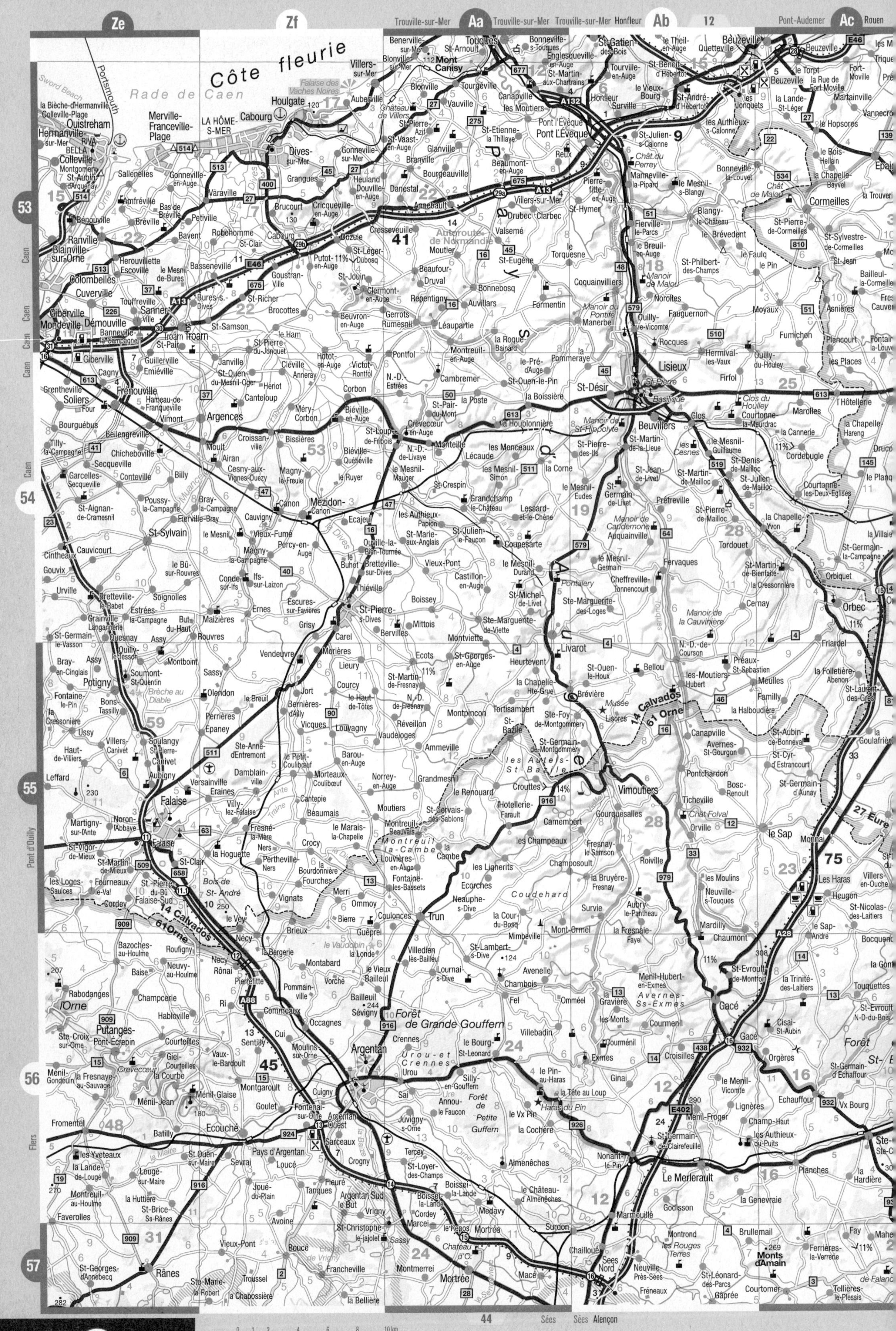
Côte fleurie
Rade de Caen
Ouistreham
Houlgate
Cabourg
Honfleur
Pont l'Évêque
Lisieux
St-Désir
Beuvillers
Cormeilles
Troarn
Argences
Mézidon-Canon
St-Pierre-s-Dives
Livarot
Orbec
Falaise
Vimoutiers
Trun
Argentan
Gacé
Le Merlerault
Le Sap
Putanges-Pont-Écrepin
Écouché
Rânes
Mortrée
Sées
14 Calvados
61 Orne
27 Eure
Forêt de Grande Gouffern
Pays d'Auge
Caen
Pont d'Ouilly
Flers
53
54
55
56
57

Forêt de la Londe
Bourgtheroulde-Infreville
Elbeuf
Caudebec-lès-Elbeuf
St-Pierre-lès-Elbeuf
Pont-de-l'Arche
Louviers
Val-de-Reuil
le Vaudreuil
Campagne
Brionne
Bernay
Le Neubourg
Campagne du Neubourg
Serquigny
Beaumont-le-Roger
Forêt de Beaumont
Broglie
Pays d'Ouche
Conches-en-Ouche
Forêt de Conches
Forêt d'Evreux
EVREUX
Rugles
L'Aigle
Breteuil
Forêt de Breteuil
Damville
Verneuil-sur-Avre
Tillières-sur-Avre
Nonancourt
St-Rémy-s-Avre
Brezolles
28 Eure et Loir
27 Eure
61 Orne
Gaillon
Paris
Pacy-s-Eure
Dreux
Mortagne-au-Perche
45
53
54
55
56
57

13
Bb
Rouen
Bc
Bd
14
Be
Gournay-en-Bray
Bf
Beauvais
53
54
55
56
57
Rouen
Louviers
Evreux
Nonancourt
Verneuil-sur-Avre
Vallée de la Seine
Les Andelys
Château Gaillard
Gaillon
Louviers
Val-de-Reuil
Pont-St-Pierre
Étrépagny
Gisors
Vexin
Magny-en-Vexin
Parc
Forêt de Vernon
VERNON
Pacy-s-Eure
MANTES-LA-JOLIE
LES MUREAUX
Meulan
Limay
Bonnières
Évreux
St-André-de-l'Eure
Forêt d'Ivry
Ivry-la-Bataille
Anet
Houdan
Septeuil
Forêt de Dreux
DREUX
Nonancourt
Vernouillet
Bois de l'Epars
Montfort-l'Amaury
Maurepas
Rambouillet
RAMBOUILLET
Forêt de Rambouillet
Nogent-le-Roi
Épernon
Chartres
28 Eure-et-Loir
78 Yvelines
95 Val d'Oise
27 Eure
Chartres
46
Chartres
Ablis
Dourdan

Compiègne Compiègne
53
Crépy-en-Valois
Soissons Meaux
54
Meaux
55
Coulommiers Provins
Reims
56
Fontenay-Trésigny
Nangis
57
Nangis
Noailles
Méru
Chambly
Persan
Beaumont-sur-Oise
L'Isle-Adam
PONTOISE
CERGY
CONFLANS-STE-HONORINE
TAVERNY
Mouy
Nogent-sur-Oise
Montataire
CREIL
Senlis
Chantilly
Forêt de Chantilly
Forêt d'Halatte
Pont-Ste-Maxence
Verberie
Luzarches
GOUSSAINVILLE
VILLIERS-LE-BEL
SARCELLES
GONESSE
Roissy-en-France
Aérogare 1
Paris (Charles de Gaulle)
Parc Astérix
Dammartin-en-Goële
Mitry-Mory
HERBLAY
FRANCONVILLE
ERMONT
ARGENTEUIL
BEZONS
SARTROUVILLE
HOUILLES
POISSY
ACHÈRES
ST-GERMAIN-EN-LAYE
Forêt de St-Germain
COLOMBES
ASNIÈRES
CLICHY
COURBEVOIE
NANTERRE
NEUILLY
ST-DENIS
STAINS
AUBERVILLIERS
PANTIN
BOBIGNY
DRANCY
LE BLANC-MESNIL
AULNAY-SS-BOIS
SEVRAN
TREMBLAY-EN-FRANCE
VILLEPINTE
VILLEPARISIS
LIVRY-GARGAN
BONDY
ROSNY-S-BOIS
MONTREUIL
VINCENNES
GAGNY
CHELLES
PARIS
Arc de Triomphe
Louvre
Sacré Coeur
Tour Eiffel
Notre Dame
Périphérique
RUEIL-MALMAISON
ST-CLOUD
BOULOGNE-BILLANCOURT
VERSAILLES
LE CHESNAY
ISSY-LES-M.
MONTROUGE
CLAMART
MEUDON
IVRY
VITRY
CHARENTON
MAISONS-ALFORT
CRÉTEIL
ST-MAUR-DES-FOSSÉS
CHAMPIGNY-S-M.
NOGENT-S-M.
NEUILLY-SUR-MARNE
NOISY-LE-GRAND
TORCY
VILLIERS-S-M.
PONTAULT-COMBAULT
MONTIGNY-LE-BRETONNEUX
GUYANCOURT
VÉLIZY-VILLACOUBLAY
ANTONY
MASSY
Orly
VILLENEUVE-ST-GEORGES
YERRES
CROSNE
Forêt de Notre-Dame
GIF-SUR-YVETTE
PALAISEAU
Orsay
LES ULIS
SAVIGNY-SUR-ORGE
ATHIS-MONS
VIGNEUX-SUR-SEINE
DRAVEIL
VIRY-CHÂTILLON
Forêt de Sénart
GRIGNY
RIS-ORANGIS
Évry
STE GENEVIÈVE-DES-BOIS
Brie-Comte-Robert
Forêt de Coubert
Moissy-Cramayel
Limours
Chevreuse
Rambouillet

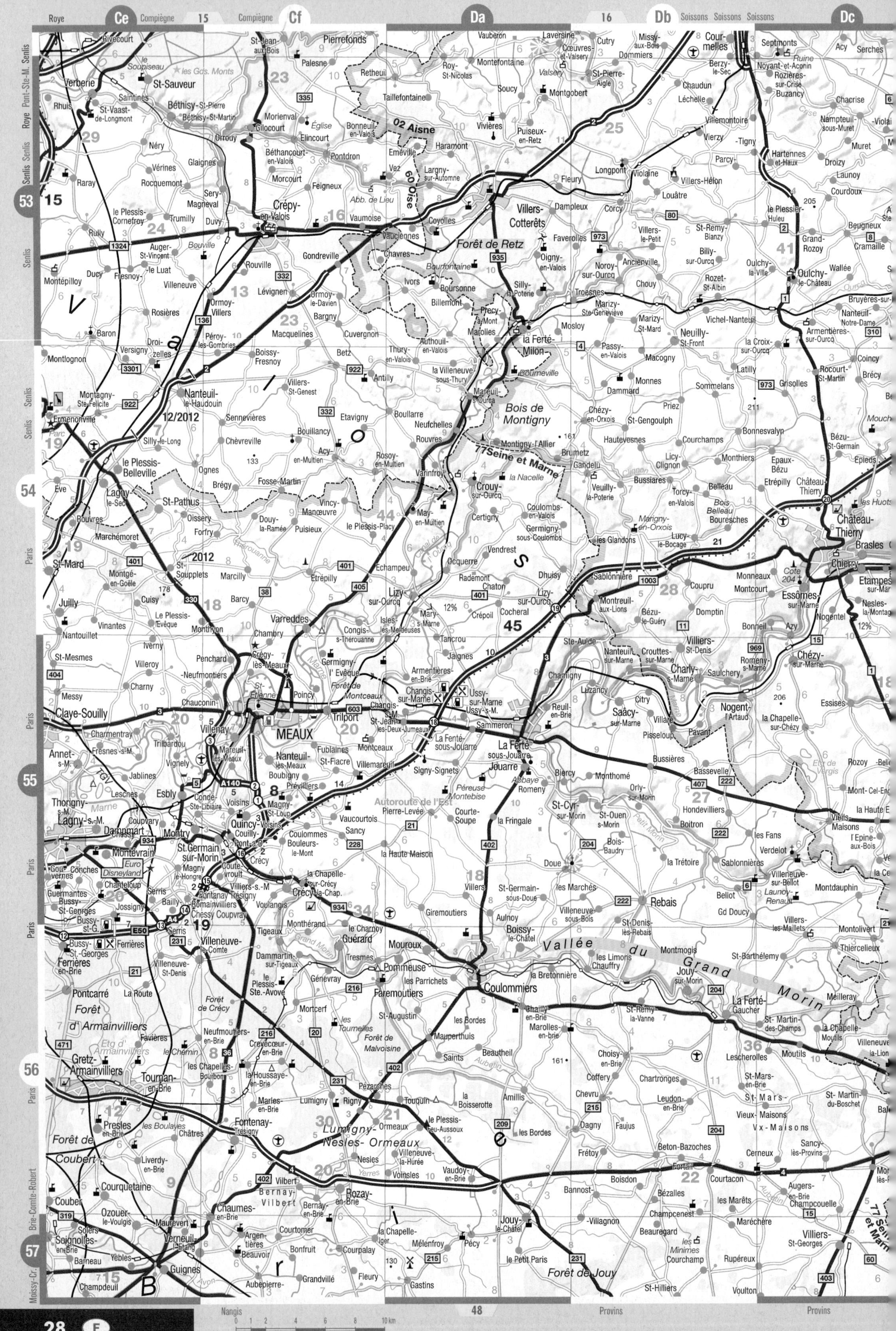



0 1 2 4 6 8 10 km
0 1 2 4 6 miles

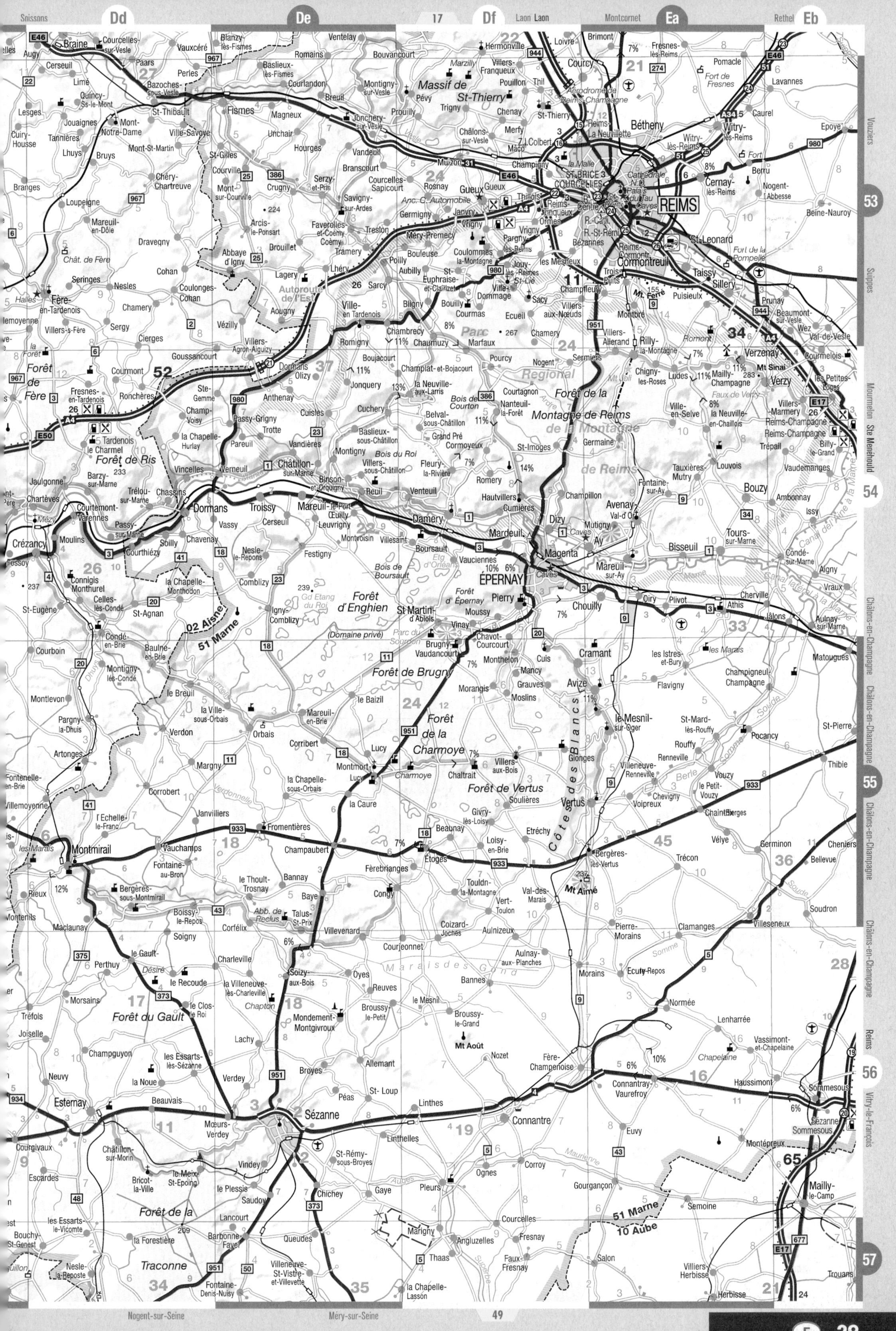
Braine
Courcelles-sur-Vesle
Vauxcéré
Blanzy-lès-Fismes
Ventelay
Romains
Bouvancourt
Hermonville
Loivre
Brimont
Fresnes-lès-Reims
Pomacle
Fort de Fresnes
Lavannes
Cerseuil
Paars
Perles
Basllieux-lès-Fismes
Courlandon
Montigny-sur-Vesle
Massif de St-Thierry
Marzilly
Villers-Franqueux
Courcy
Aérodrome de Reims-Champagne
Limé
Bazoches-sous-Vesle
Quincy-Ss-le-Mont
Fismes
St-Thibault
Breuil
Jonchery-sur-Vesle
Pévy
Trigny
Pouillon
Thil
Chenay
St-Thierry
Merfy
Bétheny
Caurel
Epoye
Lesges
Jouaignes
Mont-Notre-Dame
Magneux
Unchair
Prouilly
Châlons-sur-Vesle
Z.I.Colbert
La Neuvillette
Witry-lès-Reims
Cuiry-Housse
Tannières
Ville-Savoye
Hourges
Vandeuil
Muizon
Champigny
Maco
Fort
Berru
Lhuys
Bruys
Mont-St-Martin
St-Gilles
Courville
Branscourt
St-BRICE-COURCELLES
La Malle
Cathédrale N.D.
Palais du Tau
Cernay-lès-Reims
Nogent-l'Abbesse
Branges
Chéry-Chartreuve
Mont-sur-Courville
Crugny
Serzy-et-Prin
Courcelles-Sapicourt
Rosnay
Gueux
Thillois
REIMS
Beine-Nauroy
Loupeigne
Savigny-sur-Ardes
Anc. C. Automobile
Janvry
Germigny
Reims-Tinqueux
Ormes
St-Léonard
Mareuil-en-Dôle
Arcis-le-Ponsart
Faverolles-et-Coëmy
Treslon
Méry-Premecy
Vrigny
Pargny-lès-Reims
R.-Ste-Anne
R.-St-Rémi
Bezannes
Fort de la Pompelle
Draveqny
Châl. de Fère
Abbaye d'Igny
Brouillet
Tramery
Bouleuse
Coulommes-la-Montagne
Les Mesneux
Cormontreuil
Taissy
Sillery
Cohan
Lagery
Lhéry
Poilly
Aubilly
St-Euphraise-et-Clairizet
Jouy-lès-Reims
St-Lié
Trois-Puits
Seringes
Nesles
Coulonges-Cohan
Autoroute de l'Est
Sarcy
Ville-Dommage
Sacy
Champfleury
Mt Ferré
Puisieulx
Prunay
Fère-en-Tardenois
Chamery
Aougny
Ville-en-Tardenois
Bligny
Bouilly
Courmas
Ecueil
Villers-aux-Nœuds
Montbré
Beaumont-sur-Vesle
Wez
Val-de-Vesle
Villers-s-Fère
Sergy
Vézilly
Cierges
Chambrecy
Romigny
Parc
Marfaux
Chamery
Villers-Allerand
Rilly-la-Montagne
Romont
Verzenay
Cormelois
Forêt de Fère
Goussancourt
Villers-Agron-Aiguizy
Dormans
Olizy
Boujacourt
Champlat-et-Bojacourt
Pourcy
Nogent
Sermiers
Chigny-les-Roses
Ludes
Mailly-Champagne
Mt Sinaï
Verzy
les Petites-Loges
Courmont
Ronchères
Fresnes-en-Tardenois
Ste-Gemme
Jonquery
La Neuville-aux-Larris
Courtagnon
Nanteuil-la-Forêt
Régional
Forêt de la Montagne de Reims
Ville-en-Selve
La Neuville-en-Chaillois
Villers-Marmery
Reims-Champagne
Tardenois
Le Charmel
Champ-Voisy
Anthenay
Cuisles
Cuchery
Bois de Courton
Belval-sous-Châtillon
Germaine
Trépail
Billy-le-Grand
Forêt de Ris
Barzy-sur-Marne
Passy-Grigny
Trotte
la Chapelle-Hurlay
Pareuil
Vandières
Baslieux-sous-Châtillon
Grand Pré
Cormoyeux
St-Imoges
Louvois
Tauxières-Mutry
Vaudemanges
Jaulgonne
Trélou-sur-Marne
Chassins
Vincelles
Verneuil
Châtillon-sur-Marne
Montigny
Bois du Roi
Villers-sous-Châtillon
Fleury-la-Rivière
Romery
Hautvillers
Cumières
Champillon
Fontaine-sur-Ay
Bouzy
Ambonnay
Chartèves
Courtemont-Varennes
Dormans
Troissy
Mareuil-le-Port
Binson-et-Orquigny
Reuil
Venteuil
Avenay-Val-d'Or
Mézy
Passy-sur-Marne
Vassy
Cerseuil
Œuilly
Leuvrigny
Damery
Dizy
Mutigny
Ay
Issy
Crézancy
Moulins
Courthiézy
Soilly
Chavenay
Nesle-le-Repons
Montvoisin
Villesaint
Boursault
Mardeuil
Magenta
Bisseuil
Tours-sur-Marne
Fossoy
Connigis
Monthurel
Festigny
Vauciennes
Etg d'Orléans
Mareuil-sur-Ay
Condé-sur-Marne
Aigny
Celles-lès-Condé
la Chapelle-Monthodon
Comblizy
Bois de Boursault
ÉPERNAY
Forêt d'Épernay
Pierry
Chouilly
Oiry
Plivot
Cherville
Athis
Vraux
St-Eugène
St-Agnan
02 Aisne
51 Marne
Igny-Comblizy
Gd Etang du Roi
Forêt d'Enghien
St Martin-d'Ablois
Moussy
Vinay
Jâlons
Aulnay-sur-Marne
Courboin
Condé-en-Brie
Baulne-en-Brie
(Domaine privé)
Parc du Sourdon
Brugny-Vaudancourt
Chavot-Courcourt
Monthelon
Cuis
Cramant
les Istres-et-Bury
les Marais
Matougues
Montigny-lès-Condé
Forêt de Brugny
Mancy
Grauves
Avize
Flavigny
Champigneul-Champagne
Montlevon
le Breuil
la Ville-sous-Orbais
le Baizil
Morangis
Moslins
Côte des Blancs
Pargny-la-Dhuis
Verdon
Orbais
Mareuil-en-Brie
Forêt de la Charmoye
le Mesnil-sur-Oger
St-Mard-lès-Rouffy
Pocancy
St-Pierre
Artonges
Margny
Corribert
Lucy
Montmort-Lucy
Charmoye
Chaltrait
Villers-aux-Bois
Oger
Rouffy
Renneville
Villeneuve-Renneville
Thibie
Fontenelle-en-Brie
Corrobert
la Chapelle-sous-Orbais
la Caure
Forêt de Vertus
Soulières
Vertus
Chevigny
Voipreux
Vouzy
le Petit-Vouzy
Chaintrix-Bierges
Villemoyenne
l'Echelle-le-Franc
Janvilliers
Fromentières
Givry-lès-Loisy
Etréchy
Vélye
Germinon
Cheniers
Montmirail
Vauchamps
Champaubert
Beaunay
Étoges
Loisy-en-Brie
Bergères-lès-Vertus
Trécon
Bellevue
Fontaine-au-Bron
Fèrebrianges
Toulon-la-Montagne
Mt Aimé
Rieux
Bergères-sous-Montmirail
le Thoult-Trosnay
Bannay
Baye
Congy
Vert-Toulon
Val-des-Marais
Soudron
Montenils
Maclaunay
Boissy-le-Repos
Corfélix
Abb. de Reclus
Talus-St-Prix
Villevenard
Coizard-Joches
Aulnizeux
Pierre-Morains
Clamanges
Villeseneux
Soigny
Courjeonnet
Perthuy
le Gault-Désiré
le Recoude
Charleville
Soizy-aux-Bois
Oyes
Reuves
Marais de St-Gond
Aulnay-aux-Planches
Bannes
Morains
Écury-le-Repos
Morsains
la Villeneuve-lès-Charleville
le Clos-le-Roi
Chapton
Broussy-le-Petit
le Mesnil
Broussy-le-Grand
Normée
Lenharrée
Tréfols
Forêt du Gault
Mondement-Montgivroux
Joiselle
Lachy
Mt Août
Vassimont-et-Chapelaine
Champguyon
les Essarts-lès-Sézanne
Allemant
Nozet
Fère-Champenoise
Chapelaine
Neuvry
la Noue
Verdey
Broyes
Connantray-Vaurefroy
Haussimont
Esternay
Beauvais
Péas
St-Loup
Linthes
Sommesous
Mœurs-Verdey
Sézanne
Connantre
Euvy
Courgivaux
Châtillon-sur-Morin
Linthelles
Montépreux
Vindey
St-Rémy-sous-Broyes
Corroy
Escardes
Bricot-la-Ville
le Meix-St-Epoing
le Plessis
Chichey
Gaye
Pleurs
Ognes
Gourgançon
Mailly-le-Camp
Saudoy
Maurienne
51 Marne
10 Aube
Semoine
Les Essarts-le-Vicomte
Forêt de la Traconne
Lancourt
Barbonne-Fayel
Marigny
Courcelles
Fresnay
Bouchy-St-Genest
la Forestière
Queudes
Angluzelles
Faux-Fresnay
Salon
Villiers-Herbisse
Nesle-la-Reposte
Fontaine-Denis-Nuisy
Villeneuve-St-Vistre-et-Villevotte
Thaas
la Chapelle-Lasson
Herbisse
Trouans
Vouziers
Suippes
Mourmelon
Ste Menehould
Châlons-en-Champagne
Reims
Vitry-le-François

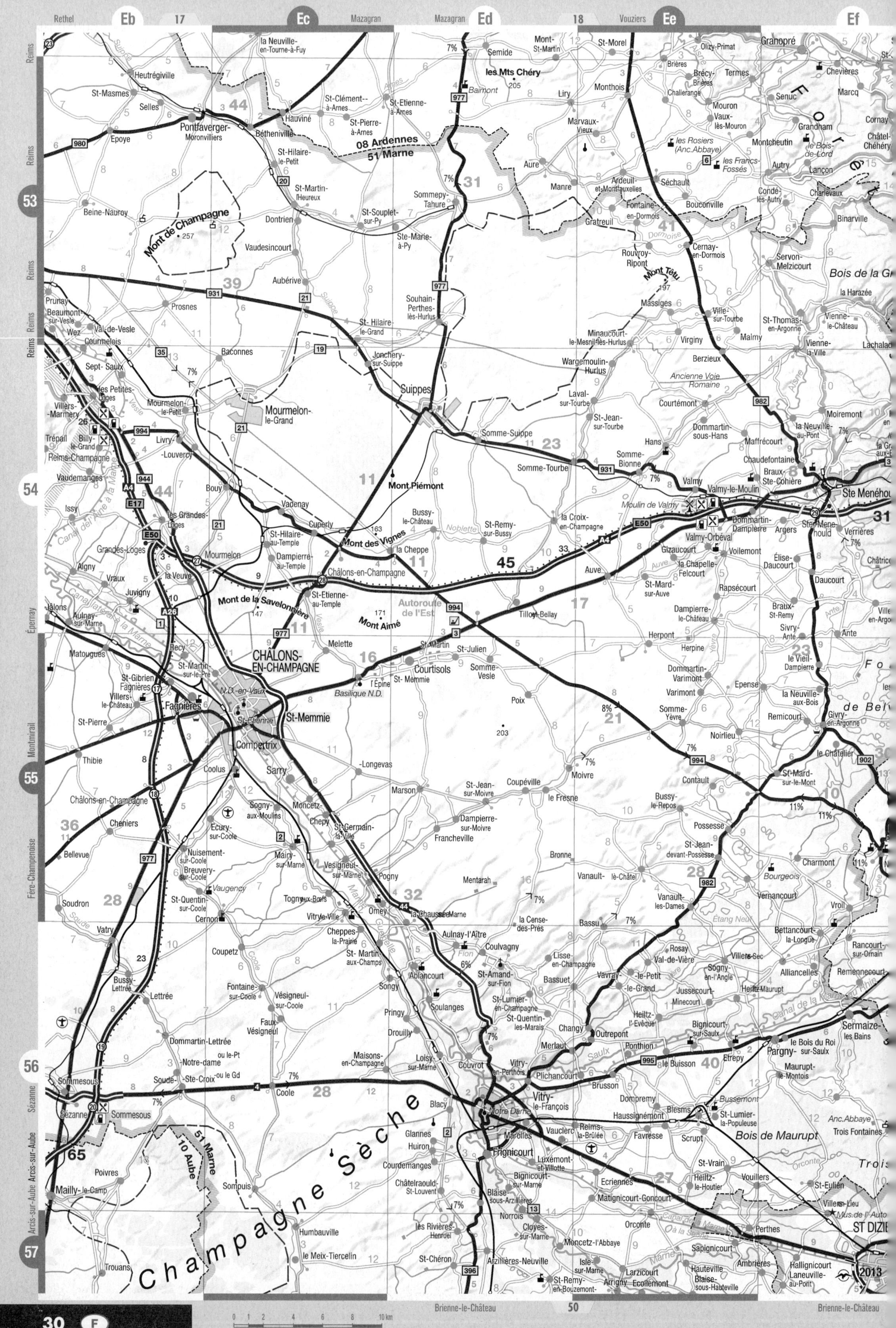

Rethel
Eb
17
Ec
Mazagran
Ed
18
Vouziers
Ee
Ef
Reims
53
54
55
56
57
Épernay
Montmirail
Fère-Champenoise
Sézanne
Arcis-sur-Aube
Brienne-le-Château
50
08 Ardennes
51 Marne
10 Aube
51 Marne
Mont de Champagne
les Mts Chéry
Mont Têtu
Mont Piémont
Mont des Vignes
Mont de la Savelonnière
Mont Aimé
Autoroute de l'Est
Champagne Sèche
Bois de la Gr
Bois de Maurupt
Canal de la Marne au Rhin
CHÂLONS-EN-CHAMPAGNE
Châlons-en-Champagne
Suippes
Mourmelon-le-Grand
Mourmelon-le-Petit
Pontfaverger-Moronvilliers
Heutrégiville
St-Masmes
Selles
Epoye
Bétheniville
Hauviné
St-Clément-à-Arnes
St-Etienne-à-Arnes
St-Pierre-à-Arnes
St-Hilaire-le-Petit
St-Martin-l'Heureux
Dontrien
Sommepy-Tahure
St-Souplet-sur-Py
Ste-Marie-à-Py
Vaudesincourt
Aubérive
Souhain-Perthes-lès-Hurlus
St-Hilaire-le-Grand
Jonchery-sur-Suippe
Beine-Nauroy
Prosnes
Baconnes
Prunay
Beaumont-sur-Vesle
Wez
Val-de-Vesle
Courmelois
Sept-Saulx
les Petites-Loges
Villers-Marmery
Trépail
Billy-le-Grand
Reims-Champagne
Vaudemanges
Livry-Louvercy
Bouy
Vadenay
Cuperly
St-Hilaire-au-Temple
Dampierre-au-Temple
Issy
les Grandes-Loges
Grandes-Loges
Aigny
Vraux
Juvigny
la Veuve
Jâlons
Aulnay-sur-Marne
Recy
Matougues
St-Martin-sur-le-Pré
St-Gibrien
Fagnières
Villers-le-Château
St-Pierre
Thibie
Coolus
Compertrix
St-Memmie
Sarry
l'Épine
Basilique N.D.
Melette
St-Etienne-au-Temple
la Cheppe
Courtisols
St-Julien
Somme-Vesle
Poix
St-Martin
Bussy-le-Château
St-Remy-sur-Bussy
la Croix-en-Champagne
Somme-Suippe
Somme-Tourbe
Somme-Bionne
Tilloy-et-Bellay
Auve
Semide
Mont-St-Martin
St-Morel
Baimont
Liry
Monthois
Marvaux-Vieux
Aure
Manre
Ardeuil-et-Montfauxelles
Séchault
Fontaine-en-Dormois
Gratreuil
Rouvroy-Ripont
Cernay-en-Dormois
Bouconville
Massiges
Ville-sur-Tourbe
Virginy
Minaucourt-le-Mesnil-lès-Hurlus
Wargemoulin-Hurlus
Laval-sur-Tourbe
St-Jean-sur-Tourbe
Berzieux
Malmy
Courtémont
Dommartin-sous-Hans
Hans
Valmy
Valmy-le-Moulin
Moulin de Valmy
Valmy-Orbéval
Gizaucourt
la Chapelle-Felcourt
Voilemont
St-Mard-sur-Auve
Rapsécourt
Dampierre-le-Château
Herpont
Herpine
Dommartin-Varimont
Varimont
Somme-Yèvre
Noirlieu
Olizy-Primat
Brieres
Brécy-Brières
Termes
Challerange
Mouron
Vaux-lès-Mouron
les Rosiers (Anc.Abbaye)
les Francs-Fossés
Grandpré
Chevières
Marcq
Senuc
Grandham
Cornay
Châtel-Chéhéry
Montcheutin
le Bois-de-Lord
Autry
Lançon
Condé-lès-Autry
Charlevaux
Binarville
Servon-Melzicourt
la Harazée
St-Thomas-en-Argonne
Vienne-le-Château
Vienne-la-Ville
Lachalade
Moiremont
la Neuville-au-Pont
Maffrécourt
Chaudefontaine
Braux-Ste-Cohière
Ste Menehould
Dommartin-Dampierre
Argers
Verrières
Chatrice
Élise-Daucourt
Daucourt
Braux-St-Remy
Sivry-Ante
Ante
le Vieil-Dampierre
Epense
la Neuville-aux-Bois
Remicourt
Givry-en-Argonne
le Châtelier
St-Mard-sur-le-Mont
Contault
Bussy-le-Repos
Possesse
St-Jean-devant-Possesse
Charmont
Bourgeois
Vernancourt
Vroil
Bettancourt-la-Longue
Rancourt-sur-Ornain
Villers-le-Sec
Alliancelles
Remennecourt
Sermaize-les-Bains
le Bois du Roi
Pargny-sur-Saulx
Maurupt-le-Montois
Etrepy
le Buisson
Bignicourt-sur-Saulx
Heiltz-le-Maurupt
Jussecourt-Minecourt
Sogny-en-l'Angle
Rosay
Val-de-Vière
Vavray-le-Petit
Vavray-le-Grand
Heiltz-l'Evêque
Outrepont
Changy
Ponthion
Merlaut
Plichancourt
Brusson
Dompremy
Haussignémont
Blesme
Bussemont
St-Lumier-la-Populeuse
Scrupt
Favresse
Reims-la-Brûlée
Vauclerc
Trois Fontaines
Anc.Abbaye
St-Vrain
Heiltz-le-Hutier
Vouillers
St-Eulien
Villers-le-Sec
Mus. de l'Auto
Perthes
ST DIZIER
Hallignicourt
Laneuville-au-Pont
Ambrières
Sapignicourt
Hauteville
Blaise-sous-Hauteville
Ecollemont
Larzicourt
Arrigny
Isle-sur-Marne
St-Remy-en-Bouzemont
Moncetz-l'Abbaye
Orconte
Matignicourt-Goncourt
Ecriennes
Luxémont-et-Villotte
Bignicourt-sur-Marne
Blaise-sous-Arzillières
Norrois
Cloyes-sur-Marne
Arzillières-Neuville
Frignicourt
Marolles
Vitry-le-François
Notre Dame
Vitry-en-Perthois
Couvrot
Loisy-sur-Marne
Maisons-en-Champagne
Drouilly
Pringy
Songy
Soulanges
Ablancourt
St-Martin-aux-Champs
Cheppes-la-Prairie
Vitry-la-Ville
Omey
la Chaussée-sur-Marne
Aulnay-l'Aître
Coulvagny
St-Amand-sur-Fion
St-Lumier-en-Champagne
St-Quentin-les-Marais
Bassuet
Lisse-en-Champagne
la Cense-des-Prés
Bassu
Vanault-les-Dames
Vanault-le-Châtel
Bronne
Mentarah
Francheville
Dampierre-sur-Moivre
St-Jean-sur-Moivre
Marson
Coupéville
le Fresne
Moivre
Longevas
Moncetz
Chepy
St-Germain-la-Ville
Vésigneul-sur-Marne
Pogny
Mairy-sur-Marne
Tognyaux-Bœufs
Sogny-aux-Moulins
Ecury-sur-Coole
Nuisement-sur-Coole
Breuvery-sur-Coole
Vaugency
St-Quentin-sur-Coole
Cernon
Coupetz
Fontaine-sur-Coole
Vésigneul-sur-Coole
Faux-Vésigneul
Cheniers
Bellevue
Soudron
Vatry
Bussy-Lettrée
Lettrée
Dommartin-Lettrée
Notre-Dame ou le-Pt
Ste-Croix ou le Gd
Soudé
Sommesous
Sézanne
Coole
Blacy
Glannes
Huiron
Courdemanges
Châtelraould-St-Louvent
les Rivières-Henruel
St-Chéron
Humbauville
le Meix-Tiercelin
Sompuis
Poivres
Mailly-le-Camp
Trouans
N.D.-en-Vaux
St-Etienne

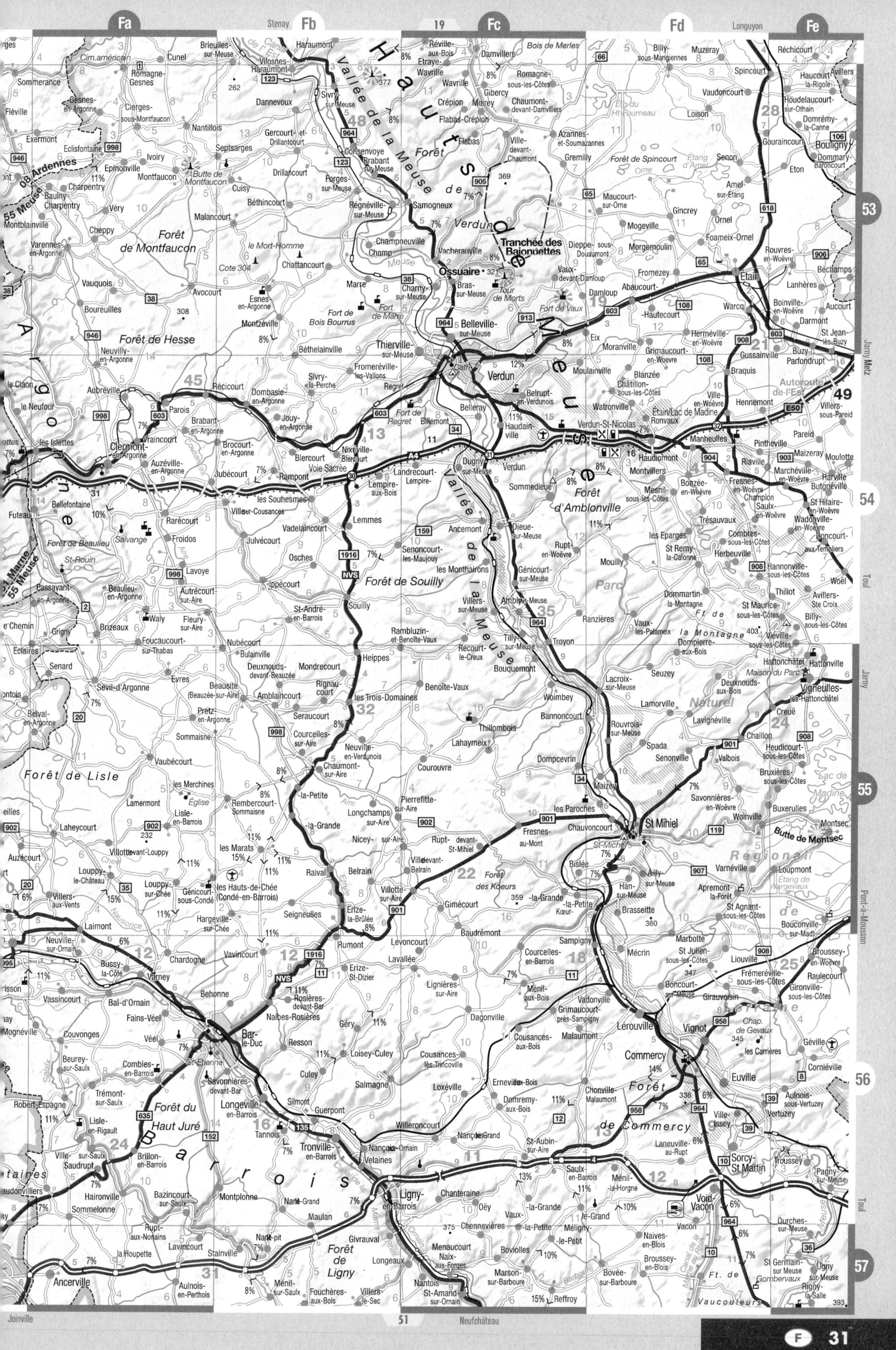
Fa
Fb
Fc
Fd
Fe
Stenay
19
Longuyon
Jarny Metz
Jarny
Toul
Pont-à-Mousson
Joinville
51
Neufchâteau
53
54
55
56
57
Hauts de Meuse
Vallée de la Meuse
Verdun
St Mihiel
Commercy
Bar-le-Duc
Ligny-en-Barrois
Etain
Forêt de Hesse
Forêt de Souilly
Forêt de Lisle
Forêt d'Amblonville
Forêt de Commercy
Barrois
Argonne

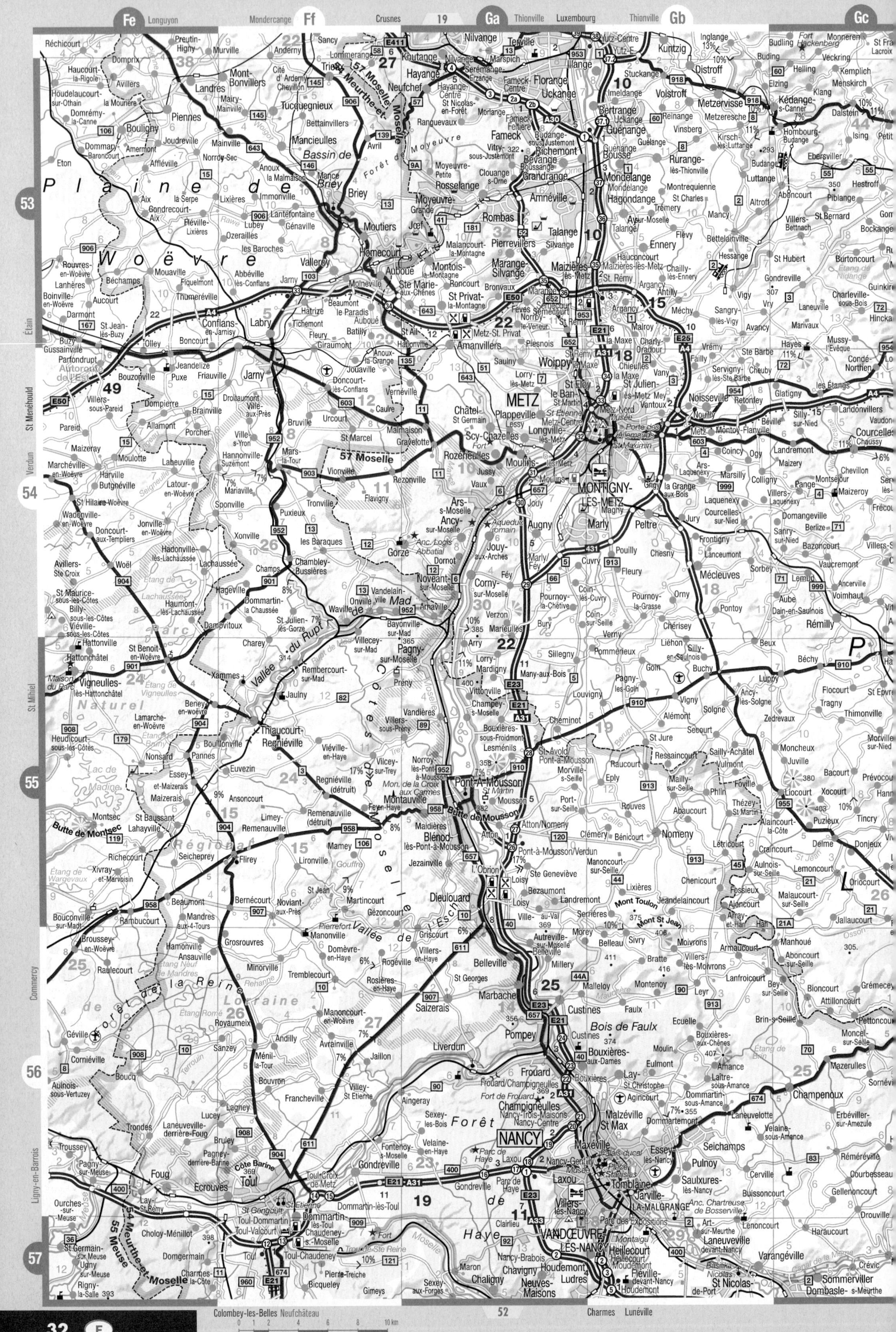
Fe
Longuyon
Mondercange
Ff
Crusnes
19
Ga
Thionville
Luxembourg
Thionville
Gb
Gc
53
54
55
56
57
Étain
St Menehould
Verdun
St Mihiel
Commercy
Ligny-en-Barrois
Plaine de Woëvre
Bassin de Briey
Forêt de Moyeuvre
Briey
Hayange
Thionville
Florange
Uckange
Fameck
Rombas
Talange
Hagondange
Maizières-lès-Metz
Woippy
METZ
Montigny-lès-Metz
Marly
Conflans-en-Jarnisy
Jarny
Labry
Homécourt
Gravelotte
57 Moselle
Gorze
Ars-sur-Moselle
Jouy-aux-Arches
Pagny-sur-Moselle
Pont-à-Mousson
Butte de Mousson
Thiaucourt-Regniéville
Vigneulles-lès-Hattonchâtel
Butte de Montsec
Côtes de Moselle
Vallée du Rupt de Mad
Vallée de l'Esch
Parc Naturel Régional de Lorraine
Forêt de la Reine
Dieulouard
Nomeny
Mont Toulon
Mont St Jean
Bois de Faulx
Pompey
Liverdun
Frouard
Champigneulles
Maxéville
NANCY
Laxou
Vandœuvre-lès-Nancy
Tomblaine
Jarville-la-Malgrange
Essey-lès-Nancy
Saint-Max
Malzéville
Seichamps
Pulnoy
Saulxures-lès-Nancy
Heillecourt
Houdemont
Ludres
Fléville-devant-Nancy
Laneuveville-devant-Nancy
Varangéville
St Nicolas-de-Port
Sommerviller
Dombasle-sur-Meurthe
Forêt de Haye
Toul
Écrouves
Foug
Gondreville
Dommartin-lès-Toul
54 Meurthe-et-Moselle
55 Meuse
57 Moselle
Rémilly
Courcelles-Chaussy
Boulay
Metzervisse
Kédange-sur-Canner
Colombey-les-Belles
Neufchâteau
52
Charmes
Lunéville
0 1 2 4 6 8 10 km
0 1 2 4 6 miles

SAARLOUIS
VÖLKLINGEN
SAARBRÜCKEN
NEUNKIRCHEN
ST. INGBERT
Forbach
Sarreguemines
St-Avold
Faulquemont
Morhange
Dieuze
Sarrebourg
Sarre-Union
Fénétrange
Lorraine
Forêt de Parroy

0 1 2 4 6 8 10 km
0 1 2 4 6 miles

Wiesenbach Sinsheim 53 Sinsheim 54 Heilbronn Mühlacker DEUTSCHLAND Leonberg-Ost 55 Mühlacker Calw 56 Calw 57

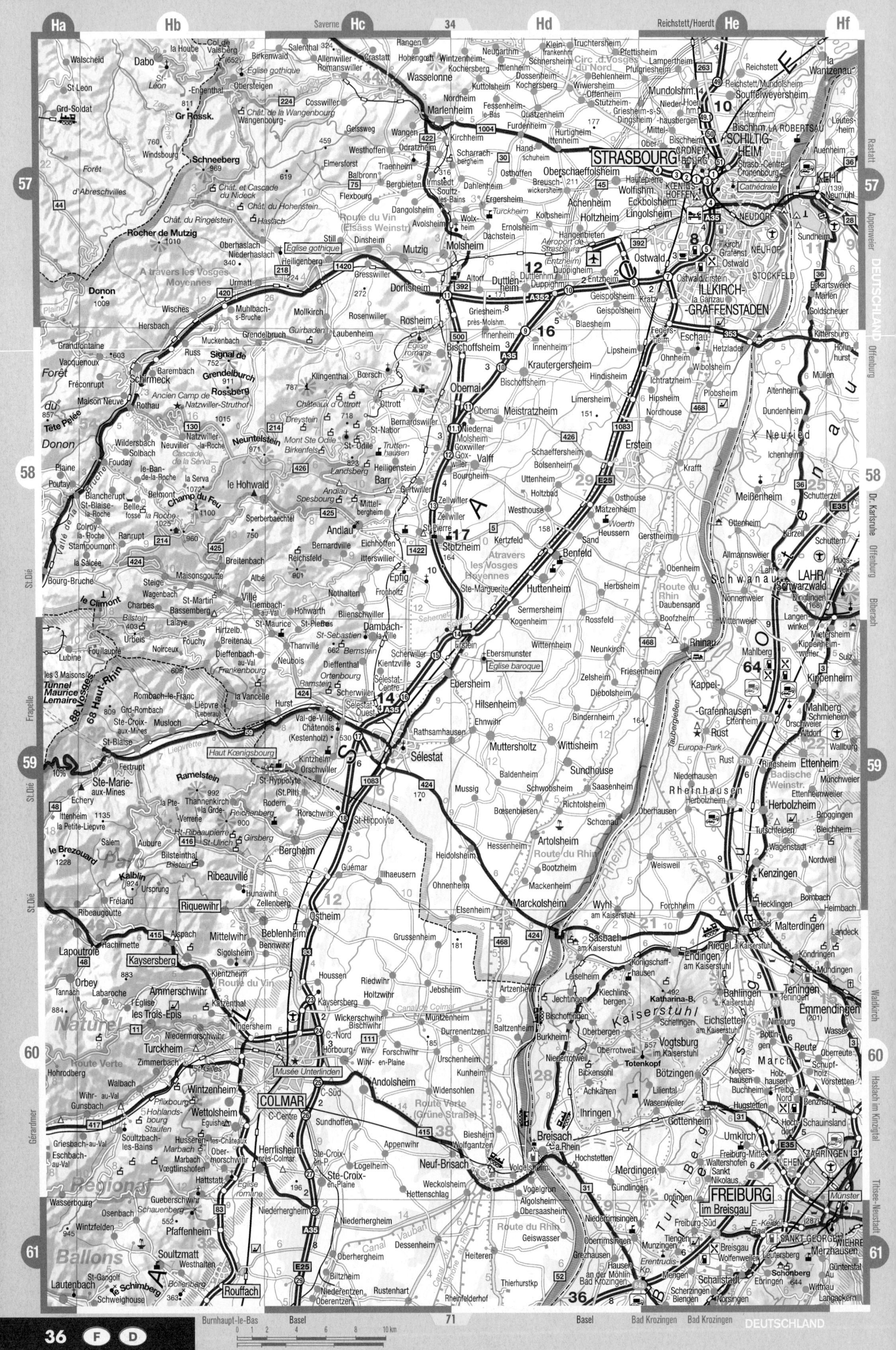
Ha
Hb
Saverne
Hc
34
Hd
Reichstett/Hoerdt
He
Hf
57
58
59
60
61
Rastatt
Appenweier
DEUTSCHLAND
Offenburg
Dr. Karlsruhe
Biberach
Waldkirch
Haslach im Kinzigtal
Titisee-Neustadt
St.Dié
Frapelle
Gérardmer
STRASBOURG
SCHILTIGHEIM
KEHL
ILLKIRCH-GRAFFENSTADEN
Molsheim
Mutzig
Obernai
Sélestat
COLMAR
Neuf-Brisach
Breisach a.Rhein
FREIBURG im Breisgau
LAHR Schwarzwald
Emmendingen
Kenzingen
Herbolzheim
Ettenheim
Erstein
Benfeld
Marckolsheim
Ribeauvillé
Riquewihr
Kaysersberg
Rouffach
Wasselonne
Schirmeck
Donon
Kaiserstuhl
Musée Unterlinden
Cathédrale
Münster
Haut Kœnigsbourg
Église gothique
Église baroque
Route du Vin
Route Verte
71
Burnhaupt-le-Bas
Basel
Bad Krozingen
DEUTSCHLAND
10 km
6 miles

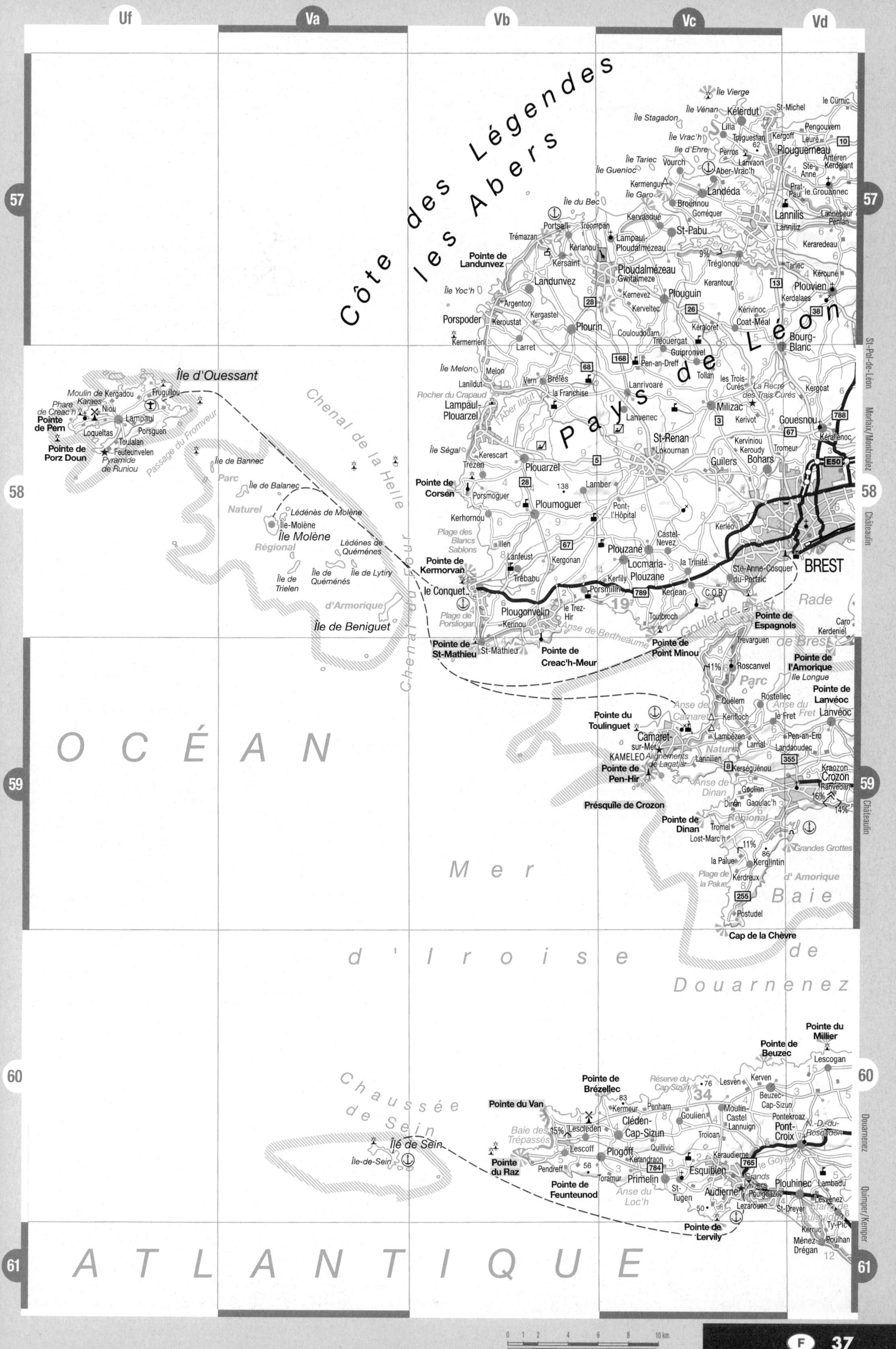
Uf
Va
Vb
Vc
Vd
57
58
59
60
61
Côte des Légendes
les Abers
Pays de Léon
Île d'Ouessant
Chenal de la Helle
Chenal du Four
Île Molène
Île de Beniguet
Parc Naturel Régional d'Armorique
BREST
Rade de Brest
Goulet de Brest
Presqu'île de Crozon
Pointe de St-Mathieu
Le Conquet
Plouzané
Plougonvelin
Camaret-sur-Mer
Crozon
OCÉAN
ATLANTIQUE
Mer d'Iroise
Baie de Douarnenez
Chaussée de Sein
Île de Sein
Pointe du Raz
Pointe du Van
Audierne
Plogoff
Cléden-Cap-Sizun
Pont-Croix
Landunvez
Porspoder
Plouguerneau
Lannilis
Ploudalmézeau
St-Renan
Plouarzel
Ploumoguer
Guilers
Bohars
Gouesnou
Milizac
Plouvien
Bourg-Blanc
Cap de la Chèvre
St-Pol-de-Léon
Morlaix/Montroulez
Châteaulin
Douarnenez
Quimper/Kemper

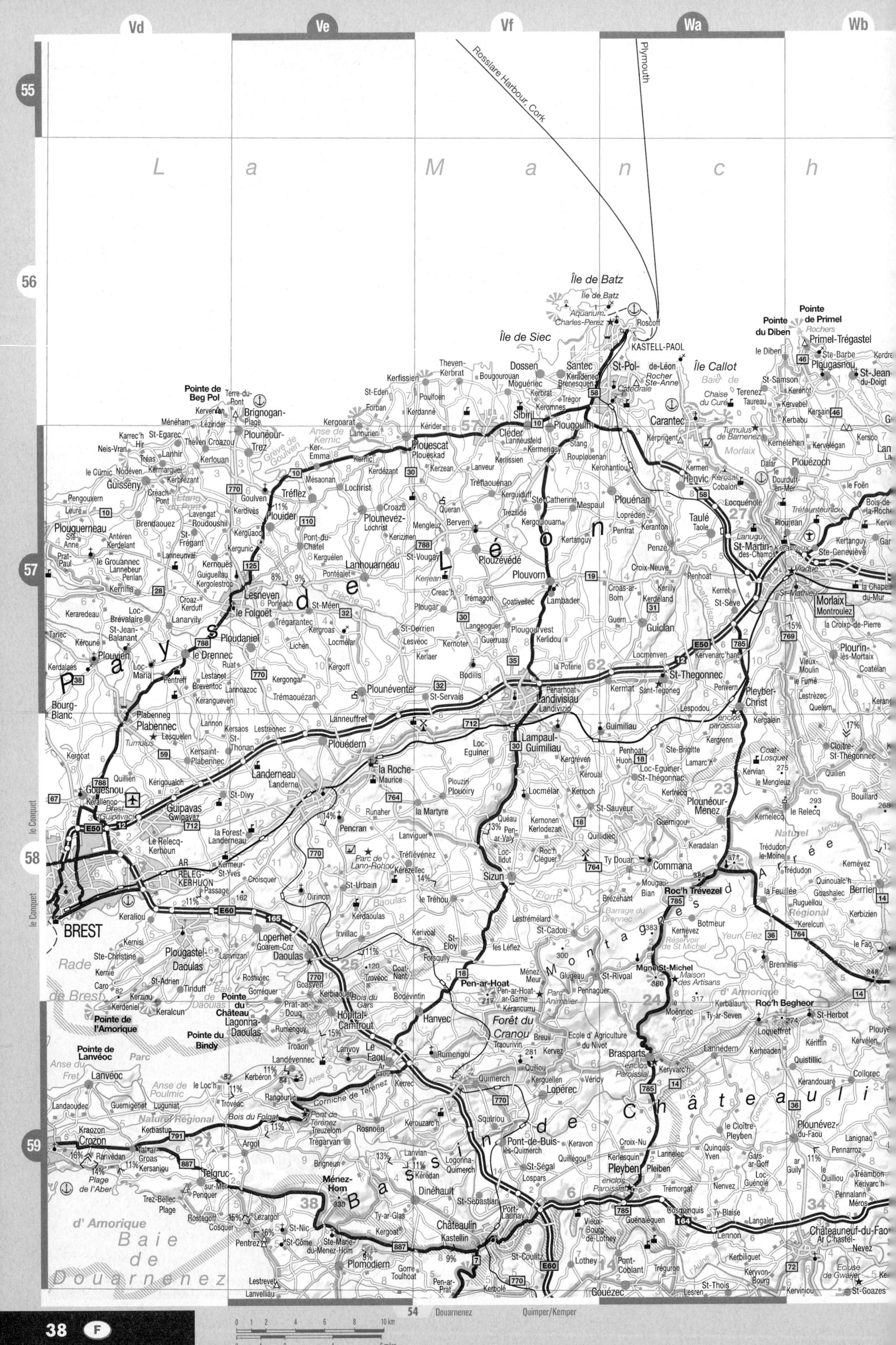
Vd
Ve
Vf
Wa
Wb
55
56
57
58
59
Rosslare Harbour, Cork
Plymouth
La Manche
Île de Batz
Aquarium Charles-Perez
Roscoff
Île de Siec
KASTELL-PAOL
St-Pol-de-Léon
Île Callot
Pointe de Primel
Pointe du Diben
Primel-Trégastel
Plougasnou
St-Jean-du-Doigt
Pointe de Beg Pol
Brignogan-Plage
Plounéour-Trez
Kerlouan
Guissény
Plouguerneau
Plouescat
Cléder
Sibiril
Plougoulm
Santec
Carantec
Henvic
Taulé
Morlaix
Plouézoch
Tréflez
Plouider
Goulven
Plounevez-Lochrist
Lanhouarneau
Plouzévédé
Plouvorn
Plouénan
Penzé
St-Martin-des-Champs
Lesneven
Le Folgoët
Ploudaniel
Le Drennec
Plouvien
Bourg-Blanc
Plabennec
Pays de Léon
Landivisiau
St-Thegonnec
Pleyber-Christ
Guiclan
Plourin-lès-Morlaix
Plouédern
Landerneau
la Roche-Maurice
Lampaul-Guimiliau
Guimiliau
Gouesnou
Guipavas
BREST
Le Relecq-Kerhuon
Plougastel-Daoulas
Daoulas
Loperhet
Sizun
Commana
Roc'h Trévezel
Montagnes d'Arrée
Parc Naturel Régional d'Armorique
Berrien
Hôpital-Camfrout
Le Faou
Forêt du Cranou
Pen-ar-Hoat
Brasparts
Lopérec
Pleyben
Rade de Brest
Pointe de l'Armorique
Pointe du Château
Pointe du Bindy
Pointe de Lanvéoc
Lanvéoc
Crozon
Telgruc-sur-Mer
Ménez-Hom
Châteaulin
Plomodiern
Pont-de-Buis-lès-Quimerch
Bassin de Châteaulin
Châteauneuf-du-Faou
Plonévez-du-Faou
Baie de Douarnenez
Gouézec
St-Goazen
E50
E60
12
165
164
887
785
770

Wc
Wd
We
Wf
Xa
Côte de Granit rose
les Sept Iles
Pointe du Squéouel
Île Renote
Île Grande
Pointe du Château
Îll St-Gildas
Pointe du Château
Îles d' Er
Île Modez
Phare du Paon
Île de Bréhat
Pointe de l'Arcouest
Trégastel
Perros-Guirec
Louannec
Trévou-Treguignec
Penvénan
Plougrescant
Plouguiel
Treguier
Landreger
Trédarzec
Lézardrieux
Paimpol
Pempoull
Ploubazlanec
Pointe de Guilben
Pointe de Plouézec
Pointe de Minard
Plouézec
Pleumeur-Bodou
Trébeurden
Baie de Lannion
Pointe de Bihit
Lannion
Lannuon
Pointe de Séhar
Pointe de Dourvin
Locquémeau
Ploulec'h
Pointe de Locquirec
Locquirec
Trédrez
Plestin-les-Grèves
Ploubezre
Rospez
Trégorrois
Pommerit-Jaudy
La Roche-Derrien
Pontrieux
Plouëc-du-Trieux
Quemper-Guézennec
Plouha
Plehédel
Lanleff
Cavan
Prat
Tonquédec
Pluzunet
Begard
Bear
Plouaret
Ploueret
Le Vieux-Marché
Lanvellec
Plufur
Plouigneau
Plouégat-Moysan
Plounérin
Plounevez-Moëdec
Louargat
Belle-Isle-en-Terre
Pédernec
Ménez Bré
Plouisy
Grâces
Guingamp
Gwengamp
Pabu
St-Agathon
Ploumagoar
Plouagat
Châtelaudren
Goudelin
Lanvollon
Lanrodec
Plougonven
Guerlesquin
Loguivy-Plougras
Plougras
Forêt de Beffou
Plougonver
Bourbriac
Boulvriag
Scrignac
Callac
Kallag
Bulat-Pestivien
St-Norgant
Maël-Pestivien
Magoar
29 Finistère
22 Côtes-d'Armor
Carnoët
Poullaouen
Carhaix-Plouguer
Karhaez Plouguer
Plounévézel
Maël-Carhaix
St-Nicodème
Plounévez-Quintin
St-Nicolas-du-Pélem
Corlay
Korle
Cléden-Poher
Motreff
Plévin
Glomel
Rostrenen
Rostrenenn
Plouguernével
Gouarec
Gwareg
Lac de Guerlédan
Forêt de Quénécan
Mûr-de-Bretagne
Caurel
St-Gelven
Roc de Toullaëron
Trégornan
Mellionnec
Lescouët-Gouarec
St-Brieuc/St-Brieg
Loudéac
Gourin
55
56
57
58
59

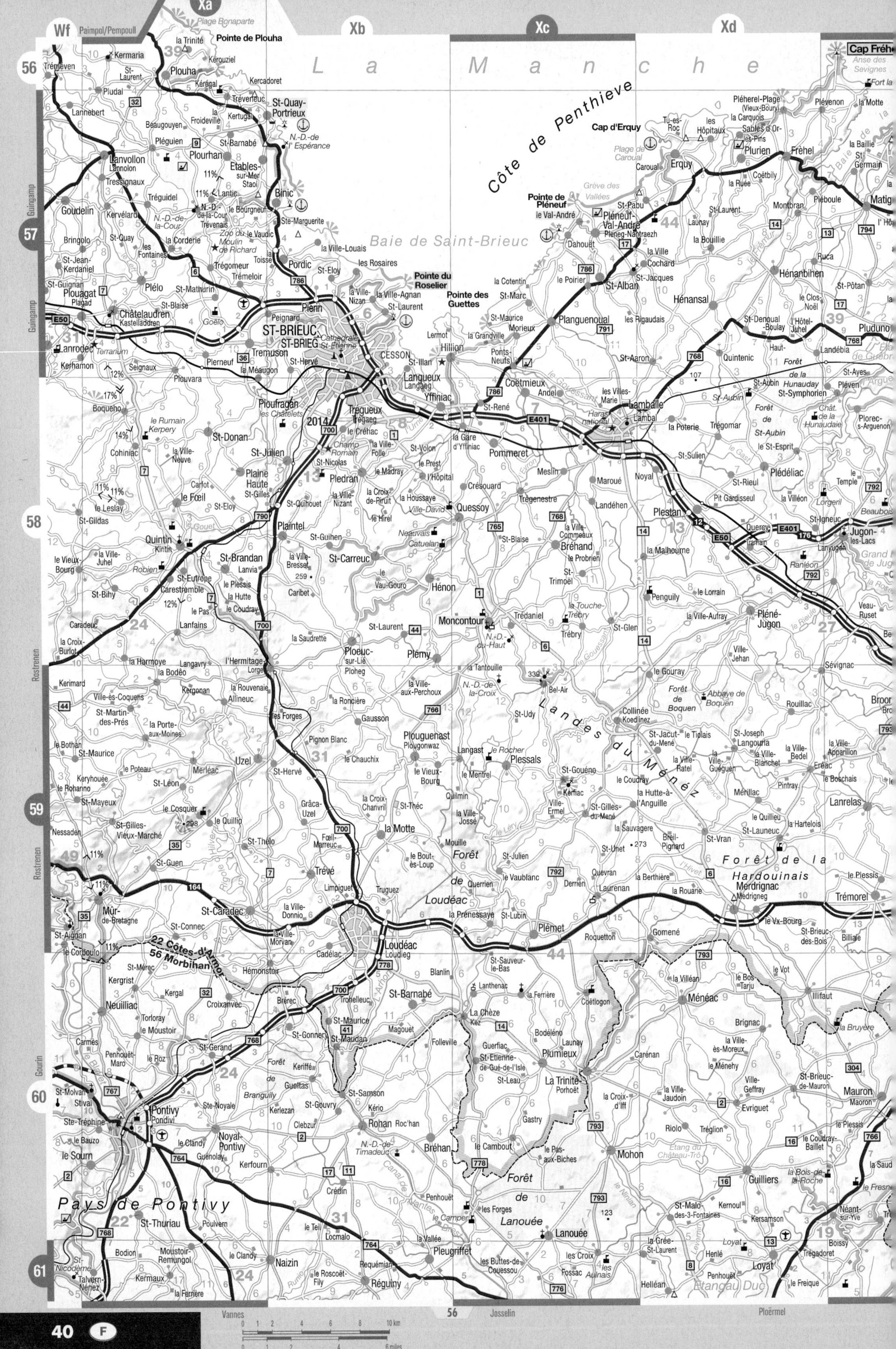

Wf
Xa
Xb
Xc
Xd
56
57
58
59
60
61
Paimpol/Pempoull
Plage Bonaparte
Pointe de Plouha
La Manche
Cap Fréhel
Anse des Sevignes
Fort la Latte
Côte de Penthievre
Cap d'Erquy
Baie de Saint-Brieuc
Pointe du Roselier
Pointe des Guettes
Pointe de Pléneuf
Trémeven
Kermaria
la Trinité
Plouha
Kérouziel
Kergal
Kercadoret
St-Laurent
Pludal
Lannebert
Tréveneuc
St-Quay-Portrieux
N.-D.-de l'Espérance
Beaugouyen
Froideville
Kertugal
Pléguien
St-Barnabé
Plourhan
Lanvollon
Lannolon
Etables-sur-Mer
Tressignaux
Lantic
Binic
Goudelin
Kervélard
Tréguidel
N.-D.-de-la-Cour
le Bourgneuf
Trévenais
Ste-Marguerite
Bringolo
St-Quay
les Fontaines
la Corderie
Zoo du Moulin de Richard
le Vaudic
Toisse
la Ville-Louais
St-Jean-Kerdaniel
Trégomeur
Pordic
les Rosaires
St-Guignan
Plouagat
Plagad
Plélo
Trémeloir
St-Eloy
St-Mathurin
la Ville-Nizan
la Ville-Agnan
St-Laurent
Châtelaudren
Kastelladren
St-Blaise
Goëlo
Plérin
Peignard
ST-BRIEUC
ST-BRIEG
Cathédrale St-Etienne
Lanrodec
Terrarium
Plerneuf
Tremuson
St-Hervé
CESSON
Kerhamon
Seignaux
Plouvara
la Méaugon
Lermot
Hillion
St-Illan
Langueux
Langaeg
Yffiniac
Boqueho
Ploufragan
les Châtelets
Trégueux
Trégaeg
2014
le Créhac
le Rumain
Kerpery
St-Donan
Champ Romain
la Ville-Follet
St-Volon
la Gare d'Yffiniac
Pommeret
Cohiniac
la Ville-Neuve
St-Julien
St-Nicolas
le Prest
l'Hôpital
Plaine Haute
St-Gilles
Pledran
le Madray
Crésouard
le Leslay
Carfot
le Fœil
St-Eloy
St-Quihouet
la Ville-Nizant
la Croix-de-Piruit
la Houssaye
Ville-David
Quessoy
le Hirel
St-Gildas
Quintin
Kintin
Plaintel
St-Guihen
Neauvais
Catuelan
St-Blaise
le Vieux-Bourg
la Ville-Juhel
Robien
St-Brandan
Lanvia
la Ville-Bresset
St-Carreuc
le Vau-Gouro
Hénon
St-Bihy
St-Eutrope
Carestremble
le Plessis
la Hutte
le Coudray
Caribet
Caradeuc
le Pas
Lanfains
Moncontour
Trédaniel
la Touche-Trébry
Trébry
St-Glen
la Croix-Burlot
la Saudrette
St-Laurent
Ploeuc-sur-Lié
Ploheg
Plémy
N.-D.-du-Haut
la Harmoye
Langavry
la Bodéo
l'Hermitage-Lorge
la Tantouille
Bel-Air
Kerimard
Ville-ès-Coquens
Kergonan
la Rouvenaie
Allineuc
la Ronciere
la Ville-aux-Perchoux
N.-D.-de-la-Croix
St-Udy
Landes du Méné
St-Martin-des-Prés
la Porte-aux-Moines
les Forges
Gausson
Plouguenast
Plougonwaz
le Bothan
St-Maurice
Pignon Blanc
le Chauchix
Langast
le Rocher
Plessala
le Poteau
Merléac
Uzel
St-Hervé
le Vieux-Bourg
le Mentrel
St-Gouéno
Keryhouée
le Rohanno
St-Léon
Quilmin
Kerfiac
St-Mayeux
le Cosquer
le Quillio
Grâce-Uzel
la Croix-Chanvril
St-Thec
la Ville-Josse
Ville-Ermel
St-Gilles-du-Mené
Nessaden
St-Gilles-Vieux-Marché
St-Thélo
Fœil-Marreuc
la Motte
Mouille
St-Guen
le Bout-ès-Loup
Forêt de Querrien
St-Julien
le Vaublanc
Trévé
Limpiguet
Truguez
Loudéac
Mûr-de-Bretagne
St-Caradec
la Ville-Donnio
la Prénessaye
St-Lubin
Plémet
St-Connec
la Ville-Morvan
St-Aignan
le Corboulo
22 Côtes-d'Armor
56 Morbihan
Cadélac
Loudéac
Loudieg
Hémonstoir
St-Sauveur-le-Bas
St-Mérec
Kergrist
Blanlin
Kergal
Croixanvec
St-Barnabé
Lanthenac
la Ferrière
Neuilliac
Torloray
le Moustoir
Brérec
Trohelleuc
St-Maurice
la Chèze
Kez
St-Maudan
Magouët
St-Gonnery
Folleville
Bodéléno
Launay
Carmès
St-Gérand
Penhouët-Maro
le Roz
Forêt de Branguily
Keriffé
Gueltas
Guerfiac
St-Etienne-de-Gué-de-l'Isle
St-Leau
Plumieux
la Trinité-Porhoët
St-Molvan
Stival
Ste-Noyale
St-Samson
Kério
Kerlezan
St-Gouvry
Clebzur
Pontivy
Pondivi
Ste-Tréphine
le Bauzo
le Clandy
Noyal-Pontivy
Guénolay
Rohan
Roc'han
N.-D.-de-Timadeuc
Bréhan
le Cambout
le Pas-aux-Biches
le Sourn
Kerfourn
Crédin
Pays de Pontivy
St-Thuriau
Poulvern
Penhouët
le Camper
les Forges
Forêt de Lanouée
Lanouée
Locmalo
le Teil
la Vallée
Pleugriffet
Bodion
Moustoir-Remungol
le Clandy
Naizin
Réquémian
St-Nicodème
Talvern-Nénez
Kermaux
la Ferrière
le Roscoët-Fily
Réguiny
les Buttes-de-Couessou
les Croix
Fossac
les Aulnais
Erquy
Tu-es-Roc
les Hôpitaux
la Carquois
Sables-d'Or-les-Pins
Pléherel-Plage
Plurien
Fréhel
Plévenon
la Motte
Plage de Caroual
Caroual
Grève des Vallées
Coëtbily
la Ruée
St-Pabu
Pléneuf-Val-André
Pleneg-Nantraezh
le Val-André
Dahouët
Launay
St-Laurent
la Bouillie
Montbran
Pléboule
Matignon
la Ville Cochard
St-Jacques
le Poirier
St-Alban
la Cotentin
St-Marc
Hénansal
Hénanbihen
Ruca
St-Maurice
Morieux
Planguenoual
les Rigaudais
St-Denoual
Boulay
l'Hôtel-Juhel
le Clos-Noël
St-Pôtan
Pluduno
la Grandville
Ponts-Neufs
St-Aaron
Quintenic
Haut-Landébia
Coëtmieux
Andel
les Villes-Marie
Lamballe
Lambal
Haras national
St-Aubin
Forêt de la Hunaudaye
St-Symphorien
Pléven
St-Ayes
St-René
la Poterie
Trégomar
Forêt de St-Aubin
Château de la Hunaudaye
Plorec-s-Arguenon
le St-Esprit
Meslin
Maroué
St-Sulien
Plédéliac
Trégenestre
Noyal
St-Rieul
le Temple
Landéhen
Pit Gardisseul
la Villéon
Lorgeril
Plestan
Quercy
Tramain
Jugon-les-Lacs
St-Igneuc
la Ville-Commeaux
Bréhand
le Probrien
St-Trimoël
la Malhourne
Ranléon
Lanyugon
Grand Lac de Jugon
Penguily
le Lorrain
la Ville-Aufray
Pléné-Jugon
Veau-Ruset
Ville-Jehan
le Gouray
Forêt de Boquen
Abbaye de Boquen
Sévignac
Collinée
Koedlinez
St-Jacut-du-Mené
le Tiolais
St-Joseph
Langourla
la Ville-Blanchet
la Ville-Bedel
Rouillac
Broons
la Ville-Apparillon
la Ville-Ratel
la Ville-Guéguen
Eréac
le Boschais
le Coudray
la Hutte-à-l'Anguille
Mérillac
Pintray
Lanrelas
la Sauvagere
le Quillieu
St-Launeuc
la Hartelois
St-Unet
Breil-Pignard
St-Vran
Forêt de la Hardouinais
Quevran
la Berthière
Laurenan
Derrien
la Rouarie
Merdrignac
Medrigneg
le Plessis
Trémorel
Roquetton
Gomené
le Vx-Bourg
St-Brieuc-des-Bois
Billiac
la Villéan
le Bos-Tarju
le Vot
Coëtlogon
Ménéac
Illifaut
Brignac
la Bruyère
la Ville-ès-Moreux
Carénan
le Méneby
Ville-Geffray
St-Brieuc-de-Mauron
Mauron
Maoron
la Croix-d'Iff
la Ville-Jaudoin
Evriguet
Riolo
Tréglion
le Plessis
le Coudray-Baillet
Gastry
Mohon
Etang du Château-Trô
Guilliers
la Bois-de-la-Roche
la Saud
le Fresne
St-Malo-des-3-Fontaines
Kernoul
Kersamson
Néant-sur-Yvel
la Grée-St-Laurent
Loyat
Boissy
Trégadoret
Henlé
Penhouët
le Freique
Helléan
Etang au Duc
Guingamp
Rostrenen
Gourin
Vannes
Josselin
Ploërmel

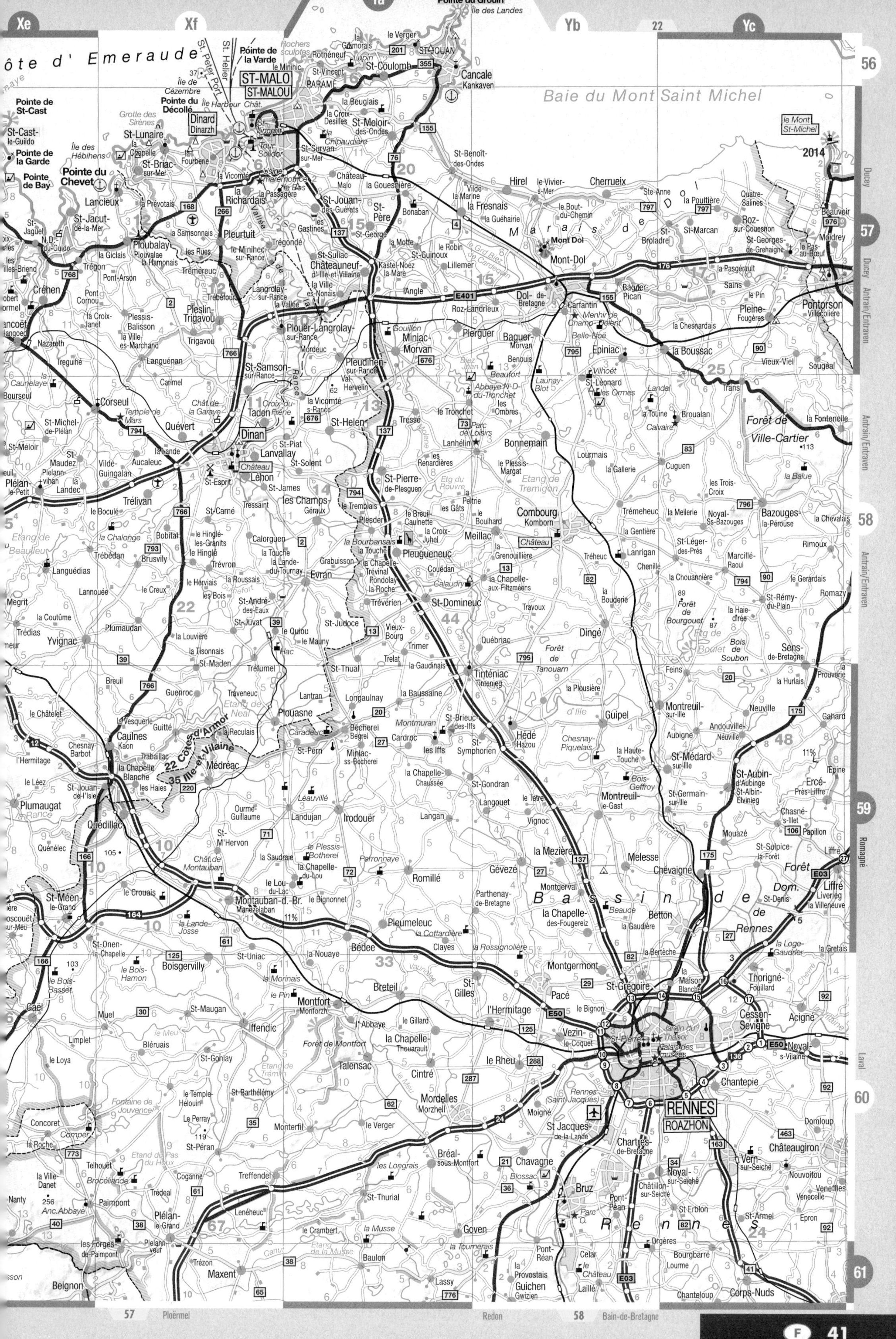

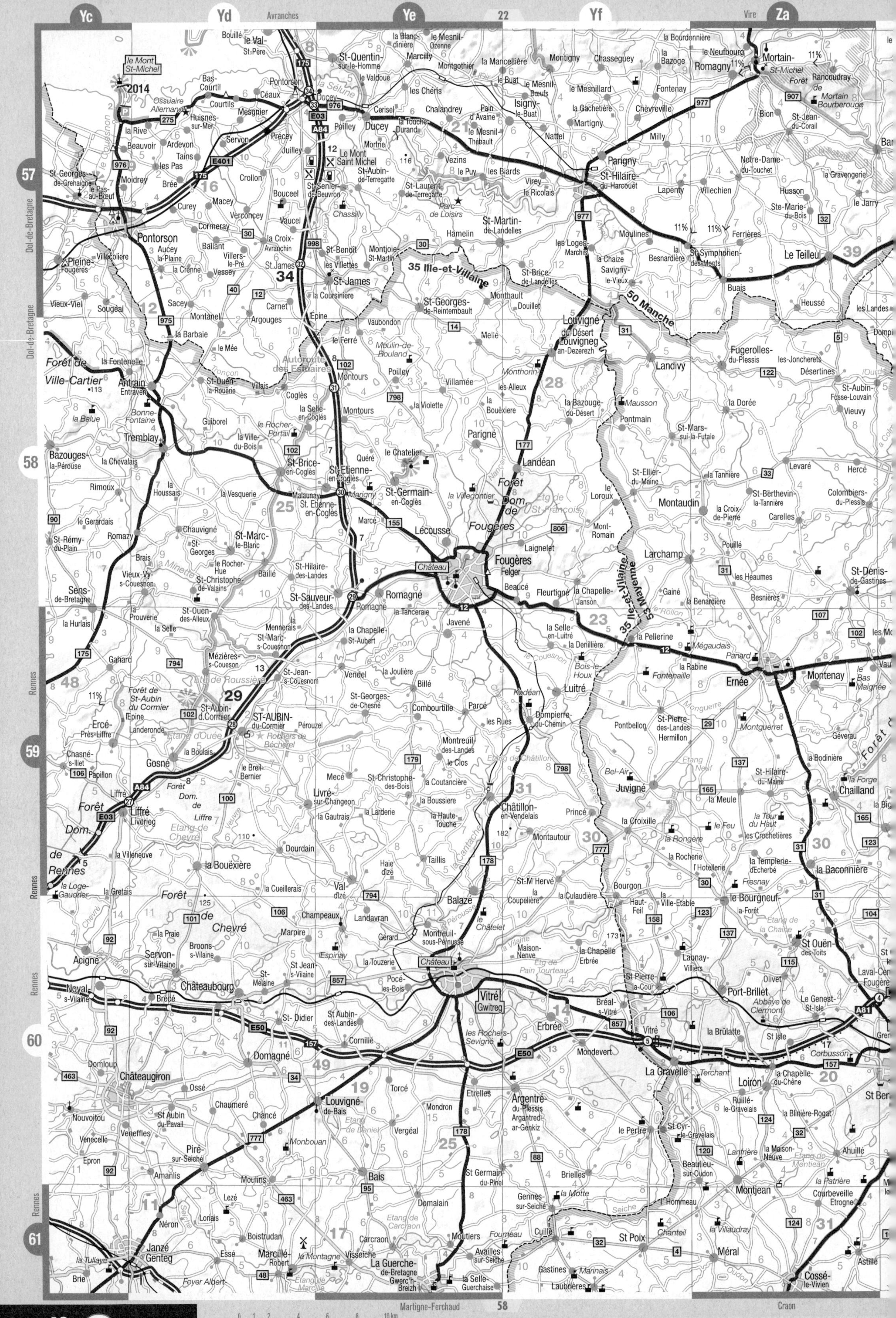

Yc
Yd
Avranches
Ye
22
Yf
Vire
Za
57
58
59
60
61
Dol-de-Bretagne
Rennes
le Mont St-Michel
2014
Pontorson
St-Quentin-sur-le-Homme
Ducey
St-Hilaire-du-Harcouët
Mortain
Romagny
Isigny-le-Buat
Parigny
le Mont Saint Michel
St-James
35 Ille-et-Vilaine
50 Manche
53 Mayenne
Le Teilleul
Louvigné-du-Désert
Louvigneg an-Dezerezh
Landivy
St-Georges-de-Reintembault
Antrain
Forêt de Ville-Cartier
Tremblay
Bazouges-la-Pérouse
St-Brice-en-Coglès
St-Etienne-en-Coglès
Parigné
Landéan
Forêt Dom. de Fougères
Fougères
Felger
Château
Lécousse
Romagné
St-Sauveur-des-Landes
Sens-de-Bretagne
Montaudin
Larchamp
Ernée
Montenay
Gosné
St-Aubin-du-Cormier
Liffré
Livereg
Forêt Dom. de Rennes
Luitré
Dompierre-du-Chemin
Juvigné
Chailland
La Baconnière
Châtillon-en-Vendelais
Livré-sur-Changeon
la Bouëxière
Forêt de Chevré
Val-d'Izé
Balazé
Montreuil-sous-Pérousse
le Bourgneuf-la-Forêt
St Ouën-des-Toits
Port-Brillet
Vitré
Gwitreg
Châteaubourg
Servon-sur-Vilaine
Acigné
Noyal-s-Vilaine
Domagné
Châteaugiron
Louvigné-de-Bais
Argentré-du-Plessis
Argantred-ar-Genkiz
Erbrée
La Gravelle
Loiron
Piré-sur-Seiche
Bais
Janzé
Genteg
Marcillé-Robert
La Guerche-de-Bretagne
Gwerc'h-Breizh
Montjean
Méral
Cossé-le-Vivien
Martigné-Ferchaud
58
Craon
0 1 2 4 6 8 10 km
0 1 2 4 6 miles

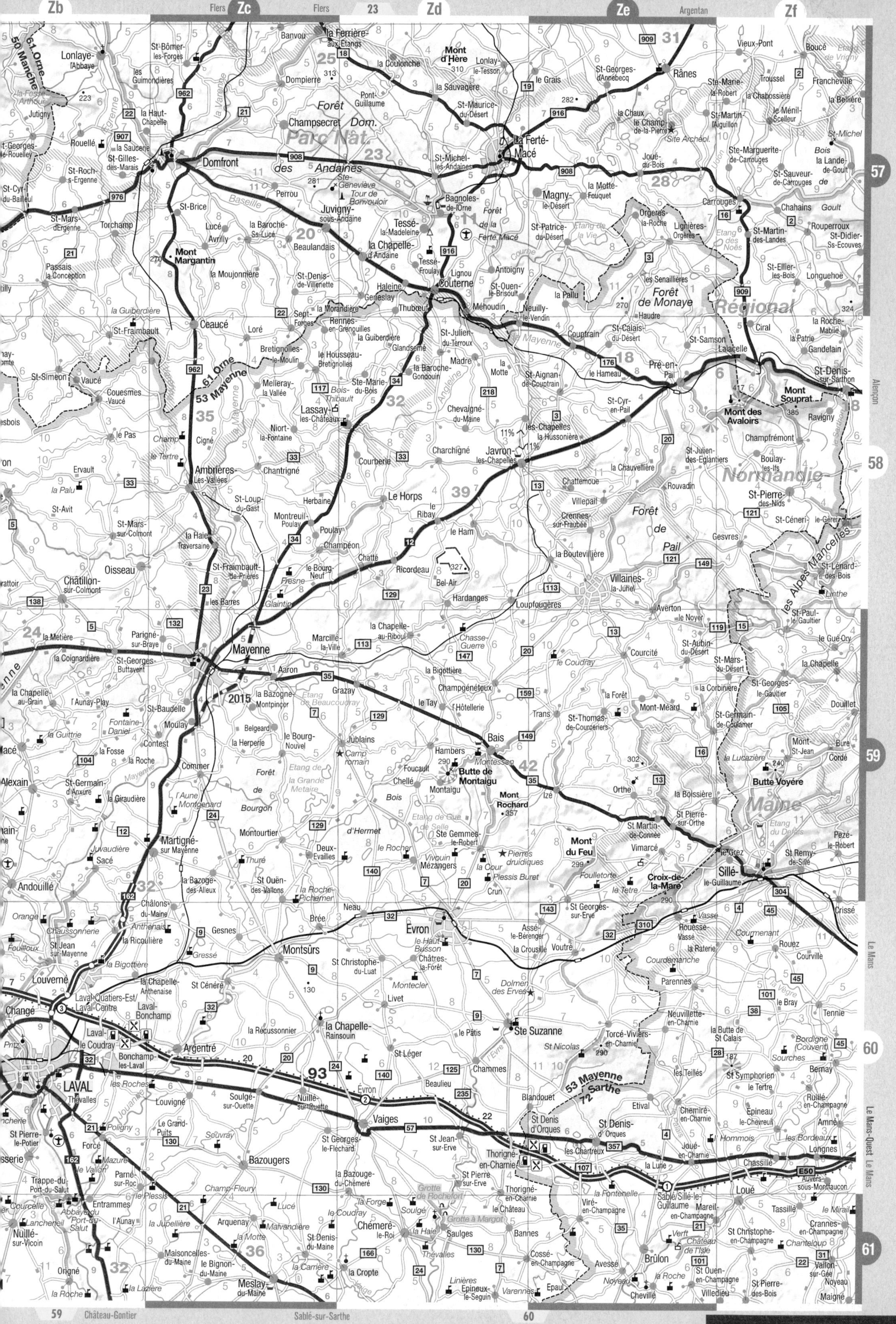

Lonlay-l'Abbaye
St-Bômer-les-Forges
les Guimondières
Banvou
la Ferrière-aux-Étangs
la Coulonche
Mont d'Hère
Lonlay-le-Tesson
le Grais
Rânes
Vieux-Pont
Boucé
Francheville
la Bellière
Dompierre
Forêt Dom.
Champsecret
Pont-Guillaume
la Sauvagère
St-Maurice-du-Désert
St-Georges-d'Annebecq
Ste-Marie-la-Robert
Trousselle
la Chaux
le Champ-de-la-Pierre
Site Archéol.
Jutigny
Rouellé
la Saucerie
St-Gilles-des-Marais
la Haut-Chapelle
Parc Nat.
des Andaines
Domfront
La Ferté-Macé
St-Michel-des-Andaines
Joué-du-Bois
St-Martin-l'Aiguillon
Ste-Marguerite-de-Carrouges
St-Sauveur-de-Carrouges
la Lande-de-Goult
St-Roch-s-Egrenne
St-Cyr-du-Bailleul
Ste-Geneviève
Tour de Bonvouloir
Perrou
Bagnoles-de-l'Orne
Magny-le-Désert
la Motte-Fouquet
Orgères-la-Roche
Carrouges
Chahains
Goult
St-Mars-d'Egrenne
Torchamp
St-Brice
Juvigny-sous-Andaine
Tessé-la-Madeleine
Forêt de la Ferté Macé
St-Patrice-du-Désert
Etang de la Vie
Lignières-Orgères
St-Martin-des-Landes
Rouperroux
St-Didier-Ss-Ecouves
Lucé
Avrilly
la Baroche-Ss-Lucé
Beaulandais
la Chapelle-d'Andaine
Tessé-Froulay
Mont Margantin
la Moujonnière
Passais la Conception
St-Denis-de-Villenette
Couterne
Lignou
Antoigny
St-Ouen-le-Brisoult
les Senaillières
Forêt de Monaye
St-Ellier-les-Bois
Longuehoe
la Guiberdière
Haleine
Geneslay
Thubœuf
Méhoudin
Neuilly-le-Vendin
la Pallu
Haudre
Régional
Sept-Forges
la Morandière
Rennes-en-Grenouilles
St-Fraimbault
Ceaucé
Loré
la Guiberdière
St-Julien-du-Terroux
Couptrain
St-Calais-du-Désert
St-Samson
Lalacelle
Ciral
la Roche-Mabile
la Patrie
Gandelain
Bretignolles-le-Moulin
le Housseau-Bretignolles
Glandsemé
la Baroche-Gondouin
Madré
la Motte
le Hameau
Pré-en-Pail
St-Denis-sur-Sarthon
St-Siméon
Vaucé
Couesmes-Vaucé
61 Orne
53 Mayenne
Melleray-la-Vallée
Bois-Thibault
Ste-Marie-du-Bois
St-Aignan-de-Couptrain
St-Cyr-en-Pail
Mont des Avaloirs
Mont Souprat
Ravigny
Alençon
Lassay-les-Châteaux
Chevaigné-du-Maine
les-Chapelles
la Hussonnière
le Pas
Champ
Cigné
Niort-la-Fontaine
Charchigné
Javron-les-Chapelles
Champfrémont
le Tertre
Ambrières-les-Vallées
Chantrigné
Courberie
la Chauvellière
St-Julien-des-Eglantiers
Boulay-les-Ifs
Normandie
Ervault
la Palu
St-Avit
St-Loup-du-Gast
Herbaine
Le Horps
le Ribay
Chattemoue
Rouvadin
St-Pierre-des-Nids
St-Mars-sur-Colmont
Montreuil-Poulay
Poulay
le Ham
Villepail
Crennes-sur-Fraubée
Forêt de Pail
St-Céneri-le-Gerei
la Haie Traversaine
Champéon
Gesvres
Oisseau
St-Fraimbault-de-Prières
Fresne
le Bourg-Neuf
Chatté
Ricordeau
Bel-Air
la Boutevillière
les Alpes Mancelles
Châtillon-sur-Colmont
les Barres
Glaintin
Hardanges
Loupfougères
Villaines-la-Juhel
St-Léonard-des-Bois
Linthe
la Métiere
Parigné-sur-Braye
Marcillé-la-Ville
la Chapelle-au-Riboul
Chasse-Guerre
le Coudray
Courcité
Averton
le Noyer
St-Aubin-du-Désert
St-Paul-le-Gaultier
le Gué Ory
la Coignardière
St-Georges-Buttavent
Mayenne
Aaron
la Bigottière
St-Mars-du-Désert
la Chapelle
la Chapelle-au-Grain
l'Aunay-Play
St-Baudelle
la Bazouge-Montpinçon
Etang de Beaucoudray
Grazay
Champgénéteux
la Forêt
Mont-Méard
la Corbinière
St-Georges-le-Gaultier
Douillet
Fontaine-Daniel
Moulay
le Tay
l'Hôtellerie
Trans
St-Thomas-de-Courceriers
St-Germain-de-Coulamer
la Guittrie
Contest
Belgeard
la Herperie
le Bourg-Nouvel
Jublains
Camp romain
Hambers
Bais
Montesson
Mont-St-Jean
Buré
Cordé
la Fosse
la Roche
Commer
Forêt de Bourgon
Etang de la Grande Metaire
Foucault
Butte de Montaigu
Chellé
Montaigu
Orthe
la Lucazière
Butte Voyère
Alexain
St-Germain-d'Anxure
la Giraudière
l'Aune Montgenard
Bois d'Hermet
Mont Rochard
Izé
la Boissière
St-Pierre-sur-Orthe
Maine
Etang de Gué de Selle
Ste Gemmes-le-Robert
St Martin-de-Connée
Mont du Feu
Vimarcé
Etang du Defais
Pezé-le-Robert
Martigné-sur-Mayenne
Montourtier
Deux-Evailles
le Rocher
Pierres druidiques
le Grez
St Rémy-de-Sillé
Juvaudière
Sacé
Thuré
Vivoin
Mézangers
la Cour
Plessis Buret
Foulletorte
Sillé-le-Guillaume
Andouillé
la Bazoge-des-Alleux
St Ouën-des-Vallons
la Roche-Pichemer
Crun
le Tetre
Croix-de-la-Mare
Châlons-du-Maine
Neau
St Georges-sur-Erve
Vassé
Crissé
Orange
Chaussonnerie
Anthenaise
Gesnes
Brée
Evron
le Haut-Busson
Assé-le-Bérenger
Rouessé-Vassé
Coumenant
Foulloux
St Jean-sur-Mayenne
la Ricoulière
Montsûrs
St Christophe-du-Luat
Châtres-la-Forêt
la Crousille
Voutré
la Raterie
Rouez
Courville
la Bigottière
Gressé
Courdemanche
Louverné
la Chapelle-Anthenaise
St Cénéré
Montecler
Dolmen des Erves
Parennes
le Bray
Laval-Quartiers-Est/Laval-Centre
Changé
Laval-Bonchamp
Livet
le Pâtis
Neuvillette-en-Charnie
Tennie
Laval-le Coudray
la Récussonnier
la Chapelle-Rainsouin
Ste Suzanne
Torcé-Viviers-en-Charnie
la Butte de St Calais
Bordigné (Couvent)
St Nicolas
Argentré
Bonchamp-les-Laval
Chammes
St Léger
Sources
St Symphorien
Bernay
LAVAL
Thévalles
les Roches
Soulgé-sur-Ouette
Nuillé-sur-Ouette
Évron
Beaulieu
Blandouet
53 Mayenne
72 Sarthe
les Teillés
le Tertre
Ruillé-en-Champagne
Louvigné
Vaiges
Etival
Chemiré-en-Charnie
Epineau le-Chevreuil
Amné
St Pierre-le-Potier
Poligny
Le Grand-Puits
Souvray
St Georges-le-Fléchard
St Jean-sur-Erve
Thorigné-en-Charnie
St Denis d'Orques
les Chartreux
Joué-en-Charnie
Hommois
les Bordeaux
Longnes
Forcé
Mazure
le Vallon
Bazougers
la Bazouge-de-Chéméré
St Pierre-sur-Erve
la Lune
Chassillé
Trappe-du-Port-du-Salut
Parné-sur-Roc
Champ-Fleury
Grotte de Rochefort
Thorigné-en-Charnie
la Fontenelle
Sablé/Sillé-le-Guillaume
Loué
Auvers-sous-Montfaucon
Courcelle
Entrammes
le Plessis
Lucé
la Forge
Soulgé
le Château
Viré-en-Champagne
Mareil-en-Champagne
Tassillé
le Mirail
Lancheneil
Abbaye du Port-du-Salut
l'Aunay
la Jupellière
Arquenay
Malvandière
le Coudray
Chéméré-le-Roi
la Haie
Grotte à Margot
Saulges
Bannes
Verft
Château de l'Isle
Cranneş-en-Champagne
St Christophe-en-Champagne
Chanteloup
Nuillé-sur-Vicoin
la Motte
St Denis-du-Maine
Thévalles
Maisoncelles-du-Maine
le Bignon-du-Maine
la Carrière
la Cropte
Cossé-en-Champagne
Avessé
Brûlon
St Ouen-en-Champagne
Vallon-sur-Gée
Origné
la Lazière
Meslay-du-Maine
Linières
Epineux-le-Seguin
Varennes
Epaul
Noyeau
la Roche
Chevillé
Villedieu
St Pierre-des-Bois
Noyau
Maigné
la Roche
Le Mans
Le Mans-Ouest

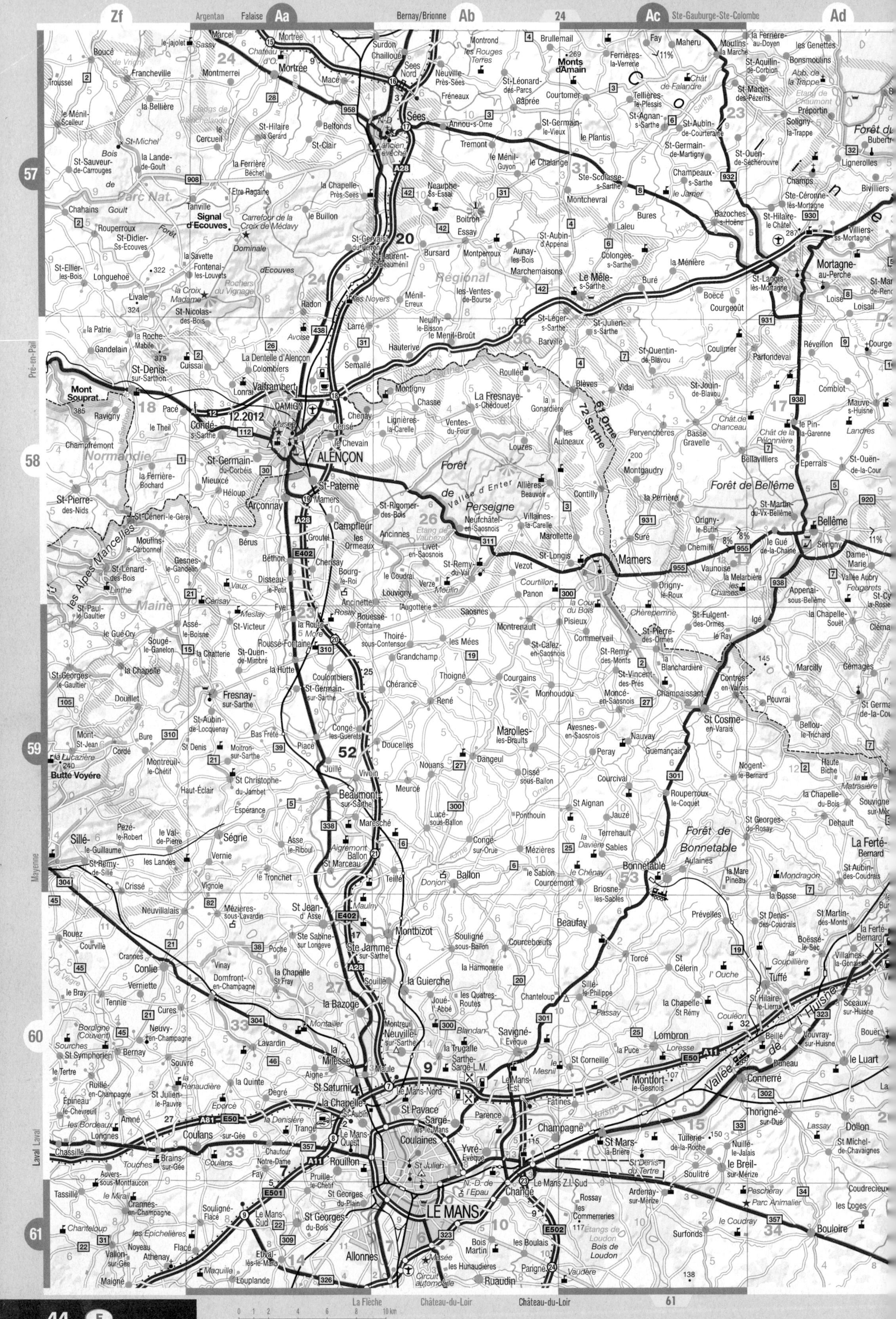
57
58
59
60
61
Pré-en-Pail
Mayenne
Laval
Sées
Mortrée
Château d'O
Mortagne-au-Perche
Bellême
Mamers
ALENÇON
Damigny
Valframbert
Condé-s-Sarthe
Arçonnay
St-Paterne
Forêt de Perseigne
Forêt de Bellême
Signal d'Ecouves
Mont Souprat
St-Denis-sur-Sarthon
St-Céneri-le-Gérei
les Alpes Mancelles
Fresnay-sur-Sarthe
Beaumont-sur-Sarthe
Marolles-les-Braults
Bonnétable
Forêt de Bonnetable
St Cosme-en-Varais
Sillé-le-Guillaume
Conlie
Ballon
Montbizot
Ste Jamme-sur-Sarthe
la Bazouge
la Milesse
Savigné-l'Évêque
Le Mans-Nord
Le Mans-Est
Le Mans-Ouest
Le Mans-Sud
LE MANS
Coulaines
Champagné
Changé
Yvré-l'Évêque
Allonnes
Circuit automobile
Ruaudin
Parigné
Montfort-le-Gesnois
Connerré
Lombron
Tuffé
Vallée de l'Huisne
la Ferté-Bernard
le Luart
Bouloire
Dollon
Coulans-sur-Gée
Le Mêle-s-Sarthe
Parc Nat. Régional
Normandie
Maine
A28
A11
A81
E50
E402
E501
E502
12.2012

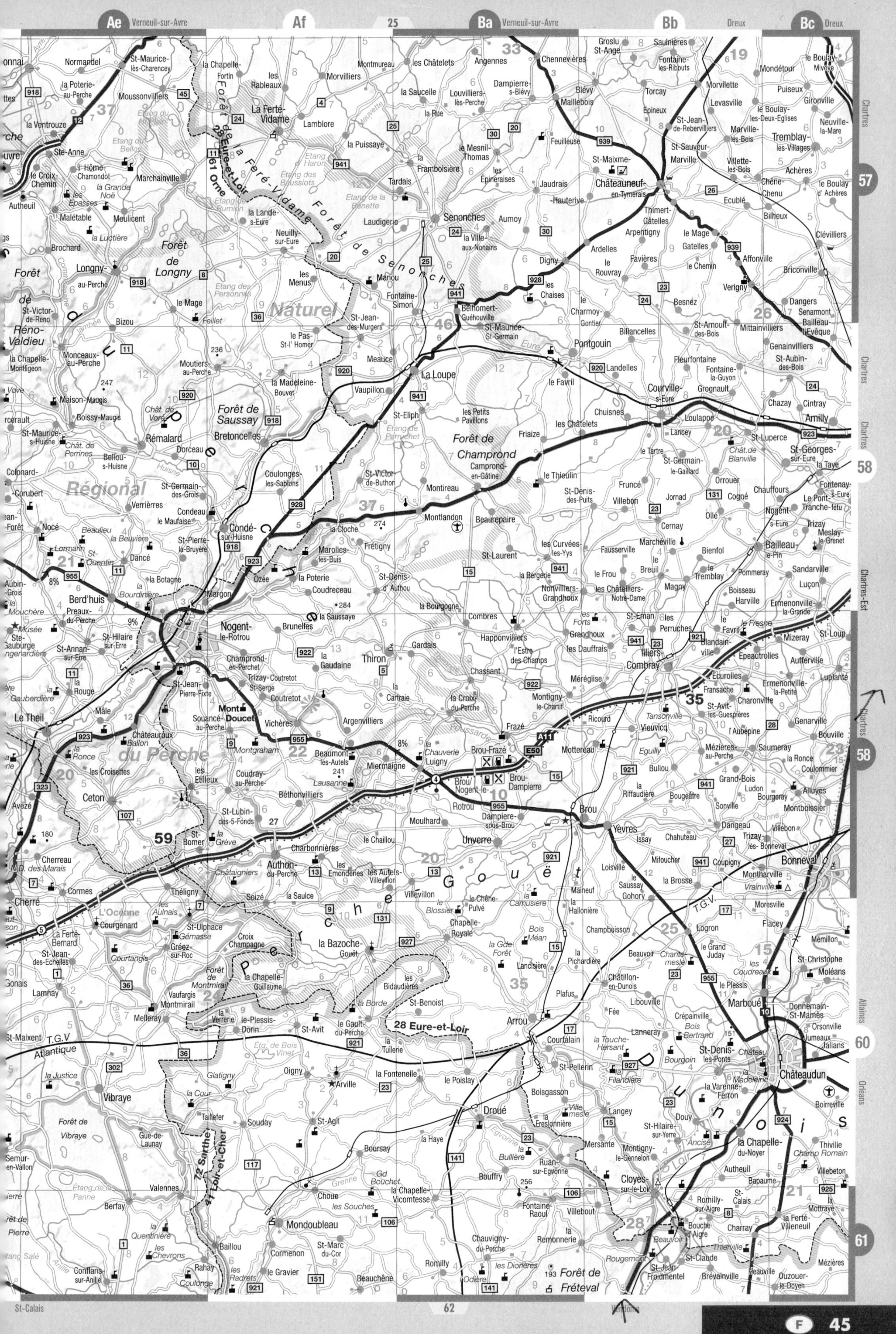
Normandel
St-Maurice-lès-Charencey
la Poterie-au-Perche
Moussonvilliers
la Ventrouze
Ste-Anne
l'Hôme-Chamondot
Marchainville
le Croix-Chemin
Autheuil
Malétable
Moulicent
la Lucière
Brochard
Forêt de Longny
Longny-au-Perche
Forêt de St-Victor-de-Reno
Réno-Valdieu
Bizou
le Mage
Monceaux-au-Perche
la Chapelle-Montligeon
Maison-Maugis
Boissy-Maugis
St-Maurice-s-Huisne
Rémalard
Bellou-s-Huisne
Dorceau
Colonard-Corubert
Régional
Verrières
Condeau
le Maufaise
Condé-sur-Huisne
Noce
Dancé
la Botagne
Berd'huis
Preaux-du-Perche
St-Hilaire-sur-Erre
St-Annan-sur-Erre
Rouge
Le Theil
Mâle
Châteaux-Ballon
du Perche
la Ronce
les Croisettes
Ceton
Avezé
Cherreau
Cormes
Cherré
L'Océane
Courgenard
la Ferté-Bernard
St-Jean-des-Echelles
Lamnay
Courtangis
Gréez-sur-Roc
Vaufargis
Montmirail
Melleray
St-Maixent
T.G.V. Atlantique
la Justice
Vibraye
Forêt de Vibraye
Gué-de-Launay
Valennes
Berfay
Conflans-sur-Anille
Baillou
Rahay
Coulonge
la Chapelle-Fortin
Forêt de la Ferté-Vidame
les Rableaux
La Ferté-Vidame
Lamblore
28 Eure-et-Loir
61 Orne
la Lande-s-Eure
Neuilly-sur-Eure
les Menus
Naturel
Moutiers-au-Perche
Forêt de Saussay
Bretoncelles
Coulonges-les-Sablons
St-Germain-des-Grois
St-Pierre-la-Bruyère
Ozée
Margon
Nogent-le-Rotrou
Champrond-en-Perchet
Trizay-Coutretot
St-Serge
Coutretot
St-Jean-Pierre-Fixte
Souancé-au-Perche
Mont Doucet
Vichères
Coudray-au-Perche
les Etilleux
St-Lubin-des-5-Fonds
St-Bomer
Authon-du-Perche
Théligny
Soizé
St-Ulphace
Croix Champagne
la Chapelle-Guillaume
le-Plessis-Dorin
la Verrerie
St-Avit
le Gault-du-Perche
Glatigny
Oigny
Souday
St-Agil
Mondoubleau
Cormenon
St-Marc-du-Cor
le Gravier
Beauchêne
Montmureau
Morvilliers
les Châtelets
Angennes
la Saucelle
Louvilliers-lès-Perche
la Rue
la Puissaye
la Framboisière
Tardais
Senonches
Laudigerie
la Ville-aux-Nonains
Forêt de Senonches
Manou
Fontaine-Simon
St-Jean-des-Murgers
le Pas-St-l'Homer
Meaucé
la Madeleine-Bouvet
Vaupillon
La Loupe
St-Eliph
St-Victor-de-Buthon
Montireau
Montlandon
la Cloche
Frétigny
Marolles-les-Buis
la Poterie
Coudreceau
St-Denis-d'Authou
la Saussaye
Brunelles
la Gaudaine
Thiron
Gardais
Argenvilliers
Beaumont-les-Autels
Miermaigne
Lausanne
Béthonvilliers
Charbonnières
le Chaillou
les Emonderies
les Autels-Villevillon
la Saulce
la Bazoche-Gouët
les Bidaudières
St-Benoist
la Borde
28 Eure-et-Loir
la Tuilerie
la Fontenelle
Arville
Boursay
la Chapelle-Vicomtesse
Choue
Romilly
Chennevières
Dampierre-s-Blévy
le Mesnil-Thomas
les Epineuses
Jaudrais
Aumoy
Digny
les Chaises
Belhomert-Guéhouville
St-Maurice-St-Germain
Forêt de Champrond
Champrond-en-Gâtine
les Petits Pavillons
Friaize
Beaurepaire
St-Laurent
la Bergerie
la Bourgogne
Combres
Happonvilliers
Chassant
la Croix-du-Perche
Frazé
Brou-Frazé
la Chauverie Luigny
Brou-Nogent-le-Rotrou
Brou-Dampierre
Moulhard
Dampierre-sous-Brou
Unverre
Villevillon
Chapelle-Royale
Gouët
Perche
Arrou
Courtalain
St-Pellerin
le Poislay
Droué
la Haye
Bouffry
Ruan-sur-Egvonne
Fontaine-Raoul
Chauvigny-du-Perche
Forêt de Fréteval
Blévy
Maillebois
Feuilleuse
St-Maixme-Hauterive
Châteauneuf-en-Thymerais
Ardelles
le Rouvray
le Charmoy-Gontier
Pontgouin
Landelles
le Favril
les Châtelets
le Thieulin
St-Denis-des-Puits
les Curvées-les-Ys
Nonvilliers-Grandhoux
les Châtelliers-Notre-Dame
Grandhoux
les Dauffrais
Méréglise
Montigny-le-Chartif
Ricourd
Mottereau
Brou
Yèvres
Loisvilliers
Maineuf
le Saussay
Gohory
la Hallonière
Champbuisson
la Pichardière
Châtillon-en-Dunois
Plafus
Libouville
Fée
Lanneray
Bois Bertrand
Bourgoin
Boisgasson
Langey
Mersante
Montigny-le-Gannelon
Cloyes-sur-le-Loir
St-Hilaire-sur-Yerre
Douy
Dunois
Rougemont
St-Jean-Froidmentel
Groslu
St-Ange
Saulnières
Fontaine-les-Ribouts
Torcay
Epineux
St-Jean-de-Rebervilliers
St-Sauveur-Marville
Thimert-Gâtelles
Arpentigny
le Mage
Gatelles
Favières
Besnez
Billancelles
St-Arnoult-des-Bois
Fleurfontaine
Fontaine-la-Guyon
Courville-s-Eure
Grognault
Chuisnes
Loulappe
Lancey
le Tartre
St-Germain-le-Gaillard
Fruncé
Villebon
Jornad
Cernay
Marchéville
Fausserville
Breuil
Magny
le Frou
les Perruches
Illiers-Combray
St-Eman
Blandainville
Vieuvicq
Eguilly
Bullou
la Riffaudière
Bougeâtre
Dangeau
Issay
Chahuteau
Mifoucher
la Brosse
Logron
le Grand Juday
Beauvoir
Chantemesle
St-Denis-les-Ponts
Châteaudun
la Varenne-Ferron
la Chapelle-du-Noyer
Autheuil
Romilly-sur-Aigre
St-Calais
Charray
Bouche d'Aigre
St-Claude
Brévainville
Morvillette
Levasville
Marville-les-Bois
Villette-les-Bois
Ecublé
Affonville
Verigny
le Chemin
Mittainvilliers
Mondétour
Puiseux
le Boulay-Mivoye
Gironville
le Boulay-les-Deux-Eglises
Neuville-la-Mare
Tremblay-les-Villages
Achères
Chêne-Chenu
Bilheux
le Boulay d'Achères
Clévilliers
Briconville
Dangers
Senarmont
Bailleau-l'Evêque
Genainvilliers
St-Aubin-des-Bois
Chazay
Cintray
Amilly
St-Luperce
St-Georges-sur-Eure
la Taye
Orrouer
Chauffours
Cogné
Fontenay-s-Eure
Le Pont-Tranche-fétu
Nogent-s-Eure
Ollé
Trizay
Meslay-le-Grenet
Bienfol
Bailleau-le-Pin
Sandarville
le Tremblay
Pommeray
Luçon
Boisseau
Harville
Ermenonville-la-Grande
Favril
Mizeray
St-Loup
Epeautrolles
Autferville
Lupiantè
Ecurolles
Fransèche
Ermenonville-la-Petite
Charonville
St-Avit-les-Guespières
Genarville
l'Aubépine
Mézières-au-Perche
Saumeray
Bouville
la Ronce
Coulommier
Grand-Bois
Ludon
Bourgeray
Alluyes
Sonville
Montboissier
Villebon
Trizay-lès-Bonneval
Coupigny
Bonneval
Montharville
Vrainville
Moresville
Flacey
Mémillon
St-Christophe
Moléans
le Plessis
Marboué
Donnemain-St-Mamès
Orsonville
Jumeaux
Jallans
Boirreville
Thiville
Champ Romain
Villebeton
Bapaume
la Mottraye
la Ferté-Villeneuil
Mézières
Ouzouer-le-Doyen
Chartres
Chartres-Est
Allaines
Orléans
57
58
60
61
62
St-Calais
Vendôme

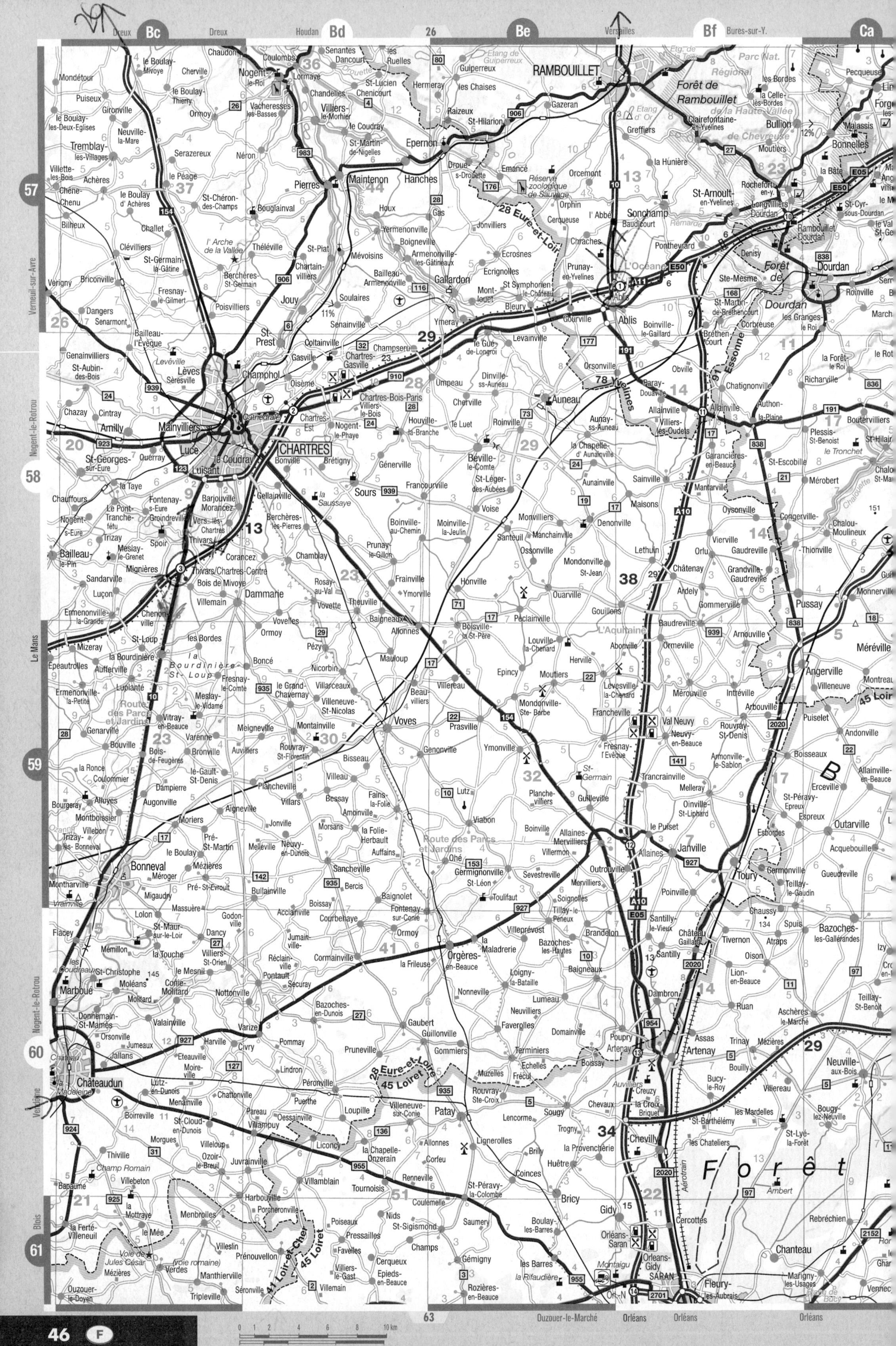




0 1 2 4 6 8 10 km
0 1 2 4 6 miles

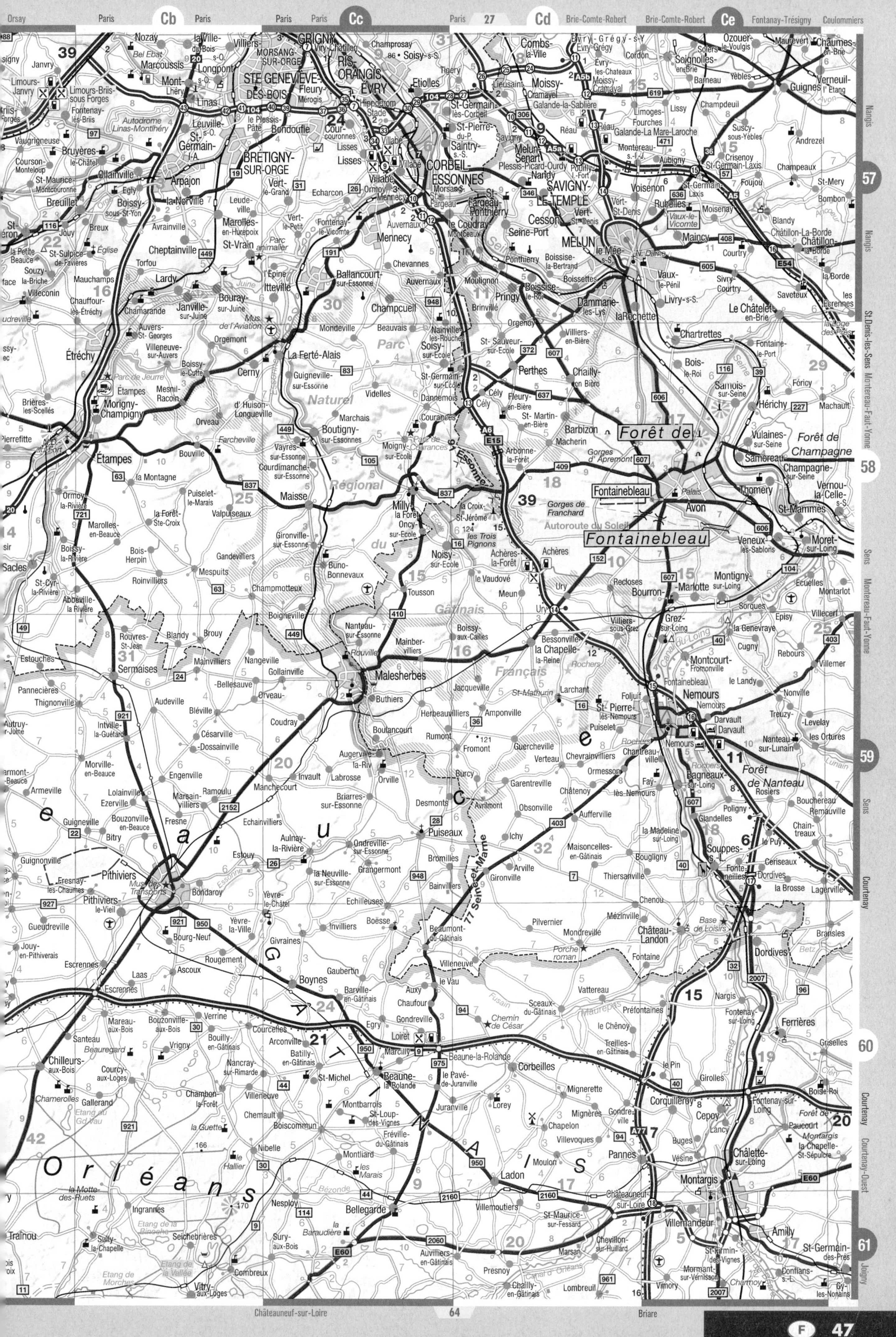
Nangis
57
Nangis
St-Denis-lès-Sens
Montereau-Fault-Yonne
58
Sens
Montereau-Fault-Yonne
59
Sens
Courtenay
60
Courtenay
Courtenay-Ouest
61
Joigny
Ste Geneviève-des-Bois
Évry
Ris-Orangis
Corbeil-Essonnes
Brétigny-sur-Orge
Arpajon
Melun
Savigny-le-Temple
Étampes
Étréchy
Morigny-Champigny
La Ferté-Alais
Milly-la-Forêt
Fontainebleau
Forêt de Fontainebleau
Avon
Nemours
Malesherbes
Pithiviers
Puiseaux
Beaune-la-Rolande
Montargis
Châlette-sur-Loing
Amilly
Château-Landon
Souppes-s.-L.
Bellegarde
Corbeilles
Ladon
Parc Naturel Régional du Gâtinais Français
Orléans
Forêt de Champagne
Forêt de Nanteau
Moret-sur-Loing
Champagne-sur-Seine
Samois-sur-Seine
Chailly-en Bière
Barbizon
Dammarie-les-Lys
Le Châtelet-en-Brie
Dordives
Ferrières
Nargis
Corquilleroy
Villemandeur
Boynes
Mennecy
Ballancourt-sur-Essonne
Lardy
Maisse
Boutigny-sur-Essonnes
Gâtinais

Brie-Comte-Robert
Melun
57
Melun St-Germain-Cramayel
Fontainebleau
58
Fontainebleau
Nemours Nemours
59
Nemours
Montargis Nemours
60
Escrennes
Montargis
61
Montargis
Maurevert
Chaumes-en-Brie
Argentières
Courtomer
Ozouer-le-Voulgis
Verneuil-l'Étang
Beauvoir
Bonfruit
Courpalay
Yèbles
Guignes
Grandvillé
Aubepierre-
Fleury
Brie
Mormant
Ouzouer-le-Repos
Quiers
Andrezel
Bagneaux
Elf France
Lady
Bailly-Carrois
Champeaux
Foujou
St-Mery
Bombon
Grandpuits
Blandy
Bréau
St- Quen-en-Brie
Nangis
Châtillon-La-Borde
Châtillon-la-Borde
la Chapelle-Gauthier
Fontenailles
la Borde
Champ-Brûlé
Etg de Villefermois
Saveteux
les Écrennes
les Montils
la Chapelle-Rablais
Fontains
Le Châtelet-en-Brie
la Loge des Prés
Fericy
Machault
Pamfou
Echou
Echouboulains
Valence-en-Brie
Les Jonchets
Bois de Valence
Forêt de de Valence
Beaurepaire
Forges
Gardeloup
Laval-en-Brie
Champagne
Champagne-sur-Seine
Thomery
Vernou-la-Celle-s.S.
Montereau-Faut-Yonne
St-Germain-Laval
St-Mammès
la Grande-Paroisse
Veneux-les-Sablons
Moret-sur-Loing
Varennes-s-S.
Cannes-Ecluse
Ecuelles
Villecerf
Montarlot
Ville-St-Jacques
Noisy-Rudignon
Esmans
Episy
Rebours
Villemer
Dormelles
Flagy
Montmachoux
le Landy
Nonville
Boisroux
Thoury-Férottes
Voulx
Treuzy-
-Levelay
Villemaréchal
St.-Ange-le-Vieil
Chevry-en-Sereine
les Ortures
Nanteau-sur-Lunain
Forêt de Nanteau
Rosiers
Paley
Lorrez-le-Bocage
Courcelles
Préaux
Bouchereau
Vaux-sur-Lunain
Remauville
Chaintreaux
Villebéon
le Puy
Passy
Vauredennes
Chéroy
Ceriseaux
le Coudray
Egreville
la Brosse
Lagerville
le Ruth
Jouy
Bransles
Chevry-sous-le-Bignon
le-Bignon-Mirabeau
Bazoches-sur-le-Betz
Betz
Chevannes
Rosoy-le-Viel
Pers-en-Gâtinais
Bois de Mérinville
Ferrières
les Fourneaux
Foucherolles
Griselles
Mérinville
Ernauville
la Selle-sur-le-Bied
Bois-le-Roi
Chantecoq
Courtemaux
Forêt de Paucourt
Montargis
la Chapelle-St-Sépulcre
Thorailles
les Haricot
St-Hilaire-les-Andresis
Courtenay-Ouest
la Selle-en-Hermoy
la Martinière
Chuelles
les Orties
St-Germain-des-Prés
St-Firmin-des-Bois
les Raignaults
Conflans-s.-L.
Gy-les-Nonains
Triguères
Douchy
la Bruslerie
Jouy-le-Châtel
la Chapelle-Iger
Mélenfroy
Pécy
Gastins
Clos-Fontaine
la Croix-en-Brie
les Loges
Châteaubleau
Église Rampillon
Roggenvilliers
Valjouan
les Bordes
Villeneuve-les-Bordes
Chalautre-la-Reposte
Gurcy-le-Châtel
Countençon
Montigny-Lencoup
Orvilliers
Salins
Courcelles-en-Bassée
Marolles-s.-S.
Marolles-sur-Seine
Barbey
Misy-sur-Yonne
la Brosse-Montceaux
Villeneuve-la-Guyard
Villeblevin
St.-Agnan
Diant
la Haie-au-Roi
Bonval
l'Aunoy
Blennes
Villethierry
Vallery
la Gde. Justice
Dollot
Montacher-
-Villegardin
Vertron
Lunain
Etg. de Galetas
Domats
Domaine de Clairis
Pennery
Courtenay-Est
Courtenay
Ste-Anne
la Jacqueminière
Vaulx Fins
Montcorbon
-Villagnon
le Petit Paris
Forêt de Jouy
Chenoise
le Plessis-aux-Tournelles
Vieux-Champagne
Maison-Rouge
Vanvillé
Leudon
Lizines
Meigneux
Cessoy-en-Montois
Mons-en-Montois
Donnemarie-Dontilly
Preuilly
Egligny
Châtenay-sur-Seine
Gravon
la Tombe
Balloy
Vinneuf
Courlon-sur-Yonne
Serbonnes
Chaumount
Champigny
la Chapelle
Villemanoche
Pont-sur-Yonne
Fossoy
Villeperrot
Fontenelle
St.-Sérotin
Lixy
Brannay
Plénoches
St.-Georges
Villebougis
Fontaines
St.-Valérien
Fouchères
Coleuvrat
la Belliole
Villeneuve-la-Dondagre
Vernoy
Savigny-sur-Clairis
Châtre
Piffonds
St Martin-d' Ordon
St Loup-d' Ordon
Cudot
la Couline
la Réserve
Précy-
les Echarlis-Couvent
Etg. de Sépeaux
Sépeaux
Beauregard
les Minimes
Courchamp
Maréchère
Villiers-St-Georges
Rupéreux
St-Hilliers
Voulton
St-Martin-des-Champs
le Houssay
Mortery
Rouilly
Cucharmoy
Vulaines-lès-Provins
la Chapelle-St-Sulpice
Tour de César
Remparts
Provins
St- Loup de-Naud
Landoy
Courton
Poigny
Ste-Colombe
Septeveilles
Longueville
Savins
Sognolles-en-Montois
Jutigny
Thénisy
Chalmaison
Paroy
Sigy
Luisetaines
Everly
Cutrelles
les Ormes-sur-Voulzie
St-Sauveur-lès-Bray
Vimpelles
Mousseaux-lès-Bray
Mouy-s-S.
Jaulnes
Bray-sur-Seine
Bazoches-lès-Bray
Villeceaux
Montigny-le-Guesdier
Seine-et-Marne
Yonne
Compigny
Plessis-St-Jean
Sergines
la Garenne
Michery
Gisy-les-Nobles
Evry
Cuy
Villenavolta
St.Denis-les-Sens
Courtois-sur-Yonne
Nailly
St.-Martin du-Tertre
les Caves
Villeroy
Paron
Gron
Sublingy
Villeroy
la Haie-Pélegrine
Collemiers
les Régipaux
Cornant
Serilly
Egriselles-le-Bocage
Roussemeau
les Brouarde
Marsangy
Rousson
St-Laurent
Chaumot
Bussy-le-Repos
le Pit Port
St-Julien du-Sault
Verlin
Ruban
Thèmes
la Petite Celle
la Celle-St-Cyr
Béon
Chamvres
Soucy
Granchette
St-Denis
St-Clément
St-Étienne
SENS
Maillot
Malay-le-Grand
Rosoy
Etigny
Véron
Passy
Villeneuve-sur-Yonne
Villevallier
Villecien
St-Aubin-sur-Yonne
Cézy
Joigny
Paroy-sur-Tholon
Champlay
Epineau-les-Voves
Charmoy
le Grand Longueron
Forêt du Mileu
Chalautre-la-Petite
Forêt de Sourden
Sourdun
St-Brice
Richebourg
Blunay
Soisy-Bouy
Gouaix
Flamboin
Hermé
Toury
Courceroy
Montain
Villiers-s.S.
Noyen-s.S.
Grisy-s.S.
Neuvry
Passy-sur-Seine
Villenauxe-la-Petite
Villuis
Baby
Fontaine-Fourches
Corceaux
Plessis-du-Mée
Pailly
Vertilly
Villiers-Bonneux
Perceneige
Servins
Barrault
la Chapelle-sur-Oreuse
St-Martin-sur-Or.
Fleurigny
Thorigny-sur-Oreuse
la Postolle
Voisines
Fontaine-la-Gaillarde
Saligny
Villiers-Louis
Malay-le-Petit
Noé
Vaumort
Bois de la Grande Vallée
la Grange-au-Doyen
Beaujard
Grange-Pourrain
les Bordes
Talouan
Dixmont
Valprotonde
Palteau
les Bauquins
Beauchery
Léchelle
Beauchery-St-Martin
Puits Froux
Fouchères
Louan
Louan-Villegruis-Fontaine
Villegruis
St- Martin Chennetron
Montpothier
Courtioux
Chalautre-la-Grande
St-Nicholas-la-Chapelle
le Plessis-Mériot
Saulsott
Centrale nucléaire
Noge
la Motte-Tilly
Fontaine-Mâcon
Gumery
Fontenay-de-Bossery
Cercy
les Orme
Bouy-sur-Orvin
Traînel
la Louptière-Thénard
Soli
Trancaul
Sognes
St-Maurice-aux-Riches-Hommes
Mauny
Grange-le-Bocage
Vallières
la Chaume
Forêt de Lancy
Courgy
Couroy
la Charmée
les Hautes-Bergeries
les Basses
Lailly
Villeneuve-l'Archevêque
les Clérimois
Foissy-sur-Vanne
Chigy
Pont-sur-Vanne
Vareilles
Theil-sur-Vanne
les Vallées
Cerisiers
Villechétive
Forêt de l'Abbesse
Forêt d'Othe
Bussy-en-Othe
la Fourchotte
Looze
Brion
St-Cydroine
Laroche-
St-Cydroine
Miger
St-Genest
Bouchy-St-Genest
Montaiguillon
Fontaine-sous-Montai
77 Seine et Marne
45 Loiret
89 Yonne
TGV
Seine
Yonne
Vanne
Auxence
Voulzie
Ocques
Vrin
Lunain
Orvanne
Clery
Betz

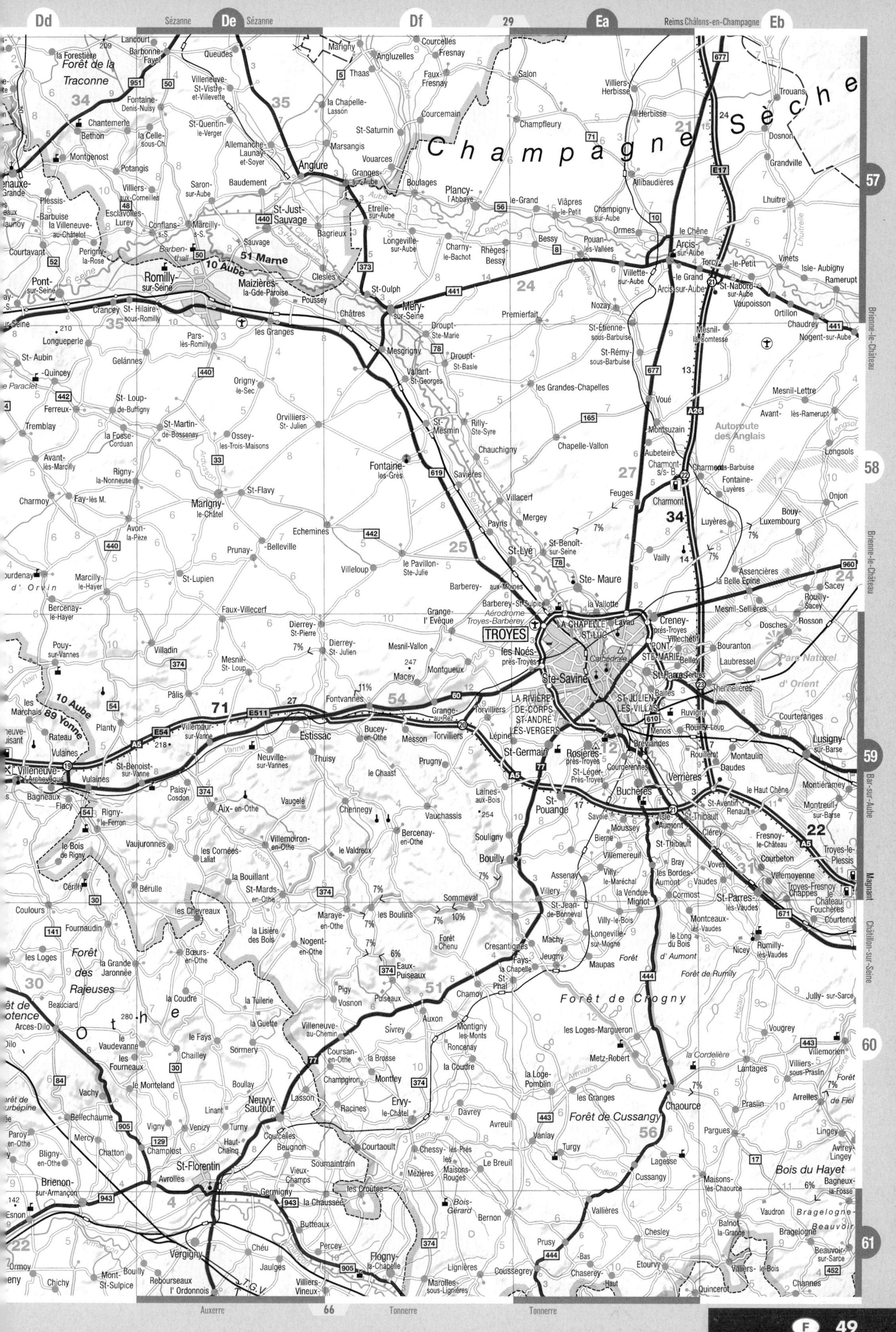
Champagne Sèche
Forêt de la Traconne
Lancourt
Barbonne-Fayel
Queudes
Marigny
Angluzelles
Courcelles
Fresnay
Salon
Villiers-Herbisse
Trouans
Herbisse
Dosnon
Grandville
Thaas
Faux-Fresnay
Villeneuve-St-Vistre-et-Villevotte
Fontaine-Denis-Nuisy
Chantemerle
Bethon
Montgenost
Potangis
la Celle-sous-Ch.
St-Quentin-le-Verger
Allemanche-Launay-et-Soyer
la Chapelle-Lasson
Courcemain
St-Saturnin
Marsangis
Vouarces
Champfleury
Anglure
Granges-sur-Aube
Boulages
Plancy-l'Abbaye
Allibaudières
Lhuitre
Baudement
Saron-sur-Aube
Villiers-aux-Corneilles
Esclavolles-Lurey
Conflans-s-S.
Marcilly-s-S.
St-Just-Sauvage
Etrelles-sur-Aube
le-Grand
Viâpres-le-Petit
Champigny-sur-Aube
Ormes
le Chêne
Arcis-sur-Aube
Plessis-Barbuise
la Villeneuve-au-Châtelot
Courtavant
Perigny-la-Rose
Romilly-sur-Seine
Maizières-la-Gde-Paroisse
Bagrieux
Longeville-sur-Aube
Charny-le-Bachot
Rhèges-Bessy
Bessy
Pouan-les-Vallées
Villette-sur-Aube
Torcy-le-Petit
Vinets
Isle-Aubigny
Ramerupt
Pont-sur-Seine
Crancey
St-Hilaire-sous-Romilly
Clesles
St-Oulph
Méry-sur-Seine
Châtres
Premierfait
Nozay
St-Nabord-sur-Aube
Vaupoisson
Ortillon
Chaudrey
Nogent-sur-Aube
Longueperle
Pars-lès-Romilly
les Granges
Droupt-Ste-Marie
Droupt-St-Basle
Mesgrigny
St-Etienne-sous-Barbuise
St-Rémy-sous-Barbuise
Mesnil-la-Comtesse
St-Aubin
Gelannes
Quincey
Origny-le-Sec
Vallant-St-Georges
les Grandes-Chapelles
Mesnil-Lettre
Avant-lès-Ramerupt
Ferreux
St-Loup-de-Buffigny
Orvilliers-St-Julien
Voué
Montsuzain
Autoroute des Anglais
Tremblay
la Fosse-Corduan
St-Martin-de-Bossenay
Ossey-les-Trois-Maisons
St-Mesmin
Rilly-Ste-Syre
Chauchigny
Chapelle-Vallon
Aubeterre
Charmont-s/s-B.
Charmont-sous-Barbuise
Fontaine-Luyères
Longsols
Avant-lès-Marcilly
Rigny-la-Nonneuse
Fontaine-les-Grès
Savières
Charmoy
Fay-lès M.
Marigny-le-Châtel
St-Flavy
Villacerf
Feuges
Charmont
Onjon
Mergey
Luyères
Bouy-Luxembourg
Avon-la-Pèze
Echemines
Payns
Prunay-Belleville
St-Lyé
St-Benoit-sur-Seine
Vailly
Villeloup
le Pavillon-Ste-Julie
Assencières
Ste-Maure
la Belle Epine
Sacey
Bourdenay
Marcilly-le-Hayer
St-Lupien
Barberey-aux-Moines
Barberey-St-Sulpice
la Vallotte
Rouilly-Sacey
Bercenay-le-Hayer
Faux-Villecerf
Grange-l'Evêque
Aérodrome Troyes-Barberey
Creney-près-Troyes
Mesnil-Sellières
Dosches
Rosson
Dierrey-St-Pierre
Dierrey-St-Julien
LA CHAPELLE-ST-LUC
Lavau
Villechétif
Pouy-sur-Vannes
Villadin
Mesnil-Vallon
TROYES
les Noës-près-Troyes
PONT-STE-MARIE
Bouranton
Laubressel
Mesnil-St-Loup
Macey
Montgueux
Cathédrale
Belley
St-Parres-aux-Tertres
Parc Naturel d'Orient
Pâlis
Ste-Savine
Thennelières
Fontvannes
Grange-au-Rez
Torvilliers
LA RIVIÈRE-DE-CORPS
ST-ANDRÉ-LES-VERGERS
ST-JULIEN-LES-VILLAS
Ruvigny
Courteranges
les Marchais
Planty
Villemaur-sur-Vanne
Estissac
Bucey-en-Othe
Messon
Lépine
St-Germain
Rosières-près-Troyes
Ménois
Rouilly-St-Loup
Bréviandes
Lusigny-sur-Barse
Rateau
Vulaines
St-Benoist-sur-Vanne
Neuville-sur-Vannes
Thuisy
le Chaast
Prugny
St-Léger-près-Troyes
Courgerennes
Rouilleral
Montaulin
Daudes
Verrières
Villeneuve-l'Archevêque
Paisy-Cosdon
Aix-en-Othe
Vaugelé
Chennegy
Laines-aux-Bois
St-Pouange
Bucheres
le Haut Chêne
Montiéramey
Bagneaux
Flacy
Rigny-le-Ferron
Vauchassis
Savoie
Moussey
Isle-Aumont
St-Thibault
St-Aventin
Renault
Montreuil-sur-Barse
Vaujuronnes
Villemoiron-en-Othe
Bercenay-en-Othe
Souligny
Bierne
Clérey
Fresnoy-le-Château
Le Bois de Rigny
les Cornées-Laliat
le Valdreux
Bouilly
Villemereuil
Bray
Courbeton
Troyes-le-Plessis
Cérilly
Bérulle
la Bouillant
St-Mards-en-Othe
Assenay
Villy-le-Maréchal
les Bordes-Aumont
Vaudes
Villemoyenne
Troyes-Fresnoy
Chappes
Magnant
Coulours
les Chevreaux
Sommeval
Villery
la Vendue-Mignot
Cormost
St-Parres-lès-Vaudes
Château Fouchères
Courtenot
Fournaudin
Maraye-en-Othe
les Boulins
St-Jean-de-Bonneval
Villy-le-Bois
Montceaux-lès-Vaudes
la Lisière des Bois
Forêt Chenu
Machy
Longeville-sur-Mogne
le Long du Bois
Rumilly-lès-Vaudes
Nicey
les Loges
Forêt des Rajeuses
la Grande Jaronnée
Bœurs-en-Othe
Nogent-en-Othe
Eaux-Puiseaux
Cresantignes
Fays-la Chapelle
Jeugny
Maupas
Forêt d'Aumont
Forêt de Rumilly
St-Phal
Beauciard
la Coudre
la Tuilerie
Pigy
Vosnon
Puiseaux
Chamoy
Forêt de Crogny
Jully-sur-Sarce
Arces-Dilo
Othe
la Guette
Villeneuve-au-Chemin
Auxon
Montigny-les-Monts
Roncenay
les Loges-Margueron
Vougrey
le Vaudevanne
le Fays
Sormery
Chailley
les Fourneaux
Sivrey
Coursan-en-Othe
la Brosse
la Coudre
Metz-Robert
la Cordelière
Villemorien
Lantages
Villiers-sous-Praslin
Vachy
le Monteland
Boullay
Champgiron
Montfey
Ervy-le-Châtel
la Loge-Pomblin
les Granges
Chaource
Praslin
Arrelles
Forêt de Fiel
Bellechaume
Neuvy-Sautour
Lasson
Linant
Racines
Davrey
Avreuil
Forêt de Cussangy
Pargues
Lingey
Paroy-en-Othe
Mercy
Vigny
Venizy
Turny
Chatton
Champlost
Haut-Chaing
Courcelles
Beugnon
Courtaoult
Chessy-les-Prés
les Maisons-Rouges
Le Breuil
Vanlay
Turgy
Lagesse
Avirey-Lingey
Bligny-en-Othe
St-Florentin
Avrolles
Soumaintrain
Vieux-Champs
Mézières
Cussangy
Maisons-lès-Chaource
Bois du Hayet
Bagneux-la-Fosse
Brienon-sur-Armançon
Germigny
la Chaussée
les Croûtes
Bois-Gérard
Bernon
Vallières
Vaudron
Bragelogne-Beauvoir
Esnon
Butteaux
Chesley
Balnot-la-Grange
Vergigny
Chéu
Percey
Prusy
Beauvoir-sur-Sarce
Ormoy
Chichy
Mont-St-Sulpice
Bouilly
Rebourseaux
l'Ordonnois
Jaulges
Villiers-Vineux
Flogny-la-Chapelle
Lignières
Marolles-sous-Lignières
Coussegrey
Chaserey
Bas
Haut
Etourvy
Villiers-le-Bois
Quincerot
Channes
Brienne-le-Château
Bar-sur-Aube
Châtillon-sur-Seine
57
58
59
60
61

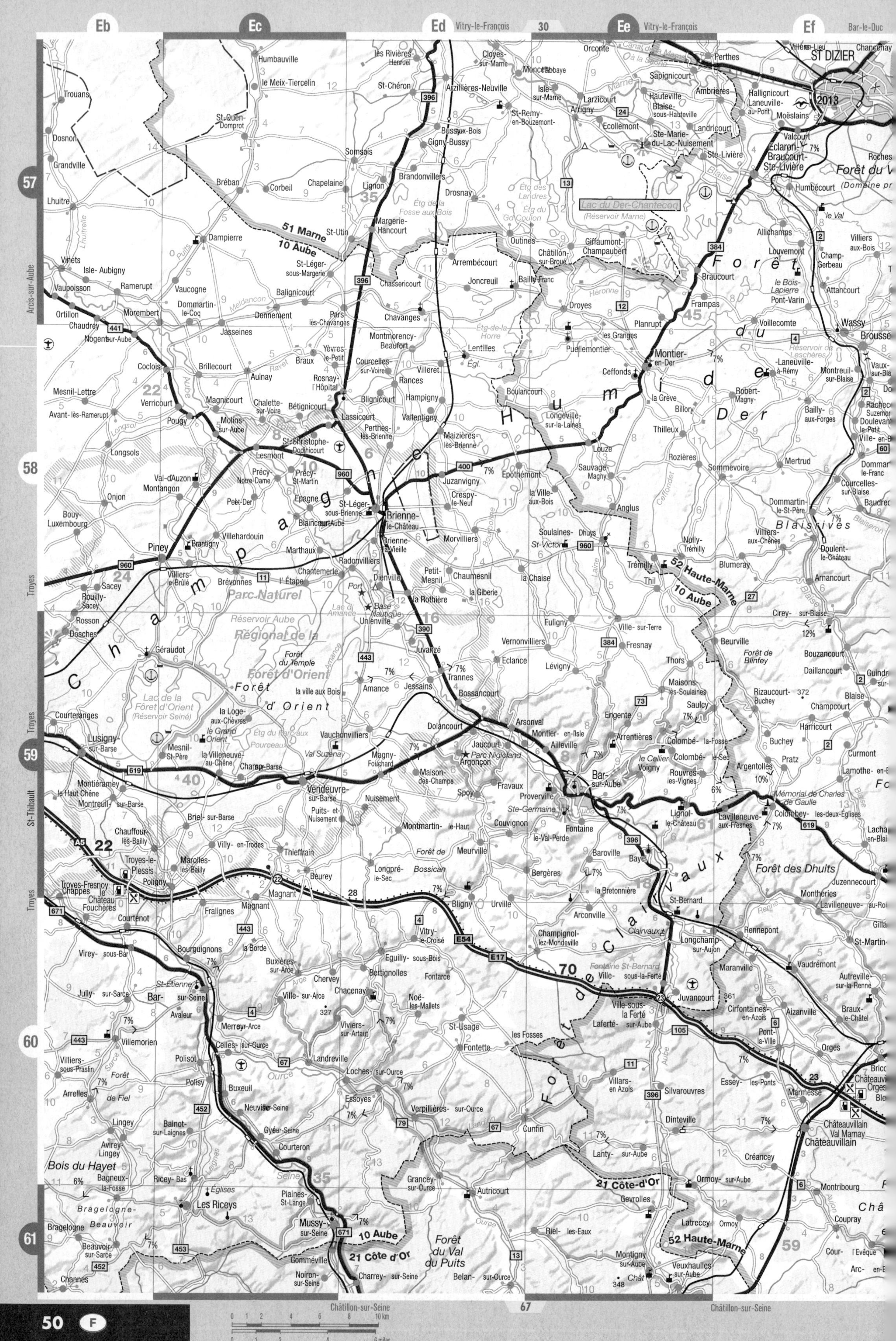
57
58
59
60
61
Arcis-sur-Aube
Troyes
Troyes
St-Thibault
Troyes
Humbauville
le Meix-Tiercelin
Trouans
St-Quen-Domprot
Dosnon
Grandville
Lhuitre
Bréban
Corbeil
Chapelaine
Somsois
Lignon
St-Chéron
les Rivières-Henruel
Cloyes-sur-Marne
Moncetz-l'Abbaye
Isle-sur-Marne
Arzillières-Neuville
St-Remy-en-Bouzemont-
Larzicourt
Arrigny
Orconte
Perthes
Sapignicourt
Hauteville
Blaise-sous-Hauteville
Ecollemont
Ste-Marie-du-Lac-Nuisement
Landricourt
Ambrières
Hallignicourt
Laneuville-au-Pont
Moëslains
ST DIZIER
Chancenay
Valcourt
Eclaron-Braucourt-Ste-Livière
Ste-Livière
Roches
Forêt du V
(Domaine pr
Humbécourt
Bussy-aux-Bois
Gigny-Bussy
Brandonvillers
Drosnay
Margerie-Hancourt
Étg de la Fosse aux Bois
Étg des Landres
Étg du Gd Coulon
Lac du Der-Chantecoq
(Réservoir Marne)
51 Marne
10 Aube
St-Utin
Dampierre
Outines
Châtillon-sur-Broué
Giffaumont-Champaubert
Allichamps
le Val
Villiers-aux-Bois
Louvemont
Champ-Gerbeau
Vinets
Isle-Aubigny
Vaupoisson
Ramerupt
Vaucogne
St-Léger-sous-Margerie
Arrembécourt
Joncreuil
Bailly-Franc
Braucourt
Forêt
le Bois-Lapierre
Pont-Varin
Attancourt
Ortillon
Chaudrey
Nogent-sur-Aube
Morembert
Dommartin-le-Coq
Donnement
Balignicourt
Chassericourt
Pars-lès-Chavanges
Chavanges
Droyes
Planrupt
Frampas
Voillecomte
Wassy
Brousse
Jasseines
Montmorency-Beaufort
Lentilles
Puellemontier
les Granges
Montier-en-Der
Ceffonds
Réservoir des Leschères
-Laneuville-à-Rémy
Montreuil-sur-Blaise
Vaux-sur-Bla
Coclois
Brillecourt
Braux
Yèvres-le-Petit
Courcelles-sur-Voire
Villeret
Rances
Rosnay-l'Hôpital
Mesnil-Lettre
Verricourt
Aulnay
Magnicourt
Chalette-sur-Voire
Bétignicourt
Blignicourt
Hampigny
Boulancourt
Robert-Magny-
la Grève
Billory
Bailly-aux-Forges
Avant-lès-Ramerupt
Pougy
Molins-sur-Aube
Lassicourt
Vallentigny
Perthes-lès-Brienne
Maizières-lès-Brienne
Longeville-sur-la-Laines
Thilleux
Der
Longsols
St-Christophe-Dodinicourt
Lesmont
Précy-Notre-Dame
Précy-St-Martin
Juzanvigny
Epothémont
Louze
Sauvage-Magny
Rozières
Sommevoire
Mertrud
Dommartin-le-Franc
Courcelles-sur-Blaise
Val-d'Auzon
Montangon
Onjon
Epagne
St-Léger-sous-Brienne
Brienne-le-Château
Crespy-le-Neuf
la Ville-aux-Bois
Anglus
Dommartin-le-St-Père
Baudrec
Bouy-Luxembourg
Petit-Der
Blaincourt-s-Aube
Brienne-la-Vieille
Villehardouin
Brantigny
Piney
Marthaux
Morvilliers
Soulaines-Dhuys
St-Victor
Nully-Trémilly
Villiers-aux-Chênes
Blaisrives
Doulent-le-Château
Sacey
Rouilly-Sacey
Villiers-le-Brûlé
Brévonnes
l'Étape
Radonvilliers
Chantemerle
Dienville
Petit-Mesnil
Chaumesnil
la Chaise
Trémilly
Thil
Blumeray
Arnancourt
Parc Naturel
Port
Base Nautique
Unienville
la Rothière
la Giberie
52 Haute-Marne
10 Aube
Rosson
Dosches
Réservoir Aube
Régional de la
Lac d'Amance
Fuligny
Ville-sur-Terre
Cirey-sur-Blaise
Géraudot
Forêt du Temple
Forêt d'Orient
Juvanzé
Vernonvilliers
Fresnay
Beurville
Forêt de Blinfey
Bouzancourt
Dallancourt
Trannes
Eclance
Lévigny
Thors
Amance
la ville aux Bois
Jessains
Bossancourt
Maisons-lès-Soulaines
Rizaucourt-Buchey
Champcourt
Blaise
Lac de la Fôret d'Orient
(Réservoir Seine)
Forêt
d'Orient
Courteranges
la Loge-aux-Chèvres
le Grand Orient
Étg du Parc aux Pourceaux
Vauchonvilliers
Dolancourt
Arsonval
Engente
Saulcy
Harricourt
Lusigny-sur-Barse
Mesnil-St-Père
la Villeneuve-au-Chêne
Val Suzenay
Jaucourt
Parc Nigloland
Argançon
Montier-en-l'Isle
Ailleville
Arrentières
Colombé-la-Fosse
Colombé-le-Sec
le Cellier
Voigny
Buchey
Pratz
Curmont
Champ-sur-Barse
Magny-Fouchard
Maison-des-Champs
Bar-sur-Aube
Rouvres-les-Vignes
Argentolles
Lamothe-en-
Montiéramey
le Haut Chêne
Montreuil-sur-Barse
Vendeuvre-sur-Barse
Spoy
Fravaux
Proverville
Ste-Germaine
Mémorial de Charles de Gaulle
Colombey-les-deux-Églises
Lignol-le-Château
Lavilleneuve-aux-Fresnes
Chauffour-lès-Bailly
Briel-sur-Barse
Puits-et-Nuisement
Nuisement
Montmartin-le-Haut
Couvignon
Fontaine
le-Val-Perde
Villy-en-Trodes
Troyes-le-Plessis
Marolles-lès-Bailly
Thieffrain
Forêt de Bossican
Meurville
Baroville
Bayel
Forêt des Dhuits
Troyes-Fresnoy
Chappes
le Château Fouchères
Poligny
Beurey
Longpré-le-Sec
Bergères
la Bretonnière
Juzennecourt
Montheries
Lavilleneuve-au-Roi
Magnant
Fralignes
Bligny
Urville
St-Bernard
Courtenot
Vitry-le-Croisé
Arconville
Clairvaux
Rennepont
Gillancourt
Virey-sous-Bar
Bourguignons
la Borde
Champignol-lez-Mondeville
Longchamp-sur-Aujon
St-Martin-
Buxières-sur-Arce
Eguilly-sous-Bois
Bertignolles
Fontarce
Fontaine St-Bernard
Ville-sous-la-Ferté
Maranville
Vaudrémont
St-Étienne
Jully-sur-Sarce
Bar-sur-Seine
Chervey
Ville-sur-Arce
Chacenay
Noë-les-Mallets
Juvancourt
Cirfontaines-en-Azois
Aizanville
Autreville-sur-la-Renne
Braux-le-Châtel
Avaleur
Ville-sous-la Ferté
Laferté-sur-Aube
Merrey-sur-Arce
Viviers-sur-Artaut
St-Usage
Pont-la-Ville
Villemorien
Celles-sur-Ource
Polisot
Landreville
Fontette
les Fosses
Orges
Villiers-sous-Praslin
Forêt de Fiel
Arrelles
Polisy
Buxeuil
Loches-sur-Ource
Villars-en-Azois
Silvarouvres
Essey-les-Ponts
Marmesse
Châteauvillain
Neuville-sur-Seine
Essoyes
Verpillières-sur-Ource
Cunfin
Dinteville
Châteauvillain Val Marnay
Lingey
Balnot-sur-Laignes
Gyé-sur-Seine
Courteron
Lanty-sur-Aube
Créancey
Avirey-Lingey
Bois du Hayet
Bagneux-la-Fosse
Ricey-Bas
Églises
Les Riceys
Grancey-sur-Ource
Autricourt
Plaines-St-Lange
21 Côte-d'Or
Gevrolles
Ormoy-sur-Aube
Montribourg
Bragelogne-Beauvoir
Bragelogne
Beauvoir-sur-Sarce
Mussy-sur-Seine
10 Aube
21 Côte d'Or
Forêt du Val du Puits
Riel-les-Eaux
Latrecey-Ormoy
52 Haute-Marne
Coupray
Cour-l'Evêque
Channes
Gomméville
Noiron-sur-Seine
Charrey-sur-Seine
Belan-sur-Ource
Montigny-sur-Aube
Veuxhaulles-sur-Aube
Champagne
Humide
Forêt du Der
Forêt de Clairvaux
Forêt de Clairvaux

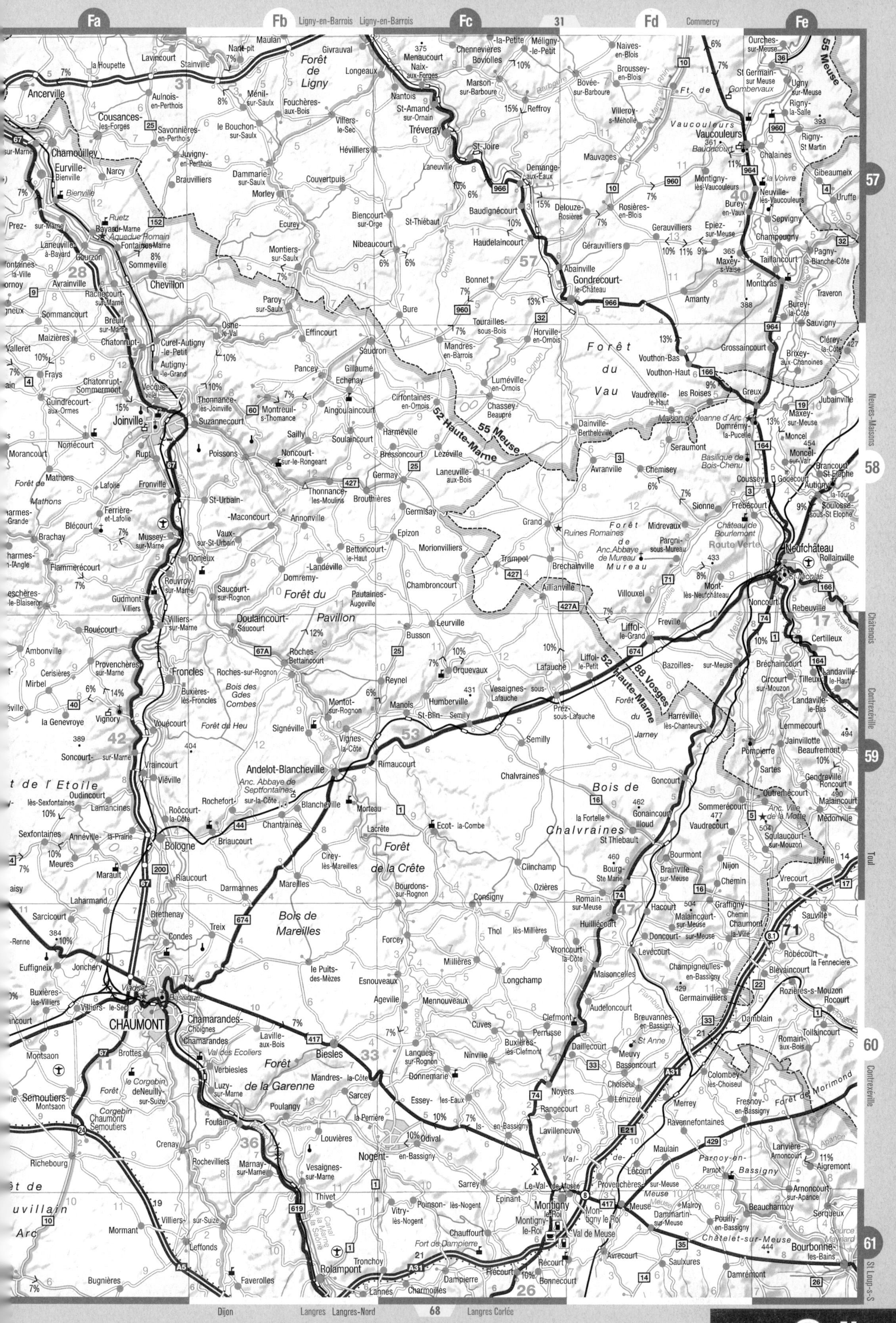

57 58 59 60 61
Neuves-Maisons Châtenois Contrexéville Toul Contrexéville St Loup-s-S

57
58
59
60
61
Void-Vacon
Ligny-en-Barrois
Chaumont
Montigny le-Roi
Langres-Nord
Toul
Toul-Dommartin
Chaudeney-s.-Moselle
Vandœuvre-lès-Nancy
Heillecourt
Houdemont
Ludres
Fléville-devant-Nancy
Neuves-Maisons
Chaligny
Chavigny
Pont-St Vincent
Messein
Richardménil
Méréville
Flavigny-sur-Moselle
St Nicolas-de-Port
Varangéville
Dombasle-s-Meurthe
Sommerviller
Rosières-aux-Salines
Forêt de Vitrimont
Laneuveville devant-Nancy
Forêt de Meine
Bois Juré
Ochey-Thuilley
Colombey-les-Belles
Allain
Bagneux
Vézelise
Mont d'Anon
Haroué
Bayon
Charmes
Forêt de Charmes
Neufchâteau
Rollainville
Forêt Neufeys
Châtenois
Signal de Vaudémont
Mirecourt
Mattaincourt
Vittel
Contrexéville
Bulgnéville
Dompaire
Golbey
Châtel-sur-Moselle
Nomexy
Igney
Portieux
Vincey
Épinal
Les Forges
Chantraine
Uxegney
Darney
Forêt de Darney
Monthureux-sur-Saône
Forêt de Flabémont
Lamarche
Martigny-les-Bains
Côte de Hautmont
Bourbonne-les-Bains
Forêt de Selles et Passavant
Passavant-la-Rochère
Bains-les-Bains
Xertigny
Plombières
Uriménil
Mont St Jean
Plateau Lorrain
Ht des Faux
Croix de Virine
Route Verte
Forêt de Morimond

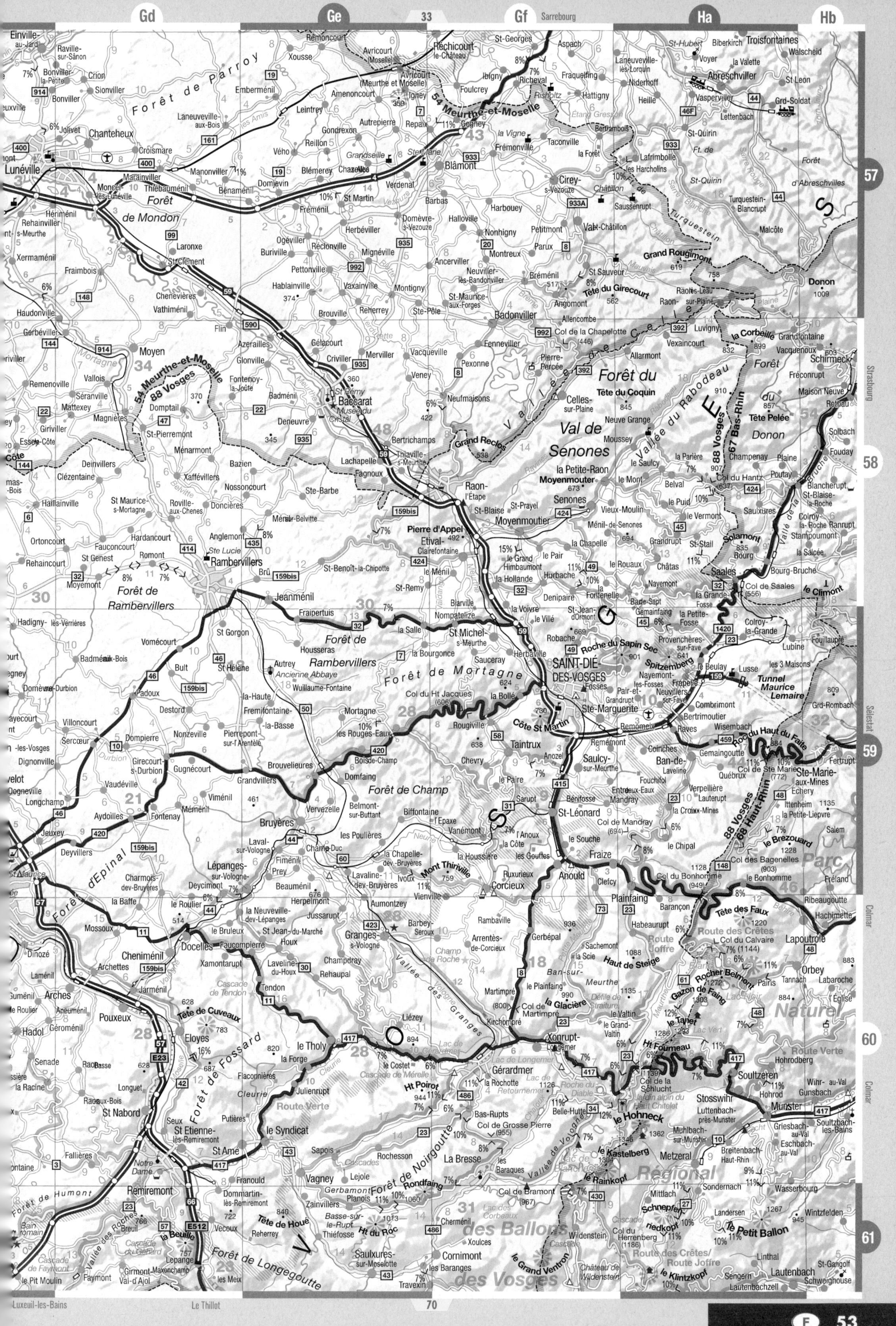


57
Strasbourg
58
Sélestat
59
Colmar
60
Colmar
61

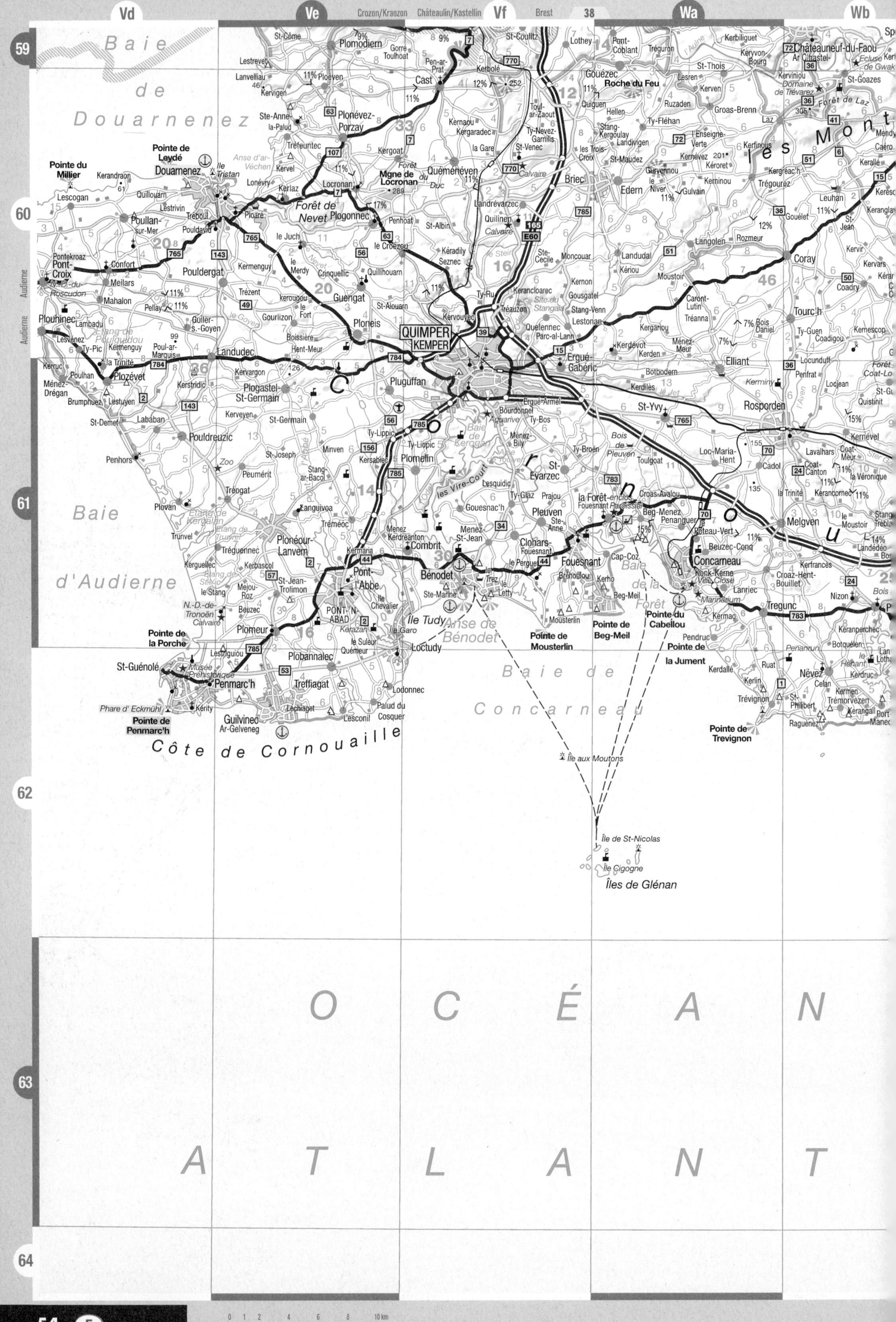
Vd
Ve
Crozon/Kraozon
Châteaulin/Kastellin
Vf
Brest
38
Wa
Wb
59
60
61
62
63
64
Audierne
Baie de Douarnenez
Pointe du Millier
Pointe de Leydé
Douarnenez
Île Tristan
Plomodiern
Ploéven
Cast
Plonévez-Porzay
Locronan
Mgne de Locronan
Forêt de Nevet
Plogonnec
Quéménéven
Landrévarzec
Briec
Edern
Gouézec
Roche du Feu
Châteauneuf-du-Faou
Les Montagnes Noires
Coray
Tourc'h
Elliant
Rosporden
Pont-Croix
Plouhinec
Plozévet
Poullan-sur-Mer
Pouldergat
Guengat
Ploneis
Landudec
QUIMPER
KEMPER
Plogastel-St-Germain
Pluguffan
Ergué-Gabéric
St-Yvy
Pouldreuzic
Plomelin
St-Evarzec
Pleuven
Clohars-Fouesnant
Fouesnant
La Forêt-Fouesnant
Concarneau
Melgven
Trégunc
Névez
Baie d'Audierne
Plonéour-Lanvern
Pont-l'Abbé
Combrit
Bénodet
Île Tudy
Anse de Bénodet
Loctudy
Plomeur
Pointe de la Porche
St-Guénolé
Penmarc'h
Pointe de Penmarc'h
Phare d' Eckmühl
Guilvinec
Plobannalec
Treffiagat
Lesconil
Pointe de Mousterlin
Pointe de Beg-Meil
Pointe du Cabellou
Pointe de la Jument
Pointe de Trevignon
Baie de Concarneau
Côte de Cornouaille
Île aux Moutons
Île de St-Nicolas
Île Cigogne
Îles de Glénan
O C É A N
A T L A N T

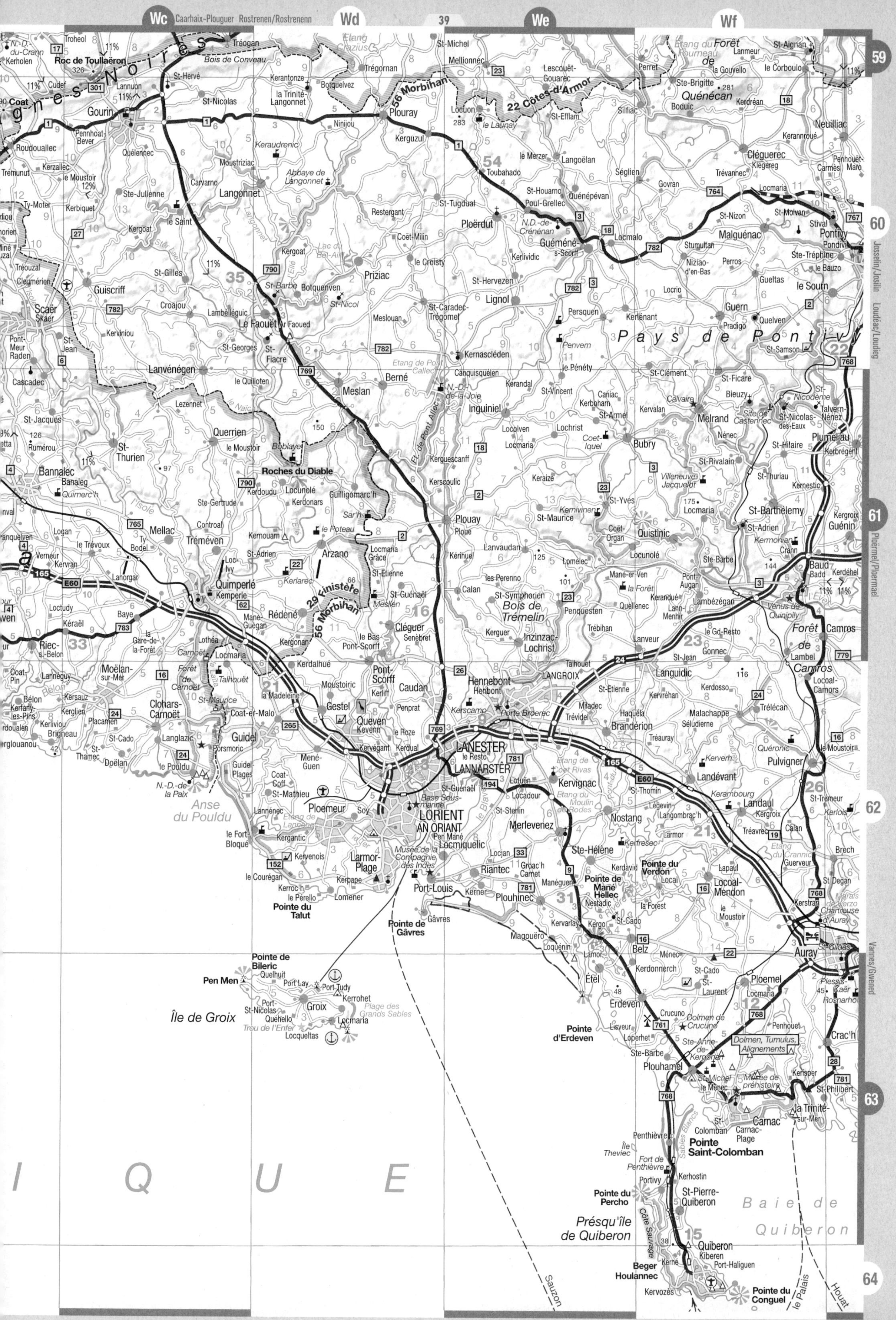
59
60
61
62
63
64
Josselin/Josilin Loudéac/Loudieg
Ploërmel/Ploermael
Vannes/Gwened
Roc de Toullaëron
Gourin
Scaër
Bannalec
Quimperlé
Guidel
Lorient
An Oriant
Lanester
Hennebont
Ploemeur
Larmor-Plage
Port-Louis
Groix
Île de Groix
Étel
Erdeven
Belz
Auray
Carnac
Quiberon
Presqu'île de Quiberon
Baie de Quiberon
Pointe du Conguel
Pays de Pontivy
Pontivy
Baud
Guémené-s-Scorff
Le Faouët
Plouay
Quéven
Caudan
Kervignac
Landévant
Pluvigner
Locoal-Mendon
Plouharnel
La Trinité-sur-Mer
Forêt de Quénécan
Forêt de Camors
Roches du Diable
Bois de Trémelin
Anse du Pouldu
22 Côtes-d'Armor
56 Morbihan
29 Finistère
I Q U E

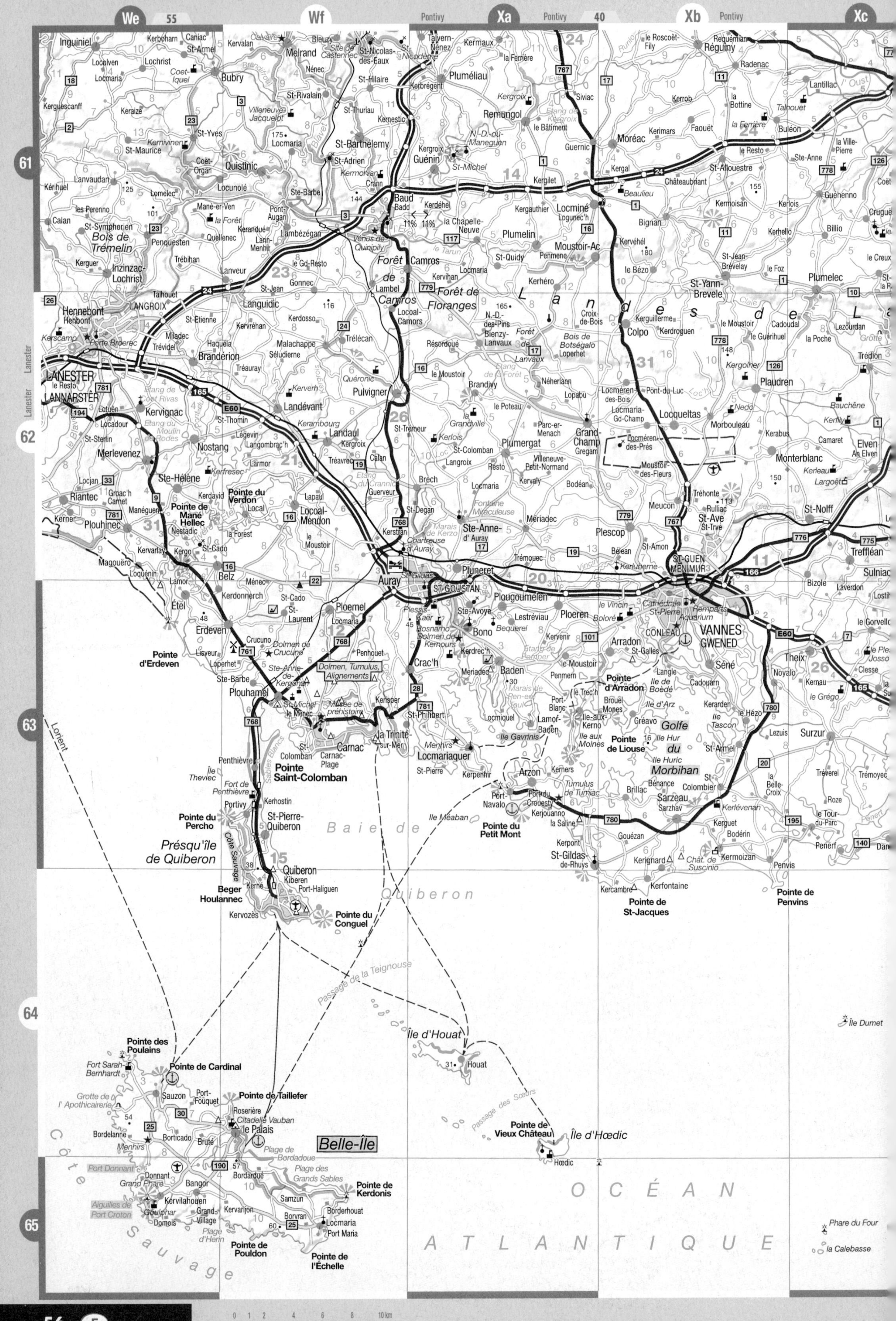

We
55
Wf
Pontivy
Xa
Pontivy
40
Xb
Pontivy
Xc
61
62
63
64
65
Inguiniel
Kerbohan
Caniac
St-Armel
Kervalan
Calvaire
Bieuzy
Site de Castennec
Melrand
St-Nicolas-des-Eaux
St-Nicodème
Talvern-Nénez
Kermaux
la Ferrière
Réguiny
Requémian
le Roscoët-Fily
Radenac
Locolven
Lochrist
Coet-Iquel
Bubry
Nénec
St-Hilaire
Pluméliau
Kerbrégent
Siviac
Locmaria
Kerguescanff
Keraizé
St-Rivalain
Villeneuve-Jacquelot
St-Thuriau
Kernestic
Remungol
Kergroix
le Bâtiment
Kerrob
la Bottine
Lantillac
Talhouet
la Ferrière
Buléon
Kerniviren
St-Yves
St-Maurice
Coët-Organ
Quistinic
St-Barthélemy
St-Adrien
Guénin
N.-D.-du-Maneguen
St-Michel
Guernic
Moréac
Kerimars
Faouët
le Resto
la Ville-Pierre
Ste-Anne
Kerihuel
Lanvaudan
Locunolé
Kermorvan
Crann
Ste-Barbe
Kergal
Kergilet
Châteaubriant
St-Allouestre
Coët
Lomelec
Mané-er-Ven
la Forêt
Pont-Augan
Baud
Badd
Kerdéhel
la Chapelle-Neuve
Kergauthier
Locminé
Logunec'h
Beaulieu
Kermoisan
Kerlois
Guéhenno
Calan
les Perenno
St-Symphorien
Bois de Trémelin
Pénquesten
Kerandué
Quellenec
Lann-Menhir
Lambézégan
Vénus de Quinipily
Plumelin
Bignan
Kervéhel
Kerhello
Billio
Crugue
Kerguer
Inzinzac-Lochrist
Trébihan
Lanveur
le Gd-Resto
Forêt de Lambel
Camros
le Tarun
Locmaria
St-Quidy
Penmene
Moustoir-Ac
le Bézo
St-Jean-Brévelay
le Foz
le Creux
Talhouet
Gonnec
St-Jean
Kervihan
Kerhéro
St-Yann-Brevele
Plumelec
Hennebont
Henbont
LANGROIX
Languidic
Forêt de Floranges
Locoal-Camors
N.-D.-des-Pins
Bienzy-Lanvaux
Forêt de Lanvaux
Croix-de-Bois
Bois de Botségalo
Loperhet
Landes de Lanvaux
Colpo
Kerguillerme
Kerdroguen
le Moustoir
Cadoudal
le Guérihuel
la Poche
Lezourdan
Grotte
Kerscamp
Porte Broerec
St-Etienne
Kervréhan
Kerdosso
Trélécan
Résordoué
Tredion
Milladec
Trévidel
Haquéla
Malachappe
Séludierne
Brandérion
Tréauray
Quéronic
le Moustoir
Brandivy
Néherlann
Lopabu
Kergolher
Plaudren
LANESTER
Lanester
le Resto
LANNARSTER
Étang de Coet Rivas
Kerverh
Pulvigner
le Poteau
la Grandville
Locméren-des-Bois
Locmaria-Gd-Champ
Pont-du-Luc
Locqueltas
Nedo
Bauchêne
Kerniy
Kervignac
Lotuen
Locadour
St-Sterlin
Merlevenez
St-Thomin
Landévant
Kerambourg
St-Trémeur
Kerlois
St-Colomban
Langroix
Plumergat
Parc-er-Menach
Grand-Champ
Gregam
Locméren-des-Prés
Moustoir-des-Fleurs
Morbouleau
Kerabus
Camaret
Elven
An Elven
Nostang
Légevin
Langombrac'h
Landaul
Kergroix
Tréavrec
Calan
Villeneuve-Petit-Normand
Kervaly
Bodéan
Monterblanc
Kerleau
Largoët
Locjan
Ste-Hélène
Kerfresec
Larmor
Étang du Cranic
Guerveur
Brech
Locmaria
Trého nte
Rulliac
St-Nolff
Riantec
Groac'h Carnet
Kerdavid
Pointe du Verdon
Local
Pointe de Mané Hellec
Manéguen
Nestadic
Lapaul
Locoal-Mendon
St-Degan
Fontaine Miraculeuse
Mériadec
Meucon
St-Ave
St-Trive
Kerner
Plouhinec
la Forest
le Moustoir
Kerstran
Chartreuse d'Auray
Marais de Kerzo
Ste-Anne-d'Auray
Plescop
St-Amon
Treffléan
Magouëro
Kervarlay
Kergo
St-Cado
Trémouec
Béléan
Kerluberne
ST-GUEN
MENIMUR
Sulniac
Loquénin
Lamor
Belz
Ménec
St-Gildas
Auray
Pluneret
ST-GOUSTAN
Plougoumelen
Vincin
Bizole
Laverdon
Étel
Kerdonnerch
St-Cado
St-Laurent
Ploemel
Locmaria
Plessis-Kaër
Ste-Avoye
Bono
Lestréviau
Ploeren
le Vincin
Boloré
Cathédrale St-Pierre
Remparts
Aquarium
le Gorvello
Erdeven
Crucuno
Dolmen de Crucuno
Rosnarho
Dolmen de Kernours
Bequerel
Kervenir
Arradon
CONLEAU
VANNES
GWENED
Theix
Pointe d'Erdeven
Lisveur
Loperhet
Ste-Anne-de-Kergonan
Penhouet
Dolmen, Tumulus, Alignements
Crac'h
Kerdrec'h
Meriadec
Baden
Marais de Pen-en-Baud
le Moustoir
Penmern
St-Galles
Langle
Séné
Noyalo
Clesse
Ste-Barbe
Plouharnel
Kerispert
St-Michel
le Ménec
Musée de préhistoire
Pointe d'Arradon
Ile de Boëdé
Ile Trec'h
Port-Blanc
Broue
Mones
Ile d'Arz
Cadouarn
Kerarden
Ile Tascon
le Hézo
Kernau
le Grégo
Carnac
Carnac-Plage
St-Colomban
Ia Trinité-sur-Mer
St-Philibert
Locmiquel
Lamor-Baden
Ile-aux-Kerno
Gréavo
Golfe du Morbihan
Penthièvre
Pointe Saint-Colomban
Menhirs
Locmariaquer
St-Pierre
Kerpenhir
Ile Gavrinis
Ile aux Moines
Pointe de Liouse
Ile Hur
Ile Huric
Lezuis
Surzur
Ile Theviec
Fort de Penthièvre
Portivy
Kerhostin
Arzon
Kerners
Tumulus de Tumiac
Brillac
Bénance
Sarzeau
Sarzhav
St-Colombier
St-Armel
Trévérel
Trémoyec
la Belle-Croix
Pointe du Percho
St-Pierre-Quiberon
Port-Navalo
Port du Crouesty
Kerjouanno
la Saline
Ile Méaban
Pointe du Petit Mont
Kerlévenan
Kerguet
Bodérin
Roze
le Tour-du-Parc
Présqu'île de Quiberon
Côte Sauvage
Baie de Quiberon
Kerpont
Gouézan
Penerf
St-Gildas-de-Rhuys
Kerignard
Chât. de Suscinio
Kermoizan
Penvis
Quiberon
Kiberen
Port-Haliguen
Beger Houlannec
Kerné
Kercambre
Kerfontaine
Pointe de St-Jacques
Pointe de Penvins
Kervozès
Pointe du Conguel
Passage de la Teignouse
Lorient
Île Dumet
Île d'Houat
Pointe des Poulains
Fort Sarah-Bernhardt
Pointe de Cardinal
Houat
Sauzon
Port-Fouquet
Pointe de Taillefer
Grotte de l' Apothicairerie
Roserière
Citadelle Vauban
le Palais
Passage des Sœurs
Pointe de Vieux Château
Île d'Hœdic
Bordelanne
Borticado
Bruté
Menhirs
Plage de Bordadoue
Belle-Île
Hœdic
Port Donnant
Donnant
Grand Phare
Bangor
Bordardué
Plage des Grands Sables
Pointe de Kerdonis
OCÉAN ATLANTIQUE
Aiguilles de Port Croton
Kervilahouen
Goulphar
Domois
Grand-Village
Kervarijon
Samzun
Borvran
Borderhouat
Locmaria
Port Maria
Plage d'Herlin
Pointe de Pouldon
Pointe de l'Échelle
Côte Sauvage
Phare du Four
la Calebasse
10 km
6 miles

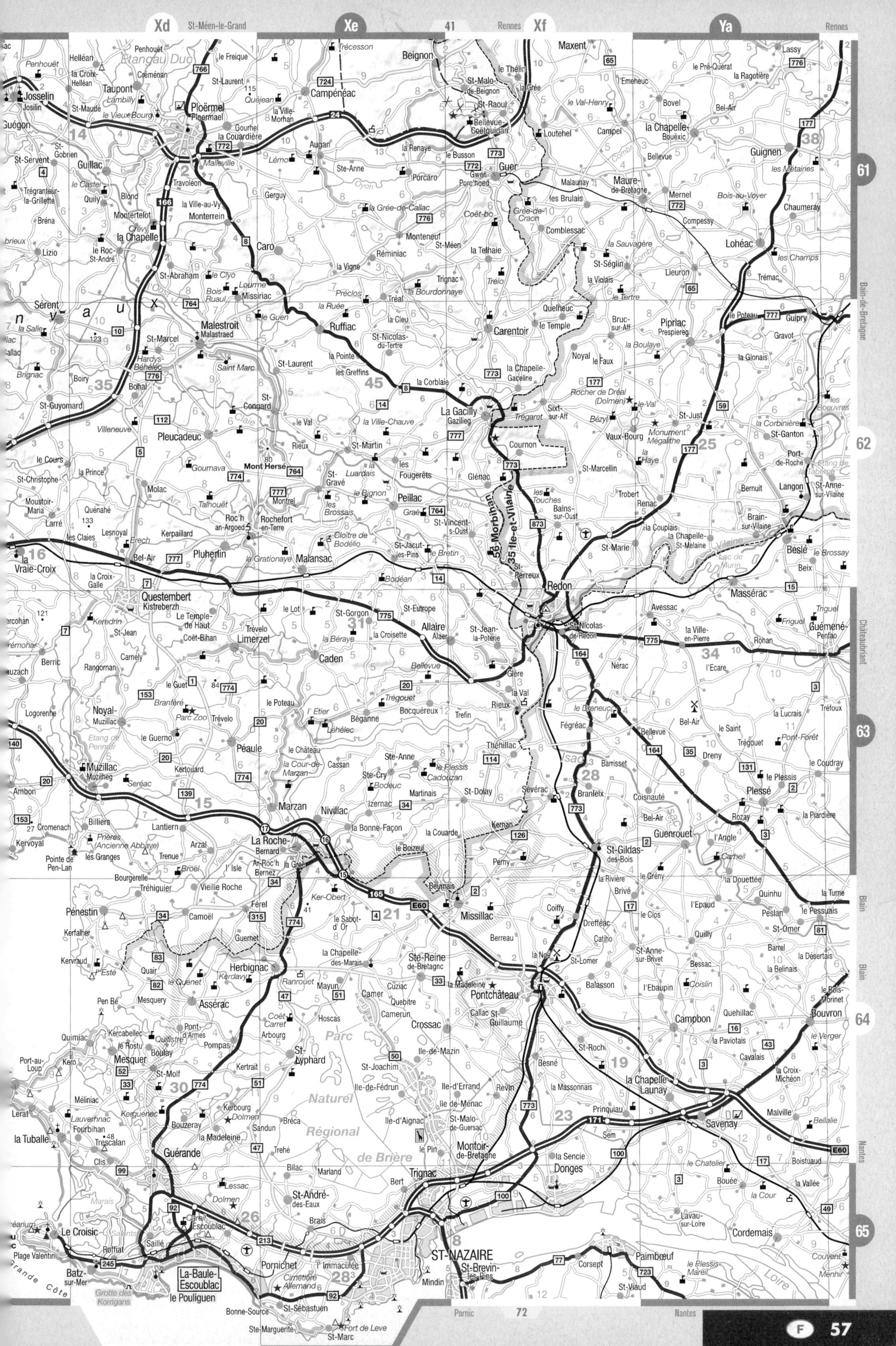
Xd
St-Méen-le-Grand
Xe
41
Rennes
Xf
Ya
Rennes
61
62
63
64
65
Bain-de-Bretagne
Châteaubriant
Blain
Nantes
Josselin
Ploërmel
Taupont
Guillac
Campénéac
Beignon
Maxent
Lassy
Guer
Porcaro
Augan
Caro
la Chapelle
Malestroit
Sérent
Ruffiac
Carentoir
Maure-de-Bretagne
Lohéac
Guignen
la Chapelle-Bouëxic
Pipriac
Guipry
St-Just
Renac
Langon
Brain-sur-Vilaine
Beslé
Massérac
La Gacilly
Pleucadeuc
Peillac
Rochefort-en-Terre
Malansac
Pluherlin
Questembert
Limerzel
Caden
Allaire
Redon
St-Nicolas-de-Redon
Avessac
Guémené-Penfao
Fégréac
Rieux
Théhillac
Noyal-Muzillac
Muzillac
Péaule
Marzan
Nivillac
La Roche-Bernard
Sévérac
St-Gildas-des-Bois
Plessé
Guenrouet
Missillac
Herbignac
Pénestin
Asserac
Pontchâteau
Campbon
Bouvron
St-Lyphard
Crossac
Mesquer
Guérande
La Turballe
Le Croisic
Batz-sur-Mer
La-Baule-Escoublac
le Pouliguen
Pornichet
St-André-des-Eaux
Trignac
Montoir-de-Bretagne
Donges
Savenay
la Chapelle-Launay
Cordemais
ST-NAZAIRE
St-Brevin-les-Pins
Paimbœuf
Corsept
St-Viaud
Mindin
Parc Naturel Régional de Brière
56 Morbihan
35 Ille-et-Vilaine
Loire
Vilaine
Pornic
72
Nantes

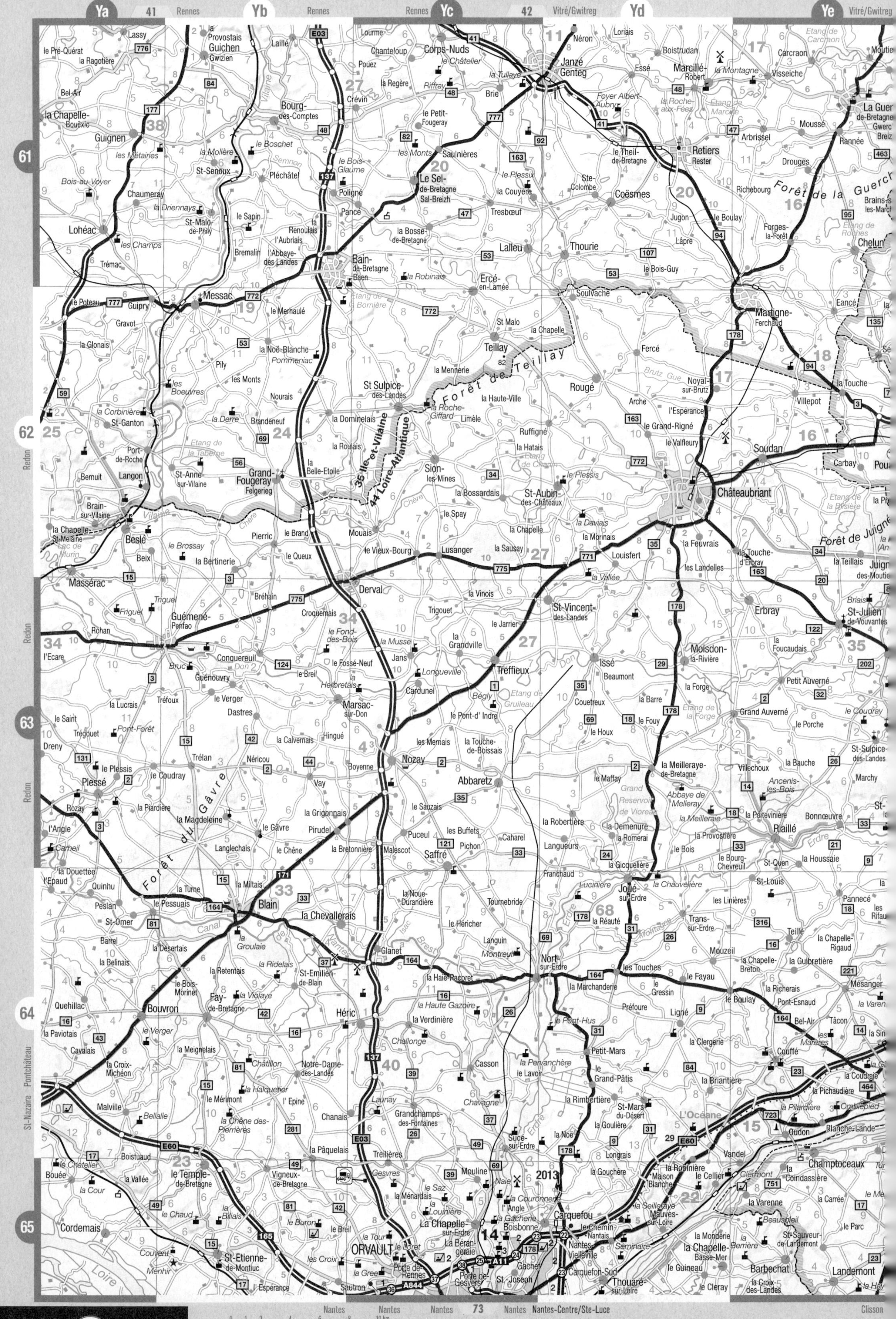
Guichen
Bourg-des-Comptes
Corps-Nuds
Janzé
Genteg
Marcillé-Robert
Retiers
La Guerche-de-Bretagne
Guignen
Le Sel-de-Bretagne
Saulnières
Coësmes
Forêt de la Guerche
Lohéac
Bain-de-Bretagne
Thourie
Messac
Ercé-en-Lamée
Teillay
Martigné-Ferchaud
Forêt de Teillay
St Sulpice-des-Landes
Rougé
Grand-Fougeray
Sion-les-Mines
St-Aubin-des-Châteaux
Châteaubriant
Soudan
Forêt de Juigné
Derval
Lusanger
Louisfert
Erbray
Guémené-Penfao
St-Vincent-des-Landes
Moisdon-la-Rivière
Treffieux
Issé
St-Julien-de-Vouvantes
Marsac-sur-Don
Nozay
Abbaretz
La Meilleraye-de-Bretagne
Plessé
Forêt du Gâvre
le Gâvre
Saffré
Riaillé
Blain
Joué-sur-Erdre
Nort-sur-Erdre
Bouvron
Fay-de-Bretagne
Héric
Petit-Mars
Ligné
Couffé
Oudon
Champtoceaux
Le Temple-de-Bretagne
Grandchamps-des-Fontaines
Sucé-sur-Erdre
La Chapelle-sur-Erdre
Carquefou
Thouaré-sur-Loire
Mauves-sur-Loire
Cordemais
St-Etienne-de-Montluc
ORVAULT
Nantes
Landemont
Loire
61
62
63
64
65
Redon
Pontchâteau
St-Nazaire

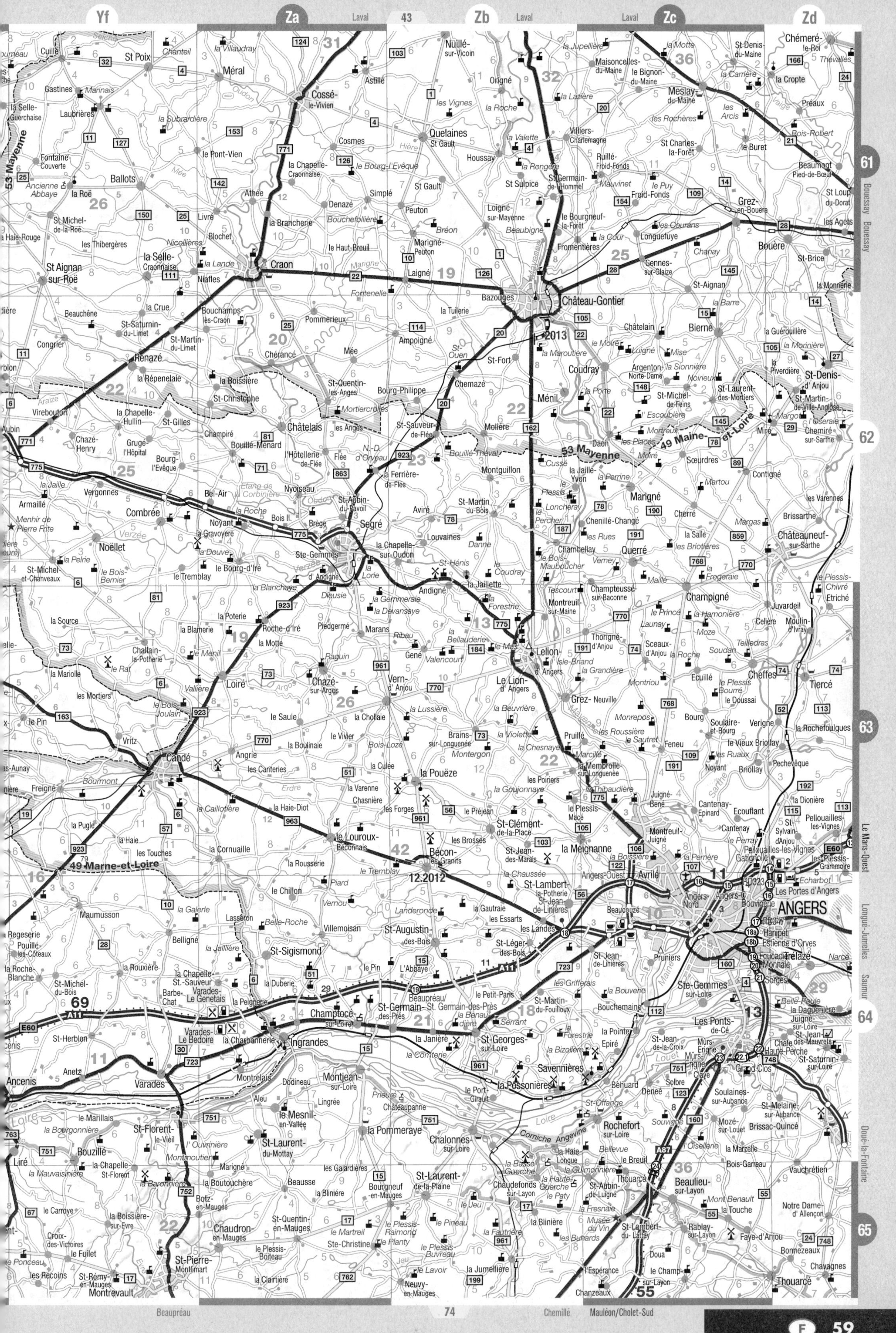

Yf
Za
Laval
43
Zb
Laval
Laval
Zc
Zd
61
62
63
64
65
Bouessay
Le Mans-Ouest
Longué-Jumelles
Saumur
Doué-la-Fontaine
53 Mayenne
49 Marne-et-Loire
49 Maine-et-Loire
Château-Gontier
Craon
Cossé-le-Vivien
Segré
Candé
Angers
Ancenis
Chalonnes-sur-Loire
Thouarcé
Beaupréau
74
Chemillé
Mauléon/Cholet-Sud

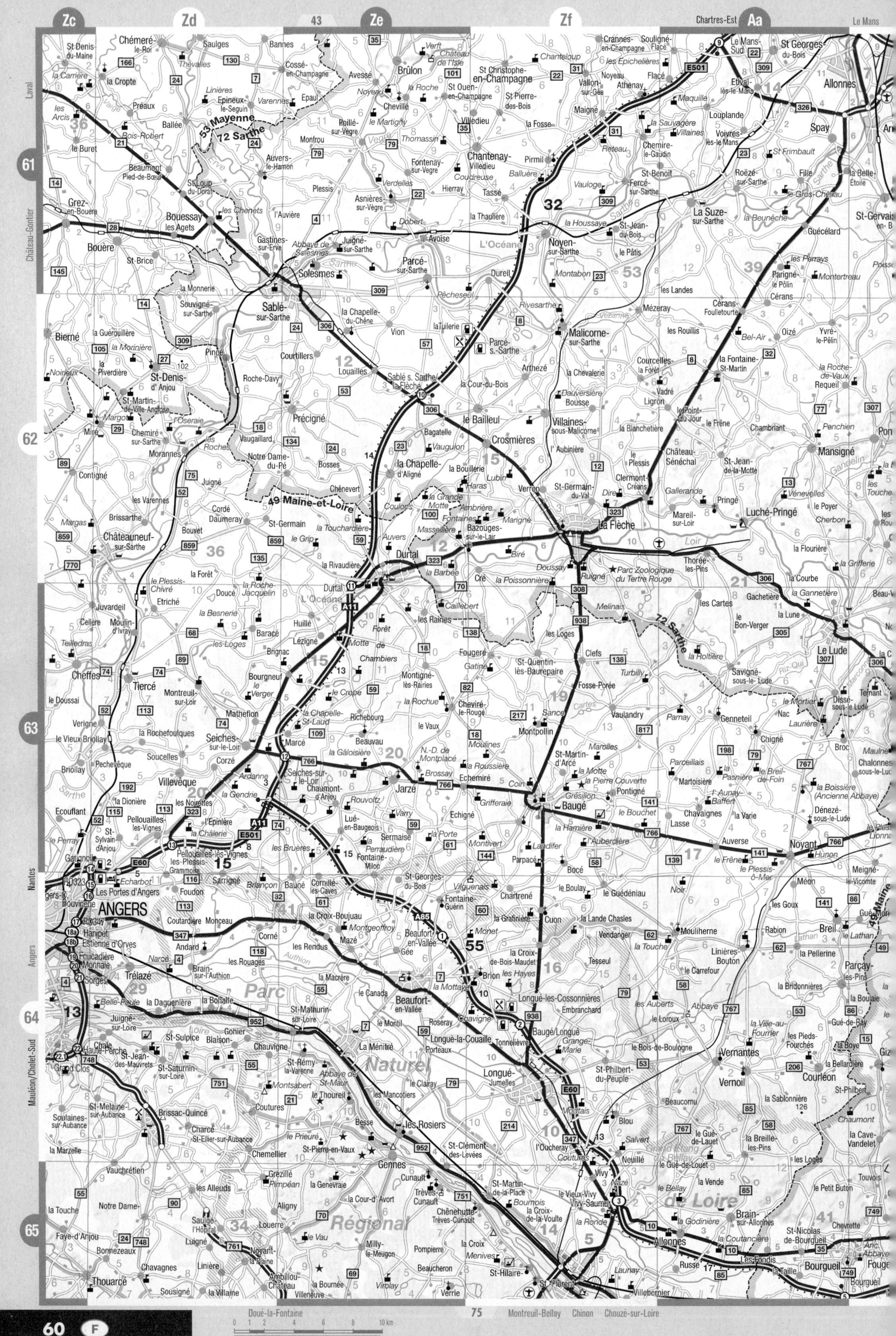
Zc
Zd
43
Ze
Zf
Chartres-Est
Aa
Le Mans
Laval
Château-Gontier
Nantes
Angers
Mauléon/Cholet-Sud
61
62
63
64
65
Sablé-sur-Sarthe
Solesmes
Brûlon
Chantenay-Villedieu
Noyen-sur-Sarthe
La Suze-sur-Sarthe
Allonnes
Malicorne-sur-Sarthe
La Flèche
Durtal
Bauge
Le Lude
Châteauneuf-sur-Sarthe
Tiercé
Seiches-sur-le-Loir
ANGERS
Trélazé
Beaufort-en-Vallée
Longué-Jumelles
Les Rosiers
Gennes
Saumur
Allonnes
Bourgueil
Vernantes
Noyant
Thouarcé
Brissac-Quincé
Doué-la-Fontaine
75
Montreuil-Bellay
Chinon
Chouzé-sur-Loire
0 1 2 4 6 8 10 km
0 1 2 4 6 miles

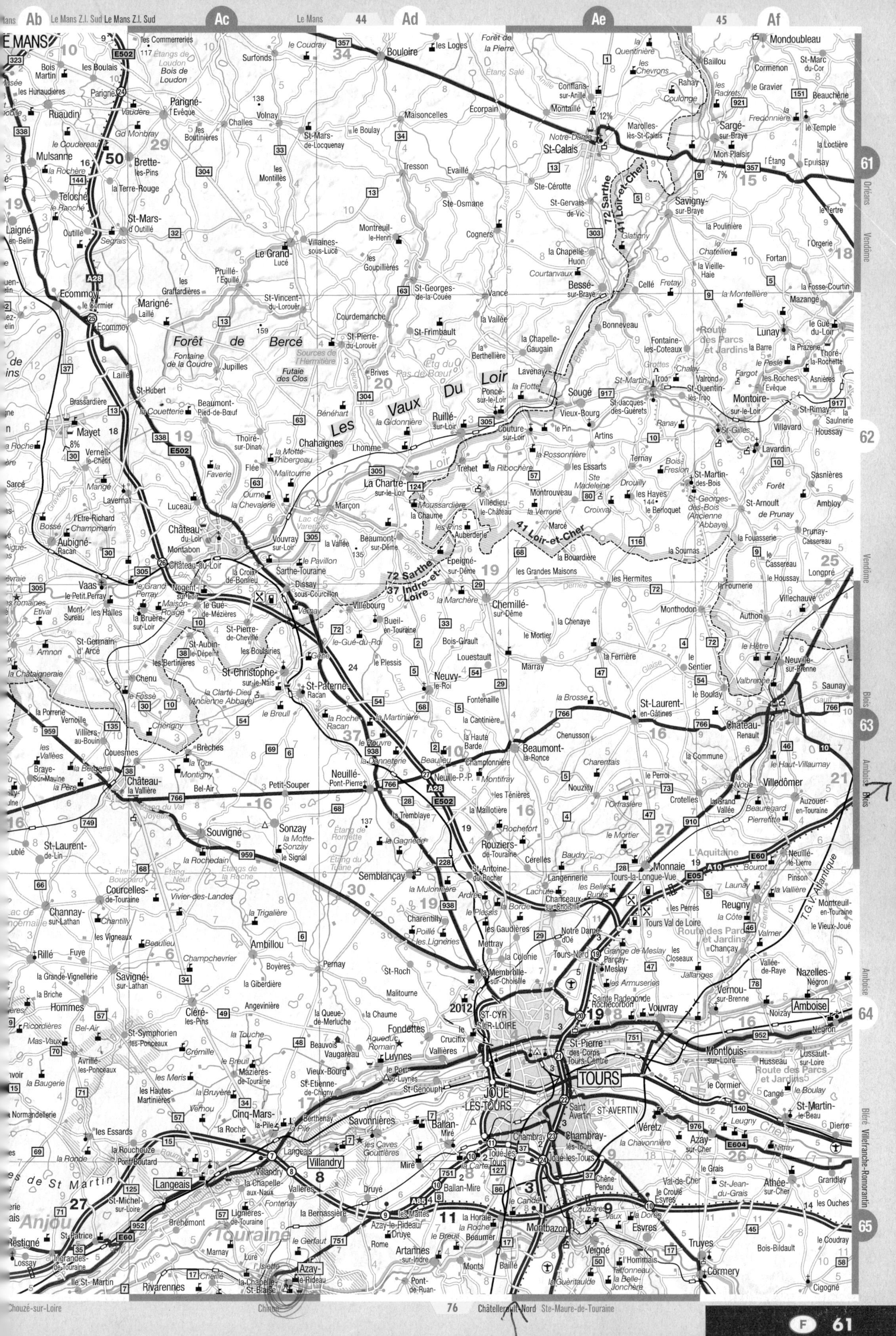
LE MANS
St-Calais
Le Grand-Lucé
Forêt de Bercé
Les Vaux Du Loir
Château-du-Loir
La Chartre-sur-le-Loir
Montoire-sur-le-Loir
Château-Renault
Château-la-Vallière
Neuillé-Pont-Pierre
Amboise
TOURS
Joué-lès-Tours
Langeais
Villandry
Azay-le-Rideau
Montbazon
Cormery
Anjou
Touraine

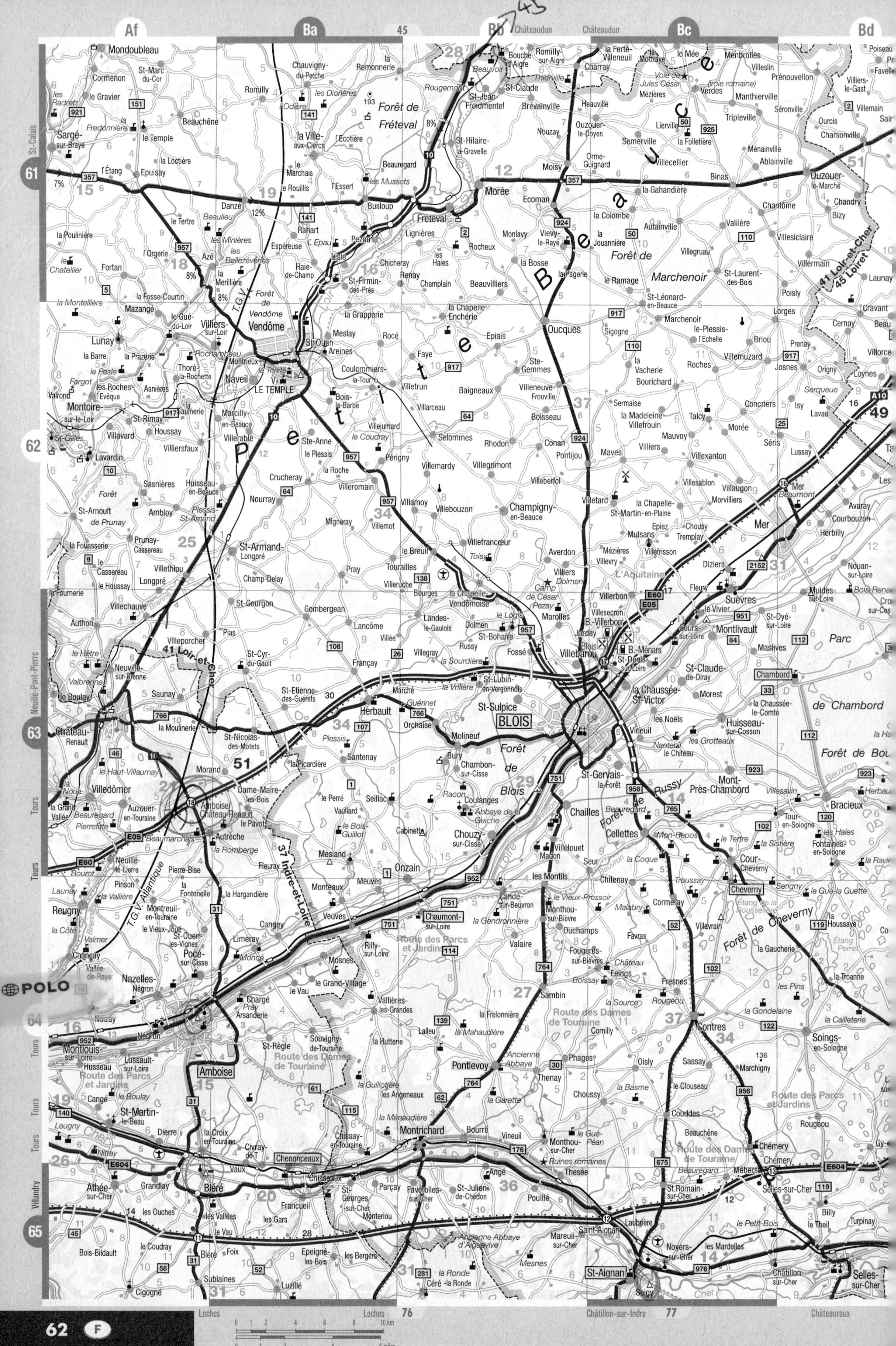

Af
Ba
45
Bb
Châteaudun
Châteaudun
Bc
Bd
Mondoubleau
St-Calais
61
62
63
64
65
Neuillé-Pont-Pierre
Tours
Villandry
Sargé-sur-Braye
Forêt de Fréteval
Morée
Fréteval
Vendôme
Montoire-sur-le-Loir
Naveil
LE TEMPLE
Oucques
Ouzouer-le-Marché
Forêt de Marchenoir
Marchenoir
Beauce
Petite Beauce
41 Loir-et-Cher
45 Loiret
37 Indre-et-Loire
Mer
Suèvres
BLOIS
Forêt de Blois
St-Gervais-la-Forêt
Chambord
Parc de Chambord
Forêt de Boulogne
Forêt de Russy
Bracieux
Cour-Cheverny
Cheverny
Forêt de Cheverny
Château-Renault
Amboise
Chaumont-sur-Loire
Onzain
Contres
Pontlevoy
Montrichard
Chenonceaux
Bléré
St-Aignan
Selles-sur-Cher
Route des Dames de Touraine
Route des Parcs et Jardins
Loches
Loches
76
Châtillon-sur-Indre
77
Châteauroux
POLO

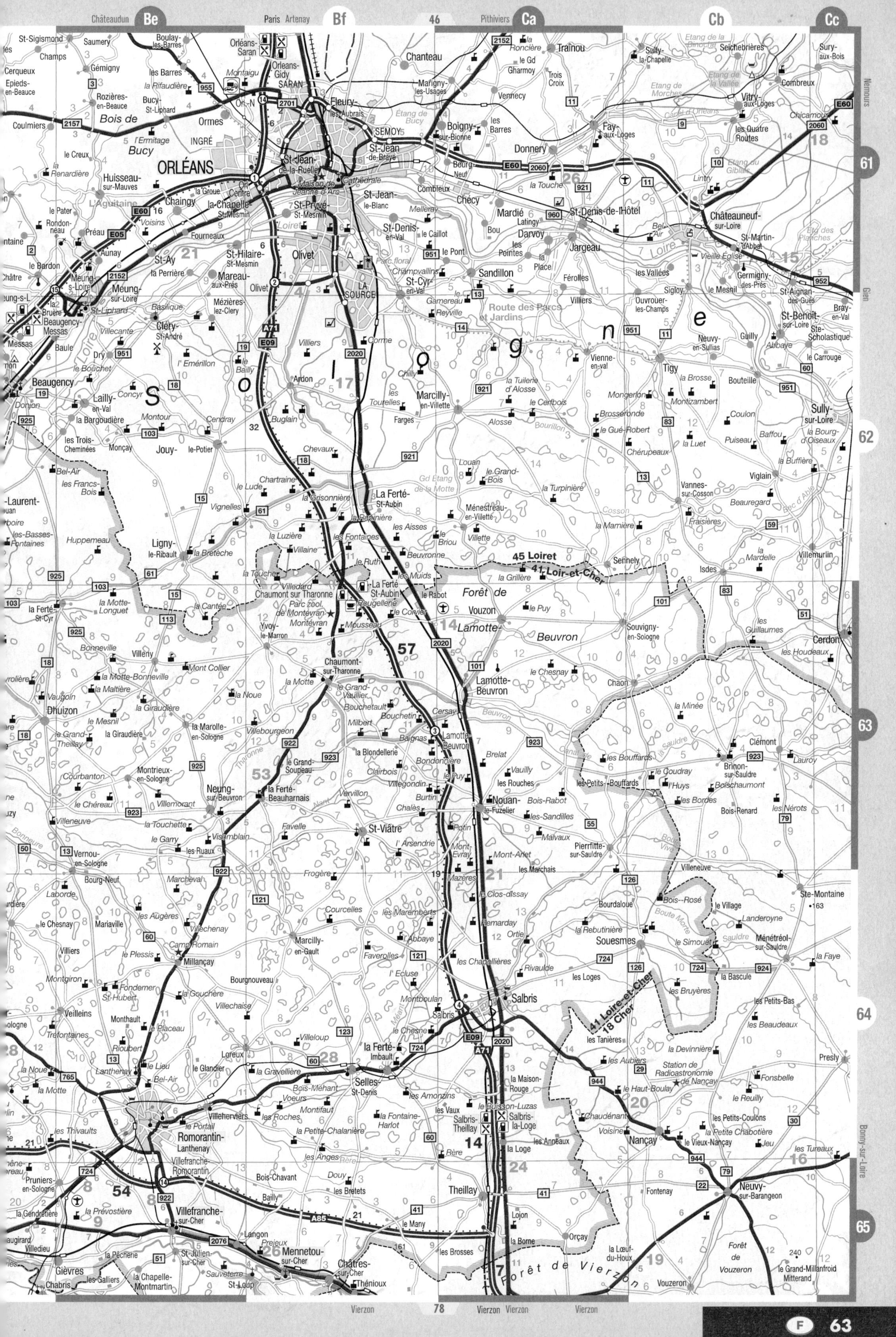

ORLÉANS
Olivet
La Source
St-Jean-de-Braye
St-Jean-de-la-Ruelle
St-Jean-le-Blanc
St-Pryvé-St-Mesmin
St-Denis-en-Val
St-Cyr-en-Val
Fleury-les-Aubrais
Saran
Ingré
Chécy
Mardié
Jargeau
St-Denis-de-l'Hôtel
Châteauneuf-sur-Loire
Fay-aux-Loges
Trainou
Chanteau
Boigny-sur-Bionne
Semoy
Donnery
Vitry-aux-Loges
Combreux
Sully-la-Chapelle
Seichebrières
Sury-aux-Bois
Darvoy
Sandillon
Sigloy
Ouvrouer-les-Champs
Germigny-des-Prés
St-Benoît-sur-Loire
Bray-en-Val
Tigy
Neuvy-en-Sullias
Vienne-en-Val
Guilly
Sully-sur-Loire
Viglain
Vannes-sur-Cosson
Isdes
Sennely
Villemurlin
Cerdon
Marcilly-en-Villette
Ménestreau-en-Villette
Vouzon
Lamotte-Beuvron
Souvigny-en-Sologne
Chaon
Brinon-sur-Sauldre
Clémont
Pierrefitte-sur-Sauldre
Souesmes
Ménétréol-sur-Sauldre
Ste-Montaine
Nouan-le-Fuzelier
Salbris
Nançay
Neuvy-sur-Barangeon
Vouzeron
Theillay
Orçay
La Ferté-St-Aubin
Chaumont-sur-Tharonne
La Ferté-Beauharnais
Neung-sur-Beuvron
St-Viâtre
Marcilly-en-Gault
La Ferté-Imbault
Selles-St-Denis
Romorantin-Lanthenay
Villefranche-sur-Cher
Mennetou-sur-Cher
Châtres-sur-Cher
Gièvres
Pruniers-en-Sologne
Millançay
Veilleins
Dhuizon
Vernou-en-Sologne
Yvoy-le-Marron
Ligny-le-Ribault
Jouy-le-Potier
Ardon
Lailly-en-Val
Beaugency
Meung-sur-Loire
Cléry-St-André
Mézières-lez-Cléry
Mareau-aux-Prés
St-Hilaire-St-Mesmin
St-Ay
Chaingy
Huisseau-sur-Mauves
Ormes
Coulmiers
Bucy-St-Liphard
Saint-Sigismond
Sologne
Forêt de Vierzon
Forêt de Vouzeron
45 Loiret
41 Loir-et-Cher
18 Cher
Route des Parcs et Jardins
Station de Radioastronomie de Nançay
Nemours
Gien
Bomy-sur-Loire
61
62
63
64
65
Vierzon 78 Vierzon Vierzon Vierzon

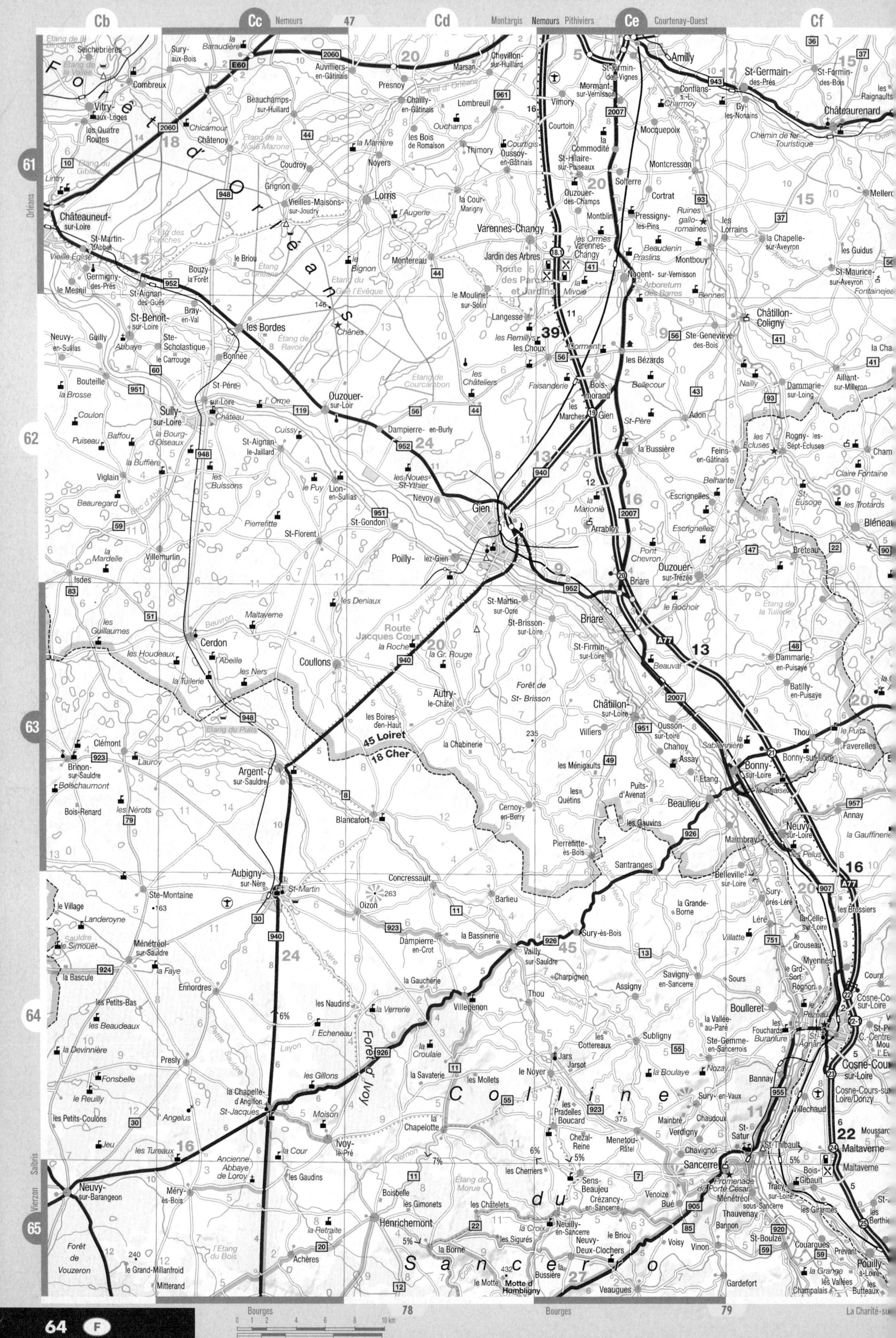
Forêt d'Orléans
Seichebrières
Sury-aux-Bois
la Baraudière
Combreux
Vitry-aux-Loges
les Quatre Routes
Chicamour
Châtenoy
Beauchamps-sur-Huillard
Auvilliers-en-Gâtinais
Presnoy
Chailly-en-Gâtinais
Lombreuil
Chevillon-sur-Huillard
Marsan
Vimory
Amilly
St-Firmin-des-Vignes
Mormant-sur-Vernisson
Conflans-s.-L.
Gy-les-Nonains
St-Germain-des-Prés
St-Firmin-des-Bois
Châteaurenard
Courtoin
Commodité
St-Hilaire-sur-Puiseaux
Mocquepoix
Montcresson
Chemin de fer Touristique
Ouchamps
la Marnière
les Bois de Romaison
Thimory
Courtigis
Oussoy-en-Gâtinais
Noyers
Coudroy
Grignon
Vieilles-Maisons-sur-Joudry
Lorris
Lintry
Châteauneuf-sur-Loire
St-Martin-d'Abbat
Vieille Église
Germigny-des-Prés
le Mesnil
St-Aignan-des-Gués
St-Benoît-sur-Loire
Bouzy-la-Forêt
le Briou
Bray-en-Val
les Bordes
Montereau
le Bignon
la Cour-Marigny
Varennes-Changy
Jardin des Arbres
Route des Parcs et Jardins
Ouzouer-des-Champs
Solterre
Cortrat
Montblin
Pressigny-les-Pins
Ruines gallo-romaines
les Lorrains
la Chapelle-sur-Aveyron
Mellero
les Guidus
St-Maurice-sur-Aveyron
les Ormes
Varennes-Changy
Beaudenin
Praslins
Montbouy
Nogent-sur-Vernisson
Arboretum des Barres
Bennes
Châtillon-Coligny
la Mivoie
le Moulinet-sur-Solin
Langesse
les Remillys
les Choux
Cormont
les Bézards
Ste-Geneviève-des-Bois
Chênes
Étang de Ravoir
Neuvy-en-Sullias
Guilly
Abbaye
Ste-Scholastique
le Carrouge
Bonnée
Bouteille
la Brosse
St-Père-sur-Loire
Sully-sur-Loire
Château
l'Orme
Ouzouer-sur-Loir
Étang de Courcambon
les Châteliers
Faisanderie
Bois-morand
les Marches
Gien
Bellecour
St-Père
Adon
Nailly
Dammarie-sur-Loing
Aillant-sur-Milleron
Coulon
Puiseau
Baffou
la Bourg-d'Oiseaux
Cuissy
St-Aignan-le-Jaillard
Dampierre-en-Burly
la Bussière
Feins-en-Gâtinais
les 7 Écluses
Rogny-les-Sept-Écluses
la Buffière
les Buissons
le Puy
Lion-en-Sullias
les Noues-St-Ythier
Nevoy
Belhante
Claire Fontaine
Viglain
Beauregard
Pierrefitte
St-Florent
St-Gondon
Marionie
Arrabloy
Escrignelles
les Trotards
Bléneau
la Mardelle
Villemurlin
Poilly-lez-Gien
Pont Chevron
Ouzouer-sur-Trézée
Breteau
Isdes
les Guillaumes
les Deniaux
Maltaverne
St-Martin-sur-Ocre
St-Brisson-sur-Loire
Briare
le Rochoir
Étang de la Tuilerie
Cerdon
les Houdeaux
l'Abeille
Route Jacques Cœur
la Roche
la Gr. Rouge
Pont-Canal
St-Firmin-sur-Loire
Beauval
Dammarie-en-Puisaye
la Tuilerie
les Ners
Coullons
Forêt de St-Brisson
Autry-le-Châtel
Batilly-en-Puisaye
Étang du Puits
les Boires-den-Haut
Châtillon-sur-Loire
Villiers
Ousson-sur-Loire
Thou
le Puits
Faverelles
45 Loiret
18 Cher
la Chabinerie
Chanoy
Sablonnière
Bonny-sur-Loire
Clémont
Brinon-sur-Sauldre
Lauroy
Argent-sur-Sauldre
les Ménigaults
Assay
l'Étang
Boischaumont
les Nérots
Bois-Renard
Blancafort
les Quétins
Puits-d'Avenat
Beaulieu
la Chaise
Cernoy-en-Berry
les Gauvins
Annay
Neuvy-sur-Loire
la Gauffinerie
Pierrefitte-ès-Bois
Mambray
les Pelus
Aubigny-sur-Nère
St-Martin
Ste-Montaine
Concressault
Santranges
Belleville-sur-Loire
Oizon
Barlieu
la Grande-Borne
Sury-près-Léré
le Village
Landeroyne
Léré
la Celle-sur-Loire
les Brossiers
Dampierre-en-Crot
la Bassinerie
Sury-ès-Bois
Villatte
Grouseau
Ménétréol-sur-Sauldre
le Simouet
Vailly-sur-Sauldre
Myennes
la Faye
la Bascule
Ennordres
la Gauchérie
Charpignon
Assigny
Savigny-en-Sancerre
Sours
le Grd-Sort
Rognon
Cours
Cosne-Cours-sur-Loire
les Petits-Bas
les Beaudeaux
les Naudins
la Verrerie
Villegenon
Thou
Boulleret
le Pezeau
la Vallée-au-Paré
les Fouchards
Buranlure
l'Echeneau
Forêt d'Ivoy
la Croulaie
Sublingy
Ste-Gemme-en-Sancerrois
St-Agnan
la Devinnière
Presly
la Savaterie
Jars
Jarsot
les Cottereaux
la Boulaye
Nozay
Fonsbelle
le Reuilly
les Gillons
les Mollets
le Noyer
Collines du Sancerrois
Sury-en-Vaux
Bannay
la Chapelle-d'Angillon
St-Jacques
Moison
Chaudoux
Villechaud
les Petits-Coulons
l'Angelus
la Chapelotte
les Pradelles
Boucard
Mainbré
Verdigny
Moussard
Jeu
les Tureaux
la Cour
Ivoy-le-Pré
Chezal-Reine
Menetou-Râtel
St-Satur
St-Thibault
Maltaverne
Neuvy-sur-Barangeon
Ancienne Abbaye de Loroy
les Gaudins
les Cherriers
Sens-Beaujeu
Chavignol
Sancerre
Bois-Gibault
Méry-ès-Bois
Boisbelle
les Gimonets
Étang de Morue
les Châtelets
Crézancy-en-Sancerre
Venoize
Bué
Promenade de Porte César
Ménétréol-sous-Sancerre
Thauvenay
Tracy-sur-Loire
les Girarmes
Forêt de Vouzeron
la Retraite
Henrichemont
la Croix
les Sigurés
Neuilly-en-Sancerre
Neuvy-Deux-Clochers
le Briou
Voisy
Vinon
Bannon
St-Bouize
Couargues
Prévant
l'Étang du Bois
Achères
la Borne
Motte d'Humbligny
la Bussière
Veaugues
Gardefort
la Grange
les Vallées
Champalais
Pouilly-s-Loire
les Butteaux
le Grand-Millanfroid
Mitterand
le Motte

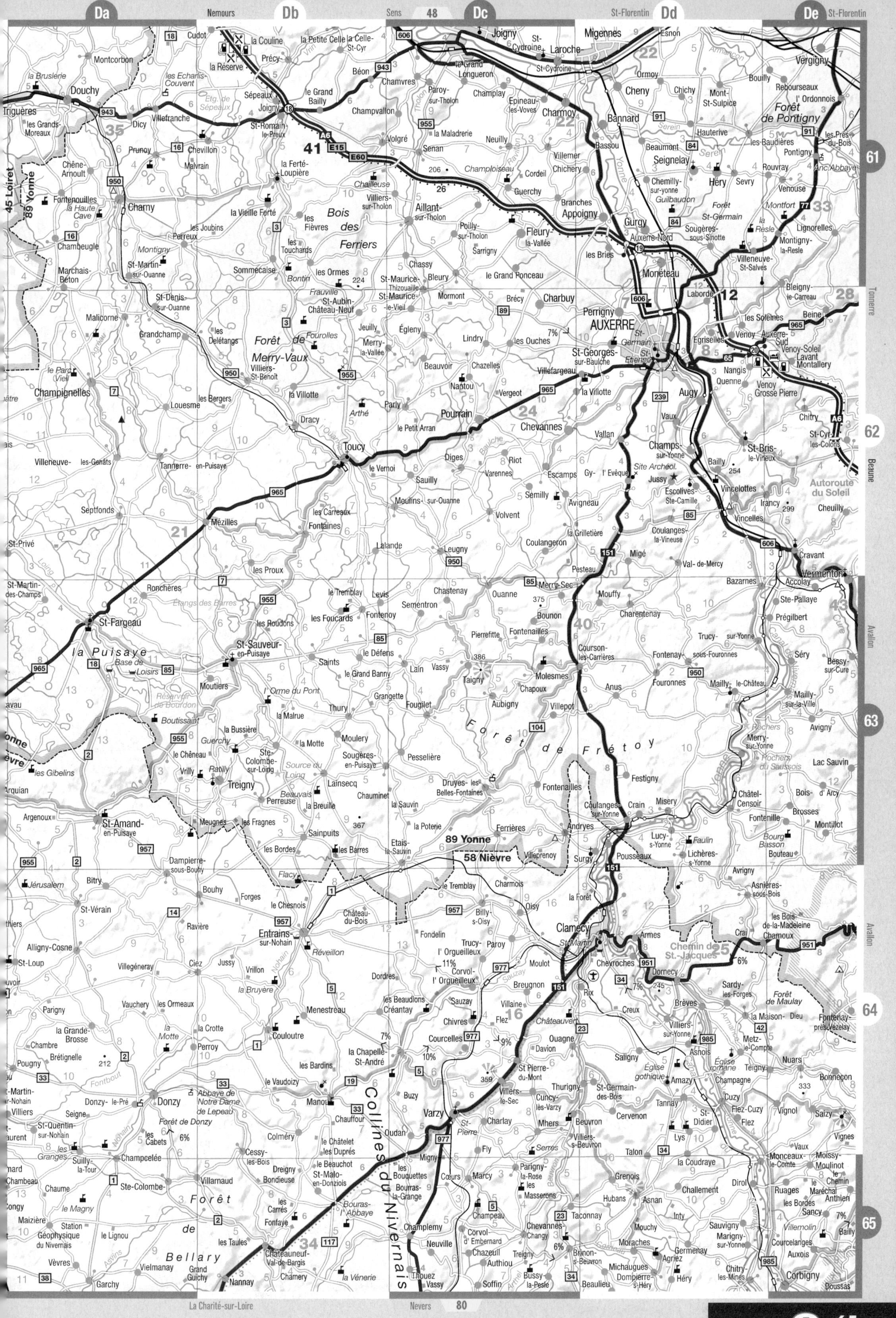
Cudot
la Couline
la Petite Celle
la Celle-St-Cyr
Joigny
St-Cydroine
Laroche-St-Cydroine
Migennes
Esnon
Montcorbon
la Réserve
Précy
Béon
le Grand Longueron
Ormoy
Vergigny
la Bruslerie
les Echarlis-Couvent
Chamvres
Paroy-sur-Tholon
Champlay
Cheny
Chichy
Bouilly
Rebourseaux
Douchy
Sépeaux
le Grand Bailly
Epineau-les-Voves
Charmoy
Mont-St-Sulpice
l' Ordonnois
Triguères
Etg. de Sépeaux
Forêt de Pontigny
les Grands-Moreaux
Dicy
Villefranche
St-Romain-le-Preux
Champvallon
Bonnard
Hauterive
Les Prés-du-Bois
35
la Maladrerie
Neuilly
Prunoy
Chevillon
Volgré
Bassou
Beaumont
Les Baudières
Pontigny
Chêne-Arnoult
41
Senan
Seignelay
Villemer
Malvrain
la Ferté-Loupière
Chichery
Rouvray
Anc. Abbaye
61
45 Loiret
89 Yonne
Champloiseau
Cordeil
Chemilly-sur-yonne
Héry
Sevry
Venouse
Fontenouilles
la Haute Cave
Charny
Chailleuse
Guercherry
Guilbaudon
Villiers-sur-Tholon
Aillant-sur-Tholon
Branches
Appoigny
Forêt St-Germain
Montfort
33
la Vieille Ferté
Bois des Ferriers
les Fièvres
les Joubins
Fleury-la-Vallée
Gurgy
la Resle
Lignorelles
Chambeugle
Perreux
Poilly-sur-Tholon
Auxerre-Nord
Sougères-sous-Sinotte
Montigny-la-Resle
les Touchards
Sarrigny
les Bries
Montigny
Villeneuve-St-Salves
St-Martin-sur-Ouanne
Chassy
Monéteau
Marchais-Béton
Sommecaise
Bontin
les Ormes
224
St-Maurice-Thizouaille
Bleury
le Grand Ponceau
Bleigny-le-Carreau
Frauville
St-Aubin-Château-Neuf
St-Maurice-le-Vieil
Mormont
Brécy
Charbuy
Laborde
12
28
Tonnerre
St-Denis-sur-Ouanne
Perrigny
AUXERRE
Beine
Malicorne
les Solémes
Jeuilly
Égleny
Lindry
St-Germain
St-Étienne
Venoy
Auxerre-Sud
Grandchamp
les Delétangs
Forêt de Fourolles
Merry-la-Vallée
7%
les Ouches
Egriselles
Venoy-Soleil Lavant
Montallery
Merry-Vaux
Villiers-St-Benoît
Beauvoir
Chazelles
St-Georges-sur-Baulche
Nangis
Quenne
le Parc Vieil
Nantou
Villefargeau
Venoy Grosse Pierre
Champignelles
la Villotte
Vergeot
la Villotte
Augy
Louesme
les Bergers
Arthé
Parly
24
Pourrain
Chevannes
Chitry
Dracy
le Petit Arran
Vaux
St-Cyr-les-Colons
62
Beaune
Vallan
Toucy
Champs-sur-Yonne
St-Bris-le-Vineux
Villeneuve-les-Genêts
Tannerre-en-Puisaye
le Vernoi
Diges
Riot
Site Archéol.
Bailly
Varennes
Escamps
Gy-l'Evêque
Jussy
254
Sauilly
Escolives-Ste-Camille
Vincelottes
Autoroute du Soleil
Septfonds
Moulins-sur-Ouanne
Semilly
Avigneau
Irancy
299
Cheuilly
les Carreaux
Volvent
Mézilles
Fontaines
Vincelles
21
la Grilletière
Coulanges-la-Vineuse
St-Privé
Lalande
Leugny
Coulangeron
Migé
Cravant
Val-de-Mercy
Vermenton
Loing
les Proux
Pesteau
Bazarnes
Accolay
St-Martin-des-Champs
Ronchères
le Tremblay
Levis
Chastenay
Merry-Sec
Mouffy
Etangs des Barres
Ste-Pallaye
Sementron
Ouanne
375
Bounon
Charentenay
les Foucards
Fontenoy
43
St-Fargeau
les Roudons
Pregilbert
Pierrefitte
Fontenailles
40
la Puisaye
St-Sauveur-en-Puisaye
Trucy-sur-Yonne
Le Défens
Courson-les-Carrières
Sery
Avallon
Base de Loisirs
Saints
386
Vassy
Molesmes
Fontenay-sous-Fouronnes
Bessy-sur-Cure
Lain
le Grand Banny
Anus
Fouronnes
Moutiers
Taigny
Chapoux
Mailly-le-Château
Mailly-la-Ville
l' Orme du Pont
Réservoir de Bourdon
Grangette
Aubigny
Villepot
Thury
Fouglet
Boutissaint
la Malrue
Avigny
63
la Bussière
Forêt de Frétoy
Rochers
Merry-sur-Yonne
Guerchy
la Motte
Moulery
Lac Sauvin
Ste-Colombe-sur-Loing
Sougères-en-Puisaye
Pesselière
le Chêneau
les Gibelins
Ratilly
Vrilly
Source du Loing
Rochers du Saussois
Treigny
Lainsecq
Druyes-les-Belles-Fontaines
Festigny
Châtel-Censoir
Bois-d'Arcy
Fontenailles
Beauvais
Perreuse
Arquian
Chauminet
la Breuille
la Sauvin
Coulanges-sur-Yonne
Crain
Misery
Fontenille
Brosses
Argenoux
367
la Poterie
Andryes
Montillot
St-Amand-en-Puisaye
Meugnes
les Fragnes
Sainpuits
Ferrières
Lucy-s-Yonne
Faulin
Bourg Basson
Etais-la-Sauvin
89 Yonne
58 Nièvre
Villeprenoy
Lichères-s-Yonne
Dampierre-sous-Bouhy
les Bordes
les Barres
Surgy
Pousseaux
Bouteau
Avrigny
Jérusalem
Bitry
Flacy
le Tremblay
Charmois
Asnières-sous-Bois
Bouhy
Forges
le Chesnois
la Forêt
Oisy
Billy-s-Oisy
St-Vérain
Château-du-Bois
les Bois-de-la-Madeleine
Ravière
Entrains-sur-Nohain
Fondelin
Clamecy
Armes
Crai
Chamoux
Alligny-Cosne
Trucy-l' Orgueilleux
Paroy
St-Martin
Réveillon
Chemin de St-Jacques
25
St-Loup
Jussy
Ciez
11%
Moulot
Chevroches
6%
Villegénéray
Vrillon
Dordres
Corvol-l' Orgueilleux
Dornecy
Sauzay
Breugnon
Rix
7%
245
Sardy-les-Forges
Forêt de Maulay
la Bruyère
Vauchery
les Ormeaux
les Beaudions
Créantay
Menestreau
Villaine
16
Creux
Brèves
la Maison-Dieu
Fontenay-près-Vézelay
64
Parigny
Chivres
Flez
Châteauvert
la Crotte
la Motte
Couloutre
Courcelles
9%
Ouagne
Villiers-sur-Yonne
Metz-le-Comte
la Grande-Brosse
Chambre
Perroy
Davion
Asnois
Nuars
Brétignelle
212
la Chapelle-St-André
10%
St Pierre-du-Mont
Saligny
Église romane
Église gothique
Teigny
Pougny
les Bardins
Champagne
Bonnecon
Fontbout
le Vaudoizy
359
Amazy
333
Abbaye de Notre Dame de Lepeau
Thurigny
St-Germain-des-Bois
Cuzy
Donzy-le-Pré
Donzy
Manot
Buzy
Villers-le-Sec
Cuncy-lès-Varzy
Flez-Cuzy
Vignol
Saizy
Villiers
Seigne
Varzy
Tannay
Forêt de Donzy
Chauffour
Collines du Nivernais
St-Pierre
Charlay
Mhers
Beuvron
Cervenon
St-Didier
Flez
St-Quentin-sur-Nohain
Colméry
Oudan
Villiers-s-Beuvron
Lys
Vignes
les Cabets
les Granges
le Châtelet
les Duprés
Fly
Serres
Talon
Suilly-la-Tour
Champcelée
Cessy-les-Bois
Mingy
Vaux
Monceaux-le-Comte
Moissy-Moulinot
le Beauchot
St-Malo-en-Donziois
Dreigny
Bondieuse
les Bouquettes
Bourras-la-Grange
Cœurs
Marcy
Parigny-la-Rose
les Masserons
la Coudraye
Grenois
Dirol
le Chemin
le Maréchal
Anthien
Chambeau
Villarnaud
Ste-Colombe
Chaume
Forêt de Bellary
les Carrés
Champeau
Hubans
Asnan
Challement
Ruages
les Bordes
Sancy
le Magny
Maizière
Station Géophysique du Nivernais
Fonfaye
Bouras-l' Abbaye
Champlemy
Taconnay
Chevannes-Changy
Inty
Sauvigny
Villemolin
65
le Lignou
34
Neuville
Corvol-d' Embernard
Mouchy
Marigny-sur-Yonne
Bailly
Courcelanges
les Taules
Châteauneuf-Val-de-Bargis
Chazeuil
Authiou
Treigny
6%
Brinon-s-Beuvron
Moraches
Germenay
Agriez
Auxois
Vèvres
Vielmanay
Grand Guichy
Chamery
la Vénerie
Thouez
Vassy
Bussy-la-Pesle
Michaugues
Dompierre-s-Héry
Héry
Chitry-les-Mines
Corbigny
Garchy
Nannay
Soffin
Beaulieu
Doussas

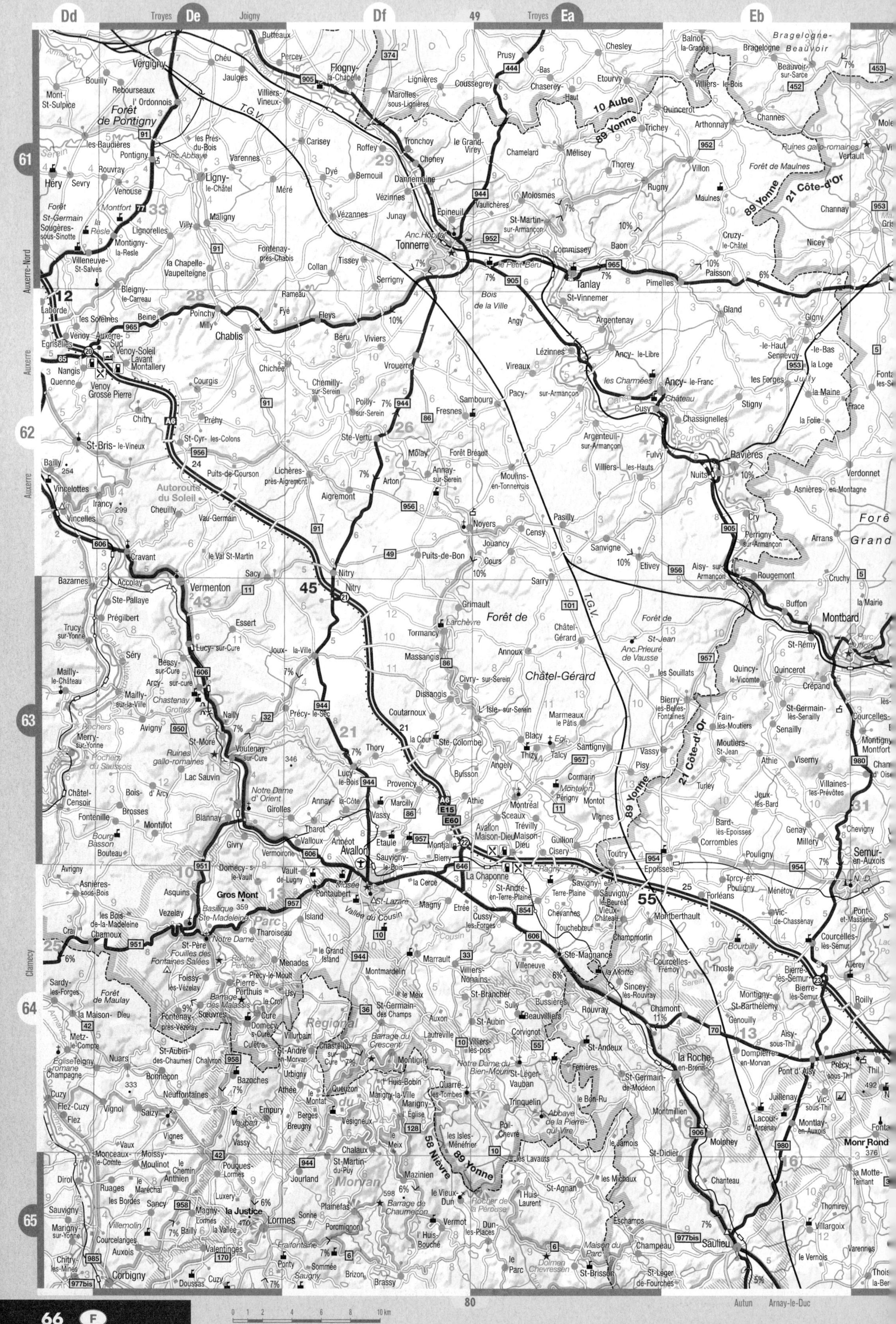




0 1 2 4 6 8 10 km
0 1 2 4 6 miles

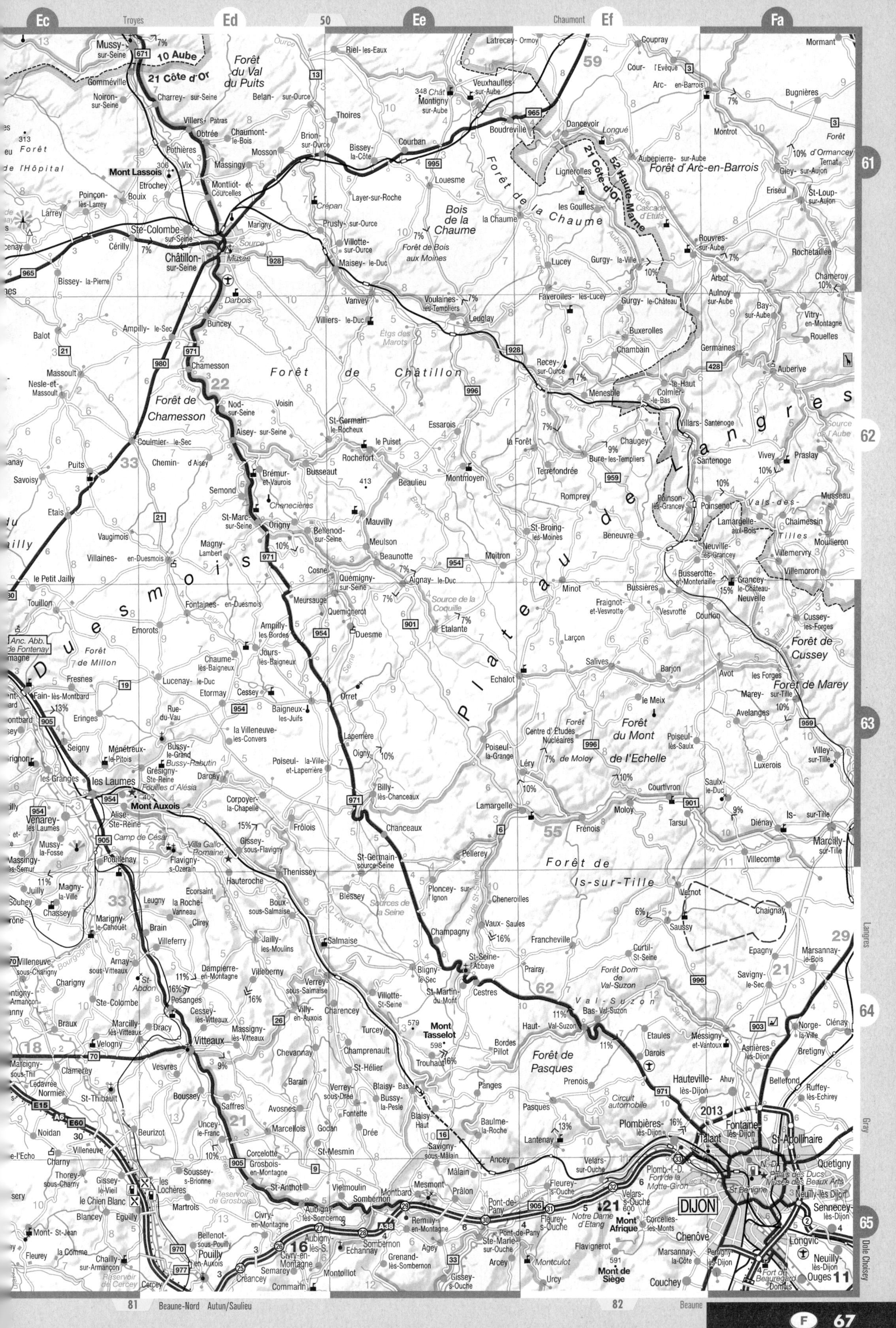
Mussy-sur-Seine
10 Aube
21 Côte d'Or
Forêt du Val du Puits
Gomméville
Noiron-sur-Seine
Charrey-sur-Seine
Belan-sur-Ource
Riel-les-Eaux
Latrecey-Ormoy
Coupray
Mormant
Cour-l'Evêque
Arc-en-Barrois
Bugnières
Veuxhaulles-sur-Aube
Châtillon-sur-Seine
Montigny-sur-Aube
Thoires
Villers-Patras
Obtrée
Chaumont-le-Bois
Brion-sur-Ource
Courban
Boudreville
Dancevoir
Longué
Montrot
Forêt d'Hôpital
Pothières
Mosson
Bissey-la-Côte
Forêt d'Arc-en-Barrois
52 Haute-Marne
Aubepierre-sur-Aube
10% d'Ormancey
Ternat
Giey-sur-Aujon
Mont Lassois
Vix
Massingy
Louesme
Lignerolles
Etrochey
Montliot-et-Courcelles
Layer-sur-Roche
Eriseul
St-Loup-sur-Aujon
Poinçon-lès-Larrey
Bouix
Crépan
Bois de la Chaume
Forêt de la Chaume
les Goulles
Larrey
Marigny
Prusly-sur-Ource
la Chaume
Cascade d'Etufs
Ste-Colombe-sur-Seine
Source
Villotte-sur-Ource
Rouvres-sur-Aube
Rochetaillée
Cérilly
Châtillon-sur-Seine
Musée
Maisey-le-Duc
Forêt de Bois aux Moines
Lucey
Gurgy-la-Ville
Arbot
Chameroy
Bissey-la-Pierre
Darbois
Vanvey
Voulaines-les-Templiers
Faverolles-lès-Lucey
Gurgy-le-Château
Aulnoy-sur-Aube
Bay-sur-Aube
Vitry-en-Montagne
Buncey
Villiers-le-Duc
Leuglay
Buxerolles
Rouelles
Balot
Ampilly-le-Sec
Etgs des Marots
Chambain
Germaines
Massoult
Chamesson
Forêt de Châtillon
Recey-sur-Ource
Auberive
Nesle-et-Massoult
Colmier-le-Haut
Colmier-le-Bas
Menesble
Forêt de Chamesson
Nod-sur-Seine
Voisin
Villars-Santenoge
Plateau de Langres
Source de l'Aube
Aisey-sur-Seine
St-Germain-le-Rocheux
Essarois
Coulmier-le-Sec
le Puiset
la Forêt
Chaugey
Bure-les-Templiers
Santenoge
Vivey
Praslay
Puits
Chemin-d'Aisey
Rochefort
Beaulieu
Montmoyen
Terrefondrée
Savoisy
Brémur-et-Vaurois
Busseaut
Semond
Chenecières
Romprey
Poinson-lès-Grancey
Poinsenot
Vals-des-Tilles
Musseau
Etais
St-Marc-sur-Seine
Origny
Mauvilly
Lamargelle-aux-Bois
Chalmessin
Vaugimois
Magny-Lambert
Bellenod-sur-Seine
Meulson
St-Broing-les-Moines
Beneuvre
Neuville-lès-Grancey
Moulleron
Villaines-en-Duesmois
Beaunotte
Moitron
Villemervry
Le Petit Jailly
Cosne
Aignay-le-Duc
Busserotte-et-Montenaille
Grancey-le-Château-Neuvelle
Villemoron
Touillon
Fontaines-en-Duesmois
Quemigny-sur-Seine
Minot
Bussières
Meursauge
Quemignerot
Source de la Coquille
Fraignot-et-Vesvrotte
Vesvrotte
Courlon
Cussey-les-Forges
Duesmois
Emorots
Ampilly-les-Bordes
Duesme
Etalante
Larçon
Anc. Abb. de Fontenay
Forêt de Millon
Chaume-lès-Baigneux
Jours-lès-Baigneux
Forêt de Cussey
Salives
Barjon
Avot
Fresnes
Lucenay-le-Duc
Etormay
Cessey
Echalot
les Forges
Forêt de Marey
Fain-lès-Montbard
Orret
le Meix
Marey-sur-Tille
Eringes
Rue-du-Vau
Baigneux-les-Juifs
Forêt du Mont de l'Echelle
Avelanges
la Villeneuve-les-Convers
Centre d'Études Nucléaires
Seigny
Ménétreux-le-Pitois
Bussy-le-Grand
Bussy-Rabutin
Laperrière
Poiseul-la-Grange
Poiseul-lès-Saulx
Villey-sur-Tille
Oigny
Poiseul-la-Ville-et-Laperrière
Léry
de Moloy
Luxerois
Grésigny-Ste-Reine
Darcey
Fouilles d'Alésia
Les Granges
les Laumes
Mont Auxois
Corpoyer-la-Chapelle
Billy-lès-Chanceaux
Courtivron
Saulx-le-Duc
Venarey-les-Laumes
Alise-Ste-Reine
Frôlois
Chanceaux
Lamargelle
Moloy
Tarsul
Diénay
Is-sur-Tille
Camp de César
Gissey-sous-Flavigny
Frénois
Marcilly-sur-Tille
Mussy-la-Fosse
Pouillenay
Villa Gallo-Romaine
Flavigny-sur-Ozerain
St-Germain-Source-Seine
Pellerey
Villecomte
Massingy-lès-Semur
Thenissey
Forêt de Is-sur-Tille
Juilly
Magny-la-Ville
Hauteroche
Poncey-sur-l'Ignon
Vernot
Souhey
Chassey
Leugny
la Roche-Vanneau
Ecorsaint
Boux-sous-Salmaise
Blessey
Sources de la Seine
Chenerolles
Chaignay
Marigny-le-Cahouët
Brain
Clirey
Vaux-Saules
Saussy
Villeferry
Jailly-les-Moulins
Salmaise
Champagny
Francheville
Langres
Villeneuve-sous-Charigny
Arnay-sous-Vitteaux
Curtil-St-Seine
Epagny
Marsannay-le-Bois
Dampierre-en-Montagne
Villeberny
St-Seine-l'Abbaye
Prairay
Charigny
St-Abdon
Bligny-le-Sec
Verrey-sous-Salmaise
Forêt Dom de Val-Suzon
Savigny-le-Sec
Posanges
St-Martin-du-Mont
Cestres
Ste-Colombe
Villotte-St-Seine
Val-Suzon
Cessey-les-Vitteaux
Charencey
Bas-Val-Suzon
Braux
Villy-en-Auxois
Marcilly-lès-Vitteaux
Dracy
Massigny-lès-Vitteaux
Turcey
Mont Tasselot
Haut-Val-Suzon
Etaules
Messigny-et-Vantoux
Norge-la-Ville
Clénay
Velogny
Vitteaux
Chevannay
Champrenault
Bordes Pillot
Forêt de Pasques
Darois
Asnières-lès-Dijon
Bretigny
Marcigny-sous-Thil
Clamerey
Vesvres
St-Hélier
Trouhaut
Barain
Prenois
Hauteville-lès-Dijon
Ahuy
Bellefond
Ruffey-lès-Echirey
Ledavrée
Normier
St-Thibault
Boussey
Verrey-sous-Drée
Blaisy-Bas
Bussy-la-Pesle
Panges
Circuit automobile
Saffres
Avosnes
Fontette
Blaisy-Haut
Pasques
Plombières-lès-Dijon
Talant
Fontaine-lès-Dijon
St-Apollinaire
Noidan
Beurizot
Uncey-le-Franc
Marcellois
Godan
Drée
Baulme-la-Roche
Lantenay
Quetigny
Villeneuve
Corcelotte
Grosbois-en-Montagne
St-Mesmin
Savigny-sous-Mâlain
Ancey
Velars-sur-Ouche
Plomb.-l.-D.
Fort de la Motte-Giron
N.-D.
Palais des Ducs
Musée des Beaux Arts
St Bénigne
Charny
Thorey-sous-Charny
Gissey-le-Vieil
les Lochères
Soussey-sur-Brionne
Réservoir de Grosbois
St-Anthot
Vielmoulin
Mesmont
Mâlain
Fleurey-s-Ouche
Velars-s-Ouche
Neuilly-lès-Dijon
Le Chien Blanc
Sombernon
Montbard
Prâlon
Pont-de-Pany
Notre Dame d'Etang
Mont Afrique
Corcelles-les-Monts
DIJON
Sennecey-lès-Dijon
Blancey
Eguilly
Martrois
Civry-en-Montagne
Aubigny-lès-Sombernon
Remilly-en-Montagne
Fleurey-s-Ouche
Chenôve
Mont-St-Jean
Bellenot-sous-Pouilly
Aubigny-lès-S.
Echannay
Agey
Ste-Marie-sur-Ouche
Flavignerot
Longvic
Fleurey
la Comme
Pouilly-en-Auxois
Civry-en-Montagne
Grenand-lès-Sombernon
Arcey
Montculot
Marsannay-la-Côte
Perrigny-lès-Dijon
Neuilly-lès-Dijon
Chailly-sur-Armançon
Réservoir de Cercey
Créancey
Semarey
Montoillot
Gissey-s-Ouche
Urcy
Mont de Siège
Couchey
Fort de Beauregard
Domois
Ouges
Cercey
Commarin
Gray
Dole Choisey

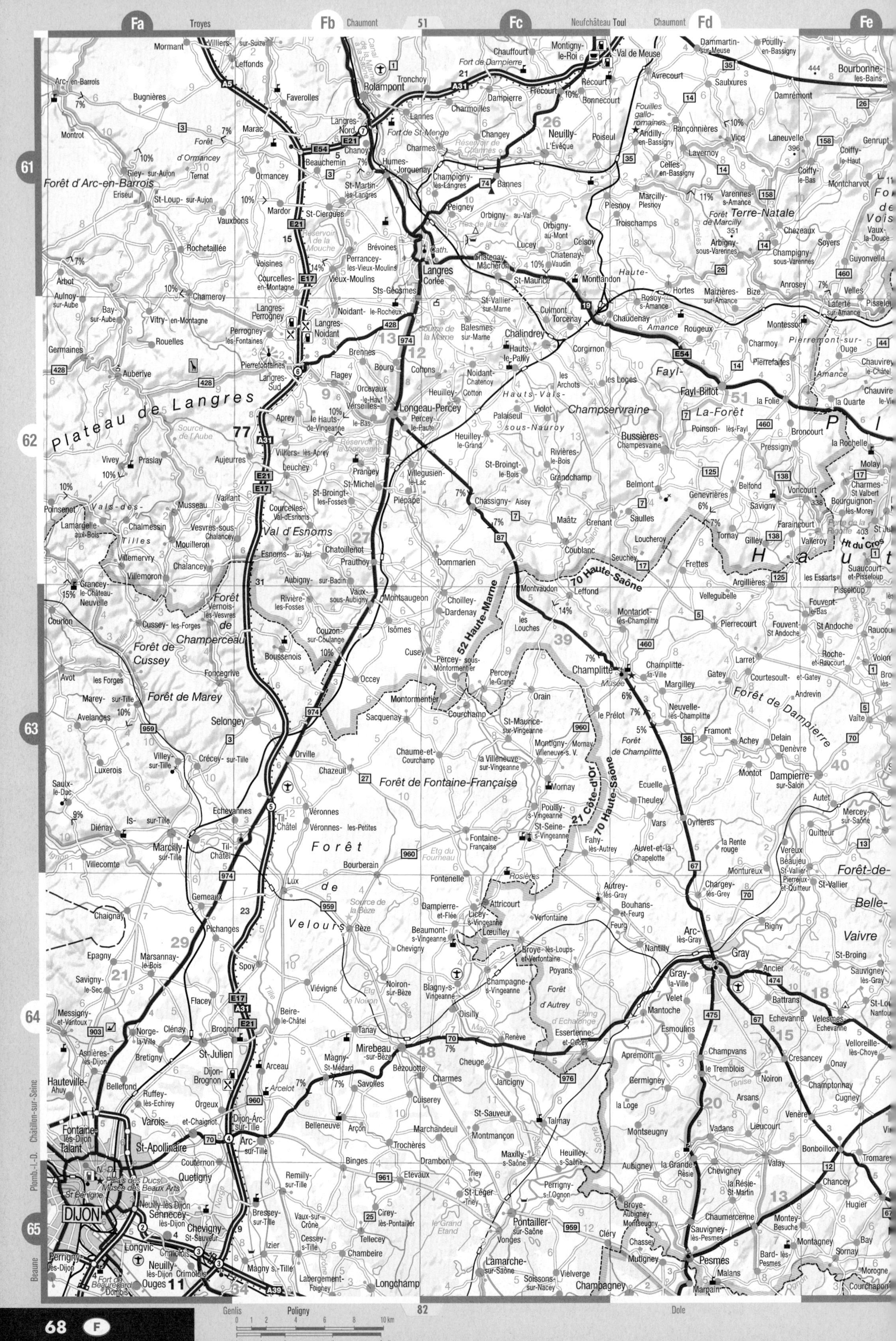
61
62
63
64
65
Châtillon-sur-Seine
Plomb.-l.-D.
Beaune
Mormant
Villiers-sur-Suize
Leffonds
Arc-en-Barrois
Bugnières
Montrot
Forêt d'Ormancey
Giey-sur-Aujon
Ternat
Forêt d'Arc-en-Barrois
Eriseul
St-Loup-sur-Aujon
Vauxbons
Rochetaillée
Arbot
Aulnoy-sur-Aube
Bay-sur-Aube
Vitry-en-Montagne
Rouelles
Germaines
Auberive
Plateau de Langres
Vivey
Praslay
Poinsenot
Lamargelle-aux-Bois
Chalmessin
Vals-des-Tilles
Villemervry
Villemoron
Grancey-le-Château-Neuvelle
Courlon
Cussey-les-Forges
Forêt de Cussey
Forêt Vernois-lès-Vesvres de Champerceau
Avot
Les Forges
Marey-sur-Tille
Forêt de Marey
Avelanges
Selongey
Luxerois
Villey-sur-Tille
Crécey-sur-Tille
Saulx-le-Duc
Diénay
Is-sur-Tille
Marcilly-sur-Tille
Villecomte
Til-Châtel
Echevannes
Gemeaux
Chaignay
Pichanges
Epagny
Marsannay-le-Bois
Savigny-le-Sec
Spoy
Flacey
Messigny-et-Vantoux
Norge-la-Ville
Clénay
Brognon
Asnières-lès-Dijon
St-Julien
Bretigny
Hauteville-lès-Dijon
Ahuy
Bellefond
Dijon-Brognon
Ruffey-lès-Echirey
Orgeux
Varois-et-Chaignot
Fontaine-lès-Dijon
Talant
St-Apollinaire
Couternon
Quetigny
DIJON
Palais des Ducs
Musée des Beaux Arts
St Bénigne
Neuilly-lès-Dijon
Sennecey-lès-Dijon
Chevigny-St-Sauveur
Longvic
Crimolois
Perrigny-lès-Dijon
Neuilly-lès-Dijon
Ouges
Fort de Beauregard
Domois
Rolampont
Tronchoy
Langres
Faverolles
Marac
Beauchemin
Ormancey
Humes-Jorquenay
Chanoy
St-Martin-lès-Langres
Mardor
St-Ciergues
Réservoir de la Mouche
Brévoines
Perrancey-les-Vieux-Moulins
Voisines
Courcelles-en-Montagne
Vieux-Moulins
Chameroy
Langres-Perrogney
Perrogney-les-Fontaines
Pierrefontaines
Langres-Noidant
Langres-Sud
Noidant-le-Rocheux
Brennes
Flagey
Orcevaux
Aprey
Le Hauts-de-Vingeanne
Villiers-lès-Aprey
Leuchey
Aujeurres
Prangey
St-Michel
St-Broingt-les-Fosses
Vaillant
Musseau
Vesvres-sous-Chalancey
Mouilleron
Chalancey
Courcelles-Val-d'Esnoms
Val d'Esnoms
Esnoms-au-Val
Chatoillenot
Prauthoy
Aubigny-sur-Badin
Rivière-les-Fosses
Vaux-sous-Aubigny
Couzon-sur-Coulange
Boussenois
Foncegrive
Occey
Montsaugeon
Isômes
Cusey
Choilley-Dardenay
Percey-sous-Montormentier
Montormentier
Sacquenay
Orville
Chazeuil
Forêt de Fontaine-Française
Véronnes
Véronnes-les-Petites
Forêt de Velours
Lux
Bourberain
Bèze
Source de la Bèze
Chevigny
Viévigne
Noiron-sur-Bèze
Beire-le-Châtel
Tanay
Mirebeau-sur-Bèze
Magny-St-Médard
Bézouotte
Arceau
Arcelot
Savolles
Belleneuve
Arçon
Arc-sur-Tille
Remilly-sur-Tille
Binges
Trochères
Vaux-sur-Crône
Cessey-sur-Tille
Bressey-sur-Tille
Izier
Magny s.-Tille
Labergement-Foigney
Cirey-lès-Pontailler
Tellecey
Chambeire
Longchamp
Etevaux
Drambon
Marchandeuil
Cuiserey
Charmes
Cheuge
Jancigny
St-Sauveur
Montmançon
Talmay
Maxilly-s-Saône
Heuilley-s-Saône
Trey
St-Léger-Triey
Perrigny-s-l'Ognon
Pontailler-sur-Saône
Vonges
Lamarche-sur-Saône
Soissons-sur-Nacey
Vielverge
Champagney
Cléry
Fort de Dampierre
Chauffourt
Montigny-le-Roi
Val de Meuse
Dampierre
Charmoilles
Lannes
Changey
Réservoir de Charmes
Neuilly-l'Évêque
Poiseul
Récourt
Bonnecourt
Champigny-lès-Langres
Bannes
Peigney
Orbigny-au-Val
Orbigny-au-Mont
Lucey
Celsoy
Chatenay-Mâcheron
Chatenay-Vaudin
St-Maurice
Montlandon
St-Vallier-sur-Marne
Culmont
Torcenay
Chalindrey
Hauts-le-Pallly
Balesmes-sur-Marne
Source de la Marne
Corlée
Sts-Geosmes
Bourg
Cohons
Noidant-Chatenoy
Heuilley-Cotton
Longeau-Percey
Percey-le-Pautel
Heuilley-le-Grand
Villegusien-le-Lac
Piépape
Chassigny-Aisey
St-Broingt-le-Bois
Palaiseul
Hauts-Vals-sous-Nauroy
Violot
Rivières-le-Bois
Grandchamp
Maâtz
Grenant
Coublanc
Dommarien
52 Haute-Marne
70 Haute-Saône
Montvaudon
Leffond
Les Louches
Champlitte
Musée
Le Prélot
Percey-le-Grand
Courchamp
Orain
St-Maurice-sur-Vingeanne
Montigny-Mornay-Villeneuve-s.-V.
Mornay
La Villeneuve-sur-Vingeanne
Pouilly-s-Vingeanne
St-Seine-s-Vingeanne
Fontaine-Française
Etg du Fourneau
Fontenelle
Rosières
Dampierre-et-Flée
Attricourt
Licey-s-Vingeanne
Lœuilley
Beaumont-s-Vingeanne
Blagny-s-Vingeanne
Broye-lès-Loups-et-Verfontaine
Poyans
Forêt d'Autrey
Champagne-s-Vingeanne
Disilly
Renève
Essertenne-et-Cecey
Fahy-lès-Autrey
Autrey-lès-Gray
Verfontaine
Feurg
Nantilly
21 Côte-d'Or
70 Haute-Saône
Forêt de Champlitte
Dammartin-sur-Meuse
Pouilly-en-Bassigny
Avrecourt
Saulxures
Bourbonne-les-Bains
Damrémont
Fouilles gallo-romaines
Andilly-en-Bassigny
Rançonnières
Vicq
Laneuvelle
Genrupt
Coiffy-le-Haut
Coiffy-le-Bas
Montcharvot
Lavernoy
Celles-en-Bassigny
Varennes-s-Amance
Forêt de Marcilly
Terre-Natale
Marcilly-Plesnoy
Plesnoy
Troischamps
Arbigny-sous-Varennes
Chezeaux
Soyers
Champigny-sous-Varennes
Guyonvelle
Hortes
Maizières-sur-Amance
Bize
Anrosey
Velles
Rosoy-s-Amance
Chaudenay
Amance
Rougeux
Laferté-sur-Amance
Pisseloup
Montesson
Charmoy
Pierremont-sur-Amance
Corgirnon
Pierrefaites
Fayl-Billot
Les Archots
Les Loges
Champservraine
Bussières-Champesvaine
La Folie
La Quarte
Poinson-lès-Fayl
Broncourt
La Rochelle
Pressigny
Molay
Charmes-St Valbert
Belmont
Belfond
Voncourt
Genevrières
Savigny
Bourguignon-lès-Morey
Saulles
Loucheroy
Tornay
Gilley
Farincourt
Valleroy
Seuchey
Frettes
Argillières
Les Essarts
Suaucourt-et-Pisseloup
Velleguibelle
Fouvent-le-Bas
Montarlot-lès-Champlitte
Pierrecourt
Fouvent-St Andoche
St Andoche
Larret
Roche-et-Raucourt
Champlitte-la-Ville
Margilley
Gatey
Courtesoult-et-Gatey
Forêt de Dampierre
Andrevin
Neuvelle-lès-Champlitte
Framont
Achey
Delain
Denèvre
Vaite
Montot
Dampierre-sur-Salon
Ecuelle
Theuley
Vars
Oyrières
Autet
Mercey-sur-Saône
Auvet-et-la-Chapelotte
La Rente rouge
Quitteur
Montureux
Vereux
Beaujeu St-Vallier-Pierrejux-et-Quitteur
St-Vallier
Forêt-de-Belle-Vaivre
Chargey-lès-Grey
Bouhans-et-Feurg
Arc-lès-Gray
Rigny
Gray
Gray-la-Ville
Ancier
St-Broing
Sauvigney-lès-Gray
Velet
Mantoche
Battrans
Echevanne
Velesmes-Echevanne
Esmoulins
Apremont
Champvans
Le Tremblois
Cresancey
Onay
Velloreille-lès-Choye
Germigney
Noiron
Champtonnay
Arsans
Cugney
La Loge
Vadans
Lieucourt
Venère
Montseugny
Bonboillon
Aubigney
La Grande Résie
Chevigney
La Résie-St-Martin
Valay
Tromarey
Chancey
Hugier
Broye-Aubigney-Montseugny
Chaumercenne
Montey-Besuche
Sauvigney-lès-Pesmes
Chassey
Montagney
Bay
Sornay
Mutigney
Pesmes
Malans
Bard-lès-Pesmes
Marpain
Morogne
Courchapon

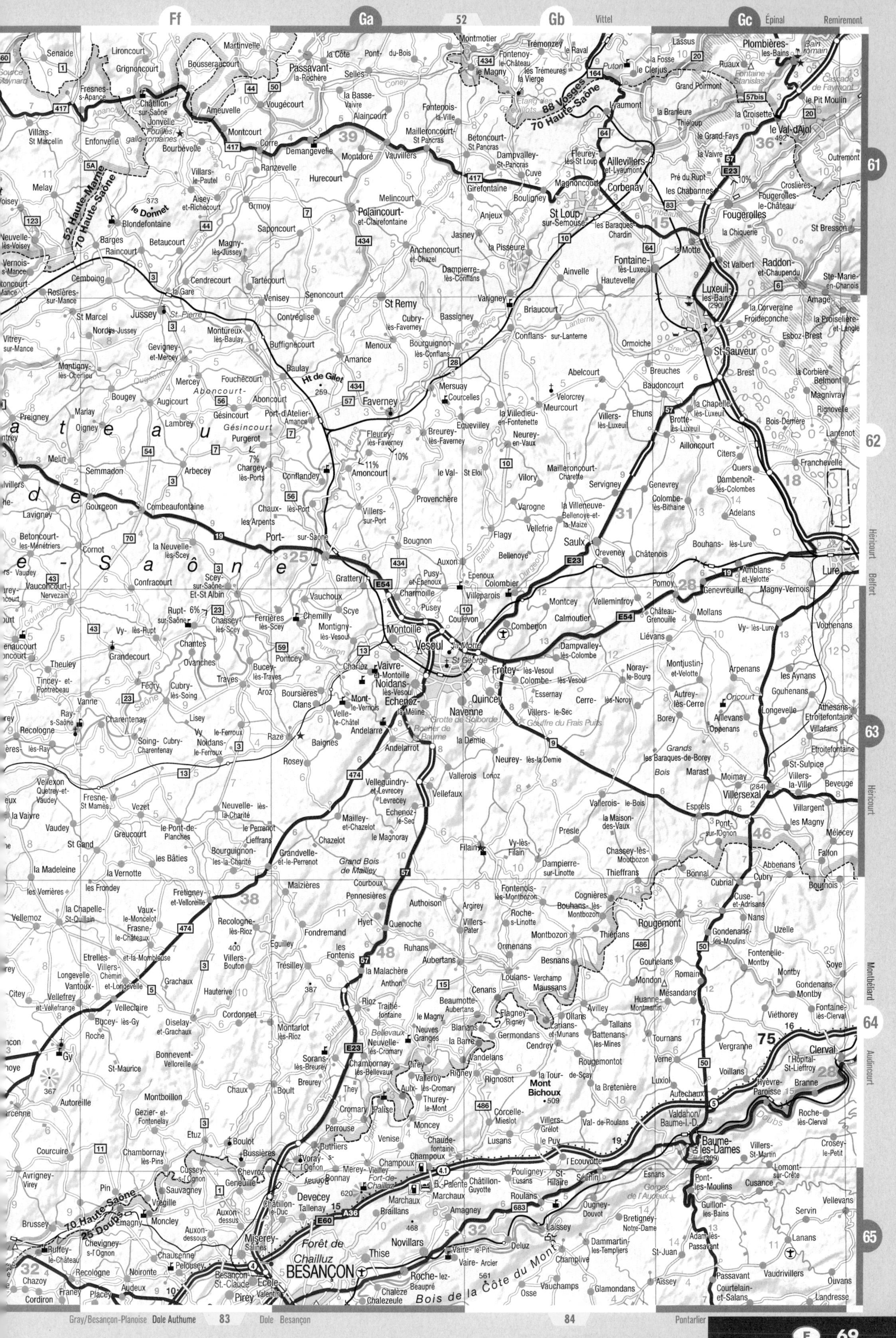
Plombières-les-Bains
Le Val-d'Ajol
Fougerolles
Luxeuil-les-Bains
St Sauveur
St Loup-sur-Semouse
Aillevillers-et-Lyaumont
Corbenay
Passavant-la-Rochère
Jonvelle
Jussey
Faverney
Port-sur-Saône
Combeaufontaine
Saulx
Lure
Vesoul
Noidans-lès-Vesoul
Echenoz-la-Méline
Navenne
Quincey
Frotey-lès-Vesoul
Villersexal
Rougemont
Rioz
Montbozon
Clerval
Baume-les-Dames
Roulans
Marchaux
Devecey
Châtillon-le-Duc
Miserey-Salines
École-Valentin
BESANÇON
Gy
Mont Bichoux
Forêt de Chailluz
Bois de la Côte du Mont
Haute-Saône
Vosges
Doubs
Héricourt
Belfort
Montbéliard
Audincourt
61
62
63
64
65

0 1 2 4 6 8 10 km
0 1 2 4 6 miles

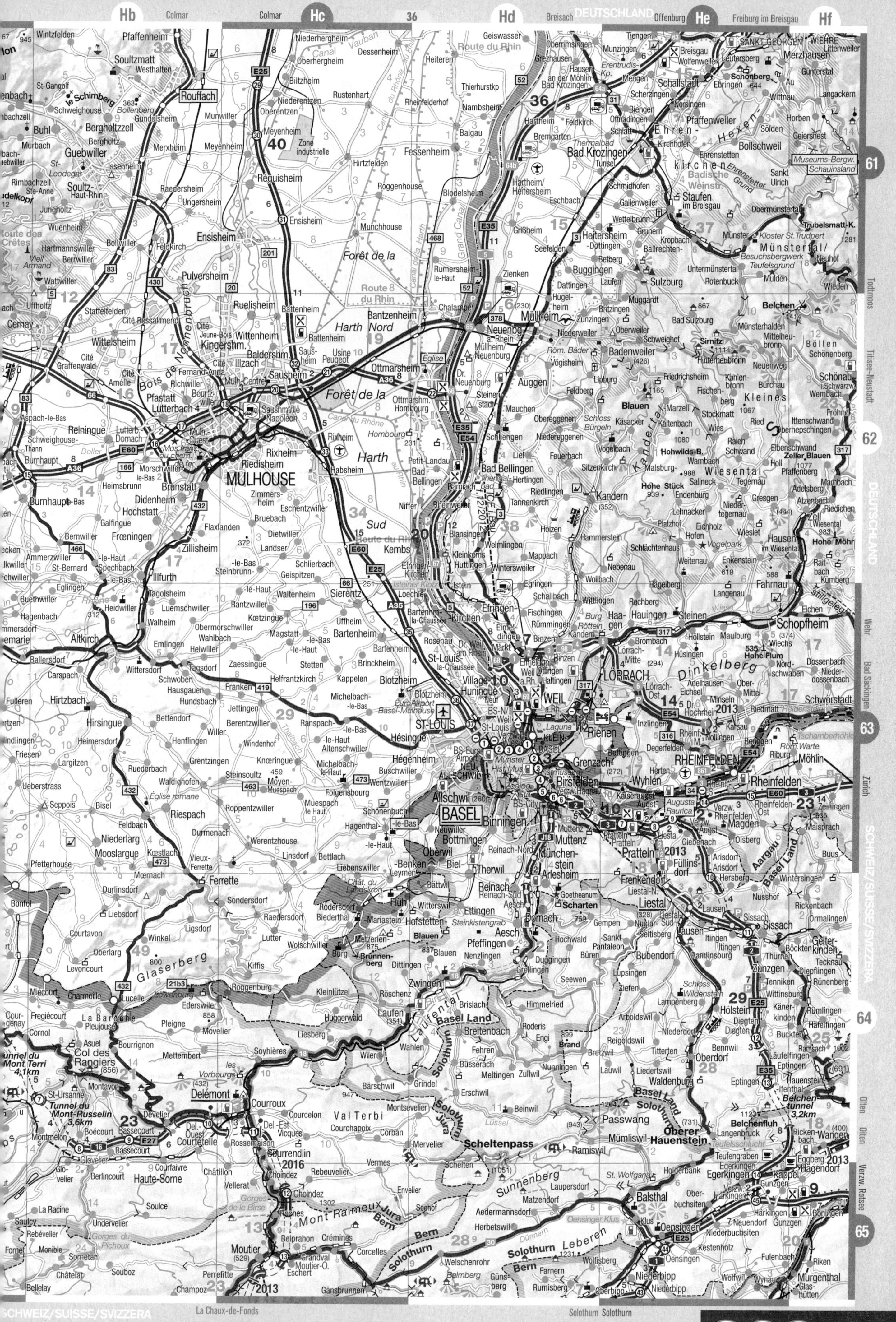

Hb
Colmar
Colmar
Hc
36
Hd
Breisach
DEUTSCHLAND
Offenburg
He
Freiburg im Breisgau
Hf
61
62
63
64
65
Todtmoos
Titisee-Neustadt
DEUTSCHLAND
Wehr
Bad Säckingen
Zürich
SCHWEIZ/SUISSE/SVIZZERA
Olten
Olten
Verzw. Rotsee
SCHWEIZ/SUISSE/SVIZZERA
La Chaux-de-Fonds
Solothurn Solothurn
MULHOUSE
BASEL

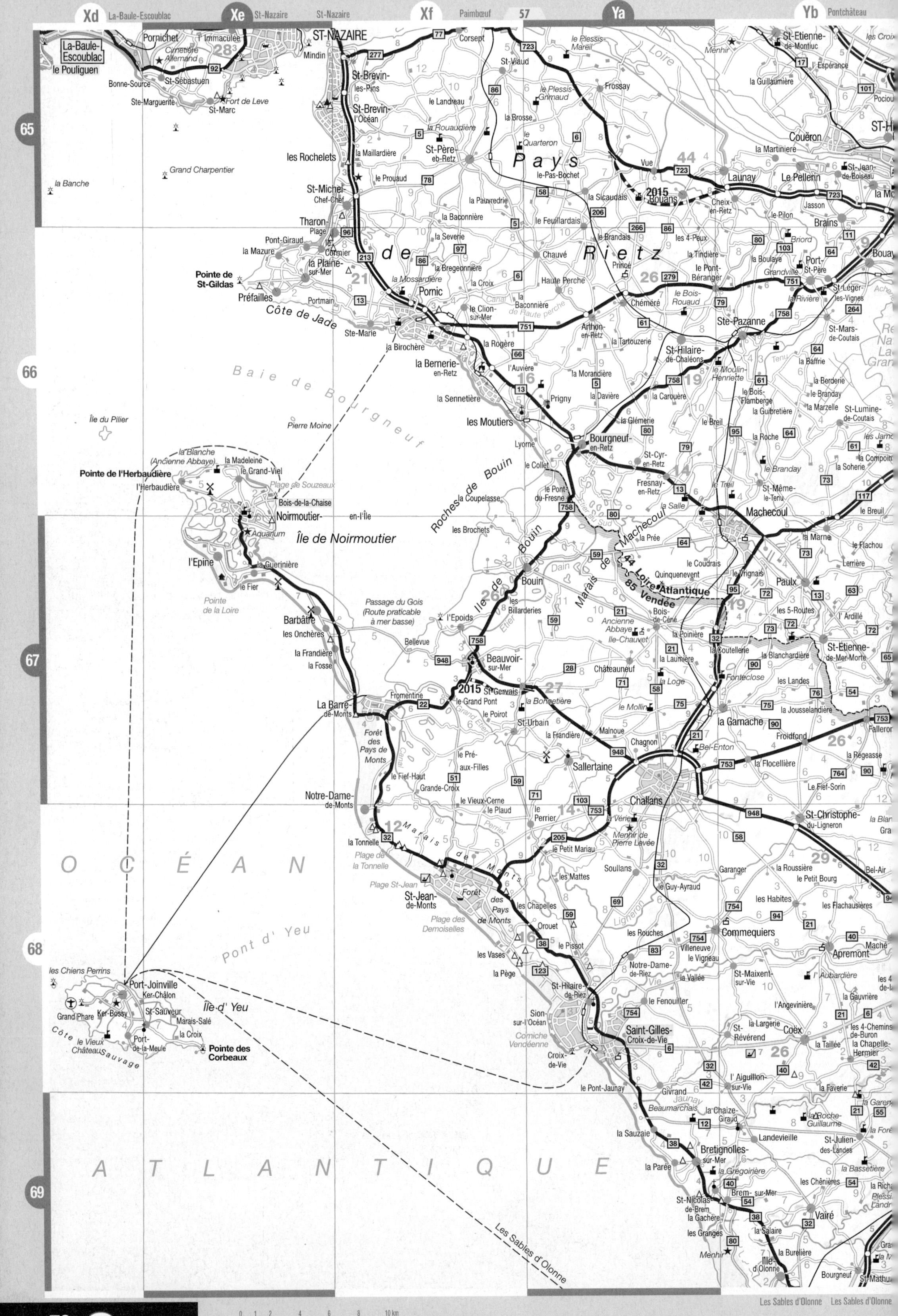
65
66
67
68
69
La-Baule-Escoublac
le Pouliguen
Pornichet
l'Immaculée
Cimetière Allemand
Bonne-Source
St-Sébastien
Ste-Marguerite
St-Marc
Fort de Leve
Grand Charpentier
la Banche
ST-NAZAIRE
Mindin
St-Brevin-les-Pins
St-Brevin-l'Océan
les Rochelets
St-Michel-Chef-Chef
Tharon-Plage
Pont-Giraud
la Mazure
la Plaine-sur-Mer
Pointe de St-Gildas
Préfailles
Portmain
Côte de Jade
Ste-Marie
Pornic
la Birochère
la Bernerie-en-Retz
la Sennetière
les Moutiers
Lyorne
le Collet
Corsept
St-Viaud
le Landreau
la Brosse
St-Père-en-Retz
le Prouaud
la Pauvredrie
la Baconnière
la Severie
la Bregeonnière
la Mossardière
la Croix
le Clion-sur-Mer
la Rogère
l'Auvière
Prigny
Pays de Rietz
Frossay
Vue
Rouans
le Pas-Bochet
la Sicaudais
le Feuillardais
Chauvé
Haute Perche
Chéméré
Arthon-en-Retz
la Tartouzerie
la Morandière
la Davière
Bourgneuf-en-Retz
St-Cyr-en-Retz
Fresnay-en-Retz
Loire
Cheix-en-Retz
Launay
le Pellerin
Couëron
la Martinière
St-Jean-de-Boiseau
Jasson
Brains
la Guillaumière
l'Espérance
St-Etienne-de-Montluc
les 4-Peux
la Tindière
le Pont-Béranger
le Bois-Rouaud
Ste-Pazanne
St-Hilaire-de-Chaléons
le Moulin-Henriette
la Carquère
Port-St-Père
St-Léger-les-Vignes
St-Mars-de-Coutais
la Baffrie
la Berderie
la Branday
la Marzelle
St-Lumine-de-Coutais
la Roche
la Compointe
la Soherie
St-Même-le-Tenu
Machecoul
le Breuil
la Marne
le Flachou
Lerrière
Paulx
les 5-Routes
l'Ardillé
St-Etienne-de-Mer-Morte
Baie de Bourgneuf
Île du Pilier
Pierre Moine
Pointe de l'Herbaudière
l'Herbaudière
la Madeleine
le Grand-Viel
Plage de Souzeaux
Bois-de-la-Chaise
Noirmoutier-en-l'Île
Aquarium
Île de Noirmoutier
l'Epine
la Guerinière
le Fier
Pointe de la Loire
Barbâtre
les Onchères
la Frandière
la Fosse
Passage du Gois (Route praticable à mer basse)
l'Epoids
Bellevue
Roches de Bouin
la Coupelasse
les Brochets
le Pont-du-Fresne
Bouin
Île de Bouin
les Billardeaies
Marais de Machecoul
la Prée
le Coudrais
Quinquenevent
44 Loire-Atlantique
85 Vendée
Bois-de-Céné
Ancienne Abbaye
Ile-Chauvet
Beauvoir-sur-Mer
Fromentine
La Barre-de-Monts
le Grand Pont
St-Gervais
la Bonnetière
le Poirot
St-Urbain
la Frandière
Châteauneuf
Malnoue
Chagnon
la Garnache
Bel-Enton
Froidfond
Fallerон
la Flocellière
la Régeasse
Le Fief-Sorin
Forêt des Pays de Monts
le Pré-aux-Filles
le Fief-Haut
Grande-Croix
Notre-Dame-de-Monts
le Vieux-Cerne
le Plaud
le Perrier
Sallertaine
Challans
St-Christophe-du-Ligneron
la Tonnelle
Plage de la Tonnelle
Plage St-Jean
St-Jean-de-Monts
Plage des Demoiselles
le Petit Mariau
Menhir de Pierre Levée
Soullans
le Guy-Ayraud
Garanger
la Roussière
le Petit Bourg
les Habites
les Flachausières
Bel-Air
les Mattes
les Chapelles
Orouet
le Pissot
les Vases
la Pège
les Rouches
Commequiers
Villeneuve
le Vigneau
Notre-Dame-de-Riez
la Vallée
St-Maixent-sur-Vie
Apremont
l'Aubardière
la Gauvrière
l'Angevinière
le Fenouiller
St-Hilaire-de-Riez
Sion-sur-l'Océan
Corniche Vendéenne
Croix-de-Vie
Saint-Gilles-Croix-de-Vie
St-Révérend
la Largerie
Coëx
la Taillée
les 4-Chemins de-Buron
la Chapelle-Hermier
l'Aiguillon-sur-Vie
la Faverie
le Pont-Jaunay
Givrand
Beaumarchais
la Chaize-Giraud
la Roche-Guillaume
Landevieille
St-Julien-des-Landes
la Sauzaie
la Parée
Bretignolles-sur-Mer
la Grégoirière
la Bassetière
Brem-sur-Mer
St-Nicolas-de-Brem
la Gachère
les Granges
les Chênières
Vairé
la Salaire
la Burelière
Ille-d'Olonne
Bourgneuf
St-Mathurin
Menhir
Pont d'Yeu
Les Sables d'Olonne
les Chiens Perrins
Port-Joinville
Ker-Châlon
Grand Phare
Ker-Bossy
St-Sauveur
Marais-Salé
la Croix
Port-de-la-Meule
le Vieux Château
Côte Sauvage
Pointe des Corbeaux
Île d'Yeu
OCÉAN
ATLANTIQUE
Les Sables d'Olonne Les Sables d'Olonne
0 1 2 4 6 8 10 km
0 1 2 4 6 miles

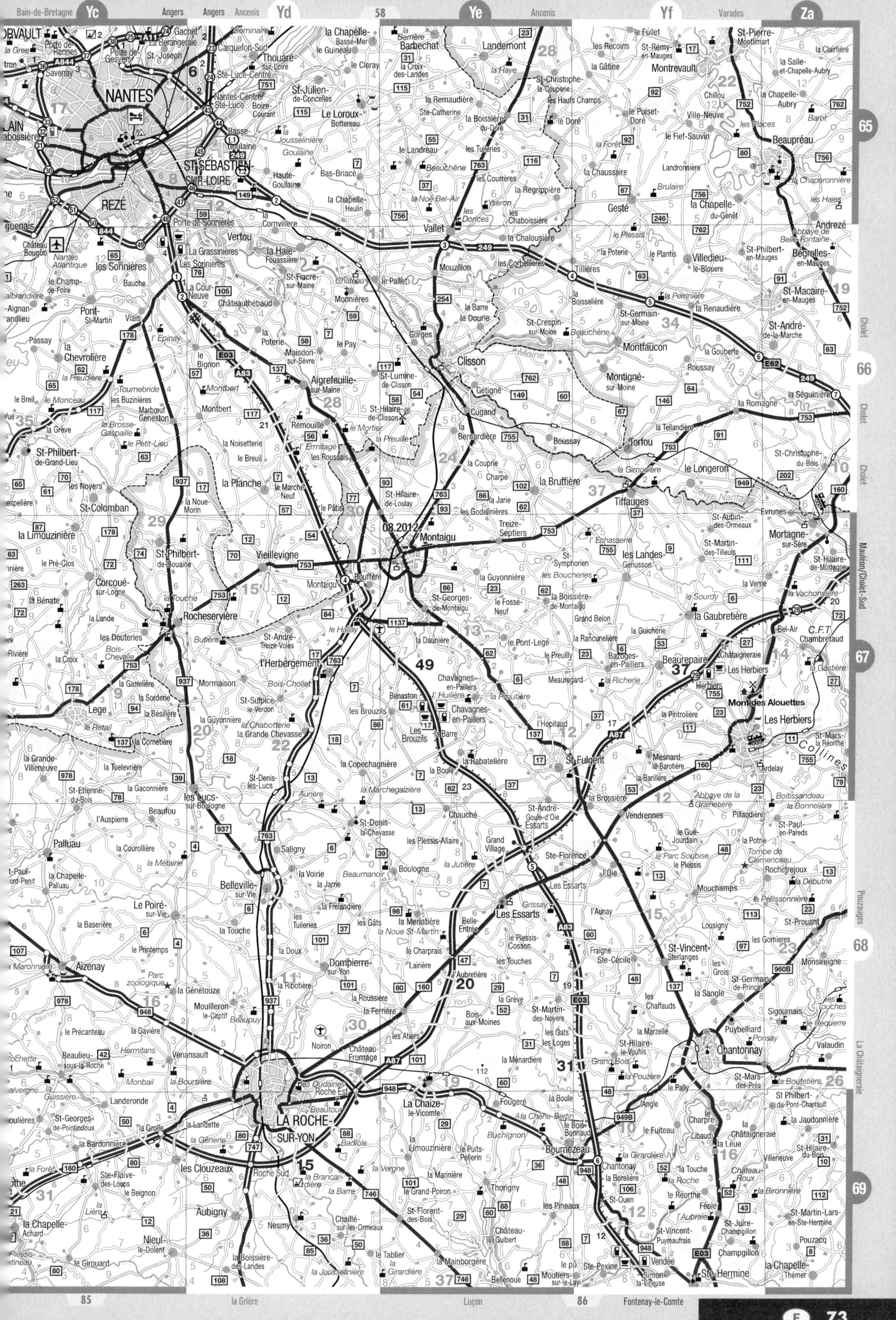
NANTES
REZÉ
ST-SÉBASTIEN-SUR-LOIRE
Thouaré-sur-Loire
Carquefou-Sud
Ste-Luce-Centre
Basse-Goulaine
Haute-Goulaine
Vertou
les Sorinières
la Haie-Fouassière
Vallet
Mouzillon
le Pallet
Clisson
Gorges
Gétigné
Cugand
la Bernardière
Aigrefeuille-sur-Maine
Remouillé
Château-Thébaud
Monnières
Maisdon-sur-Sèvre
la Chapelle-Basse-Mer
Barbechat
Landemont
le Loroux-Bottereau
St-Julien-de-Concelles
la Remaudière
la Boissière-du-Doré
le Landreau
Montrevault
St-Pierre-Montlimart
Beaupréau
la Chapelle-du-Genêt
Andrezé
Bégrolles-en-Mauges
St-Macaire-en-Mauges
St-André-de-la-Marche
Villedieu-la-Blouère
Tillières
St-Germain-sur-Moine
Montfaucon
Montigné-sur-Moine
St-Crespin-sur-Moine
Gesté
Torfou
le Longeron
Tiffauges
la Bruffière
la Séguinière
Mortagne-sur-Sèvre
les Landes-Genusson
la Gaubretière
Beaurepaire
les Herbiers
Mont des Alouettes
Montaigu
Boufféré
St-Georges-de-Montaigu
Treize-Septiers
la Guyonnière
Vieillevigne
St-Philbert-de-Bouaine
Rocheservière
l'Herbergement
Chavagnes-en-Paillers
les Brouzils
St-Fulgent
la Rabatelière
Chauché
les Essarts
Ste-Florence
Vendrennes
Mouchamps
St-Vincent-Sterlanges
Chantonnay
Puybelliard
St-Philbert-de-Grand-Lieu
St-Colomban
la Limouzinière
Corcoué-sur-Logne
Legé
les Lucs-sur-Boulogne
Belleville-sur-Vie
Le Poiré-sur-Vie
Palluau
Aizenay
Dompierre-sur-Yon
Mouilleron-le-Captif
Venansault
LA ROCHE-SUR-YON
la Ferrière
la Chaize-le-Vicomte
Fougeré
Bournezeau
les Clouzeaux
Aubigny
Nieul-le-Dolent
la Boissière-des-Landes
St-Florent-des-Bois
Château-Guibert
Ste-Hermine
Ste-Pexine
la Chapelle-Achard
Landeronde
St-Georges-de-Pointindoux
Beaulieu-sous-la-Roche
la Châtaigneraie
Pouzauges
Chollet
Mauléon/Cholet-Sud
65 66 67 68 69
Clisson
08.2012

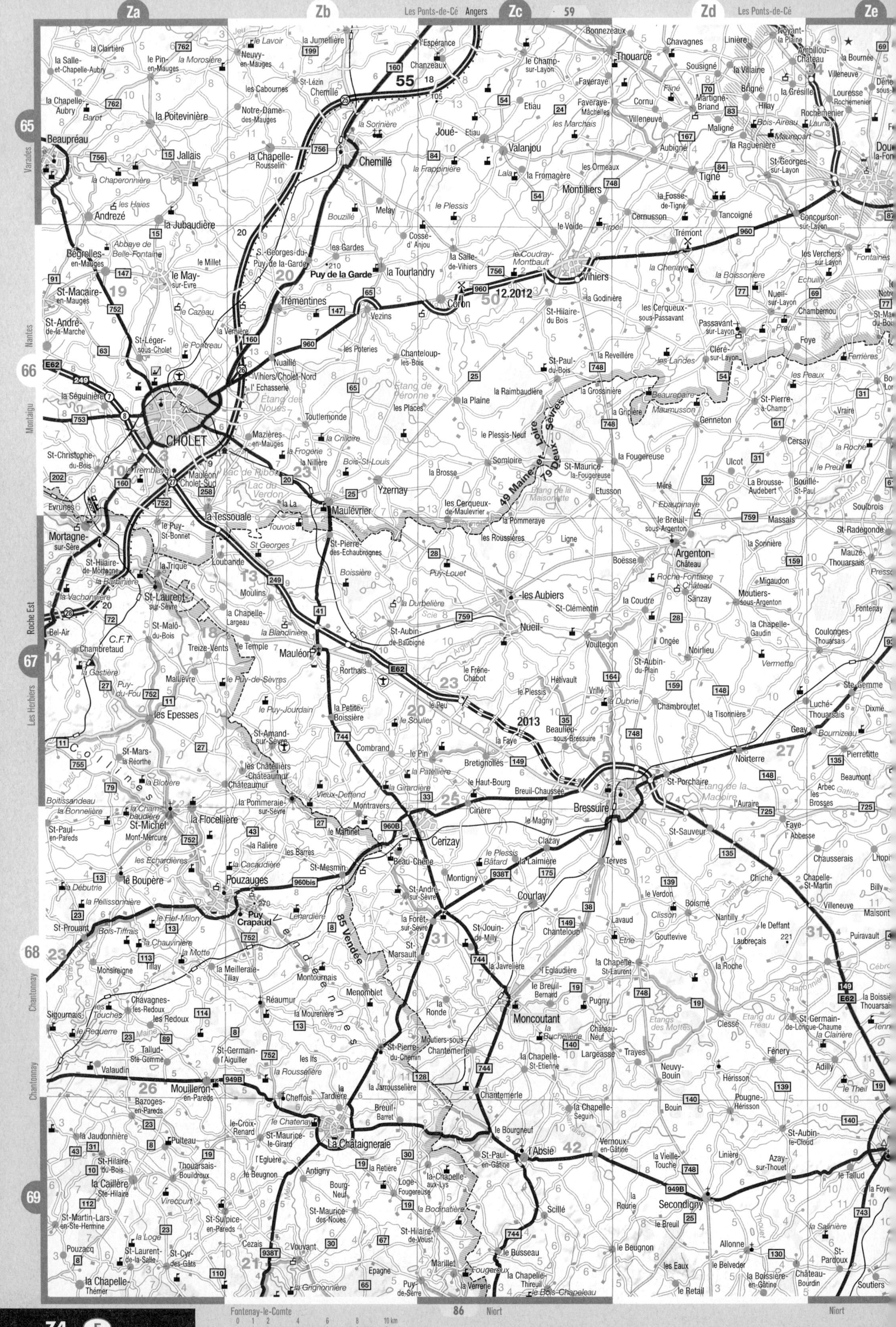




0 1 2 4 6 8 10 km
0 1 2 4 6 miles

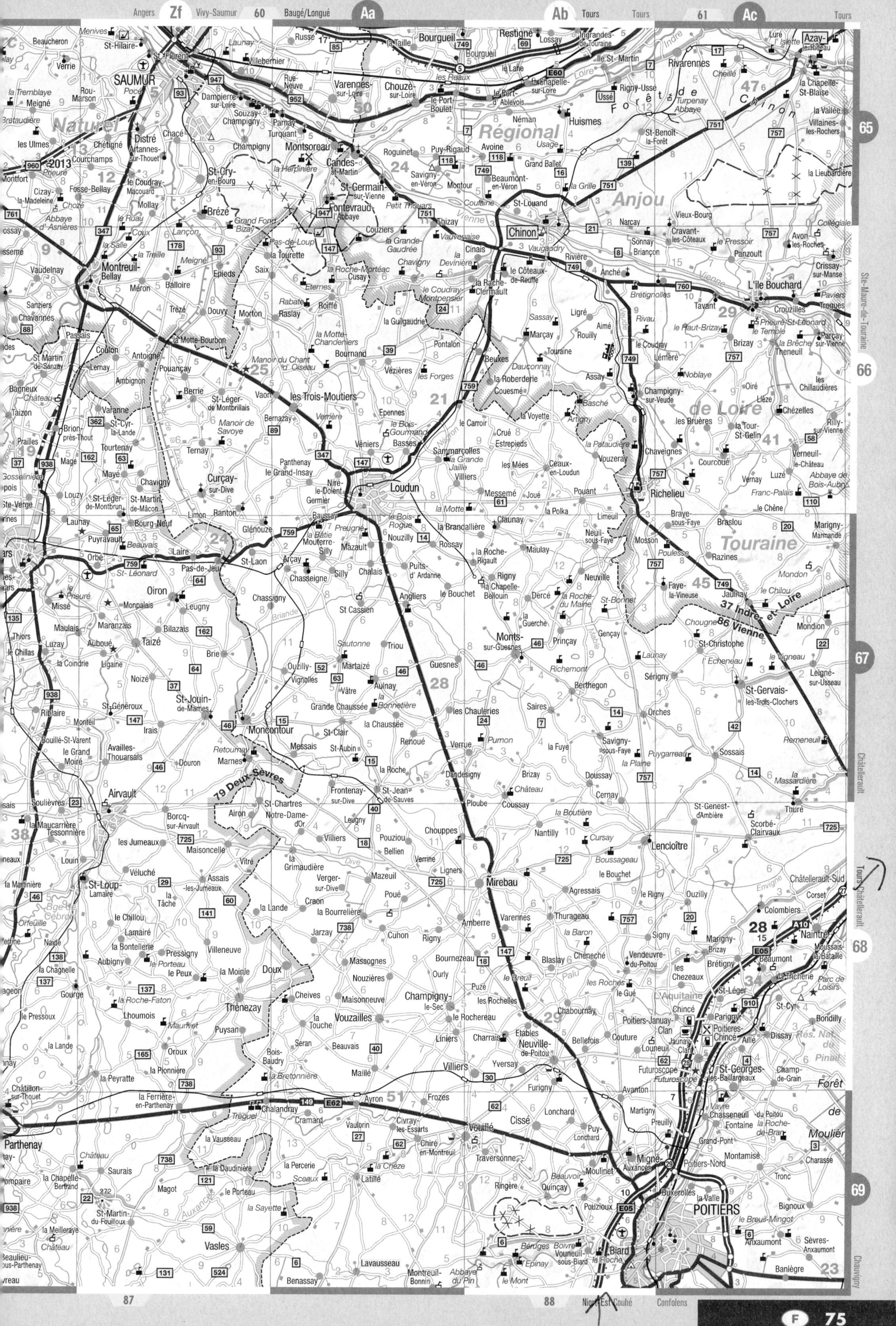
SAUMUR
Naturel
Régional
Anjou
de Loire
Touraine
Forêt de Chinon
Bourgueil
Montsoreau
Candes-St-Martin
Fontevraud-l'Abbaye
Chinon
Huismes
Rivarennes
Azay-le-Rideau
L'Ile Bouchard
Richelieu
Loudun
Les Trois-Moutiers
Montreuil-Bellay
Doué
Thouars
Oiron
Moncontour
Airvault
St-Loup-Lamairé
Mirebeau
Lencloître
Châtellerault
Champigny-le-Sec
Vouzailles
Neuville-de-Poitou
Thénezay
Parthenay
Vouillé
Migné-Auxances
Chasseneuil-du-Poitou
Futuroscope
St-Georges-lès-Baillargeaux
POITIERS
Buxerolles
Vasles
Ayron
Latillé
Naintré
Dissay
St-Cyr
Jaunay-Clan
Montamisé
Bignoux
Sèvres-Anxaumont
Biard
Béruges
37 Indre-et-Loire
86 Vienne
79 Deux-Sèvres
65
66
67
68
69
Ste-Maure-de-Touraine
Châtellerault
Chauvigny

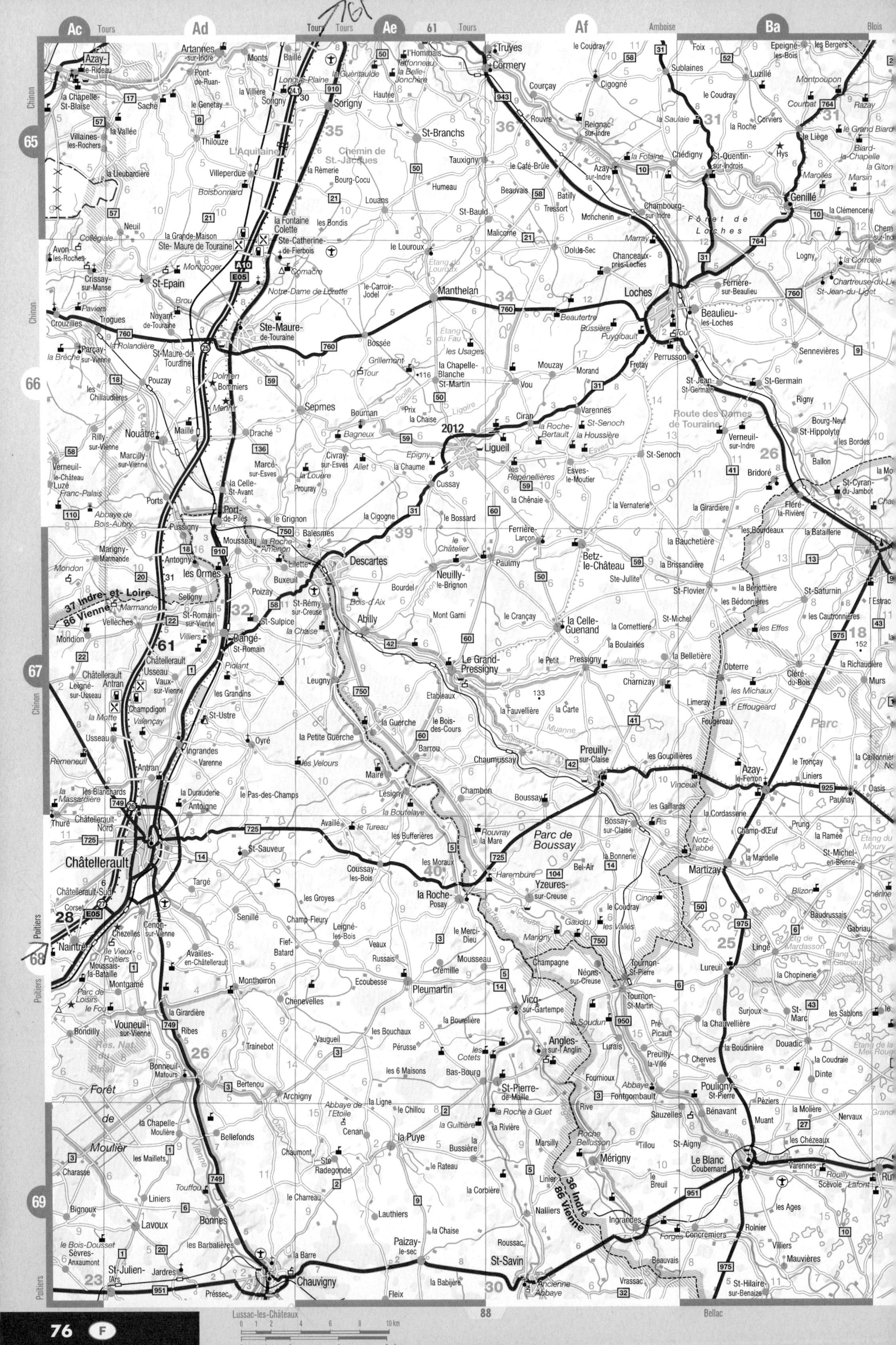

Ac
Ad
Ae
Af
Ba
Tours
61
Amboise
Blois
Chinon
65
66
67
68
69
Poitiers
Azay-le-Rideau
Artannes-sur-Indre
Monts
Truyes
Cormery
Sorigny
St-Branchs
Courçay
Cigogné
Reignac-sur-Indre
Azay-sur-Indre
Chédigny
St-Quentin-sur-Indrois
Genillé
Sublaines
Lusillé
Montpoupon
Saché
Villaines-les-Rochers
Thilouze
L'Aquitaine
Chemin de St.-Jacques
Villeperdue
Tauxigny
Louans
St-Bauld
Chambourg-sur-Indre
Forêt de Loches
Ste-Catherine-de-Fierbois
Ste-Maure de Touraine
St-Epain
Manthelan
Loches
Beaulieu-les-Loches
Ste-Maure-de-Touraine
Noyant-de-Touraine
Bossée
Perrusson
Sennevières
Pouzay
Sepmes
Vou
Mouzay
Varennes
Route des Dames de Touraine
Nouâtre
Draché
Ligueil
St-Senoch
Verneuil-sur-Indre
Marcé-sur-Esves
Cussay
Esves-le-Moutier
Bridoré
Port-de-Piles
Balesmes
Descartes
Betz-le-Château
Neuilly-le-Brignon
Les Ormes
37 Indre-et-Loire
86 Vienne
Dangé-St-Romain
Abilly
La Celle-Guenand
Le Grand-Pressigny
Châtellerault
Leugny
Preuilly-sur-Claise
Azay-le-Ferron
Ingrandes
Parc de Boussay
Martizay
Châtellerault
La Roche-Posay
Yzeures-sur-Creuse
Naintré
Pleumartin
Tournon-St-Pierre
Vicq-sur-Gartempe
Angles-sur-l'Anglin
Vouneuil-sur-Vienne
Forêt de Moulière
St-Pierre-de-Maillé
Pouligny-St-Pierre
La Puye
Mérigny
Le Blanc
36 Indre
86 Vienne
Bonnes
Lavoux
St-Savin
St-Julien-l'Ars
Chauvigny
Paizay-le-sec
St-Hilaire-sur-Benaize
Lussac-les-Châteaux
88
Bellac
10 km
6 miles

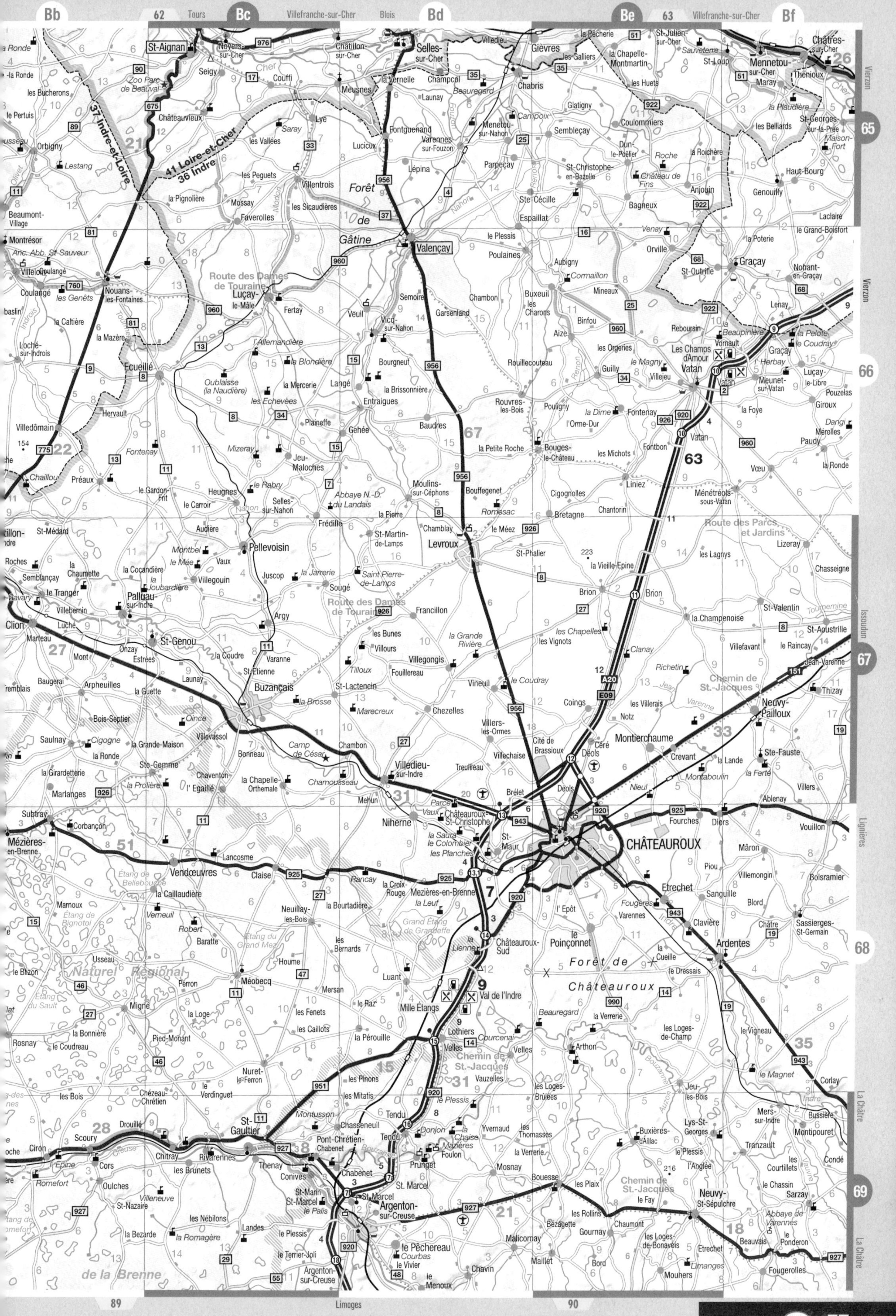
St-Aignan
Selles-sur-Cher
Gièvres
Châtres-sur-Cher
Mennetou-sur-Cher
41 Loire-et-Cher
36 Indre
37 Indre-et-Loire
Valençay
Forêt de Gâtine
Graçay
Vatan
Levroux
Pellevoisin
Palluau-sur-Indre
Buzançais
Villedieu-sur-Indre
Châteauroux-St-Christophe
CHÂTEAUROUX
Déols
Ardentes
Forêt de Châteauroux
Mézières-en-Brenne
Vendœuvres
Argenton-sur-Creuse
Neuvy-St-Sépulchre
St-Gaultier
de la Brenne
Vierzon
Issoudun
Lignières
La Châtre
65
66
67
68
69

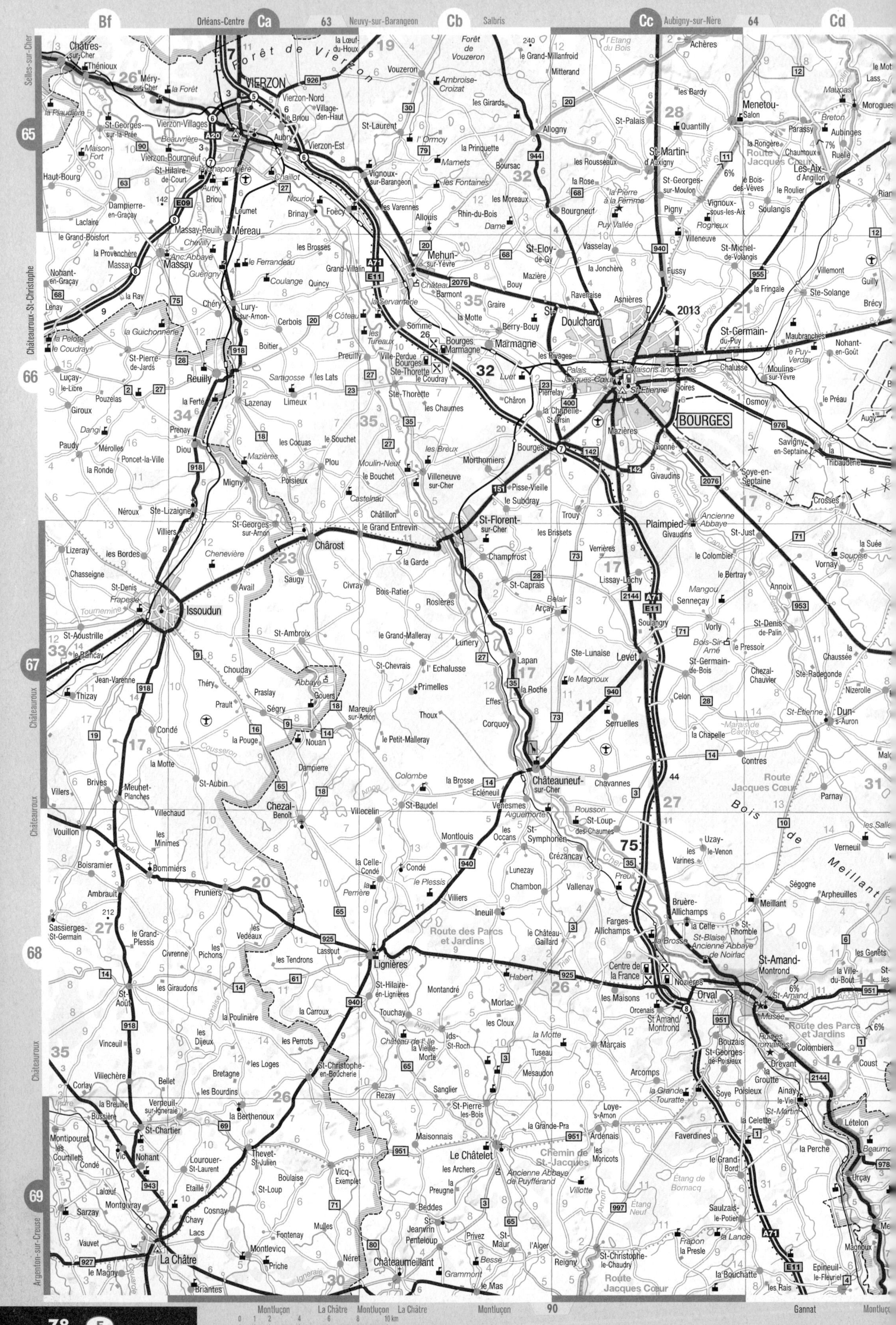

Selles-sur-Cher
65
Châteauroux-St-Christophe
66
67
Châteauroux
68
69
Argenton-sur-Creuse
VIERZON
Vierzon-Villages
Vierzon-Bourgneuf
Forêt de Vierzon
Mehun-sur-Yèvre
St-Martin-d'Auxigny
Menetou-Salon
Les-Aix-d'Angillon
St-Eloy-de-Gy
St-Doulchard
BOURGES
Marmagne
St-Germain-du-Puy
Massay
Méreau
Reuilly
Lury-sur-Arnon
St-Florent-sur-Cher
Châtillon
Chârost
Issoudun
Levet
Plaimpied-Givaudins
Dun-sur-Auron
Châteauneuf-sur-Cher
Chezal-Benoît
Lignières
Meillant
Bois de Meillant
Route Jacques Cœur
Route des Parcs et Jardins
St-Amand-Montrond
Orval
Le Châtelet
Châteaumeillant
La Châtre
Nohant
Chemin de St-Jacques
A71
E11
A20
E09

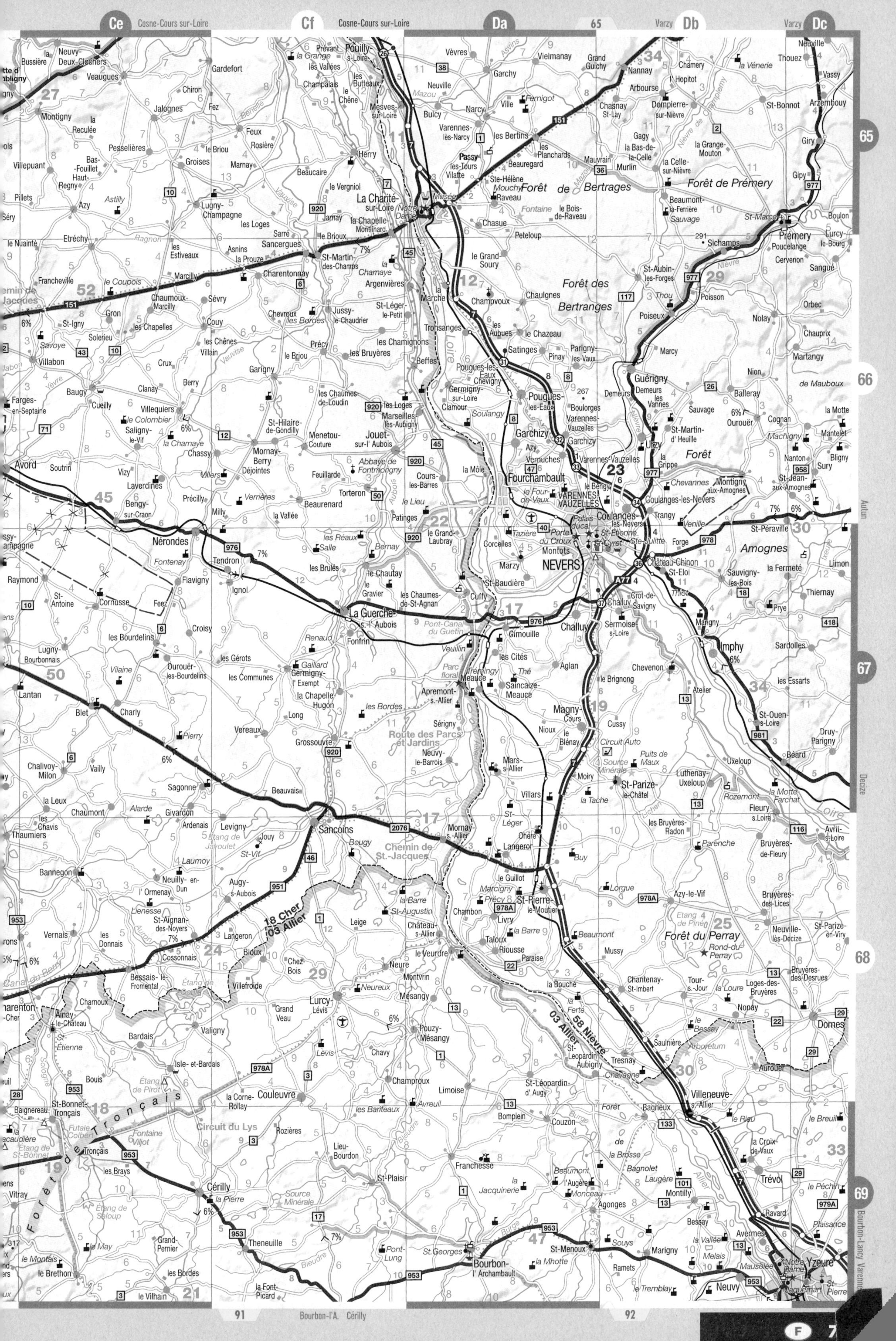

65
66
67
68
69
Autun
Decize
Bourbon-Lancy Varennes
NEVERS
La Charité-sur-Loire
Pouilly-s-Loire
Fourchambault
Varennes-Vauzelles
Coulanges-lès-Nevers
Garchizy
Pougues-les-Eaux
Marzy
Challuy
Sermoise-s-Loire
Imphy
Magny-Cours
St-Parize-le-Châtel
St-Pierre-le-Moûtier
Chantenay-St-Imbert
Villeneuve-s-Allier
Trévol
Yzeure
Bourbon-l'Archambault
St-Menoux
Cérilly
Lurcy-Lévis
Sancoins
La Guerche-s-l'Aubois
Jouet-sur-l'Aubois
Nérondes
Avord
Baugy
Blet
Charly
Ainay-le-Château
Sancergues
Prémery
Guérigny
Urzy
Forêt de Bertranges
Forêt des Bertranges
Forêt de Prémery
Forêt du Perray
Forêt de Tronçais
Amognes
Loire
Allier
Chemin de St-Jacques
Route des Parcs et Jardins
Circuit du Lys
18 Cher
03 Allier
58 Nièvre
Canal du Berry

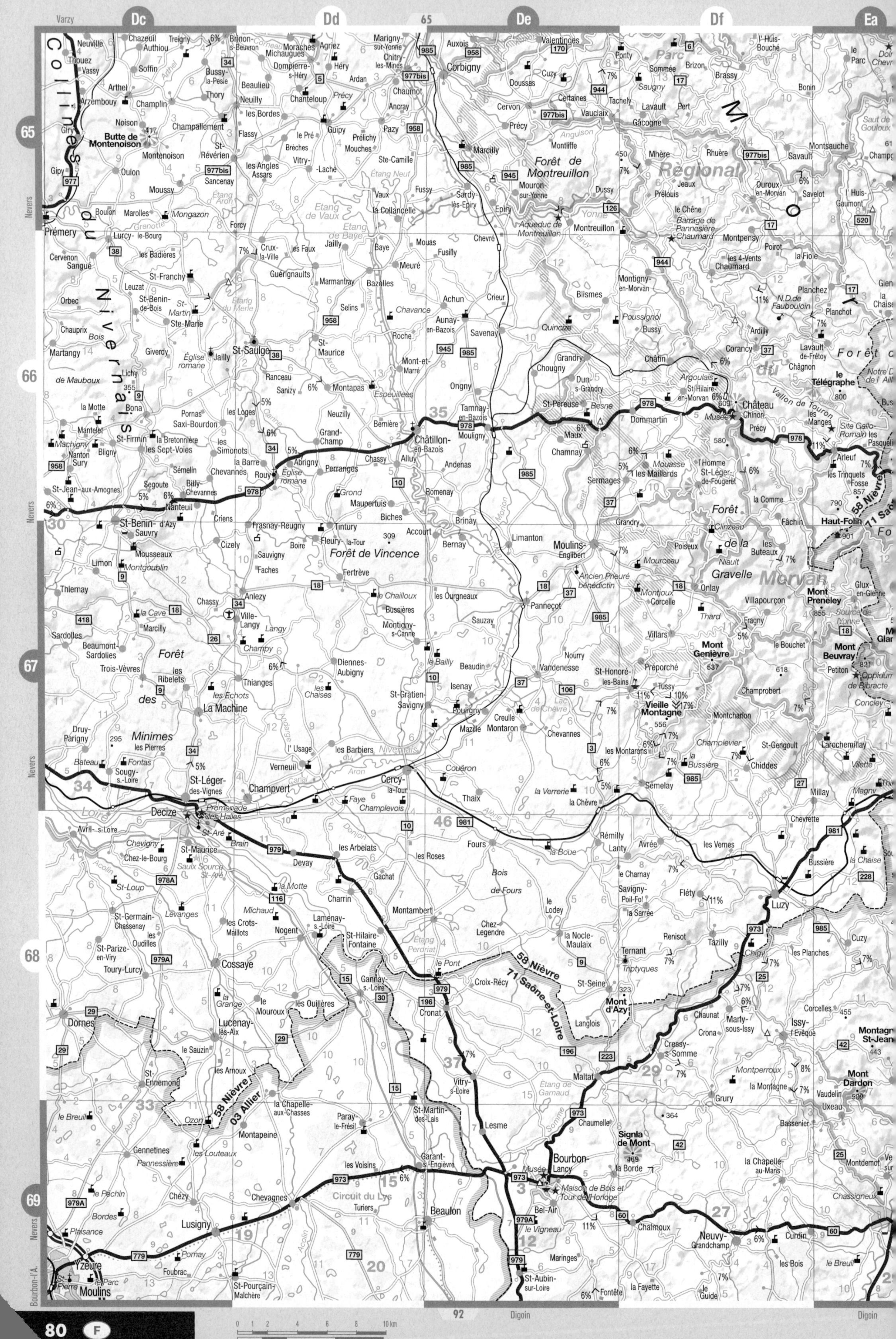


0 1 2 4 6 8 10 km
0 1 2 4 6 miles

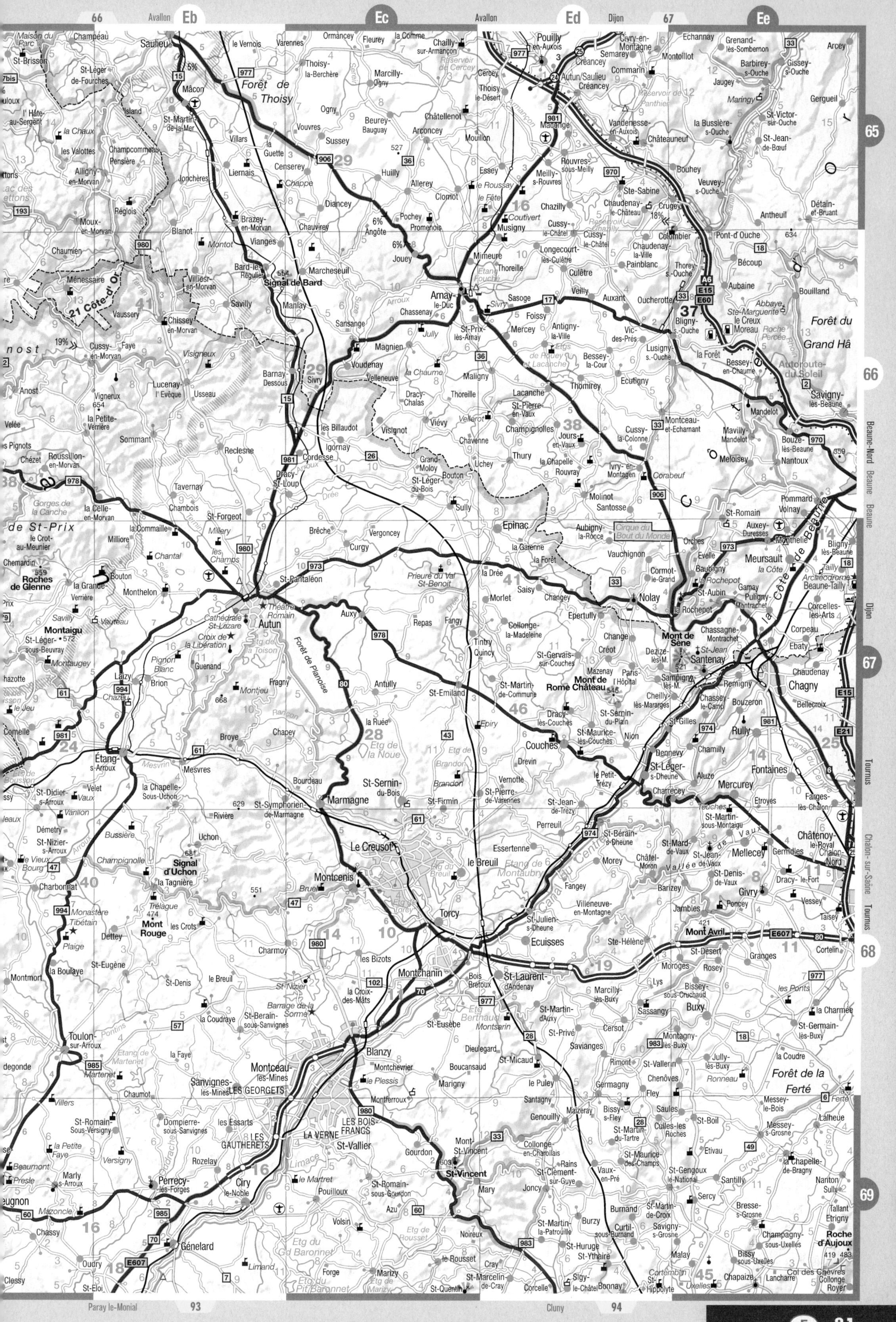

66
Avallon
Eb
Ec
Avallon
Ed
Dijon
67
Ee
65
66
67
68
69
Beaune-Nord
Beaune
Beaune
Dijon
Tournus
Chalon-sur-Saône
Tournus
Saulieu
Forêt de Thoisy
Pouilly-en-Auxois
Arnay-le-Duc
Bligny-s.-Ouche
Forêt du Grand Hâ
Savigny-lès-Beaune
Beaune
Pommard
Meursault
Nolay
Épinac
Autun
Étang-s.-Arroux
Le Creusot
Montcenis
Torcy
Montchanin
Blanzy
Montceau-les-Mines
Couches
Santenay
Chagny
Rully
Mercurey
Givry
Buxy
St-Gengoux-le-National
St-Vallier
Génelard
Toulon-sur-Arroux
Marmagne
Mont Beuvray
Montaigu
Roches de Glenne
Signal d'Uchon
Mont Rouge
Mont de Sène
Mont Avril
Mont Château
Forêt de Planoise
Forêt de la Ferté
Côte d'Or
Signal de Bard
St-Vincent
Ecuisses
St-Laurent-d'Andenay
Roche d'Aujoux
Col des Chèvres
Paray le-Monial
93
Cluny
94

Mâcon-Centre Bourg-en-Bresse 94 Cuiseaux Bourg-en-Bresse Bourg-en-Bresse

0 1 2 4 6 8 10 km
0 1 2 4 6 miles

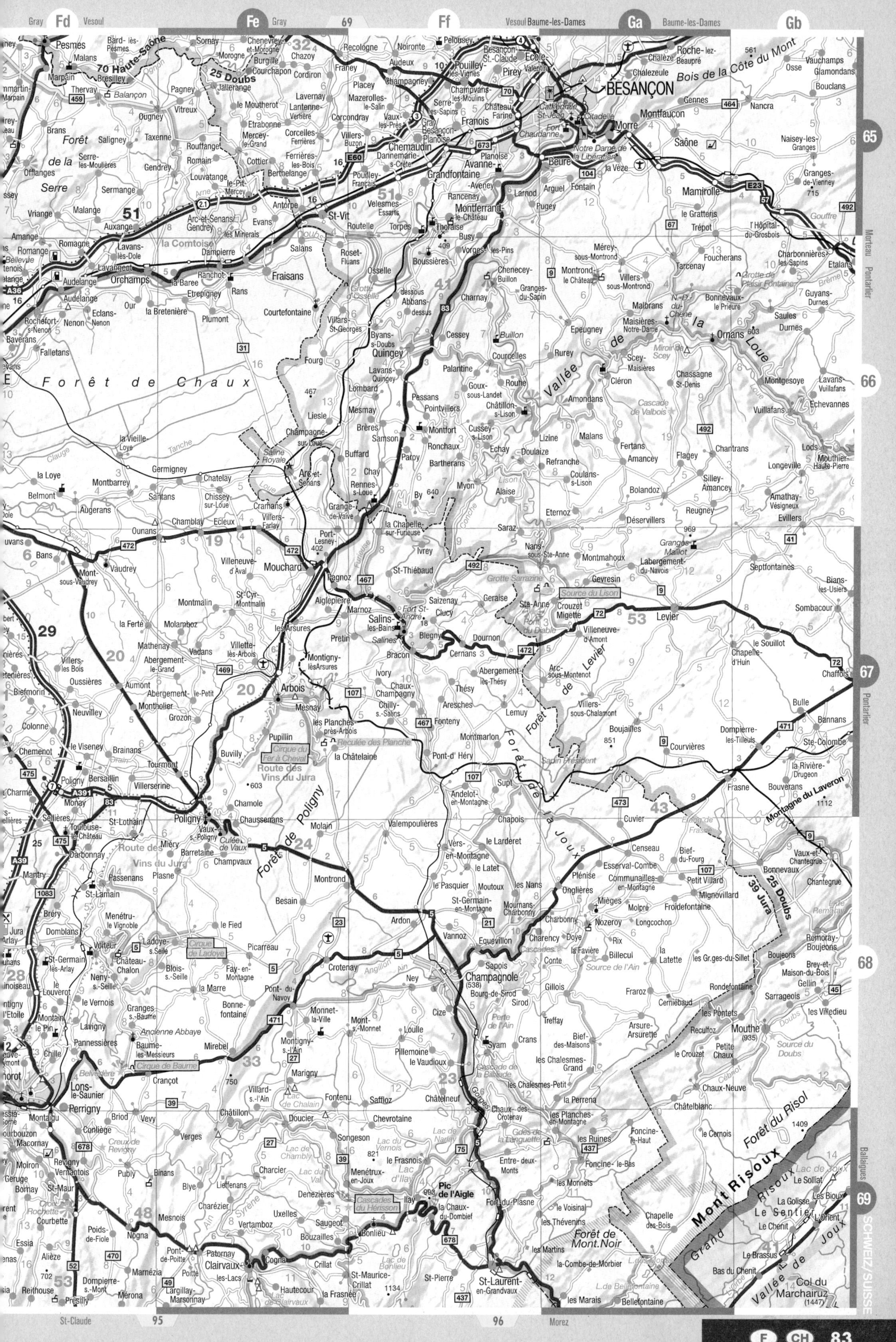
Pesmes
Malans
70 Haute-Saône
25 Doubs
Marnay
Bresilley
Thervay
Balançon
Sornay
Chenevrey-et-Morogne
Burgille
Courchapon
Chazoy
Cordiron
Recologne
Noironte
Audeux
Champagney
Pelousey
Pouilley-les-Vignes
Besançon-St-Claude
École-Valentin
Pirey
Roche-lez-Beaupré
Chalèze
Chalezeule
BESANÇON
Bois de la Côte du Mont
Vauchamps
Osse
Glamondans
Bouclans
Gennes
Nancra
Montfaucon
Morre
Saône
Naisey-les-Granges
Citadelle
Cathédrale St-Jean
Chaudanne
Notre Dame de la Libération
Beure
Fontain
Arguel
Pugey
la Vèze
Mamirolle
le Gratteris
Trépot
l'Hôpital-du-Grosbois
Granges-de-Vienney
Gouffre
Forêt de la Serre
Offlanges
Saligney
Taxenne
Ougney
Vitreux
Pagney
Jallerange
le Moutherot
Etrabonne
Mercey-le-Grand
Rouffange
Romain
Cottier
Gendrey
Sermange
Malange
Vriange
Amange
Romange
Louvatange
le-Pit-Mercey
Arc-et-Senans
Evans
Antorpe
St-Vit
Dannemarie-s-Crête
Chemaudin
Franois
Serre-les-Sapins
Champvans-les-Moulins
Château-Farine
Grandfontaine
Avanne-Aveney
Rancenay
Montferrand-le-Château
Larnod
Velesmes-Essarts
Pouilley-Français
Routelle
Torpes
Thoraise
Busy
Vorges-les-Pins
Boussières
Lantenne-Vertière
Corcondray
Mazerolles-le-Salin
Vaux-les-Prés
Placey
Villers-Buzon
Corcelles-Ferrières
Ferrières-les-Bois
Berthelange
Lavernay
Auxange
Lavans-lès-Dole
la Comtoise
Dampierre
Salans
Roset-Fluans
Osselle
Grotte d'Osselle
Fraisans
Ranchot
Rans
Orchamps
la Barre
Etrepigney
Audelange
Lavangeot
Eclans-Nenon
Rochefort-s-Nenon
Baverans
Falletans
la Bretenière
Plumont
Courtefontaine
Villars-St-Georges
Byans-s-Doubs
Quingey
Abbans-dessus
Abbans-dessous
Charnay
Chenecey-Buillon
Granges-du-Sapin
Cessey
Buillon
Courcelles
Mérey-sous-Montrond
Montrond-le-Château
Villers-sous-Montrond
Tarcenay
Foucherans
Charbonnières-les-Sapins
Etalans
Grotte de Plaisir Fontaine
Bonnevaux-le-Prieuré
Guyans-Durnes
Saules
Durnes
Malbrans
N.-D.-du-Chêne
Maisières-Notre-Dame
Ornans
Epeugney
Rurey
Vallée de la Loue
Miroir de Scey
Scey-Maisières
Cléron
Chassagne-St-Denis
Montgesoye
Lavans-Vuillafans
Echevannes
Vuillafans
Amondans
Cascade de Valbois
Forêt de Chaux
Fourg
Lavans-Quingey
Lombard
Palantine
Goux-sous-Landet
Rouhe
Pessans
Pointvillers
Châtillon-s-Lison
Liesle
Mesmay
Champagne-sur-Loue
Brères
Samson
Montfort
Cussey-s-Lison
Ronchaux
Echay
Doulaize
Lizine
Malans
Fertans
Amancey
Flagey
Chantrans
Lods
Mouthier-Haute-Pierre
Longeville
Refranche
Coulans-s-Lison
Bolandoz
Silley-Amancey
Amathay-Vésigneux
Evillers
Reugney
Eternoz
Déservillers
Saline Royale
Arc-et-Senans
Buffard
Chay
Rennes-s-Loue
Bartherans
Myon
Alaise
By
Patroy
Germigney
Chatelay
la Vieille-Loye
la Loye
Montbarrey
Belmont
Santans
Chissey-sur-Loue
Cramans
Villers-Farlay
Augerans
Grange-de-Vaivre
la Chapelle-sur-Furieuse
Chamblay
Ecleux
Ounans
Port-Lesney
Saraz
Nans-sous-Ste-Anne
Montmahoux
Granges-Maillot
Labergement-du-Navois
Septfontaines
Ivrey
St-Thiébaud
Grotte Sarrazine
Source du Lison
Gevresin
Mouchard
Pagnoz
Villeneuve-d'Aval
Vaudrey
Bans
Mont-sous-Vaudrey
Montmalin
St-Cyr-Montmalin
Aiglepierre
Marnoz
Salins-les-Bains
Fort St-André
Saizenay
Clucy
Geraise
Ste-Anne
Crouzet-Migette
Levier
Biens-les-Usiers
Sombacour
la Ferté
Molamboz
les Arsures
Pretin
Blegny
Dournon
Villeneuve-d'Amont
Mathenay
Vadans
Villette-lès-Arbois
Abergement-le-Grand
Abergement-le-Petit
Montigny-lès-Arsures
Bracon
Cernans
Abergement-lès-Thésy
Arc-sous-Montenot
Forêt de Levier
le Souillot
Chapelle-d'Huin
Chaffois
Villers-les-Bois
Oussières
Aumont
Arbois
Mesnay
Ivory
Chaux-Champagny
Chilly-s-Salins
Thésy
Aresches
Fonteny
Lemuy
Villers-sous-Chalamont
Boujailles
Bulle
Bannans
Biefmorin
Neuvilley
Montholier
Grozon
Pupillin
Les Planches-près-Arbois
Reculée des Planches
la Châtelaine
Montmarlon
Forêt de la Joux
Sapin Président
Courvières
Dompierre-les-Tilleuls
Ste-Colombe
Colonne
le Viseney
Chemenot
Brainans
Buvilly
Cirque du Fer à Cheval
Route des Vins du Jura
Pont-d'Héry
la Rivière-Drugeon
Poligny
Bersaillin
Tourmont
Villerserine
Chamole
Supt
Andelot-en-Montagne
Frasne
Bouverans
Montagne du Laveron
Monay
Sellières
St-Lothain
Chaussenans
Forêt de Poligny
Molain
Valempoulières
Chapois
Cuvier
Toulouse-le-Château
Darbonnay
Miéry
Vaux-s-Poligny
Culée de Vaux
Barretaine
Champvaux
le Larderet
Censeau
Bief-du-Fourg
Vaux-et-Chantegrue
Bonnevaux
Chantegrue
Mantry
Passenans
Plasne
Montrond
Vers-en-Montagne
le Latet
Esserval-Combe
Communailles-en-Montagne
Petit Villard
Mignovillard
St-Lamain
Besain
le Pasquier
Moutoux
les Nans
Plénise
Onglières
Mièges
Molpré
Froidefontaine
39 Jura
Brery
Ménétru-le-Vignoble
le Fied
St-Germain-en-Montagne
Mournans-Charbonny
Charbonny
Nozeroy
Longcochon
Domblans
Voiteur
Ladoye-s-Seille
Cirque de Ladoye
Picarreau
Ardon
Vannoz
Equevillon
Charency
Doye
Rix
Remoray-Boujeons
St-Germain-lès-Arlay
Château-Chalon
Blois-s-Seille
Fay-en-Montagne
Crotenay
Sapois
la Favière
Billecul
la Latette
les Gr.ges-du-Sillet
Boujeons
Neny-s-Seille
le Louverot
la Marre
Pont-du-Navoy
Ney
Champagnole
Conte
Source de l'Ain
Brey-et-Maison-du-Bois
Gellin
le Vernois
Granges-s-Baume
Bonnefontaine
Monnet-la-Ville
Mont-s-Monnet
Bourg-de-Sirod
Sirod
Gillois
Fraroz
Cerniébaud
Rondefontaine
Sarrageois
Montain
Lavigny
le Pin
Ancienne Abbaye
Pannessières
Baume-les-Messieurs
Cirque de Baume
Mirebel
Montigny-s-l'Ain
Loulle
Pillemoine
le Vaudioux
Cize
Treffay
Crans
Syam
Bief-des-Maisons
Arsure-Arsurette
les Pontets
Reculfoz
Mouthe
Petite Chaux
Source du Doubs
les Villedieu
Chille
Belvédère
Lons-le-Saunier
Perrigny
Crançot
Villard-s-l'Ain
Marigny
Lac de Chalain
Fontenu
Saffloz
Châtelneuf
Cascade de la Billaude
les Chalesmes-Grand
les Chalesmes-Petit
le Crouzet
Chaux-Neuve
Montaigu
Conliège
Briod
Vevy
Châtillon
Doucier
Chevrotaine
Chaux-des-Crotenay
les Planches-en-Montagne
Gdes de la Langouette
la Perrena
Châtelblanc
Forêt du Risol
Macornay
Revigny
Vernantois
Creux de Revigny
Verges
Songeson
Lac du Vernois
Lac de Narlay
les Ruines
Foncine-le-Haut
Foncine-le-Bas
le Cernois
Moiron
Geruge
Bornay
St-Maur
Publy
Binans
Blye
Lac de Chambly
Charcier
Lac du Val
Ménétrux-en-Joux
Lac d'Ilay
le Frasnois
Entre-deux-Monts
Mont Risoux
Grand Risoux
Lac de Joux
le Solliat
Croix de la Rochette
Courbette
Lieffenans
Denezières
Cascades du Hérisson
Ilay
Pic de l'Aigle
la Chaux-du-Dombief
les Monnets
le Voisinal
les Thévenins
Fort-du-Plasne
Chapelle-des-Bois
Forêt de Mont.Noir
Le Sentier
la Golisse
les Bioux
l'Orient
Le Chenit
Essia
Poids-de-Fiole
Mesnois
Charézier
Vertamboz
Uxelles
Saugeot
Bonlieu
Bouzailles
Nogna
Aliéze
Pont-de-Poitte
Poitte
Patornay
Clairvaux-les-Lacs
Cogna
Crillat
Lac de Bonlieu
St-Maurice-Crillat
St-Pierre
St-Laurent-en-Grandvaux
les Martins
la-Combe-de-Morbier
Le Brassus
Bas du Chenit
Vallée de Joux
Col du Marchairuz
Dompierre-s-Mont
Mérona
Marnézia
Largillay-Marsonnay
Hautecour
la Frasnée
Lac de Clairvaux
L.de Bellefontaine
les Marais
Bellefontaine
Reithouse
Présilly
Morteau
Pontarlier
Ballaigues
SCHWEIZ/SUISSE
65
66
67
68
69
St-Claude
95
96
Morez

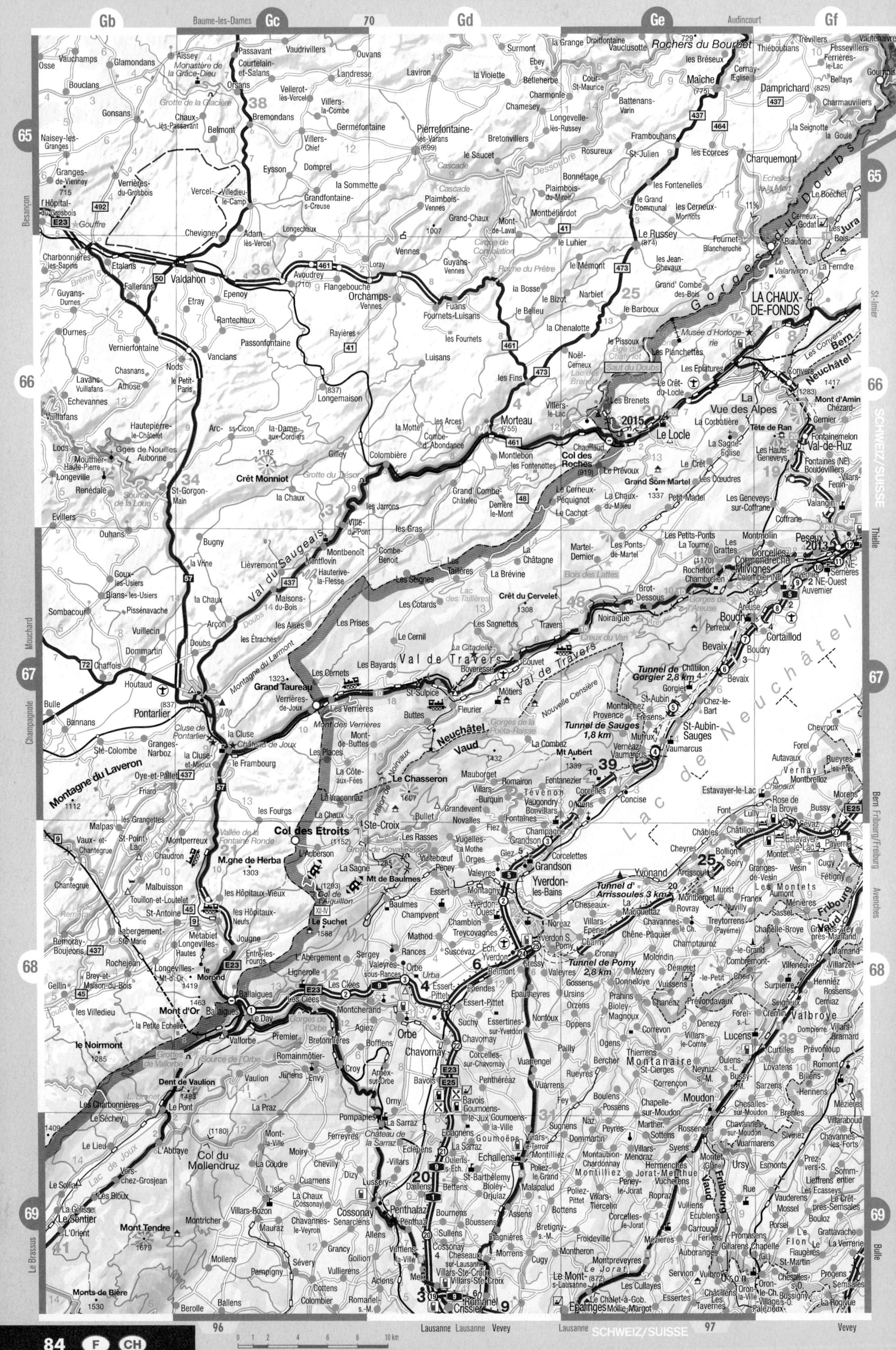

Gb
Gc
70
Gd
Ge
Gf
Baume-les-Dames
Audincourt
65
66
67
68
69
Besançon
Mouchard
Champagnole
Le Brassus
St-Imier
Thielle
Bern Fribourg/Freiburg
Avenches
Bulle
SCHWEIZ/SUISSE
96
97
Lausanne
Vevey
Rochers du Bourbet
Maîche
Damprichard
Charquemont
Gorges du Doubs
LA CHAUX-DE-FONDS
Le Locle
Les Brenets
Saut du Doubs
Morteau
Col des Roches
Le Russey
Pierrefontaine-les-Varans
Orchamps-Vennes
Valdahon
Vercel-Villedieu-le-Camp
Crêt Monniot
Val du Saugeais
Pontarlier
Montagne du Laveron
Montagne du Larmont
Grand Taureau
Verrières-de-Joux
Les Verrières
Val de Travers
Fleurier
Couvet
Môtiers
Neuchâtel
Vaud
Le Chasseron
Ste-Croix
Col des Etroits
M.gne de Herba
Mt de Baumes
Le Suchet
Mont d'Or
Vallorbe
Dent de Vaulion
Le Noirmont
Lac de Joux
Le Sentier
Mont Tendre
Col du Mollendruz
La Sarraz
Cossonay
Orbe
Chavornay
Yverdon-les-Bains
Grandson
Lac de Neuchâtel
Tunnel de Gorgier 2,8 km
Tunnel de Sauges 1,8 km
Tunnel d' Arrissoules 3 km
Tunnel de Pomy 2,8 km
Estavayer-le-Lac
Payerne
Moudon
Lucens
Echallens
Montanaire
Crissier
Romanel
Epalinges
Le Jorat
Oron
Fribourg
Vue des Alpes
Tête de Ran
Val-de-Ruz
Peseux
Boudry
Bevaix
Cortaillod
Colombier
Gorges de l'Areuse
Creux du Van
Noiraigue
La Brévine
Lac des Taillères
Crêt du Cervelet
Grand Som Martel
La Sagne
Les Ponts-de-Martel
Le Crêt-du-Locle
Fontainemelon
Mont d'Amin
Concise
Vaumarcus
St-Aubin-Sauges
Gorgier
Chez-le-Bart
Ballaigues
Lac de St-Point
Malbuisson
Source de la Loue
Mouthier-Haute-Pierre
Ornans
Grotte de la Glacière
Cirque de Consolation
Le Bois
Valanvron

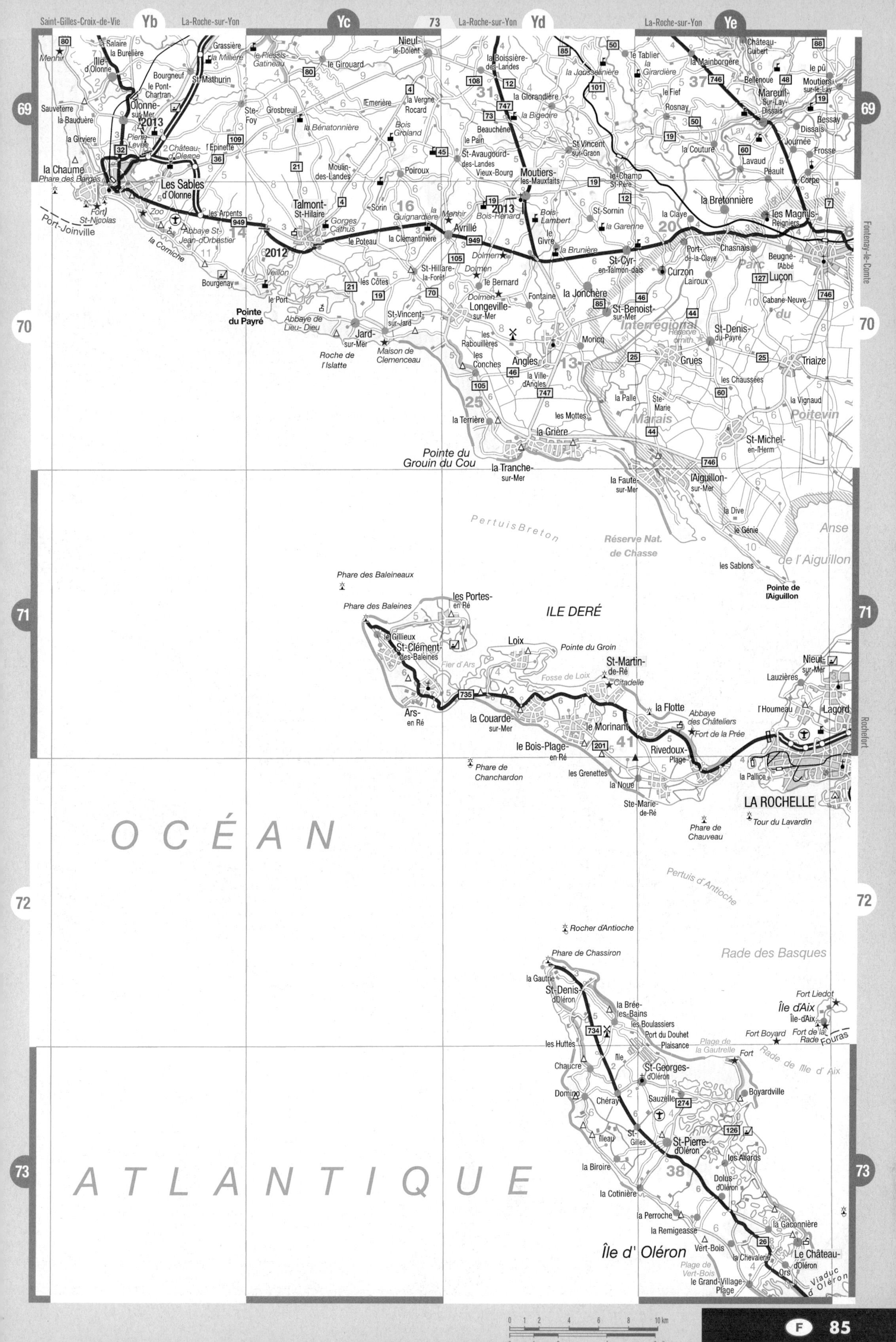

Saint-Gilles-Croix-de-Vie
Yb
La-Roche-sur-Yon
Yc
73
La-Roche-sur-Yon
Yd
La-Roche-sur-Yon
Ye
69
70
71
72
73
Fontenay-le-Comte
Rochefort
Olonne-sur-Mer
la Chaume
Les Sables d'Olonne
Talmont-St-Hilaire
Avrillé
Moutiers-les-Mauxfaits
St-Cyr-en-Talmont
Curzon
Luçon
Mareuil-Sur-Lay-Dissais
la Bretonnière
les Magnils-Reigniers
Jard-sur-Mer
Longeville-sur-Mer
la Jonchère
St-Benoist-sur-Mer
St-Denis-du-Payré
Angles
Grues
Triaize
la Tranche-sur-Mer
la Faute-sur-Mer
l'Aiguillon-sur-Mer
St-Michel-en-l'Herm
Pointe du Payré
Pointe du Grouin du Cou
Pertuis Breton
Réserve Nat. de Chasse
Anse de l'Aiguillon
Pointe de l'Aiguillon
Marais Poitevin
Parc Interrégional du
ILE DE RÉ
Phare des Baleineaux
Phare des Baleines
les Portes-en Ré
St-Clément-des-Baleines
Ars-en Ré
Loix
la Couarde-sur-Mer
St-Martin-de-Ré
la Flotte
le Bois-Plage-en Ré
Rivedoux-Plage
Ste-Marie-de-Ré
Phare de Chanchardon
Phare de Chauveau
Nieul-sur-Mer
Lagord
LA ROCHELLE
Tour du Lavardin
Pertuis d'Antioche
Rocher d'Antioche
Phare de Chassiron
Rade des Basques
Fort Liedot
Île d'Aix
Fort Boyard
Fouras
St-Denis-d'Oléron
St-Georges-d'Oléron
Boyardville
St-Pierre-d'Oléron
Dolus-d'Oléron
le Château-d'Oléron
Île d' Oléron
Viaduc d'Oléron
OCÉAN
ATLANTIQUE
0 1 2 4 6 8 10 km
0 1 2 4 6 miles

69
70
71
72
73
La-Roche-Sur-Yon
Talmont-St-Hilaire
St-Martin-de-Ré
Ste-Hermine
Luçon
Ste-Gemme-la-Plaine
Nalliers
Mouzeuil-St-Martin
Pouillé
L'Hermenault
St-Étienne-de-Brillouet
St-Aubin-la-Plaine
Thiré
la Chapelle-Thémer
Fontenay-le-Comte
Vouvant
Mervent
Coulonges-sur-l'Autize
St-Hilaire-des-Loges
Xanton-Chassenon
Nieul-sur-l'Autize
Oulmes
Benet
Maillezais
Maillé
Vix
le Langon
Chaillé-les-Marais
Champagné-les-Marais
Ste-Radégonde-des-Noyers
Puyravault
Triaize
Marais Poitevin
Parc Interrégional du Marais Poitevin
Marans
Ile-d'Elle
85 Vendée
17 Charente-Maritime
79 Deux-Sèvres
Damvix
Arçais
Coulon
Magné
St-Georges-de-Rex
Frontenay-Rohan-Rohan
Mauzé-sur-le-Mignon
Courçon
St-Jean-de-Liversay
Anse de l'Aiguillon
Charron
Esnandes
Marsilly
Nieul-sur-Mer
Lagord
Puilboreau
Dompierre-sur-Mer
LA ROCHELLE
Aytré
Angoulins
Châtelaillon-Plage
Périgny
Bourgneuf
Nuaillé-d'Aunis
St-Sauveur-d'Aunis
Aigrefeuille-d'Aunis
La Jarrie
Surgères
St-Georges-du-Bois
Vouhé
Rade des Basques
Île d'Aix
Fouras
Île Madame
ROCHEFORT
Tonnay-Charente
Soubise
Échillais
St-Agnant
Muron
Ardillières
Tonnay-Boutonne
St-Savinien
St-Jean-d'Angély
Dœuil-sur-le-Mignon
Aulnay
Le Château-d'Oléron
Viaduc d'Oléron
Brouage
Thaire
Breuil-Magné
E03
E601
E602
E05
A10
A83
A837

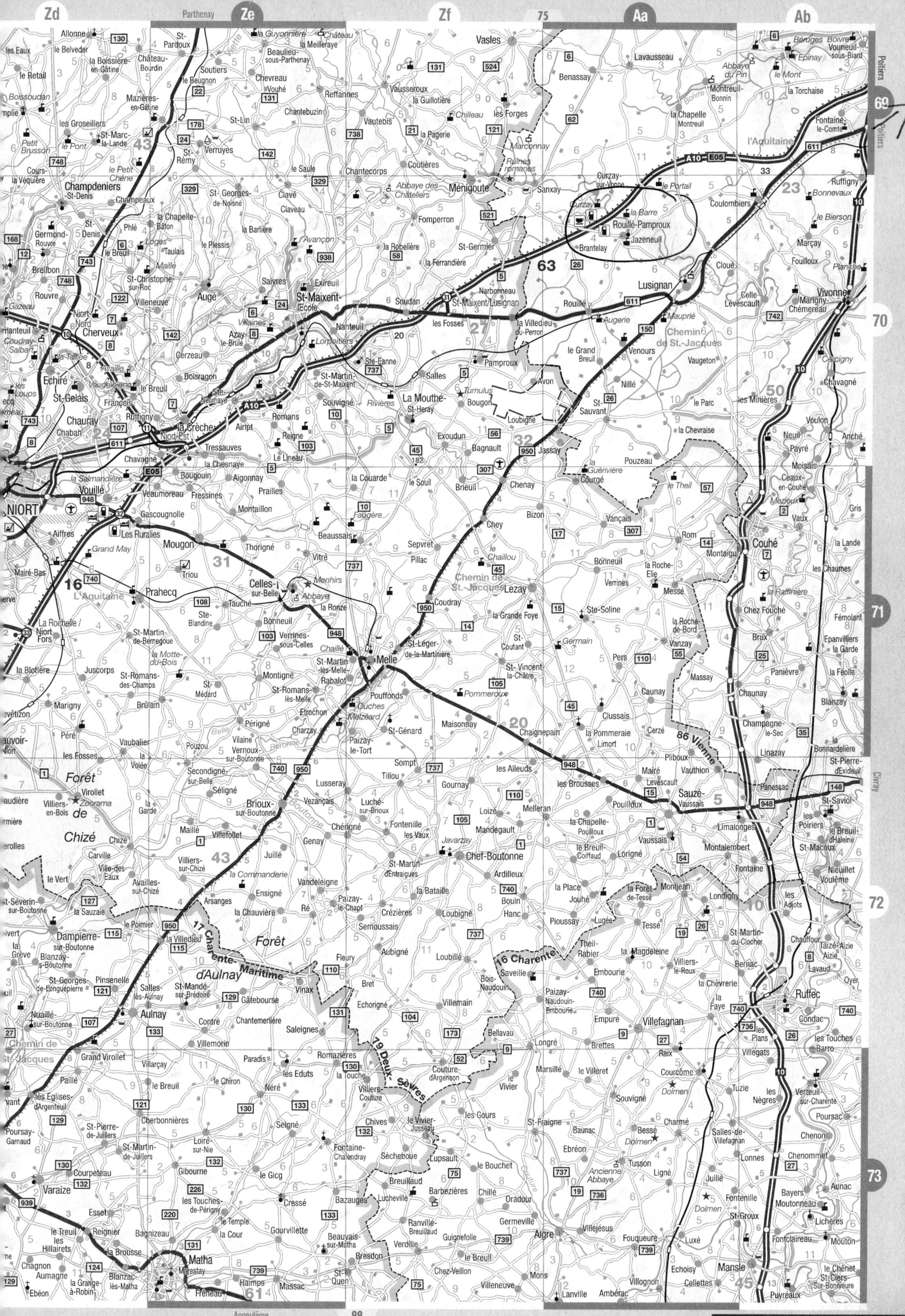
Allonne
le Belvéder
la Boissière-en-Gâtine
Château-Bourdin
Pardoux
la Guyonnière
la Meilleraye
Beaulieu-sous-Parthenay
Soutiers
le Beugnon
Chevreau
Vouhé
Reffannes
Vausseroux
la Guillotière
Vasles
Lavausseau
Benassay
Béruges
Boivre
Vouneuil-sous-Biard
Epinay
Abbaye du Pin
le Mont
Montreuil-Bonnin
la Torchaise
Poitiers
la Chapelle Montreuil
Fontaine-le-Comte
l'Aquitaine
Mazières-en-Gâtine
les Groseillers
St-Marc-la-Lande
St-Lin
Chantebuzin
Vautebis
la Pagerie
l'Chilleau
les Forges
Marconnay
Ruines romanes
Verruyes
Petit Brusson
le Pont
St-Rémy
le Saule
Chantecorps
Coutières
Ménigoute
Sanxay
Curzay-sur-Vonne
le Portail
Coulombiers
Ruffigny
Bonnevaux
Cours-la Véquière
le Petit Chêne
Champdeniers-St-Denis
Champeaux
St-Georges-de-Noisné
Clavé
Claveau
Abbaye des Châteliers
Fomperron
la Barre
Rouillé-Pamproux
Jazeneuil
Brantelay
le Bierson
Marçay
Germond-Rouvre
St-Denis
Phlé
la Chapelle-Bâton
la Barlière
le Plessis
Avançon
la Robelière
St-Germier
Fouilloux
Planche
Breilbon
le Breuil
Taulais
Maillé
St-Christophe-sur-Roc
Salvres
Exireuil
la Ferrandière
Lusignan
Cloué
Celle-Lévescault
Vivonne
Marigny-Chémereau
Rouvre
Villeneuve
Augé
St-Maixent-l'École
Soudan
Narbonneau
St-Maixent/Lusignan
Rouillé
Augerie
Mauprié
Cherveux
Niort Nord
Vilaines
Azay-le-Brûlé
Nanteuil
les Fosses
la Villedieu-du-Perron
Chemin de St-Jacques
Cerzeau
Lorpoitiers
le Grand Breuil
Venours
Vaugeton
Cercigny
Échiré
Availle
Boisragon
Ste-Eanne
Pamproux
Nillé
Chavagné
St-Gelais
Vaudelegne
François
le Breuil
Ste-Néomaye
St-Martin-de-St-Maixent
Salles
Tumulus
Bougon
Avon
St-Sauvant
le Parc
les Minières
Chauray
Chaban
Ruffigny
la Crèche
Aiript
Romans
Souvigné
Rivières
La Mothe-St-Héray
Loubigné
la Chevraise
Voulon
Anché
Niort-Est
Reigne
Exoudun
Bagnault
Jassay
Neuil
Payré
Chavagné
Tressauves
la Chesnaye
Le Lineau
Pouzeau
Moisais
Bougouin
Aigonnay
la Couarde
le Souil
Brieuil
Chenay
la Guénivière
Courgé
Ceaux-en-Couhé
la Salmandière
Vouillé
Veaumoreau
Fressines
Prailles
le Theil
Mézieux
NIORT
Gascougnolle
Montaillon
Faugère
Bizon
Vaux
Gris
Aiffres
Les Ruralies
Beaussais
Chey
Vançais
Rom
Couhé
Grand May
Mougon
Thorigné
Sepvret
le Chaillou
Bonneuil
la Roche-Élie
Montaigu
la Lande
Pillac
Vitré
Verrines
Messé
les Chaumes
Mairé-Bas
Triou
Menhirs
Lezay
L'Aquitaine
Prahecq
Celles-sur-Belle
Abbaye
Coudray
la Raffinière
Tauché
la Ronze
la Grande Foye
Ste-Soline
Chez Fouché
Ste-Blandine
Bonneuil
la Roche-de-Bord
Fémolant
La Rochelle / Niort Fors
St-Martin-de-Bernegoue
Verrines-sous-Celles
St-Léger-de-la-Martinière
St-Coutant
Germain
Brux
Epanvilliers
la Garde
la Motte-du-Bois
Chaillé
Melle
Pers
Vanzay
la Blotière
Juscorps
St-Romans-des-Champs
Montigné
St-Martin-lès-Melle
St-Vincent-la-Châtre
Massay
Panièvre
la Feolle
Rabalot
Pouffonds
Pommeroux
Caunay
Chaunay
Blanzay
St-Médard
St-Romans-lès-Melle
Marigny
Brûlain
Ouches
Etrochon
Melzéard
Clussais
Champagné-le-Sec
Péré
Périgné
Charzay
St-Génard
Maisonnay
Chaignepain
la Pommeraie
Limort
Cerzé
86 Vienne
la Bonnardelière
Vaubalier
Vilaine
Vernoux-sur-Boutonne
Paizay-le-Tort
Pliboux
Linazay
les Fosses
la Volée
Pouzou
Secondigné-sur-Belle
Sompt
Tillou
Gournay
les Alleuds
Mairé-Levescault
Vauthion
St-Pierre-d'Exideuil
Forêt
Virollet
Zoorama
Séligné
Brioux-sur-Boutonne
Lusseray
Vezançais
Luché-sur-Brioux
Loizé
Melleran
les Brousses
Pouilloux
Sauzé-Vaussais
Panessac
St-Saviol
Villiers-en-Bois
de
la Garde
Chérigné
Fontenille
les Vaux
Mandegault
la Chapelle-Pouilloux
Vaussais
Limalonges
les Poiriers
le Breuil-d'Haleine
Chizé
Maillé
Villefollet
Genay
Javarzay
Chef-Boutonne
le Breuil-Coiffaud
Lorigné
Montalembert
St-Macoux
Carville
Ville-des-Eaux
Villiers-sur-Chizé
Juillé
St-Martin-d'Entraigues
Ardilleux
Fontaine
Nieuillet
Voulême
le Vert
Availles-sur-Chizé
la Commanderie
Vandeleigne
la Bataille
Bouin
la Place
Jouhé
la Forêt-de-Tessé
Montjean
les Adjots
St-Séverin-sur-Boutonne
la Sauzaie
Arsanges
Ensigné
la Chauvière
Ré
Paizay-le-Chapt
Crézières
Hanc
Loubigné
Pioussay
Lugée
Tessé
Londigny
Dampierre-sur-Boutonne
le Poimier
Semoussais
St-Martin-du-Clocher
Chauffour
Taizé-Aizie
Aizie
la Grève
Blanzay-sur-Boutonne
la Villedieu
17 Charente-Maritime
Forêt d'Aulnay
Aubigné
Loubillé
16 Charente
Theil-Rabier
la Magdeleine
Villiers-le-Roux
Bernac
Lavaud
Oyer
St-Georges-de-Longuepierre
Pinsenelle
Salles-lès-Aulnay
St-Mandé-sur-Brédoire
Fleury
Saveille
Embourie
la Chèvrerie
Nuaillé-sur-Boutonne
Gâtebourse
Vinax
Bret
Bois-Naudouin
Paizay-Naudouin-Embourie
la Faye
Ruffec
Aulnay
Contré
Chantemerlière
Echorigné
Villemain
Empuré
Villefagnan
Condac
Saleignes
Bellavau
Longré
Brettes
les Plans
les Touches
Barro
Chemin de St-Jacques
Villemorin
Romazières
la Touche
79 Deux-Sèvres
Raix
Villegats
Grand Virollet
Villarçay
Paradis
les Eduts
Couture-d'Argenson
Marsillé
le Villeret
Courcôme
Dolmen
Paillé
le Chiron
Néré
le Vivier
Tuzie
le Breuil
Villiers-Couture
les Nègres
Verteuil-sur-Charente
les Eglises-d'Argenteuil
Souvigné
Cherbonnières
Seigné
Chives
le Vivier-Jusseau
les Gours
St-Fraigne
Baunac
Charmé
Poursac
Poursay-Garnaud
St-Pierre-de-Juillers
Bessé
Dolmen
Salles-de-Villefagnan
Chenon
St-Martin-de-Juillers
Loiré-sur-Nie
Fontaine-Chalendray
Sècheboue
Lupsault
Ebréon
Tusson
Lonnes
Chenommet
Courpeteau
Gibourne
le Gicg
le Bouchet
Ancienne Abbaye
Ligné
Juillé
Varaize
Breuillaud
Barbezières
Chillé
Oradour
Aunac
les Touches-de-Périgny
Cressé
Lucheville
Bazauges
Dolmen
Fontenille
Bayers
Moutonneau
Esset
le Temple
Gourvillette
Ranville-Breuillaud
Germeville
Aigre
Villejésus
St-Groux
Lichères
Reignier
Guignefolle
Fouqueure
Luxé
Fontclaireau
Mouton
le Treuil
les Hillairets
Bagnizeau
la Cour
Beauvais-sur-Matha
Verdille
la Brousse
Matha
Marestay
Bresdon
le Breuil
Chez-Veillon
Echoisy
Mansle
le Chênet
Chagnon
Aumagne
Blanzac-lès-Matha
St-Quen
Mons
Cellettes
Le Ciers-Sur-Bonnieure
Ebéon
la Grange-à-Robin
Haimps
Massac
Fréneau
Villeneuve
Villognon
Lanville
Ambérac
Puyréaux
Angoulême
Civray

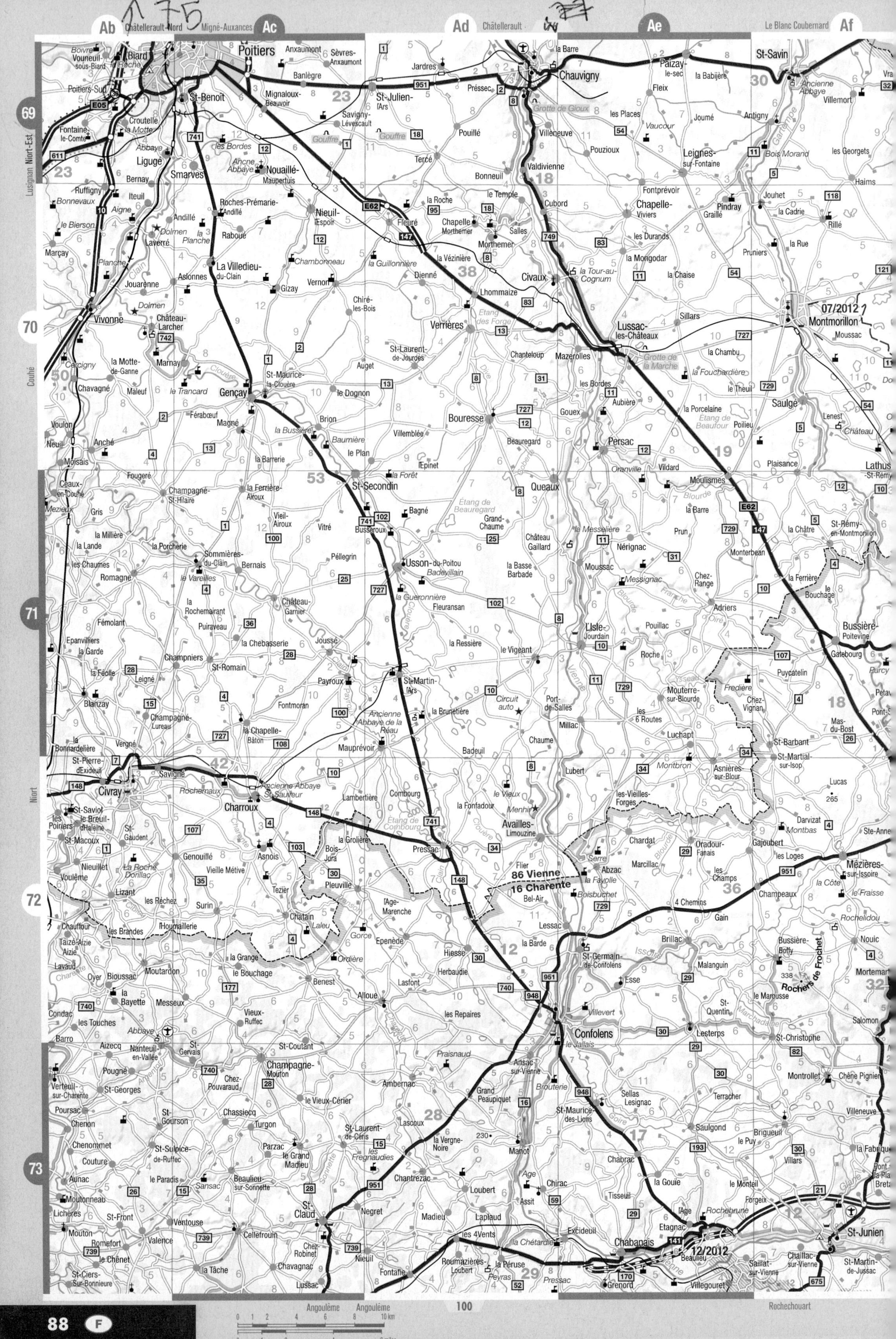



0 1 2 4 6 8 10 km
0 1 2 4 6 miles

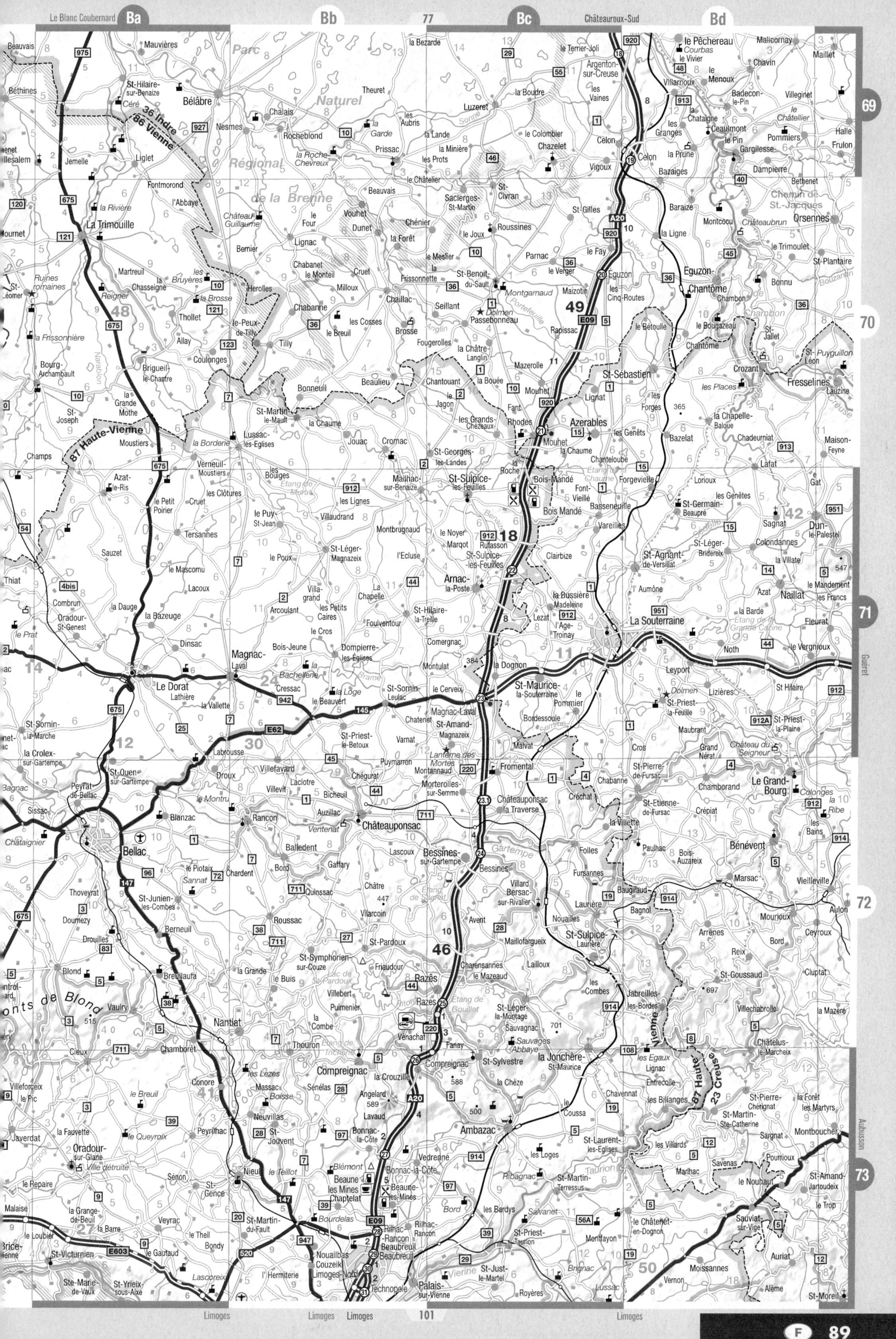
Bélâbre
St-Hilaire-sur-Benaize
Mauvières
Nesmes
Rocheblond
Prissac
Luzeret
Argenton-sur-Creuse
le Pêchereau
Celon
Vigoux
St-Gilles
Eguzon
Chantôme
Orsennes
La Trimouille
Lignac
Chaillac
St-Benoît-du-Sault
Parnac
Mouhet
Azerables
St-Sébastien
Crozant
Fresselines
Lussac-les-Eglises
St-Sulpice-les-Feuilles
Arnac-la-Poste
St-Agnant-de-Versillat
La Souterraine
Dun-le-Palestel
Naillat
Magnac-Laval
Le Dorat
St-Maurice-la-Souterraine
Le Grand-Bourg
Bénévent
Bellac
Châteauponsac
Bessines-sur-Gartempe
St-Sulpice-Laurière
Nantiat
Compreignac
La Jonchère-St-Maurice
Ambazac
Oradour-sur-Glane
Nieul
Couzeix
Limoges-Nord
Palais-sur-Vienne
Auriat
St-Moreil
A20
E09
E62
E603
36 Indre
86 Vienne
87 Haute-Vienne
87 Haute-Vienne
23 Creuse
Parc Naturel Régional de la Brenne
Monts de Blond
69
70
71
72
73
Guéret
Aubusson

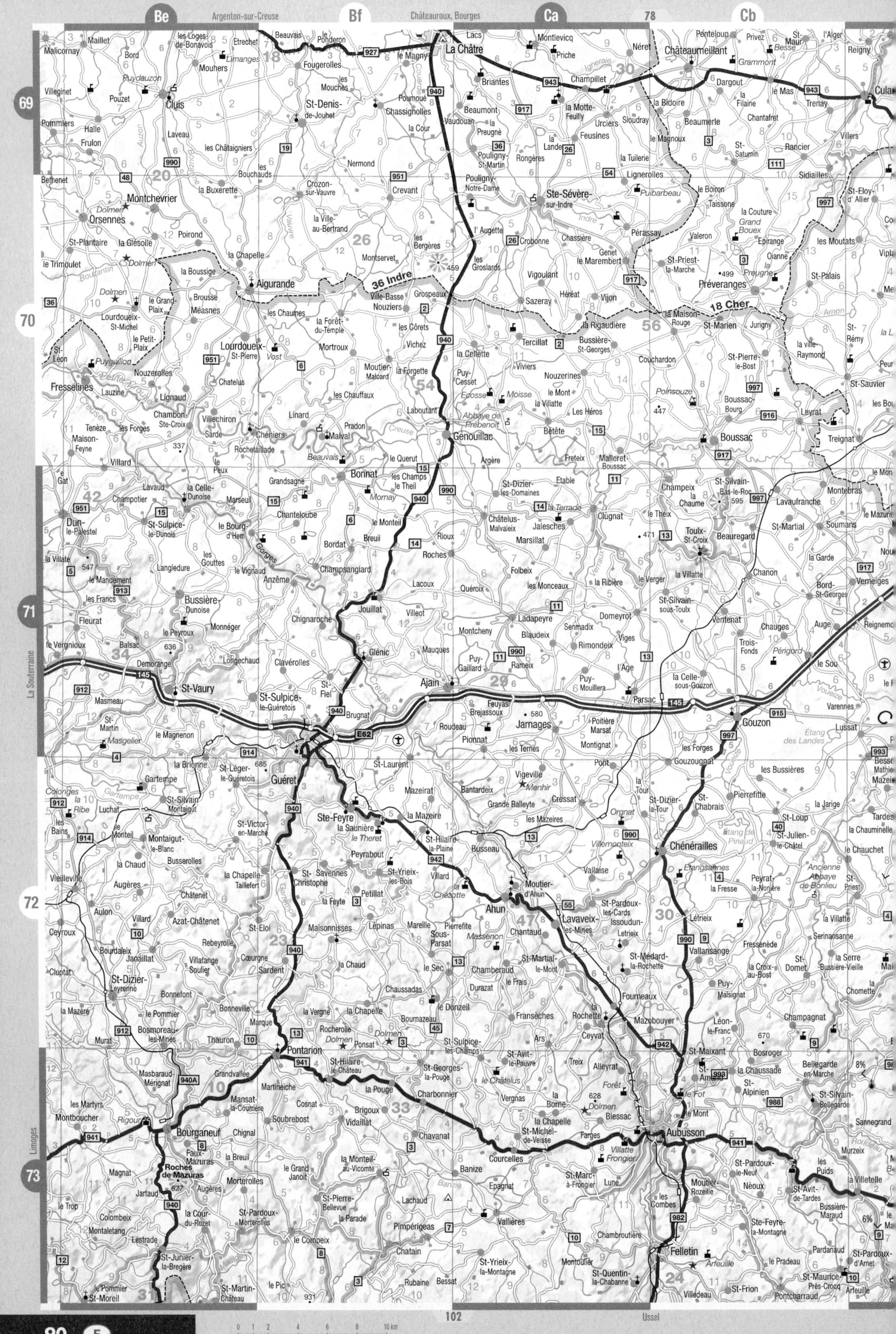




0 1 2 4 6 8 10 km
0 1 2 4 6 miles

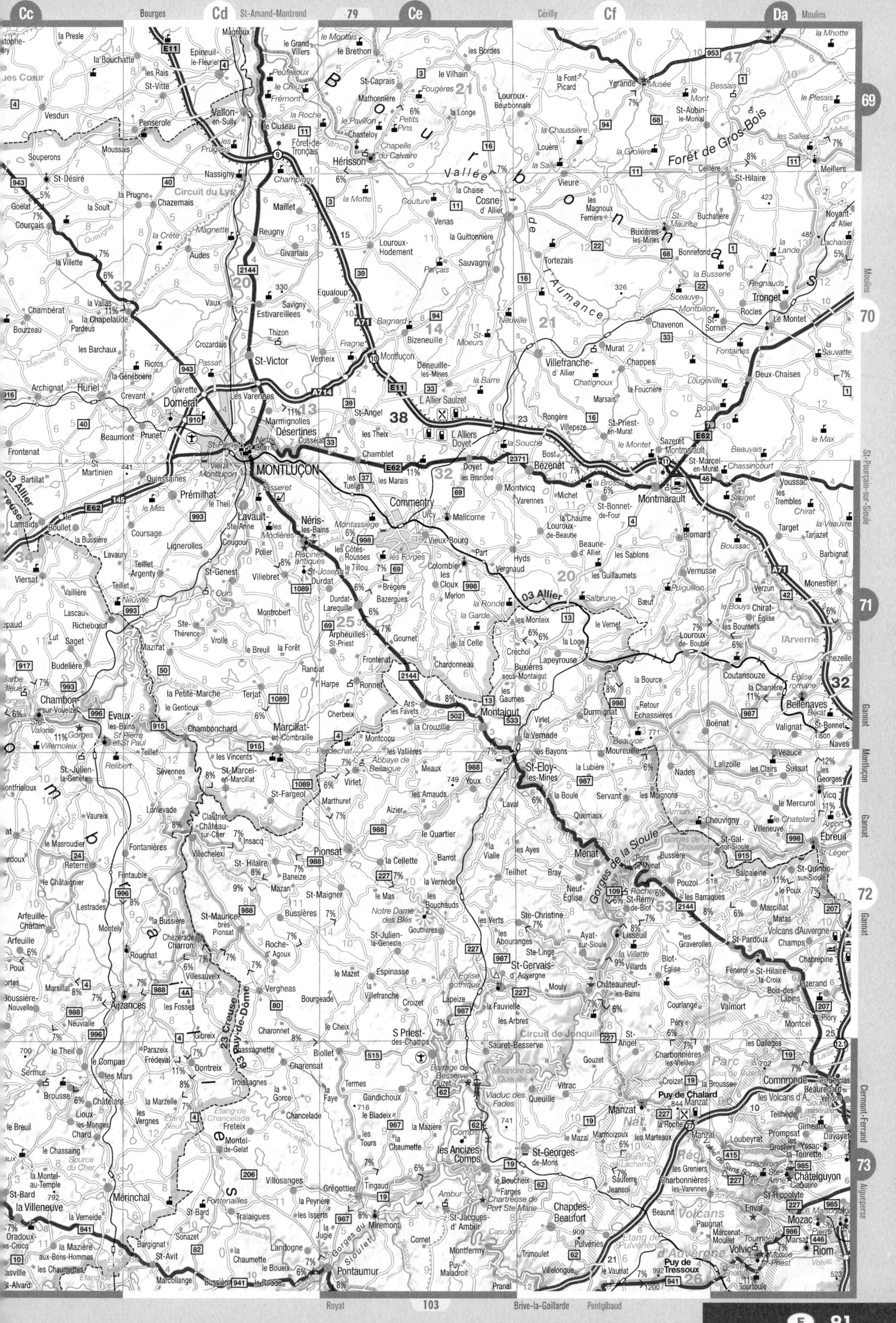
69
70
71
72
73
Moulins
St-Pourçain-sur-Sioule
Gannat
Montluçon
Gannat
Gannat
Clermont-Ferrand
Aigueperse
MONTLUÇON
Commentry
Montmarault
Domérat
Désertines
Néris-les-Bains
Vallon-en-Sully
Hérisson
Cosne-d'Allier
Villefranche-d'Allier
Huriel
St-Victor
Prémilhat
Lavault-Ste-Anne
Montaigut
St-Eloy-les-Mines
Marcillat-en-Combraille
Evaux-les-Bains
Chambon-sur-Voueize
Auzances
Pionsat
Menat
St-Gervais-d'Auvergne
Châteauneuf-les-Bains
Ebreuil
Bellenaves
Châtelguyon
Riom
Volvic
Mozac
Manzat
Combronde
Pontaumur
Les Ancizes-Comps
St-Georges-de-Mons
Chapdes-Beaufort
Mérinchal
Bocage Bourbonnais
Vallée de l'Aumance
Forêt de Gros-Bois
Combrailles
Gorges de la Sioule
Circuit du Lys
Circuit de Jonquille
Puy de Chalard
Puy de Tressoux
Parc Nat. Rég. Volcans d'Auvergne
Gorges du Sioulet
Viaduc des Fades
Barrage de Besserve
03 Allier
23 Creuse
63 Puy-de-Dôme
Royat 103 Brive-la-Gaillarde Pontgibaud

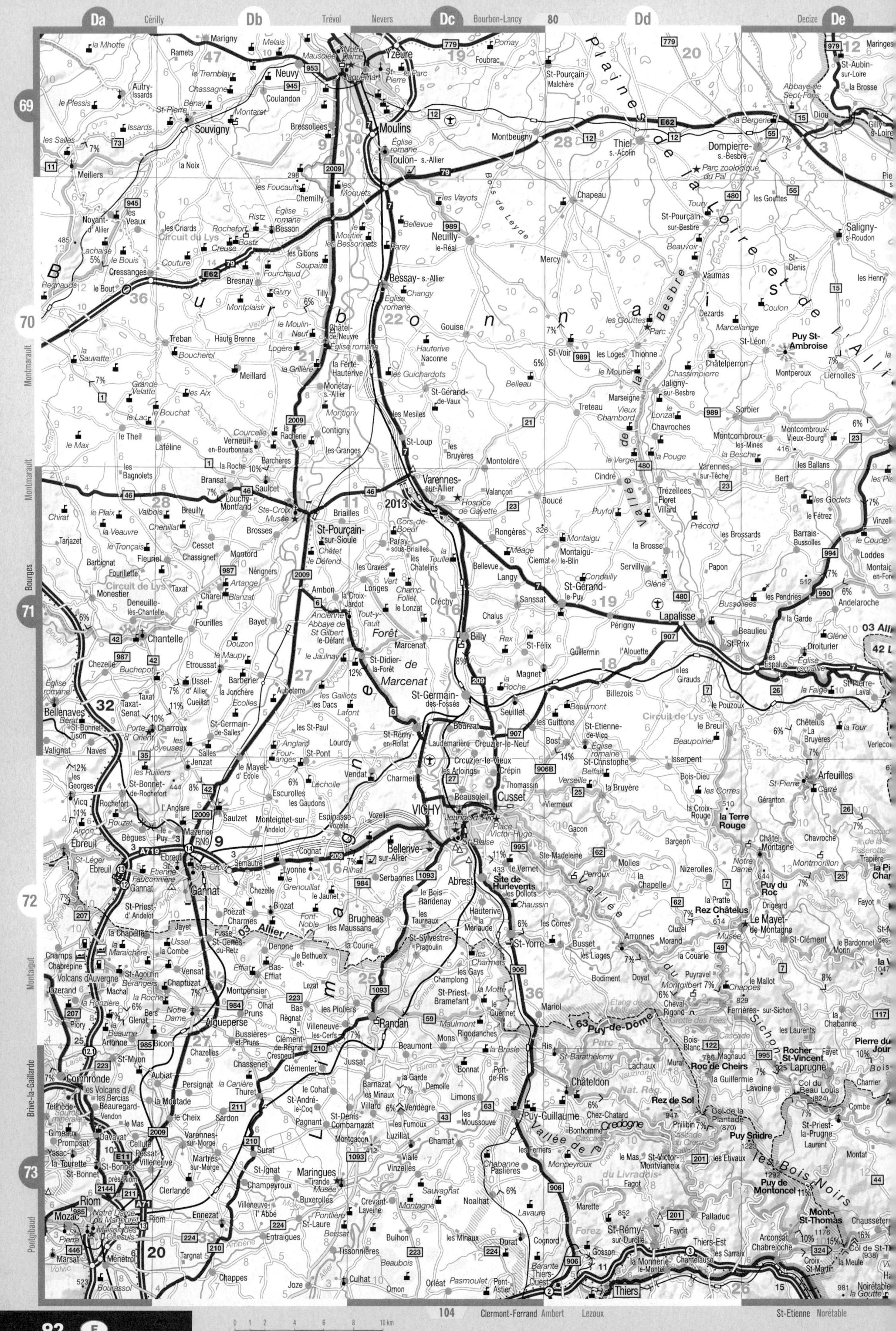

Da
Cérilly
Db
Trévol
Nevers
Dc
Bourbon-Lancy
80
Dd
Decize
De
69
70
71
72
73
Montmarault
Bourges
Montaigut
Brive-la-Gaillarde
Pontgibaud
Moulins
Yzeure
Souvigny
Neuvy
Toulon-s.-Allier
Dompierre-s.-Besbre
Thiel-s.-Acolin
Parc zoologique du Pal
Plaines de la Loire et de l'Allier
Bourbonnais
Limagne
St-Pourçain-sur-Sioule
Varennes-sur-Allier
Lapalisse
Chantelle
Bellenaves
Gannat
Ebreuil
VICHY
Cusset
Bellerive-sur-Allier
Abrest
St-Yorre
Randan
Aigueperse
Riom
Mozac
Maringues
Châteldon
Puy-Guillaume
Thiers
Forêt de Marcenat
Site de Hurlevents
Le Mayet-de-Montagne
Rocher St-Vincent
Puy de Montoncel
Vallée de la Credogne
Les Bois Noirs
Puy-de-Dôme
03 Allier
Parc Nat. Rég. du Livradois-Forez
Circuit du Lys
104
Clermont-Ferrand
Ambert
Lezoux
St-Etienne
Noirétable

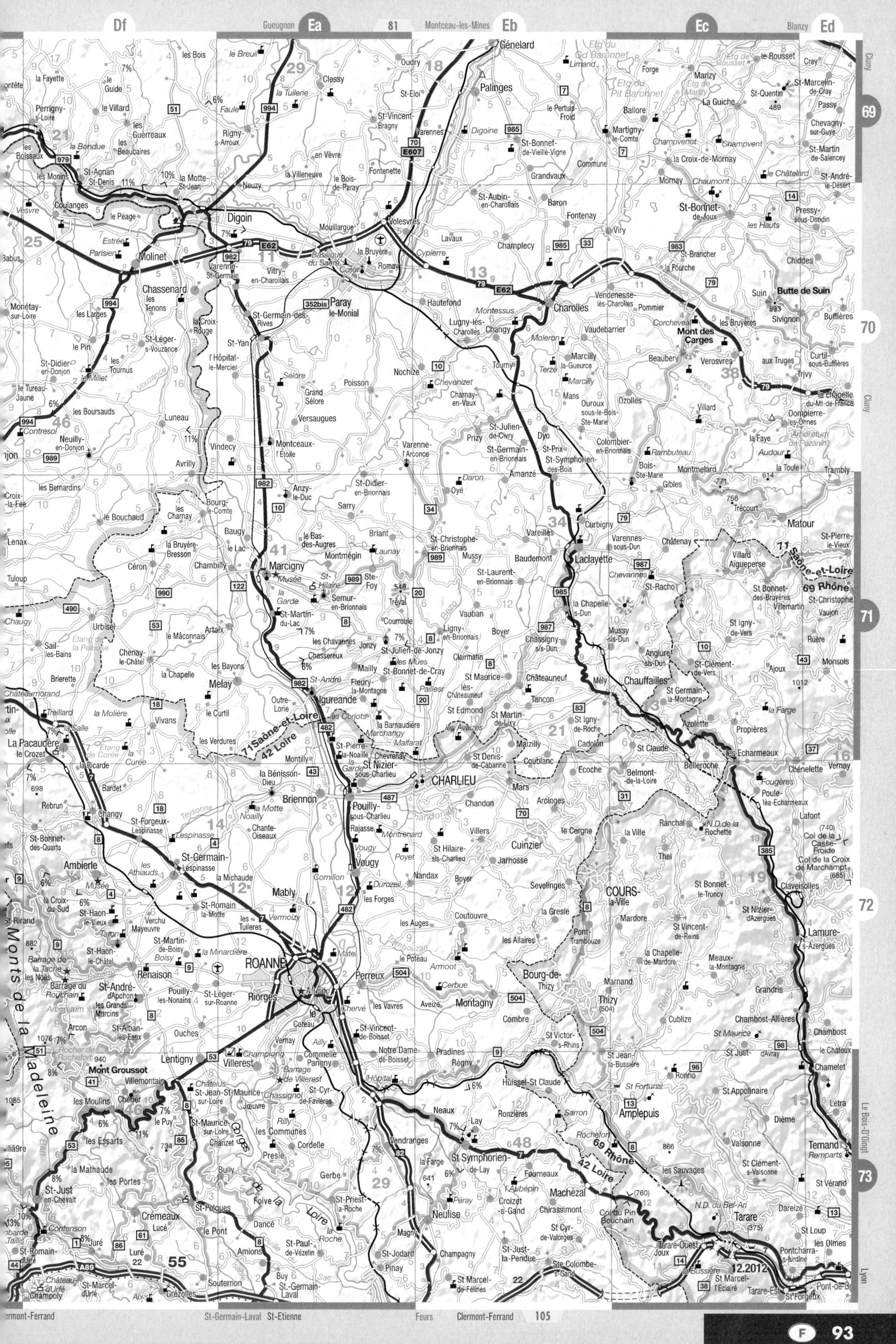
les Bois
le Breuil
Oudry
Génelard
Etg du Gd Baronnet
Limand
Forge
Marizy
le Rousset
Cray
Cluny
la Fayette
le Guide
Clessy
la Tuilerie
St-Eloi
Palinges
Etg du Pit Baronnet
la Guiche
St-Quentin
St-Marcelin-de-Cray
Perrigny-s-Loire
le Villard
Faule
Rigny-s-Arroux
St-Vincent-Bragny
Varennes
Digoine
le Pertuis-Froid
Ballore
Passy
69
les Guerreaux
la Bondue
les Beaucaires
les Boissaux
en Vèvre
Fontenette
St-Bonnet-de-Vieille-Vigne
Martigny-le-Comte
Champvenot
Champvent
Chevagny-sur-Guye
St-Martin de-Salencey
les Monins
St-Agnan
St-Denis
la Motte-St-Jean
Neuzy
la Villeneuve
le Bois-de-Paray
Grandvaux
Commune
la Croix-de-Mornay
le Châtelard
St-André-le-Désert
Mornay
Chaumont
Coulanges
Vesvre
le Péage
Digoin
Mouillargue
Volesvres
St-Aubin-en-Charollais
Baron
Fontenay
St-Bonnet-de-Joux
Pressy-sous-Dondin
les Hauts
Estrée
Parisien
Molinet
Varenne-St-Germain
Vitry-en-Charollais
Basilique du Sacré Cœur
la Bruyère
Romay
Cypierre
Lavaux
Champlecy
Viry
St-Brancher
la Fourche
Chiddes
Babus
Chassenard
les Tenons
Paray le-Monial
St-Germain-des-Rives
Hautefond
Montessus
Charolles
Vendenesse-lès-Charolles
Pommier
Corcheval
Mont des Carges
les Bruyères
Suin
Butte de Suin
Sivignon
Buffières
70
Monétay-sur-Loire
les Larges
la Croix-Rouge
St-Léger-s-Vouzance
St-Yan
l'Hôpital-le-Mercier
Lugny-lès-Charolles
Changy
Moleron
Vaudebarrier
Beaubery
Verosvres
aux Truges
Curtil-sous-Buffières
Trivy
le Pin
St-Didier-en-Donjon
le Millet
les Tournus
Sélore
Grand Sélore
Poisson
Nochize
Chevenizet
Tourny
Terzé
Marcilly la-Gueurce
Marcilly
Mans
Ozolles
la Chapelle du-Mt-de-France
le Tureau-Jaune
Luneau
Versaugues
Charnay-en-Vaux
Ouroux sous-le-Bois-Ste-Marie
Villard
Dompierre-les-Ormes
les Boursauds
Contresol
Neuilly-en-Donjon
Vindecy
Montceaux-l'Etoile
Varenne-l'Arconce
Prizy
St-Julien-de-Civry
St-Germain-en-Brionnais
Dyo
St-Prix
St-Symphorien-des-Bois
Colombier-en-Brionnais
Rambuteau
la Faye
Audour
Arboretum de Pézanin
Avrilly
Amanzé
Bois-Ste-Marie
Montmelard
la Toule
Trambly
les Bernardins
Croix-la-Fée
Bourg-le-Comte
Anzy-le-Duc
St-Didier-en-Brionnais
Sarry
Daron
Oyé
Gibles
Trécourt
le Bouchaud
les Charnay
Matour
Lenax
la Bruyère-Bresson
Baugy
le Lac
le Bas-des-Augres
Briant
St-Christophe-en-Brionnais
Mussy
Vareilles
Curbigny
Varennes-sous-Dun
Châtenay
Villard Aigueperse
St-Pierre-le-Vieux
Tuloup
Céron
Chambilly
Marcigny
Musée
St-Hilaire
Montmégin
Launay
Ste-Foy
Baudemont
Laclayette
Chevannes
St-Racho
St-Laurent-en-Brionnais
Saône-et-Loire
69 Rhône
St Bonnet-des-Bruyères
St-Christophe
Villemartin
Vaujon
Chaugy
Urbise
la Garde
Semur-en-Brionnais
Trèval
Courroule
la Chapelle-s-Dun
St-Martin-du-Lac
Vauban
Boyer
Ligny-en-Brionnais
Chassigny-s/s-Dun
Mussy sls-Dun
Anglure sls-Dun
St Igny-de-Vers
Ajoux
Rüere
Monsols
71
Sail-les-Bains
Etang de la Pelouse
Chenay-le-Châtel
le Mâconnais
Artaix
les Chavannes
Jonzy
St-Julien-de-Jonzy
les Mues
Chassereux
Mailly
St-Bonnet-de-Cray
Clairmatin
St Maurice-lès-Châteauneuf
Châteauneuf
Mély
Chauffailles
St-Clément-de-Vers
Brierette
la Chapelle
les Bayons
Melay
St-André
Fleury-la-Montagne
Paillesr
Tancon
St Germain-la-Montagne
Châteaumorand
Treillard
la Molière
Vivans
le Curtil
Outre-Lorie
Igureande
les Corjots
la Barnaudière
Marchangy
St Edmond
les Avaizes
St Martin-de-Lixy
St Igny-de-Roche
Azolette
la Farge
Propières
la Salle
la Pacaudière
le Crozet
Etang de Corée
la Curée
les Verdures
71 Saône-et-Loire
42 Loire
St-Pierre-la-Noaille
Malfarat
Chevenay
Montilly
St Nizier-sous-Charlieu
Maizilly
Cadolon
St Claude
Belleroche
les Echarmeaux
Chénelette
Vernay
la Ricarde
Bardet
la Bénisson-Dieu
Briennon
Pouilly-sous-Charlieu
CHARLIEU
St Denis-de-Cabanne
Coublanc
Mars
Ecoche
Belmont-de-la-Loire
Fougères
Poule-lès-Echarmeaux
Rebrun
Changy
St-Forgeux-Lespinasse
la Motte
Noailly
Chante-Oiseaux
Rajasse
Montrenard
Chandon
Arcinges
Lafont
Ranchal
N.D. de la Rochette
Col de la Casse-Froide
Col de la Croix de Marchampt
St-Bonnet-des-Quarts
Ambierle
Lespinasse
St-Germain-Lespinasse
les Athiauds
la Michaude
Vougy
Poyet
St Hilaire-sls-Charlieu
Villers
Cuinzier
Jarnosse
le Cergne
la Ville
Thel
Claveisolles
Nandax
Boyer
Sevelinges
Mably
Cornillon
Durozeil
les Forges
COURS-la-Ville
St Bonnet-le-Troncy
St Nizier-d'Azergues
Musée
la Croix-du-Sud
St-Haon-le-Vieux
Taron
Verchu
Mayeurve
St-Romain-la-Motte
les Tuileries
Vermoizy
les Auges
Coutouvre
la Gresle
Mardore
St Vincent-de-Reins
Lamure-s-Azergues
72
Monts de la Madeleine
St-Rirand
St-Haon-le-Châtel
Barrage de la Tache
les Noës
St-Martin-de-Boisy
la Minardière
ROANNE
Matel
le Poteau
les Allaires
Pont-Trambouze
la Chapelle-de-Mardore
Meaux-la-Montagne
Barrage du Rouchain
St-André-d'Apchon
Renaison
Pouilly-les-Nonains
St-Léger-sur-Roanne
Riorges
Musée
Perreux
Armoot
Cerbue
Bourg-de-Thizy
Marnand
Thizy
Grandris
les Grands Murcins
Arboretum
Arcon
St-Alban-les-Eaux
Ouches
le Coteau
Chervé
St-Vincent-de-Boisset
les Vavres
Aveize
Montagny
Combre
Cublize
Chambost-Allières
Rocher de Rochefort
Vernay
Ailly
St Victor-s-Rhins
St Maurice
Chambost
Mont Groussot
Lentigny
Villerest
Champlong
Commelle
Parigny
Notre Dame-de-Boisset
Pradines
Régny
St Jean-la-Bussière
St Just-d'Avray
le Chatoux
Chamelet
Villemontais
Châtelus
St-Jean-St-Maurice-sur-Loire
Barrage de Villerest
Chassignol
St-Cyr-de-Favières
l'Hôpital
Huissel-St Claude
St Fortunal
Ronno
St Appolinaire
Létra
les Moulins
Cherier
Jœuvre
Neaux
Lay
Ronzières
Sarron
Amplepuis
Dième
le Puy
St-Maurice-sur-Loire
Rilly
les Communes
Cordelle
Vendranges
Rocheton
les Essarts
Charizet
Presle
St Symphorien-de-Lay
69 Rhône
42 Loire
Valsonne
Ternand
Remparts
Le Bois-d'Oingt
la Mathaude
les Portes
Bully
Gerbe
la Farge
Fourneaux
l'Aubépin
les Sauvages
St Clément-s-Valsonne
St Vérand
73
St-Just-en-Chevalet
Foive
Péray
Croizet-s-Gand
Machézal
Chirassimont
Col du Pin Bouchain
N.D. du Bel-Air
Tarare
Dareizé
Crémeaux
Lucé
St-Polgues
Dancé
St-Priest-la-Roche
Neulise
la Roche
St Cyr-de-Valorges
St Loup
Contenson
le Pont
St-Paul-de-Vézelin
Magny
Joux
Tarare-Ouest
les Olmes
Juré
Luré
Amions
St-Jodard
Champagny
St-Just-la-Pendue
Ste Colombe-s-Gand
la Bussière
Pontcharra-s-Turdine
St-Romain-d'Urfé
55
Buy
St-Germain-Laval
Pinay
St Marcel-de-Félines
St Marcel-l'Eclairé
12.2012
Tarare-Est
St Forgeux
Pont-de-
Lyon
Château d'Urfé
St-Marcel-d'Urfé
Champoly
Souternon
Grézolles
Alx

0 1 2 4 6 8 10 km
0 1 2 4 6 miles

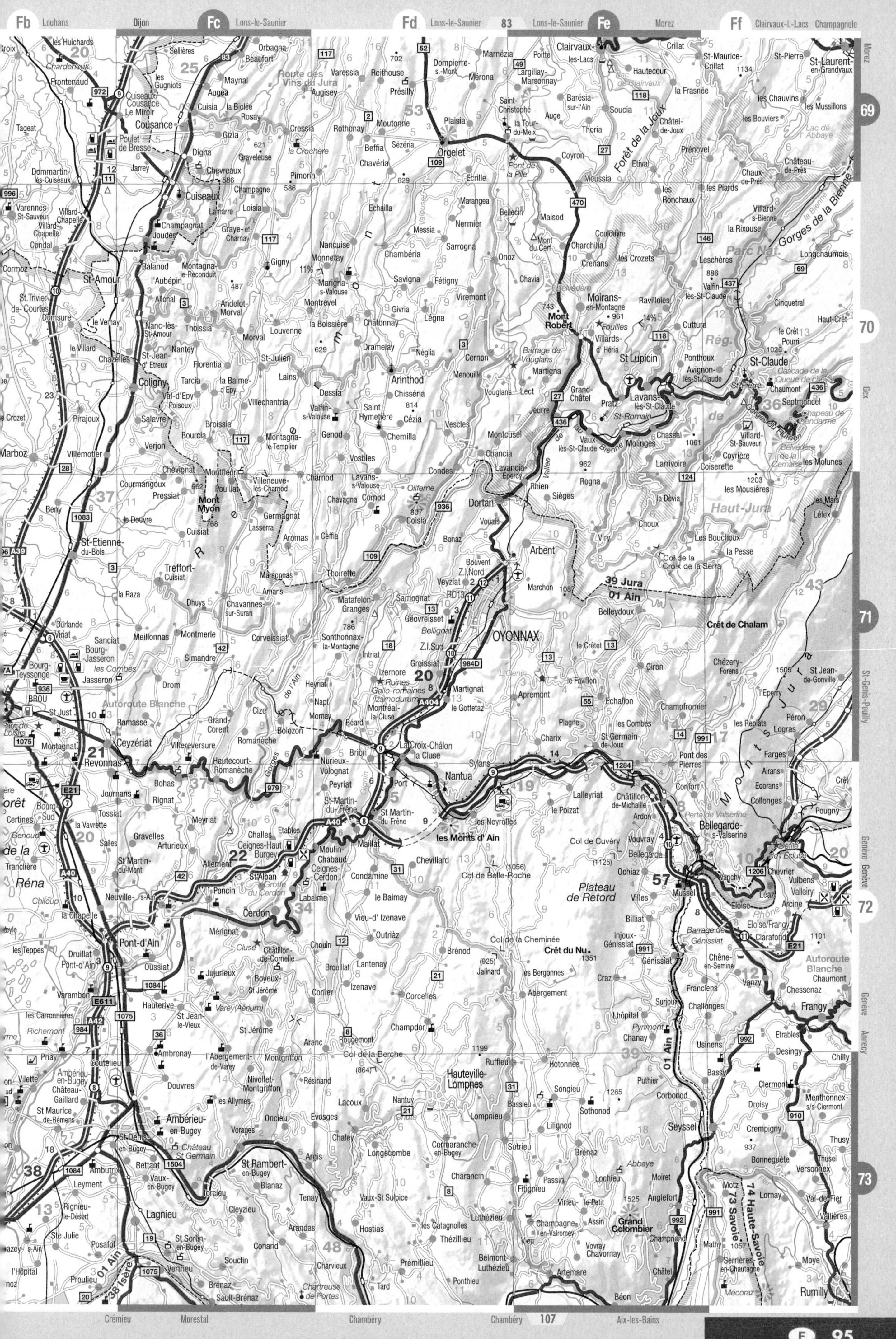

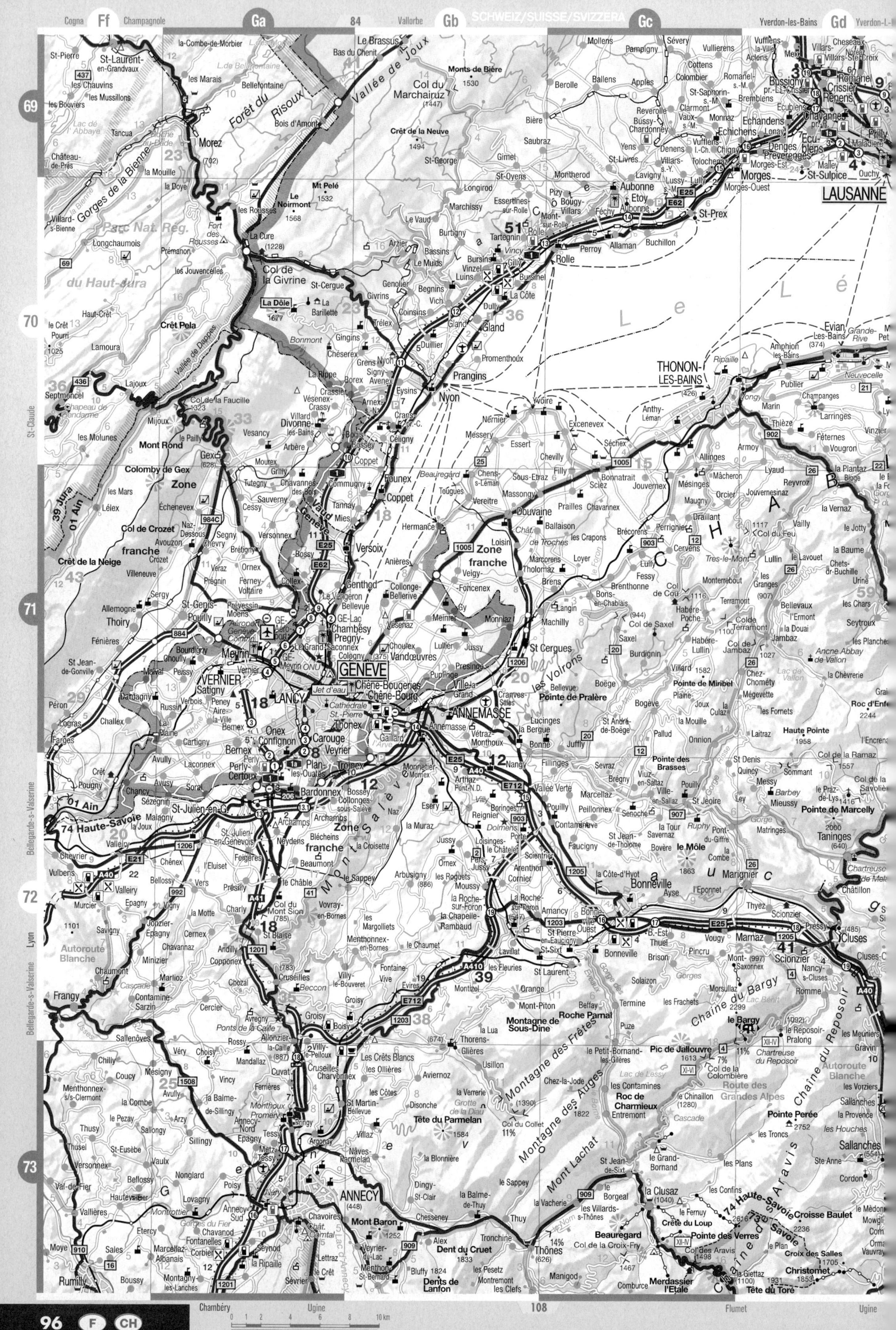




0 1 2 4 6 8 10 km
0 1 2 4 6 miles

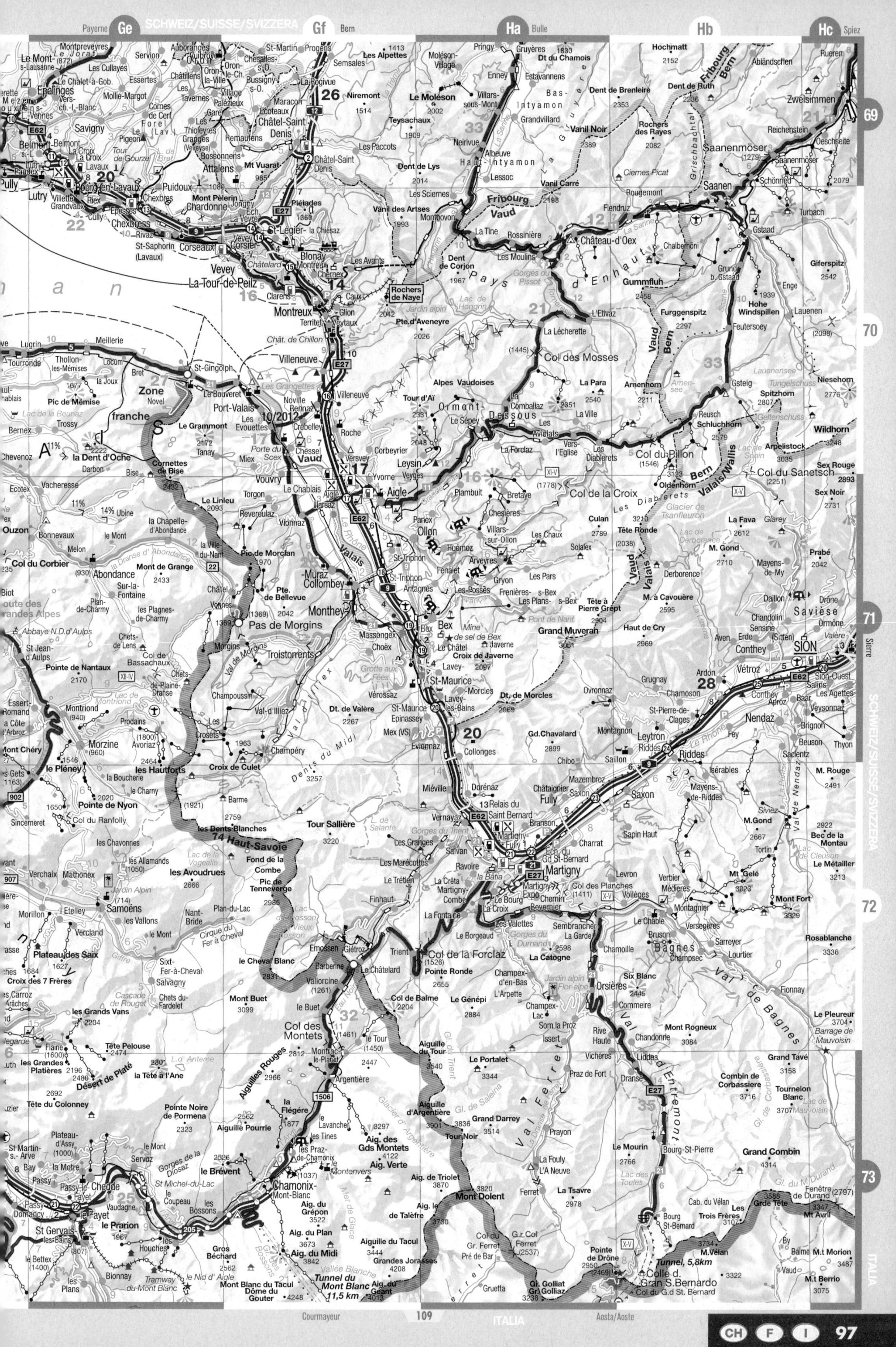
Montreux
Vevey
La-Tour-de-Peilz
Aigle
Monthey
Martigny
SION
Chamonix-Mont-Blanc
Saanen
Gstaad
Château-d'Oex
Col des Mosses
Col du Pillon
Col de la Forclaz
Pas de Morgins
Morzine
Samoëns
St Gervais-les-Bains
Le Fayet
Orsières
Bourg-St-Pierre
Grand Combin
Col du G.d St. Bernard
Tunnel du Mont Blanc 11,5 km
Tunnel, 5,8km
Zone franche
Haut-Savoie
Fribourg
Vaud
Valais
Bern
Valais/Wallis
ITALIA
SCHWEIZ/SUISSE/SVIZZERA
69
70
71
72
73

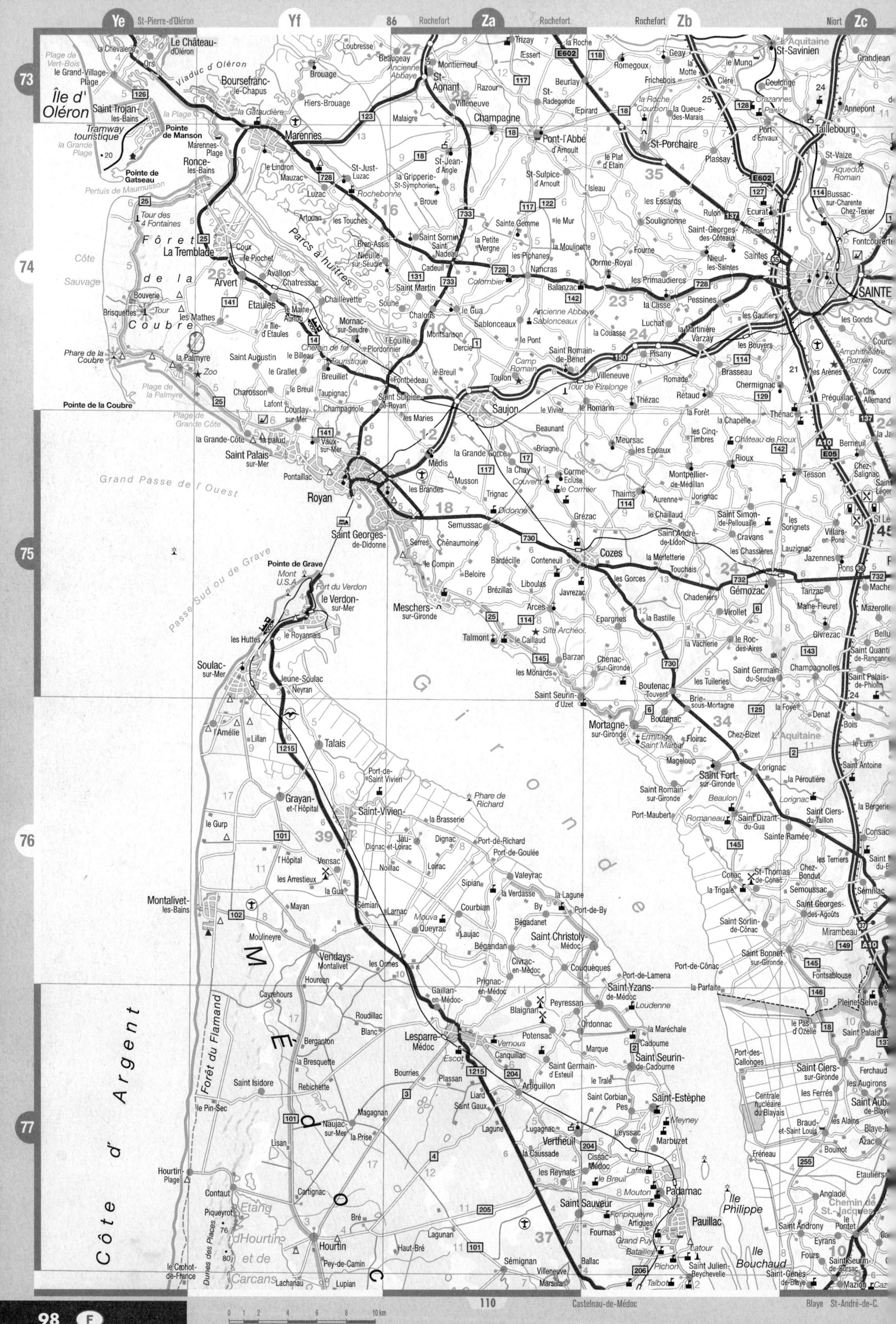
73
74
75
76
77
Île d'Oléron
Le Château-d'Oléron
Saint Trojan-les-Bains
Pointe de Gatseau
Pertuis de Maumusson
Bourcefranc-le-Chapus
Marennes
Hiers-Brouage
Brouage
Beaugeay
Montierneuf
St-Agnant
Champagne
Pont-l'Abbé-d'Arnoult
Romegoux
Geay
St-Savinien
St-Porchaire
Taillebourg
Ronce-les-Bains
La Tremblade
Arvert
Etaules
Forêt de la Coubre
Côte Sauvage
Phare de la Coubre
Pointe de la Coubre
la Palmyre
Zoo
Parcs à huîtres
Saint Sornin
Saintes
SAINTES
Nieul-les-Saintes
Pessines
Balanzac
Nancras
Sablonceaux
Saujon
Pisany
Grand Passe de l'Ouest
Passe Sud ou de Grave
Saint Palais-sur-Mer
Vaux-sur-Mer
Royan
Médis
Saint Georges-de-Didonne
Semussac
Meschers-sur-Gironde
Cozes
Talmont
Gémozac
Pointe de Grave
le Verdon-sur-Mer
Soulac-sur-Mer
Talais
Grayan-et-l'Hôpital
Saint-Vivien-
Montalivet-les-Bains
Vendays-Montalivet
Gironde
Mortagne-sur-Gironde
Saint Fort-sur-Gironde
Saint Dizant-du-Gua
Saint Christoly-Médoc
Saint Yzans-de-Médoc
Lesparre-Médoc
Saint Seurin-de-Cadourne
Saint-Estèphe
Pauillac
Saint Julien-Beychevelle
Saint Ciers-sur-Gironde
Blaye
Côte d'Argent
Forêt du Flamand
Hourtin
Etang d'Hourtin et de Carcans
MÉDOC
Ile Philippe
Ile Bouchaud
Centrale nucléaire du Blayais

St-Jean-d'Angély
Zd
Ze
87
Zf
Aa
73
74
75
76
77
La Rochefoucauld
Ruelle
Chalais
Angoulême
Bordeaux
Saint André-de-Cubzac
111
la Roche-Chalais
Matha
Siecq
Brizambourg
Burie
Cognac
Jarnac
Rouillac
Sigogne
Hiersac
ANGOULÊME
La Couronne
Nersac
Châteauneuf-sur-Charente
Segonzac
Lonzac
Archiac
Barbezieux-St-Hilaire
Blanzac-Porcheste
Jonzac
Baignes-Sainte Radegonde
Montmoreau-Saint Cybard
Brossac
Chevanceaux
Montendre
Chalais
Montlieu-la Grade
Montguyon
Saint Aulaye
Saint Aigulin
Mouthiers-sur-Boëme
Charente
33 Gironde
17 Charente Maritime
16 Charente
L'Aquitaine

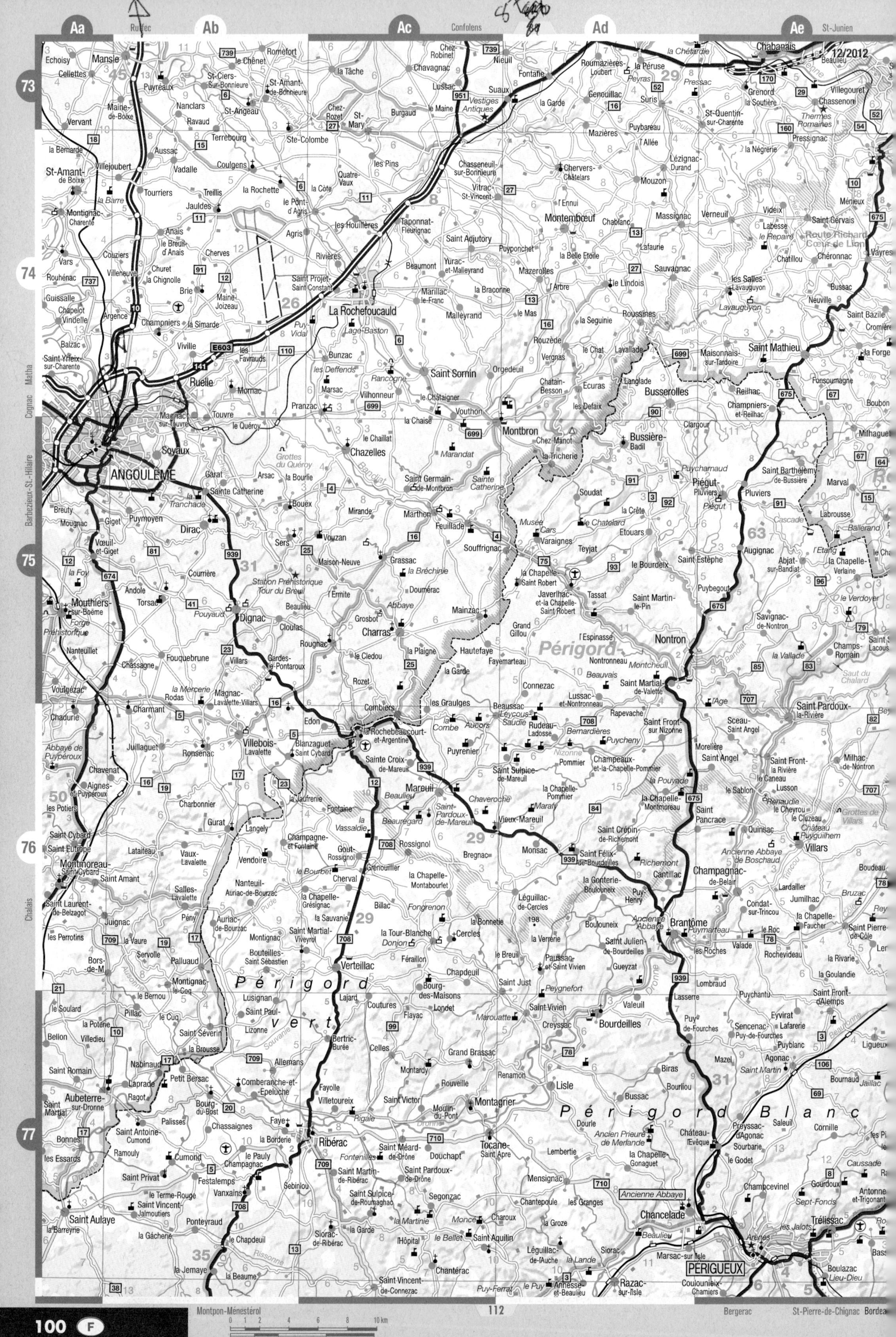
Aa
Ab
Ac
Ad
Ae
Ruffec
Confolens
St-Junien
73
74
75
76
77
Cognac
Matha
Barbezieux-St-Hilaire
Chalais
Mansle
Echoisy
Cellettes
Vervant
la Bernarde
St-Amant-de-Boixe
Villejoubert
Montignac-Charente
Vars
Rouhénac
Guissalle
Chapelot
Vindelle
Balzac
Saint-Yrieix-sur-Charente
Puyréaux
Nanclars
Ravaud
Aussac
Vadalle
Tourriers
Jauldes
Anais
le Breuil-d'Anais
Couziers
Villeneuve
Churet
la Chignolle
Brie
Argence
Champniers
la Simarde
Viville
Ruelle
Mornac
Magnac-sur-Touvre
Touvre
le Quéroy
Soyaux
ANGOULÊME
Garat
Arsac
la Bourlie
Sainte Catherine
la Tranchade
Puymoyen
Dirac
Breuty
Mougnac
Giget
Vœuil-et-Giget
la Foy
Mouthiers-sur-Boëme
Forge Préhistorique
Nanteuillet
Andole
Torsac
Courrière
Dignac
Pouyaud
Chassagne
Fouquebrune
Villars
Voulgézac
Chadurie
Rodas
la Mercerie
Magnac-Lavalette-Villars
Charmant
Juillaguet
Ronsenac
Villebois-Lavalette
Abbaye de Puypéroux
Chavenat
Aignes-et-Puypéroux
les Potiers
Charbonnier
Gurat
Langely
Saint Cybard
Saint Eutrope
Montmoreau-Saint-Cybard
Lataiteau
Vaux-Lavalette
Vendoire
Saint Amant
Salles-Lavalette
Saint Laurent-de-Belzagot
Juignac
Pény
Auriac-de-Bourzac
Nanteuil-Auriac-de-Bourzac
les Perrotins
la Vaure
Servolle
Bors-de-M
Palluaud
Montignac-le-Coq
Montignac
Bouteilles-Saint Sébastien
le Bernou
le Soulard
la Poterie
Villedieu
Bellon
Pillac
le Cuq
Saint Séverin
la Brousse
Saint Romain
Nabinaud
Laprade
Ragot
Petit Bersac
Aubeterre-sur-Dronne
Saint Martial
Saint Antoine-Cumond
Ramouly
Bonnes
les Essards
Cumond
Saint Privat
Festalemps
Vanxains
le Terme-Rouge
Saint Vincent-Jalmoutiers
Saint Aulaye
la Barreyrie
la Gâcherie
Ponteyraud
le Chapdeuil
la Jemaye
la Beaume
Palisses
Chassaignes
Bourg-du-Bost
Comberanche-et-Epeluche
le Pauly
Champagnac
Faye
la Borderie
Ribérac
Sebinlou
Siorac-de-Ribérac
Romefort
le Chênet
St-Ciers-Sur-Bonnieure
St-Amant-de-Bonnieure
St-Angeau
Terrebourg
Coulgens
la Rochette
Treillis
Cherves
Maine-Joizeau
les Favrauds
Chez-Robinet
Chavagnac
la Tâche
Lussac
Chez-Rozet
St-Mary
Burgaud
le Maine
Ste-Colombe
les Pins
Quatre-Vaux
la Côte
le Pont-d'Agris
Agris
les Houillères
Rivières
Saint Projet-Saint Constant
La Rochefoucauld
Puy Vidal
Lage-Baston
Bunzac
les Deffends
Rancogne
Marsac
Vilhonneur
Pranzac
le Chaillat
Chazelles
Grottes du Quéroy
Bouëx
Mirande
Sers
Vouzan
Maison-Neuve
Station Préhistorique Tour du Breuil
l'Ermite
Beaulieu
Cloulas
Roughac
Grosbot
Charras
Abbaye
Gardes-le-Pontaroux
le Cledou
Rozet
Combiers
Edon
la Rochebeaucourt-et-Argentine
Blanzaguet-Saint Cybard
Sainte Croix-de-Mareuil
la Jaufrenie
Fontaine
la Vassaldie
Champagne-et Fontaine
Gout-Rossignol
Grenouillier
le Bourbet
Cherval
la Chapelle-Grésignac
la Sauvanie
Saint Martial-Viveyrol
Verteillac
Billac
Lajard
Lusignan
Saint Paul-Lizonne
Bertric-Burée
Allemans
Fayolle
Villetoureix
Saint Victor
Périgord vert
Nieuil
Suaux
Vestiges Antiques
Chasseneuil-sur-Bonnieure
Vitrac-St-Vincent
Taponnat-Fleurignac
Saint Adjutory
Beaumont
Yurac-et-Malleyrand
Marillac-le-Franc
Malleyrand
Saint Sornin
le Châtaigner
Vouthon
la Chaise
Montbron
Marandat
Saint Germain-de-Montbron
Sainte Catherine
Marthon
Feuillade
Souffrignac
Grassac
la Bréchinie
Douméracq
Mainzac
Grand Gillou
la Plaigne
Hautefaye
Fayemarteau
la Garde
les Graulges
la Combe
Aucors
Puyrenier
Mareuil
Beaulieu
Beauregard
Saint-Pardoux-de-Mareuil
Chaveroche
Vieux-Mareuil
Rossignol
Bregnac
la Chapelle-Montabourlet
Fongrenon
la Tour-Blanche
Donjon
Cercles
la Bonnetie
Féraillon
Chapdeuil
Bourg-des-Maisons
Londet
Flayac
Coutures
Celles
Montardy
Grand Brassac
Rouville
Moulin-du-Pont
Montagrier
Saint Méard-de-Drône
Douchapt
Tocane-Saint Apre
Fontenilles
Saint Martin-de-Ribérac
Saint Pardoux-de-Drône
Saint Sulpice-de-Roumagnac
Segonzac
la Martinie
la Garde
l'Hôpital
le Bellet
Monce
Charoux
Saint Aquilin
Chantérac
Saint Vincent-de-Connezac
Puy-Ferrat
le Puy
Orgedeuil
Roumazières-Loubert
la Péruse
Peyras
Fontafie
Genouillac
Suris
la Garde
Mazières
Puybareau
l'Allée
Chervers-Châtelars
Mouzon
l'Ennui
Montembœuf
Chablanc
Massignac
la Belle Etoile
Lafaurie
Mazerolles
l'Arbre
le Lindois
la Braconne
le Mas
la Seguinie
Roussines
Rouzède
le Chat
Lavallade
Vergnas
Chatain-Besson
Ecuras
les Defaix
Chez-Manot
la Tricherie
Musée Cars
Varaignes
le Chatelard
Teyjat
la Chapelle-Saint Robert
Javerlhac-et-la Chapelle-Saint Robert
Tassat
l'Espinasse
Périgord
Nontronneau
Beauvais
Connezac
Lussac-et-Nontronneau
Beaussac
Leycous-Saudie
Rudeau-Ladosse
Bernardières
Puycheny
Saint Sulpice-de-Mareuil
Nizonne
Pommier
la Chapelle-Pommier
Marafy
Monsac
Saint Félix-de-Bourdeilles
Léguillac-de-Cercles
la Verrerie
le Breuil
Paussac-et-Saint Vivien
Saint Just
Peygnefont
Saint Vivien
Marouatte
Creyssac
Bourdeilles
Renamon
Lisle
Bussac
Dourle
Ancien Prieuré de Merlande
la Chapelle-Gonaguet
Lembertie
Mensignac
Chantepoule
les Granges
la Groze
Léguillac-de-l'Auche
la Lande
Annesse-et-Beaulieu
Razac-sur-l'Isle
Marsac-sur-l'Isle
Siorac
Chancelade
Ancienne Abbaye
Beaulieu
PÉRIGUEUX
Coulounieix-Chamiers
la Chétardie
Pressac
Chabanais
Grenord
la Soutière
Saint-Quentin-sur-Charente
Villegouret
Chassenon
Thermes Romaines
Pressignac
la Négrerie
Lézignac-Durand
Verneuil
Videix
Labesse
le Repaire
Saint Gervais
Route Richard Cœur de Lion
Méneux
Vayres
Chatillou
Chéronnac
Sauvagnac
les Salles-Lavauguyon
Lavauguyon
Bussac
Neuville
Saint Bazile
Cromière
Tardoire
Maisonnais-sur-Tardoire
Saint Mathieu
la Forge
Fonsoumagne
Busserolles
Langlade
Reilhac
Champniers-et-Reilhac
Bouboн
Clargour
Bussière-Badil
Milhaguet
Saint Barthélemy-de-Bussière
Puycharnaud
Piégut-Pluviers
Pluviers
Marval
Soudat
la Crête
Etouars
Labrousse
Cascade
Ballerand
Augignac
Abjat-sur-Bandiat
l'Etang
la Chapelle-Verlaine
le Bourdeix
Saint Estèphe
Puybegout
Saint Martin-le-Pin
le Verdoyer
Savignac-de-Nontron
Nontron
Champs-Romain
la Vallade
Saut du Chalard
Moncheuil
Saint Martial-de-Valette
l'Age
Saint Pardoux-la-Rivière
Rapevache
Saint Front-sur Nizonne
Sceau-Saint Angel
Morelière
Saint Angel
Champeaux-et-la-Chapelle-Pommier
la Pouyade
Saint Front-la Rivière
le Caneau
Milhac-de-Nontron
le Sablon
Lusson
Renaudie
le Cheyrou
le Cluzeau
Château Puyguilhem
Grottes de Villars
la Chapelle-Montmoreau
Saint Pancrace
Quinsac
Villars
Ancienne Abbaye de Boschaud
Saint Crépin-de-Richemont
Richemont
Cantillac
Champagnac-de-Belair
Boudeau
la Gonterie-Boulouneix
Puy-Henry
Lardailler
Bruzac
Condat-sur-Trincou
Jumilhac
Boulouneix
Ancienne Abbaye
Brantôme
Puymarteau
le Roc
la Chapelle-Faucher
Saint Pierre-de-Côle
Saint Julien-de-Bourdeilles
les Roches
Valade
Rochevideau
la Rivarie
Gueyzat
la Goulandie
Lasserre
Lombraud
Valeuil
Puychantu
Saint Front-d'Alemps
Puy-de-Fourches
Sencenac-Puy-de-Fourches
Eyvirat
Lafarerie
Puyblanc
Agonac
Mazel
Saint Martin
Biras
Bourliou
Bournaud
Jaillac
Périgord Blanc
Preyssac-d'Agonac
Saleuil
Cornille
Sourbarie
Château-l'Evêque
le Godet
Caussade
Gourdoux
Champcevinel
Sept-Fonds
Antonne-et-Trigonant
les Jalots
Trélissac
Arènes
Boulazac
Lieu-Dieu
Montpon-Ménestérol
Bergerac
St-Pierre-de-Chignac
112
12/2012
E603
0 1 2 4 6 8 10 km
0 1 2 4 6 miles

St-Junien
St-Brice-sur-Vienne
St-Victurnien
Couzeix
Limoges-Nord
Beaubreuil
LIMOGES
Panazol
Aix-sur-Vienne
Palais-sur-Vienne
St-Just-le-Martel
St-Léonard-de-Noblat
Rochechouart
Cognac-la-Forêt
Saint Cyr
Saint Laurent-sur-Gorre
Aixe-sur-Vienne
Isle
Feytiat
Solignac
Le Vigen
Oradour-sur-Vayres
Parc Naturel Régional Périgord-Limousin
Cussac
Châlus
Nexon
Pierre-Buffière
St-Germain-les-Belles
Bussière-Galant
Puy-de-Barre
Masseret
La Coquille
Saint Yrieix-la-Perche
Coussac-Bonneval
Jumilhac-le-Grand
Lubersac
Thiviers
Uzerche
Arnac-Pompadour
Lanouaille
Vigeois
Excideuil
Juillac
Objat
Allassac
Hautefort
Donzenac
Puy d'Yssandon
Brive-la-Gaillarde
87 Haute-Vienne
24 Dordogne
19 Corrèze
Route Richard Cœur de Lion
Chemin de St-Jacques
Gorges de la Vézère
Limeyrat
Eymoutiers
Brive-la-Gaillarde
Limoges
Tulle

Bourganeuf
Bd
Be
Bourganeuf
Bf
90
Ca
Aubusson
73
74
75
76
77
St-Léonard-de-Noblat
Limoges
Limoges
Périgueux / Montauban
Ussac
Plateau de Millevaches
Gorges de la Dordogne
Beaulieu-sur-Dordogne
Argentat
114
0 1 2 4 6 8 10 km
0 1 2 4 6 miles

Riom
73
Clermont-Ferrand
74
Clermont-Ferrand
Clermont-Ferrand
Champeix
75
76
77
Crocq
Pontaumur
Bromont-Lamothe
St-Ours
Pontgibaud
Puy de Tressoux
Puy de Louchadière
Puy de la Coquille
Puy Chopine
Puy de Côme
Puy de Dôme
Puy de Pariou
Magnat-l'Etrange
Flayat
Giat
Herment
Coussat
Lastic
Briffons
Rochefort-Montagne
Orcival
Puy de Banson
Puy de Monchier
Puy de Mercœur
Puy de la Vache
La Courtine
Eygurande
Bourg-Lastic
St-Julien-Puy-Lavèze
Laqueuille
Puy Vivanson
la Banne d'Ordanche
Puy de l'Aiguiller
Puy Baladou
Puy de Monténard
Puy d'Alou
Messeix
Savennes
la Bourboule
le Mont-Dore
Puy du Barbier
Puy Gros
Murol
Puy de Bessolles
Ussel
Tauves
La Tour-d'Auvergne
Puy de Sancy
Puy Ferrand
Besse-et-St-Anastaise
Monts Dore
Gorges d'Avèze
Gorges du Chavanon
Plateau de l'Artense
Bagnols
Picherande
Puy de Montchal
Compains
Bort-les-Orgues
Lanobre
Site de St-Nazaire
Puy de Manzagol
Neuvic
Champs-s-Tarentaine-Marchal
Egliseneuve-d'Entraigues
Ydes
Saignes
Condat
Mont Chamaroux
Gorges de la Rhue
Monts du Cézallier
Marcenat
Montagne de Rocherousse
Riom-ès-Montagnes
Trizac
Apchon
Allanche
Puy de Mathonière
Puy St-Mary
Mauriac
Vallée du Falgoux
Col d'Aulac
Suc Grand
Gorges de la Dordogne
Parc Naturel Régional des Volcans d'Auvergne
Aurillac
115

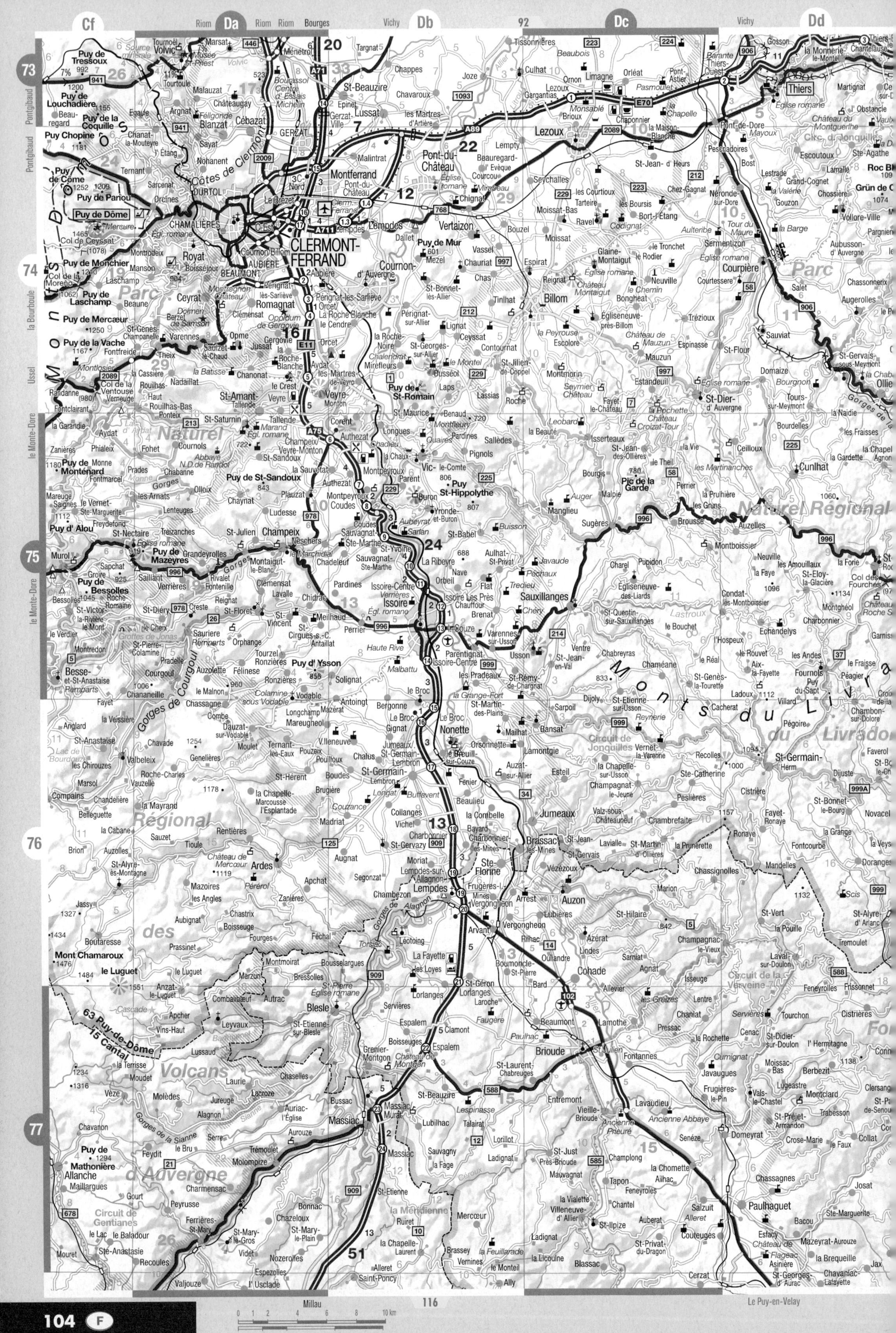

Cf
Da
Db
Dc
Dd
Riom
Bourges
Vichy
92
73
74
75
76
77
Pontgibaud
la Bourboule
Ussel
le Mont-Dore
Volvic
Puy de Tressoux
Puy de Louchadière
Puy de la Coquille
Puy Chopine
Puy de Côme
Puy de Pariou
Puy de Dôme
Chamalières
Royat
Blanzat
Cébazat
Gerzat
Ménétrol
St-Beauzire
Chappes
Lussat
Joze
Culhat
Tissonnières
Orléat
Lezoux
Thiers
Pont-de-Dore
Montferrand
Clermont-Ferrand
Aubière
Beaumont
Ceyrat
Romagnat
Pont-du-Château
Lempdes
Vertaizon
Billom
Courpière
Cournon-d'Auvergne
Puy de Mur
Pérignat-lès-Sarliève
Orcet
Chanonat
Veyre-Monton
Opme
Theix
Saulzet-le-Chaud
Puy de la Vache
Puy de Mercœur
Puy de Monchier
Puy de Laschamp
St-Amant-Tallende
Tallende
St-Saturnin
Aydat
Parc Naturel Régional des Volcans d'Auvergne
Vic-le-Comte
Puy St-Romain
Mirefleurs
St-Dier-d'Auvergne
Sauviat
Puy de Monténard
Puy de St-Sandoux
Champeix
Coudes
Montpeyroux
Sauxillanges
Issoire
Perrier
Murol
Puy de Mazeyres
Puy de Bessolles
Besse-et-St-Anastaise
St-Diéry
Montaigut-le-Blanc
Chidrac
Meilhaud
Usson
Parentignat
Puy d'Ysson
Solignat
Vodable
Antoingt
Le Broc
Nonette
St-Germain-Lembron
Ardes
Mazoires
Madriat
Brassac-les-Mines
Ste-Florine
Jumeaux
Auzon
Lempdes-sur-Allagnon
Vergongheon
Arvant
Monts du Livradois
Cunlhat
Sugères
Manglieu
Auzelles
Condat-lès-Montboissier
St-Germain-l'Herm
Fayet-Ronaye
Champagnac-le-Vieux
Blesle
Grenier-Montgon
Massiac
Bonnac
Brioude
Lamothe
Fontannes
Vieille-Brioude
Lavaudieu
Paulhaguet
St-Beauzire
Lorlanges
La Fayette
Allanche
Mont Chamaroux
le Luguet
Puy de Mathonière
Molèdes
Laurie
Ferrières-St-Mary
Ally
St-Ilpize
Couteuges
Blassac
Cerzat
63 Puy-de-Dôme
15 Cantal
Millau
116
Le Puy-en-Velay
0 1 2 4 6 8 10 km
0 1 2 4 6 miles

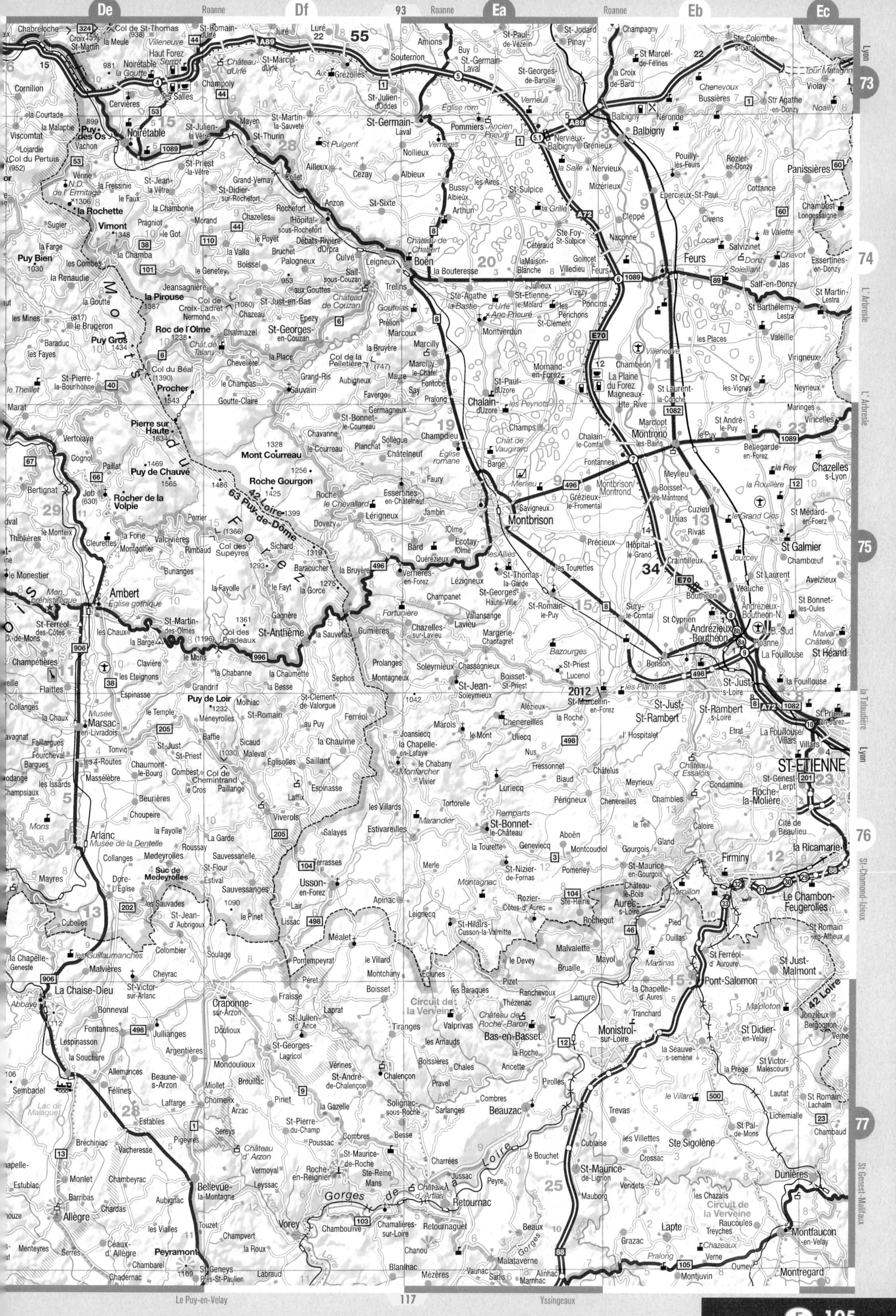

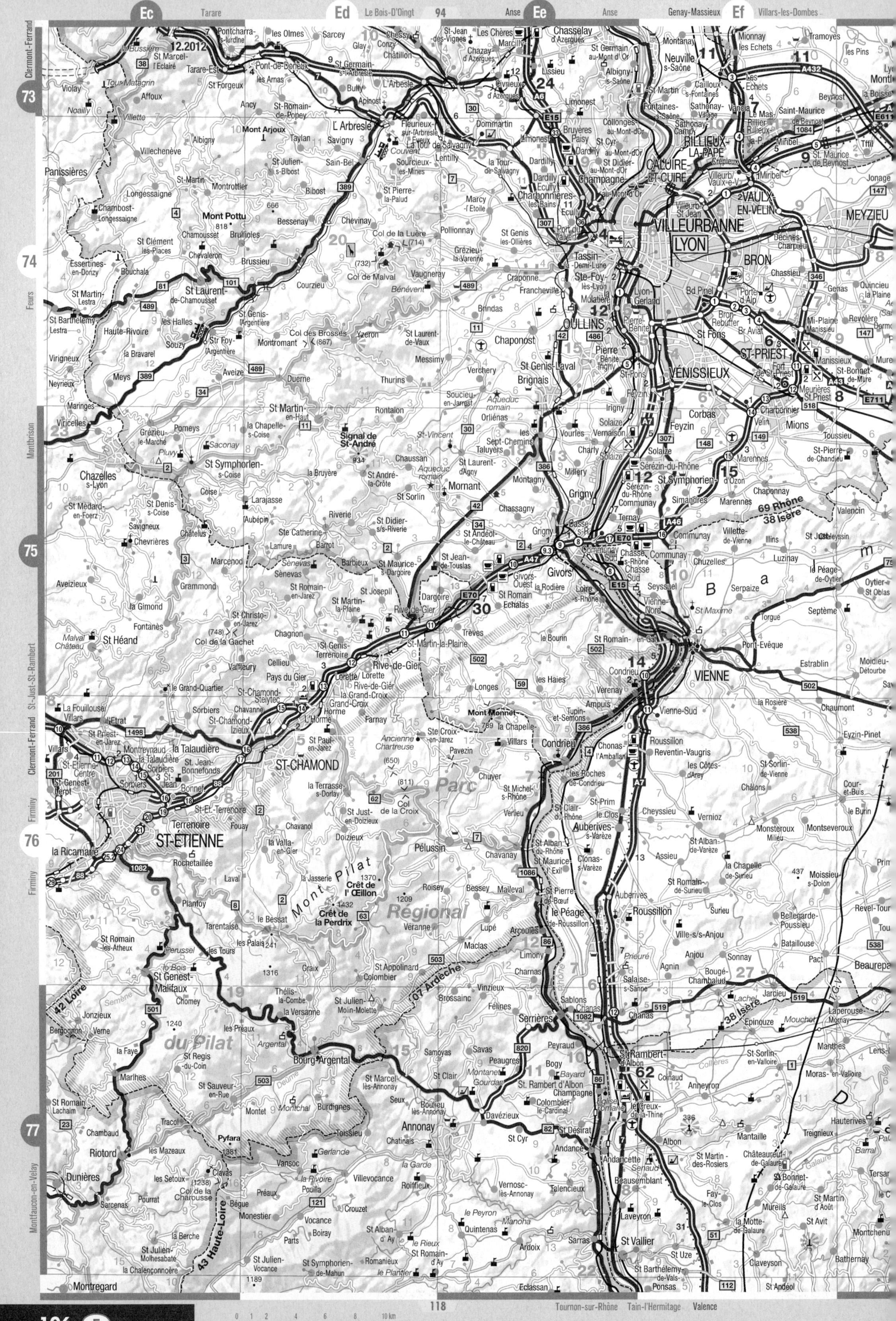




0 1 2 4 6 8 10 km
0 1 2 4 6 miles

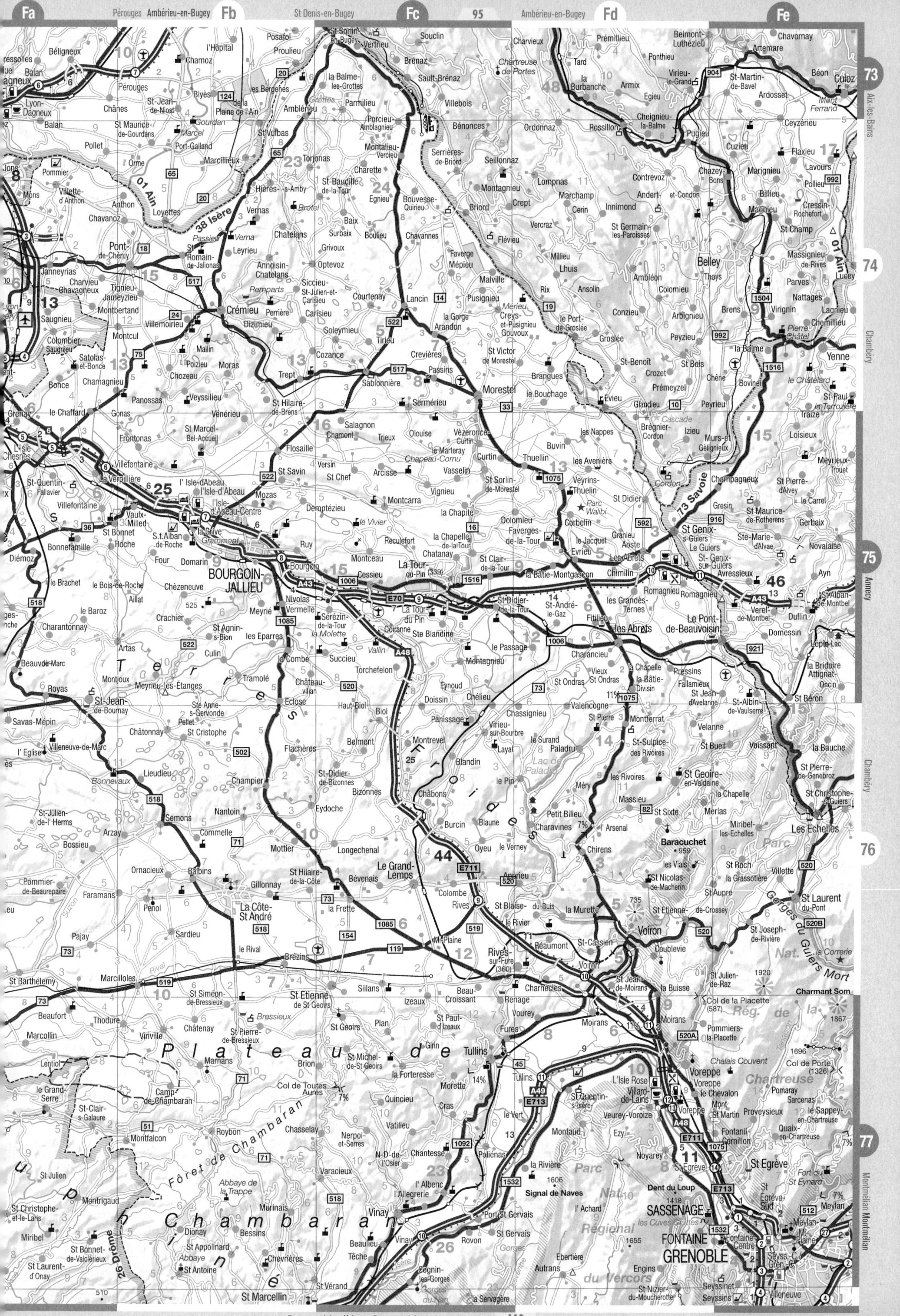
73
Aix-les-Bains
74
Chambéry
75
Annecy
Chambéry
76
77
Montmélian
Ambérieu
Crémieu
Morestel
Belley
Yenne
Culoz
Pont-de-Chéruy
Lyon-St Exupéry
Villefontaine
L'Isle-d'Abeau
La Verpillière
BOURGOIN-JALLIEU
La Tour-du-Pin
Les Abrets
Le Pont-de-Beauvoisin
St Genix-s-Guiers
Les Echelles
St Laurent-du-Pont
Voiron
Voreppe
Rives
Le Grand-Lemps
La Côte-St André
St Jean-de-Bournay
St Etienne-de St Geoirs
Plateau de Chambaran
Terres Froides
Tullins
Vinay
St Marcellin
SASSENAGE
FONTAINE
GRENOBLE
St Egrève
Moirans
Parc Nat. Régional du Vercors
Parc Nat. Rég. de la Chartreuse
Gorges du Guiers Mort
01 Ain
38 Isère
73 Savoie
26 Drôme
A43
E70
A48
E711
A49
E713

96

120

0 1 2 4 6 8 10 km
0 1 2 4 6 miles

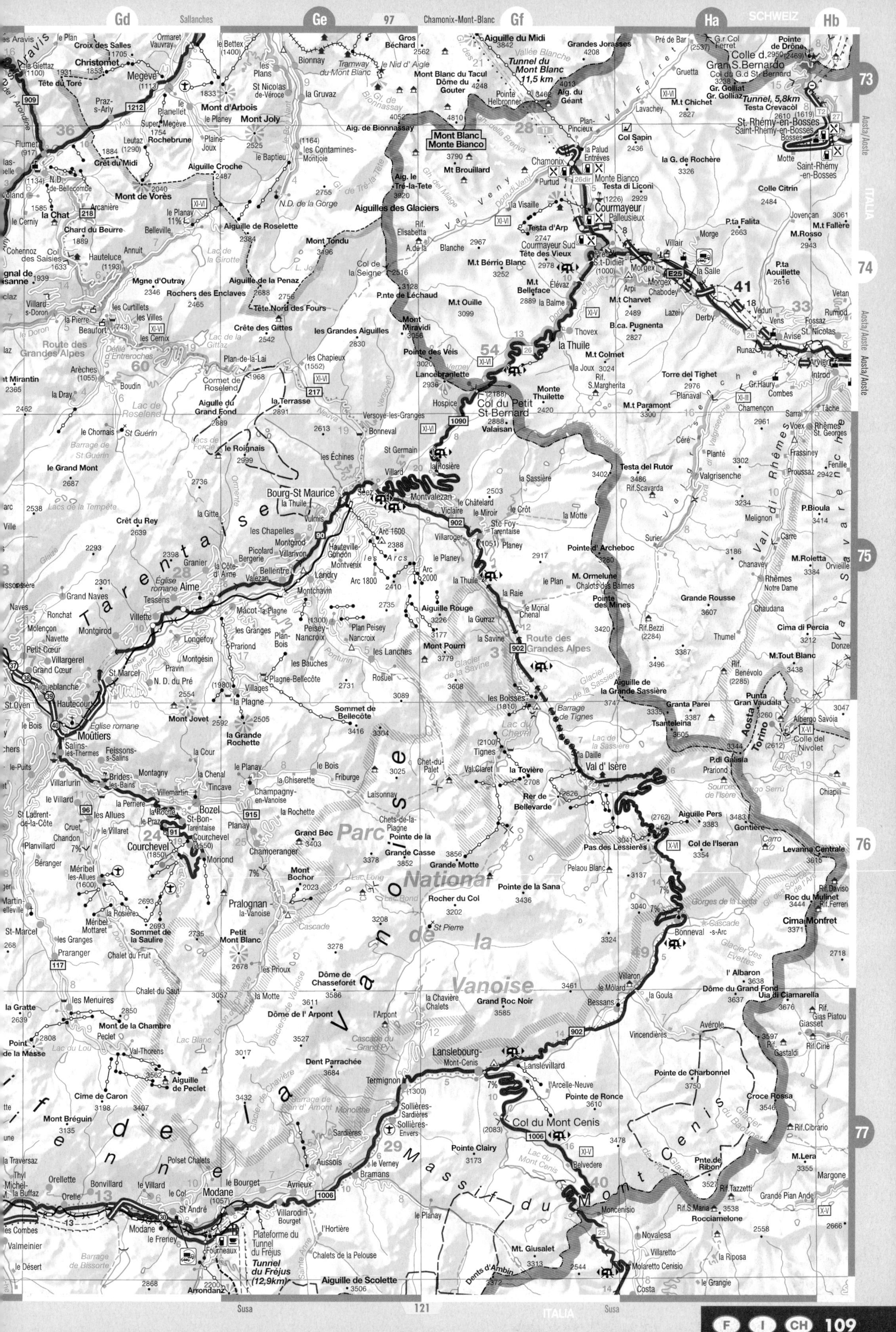

Croix des Salles
Christomet
Megève
Tête du Toré
Praz-s-Arly
Mont d'Arbois
Mont Joly
Rochebrune
Crêt du Midi
Mont de Vorès
Aiguille Croche
Les Contamines-Montjoie
Aig. de Bionnassay
Aiguille du Midi
Tunnel du Mont Blanc 11,5 km
Grandes Jorasses
Mont Blanc du Tacul
Dôme du Gouter
Mont Blanc
Monte Bianco
Mt Brouillard
Aig. du Géant
Colle d. Gran S.Bernardo
Col du G.d St-Bernard
Tunnel, 5,8km
Testa Crevacòl
St.Rhémy-en-Bosses
Saint-Rhémy-en-Bosses
Col Sapin
Chamonix
Courmayeur
Testa di Liconi
Colle Citrin
la G. de Rochère
Aiguilles des Glaciers
Aiguille de Roselette
Mont Tondu
Col de la Seigne
Testa d'Arp
Mont Favre
Tête des Vieux
Pré-S.t-Didier
Morgex
Chabodey
la Salle
Derby
Arvier
Avise
Mt. Charvet
M.t Bérrio Blanc
Mt Belleface
M.t Ouille
Mt Colmet
La Thuile
Thovex
B.ca. Pugnenta
Torre del Tighet
Mont Miravidi
Pointe des Veis
Lancebranlette
Col du Petit St-Bernard
Valaisan
Monte Thuilette
M.t Paramont
Aiguille du Grand Fond
Cormet de Roselend
Plan-de-la-Lai
Crête des Gittes
les Grandes Aiguilles
Beaufort
Arêches
Route des Grandes Alpes
Lac de Roselend
le Roignais
le Grand Mont
Crêt du Rey
Bourg-St Maurice
Tarentaise
Aime
Montvalezan
la Rosière
Villaroger
Ste Foy-Tarentaise
Testa del Rutor
Pointe d'Archeboc
M. Ormelune
Valgrisenche
Grande Rousse
Val di Rhêmes
P.Bioula
M.Roletta
Rhêmes Notre Dame
Cima di Percia
M.Tout Blanc
Les Arcs
Arc 1600
Arc 1800
Arc 2000
Landry
Peisey-Nancroix
Aiguille Rouge
Mont Pourri
Macôt-la-Plagne
Montchavin
Plagne-Bellecôte
la Plagne
Sommet de Bellecôte
Mont Jovet
la Grande Rochette
Moûtiers
Brides-les-Bains
Bozel
Courchevel
Méribel
Champagny-en-Vanoise
Tignes
Val Claret
Les Boisses
Barrage de Tignes
Aiguille de la Grande Sassière
Granta Parei
Tsanteleina
Punta Gran Vaudala
Colle del Nivolet
Val d' Isère
Rer de Bellevarde
la Tovière
Aiguille Pers
Col de l'Iseran
Pas des Lessières
Levanna Centrale
Roc du Mulinet
Cima Monfret
Bonneval-s-Arc
Pointe de la Sana
Grande Motte
Pointe de la Grande Casse
Grand Bec
Mont Bochor
Pralognan-la-Vanoise
Petit Mont Blanc
Parc National de la Vanoise
Dôme de Chasseforêt
Dôme de l' Arpont
Dent Parrachée
Grand Roc Noir
Bessans
l' Albaron
Dôme du Grand Fond
Uia di Ciamarella
Lanslebourg-Mont-Cenis
Lanslevillard
Col du Mont Cenis
Pointe de Ronce
Pointe de Charbonnel
Croce Rossa
Pointe Clairy
Termignon
Sollières-Sardières
Aussois
Bramans
Massif du Mont Cenis
Modane
Fourneaux
Plateforme du Tunnel du Fréjus
Tunnel du Fréjus (12,9km)
Aiguille de Scolette
Mt. Giusalet
Dents d'Ambin
Rocciamelone
Novalesa
Moncenisio
Val-Thorens
Les Menuires
Mont de la Chambre
Aiguille de Peclet
Cime de Caron
Mont Bréguin
Valmeinier
Sommet de la Saulire
Aosta/Aoste
ITALIA

Ye
Yf
98
Za
Lesparre-Médoc
Zb
Pons
78
79
80
81
82
OCÉAN
ATLANTIQUE
Etang d'Hourtin et de Carcans
Dunes des Places
le Crohot-de-France
la Gracieuse
Phares d'Hourtin
le Crohot-des-Cavales
Bombannes
Carcans-Plage
Maubuisson
le Montaut
Carcans
Cap-de-Ville
le Pouch
Pey-de-Camin
Lachanau
Lupian
Sainte Hélène-de-Hourtin
Peintre
le Garthieu
Sainte-Hélène-de-l'Etang
Couyras
Villeneuve
Couyrasseau
Mayne-Pauvre
Devinas
Craste Lambert
Craste Raouset
Craste Queytive
Craste Moringout
Berdillan
Berron
Haut-Bré
Sémignan
Villeneuve
Marsillan
Rionet
Mourlan
Saint Laurent-Médoc
Ballac
Picard
Senajou
Saint Queyran
Pudos
Bernones
Touleron
Brach
les Lamberts
Grand Ludey
Petit Ludey
Constantenins
Cordes
la Providence
le Devès
Sadouillan
Bernos
Benon
Devidas
Fon-Réaux
Bouqueyran
Castelnau-de-Médoc
Mongarni
Leujean
les Chalets
Pimbelin
Saint Raphaël
Ségonnes
Hourton
la Main-d'Estève
Villepreux
le Tronquet
Cérillan
Astignan
Saint Aubin-de-Médoc
Germignan
Issac
Caupian
SAINT MÉDARD-EN-JALLES
le Haillan
EYSINES
BORDEAUX
Martignas-sur-Jalle
Relais d'Aquitaine
Relais de Gironde
Bordeaux (Mérignac)
MÉRIGNAC
Saint Jean-d'Illac
Boulac
Beutre
St-Jean dillac
Pessac-l'Alouette
L'ALOUETTE
MAGONTY
Pessac-Sauge
Batailley
Latour
Pichon
Saint Julien-Beychevelle
Ile Bouchaud
Talbot
Lagrange
Beychevelle
Carnet
Beaucaillou
Citadelle
Blaye
Lanessan
Gaston
Lamothe
Beaumont
Cussac
Fort Médoc
Port-de-Lamarque
Lamarque
Courbiac
Donissan
Petit-Cussac
Listrac-Médoc
Médrac
Lestage
Poujeaux
Arcins
Moulis-en-Médoc
Mauvesin
Tayac
Marsac
Soussans
Margaux
Avensan
Pelin
Vire-Fougasse
Brown
Issan
Cantenac
Ligondras
la prade
Labarde
le Pyis
le Tertre
Arsac
Cantemerle
Labric
le Comte
Paloumey
le Pian-Médoc
Sénejac
Beaulieu
Bertranot
Louens
Caychac
Linas
le Taillan-Médoc
le Verdon
Lacanau-Océan
le Huga
Talaris
le Moutchic
les Pins
Carreyre
le Tedey
Lac de Lacanau
le Port
Lacanau
Méogas
Narsot
Méjos
Taussac
aux-Andraux
Villeneuve au Chalet
Sainte Hélène
Gémeillan
Maubourguet
Salaunes
le Placi
le Lion
Grande Escoure
les Nerps
Craste de la Levade
Tronquats
Bedillon
Mistre
le Grand Courgas
Etang de Batejin
Saumos
Dunes du Hugney
Forêt du Porge
Etang de Batourrot
Etang de Lède Basse
Grand Bos
Petit Bos
Serigas
Sautuges
le Porge-Océan
Dunes de Partillot
le Porge
le Crastieu
le Temple
Laruau
Lauros
Dune du Grd. Crohot
Canal de Lège du Porge
Maisonnieu
les Dorats
Mautans
Blagon
le Las
Grand-Crohot-Océan
Lège-Cap-Ferret
Grande Berle d'Arpech
Arès
les Nargues
Clauey
Dune de Bayle
Josaume
les Blayais
Berganton
Toctoucau
Pierroton
Cestas
Castillonville
la Pointe
Croix-d Hins
Andernos-les-Bains
Cassy
Taussat
Lanton
le Petit Piquey
le Grand Piquey
le Canon
Bassin d'Arcachon
Parc d' attractions
Ile aux Oiseaux
Villa-Algérienne
la Vigne
Lubec
Hougueyra
Marcheprime
Audenge
les Quatre-Routes
Bordeaux-Cestas
St-Jean dillac
Jauge
le Puch
Bellebiste
Peyon
Bélisaire
Tramways du Cap-Ferret
Cap Ferret
LES ABATILLES
Arcachon
Gujan-Mestras
Parc Ornithologique
le Teich
Tagon
Biganos
Facture
Vignaud
les Argentières
Testarouch
Lacanau-de-Mios
Quartier-Bas
les Douils
Florence
Le Barp/Marcheprime
les Gargails
Parc Régional Naturel de Gascogne
Tournebride
le Moulleau
Pyla-sur-Mer
Pyla-Plage
MEYRAN
Parc de loisirs
LA TESTE-DE-BUCH
Sanguinet/Le Teich
Biganos/Facture
le Voisin
Mios/Lacanau de Caze
Mios
Balanos
Arnauton
l'Illet
Mougnet
le Barp
Chantier
Banc d' Arguin
(Réserve ornithologique)
Dune de Pyla
Zoo
Forêt Nezer
Petit Caudos
Moura
Argilas
Peylon
Peylahon
Jaugut
Castor
Baillet
la Vignolle
Marguit
Gaillouneys
Dunes de Ginestras
Castendet
Arnautille
Caudos
Salles
Caplanne
Pointe d' Arcachon
Cazaux
le Mayne
Salles/Belin-Béliet
Lanot
Cès
Saint Magne
le Frayot
la Salie
Étang de Cazaux et de Sanguinet
le Petit Lagnereau
Langeot
Bernon
Bilos
le Bran
Béliet
Belin-Béliet
Vieux Lugo
Rouquet
les Arroudeys
Hostens
Dunes des Places
Sanguinet
Louse
Lombard
Méoule
le Bougès
Courneilley
Sillac
Lugos
Quartier-de-Joue
Quartier
l'Ambéliet
Canet
Retis
le Clerc
Camontès
Labouheyre
122
Mazères
Plassac
Villeneuve
Gauriac
Bourg
Bruges
Le Bouscat
St-Médard
Réjouit
Bellevue
Mignoy
Léognan
le Martat
le Désert
Teycheney
Barbey
Braut
Hazéra
Roumégou
Mémorial de Richemont
Canéjean
Rouillac
Moutine
Gazinet
Z.I. Canéjan-Granet
GRADIGNAN
Fours
Saint-Genès-de-Blaye
Saint Martin-Lacaussade
Sonnac
la Grange
Musée
0 1 2 4 6 8 10 km
0 1 2 4 6 miles

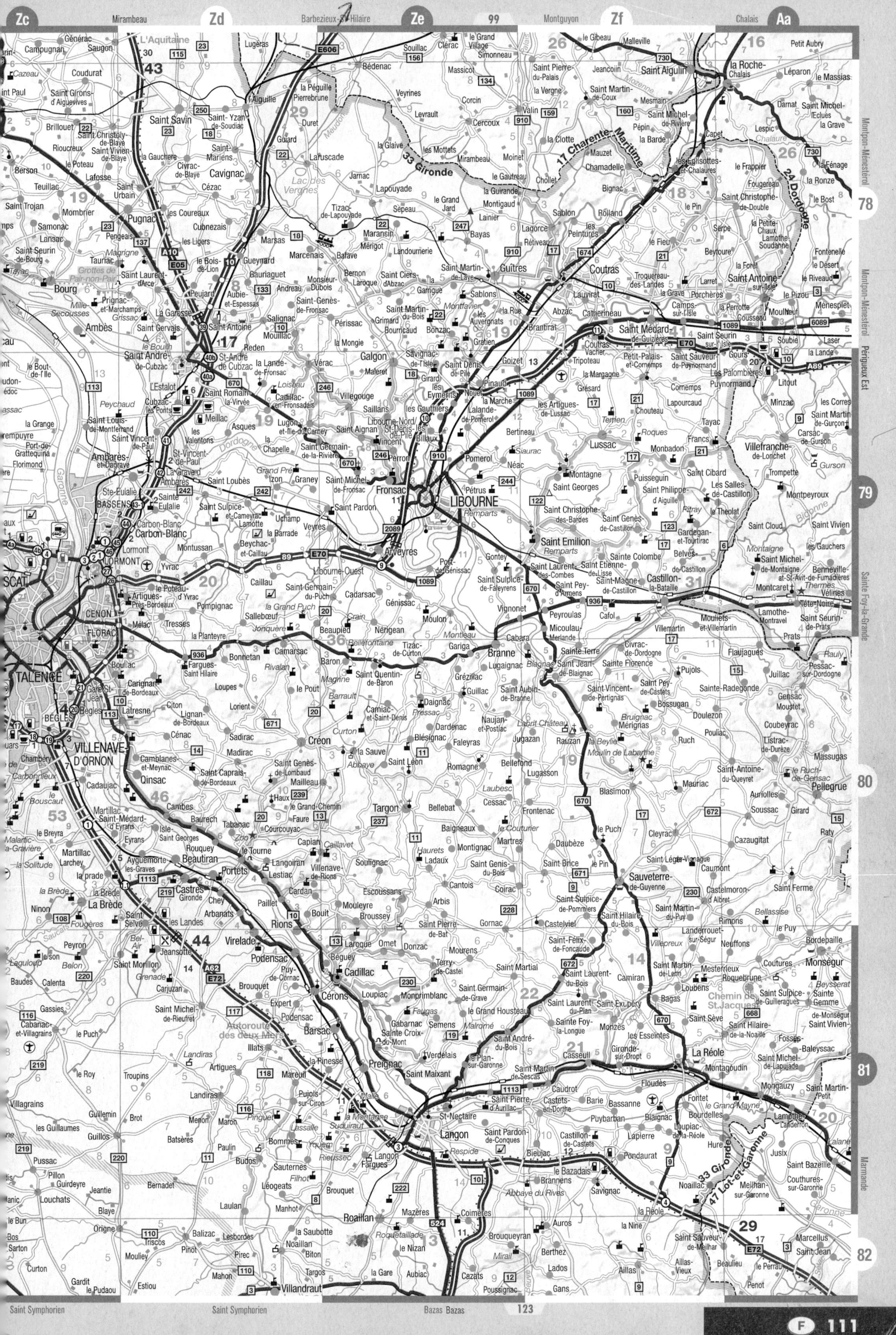


Montpon-Ménestérol
Périgueux Est
Sainte Foy-la-Grande
Marmande
78
79
80
81
82
Saint Symphorien Saint Symphorien Bazas Bazas 123

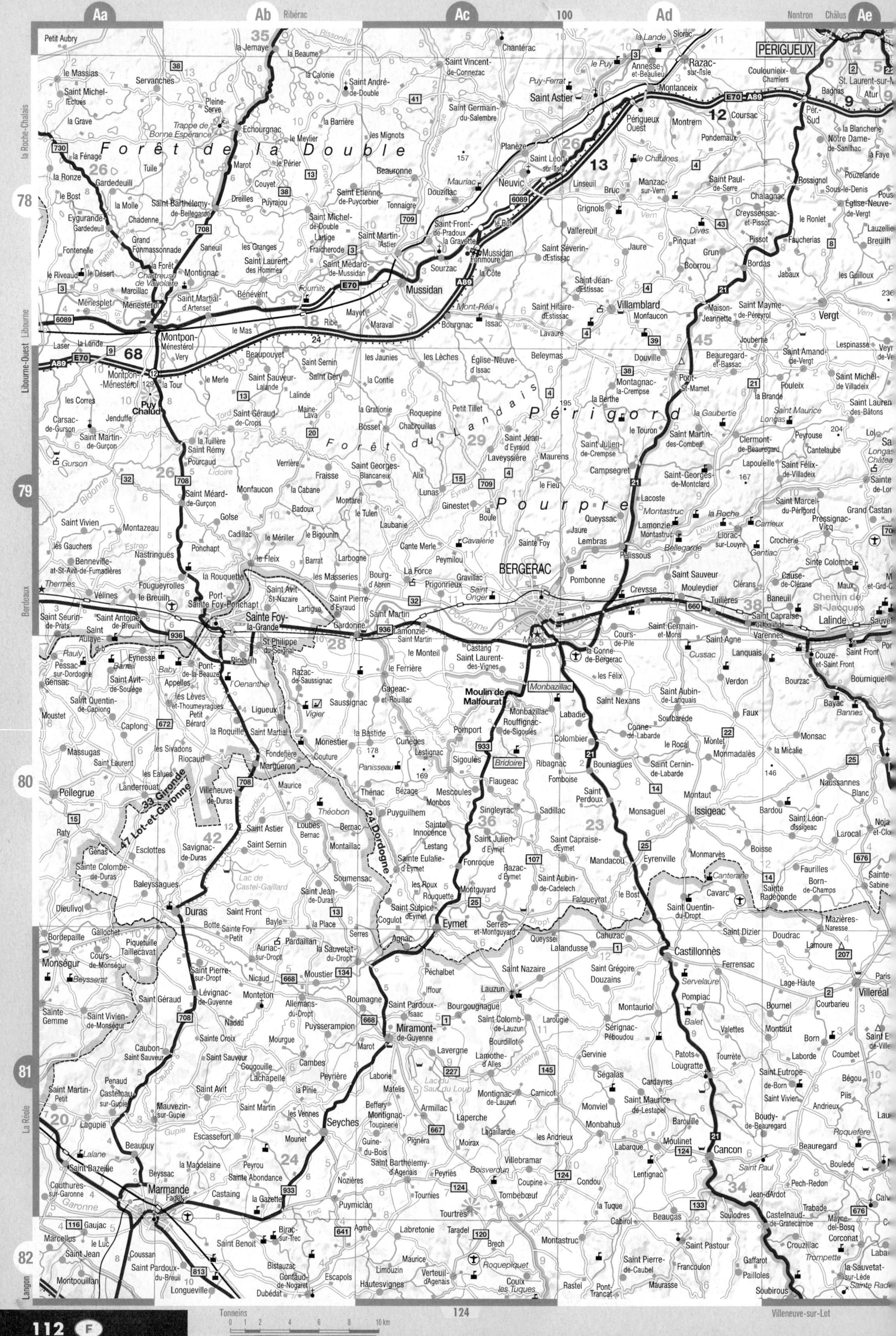

PÉRIGUEUX
Forêt de la Double
Forêt du Landais
Périgord Pourpre
BERGERAC
Mussidan
Neuvic
Saint Astier
Montpon-Ménestérol
Sainte Foy-la-Grande
Duras
Eymet
Issigeac
Castillonnès
Miramont-de-Guyenne
Marmande
Seyches
Monségur
Lalinde
Villeréal
Cancon
Vergt
Villamblard
Razac-sur-l'Isle
Périgueux Ouest
Montpon-Ménestérol
Puy Chalud
Moulin de Malfourat
Monbazillac
Bridoire
Lauzun
Pellegrue
Gardonne
Lamonzie-Saint Martin
Creysse
Mouleydier
33 Gironde
47 Lot-et-Garonne
24 Dordogne
Chemin de St-Jacques
E70
A89
La Roche-Chalais
Libourne-Ouest Libourne
Bordeaux
La Réole
Langon
78
79
80
81
82

la Roquette
Blis-et-Born
la Trémouille
la Chosedie
Limeyrat
Beauzens
la Contarie
Saint Rabier
Veyre
Thenon
Peyrignac
la Mothe
le Rouvet
Seuil-Bas
Mansac
Pays de Brive
Brive-Ouest
Brive-Nord
Saint Laurent-sur-Manoire
Eyliac
la Lucie
Ajat
le Puy
la Chauze
Azerat
Mellet
Loubignac
Cublac
Mansac
la Rivière-de-Mansac
Gumond
St-Pantaléon-de-Larche
Brive-Sud
Périgueux Est
Sainte Marie-de-Chignac
la Gandilie
Vertiol
le Breuil
Saint Antoine-d'Auberoche
Rastignac
la Bachellerie
Beauregard-de-Terrason
Peyraux
la Villedieu
Thenon
la Garde
le Jarripigier
le Lardin-Saint Lazare
Charpenet
Tranche
Terrasson-la-Villedieu
Pazayac
Larche
Saint Pierre-de-Chignac
Saint Crépin-d'Auberoche
Fossemagne
Milhac-d'Auberoche
Lavignac
la Tuiliere
les Versannes
Saint Geyrac
Prisse
Bars
Auriac-du-Périgord
les Farges
Laudigerie
Condat-sur-Vézère
la Fleunie
Grèzes
la Pouch
la Chambaudie
St-Cernin-de-Larche
la Porte
Lissac-s-Couze
Martel
Bourgearie
la Forêt
Malagnac
Vialot
Chambon
Aubas
Coly
la Chapelle-Mouret
Chabrat
Chavagnac
la Fauconnie
la Roche
Chartrier-Ferrière
Chasteaux
Farges
Noailles
la Croix-Ruchal
l'Herm
le Sablou
Maslusson
la Douze
la Pinsonnie
la Boudrcie
Balou
Rouffignac-St-Cernin-de-Reilhac
Fanlac
Montignac
la Coste
le Rousquet
Saint Amand-de-Coly
Chazal
la Dornac
St-Chaubran
Badaillac
les Bordeneries
Battut
Ferrière
Favars
les Ages
Château Missier
les Taleyrandies
Tessoniéras
la Forge
Grotte de Lascaux
Puy Robert
la Filolie
Ladeuil
le Talet
la Gélie
la Boulanchie
Plazac
Centre d'Art Préhistorique
Tour
Maillol
Thonac
Losse
Castang
la Combe
la Sagne
le Sabloux
la Cassagne
Bregegère
Jayac
Nadaillac
Estivals
Lacropte
Saint Cernin-de-Reilhac
Saint Félix-de-Reilhac-et-Mortemart
Mortemart
Lajerthe
Chaban
le Peuch
Valojoulx
la Chapelle-Aubareil
Maisons-Selves
Embes
Archignac
Laval
la Forêt
la Reymondie
Souzet
les Sales
19 Corrèze
24 Dordogne
46 Lot
Gignac
Cressensac
le Treuilh
Cendrieux
Grotte de Rouffignac
Fleurac
Saint Léon-sur-Vézère
Belcayre
Sergeac
Labrousse
Paulin
la Salamonie
Saint Geniès
Fages
St-Bonnet
Siréjol
la Plantade
Miremont
la Chapelle
le Moustier
Castel-Merle
Peyzac-le-Moustier
Salon
Galinat
le Masnègre
Pelvési
Plamont
Mauzens-et-Miremont
la Robertie
Puyvendran
la Roque
Saint Christophe
Garrigue
Savignac-de-Miremont
Journiac
Maraurie
Micoque
Tursac
la Fargue
Tamniès
Marcillac-Saint-Quentin
le Poujol
Carlucet
Salignac-Eyvignes
Château le Claud
Borrèze
le Chabournac
Lacisque
Falsemoyer
la Croix
Lavalade
Carpe-Diem
Périgord
le Barry
Saint Crépin-et-Carlucet
Toulgou
Eyvignes-et-Eybènes
Revrevignes
le Maure
Grand Roc
Cro-Magnon
Cap Blanc
Laussel
Marquay
Saint Quentin
Les Marthres
Marces
Langlade
Bourzoles
Saint Avit-de-Vialard
Falgueyret
les Eyzies-de-Tayac-Sireuil
Combarelles
Font-de-Gaume
Commarque
Sireuil
le Roucal
Proissans
les Guarrigues
Eybènes
Barbeyroux
Lachapelle-Auzac
Bara-Bahau
Le Bugue
Saint Cirq
Beyssac
Carrière
Compagnoles
la Roussie
la Tour
la Serre
Castang
Pradelles
Fontesteyenie
la Mouthe
Chemin de St-Jacques
le Roch
Clauzel
Campagnac
Puymartin
Orliaguet
le Bouscandier
Souillac
Présignac
Pezuls
Paunat
Campagne
Pechboutier
Temniac
Sainte Nathalène
Prats-de-Carlux
Millac
Peyrillac-et-Millac
Saint Martin
Limeuil
Proumeyssac
Lussac
Meyrals
Allas
le Pet
Motel les Périères
Viviers
Rignac
Cieurac
Carrefour
de Trémolat
Audrix
la Roque
Noir
les Rhodes
Sarlat-la-Canéda
le Sirey
Carlux
Cazoulès
Lanzac
Saint Chamassy
Petit Bout
Baran
Saint André-d'Allas
Chemin de St-Jacques
le Roc
les Gers
Saint Georges
Castels
Saint Cyprien
Mallevergne
Rouffillac
Trémolat
Reilhac
Falgueyras
les Valades
Braulen
le Gard
la Tourette
Nadaillac-de-Rouge
Terregaye
Calès
Alles-sur-Dordogne
Bigaroque
Meynard
Cazenac
la Canéda
Carsac-Aillac
Aillac
Calviac-en-Périgord
St-Julien-de-Lampon
Brive-Sud
Lamillal
Mouzens
Coux-et-Bigaroque
Bezenac
Birat
Beynac-et-Cazenac
Griffoul
Montfort
Ste-Mondane
Château Fénelon
Masclat
Lamothe-Fénelon
Badefols-sur-Dordogne
Cussac
Le Buisson-de-Cadouin
Fontenille
Berbiguières
Allas-les-Mines
Saint Vincent-de-Cosse
Vézac
la Roque-Gageac
Vitrac
Caudon-de-V.
Caudon
Veyrignac
Grezal
Loupiac
Paleyrac
Siorac-en-Périgord
Marnac
Cladech
Fayrac
Groléjac
Manobre
Molières
Cadouin
Urval
Saint Germain-de-Belvès
les Milandes
Castelnaud-la-Chapelle
Giverzac
Croix-de-Pech
Fajoles
Boucot
Montauban-Nord
Soubartelle
Monplaisant
Veyrines-de-Domme
Domme
Milhac
Rouffilhac
Payrac
la Salvetat
Sagelat
Carves
Pont-de-Cause
Liaubou-Bas
Saint Cirq-Madelon
la Vayssière
Auniac
Saint Avit-Sénieur
Grand Peyssou
Salles
Regagnac
Belvès
les Marroux
la Chapelle-Péchaud
Saint-Cybranet
la Gorce
Nadaillac
Cournazac
Anglars-Nozac
Camy
la Séguinie
Reilhaguet
Saint-Pardoux-et-Vielvic
Vielvic
Grives
Grezelle
Montmirail
Peyruzel
Pechpialat
Nabirat
Cougnac
Grottes de Cougnac
Gouny
Bouillac
Boissac
Pauliac
Payrignac
la Vaysse
Saint-Projet
Montferrand-du-Périgord
Saint Avit-Rivière
Campagnac
Colombier
Saint Amand-de-Belvès
Saint Laurent-la-Vallée
Daglan
la Grèze
Saint Martial-de-Nabirat
Gourdon
le Vigan
Brassac
Sainte Croix
les Espéronies
Saint Romain-de-Monpazier
Saint Marcory
Larzac
Doissat
le Maine
les Vitarelles
Fongalop
Sainte Foy-de-Belvès
Mespoulet
Lousse
Bouzic
Gaumier
Repaire
Léobard
la Molière
Barjou
Lolme
Salles-de-Belvès
Orliac
Saint Pompont
Segonzac
Moncalou
Costeraste
Pech-Rigal
Souillaguet
Saint Cassien
Lavalade
Marsalès
La Roque
Babiot
Florimont-Gaumier
Pont-Carral
l'Abbaye-Nouvelle
St-Cirq-Souillaguet
la Trappe
Peyret
Prats-du-Périgord
la Roche
St-Clair
la Feydedie
Tourliac
Monpazier
Capdrot
Caravelle
Campagnac-lès-Quercy
Mas-Teulat
Linards
Bessous
Larche
Gaugeac
Mazeyrolles
Besse
Salviac
Dégagnac
St-Chamarand
Pont-de-Rhodes
Parranquet
le Roussel
Sineul
Luziers
Beauregard
Goulème
Concorès
Saint Germain
le Cambou
Soulaures
Fontenilles-d'Aigueparse
Marminiac
Cambelève
Fraysinet
Saint Cernin
Fos
Saint Martin-de-Villeréal
Cladech
Aigueparse
Bezet
Villefranche-du-Périgord
Saint Etienne-des-Landes
Cazals
Rampoux
la Borie
St-Germain-du-Bel-Air
Biron
24 Dordogne
47 Lot-et-Garonne
le Coulon
Saint Cernin-de-l'Herm
Lavercantière
Carayac
Gindou
Lacapelle-Biron
Saint Chalies
Blanquefort-sur-Briolance
Lavaur
le Galinier
Montcléra
Peyrilles
Dévillac
Bertis
Naugarède
Sermet
Labardamier
Saint Caprais
les Gunies
les Arques
les Places
Pechaulejal
Montamel
Brive-I.G. Cahors Montauban
Loubejac
Jasse
Saint André
Thédirac
Uzech
Saint Avit
la Sauvetat
Saint Front-sur-Lémance
Sauveterre-la-Lémance
la Thèze
Mespoullié
Frayssinet-le-Gélat
Goujounac
Pêchaurié
Cascavel
Montgesty
Salvezou
Gigouzac
Bonnenouvelle
Lapille
St-Denis-Catus
Mechmont
Paulhiac
aux-Anjeaux
Lastrelles
Pomarède
Lherm
Gizard
Siffray
Mas-de-Camp
Engrange
Salles
Gavaudun
Pech-Peyrou
Bonaguil
46 Lot
Cassagnes
Tourniac
Crabillier
Catus
Brouelles
Meges
Pélacoy
Montagnac-sur-Lède
Cuzorn
Saint Martin-le-Redon
Martignac
Montcabrier
Loupiac
Pech-Gris
Canourgues
les Junies
Pontcirq
Saint Médard
Rostassac
Mas-de-Peyrou
Nuzéjouls
Boissières
les Carrières
Maxou
Moncoutié
Valroufié
Francoulès
Tesquet
Couvert
Feratie
Canteloube
Regrunel
Boussac
Duravel
Puy-l'Évêque
Niaudon
la Masse
Labastide-du-Vert
Crayssac
Calamane
St-Pierre-Lafeuille
Château de Roussillon
Vauris
Monsempron-Libos
Fumel
Cavagnac
Prayssac
Fages
Espère
Labarthe
Constans
Lacaussade
Condezaygues
Tempoure
Condat
Solurac
Touzac
Pescadoires
Mercuès
St-Henri
Savignac-sur-Leyze
Monségur
Carentas
Libos
Blazac
Vire-sur-Lot
Lagardelle
Anglars-Juillac
Castelfranc
Camy
Oppidum
Caix
Parnac
Lapoujade
Caillac
Pradines
Laroque-des-Arcs
Saint Aubin
Montayral
le Fossat
le Camou
Luzech
Saint Vincent-Rive-d'Olt
Labéraudie
Lamagdelaine
Lapoujade
le Boscla
Saint Vite
Lacapelle-Cabanac
Recés
Grézels
Floiras
Albas
Douelle
Cahors
Bégoux
Vers
Arcambal
Salomon
Perricard
Barrou
Saint Jean
Bélaye
A89
A20
E70
E09
Grottes de Cougnac

0 1 2 4 6 8 10 km
0 1 2 4 6 miles

Cb
Cc
Cd
Ce
Cf
Mauriac
103
Pleaux
Salers
Col de Neronne
Puy Violent
Monts du Cantal
Vallée du Falgoux
Puy de la Tourte
Pas de Peyrol
Puy Mary
Col de Redondet
Puy Chavaroche
Col de Legal
Col de Bruel
Vallée de Mandailles
Plomb du Cantal
Puy Gros
Le Lioran
Murat
Parc Naturel Régional des Volcans d'Auvergne
Col de Fontbulin
Route des Crêtes
Vic-sur-Cère
Laroquebrou
AURILLAC
Arpajon-sur-Cère
Col de Curebourse
Rocher des Pendus
Puy de la Grousse
St-Mamet-la-Salvetat
Mur-de-Barrez
Gorges de la Truyère
Montsalvy
Puy de l'Arbre
Circuit des Gentianes
Entraygues-sur-Truyère
Puy de Montabes
Laguiole
Conques
Decazeville
Aubin
Gorges du Lot
Chemin de St-Jacques
Estaing
Espalion
St-Côme-d'Olt
Pic de Kaymard
Marcillac-Vallon
Causse de Lanhac
Bozouls
Montbazens
Massiac
St-Flour
12 Aveyron
15 Cantal
78
79
80
81
82
Villefranche-de-Rouergue
127
Rodez
128
Rodez

Aurillac

78

79

80

81

82

Espalion

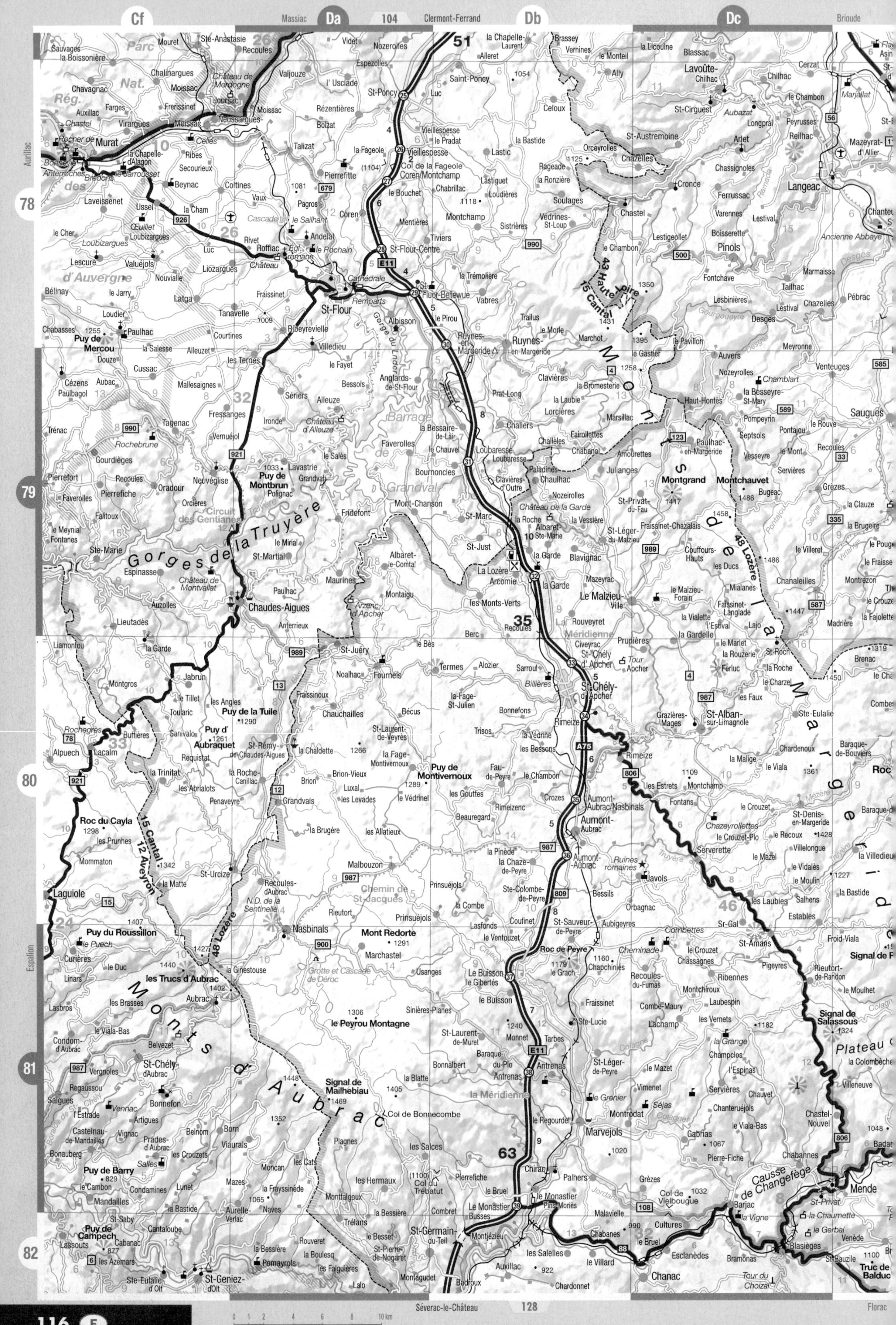




0 1 2 4 6 8 10 km
0 1 2 4 6 miles

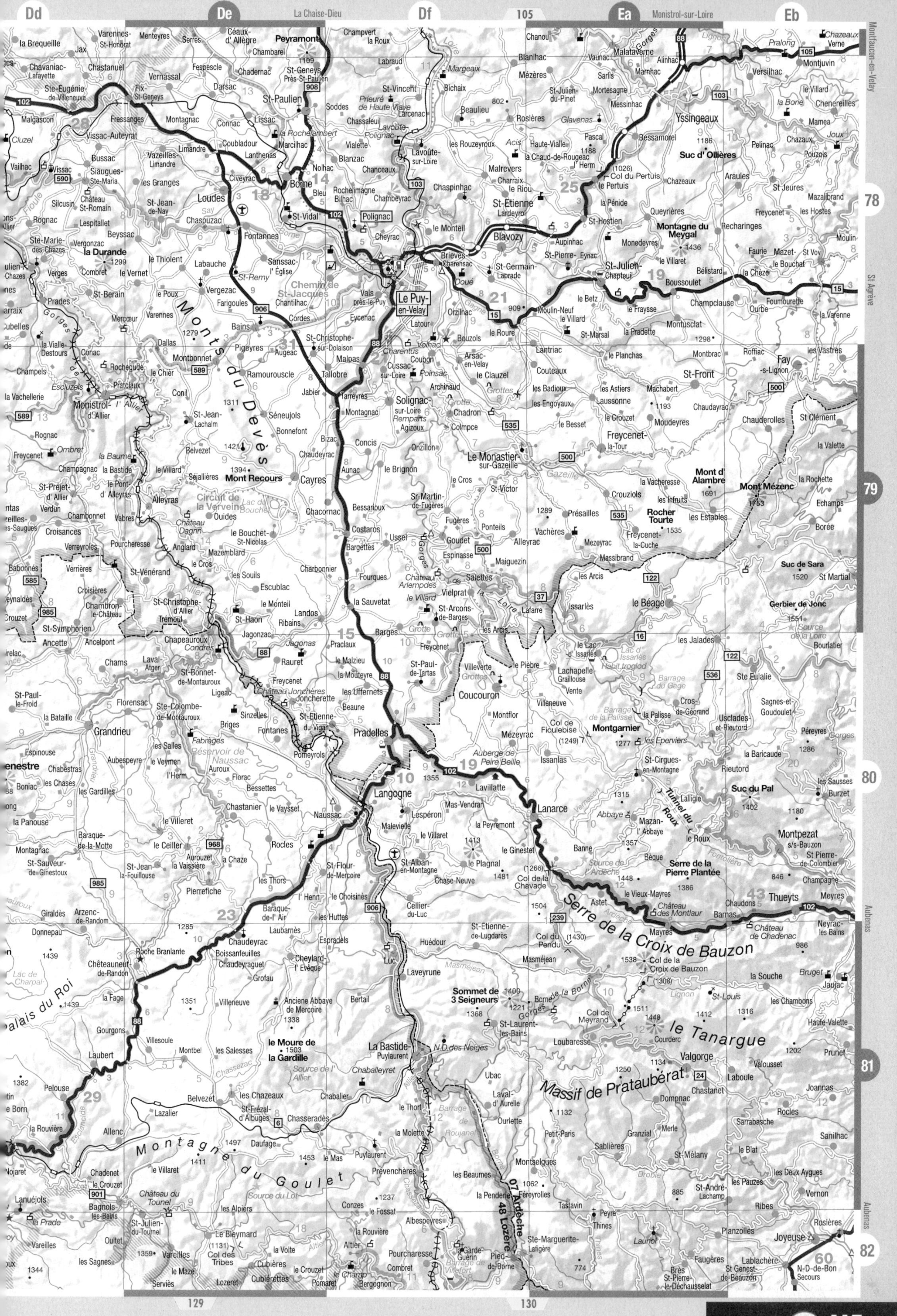
Montfaucon-en-Velay
St Agrève
Aubenas
78
79
80
81
82
129
130
la Brequeille
Varennes-St-Honorat
Menteyres
Serres
Céaux-d' Allègre
Peyramont
Champvert
la Roux
Chanou
Malataverne
Pralong
Chazeaux
Verne
Chavaniac-Lafayette
Chastanuel
Jax
Chambarel
Labraud
Blanlhac
Vaunac
Alinhac
Montjuvin
Vernassal
Fespecle
Chadernac
St-Geneys Près-St-Paulien
Margeaix
Mézères
Sarlis
Marnhac
Versilhac
Ste-Eugénie-de-Villeneuve
Fix-St-Geneys
Darsac
St-Paulien
St-Vincent
Bichaix
St-Julien-du-Pinet
Mortesagne
Messinhac
le Villard
la Borie
Chenereilles
Malgascon
Fressanges
Montagnac
Connac
Lissac
Soddes
Prieuré de Haute Vialle
Larcenac
Beaulieu
Rosières
Glavenas
Yssingeaux
Mamea
Cluzel
Vissac-Auteyrat
la Rochelambert
Chassaleuil
Lavoûte-Polignac
Haute-Vialle
Pascal
Bessamorel
Joux
Limandre
Coubladour
Marcilhac
Vialette
Lavoûte-sur-Loire
les Rouzeyroux
la Chaud-de-Rougeac
l' Herm
Suc d' Ollières
Chazaux
Pelinac
Pouzols
Vailhac
Vissac
Bussac
Vazeilles-Limandre
Lanthenas
Blanzac
Nolhac
Chanceaux
Malrevers
Charraix
Col du Pertuis
Araules
Siaugues-Ste-Marie
les Granges
Civeyrac
Borne
Rochelimagne
Bilhac
Chambeyrac
Chaspinhac
le Riou
le Pertuis
Chazeaux
St-Jeures
Mazalibrand
Silcusin
Château St-Romain
St-Jean-de-Nay
Loudes
Bleu
St-Vidal
Polignac
St-Étienne-Lardeyrol
la Pénide
Queyrières
Freycenet
les Hostes
Rognac
Lespitallet
Chaspuzac
Fontannes
le Monteil
Blavozy
St-Hostien
Montagne du Meygal
Recharinges
Beyssac
Cheyrac
Aupinhac
Monedeyres
Moulin
Ste-Marie-des-Chazes
Vergonzac
la Durande
le Thiolent
Labauche
Sanssac-l' Église
Brives-Charensac
St-Pierre-Eynac
St-Julien-Chapteuil
le Villaret
Faurie
Mazet-St Voy
le Bouchat
Combret
le Vernet
St-Germain-Laprade
Bélistard
la Chèze
Verges
St-Remy
Chemin de St-Jacques
Doué
Boussoulet
Prades
St-Berain
le Poux
Vergezac
Chantilhac
Vals-près-le-Puy
Le Puy-en-Velay
Orzilhac
le Betz
Champclause
Foumourette
Mercœur
Varennes
Farigoules
Cordes
Eycenac
Latour
Moulin-Neuf
le Villard
le Frayce
Ourbe
la Varenne
Monts du Devès
Bains
St-Christophe-sur-Dolaison
Bouzols
le Roure
St-Marsal
la Pradette
Montusclat
Dallas
Pigeyres
Augeac
Charentus
Volhac
Lantriac
le Planchas
Montbrac
Roffiac
les Vastres
la Vialle-Destours
Conac
Rochegude
Montbonnet
Malpas
Cussac-sur-Loire
Coubon
Arsac-en-Velay
Couteaux
St-Front
Fay-sur-Lignon
Champels
Pratclaux
le Chier
Ramourouscle
Tallobre
Poinsac
le Clauzel
les Badioux
les Astiers
Machabert
Esculzels
Monistrol-d' Allier
Conil
Jabier
Tarreyres
Solignac-sur-Loire
Archinaud
les Engoyaux
Laussonne
Chaudayrac
la Vachellerie
St-Jean-Lachalm
Séneujols
Montagnac
Remparts
Agizoux
Chadron
Colmpce
le Besset
le Crouzet
Moudeyres
Chauderolles
St Clément
Rognac
Bonnefont
Bizac
Freycenet-la-Tour
la Valette
Freycenet
Ombret
Belvezet
Chaudeyrac
Concis
Onzillon
Le Monastier-sur-Gazeille
la Baume
Mont Recours
Cayres
Aunac
le Brignon
le Cros
St-Victor
la Vacheresse
Mont d' Alambre
Champagnac
la Bastide
le Villard
Séjallières
la Rochette
St-Préjet-d' Allier
le Pont-d' Alleyras
Circuit de la Verveine
Lac du Bouchet
Crouziols
Mont Mézenc
Alleyras
Chacornac
Bessarioux
Sr-Martin-de-Fugères
Présailles
les Infruits
Echamps
Verdun
Chambonnet
Vabres
Château Dagnin
Ouides
Rocher Tourte
les Estables
Croisances
Costaros
Fugères
Ponteils
Vachères
Borée
Pourcheresse
Anglard
le Bouchet-St-Nicolas
Bargettes
Ussel
Goudet
Alleyrac
Freycenet-la-Cuche
Mezeyrac
Verreyrolles
Mazemblard
Espinasse
Maiguezin
Massibrand
Babonnès
Verrières
St-Vénérand
le Cros
les Souils
Charbonnier
Fourques
Château Arlempdes
Salettes
les Arcis
Suc de Sara
St Martial
Croisières
Escublac
Vielprat
Chambron-le-Château
St-Christophe-d' Allier
le Monteil
la Sauvetat
le Villard
St-Arcons-de-Barges
Lafarre
Issarlès
le Béage
Gerbier de Jonc
Trémoul
St-Haon
Landos
Ribains
St-Symphorien
Ancette
Ancelpont
Jagonzac
Jagonas
Pradaux
Barges
Freycenet
les Arcis
les Jalades
Source de la Loire
Bourlatier
Chapeauroux
Condres
Rauret
le Malzieu
St-Paul-de-Tartas
le Lac d' Issarlès
Chams
Laval-Atger
la Mouteyre
Villeverte
le Pièbre
Lachapelle-Graillouse
Habit troglod
Ste Eulalie
St-Bonnet-de-Montauroux
Freycenet
Château Jonchères
les Uffernets
Coucouron
Vente
Barrage du Gage
St-Paul-le-Froid
Ligeac
Joncherette
Beaune
Cros-de-Géorand
Sagnes-et-Goudoulet
la Bataille
Florensac
Ste-Colombe-de-Montauroux
Sinzelles
St-Étienne-du-Vigan
Villeneuve
Montflor
Barrage de la Palisse
la Palisse
Usclades-et-Rieutord
Grandrieu
Briges
Fontanes
Pradelles
Mézeyrac
Col de Fioulebise
Montgarnier
les Eperviers
Péreyres
Espinouse
les Salles
le Veymen
Fabrèges
Réservoir de Naussac
Pomeyrols
Auberge de Peire Beille
Issanlas
St-Cirgues-en-Montagne
la Baricaude
Chabestras
Aubespeyre
l'Herm
Auroux
Florac
Langogne
Lavillatte
Rieutord
les Sausses
Boniac
les Chases
les Gardilles
Bessettes
Tunnel du Roux
Suc du Pal
Burzet
Mas-Vendran
Lanarce
Lalligie
Chastanier
le Vaysset
Naussac
Lespéron
Abbaye
Mazan-l' Abbaye
la Panouse
le Villeret
Malevieille
la Peyremont
le Roux
Baraque-de-la-Motte
le Ceillier
Rocles
le Villaret
Montpezat s/s-Bauzon
Montagnac
Aurouzet
la Vaissière
la Chaze
St-Alban-en-Montagne
le Plagnal
le Ginestet
Banne
Bèque
St Pierre-de-Colombier
St-Sauveur-de-Ginestoux
St-Jean-la-Fouillouse
St-Flour-de-Mercoire
Chase-Neuve
Col de la Chavade
Source de l'Ardèche
Serre de la Pierre Plantée
Champagne
les Thors
Pierrefiche
l' Henri
le Choisinès
Cellier-du-Luc
Astet
le Vieux-Mayres
Château des Montlaur
Chaudons
Barnas
Thueyts
Meyres
Giraldès
Arzenc-de-Random
Baraque-de-l' Air
les Huttes
Serre de la Croix de Bauzon
Neyrac-les Bains
Donnepau
Laubarnès
Chaudeyrac
Espradels
St-Étienne-de-Lugdarès
Col du Pendu
Mayres
Château de Chadenac
Roche Branlante
Boissanfeuilles
Chaudeyraguet
Cheylard-l' Évêque
Huédour
Masméjean
Col de la Croix de Bauzon
Lac de Charpal
Châteauneuf-de-Randon
Luc
Laveyrune
la Souche
Bruget
Jaujac
Grofau
Palais du Roi
la Fage
Villeneuve
Ancienne Abbaye de Mercoire
Bertail
Sommet de 3 Seigneurs
Borne
la Borne
Lignon
St-Louis
les Chambons
Gourgons
Col de Meyrand
le Tanargue
Haute-Valette
St-Laurent-les-Bains
Courderc
Villesoule
Montbel
les Salesses
le Moure de la Gardille
La Bastide-Puylaurent
N.D. des Neiges
Loubaresse
Valgorge
Prunet
Laubert
Source de l' Allier
Chaballeyret
Valousset
Massif de Prataubérat
Laboule
Pelouse
Chassezac
Ubac
Chastanet
Joannas
Belvezet
les Chazeaux
Chabalier
Laval-d' Aurelle
Dompnac
Lazalier
St-Frézal-d' Albuges
Chasseradès
le Thort
Barrage de Roujanel
Ourlette
Petit-Paris
Granzial
Merle
Rocles
Sarrabasche
la Rouvière
Allenc
la Molette
Sablières
Sanilhac
Montagne du Goulet
Daufage
le Mas
Puylaurent
St-Mélany
le Blat
Chadenet
le Crouzet
le Villaret
Prévenchères
les Beaumes
Montselgues
Drobie
les Deux Aygues
Lanuéjols
Château du Tounel
Source du Lot
les Alpiers
Conzes
le Fossat
la Penderie
Féreyrolles
St-André-Lachamp
les Pauzes
Vernon
Bagnols-les-Bains
Tastavin
Ribes
07 Ardèche
48 Lozère
la Prade
St-Julien-du-Tournel
Le Bleymard
Col des Tribes
la Rouvière
Albespeyres
Peyre
Thines
Laurac
Planzolles
Rosières
Joyeuse
Vareilles
Oultet
la Volte
Altier
Ste-Marguerite-Lafigère
Faugères
Lablachère
Varelles
Cubières
Pourcharesse
Garde-Guérin
Pied-de-Borne
Brès
St-Pierre-le-Déchausselat
St Genest-de-Beauzon
N-D-de-Bon Secours
les Sagnes
le Mazel
Servies
Lozeret
Cubiérettes
le Crouzet
Pomaret
le Champ
Combret
Bergognon
Barrage de Villefort

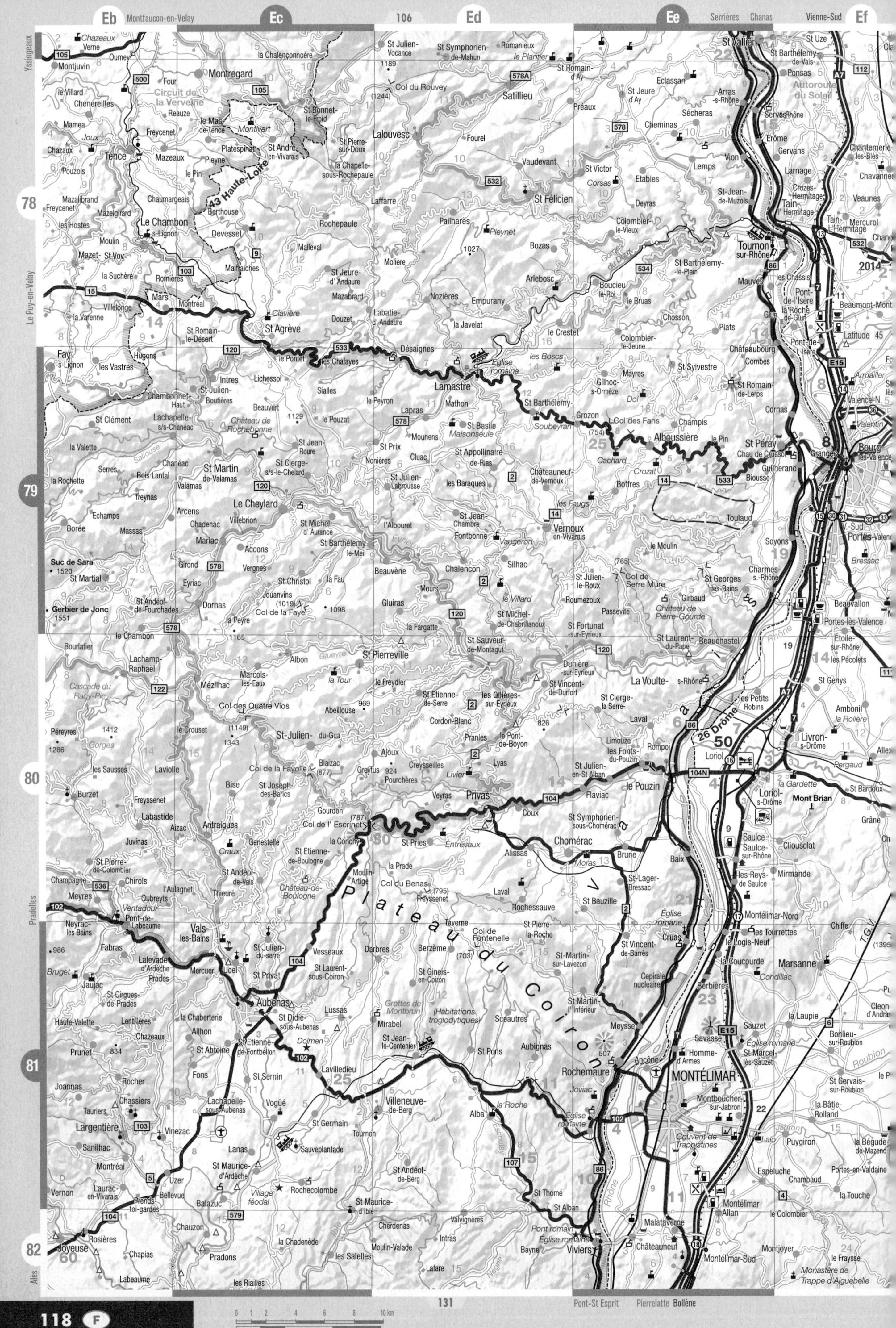



0 1 2 4 6 8 10 km
0 1 2 4 6 miles

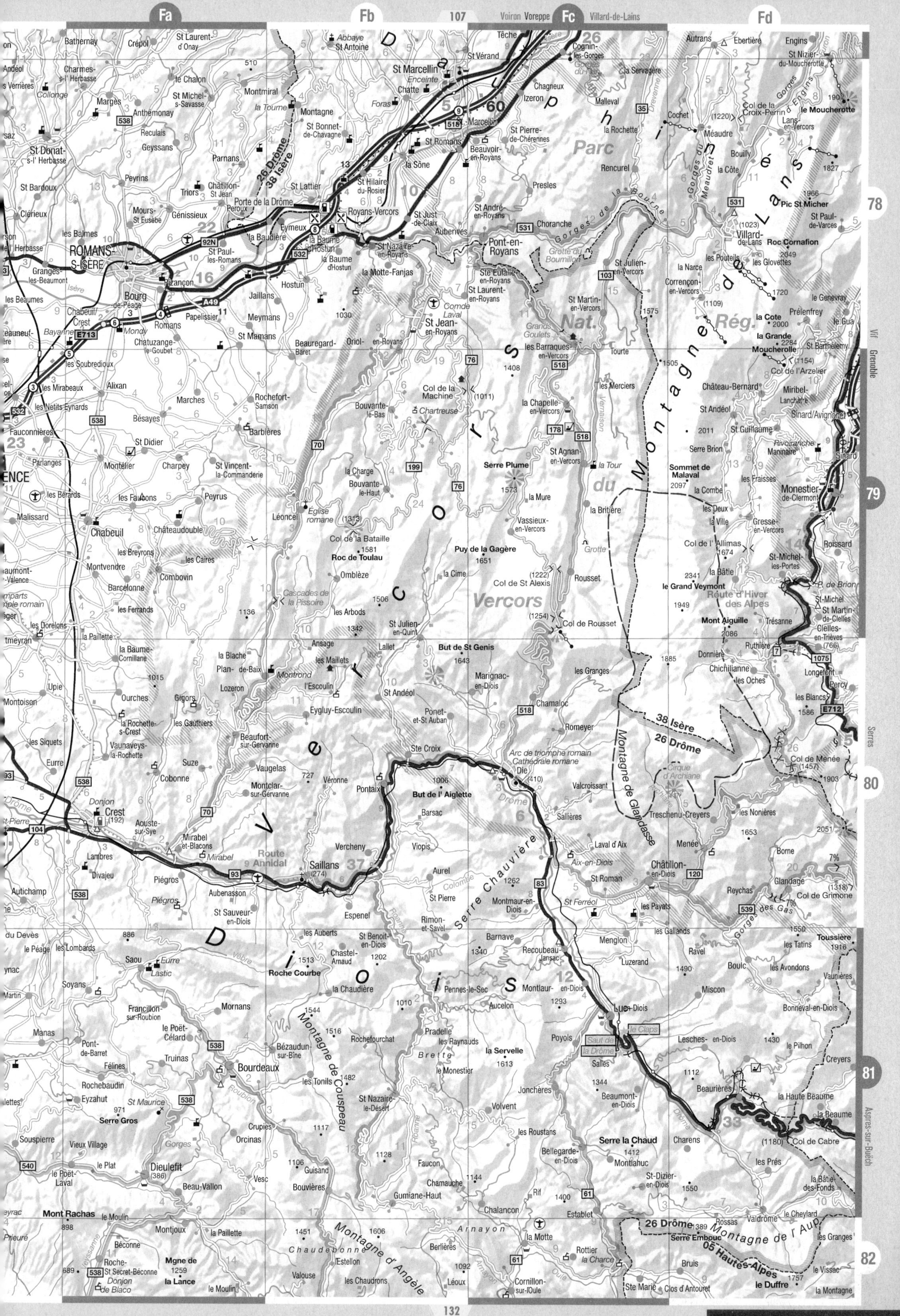
St Marcellin
Romans-sur-Isère
Bourg-de-Péage
Chabeuil
Crest
Saillans
Die
Pont-en-Royans
Villard-de-Lans
Vercors
Parc Nat. Rég. du Vercors
Montagne de Lans
Monestier-de-Clermont
Châtillon-en-Diois
Bourdeaux
Dieulefit
Luc-en-Diois
Diois
Dauphiné
Montagne de Glandasse
Grenoble
Vif
Serres
Aspres-sur-Buëch
26 Drôme
38 Isère
05 Hautes-Alpes
Mont Aiguille
Le Grand Veymont
Col de Rousset
Roc de Toulau
But de St Genis
Serre Plume
Puy de la Gagère
Le Moucherotte
Pic St Michel
Roc Cornafion
Montagne de Couspeau
Montagne d'Angèle
Montagne de l'Aup
Serre Chauvière
Route Annibal
Route d'Hiver des Alpes
Gorges de la Bourne
Gorges des Gas
Col de Menée
Col de Grimone
Col de Cabre
Mont Rachas
Serre Gros
Roche Courbe
La Servelle
Serre la Chaud
78
79
80
81
82

GRENOBLE
Engins
St Nizier-du-Moucherotte
Seyssinet
Seyssins
Espace Comboire
le Moucherotte
Z.I. des Iles
Vizille
Claix
Varces
Risset
Varces-Allières-et-Risset
St-Paul d.V.
le Chasau
Pic St Michel
St Paul-de-Varces
Vif
Eglise romane
ECHIROLLES
ST-MARTIN-D'HÈRES
Gières
Venon
Eybens
Herbeys
Bresson
Tavernolles
Jarrie-les-Chaberts
Vaulnaveys-le-Haut
le Pont-de-Claix
Champagnier
Brié-et-Angonnes
Montchaboud
N-D-de-Mésage
Vizille
le Péage-de-Vizille
Champ-s-Drac
Route Napoléon
St Nizier
St Martin-d'Uriage
Uriage-les-Bains
Croix de Chamrousse
Chamrousse
Roche Béranger
Livet-et-Gavet
Col Luitel
Séchilienne
Gavet
Gorges de la Romanche
Riouperoux
la Pra
Grand Pic de Belledonne
le Molard
le Verney
Allemont
Vaujany
la Villette
Cascade de la Fare
l'Enversin
Pic de l'Etendard
les Aiguillettes
Dôme des Petites Rousses
Pic du Lac Blanc
Lac Blanc
Cime des Torches
38 Isère
05 Hautes-Alpes
Sardonne
la Voûte
Rochetaillée
Villard-Reculas
l'Alpe-d'Huez
le Perron
Clavans-le Haut
Clavans-en-Haut-Oisans
Besse
Rivet
le Chazelet
le Grand Galbert
les Sables-en-Oisans
Oulles
la Paute
Le Bourg-d'Oisans
la Garde
Armentier
Auris
Châtains
Mizoën
le Freney
la Balme
Prégentil
le Taillefer
Ornon
Villard-Reymond
Villard-Notre-Dame
les Travers
l'Alpe-de-Venosc
Mont-de-Lans
les Deux-Alpes
Venosc
Glacier de la Girose
le Rateau
la Meije
Promontoire
la Selle
St Barthélemy-de-Séchilienne
St Georges-de-Commiers
St Pierre-de-Commiers
Laffrey
Grand Lac de Laffrey
la Coirelle
la Morte
Moulin-Vieux
Cholonge
St Jean-de-Vaulx
Col d'Ornon
le Genevray
Prélenfrey
le Gua
St Barthélemy
N-D-de-Commiers
Pâquier
Petichet
N-D-de-Vaulx
St Theoffrey
Villard St Christophe
Lavaldens
les Mazoirs
Grand Armet
la Chalp
les Siauds
Chantelouve
les Ougiers
la Danchère
Lanchâtra
Massif du Soreiller
St-Christophe-en-Oisans
le Clot-den-Haut
l'Alpe du Pin
Tête de la Maye
Miribel-Lanchâtre
St-Martin-de-la Cluze
Monteynard
la Motte-d'Aveillans
Sinard/Avignonet
Rivoiranche
la Motte-les-Bains
la Motte-St Martin
la Festinière
Pierre-Châtel
la Chaud
Fontagnieu
les Daurens
Confolens
Cascade de Confolens
Clapier du Peyron
Roche de la Muzelle
Champhorent
Parc
Sinard
Fugière
Tord
St Honore
le Coiro
le Périer
la Valette
les Eyverras
Oris-en-Ratier
Mantes-en-Ratier
Roizon
Dessous-la-Roche
Marcieu
Treffort
Monestier-de-Clermont
le Génepi
La Mure
Siévoz
Valbonnais
Entraigues
Gorges du Béranger
Valsenestre
Massif des Ecrins
Mignanne
Prunières
Ponsonnas
Herbelon
Roissard
Mayres-Savel
Cognet
Gorges de la Jonche
St Laurent-en-Beaumont
St Michel-en-Beaumont
les Angelas
la Chapelle-en-Valjouffrey
Valjouffrey
Cascade de la Pisse
Aiguille des Arias
Tête des Fétoules
la Lavey
Pointe du Vallon des Etages
Font-Turbat
Pic des Souffles
le Désert
P. de Brion
Villarent
St-Jean-d'Hérans
St Pierre-de-Méaroz
la Salle-en-Beaumont
Mont Gargas
N D de la Salette
Pic d'Olan
les Rouies
les Faures
St-Michel
St Martin-de-Clelles
Clelles-en-Trièves
Villard-Julien
Lavars
St Sébastien
les Istiers
Ste Luce
la Salette-Fallavaux
les Souffles
Cascade du Voile
Olan de la Mariée
Chalet du Gioberney
le pigeonnier
Cornillon-en-Trièves
Col Accarias
Cordéac
Quet-en-Beaumont
les Côtes-de-Corps
les Pras
Villar-Loubière
les Andrieux
Cascades
Sandon
Longefont
Percy
le Monestier-du-Percy
les Blancs
le Verdier
Mens
Menglas
Corps
Aspres-lès-Corps
St Maurice-en-Valgodemard
la Chapelle-en-Valgaudémar
le Bourg
Prébois
le Perrier
St Baudille-et-Pipet
l'Orbiou
Pellafol
L. du Sautet
Posterle
Ambel
Beaufin
Monestier-d'Ambel
les Prés-Hauts
l'Esparcelet
la Brouce
St Firmin
le Séchier
la Chaup
l'Ubac
Navette
Aiguille de Morges
Vallonpierre
Sirac
Serre-des-Bailes
St Maurice-en-Trièves
le Petits Moulins
Avers
Lalley
Dévoluy
la Trinité
St Jacques-en-Valgodemard
Ecrins
les Choucières Vertes
les Auberts
le Château-Bas
Tréminis
la Serre
Château-Méa
Défilé de la Souloise
le Glaizil
Chauffayer
le Banc du Peyron
Pic de Colle Blanche
les Costes
Molines en-Champsaur
Col de la Croix Haute
la Croix-Haute
38 Isère
26 Drôme
les Sèzes
Grand Ferrand
Truchières
St Disdier
le Collet
Roc Roux
Pouillardenc
Lacoue
St Eusèbe-en-Champsaur
la Motte-en Champsaur
le Villardon
les Infournas
Vieux Chaillol
les Baumes
les Fermons
Méollion
Champoléon
Mas-Bourget
Gorges de Forêts
Col de Grimone
Maubourg
Agnières-en-Dévoluy
St Etienne-en-Dévoluy
le Noyer
le Villard
Charbillac
Bénévent-et-Charbillac
les Martins
Lachaup
Villeneuve
Poligny
St Bonnet
les Garnauds
la Coche
Lus-la-Croix-Haute
la Jarjatte
Vachères
Superdévoly
l'Enclus
Bec de l'Aigle
les Barraques
la Fare-en-Cros
l'Aulagnier-les-Combes
St-Michel-de Chaillol
Chaillol
St Julien-en-Champsaur
St Jean-St Nicolas
Serre-Eyraud
Toussière
la Caire
Col du Festre
Pic Ponçon
les Farelles
Chaudun
Buissard
Chabottes
Pont du Fossé
St Léger-les-Mélèzes
Grande Autane
Vaunières
les Chabottes
la Cluse
le Villard
le Cros
Forest-St-Julien
Champsaur
Crête des Bergers
Pic de Gleize
St Laurent-du-Cros
Bonneval-en-Diois
Montamat
Durbon
Montagne Durbonas
Tête d'Ere
St Julien-en-Beauchêne
Pic de Bure
Route Napoléon
Col Bayard
Col de Manse
St Hilaire
Ancelle
Château d'Ancelle
Baumugne
Défilé de Potrachon
Potrachon
Tête de Clappe
la Rivière
Chauvet
Col de Moissiere
les Parias
Combe-Fère
Creyers
la Rochette
Bochaine
la Montagne
la Chau
la Rochette
le Collet
Agnielles
Rabou
Romette
Montreviol
Montbrand
le Cuchon
Charance
la Haute Beaume
la Faurie
Glaise
Montmaur
Château du Terrail
la Roche-des Arnauds
Séminaire
Pont Sarrazin
la Bâtie-Neuve
les Borels
les Andrieux
la Beaume
les Pascaux
Luye
les Césaris
la Bâtie-Vieille
Seille
Corréo
GAP
Chorges
Montgardin
Veynes
le Villard
les Santons
Aspres-sur-Buëch
St Pierre-d'Argençon
Furmeyer
la Montagne
Manteyer
les Villarons
la Freissinouse
Rambaud
les Emeyères
l'Hermitage
N-D-du-Laus
Avançon
Massots
les Chaussins
les Olliviers
la Bâtie-des-Fonds
Châteauneuf-d'Oze
Céüze
Montagne de Céüse
Pelleautier
Ste Marguerite
la Tourronde
Jarjayes
St Etienne-le-Laus
Gapian
Route des Fruits et Vins
Vière
la Faure
Mont Colombis
Oze
St Auban-d'Oze
Neffes
Aspremon
les Granges
Thoux
le Château
Laric
Espréaux
la Petite Ceüze
la Cote-de-Neffes
Châteauvieux
Valserres
Théus
Rousset
la Piarre
le Forest
le Vissac
Chabestan
le Saix
Sigoyer
St Laurent
Route Napoléon
Remollon
Espinasses
Barrage de Serre-Ponçon
la Montagne
Sigottier
la Bâtie-Montsaléon
Montagne d'Aujour
Clausonne
Fouillouse
Tallard
Die
St Michel-les Portes
78
79
80
81
82

Valloire
Gros Grenier
les Verneys
la Rivine
Bonnenuit
Route des Grandes Alpes
Plan Lachat
Grand Galibier
Col du Galibier
Col du Lautaret
Villar d'Arène
Pics de Combeynot
le Lauzet
le Désert
Roche Noire
Mont Thabor
Roche Bernaude
Gorges de la Vallée-Etroite
Chalets de Laval
Névache
Cascade
Salle
Chap. St-Hippolyte
Fourneaux
Tunnel du Fréjus (12,9km)
Arrondanz
le Jeu
Cime du Grd. Vallon
l'Argentier
les Granges
Bardonécchia
Ref. I. Re Magi
Pian del Colle
Punta Colomion
Chalets de la Pelouse
Aiguille de Scolette
Rochemolles
Fregiusa
Fréjus
M.Jafferau
8 Royeres
Beaulard
Savoulx
Castello
Madonna di Cotolivier
Chalets des Acles
Oulx
Oulx Ovest
Sestriere
Vazon
Sportinia
Sauze d'Oulx
Bonafous
Signols
Gad
Monfol
Dents d'Ambin
Mt. Giusalet
Glacier Sommeiller
Pointe Niblé
Rif.Ambin
Punta Sommeiller
Cima del Vallonetto
S.Colombano
Eclause
Gran Bosco di Salbertrand
Salbertrand
Exilles
Chiomonte
Frais
Pian Gelassa
Pian Mesdi
Monte Ciantiplagna
Montagne Seu
C.dell' Assietta
Usseaux
Gravere
Giaglione
Mura romane
Arco di Augusto
Susa
Venaus
Costa
Molaretto
Moncenisio
Villaretto
Madonna della Losa
Pragelato
Allevè
Traverses
Chezal
Plan
Laval
Monte Albergian
Borgata Sestrière
Sestrière
Parco Val Troncea
Bric Ghinivert
Balsiglia
M.Sises
Monte Pinerol
Balma
Bric Ghinivert
Rocce Platasse
Argentera
Monte Barifreddo
Orgière
Pomieri
Rif.M.Nero
Punta Ramiere
Bric Froid
Grand Queyron
la Montette
Bric Bucie
Valpreveyre
Colle de Malaure
Plampinet
Mt. Chaberton
Desertes
Fenils
Balbières
Colombière
Autagne
Monte Fraiteve
Solomiac
Mollières
S.Sicàrio
Cesana Torinese
Claviere
Bousson
Rollières
Sauze di Cesana
Brusà des Planes
Thures
Rhuilles
Lause
Chabaud
Roc del Boucher
Thuras
Col de Montgenèvre
Montgenèvre
le Chenaillet
les Fraches
Lachau
Prafauchier
les Chalps
le Clottet
les Fonts
Pic du Grand Glaiza
Cervières
le Laus
le Blétonnet
Grand Pic de Rochebrune
Pic de Pit. Rochebrune
le Roux
Pra-Roubaud
le Monêtier-les-Bains
le Casset
les Guibertes
le Serre-Barbin
Granon
Église romane
Val-des-Prés
la Salle
le Tronchet
les Pananches
Chantemerle
St Chaffrey
le Rosier
la Vachette
Villeneuve
Fréjus
Serre Chevalier
Puy-St Pierre
les Combes
Puy-St André
Briançon
Fortifications (Vauban)
St Michel
Villar-St Pancrace
le Mélézin-Chalets
Chalets des Ayes
Pointe Peygu
Ratière
Prelles
Chalet de l'Alpe du Villar d'Arène
Alpe Planchard
les Ecrins
Pic des Agneaux
Glacier Blanc
Roche Faurio
Pointe des Arcas
Barre des Ecrins
Ref Cézanne
Chambran Chalets
Mont Pelvoux
Pelvoux
Ailefroide
Sélé
Celse Nière
St Antoine
le Sarret
Puy-Aillaud
Vallouise
le Villard
Béassac
Puy-St Vincent
Entre-les-Aigues
Pointe de l' Aiglière
Bouchier
les Vigneaux
les Prés
la Batie
St Martin-de-Queyrières
Queyrières
Ste-Marguerite
L'Argentière-la Bessée
Tête du Puy
Route des Grandes Alpes
Col d' Izoard
Musée du Tour de France
Chalets de Orceyrette
Pic de Ht. Mouriare
Chalets de l' Eychaillon
Chalets de Clapeyto
Brunissard
la Chalp
Souliers
Arvieux
le Pasquier
Pic du Béal Traversier
le Cougnet
Villargaudin
Château-Queyras
Chalets de Lombard
Eygliers
Chalvet
Aiguilles
Abriès
Ft. de Marassan
Ristolas
la Monta
Colle della Croce
l' Echalp
Malrif
le Villard
Église romane
Peinin
Ville Vieille
les Prats
Parc Naturel Régional du Queyras
Pic du Fond de Peinin
Grand Belvédère
Rif. Batt.Granero
Sommet Bucher
Molines-en-Queyras
Fontgillarde
Pierre-Grosse
Lac Egourgeou
Bergerie nos-Roche
Lac Foréant
St Véran
Belvédère du Cirque
le Pain de Sucre
Mont Aiguillette
Col Agnel/C.d.Agnello
Rif.Soustra
Rif.Berardo
Montbardon
les Escoyers
le Veyer
Bramousse
Chalets de Bramousse
Pointe de Rasis
Combe du Queyras
la Clapière
le Villard
Ceillac
St Roch
Rioufenc
N.D.de-Clausis
Crête de Dourmillouse
Tête de Soulaire
Pic de Rougnoux
Dourmillouse
les Viollins
les Mensals
Freissinières
le Plan-des-Léothauds
les Aujards
Gouffre de Gourfouran
Cascades
Géro
le Lauzet
la Roche-de-Rame
l'Adroit
Chalets de Furfande
Prareboul
le Villard
St Crépin
Prachaval
Champcella
Chanteloube
les Achards
les Eymars
le Truchet
Réotier
Grand Pinier
Petit Pinier
Prapic
Pic de Rochelaire
l'Alp
Tête de Fouran
Eygliers
Mont Dauphin
Remparts
Guillestre
le Plan-de-Phasy
St Clément
Risoul
Bel-Pinet
les Casses
Cascade de la Pisse
le Mourre Froid
la Serre
St Etienne
Chameyer
Châteauroux
Pointe de Serre
Reallon
les Fontaniers
Mont Guillaume
le Château-Caléyère
Puy-St Eusèbe
les Rousses
Chérines
Embrun
Église romane ancienne enceinte
Puy-Sanières
St Sauveur
les Gaillards
le Poët
Crots
Baratier
Savines-le-Lac
les Chappas
Pontis
Pic de Morgon
l'Adroit-de-Pontis
Abbaye
Cirque du Bragousse
les Fabres
Grande Cabane
le Petit Ferrand
les Traverses
Col de Chérine
Risoul 1850
Siguret
St André-d'Embrun
les Charbonnières
Pra Mouton
Crévoux
Cascade de la Pisse
Pointe de Saume
Cime-du-Mélezet
la Raille
Église romane
Vars
le Forest
Ste Marie
les Plans
les Claux
Pic de Chabrières
Col de Vars
la Chalp
le Pic Haut
les Orres
Vachères
Melezet
Pramouton
Pic de Boussolenc
Grand Parpaillon
Pic de la Font Sancte
Maurin
Combe-Brémond
la Barge
Maljasset
la Blachière
St Antoine
Grande Serenne
Pont du Châtel
Fouillouze
Aiguille de Chambeyron
Melezen
St Paul
Tournoux
Meyronnes
St Ours
la Batterie de Viraysse
Ste Anne-la-Condamine
la Condamine-Châtelard
le Grach
Lac de la Reculaye
Péouvou
05 Hautes-Alpes
04 Alpes-de-Haute-Provence
73 Savoie
Roc.d.Niera
Chianale
Rif. Savigliano
Pontechianale
Bric de Rubren
Monte Ferra
Bellino
Chiesa
Dents de Maniglia
S.Anna
M.Pelvo d'Elva
Monte Faraut
Rocca la Marchisa
M.Boulliagna
Chiappera
Cava di marmo
Tête de Sautron
Roche Blanche
Lausetto
Villaro
Acceglio
Frere
Maira
Aufo Vallonasso
Torino
Pinerolo
ITALIA
Dronero
78
79
80
81
82

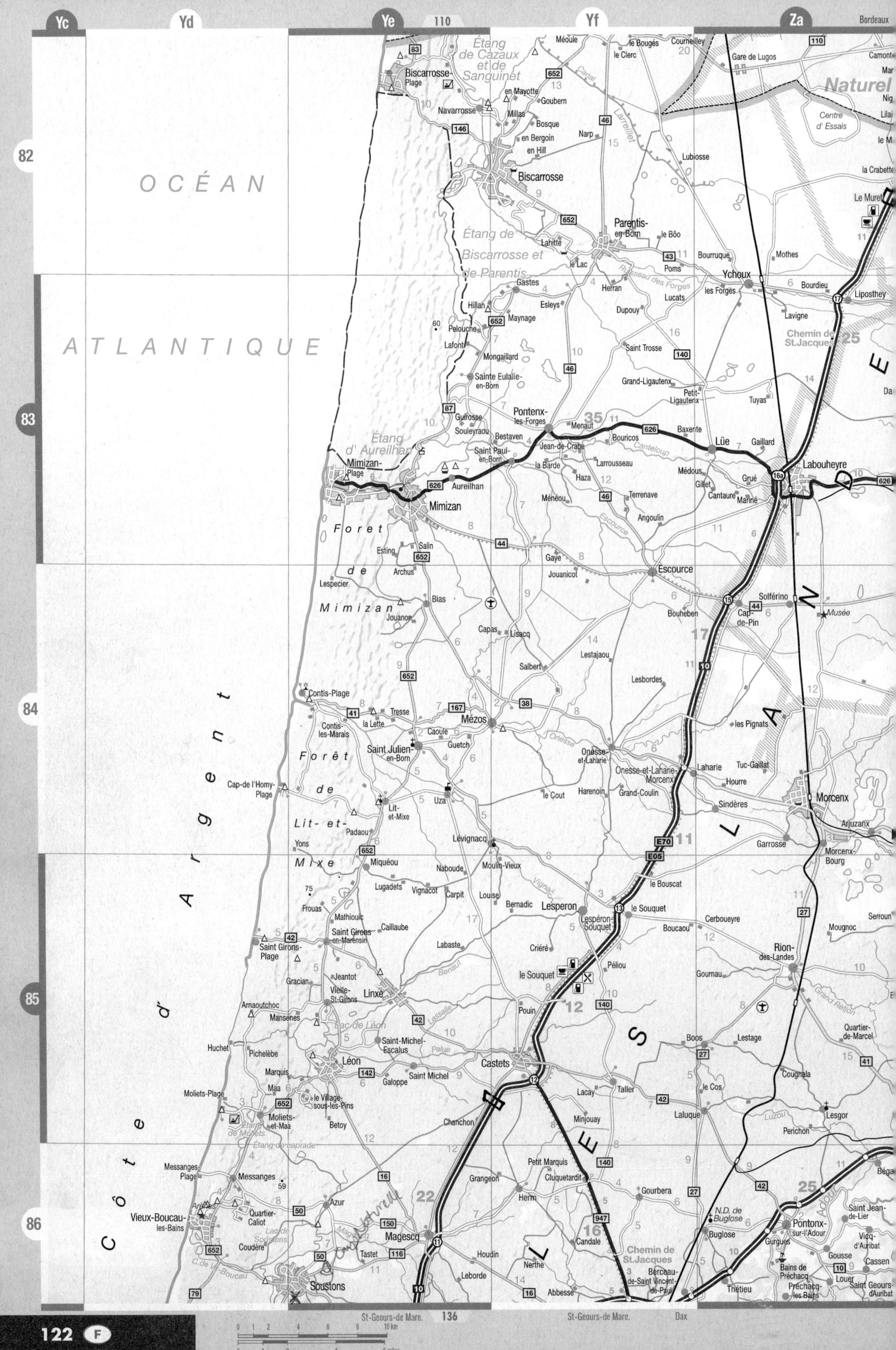
OCÉAN
ATLANTIQUE
Côte d'Argent
LANDES
Biscarrosse-Plage
Biscarrosse
Étang de Cazaux et de Sanguinet
Étang de Biscarrosse et de Parentis
Parentis-en-Born
Ychoux
Mimizan-Plage
Mimizan
Étang d' Aureilhan
Aureilhan
Pontenx-les-Forges
Labouheyre
Lüe
Escource
Forêt de Mimizan
Contis-Plage
Mézos
Saint Julien-en-Born
Forêt de Lit-et-Mixe
Lit-et-Mixe
Cap-de l'Homy-Plage
Solférino
Morcenx
Onesse-et-Laharie
Lesperon
Saint Girons-Plage
Linxe
Castets
Léon
Lac de Léon
Moliets-Plage
Moliets-et-Maa
Messanges
Vieux-Boucau-les-Bains
Soustons
Magescq
Rion-des-Landes
Pontonx-sur-l'Adour
Chemin de St.Jacques
Naturel
Centre d' Essais

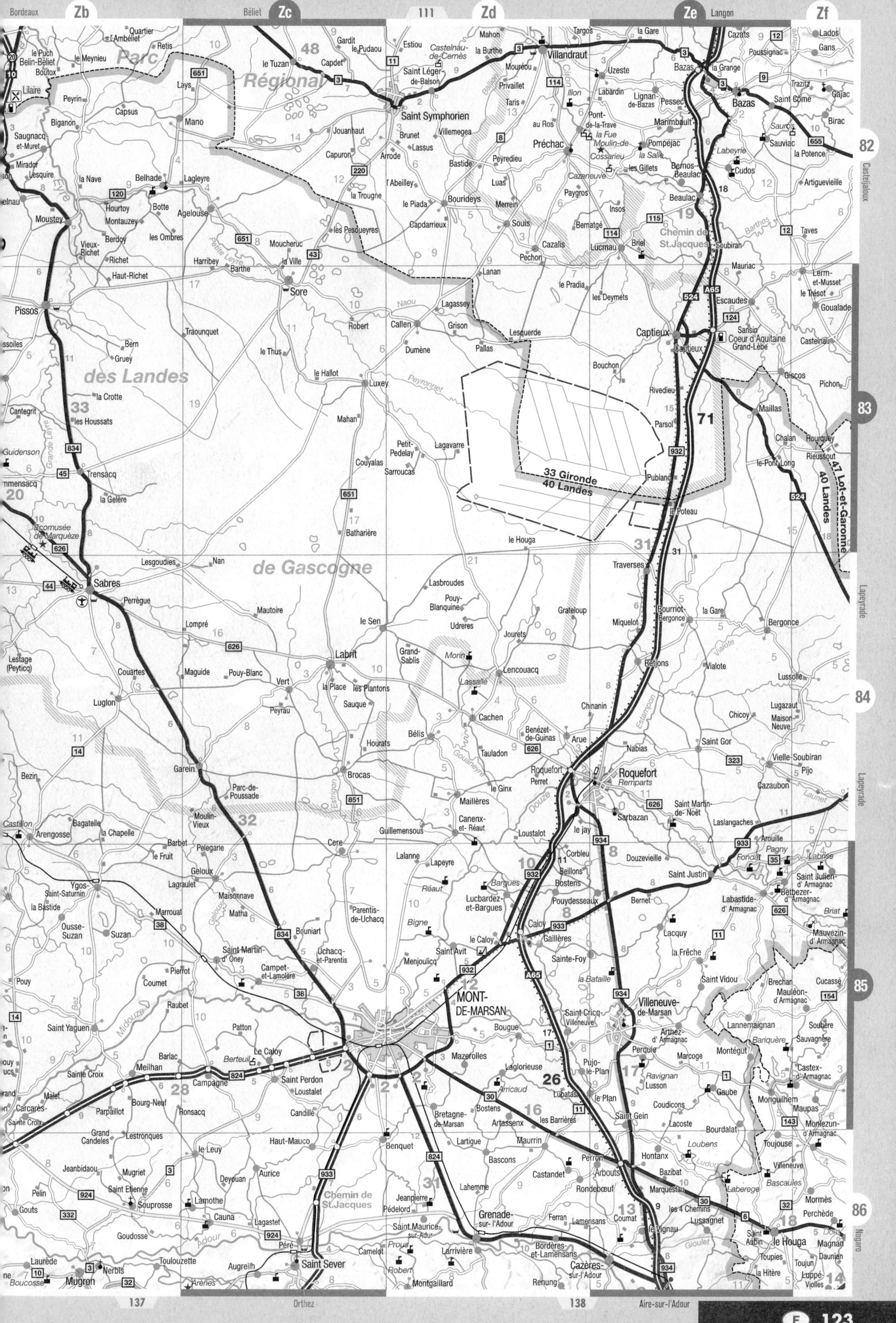

Parc Régional des Landes de Gascogne
Belin-Béliet
le Puch
le Meynieu
l'Ambéliet
Quartier
Retis
Boutox
Lilaire
Peyrin
Capsus
Lays
Mano
Biganon
Saugnacq-et-Muret
Mirador
Lesquire
la Nave
Belhade
Lagleyre
Moustey
Hourtoy
Montauzey
Botte
Agelouse
Berdoy
les Ombres
Vieux-Richet
Richet
Haut-Richet
Harribey
Barthe
Moucheruc
la Ville
Sore
Pissos
Traounquet
Bern
Gruey
le Thus
la Crotte
les Houssats
Cantegrit
Guidenson
Trensacq
la Gelère
Écomusée de Marquèze
Lesgoudies
Nan
Sabres
Perrègue
Mautoire
Lompré
Lestage (Peyticq)
Couartes
Maguide
Pouy-Blanc
Luglon
Garein
Parc-de-Poussade
Moulin-Vieux
Bezin
Castillon
Arengosse
Bagatelle
la Chapelle
Barbet
le Fruit
Pelegarie
Geloux
Lagraulet
Maisonnave
Matha
Ygos-Saint-Saturnin
la Bastide
Marrouat
Ousse-Suzan
Suzan
Saint-Martin-d'Oney
Campet-et-Lamolère
Pierrot
Coumet
Pouy
Raubet
Saint Yaguen
Patton
Meilhan
Barlac
Berteuil
Le Caloy
Sainte Croix
Campagne
Saint Perdon
Loustalet
Malet
Carcarès-Sainte Croix
Parpaillot
Bourg-Neuf
Ronsacq
Candille
Grand Candeles
Lestronques
Haut-Mauco
Jeanbidaou
Mugriet
le Leuy
Deyouan
Aurice
Saint Etienne
Souprosse
Lamothe
Cauna
Pelin
Gouts
Lagastet
Péré
Goudosse
Laurède
Toulouzette
Nerbis
Mugron
Boucosse
Arènes
Augreilh
Saint Sever
Chemin de St.Jacques
le Tuzan
Gardit
le Pudaou
Capdet
Estiou
Castelnau-de-Cernès
Saint Léger-de-Balson
Saint Symphorien
Jouanhaut
Brunet
Villemegea
Lassus
Capuron
Arrode
la Trougne
l'Abeilley
le Piada
Bourideys
Capdarrieux
les Pesqueyres
Robert
Callen
Lagassey
Grison
Dumène
Pallas
Lesquerde
Luxey
le Hallot
Mahan
Petit-Pedelay
Lagavarre
Couyalas
Sarroucas
Bathariere
le Houga
Lasbroudes
Pouy-Blanquine
Udreres
le Sen
Labrit
Grand-Sablis
Morin
Lencouacq
Jourets
la Place
les Plantons
Vert
Peyrau
Sauque
Cachen
Lassalle
Bélis
Hourats
Brocas
Tauladon
le Ginx
Maillères
Canenx-et-Réaut
Guillemensous
Cere
Lalanne
Lapeyre
Réaut
Bargues
Lucbardez-et-Bargues
Parentis-de-Uchacq
Bigne
Bouniart
Uchacq-et-Parentis
le Caloy
Saint Avit
Menjoulicq
MONT-DE-MARSAN
Bougue
Mazerolles
Laglorieuse
Arricaud
Bostens
Bretagne-de-Marsan
Artassenx
Benquet
Lartigue
Maurrin
Bascons
Lahemme
Castandet
Jeanpierre
Pédelord
Saint Maurice-sur-Adour
Grenade-sur-l'Adour
Prous
Camelot
Larrivière
Robert
Montgaillard
Renung
Mahon
la Burthe
Villandraut
Mouréou
Privaillet
Taris
au Ros
Préchac
Peyredieu
Luas
Merrein
Souis
Pechon
Cazalis
Lanan
Targos
Uzeste
Labardin
Lignan-de-Bazas
Pessec
Pont-de-la-Trave
la Fue
Moulin-de-Cossarieu
Cazeneuve
Paygros
Insos
Bernatgé
Lucmau
Briel
Chemin de St.Jacques
le Pradia
les Deymets
Bouchon
Captieux
Rivedieu
Parsol
Publanc
33 Gironde
40 Landes
le Poteau
Traverses
Grateloup
Miquelot
Bourriot-Bergonce
Retjons
Chinanin
Benézet-de-Guinas
Arue
Nabias
Roquefort
Remparts
Roquefort Perret
Sarbazan
Loustalot
le Jay
Corbleu
Beillons
Bostens
Pouydesseaux
Caloy
Gaillères
Sainte-Foy
la Bataille
Saint Cricq-Villeneuve
Pujo-le-Plan
Lubatas
le Plan
Saint Gein
les Barrières
Perron
Arbouts
Rondebœuf
Ferran
Lamensans
Coumat
le Vignau
Bordères-et-Lamensans
Cazères-sur-l'Adour
la Gare
Cazats
Poussignac
Bazas
la Grange
Trazitz
Saint Côme
Gajac
Birac
Marimbault
Pompéjac
la Salle
les Gillets
Sauros
Sauviac
Labeyrie
Cudos
la Potence
Bernos-Beaulac
Beaulac
Artiguevieille
Taves
Soubiran
Mauriac
Escaudes
Sansin
Coeur d'Aquitaine
Grand-Lèbe
Lerm-et-Musset
le Trésot
Goualade
Castelnau
Giscos
Pichon
Maillas
Chalan
Hourquey
Rieussout
le-Pont-Long
47 Lot-et-Garonne
40 Landes
la Gare
Bergonce
Vialote
Lussolle
Chicoy
Lugazaut
Maison-Neuve
Saint Gor
Vielle-Soubiran
Pijo
Cazaubon
Saint Martin-de-Noët
Laslangaches
Arouille
Pagny
Fondat
Douzevieille
Saint Justin
Saint Julien-d'Armagnac
Betbezer-d'Armagnac
Labastide-d'Armagnac
Bernet
Briat
Mauvezin-d'Armagnac
Lacquy
la Frêche
Saint Vidou
Brechan
Mauléon-d'Armagnac
Cucassé
Villeneuve-de-Marsan
Lannemaignan
Soubère
Sauvagnère
Arthez-d'Armagnac
Perquie
Montégut
Marcoge
Ravignan
Lusson
Gaube
Castex-d'Armagnac
Monguilhem
Maupas
Coudicons
Lacoste
Bourdalat
Monlezun-d'Armagnac
Toujouse
Loubens
Hontanx
Villeneuve
Bazibat
Bascaules
Marquestau
Laberege
les 4 Chemins
Lussagnet
Mormès
Perchède
Saint Aubin
le Houga
Magnan
Daunian
Toupies
Toujun
la Hitère
Luppé-Violles
Castelialoux
Lapeyrade
Nogaro
82
83
84
85
86

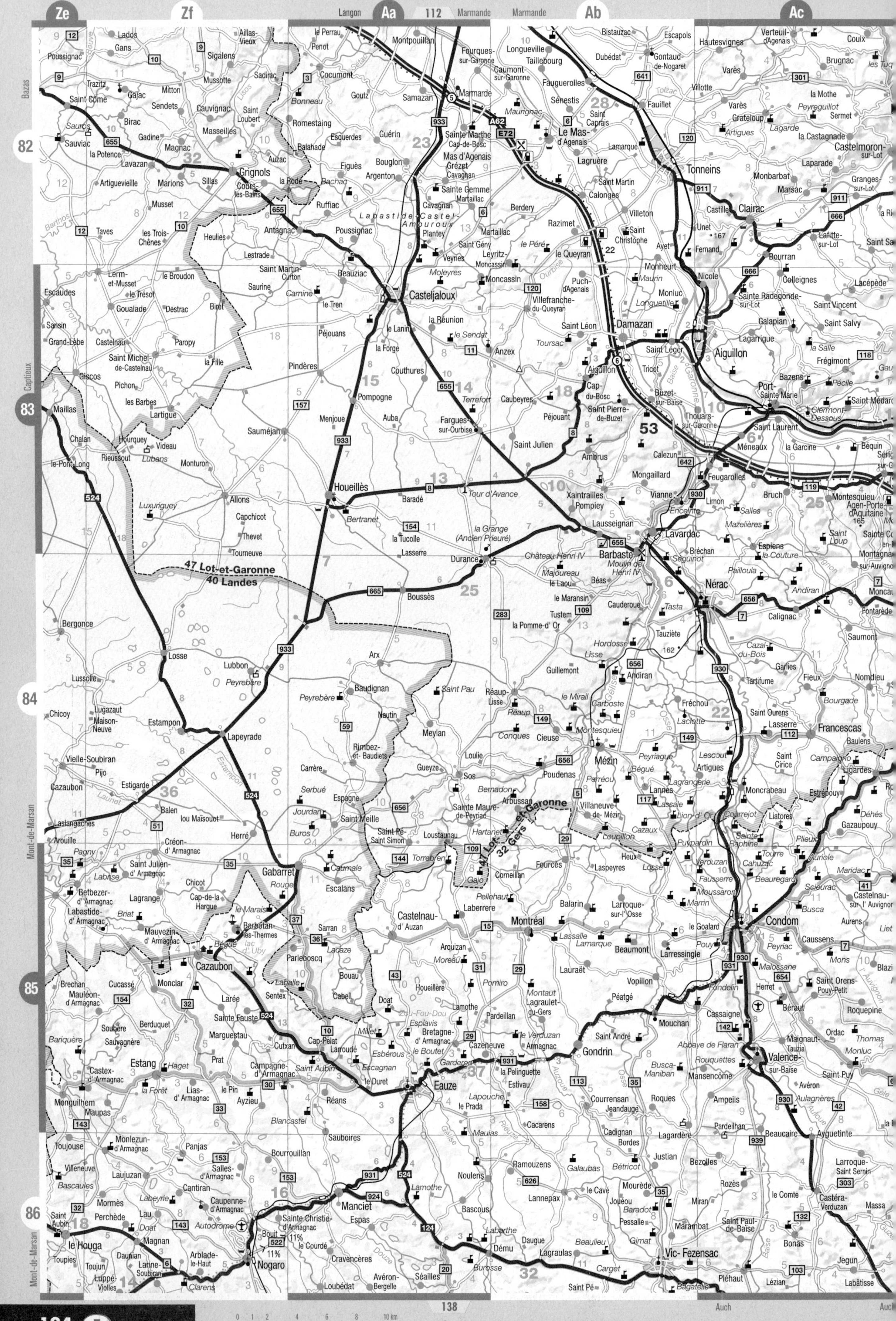




0 1 2 4 6 8 10 km
0 1 2 4 6 miles

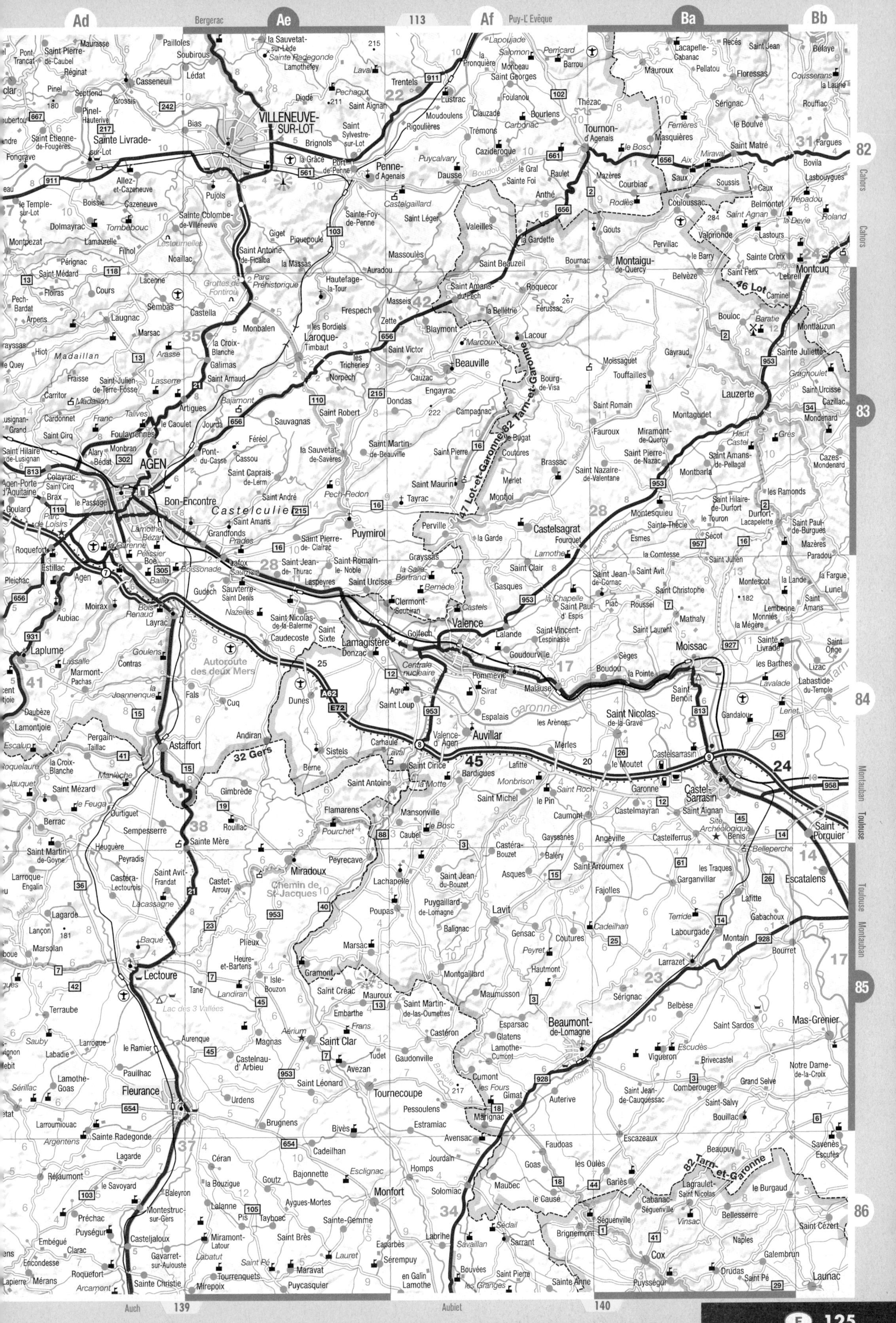
VILLENEUVE-SUR-LOT
Sainte Livrade-sur-Lot
Penne-d'Agenais
Tournon-d'Agenais
Montaigu-de-Quercy
Montcuq
Lauzerte
Beauville
Puymirol
AGEN
Bon-Encontre
Castelculier
Valence
Lamagistère
Castelsagrat
Moissac
Saint Nicolas-de-la-Grave
Castelsarrasin
Auvillar
Astaffort
Laplume
Miradoux
Lectoure
Fleurance
Lavit
Beaumont-de-Lomagne
Mas-Grenier
Saint Porquier
Escatalens
Saint Clar
Tournecoupe
Monfort
Cox
Launac
Montestruc-sur-Gers
Saint Sixte
Dunes
Autoroute des deux Mers
Garonne
47 Lot-et-Garonne
82 Tarn-et-Garonne
32 Gers
46 Lot
82
83
84
85
86
Cahors
Montauban
Toulouse

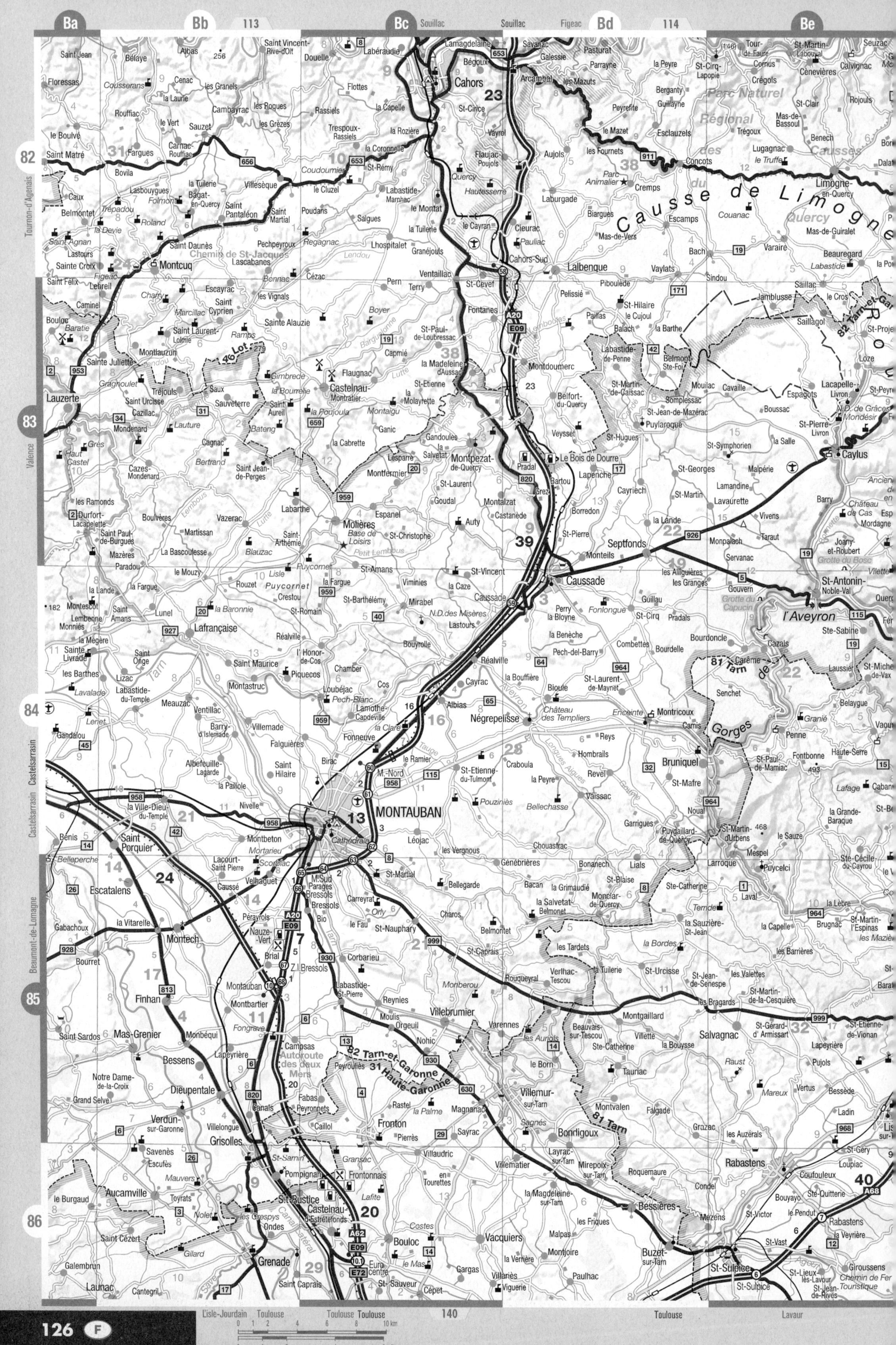
82
83
84
85
86
Tournon-d'Agenais
Valence
Castelsarrasin
Castelsarrasin
Beaumont-de-Lomagne
Cahors
Arcambal
Bégoux
Lamagdelaine
Savanac
Pasturat
Galessie
Parrayne
les Mazuts
Douelle
Labéraudie
Saint Vincent-Rive-d'Olt
Albas
Bélaye
Saint Jean
Floressas
Cousserans
Cenac
les Granels
la Laurie
Rouffiac
Cambayrac
les Roques
les Grèzes
Le Vert
Sauzet
le Boulvé
Saint Matré
Fargues
Carnac-Rouffiac
Bovila
Villesèque
Flottes
Rassiels
la Capelle
Trespoux-Rassiels
la Rozière
la Coronnelle
St-Rémy
Coudoumier
St-Cirice
Vayrol
Flaujac-Poujols
Quercy
Hautesserre
Aujols
Laburgade
Parc Naturel Régional des Causses du Quercy
Causse de Limogne
Parc Animalier
Cremps
les Fournets
le Mazet
Esclauzels
Peyrefite
Bergardy
Guillayne
Crégols
St-Cirq-Lapopie
Tour-de-Faure
Cornus
la Peyre
St-Martin-Labouval
Cénevières
Calvignac
Seuzac
St-Clair
Rojouls
Mas-de-Bassoul
Trégoux
Benech
Lugagnac
le Truffe
Concots
Limogne-en-Quercy
Couanac
Escamps
Biargues
Mas-de-Vers
Mas-de-Guiralet
Varaire
Bach
Beauregard
Labastide
Vaylats
Sindou
Lalbenque
Cahors-Sud
Cieurac
Pauliac
le Cayran
Lhospitalet
Granéjouls
Labastide-Marnhac
le Montat
le Cluzel
Poudans
Salgues
la Tuilerie
Lasbouygues
Folmont
Bagat-en-Quercy
Saint Pantaléon
Saint Martial
Caux
Belmontet
Trépadou
Roland
la Devie
Saint Agnan
Lastours
Sainte Croix
Saint Daunès
Pechpeyroux
Regagnac
Chemin de St-Jacques
Lascabanes
Lendou
Montcuq
Figeac
Lebreil
Saint Félix
Bonnac
Cézac
Pern
Terry
Ventaillac
St-Cevet
Escayrac
Charry
les Vignals
Saint Cyprien
Marcillac
Caminel
Boulgo
Baratie
Saint Laurent-Lolmie
Ramps
Sainte Alauzie
Boyer
St-Paul-de-Loubressac
Fontanes
Pibouléde
Pelissié
St-Hilaire
le Cujoul
Paillas
Balach
la Barthe
Sailiac
Jamblusse
le Cros
Saillagol
82 Tarn-et-Garonne
St-Projet
Loze
Labastide-de-Penne
Belmont-Ste-Foi
Mouilac
Caivaille
Espagots
Lacapelle-Livron
N.D. de Grâces
Mondésir
Montdoumerc
Belfort-du-Quercy
St-Martin-de-Caissac
Somplessac
St-Jean-de-Mazérac
Puylaroque
Boussac
St-Pierre-Livron
Caylus
Montlauzun
46 Lot
Sainte Juliette
Lauzerte
Gimbrede
Flaugnac
Capmié
la Madeleine d'Aussac
Castelnau-Montratier
St-Etienne
la Molayrette
Gragnoulet
Tréjouls
Saux
la Bourrelie
Saint Urcisse
Sauveterre
Saint Aureil
la Poujoula
Cazillac
Lauture
Bateng
Montaigu
Mondenard
Gres
Haut Castel
Cagnac
Bertrand
la Cabrette
Ganic
Gandoules
la Salvetat
Lesparre
Montfermier
Montpezat-de-Quercy
Pradal
Le Bois de Dourre
Veyssel
St-Hugues
St-Symphorien
la Salle
Cazes-Mondenard
Saint Jean-de-Perges
St-Laurent
Goudal
Montalzat
Castanède
Bartou
Lapenche
Cayriech
St-Georges
Malpérie
Lamandine
Lavaurette
St-Martin
Barry
Château de Cas
Mordagne
les Ramonds
Durfort-Lacapelette
Boulvères
Vazerac
Labarthe
Molières
Base de Loisirs
Espanel
St-Christophe
Auty
Borredon
la Lande
Vivens
Saint Paul-de-Burgues
Martissan
Saint-Arthémie
Petit Lembous
Blauzac
St-Pierre
Septfonds
Monteils
Monpalach
Taraut
Servanac
Joany-et-Roubert
Grotte du Bosc
Mazères
La Bascoulesse
Paradou
Puycornet
St-Amans
St-Vincent
Caussade
les Alliguières
les Granges
Gouvern
Grotte du Capucin
St-Antonin-Noble-Val
l'Aveyron
Le Mouzy
la Fargue
Rouzet
Crestou
Viminies
la Caze
Guillau
St-Cirq
Pradals
Fonlongue
Perry
la Bloyne
Montescot
Saint Amans
Lunel
la Baronnie
St-Romain
St-Barthélémy
Mirabel
N.D. des Misères
Lastours
Lembenne
Monniès
Lafrançaise
Réalville
Bouyrolle
la Benèche
Pech-del-Barry
Combettes
Bourdelle
Bourdoncle
Ste-Sabine
Cazals
la Mégère
Sainte Livrade
Saint Onge
Saint Maurice
l' Honor-de-Cos
Chamber
Piquecos
Réalville
la Bouffière
Bioule
St-Laurent-de-Maynet
81 Tarn
Carème
Senchet
Laussier
St-Michel-de-Vax
les Barthes
Lizac
Lavalade
Labastide-du-Temple
Montastruc
Loubéjac
Pech-Blanc
Cos
Cayrac
Albias
Négrepelisse
Château des Templiers
Enceinte
Montricoux
Camis
Gorges
Granié
Belaygue
Lenet
Meauzac
Ventillac
Barry-d'Islemade
Villemade
Lamothe-Capdeville
la Clare
Fonneuve
Falguières
Gandalou
Albefeuille-Lagarde
Saint Hilaire
Birac
le Ramier
M.-Nord
St-Etienne-du-Tulmont
Craboula
la Peyre
Hombrails
Revel
Reys
Bruniquel
St-Mafre
Penne
Fontbonne
Haute-Serre
St-Paul-de-Mamiac
Lafage
la Paillole
Nivelle
la Ville-Dieu-du-Temple
MONTAUBAN
Cathédrale
Pouziniès
Bellechasse
Vaissac
Noual
Garrigues
Puygaillard-de-Quercy
St-Martin-d'Urbens
la Grande-Baraque
le Sauze
Mespel
Puycelci
Bénis
Saint Porquier
Montbeton
Montarieu
Scorpiac
Lacourt-Saint Pierre
Velhaguet
Léojac
les Vergnous
Chouastrac
Génébrières
Bonanech
Lials
Larroque
Ste-Cécile-du-Cayrou
Belleperche
Escatalens
Caussé
Péreyrols
M.-Sud
Parages
Bressols
St-Martial
Carreyrat
Orly
Bellegarde
Bacan
la Grimaudié
St-Blaise
Monclar-de-Quercy
la Salvetat-Belmonet
Ste-Catherine
Laval
Terride
la Lèbre
Gabachoux
la Vitarelle
Montech
Nauze-Vert
Brial
le Fau
St-Nauphary
Charos
Belmontet
la Sauzière-St-Jean
la Capelle
Brugnac
St-Martin-l'Espinas
les Mazières
Bourret
Z.I. Bressols
Corbarieu
St-Caprais
les Tardets
la Bordes
les Barrières
Finhan
Montauban
Montbartier
Labastide-St-Pierre
Reynies
Villebrumier
Monberou
Rouqueyral
Verlhac-Tescou
la Tuilerie
St-Urcisse
St-Jean-de-Senespe
les Valettes
St-Martin-de-la-Cesquière
les Bragards
Mas-Grenier
Saint Sardos
Monbéqui
Fongrave
Moulis
Orgeuil
Nohic
Varennes
les Aurols
Beauvais-sur-Tescou
Villette
Montgaillard
Salvagnac
St-Gérard-d'Armissart
St-Etienne-de-Vionan
Lapeyrière
Bessens
Campsas
Autoroute des deux Mers
82 Tarn-et-Garonne
31 Haute-Garonne
Peyroulies
Ste-Catherine
la Bouysse
Tauriac
Raust
Pujols
Notre Dame-de-la-Croix
Dieupentale
le Born
Mareux
Vertus
Bessède
Grand Selve
Fabas
Peyronnets
Rastel
la Palme
Magnanac
Villemur-sur-Tarn
Montvalen
Falgade
Ladin
Verdun-sur-Garonne
Villelongue
Canals
Caillol
Fronton
Pierrès
Sayrac
Sagnès
Bondigoux
Grazac
les Auzérals
Grisolles
Savenès
Escufès
St-Samin
Gransac
Villaudric
Villematier
Layrac-sur-Tarn
Mirepoix-sur-Tarn
Roquemaure
Rabastens
St-Géry
Loupiac
Coufouleux
Ste-Quitterie
Aucamville
Mauvers
Toyrats
Pompignan
Frontonnais
en Tourettes
la Magdeleine-sur-Tarn
Condel
Bouyayo
le Burgaud
Nolet
les Crespys
St-Rustice
Castelnau-d'Estrétefonds
Lafite
Bessières
Mézens
St-Victor
le Pendut
Rabastens
la Veyrière
Saint Cézert
Gilard
Ondes
Canal Latéral
Costes
Bouloc
Vacquiers
les Friques
Malpas
Montjoire
Buzet-sur-Tarn
St-Vast
Galembrun
Grenade
Eurocentre
le Mas
Gargas
la Verrière
St-Sulpice
St-Lieux-lès-Lavaur
Giroussens
Chemin de Fer Touristique
Launac
Cantegril
Saint Caprais
St-Sauveur
Cépet
Villariès
Viguerie
Paulhac
St-Jean-de-Rives
L'Isle-Jourdain
Toulouse
Toulouse
Toulouse
140
Toulouse
Lavaur
10 km
6 miles

Villeneuve
Villefranche-de-Rouergue
Gorges de l'Aveyron
Rignac
Rieupeyroux
Baraqueville
Najac
Naucelle
Cassagnes-Bégonhès
Pampelonne
Viaduc du Viaur
Gorges du Viaur
Carmaux
Cordes
Réquista
Valence-d'Albigeois
Valderiès
ALBI
Arthès
St-Juéry
Ambialet
Gaillac
Villefranche-d'Albigeois
Alban
Cadalen
Lombers
Réalmont
Graulhet
Laboutarie
12 Aveyron
81 Tarn
46 Lot
Rodez
St-Sernin-sur-Rance
82
83
84
85
86

Causse de Lanhac
Causse du Comtal
Bozouls
Espalion
St-Geniez-d'Olt
Pomayrols
Cadayrac
Limouse
Ste-Austremoire
Salles-la-Source
Bezonnes
Concourès
Fijaguet
Decazeville
Sévérac
Souyri
Onet-le-Château
Vabre
Gajac
Sébazac-Concourès
Lioujas
Cayssac
Gages-le-Haut
Montrozier
Anglars
Bertholène
Laissac
Capdenaguet
Capelle
la Tricherie
Rignac
Flavin
Druelle
Agnac
Olemps
RODEZ
le Monastère
Cathédrale Notre-Dame
Ste-Radegonde
Forêt des Palanges
Agen-d'Aveyron
Aujols
Puech de St-Félix
Sévérac-l'Église
Palmas
Gagnac
Gaillac-d'Aveyron
Causse de Sévérac
Campagnac
Sévérac-le-Château
Recoules-Prévinquières
Lapanouse
Buzeins
St-Saturnin-de-Lenne
Lenne
Montbez
Coussergues
Vimenet
Cassagnoles
Pierrefiche
Ste-Eulalie-d'Olt
Gabriac
Ceyrac
Maymac
Luc
Baraqueville
Montbétou
Ceignac
la Primaube
Planèzes
Garrigous
Comps
Inières
Vayssac
Pont-de-Salars
Res. de Pont-de-Salars
Arques
le Vibal
le Puech
la Fabrègue
Ségur
la Burguière
Vayssac-Rodier
le Méjanel
Vézins-de-Lévézou
Puech del Pal
Parc
Plateau du Lévézou
Lavernhe
Pomairols
Cantabel
Sermels
Engayresque
Vezouillac
Manhac
Calmont
Magrin
St-Hilaire
Trémouilles
Comps-la-Grand-Ville
Carcenac
Previala
Conquettes
Lac de la Gourde
Canet-de-Salars
Prades-Salars
St-Julien
Viarougé
le Roucous
Mont Seigne
Curan
Mauriac
St Léons
St Laurent-de-Lévézou
Verrières
Conclus
Lugagnac
Rivière-sur-Tarn
la Glène
le Rayret
Calviac
Salmiech
Caplongue
Arvieu
Lac de Bonneviale
Pareloup
Salles-Curan
Connes
Neyrac
St Beauzély
Tayac
Caucart
Cassagnes-Bégonhès
Pentezac
St-Martin-des-Faux
le Fraysse
Bouloc
Estalane
Aziniès
St Germain
47
Compeyre
Paulhe
Aguessac
Taurines
Auriac-Lagast
Pyramide de Lagast
Crassous
la Capelle-Farcel
Calmejane
St-Jean-le-Froid
les Canabières
Tour de Peyrebrune
Castelnau-Pégayrols
Église romane
Marzials
Castelmus
Millau
Aemilianum castrum
Massebiau
Rullac-St-Cirq
Ardennes
Montautat
la Barthie
Durenque
Garrissous
Ginestous
Figeaquet
Res. de Villefranche-de-Panat
Rentières
Coudols
Montjaux
Ladepeyre
Pinet
St Symphorien
Roquetaillade
Peyre
Thérondels
Compregnac
Viaduc de Millau
la Vacaresse
Lebous
Sauganne
Villefranche-de-Panat
la Besse
St-Rémy
Costecalde
Ayssènes
Vila-du-Tarn
Candas
Luzençon
Cabanous
St-Georges-de-Luzençon
St-Rome-de-Tarn
St Geniez-de-Bertrand
Baumescure
Réquista
St-Jean-Delnous
Taysses
l'Hôpital-Bellegarde
Thouels
Lestrade-et-Thouels
le Truel
N.D. de Désert
St-Victor-et-Melvieu
Brengues
Château de Gozon
la Cazotte
St-Clément
Cadenède
Régional
Mélac
La Bastide-Pradines
12 Aveyron
81 Tarn
Connac
Brousse-le-Château
la Palisse
Broquiès
St-Michel-de-Landesque
la Maurelle
St-Rome-de-Cernon
les Eglines
Lescure
Linco
Combradet
Brasc
Clamensac
Montclar
St-Izaire
Bournac
Boussac
Tiergues
Roquefort-sur-Soulzon
Caves
Tournemire
Lapanouse-de-Cernon
Ste-Eulalie-de-Cernon
Pic de Cougouille
Cadix
Aspires
Fraissines
Esplas
la Sauclière
le Cambon
Savignac
Vaillauzy
Lauras
St-Jean-d'Alcapiès
Trébas
la Bastide-Solages
Coupiac
Faveyrolles
Calmels-et-le-Viala
Vabres-l'Abbaye
St-Affrique
Viala-du-Pas-de-Jaux
St-Paul-des-Fonts
Villeneuve
Curvalle
Plaisance
St-Exupère
Martrin
la Cousinie
Courtilles
Vendeloves
Truans
des
St-Jean-d'Alcas
Tour d'A
Alban
Montredon
Balaguier-sur-Rance
Monteils
St-Juéry
St-Christophe
Segonzac
Salvagnac
Rayssac
Lapeyre
Versols-et-Lapeyre
Mascourbe
Couvent de Nonenque
St-Beaulize
Carmenel
Miolles
St-Sernin-sur-Rance
Esplas
la Trivalle
Rebourguil
Querbes
Passaret
Montaigut
Montalègre
la Roquaubel
Marnhagues
Antignes
le Puget
Pousthomy
Cayzac
St-Pierre-de-Bétirac
Buffières
St-Jean
St-Pierre
Caylus
Montlaur
Mas-de-Soulier
St-Félix-de-Sorgues
Marnhagues-et-Latour
Latour
Massals
Pommardelle
Montfranc
St-Maurice
Parinet
les Camps
Grands
Briols
Gommaric
Mas-Nau
Causses
Fondamente
Montpaon
Tournadous
Combret
St-Privat
Galamans
Sénégas
Gissac
Sylvanès
Montagnol
Laval
Vernières
Pourencas
Hucaloup
Aupillières
Flausines
le Pujol
le Cellier
la Claparède
Belmont-sur-Rance
St Amans
Rouzet
St-Vincent
Camarès
Prugnes-les-Eaux
Andabre-Gissac
Ancienne Abbaye Sylvanès-les-Bains
Tesselierea
12 Aveyron
34 Hérault
Col Notre-Dame
Rocozels
St-Xist
Ruèges
St-Paul
Massuguiès
St-Salvi-de-Carcavès
St-Crépin
Laval-Roquecezière
le Fraysse
Prohencoux
Gorges
l'Albespy
le Castel
Lagraverie
Fayet
Laroque
Cenomes
Ceilhes-et-Rocozels
Capdos
St-Michel-de-Léon
le Masnau-Massuguiès
Castanet
Roquecave
Picamoure
Nouis
le Cros
Mounes-Prohencoux
Ouyre
Cusses
le Regagnarie
Tauriac-de-Camarès
Maussac
Rouvignac
la Quintaine
St-Pierre-de-Combejac
Fraisse
Senaux
St-Sever-du Moustier
Peux-et-Couffouleux
Brusque
Puy du Lion
N.D. de Tournadous
Sepval
Murasson
St-Méen
Merdellou
Cribas
Labiras
la Lavagne
Montazel
Escroux
Badassou
Barre
Blanc
St-Thomas
Avène
Vinas
82
83
84
85
86
St.Juéry
0 1 2 4 6 8 10 km
0 1 2 4 6 miles

St- Chély d' Apcher
Db
Le Monastier
Mende
Dc
Mende
117
Dd
De
Df
82
83
84
85
86
Alès
Quissac
Chanac
Tour du Choizal
Truc de Balduc
Varazoux
St-Etienne-du-Valdonnez
Étang de Barrandon
les Sagnes
Roc de Laubies
Sommet de Finiels
Cubières
Le Crouzet
Bergognon
Auxillac
Badroux
Cadoule
Chardonnet
Château de Montferrand
Paulhac
Banassac
La Canourgue
St-Saturnin
Rougesparets
Sabot de Malepeyre
Sauveterre
Champerboux
la Nojarède
Laumède
le Sec
Gazy
le Cros-Bas
la Bazalgette
Col de Montmirat
la Borie
les Laubies
Mont Lozère
Parc
Sources du Tarn
Pic Cassini
Lutran
le Marguefré
Boujassac
Montredon
la Périgouse
la Capelle
Roussac
Chaumels
Lueysse
la Piguière
le Couderc
la Lavagne
Grotte-Ermitage
Ste-Enimie
Château de Prades
Château de Roche balve
Quézac
Ispagnac
Cantonnet
Faux
les Bondons
la Vayssière
Cascade de Lozerette
Rûnes
Finialette
Fraissinet-de-Lozère
le Viala
Villeneuve
la Vialasse
Laval-du-Tarn
les Vinous
Barraque-de-Trémolet
Marquayres
Recoulettes
Perieyres
Château de la Caze
Prunets
Puech d' Aluech
Blajoux
Montbrun
Monteils
Cocurès
Bédouès
Miral
la Vernède
Saliège
Grizac
Le Pont-de-Montvert
Troubat
Masméjan
St-Maurice-de-Ventalon
les Fonts
Serres
St-Georges-de-Lévéjac
Point Sublime
Coquenas
Château Haute-Rive
St-Chély-du-Tarn
Col de Cauperlac
Cirque
Château de Castelbouc
Château de Charbonnières
la Condamine
Florac
les Chazes
St-Julien-d'Arpaon
Montagne du Bougès
National
Soleyrols
le Ventalon
Le Massegros
Cirque des Baumes
les Détroit
la Malène
Montignac
Caussignac
Mas-St-Chély
Poujols
Vallongue
Fraissinet-de-Poujols
Valbelle
Rocher de Rochefort
Vimbouches
St-Frézal-de-Ventalon
Conches
Gorges du Tarn
Roc des Hourtous
Rieisse
Masdeval
Crosgarnon
Fontaine-le-Mazet
Col de Jalcreste
Cassagnas
la Rivière
St-Privat-de-Vallongue
les Vignes
St-Rome-de-Dolan
Château de Blanquefort
Carnac
le Buffre
Causse Méjean
Nivoliers
la Fajole
St-Laurent-de-Trèves
Puychauzier
Nozières
Col du Rey
Barre-des-Cévennes
St-André-de-Lancize
St-Hilaire-de-Lavit
les Bédos
Hures-la-Parade
Drigas
Hures
Salgas
Racoules
le Vergougnous
Mont Mars
les Ayres
la Volpilière
la Bourgarie
48 Lozère
12 Aveyron
Montbuisson
St-Pierre-des-Tripiers
les Bastides
Aven Armand
Chaos de Nîmes le Vieux
Saubert
Villeneuve
les Vanels
Vébron
l' Hospitalet
Masel-Rosade
Calbertette
St-Germain-de-Calberte
St-Martin-de-Lansuscle
Liaucous
Roc St-Gervais
Herans
l' Hom
Veygalier
Aures
Fraissinet-de-Fourques
Rousses
Corniche des Cévennes
Molezon
le Pompidou
Fabrègues
Masaribal
Thonas
les Douzes
Gorges de la Jonte
le Maynial
le Truel
Costeguison
la Bragouse
Gatuzières
Massevaques
Gorges du Tapoul
Ste-Croix-Vallée-Française
Moissac-Vallée-Française
St-Etienne-Vallée-Française
Gabriac
Peyreleau
Corniche du Causse Noir
Eglise de St-Jean-de-Balmes
Veyreau
Grotte de Dargilan
Dargilan
Sérigas
Salvensac
Meyrueis
Jontanels
la Roujarie
Vessac
Aluech
les Mazes
Pourcarès
Château de Roquedols
Campis
Ferrussac
le Villaret
Cabrillac
les Oubrets
des
Montredon
St-André-de-Valborgne
St-Roman-de-Tousque
Maubert
St-André-de-Vézines
Château de Montméjean
Causse Noir
Col de l'Exil
la Roque-Ste-Marguerite
Navas
Lanuéjols
Col de Montjardin
Montjardin
la Mouline
St-Sauveur-des-Pourcils
Abîme du Bramabiau
48 Lozère
30 Gard
Mont Aigoual
Tourgueille
Aire-de-Côte
St-Marcel-de-Fontfouillouse
Cévennes
Soumane
Peyroles
Altayrac
St-Véran
la Foulquarie
Camprieu
Col de l' Espinas
Faveyrolle
les Plantiers
l'Estréchure
l' Hom
St-Martin-de-Corconac
Vallée Obscure
Pierrefiche
Tour
Coupiac
Col de la Séreyrède
les Salles
Mas-Lautal
Gorges du Trévezel
les Monts
Col de Faubel
l'Espérou
les Angliviels
Millièrines
Col du Mercou
Maylet
Revens
la Granerie
Layolle
Trèves
le Suquet
Laupiettes
Laupies
Cévennes
Valleraugue
Ardailles
Corbières
Col de l' Asclier
Ste-Croix-de-Caderle
Gorges de la Dourbie
Cantobre
Causse-Bégon
Prunaret
Dourbies
Montals
Taleyrac
la Valette
Notre-Dame-de-la-Rouvière
la Coste
Soudorgues
le Solier
Col du Minier
Rivaud
le Mazel
Col de la Triballe
Algues
Lasalle
les Cuns
Roc Nantais
les Liquisses
Cassanas
Pont-du-Lingas
Montagne du Lingas
Salagosse
Arphy
la Peyre
St-Martial
Colognac
Cornely
Nant
les Crozes
le Viala
St-Jean-du-Bruel
St-André-de-Majencoules
la Planque
le Villaret
les Amanniers
la Rouvière
Col du Redares
Cavalerie
St-Alban
St-Michel-de-Rouviac
Aldues
le Liquier
la Roquette
le Jaoul
Peyraube
les Travers
le Fesq
Aulas
Mandagout
le Savel
St-Roman-de-Codières
Sanissac
Mas-de-Pomier
Mas-du-Prés
Source du Durzon
le Frayssinet-Bas
Saucliéres
Gressentis
la Roujerie
Arrigas
la Bruguière
Aumessas
Mars
Bréau-et-Salagosse
Molières-Cavaillac
Le Vigan
Pont d'Hérault
Roquedur
Sumène
St-Julien-de-la-Nef
Montagne de la Fage
Cambo
Cézas
Cros
l'Église-de-Cros
St-Hippolyte-du-Fort
l'Hospitalet-du-Larzac
Causse du Larzac
Alzon
Estelle
Assas
Arre
Bez-et-Esparon
Avèze
Figaret
Pommiers
St-Bresson
Moulès-et-Baucels
la Cadière
Mandiargues
Vieux St-Hippolyte
Comus
Cazejourdes
le Quintanel
le Landre
Navas
St-Laurent-le-Minier
Ganges
Laroque
Montoulieu
la Masselle
le Figairol
la Blaquererie
Belvezet
Grailhe
Mas-Gauzin
Campestre-et-Luc
Abîme de St-Ferréol
le Salze
Régagnas
la Rigalderie
Montdardier
Rocher de la Tude
Valmale
Cazilhac-Bas
Pradines
Mont Haut
la Salvetat
La Couvertoirade
Remparts
Luc
Blandas
le Barral
Cazilhac-Haut
Coupiac
Grotte des Demoiselles
le Triadou
le Trou Fumant
les Menudes
Cornus
les Infruts
Mas-de-Calmels
Sorbs
le Camp-d'Alton
Vissec
Cirque de Navacelles
Assas
Rogues
Caverne du Maure
Soutayrol
Agonès
St-Bauzille-de-Putois
Pompignan
la Pezade
Canals
Bauras
Latude
les Baumes
30 Gard
Abîme de Rabanel
Gorniès
Le Roc Blanc
Brissac
St-Rome
le Mas-Raynal
Rochers
le Cros
la Jurade
le Claux
Bel-Air
Grenouillet
Montagne de la Séranne
Ferrières-les-Verreries
Plateau de Guilhaumard
Combefère
Le Caylar
le Viala
la Prunarède
Gorges de Madières
Madières
St-André-de-Buèges
le Villaret
Col de la Cardonille
le Pous
les Rives
Labastide-des-Fonts
St-Félix-de-l'Héras
Mas-Audran
St-Michel
Soulagets
les Besses
St-Maurice-Navacelles
les Rives
St-Etienne-d'Issensac
Notre-Dame-de-Londres
Mas-Hugonenq
St-Félix-de-l'Héras
Pas de l' Escalette
Montmagnon
la Vernède
la Prade
les Natges
Peyre Martine
St-Jean-de-Buèges
Gorges de la Buèges
Frouzet
Romiguières
les Sièges
Camp-Rouch
la Canourgue
Mas-de-Jourdes
Puech Agut
le Coulet
Grand Arc
Rouet
les Camps
Gabriac
Antignaguet
Pégairolles-de-l'Escalette
la Roque
St-Pierre-de-la-Fage
la Vacquerie-et-St-Martin-de-Castries
Pégairolles-de-Buèges
Gervais
Bertrand
Causse-de-la-Selle
la Conque
Montagne de la Celette
St-Martin-de-Londres
Roqueredonde
Labeil
Lauroux
Soubès
Gourgas
Parlatges
St-Martin-d'Azirou
les Lavagnes
le Buis
Mas-de-Londres
Château de Montferrand
Mortiès
Trèviers
Poujols
Joncelets
St-Sauveur
les Plans
Lodève Nord
St-Etienne-de-Gourgas
la Trivalle
Salces
St-Privat
Grotte de Baume Cellier
Grotte du Sergent
Mas-de-Bouis
Château de Cambous
Cazevieille
Ste-Mathieu-de-Tréviers
Sueilles
St Jean-de-Cuculles
Clermont-l'Hérault
143
144

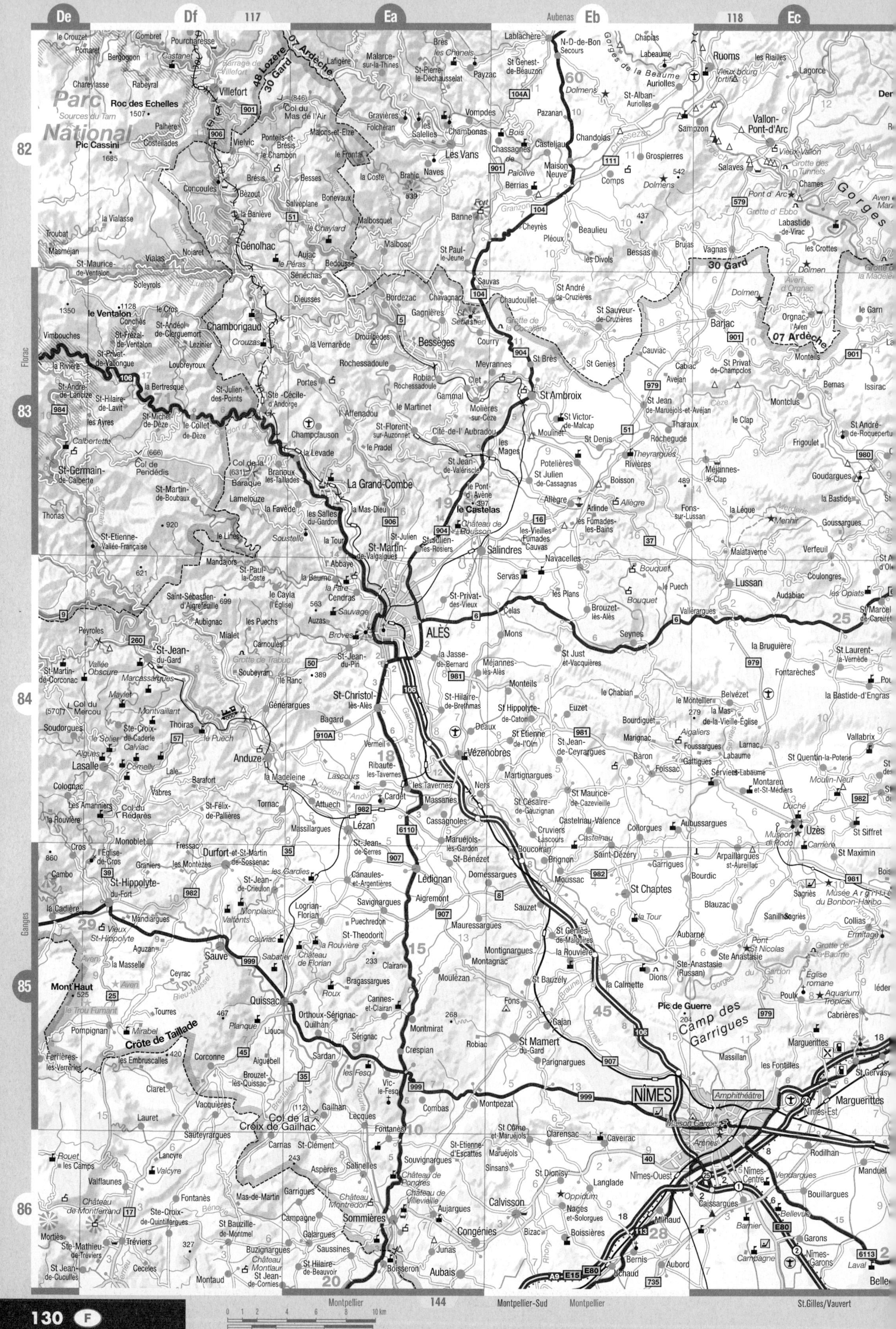
De
Df
117
Ea
Aubenas
Eb
118
Ec
82
83
84
85
86
Florac
Ganges
le Crouzet
Pomaret
Combret
Pourcharesse
Bergognon
Castanet
Chareylasse
Rabeyral
Villefort
Parc
National
Roc des Echelles
Sources du Tarn
Pic Cassini
1685
Costeilades
Palhère
Vielvic
48 Lozère
30 Gard
07 Ardèche
Lafigère
Malarce-sur-la-Thines
Brès
les Chenels
Col du Mas de l'Air
Gravières
Folcheran
les Salelles
Chambonas
Vompdes
Payzac
St Genest-de-Beauzon
Lablachère
N-D-de-Bon Secours
Gorges de la Beaume
Chapias
Labeaume
Ruoms
les Rialles
Vieux bourg fortifié
Auriolles
Lagorce
Dolmens
St-Alban-Auriolles
Pazanan
Chandolas
Sampzon
Vallon-Pont-d'Arc
Grospierres
Comps
Dolmens
Chassagnes
Bois de Païolive
Casteljau
Maison Neuve
Berrias
Les Vans
Naves
Brahic
Malons-et-Elze
le Frontal
Ponteils-et-Brésis
le Chambon
Brésis
Concoules
Bézout
la Banlève
Besses
Bonevaux
la Coste
Salveplane
Malbosquet
le Chaylard
Banne
Fort
Granzon
Cheyrès
Pléoux
Beaulieu
Salaves
Vieux-Vallon
Grotte des Tunnels
Chames
Pont d'Arc
Grotte d'Ebbo
Gorges
Labastide-de-Virac
les Crottes
la Vialasse
Troubat
Masméjan
Génolhac
Vialas
Nojaret
Aujac
le Péras
Bedousse
Malbosc
St Paul-le-Jeune
les Divols
Bessas
Brujas
Vagnas
30 Gard
Dolmen
St-Maurice-de-Ventalon
Soleyrols
Sénéchas
Dieusses
Bordezac
Chavagnac
Gagnières
Sauvas
St André-de-Cruzières
Chaudouillet
St Sauveur-de-Cruzières
Aven d'Orgnac
Orgnac-l'Aven
07 Ardèche
Barjac
le Garn
1350
le Ventalon
Conches
le Cros
St-Andéol-de-Clerguemort
St-Frézal-de-Ventalon
Chamborigaud
Crouzas
Vimbouches
Lezinier
la Vernarède
Drouillèdes
Bessèges
St-Sébastien
Grotte de la Cocalière
Courry
St Brès
St Geniès
Cauviac
Cabiac
Avejan
St Privat-de-Champclos
Monteils
Issirac
la Rivière
St-Privat-de-Vallongue
Loubreyroux
Rochessadoule
Robiac-Rochessadoule
Meyrannes
Clet
Gammal
St Ambroix
St Jean-de-Maruéjols-et-Avéjan
Montclus
Bernas
St-André-de-Lancize
St-Hilaire-de-Lavit
la Bertresque
St-Julien-des-Points
Ste-Cécile-d'Andorge
Portes
l'Affenadou
le Martinet
Molières-sur-Cèze
St Victor-de-Malcap
Tharaux
le Clap
les Ayres
St-Michel-de-Dèze
le Collet-de-Dèze
Champclauson
St-Florent-sur-Auzonnet
le Pradel
Cité-de-l'Aubradou
Moulinet
St Denis
Rochegude
St André-de-Roquepertuis
Calbertette
Col de Pendédis
Col de la Baraque
Branoux-les-Taillades
la Levade
les Mages
Potelières
Theyrargues
Rivières
Frigoulet
Méjannes-le-Clap
St-Germain-de-Calberte
St-Martin-de-Boubaux
La Grand-Combe
St Jean-de-Valériscle
St Julien-de-Cassagnas
Boisson
Goudargues
Thonas
Lamelouze
la Favède
les Salles-du-Gardon
la Mas-Dieu
le Pont-d'Avène
le Castelas
Allègre
Arlinde
Allègre
Fons-sur-Lussan
la Lèque
la Bastide
St-Etienne-Vallée-Française
les Lines
Soustelle
la Tour
St-Martin-de-Valgalgues
St-Julien-les-Rosiers
Château de Boussan
les-Vieilles
Fumades
Cauvas
les Fumades-les-Bains
Menhir
Goussargues
Salindres
Malataverne
Verfeuil
Mandajors
St-Paul-la-Coste
l'Abbaye
la Baume
Navacelles
Bouquet
Servas
Lussan
Coulongres
Saint-Sébastien-d'Aigrefeuille
le Cayla (l'Église)
la Fare
Cendras
St-Privat-des-Vieux
les Plans
le Puech
Audabiac
les Opiats
Aubignac
les Puechs
Auzas
Sauvage
Celas
Brouzet-lès-Alès
Vallérargues
Peyroles
Mialet
Carnoules
Broves
Alès
Mons
Seynes
la Bruguière
St Laurent-la-Vernède
St-Jean-du-Gard
Grotte de Trabuc
Soubeyran
St-Jean-du-Pin
la Jasse-de-Bernard
Méjannes-lès-Alès
St Just et-Vacquières
Fontarèches
St-Martin-de-Corconac
Vallée Obscure
Marcassargues
le Ranc
St-Christol-lès-Alès
St-Hilaire-de-Brethmas
Monteils
le Chabian
Belvézet
le Montellier
la Bastide-d'Engras
Col du Mercou
Maylet
Montvaillant
Générargues
Bagard
Deaux
St Hippolyte-de-Caton
Euzet
Bourdiguet
la Mas-de-la-Vieille-Église
Soudorgues
Ste-Croix-de-Caderle
Thoiras
St Etienne-de-l'Olm
St Jean-de-Ceyrargues
Marignac
Aigaliers
Vallabrix
le Solier
Calviac
le Puech
Vermeil
Vézenobres
Baron
Foussargues
Larnac
Labaume
St Quentin-la-Poterie
Lasalle
Cornelly
Anduze
Ribaute-les-Tavernes
Martignargues
Foissac
Gattigues
Serviers-Labaume
Montaren et-St-Médiers
Moulin-Neuf
Colognac
Lale
Barafort
la Madeleine
Lascours
Gardon d'Anduze
les Tavernes
Ners
St Maurice-de-Cazevieille
Les Amanniers
Col du Rédarès
Vabres
St-Félix-de-Pallières
Tornac
Attuech
Cardet
Massanes
St Césaire-de-Gauzignan
Castelnau-Valence
Aubussargues
Duché
Uzès
St Siffret
la Rouvière
Lézan
Cassagnoles
Cruviers-Lascours
Collorgues
Musée di Rodo
Carrière
Monoblet
Massillargues
St-Jean-de-Serres
Maruéjols-lès-Gardon
Castelnau
Boucoiran
Saint-Dézéry
Arpaillargues-st-Aureillac
St Maximin
Cros
Fressac
Durfort-et-St-Martin-de-Sossenac
St-Bénézet
Brignon
Garrigues
Cambo
l'Eglise-de-Cros
Graniers
les Montèzes
les Gardies
Canaules-et-Argentières
Lédignan
Domessargues
Moussac
Bourdic
St-Hippolyte-du-Fort
St-Jean-de-Crieulon
St Chaptes
Sagriès
Musée Argillier du Bonbon-Haribo
la Cadière
Mandiargues
Monplaisir
Valfonts
Logrian-Florian
Savignargues
Aigremont
Sauzet
Blauzac
Vieux St-Hippolyte
Puechredon
Mauressargues
la Tour
Sanilhac-Sagriès
Collias
Aguzan
Cauviac
St-Theodorit
St Geniès-de-Malgoirès
Aubarne
Ermitage
la Masselle
Sauve
Sabatier
la Rouvière
Château de Florian
Clairan
Montignargues
Montagnac
la Rouvière
Pont St Nicolas
Ste Anastasie
Grotte de la Baume
Ceyrac
Aven
Bragassargues
Moulézan
Ste-Anastasie (Russan)
Dions
Église romane
Mont Haut
Quissac
Roux
Cannes-et-Clairan
St Bauzély
la Calmette
Poulx
Aquarium Tropical
le Trou Fumant
Tourres
Orthoux-Sérignac-Quilhan
Fons
Pic de Guerre
Camp des Garrigues
Cabrières
Pompignan
Mirabel
Planque
Liouc
Montmirat
Gajan
Crôte de Taillade
Sérignac
Robiac
St Mamert du-Gard
Marguerittes
Ferrières-les-Verreries
les Embruscalles
Corconne
Aiguebelle
Sardan
Crespian
Parignargues
Massillan
les Fontilles
Brouzet-lès-Quissac
les Fesq
St Gervasy
Claret
Vic-le-Fesq
NÎMES
Amphithéâtre
Vacquières
Gailhan
Combas
Montpezat
Marguerittes
Nîmes-Est
Lauret
Croix de Gailhac
Col de la Croix de Gailhac
Lecques
Fontanès
Maison Carrée
Sauteyrargues
Carnas
St-Clément
St Côme et-Maruéjols
Clarensac
Caveirac
Arènes
Rouet
les Camps
Lancyre
Valcyre
St-Etienne-d'Escattes
Souvignargues
Maruéjols
Sinsans
Rodilhan
Valflaunes
Aspères
Salinelles
Château de Pondres
St Dionisy
Langlade
Nîmes-Ouest
Nîmes-Centre
Vendargues
Manduel
Fontanès
Mas-de-Martin
Garrigues
Château de Villevieille
Calvisson
Oppidum
Château de Montferrand
Ste-Croix-de-Quintillargues
Château Montredon
Aujargues
Nages et-Solorgues
Caissargues
Bellevue
Bouillargues
St Bauzille-de-Montmel
Campagne
Sommières
Congénies
Milhaud
Mortiès
Ste-Mathieu-de-Tréviers
Tréviers
Galargues
Bizac
Boissières
Bernis
Barnier
Garons
Buzignargues
Saussines
Junas
Campagne
Nîmes-Garons
St Jean-de-Cuculles
Cecelès
Château Montlaur
St Hilaire-de-Beauvoir
Boisseron
Aubais
Uchaud
Aubord
Laval
Montaud
St Jean-de-Cornies
Montpellier
144
Montpellier-Sud
Montpellier
St.Gilles/Vauvert
0 1 2 4 6 8 10 km
0 1 2 4 6 miles

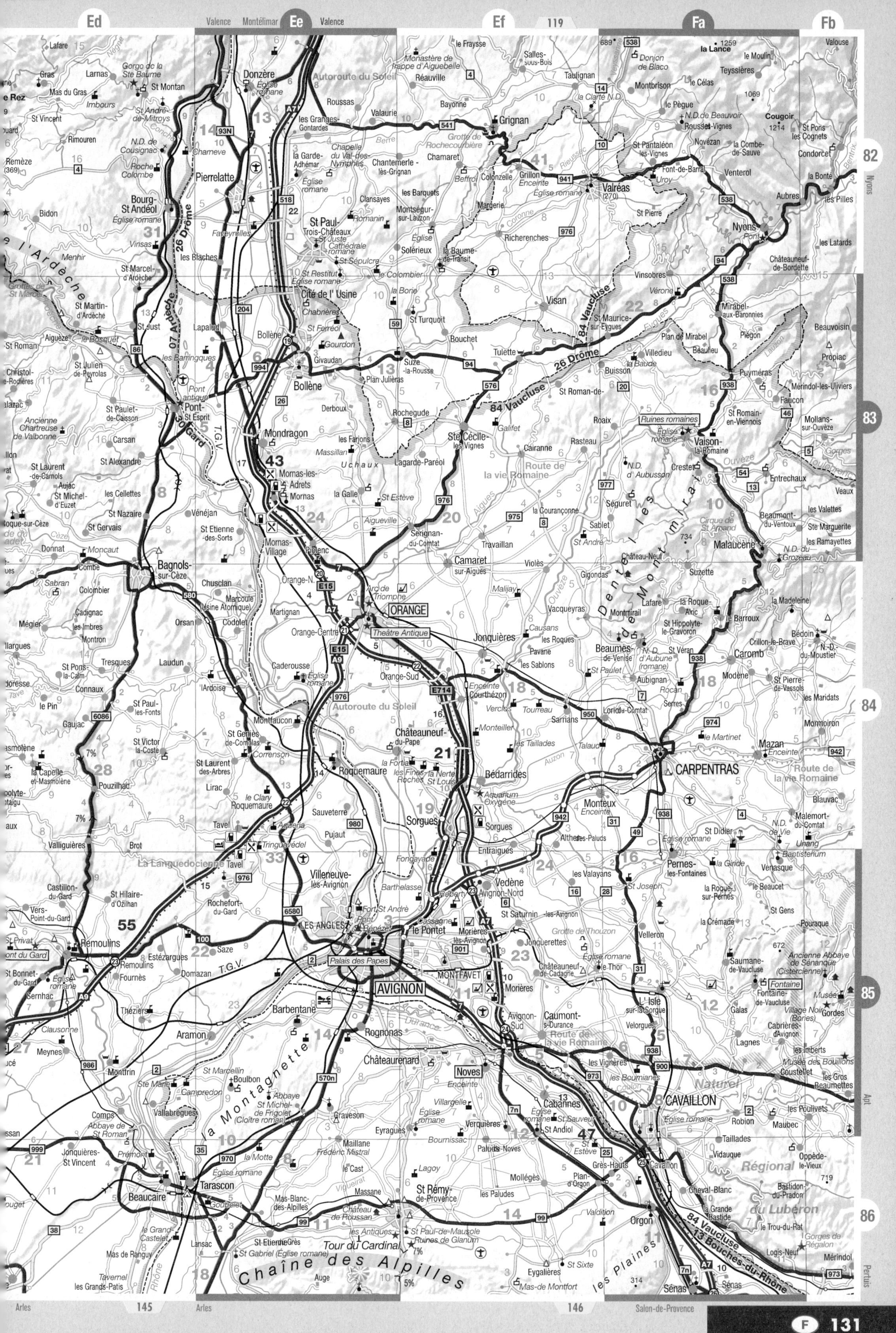
82
83
84
85
86
Nyons
Apt
Pertuis
Donzère
Pierrelatte
Bourg-St Andéol
St Paul-Trois-Châteaux
Grignan
Valréas
Nyons
Vaison-la-Romaine
Bollène
Mondragon
Pont-St Esprit
Bagnols-sur-Cèze
Orange
ORANGE
Théâtre Antique
Arc de Triomphe
Ste Cécile-les-Vignes
Camaret sur-Aigues
Jonquières
Courthézon
Châteauneuf-du-Pape
Bédarrides
Sorgues
Roquemaure
Villeneuve-lès-Avignon
LES ANGLES
Palais des Papes
AVIGNON
Le Pontet
Vedène
Carpentras
CARPENTRAS
Pernes-les-Fontaines
Monteux
L'Isle sur-la-Sorgue
Cavaillon
CAVAILLON
Fontaine-de-Vaucluse
Gordes
Malaucène
Beaumes-de-Venise
Gigondas
Vacqueyras
Remoulins
Beaucaire
Tarascon
Barbentane
Châteaurenard
Noves
St Rémy-de-Provence
Orgon
Sénas
Maillane
Graveson
Chaîne des Alpilles
la Montagnette
Dentelles de Montmirail
Autoroute du Soleil
La Languedocienne
Route de la vie Romaine
Régional du Luberon
84 Vaucluse
26 Drôme
30 Gard
07 Ardèche
13 Bouches-du-Rhône
Mont Ventoux

Fa
Fb
Fc
119
Fd
Grenoble
Fe
Gap
82
83
84
85
86
Vaiéras
Bollène
Vaison-la-Romaine
Carpentras
Avignon
Cavaillon
Valouse
le Moulin
les Chaudrons
Léoux
Cornillon-sur-l'Oule
Teyssières
Villeperdrix
Cornillac
Pommerol
Ste Marie
Clos d'Antouret
Bruis
le Vissac
le Duffre
Sigottier
Cougoir
St Ferréol-Trente-Pas
le Monestier
Abbaye de Bodon
St May
Montagne de Raton
la Fromagère
Col de la Fromagère
Montmorin
Serre-Boyer
Serre de la Bouisse
la Montagne
Col des Tourettes
la Bâtie-Montsaléon
Serres
le Sarret
Sahune
Rémuzat
Tarnizat
Raton
Arnoux
Ribeyret
l'Epine
Montclus
la Flamenche
le Bersac
la Combe-de-Sauve
St Pons les Cognets
Condorcet
Montréal-les-Sources
Pigerolles
Rosans
Col de la Saulce
les Arnaud
le Chambon
Chatusse
Moydans
la Baume
la Bonté
Curnier
Verclause
Église romane
Sorbiers
Mereuil
Montrond
Aubres
les Pilles
Arpavon
le Poët-Sigillat
Pelonne
St-André-de-Rosans
les Coutilles
Rocher de Beaumont
St Genis
Nyons
Baronnies
Chalabrus
Montferrand-la-Fare
les Isnières
Vaucluse
Route d'Hiver des Alpes
Colombe
les Latards
Montaulieu
Bellecombe
Sironne
Montjay
Trescléoux
Châteauneuf-de-Bordette
Rochebrune
Ste Jalle
Lemps
Crête de Rascuègne
Chapaisse
Chanousse
Eyguians
St Sauveur-Gouvernet
05 Hautes-Alpes
Église romane
Saléon
la Fare
Roussieux
26 Drôme
le Suillet
St-Cyrice
la Biove
les Estangs
les Granges
Laux-Montaux
Orpierre
St Quenin
Bésignan
Autanne
Chauvac
Villebois-les-Pins
Nossage-et-Bénévent
Beauvoisin
Vercoiran
Montagne de la Clavelière
Etoile-St Cyrice
le Bachas
Piégon
Gorges d'Ubrieux
Ste Euphémie-sur-Ouvèze
Col de Perty
Laborel
Chevalet
les Jonchiers
St-Auban-s-l'Ouvèze
Montguers
Ruissas
la Combe
les Bègues
Montagne de Chabre
Puyméras
Buis-les-Baronnies
la Roche-sur-le-Buis
Barret-le-Haut
Propiac
Ste Colombe
Gorges de la Méouge
Mérindol-les-Oliviers
Montauban
la Rochette-du-Buis
Faucon
la Nible
les Sias
les Granges
Bons
Col de St Jean
Barret-le-Bas
Antonaves
St Romain-en-Viennois
Mollans-sur-Ouvèze
Pierrelongue
Cost
le Poët-en-Percip
Ballons
Gresse
Pelleret
Volvy
Eygalayes
Salérans
St Pierre-Avez
Eygaliers
Mévouillon
Aumagne
Montagne de Bluye
Plaisians
le Plan
le Calandre
Lachau
Aulan
Pré-Rond
Entrechaux
Vercoiran
Col de Fontaube
Villefranche-le-Château
les Peyres
Veaux
St-Léger-du-Ventoux
Séderon
Crête de l'Ane
Brantes
la Mourier
Chante Duc
Eourres
les Valettes
St Basile
Barret-de-Lioure
04 Alpes-de-Haute-Provence
Beaumont-du-Ventoux
Mont Serein
le Contrat
Col de la Pigière
Curel
St Martin
Malaucène
Ste Marguerite
Col des Tempêtes
Savoillan
Montbrun-les-Bains
Col de Macuègne
les Parrichaux
Montfroc
les Remises
N.D. du Groseau
Reilhanette
Montagne d'Albion
les Omergues
les Etangs
St Vincent-sur-Jabron
les Ramayettes
Mont Ventoux
Gour des Oules
Col de l'Homme Mort
le Grand Terme
Crête de la Faye
Lange
Route de la Lavande
le Couvent
Châteauneuf-Miravail
la Madeleine
Jas-des-Melettes
le Ventouret
les Crottes
Ferrassières
Hautes Ferrassières
Néoures
le Tréboux
Rolland
Montagne de Lure
Signal de Lure
Bédoin
les Baux
Aurel
Crillon-le-Brave
les Bruns
Combe de la Canaud
26 Drôme
Refuge de Lure
Caromb
N.-D.-du-Moustier
Ste-Colombe
St Estève
Église romane
St Trinit
Modène
St Pierre-de-Vassols
les Maridats
Flassan
le Jas
les Abeilles
la Boissière
Sault
le Contadour
Vière
Saumane
l'Hospitalet
les Gaps
Revest-du-Bion
le Jonquet
Redortiers
la Gabelle
la Rochegiron
Mormoiron
Monieux
les Perrets
Jas-de-Berle
St Pancrace
Mazan
Enceinte
Fayol
Villes-sur-Auzon
Belair
Plateau d'Albion
Lardiers
Route de la vie Romaine
Gorges de la Nesque
St Jean
Brouville
N.D. des Anges
Blauvac
Route de la Lavande
Banon
St-Etienne-les-Orgues
Ongles
Ganas
Malemort-du-Comtat
Méthamis
St Hubert
St Christol
Chavon
Montsalier
le Largue
le Rocher-d'Ongles
N.D. de Vie
Ste Foi
Javon
le Crozat
Revest-St-Martin
Unang
Graille
Sarraud
la Rescláve
Cheyran
Granges de Dauban
les Bastides
N.D. de Lamaron
Fontienne
Baptisterium
Clos de Filliol
Gubian
St Pierre
Venasque
Bel-Air
la Pourcine
le Cluyer
Lagarde-d'Apt
St Pierre
Suniane-la-Rotonde
Limans
le Beaucet
Col de Murs
Carniol
le Plan
St Gens
Bézaure
Plateau de Vaucluse
le Buisseron
Forcalquier
la Crémade
Pouraque
les Vergiers
les Beilons
Revest-des-Brousses
Ybourgues
Parc
le Château
Lioux
Murs
Fumeirasse
N.D. de Bellevue
Châteauneuf
Ancienne Abbaye de Sénanque (Cistercienne)
Parrotties
Croagnes
St Saturnin-d'Apt
Oppedette
Aubenas-les-Alpes
Mane
la Tuilière
les Grands-Cléments
Fontaine
Joucas
les Yves
les Cordiers
Rustrel
Fenouillet
Vachères
Observatoire de Haute Provence
Fontaine-de-Vaucluse
Musée
les Cortasses
Bourgane
Villars
Gignac
Sauvan
Village Noir (Bories)
Gordes
les Sauvestres
Gargas
Jean-Jean
Colorado de Rustrel
Pimayon
Cabrières-d'Avignon
Roussillon
Carrière d'Ocre
Blace
Viens
Ste-Croix-à-Lauze
St Michel-l'Observatoire
Lagnes
Perrotet
Apt
Caseneuve
Naturel
Lincel
Dauphin
les Imberts
St Pantaléon
le Chêne
St Paul
Reillanne
St Martin-les-Eaux
Musée des Bouillons
Coustellet
les Gros
Goult
Église romane
St-Martin-de-Castillon
les Granons
Beaumettes
N.D. de Lumières
Pont Julien (romaine)
les Tourrettes
les Agnels
Saignon
la Bégude
Céreste
Villemus
Maubec
les Poulivets
St Véran
Thourame
entour de murailles
Montjustin
Ménerbes
le Boisset
Prieuré de St Symphorien
Buoux
Castellet
St Elzéar
Oppède-le-Vieux
Lacoste
Auribeau
84 Vaucluse
Montfuron
Manosque
la Peyrière
les Moulins
Sivergues
Bastidon-du-Pradon
Régional
Bonnieux
Fort de Buoux
Mourre Nègre
Vitrolles
Pierrevert
la Roche-d'Espeil
Montagne du Luberon
les Portaillets
Roquefraiche (Sanatorium)
Route de la vie Romaine
Cabrières-d'Aigues
Peypin-d'Aigues
la Bastide-des-Jourdans
Régusse
St Tulle
le Trou-du-Rat
Gorges de Régalon
Vaugines
Cucuron
la Motte-d'Aigues
St Martin-de-la-Brasque
Pradine
Porchière
Logis-Neuf
Mérindol
les Borrys
les Baumes
Puget
Puyvert
Lourmarin
Tombe d'Albert Camus
Lauris
Malconseil
Sannes
Etang de la Bonde
Grambois
du Luberon
le Seuil
Corbières
Ste-Croix
Pertuis
146
Pertuis Aix-en-Provence Vinon-s-V
10 km
6 miles

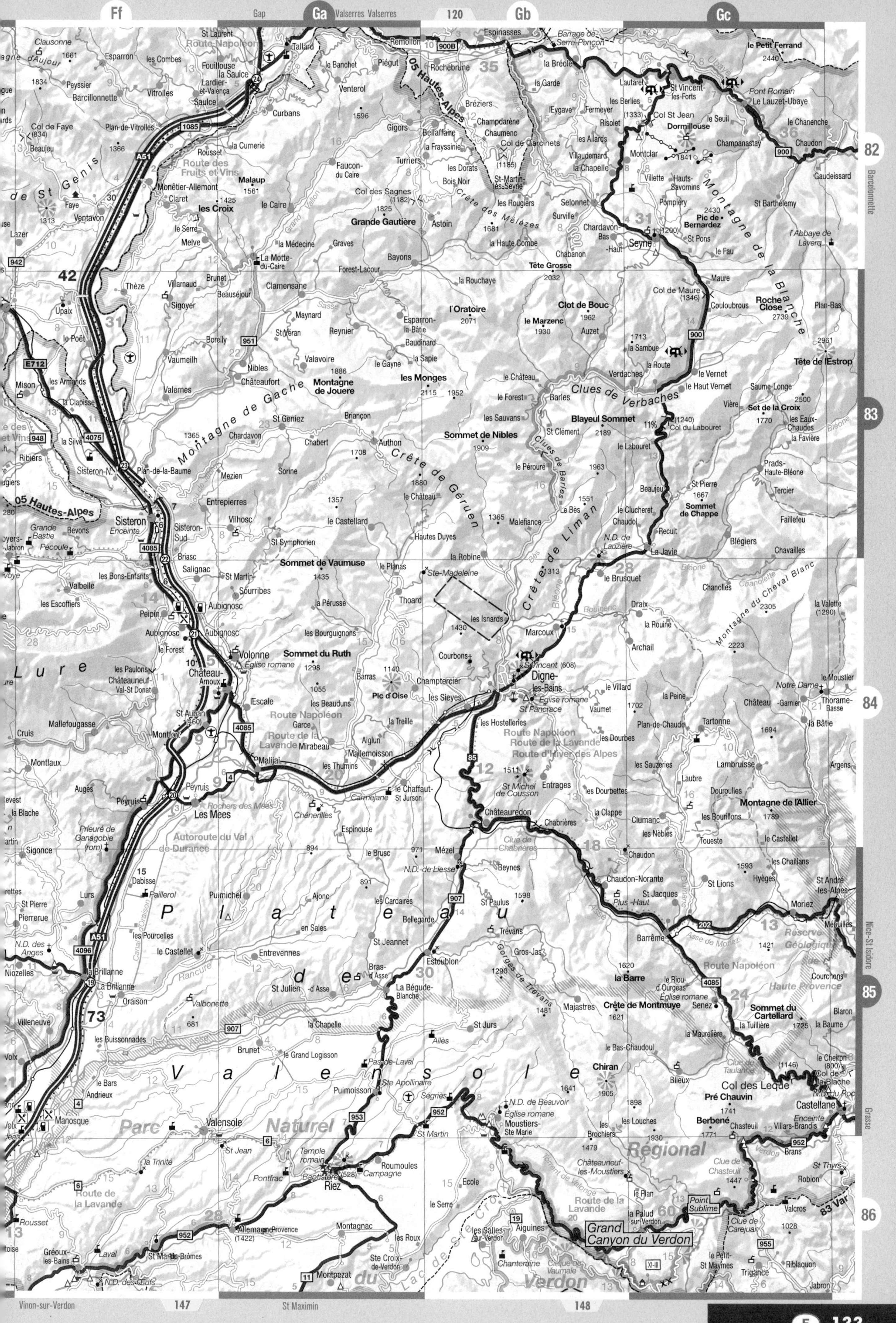
Clausonne
Esparron
les Combes
St Laurent
Route Napoléon
Tallard
Remollon
Espinasses
Barrage de Serre-Ponçon
le Petit Ferrand
Peyssier
Barcillonnette
Vitrolles
Fouillouse
la Saulce
Lardier-et-Valença
Saulce
le Banchet
Piégut
05 Hautes-Alpes
Rochebrune
la Bréole
Venterol
la Garde
Lautaret
St Vincent-les-Forts
Pont Romain
Le Lauzet-Ubaye
Curbans
Bréziers
l'Eygave
Fermeyer
les Berlies
Col St Jean
Dormillouse
le Seuil
le Chanenche
Col de Faye
Plan-de-Vitrolles
Gigors
Champdarène
Chaumenc
Risolet
Bellaffaire
Beaujeu
la Frayssinie
Col de Garcinets
les Allards
Champanastay
Chaudon
Rousset
la Curnerie
Route des Fruits et Vins
Faucon-du Caire
Turriers
Villaudemard
la Chapelle
Montclar
Gaudeissard
de St Genis
Monêtier-Allemont
Malaup
les Dorats
Bois Noir
St-Martin-les-Seyne
Villette
Hauts-Savornins
Montagne de la Blanche
Claret
Faye
Ventavon
les Croix
le Caire
Col des Sagnes
Crête des Mélèzes
les Rougiers
Selonnet
Pompiery
St Barthélemy
Grande Gautière
Astoin
Surville
Pic de Bernardez
Lazer
le Serre
Melve
la Médecine
Graves
la Haute Combe
Chardavon-Bas
Chardavon-Haut
Seyne
St Pons
l'Abbaye de Laverq
le Fau
La Motte-du-Caire
Bayons
Chabanon
Forest-Lacour
Tête Grosse
Maure
Thèze
Villarnaud
Brunet
Beauséjour
Clamensane
la Rouchaye
Col de Maure
Couloubrous
Roche Close
Plan-Bas
Upaix
Sigoyer
Maynard
l'Oratoire
Clot de Bouc
le Marzenc
Auzet
le Poët
St Véran
Reynier
Esparron-la-Bâtie
Baudinard
la Sambue
Vaumeilh
Borelly
Valavoire
le Gayne
la Sapie
la Route
Tête de l'Estrop
Mison
les Armands
Nibles
Châteaufort
Montagne de Jouere
les Monges
le Château
Verdaches
le Vernet
la Clapisse
Valernes
Montagne de Gache
le Forest
Barles
Clues de Verbaches
le Haut Vernet
Saume-Longe
Vière
Set de la Croix
St Geniez
Briançon
les Sauvans
Blayeul Sommet
Col du Labouret
les Eaux-Chaudes
la Favière
la Silve
Chardavon
Chabert
Authon
Sommet de Nibles
St Clément
Ribiers
Sisteron-N.
Plan-de-la-Baume
Crête de Géruen
le Labouret
Prads-Haute-Bléone
Mezien
Sorine
le Pérouré
Clues de Barles
Tercier
St Pierre
Beaujeu
Sommet de Chappe
05 Hautes-Alpes
Entrepierres
le Château
le Bès
Sisteron
Enceinte
Sisteron-Sud
Vilhosc
le Castellard
Malefiance
le Clucheret
Chaudol
Faillefeu
Grande Bastie
Bevons
Pécoule
St Symphorien
Hautes Duyes
N.D. de Lauzière
Recuit
Blégiers
Briasc
Salignac
Sommet de Vaumuse
le Planas
la Robine
La Javie
Chavailles
les Bons-Enfants
St Martin
Sourribes
Ste-Madeleine
Crête de Liman
le Brusquet
Valbelle
Chanolles
Montagne du Cheval Blanc
les Escoffiers
Aubignosc
Peipin
la Pérusse
Thoard
Draix
la Valette
les Isnards
la Rouine
Lure
les Bourguignons
Marcoux
Archail
le Forest
Volonne
Église romane
Sommet du Ruth
Courbons
St Vincent
Digne-les-Bains
les Paulons
Château-Arnoux
Châteauneuf-Val-St Donat
Barras
Pic d'Oise
Champtercier
le Villard
la Peine
le Moustier
Notre Dame
Château-Garnier
Thorame-Basse
l'Escale
les Beauduns
les Sieyes
St Pancrace
Vaumet
Route Napoléon
Garce
la Treille
les Hostelleries
Plan-de-Chaude
Tartonne
la Bâtie
Mallefougasse
St Auban
Route de la Lavande
Mirabeau
Aiglun
Route d'hiver des Alpes
les Dourbes
Cruis
Montfort
Malijai
Mallemoisson
les Thumins
les Sauzeries
Lambruisse
Argens
Montlaux
Peyruis
St Michel de Cousson
Entrages
le Chaffaut-St Jurson
Laubre
Douroulles
Augès
Carmejane
les Dourbettes
Montagne de l'Allier
Prieuré de Ganagobie
Les Mees
Rochers des Mées
Chénerilles
Châteauredon
Chabrières
la Clappe
les Bourillons
Clumanc
Autoroute du Val de Durance
Espinouse
Clue de Chabrières
les Nèbles
Touëste
le Castellet
Sigonce
le Brusc
Mézel
Chaudon
les Chaillans
N.D.-de Liesse
Beynes
Chaudon-Norante
St Lions
Hyèges
St André-les-Alpes
Dabisse
Pailletol
Lurs
Puimichel
Ajonc
les Cardaires
St Paulus
St Jacques
Plus-Haut
St Pierre
Pierrerue
Plateau
Bellegarde
Moriez
en Sales
Trévans
Barrême
Réserve Géologique
Méouilles
les Pourcelles
N.D. des Anges
le Castellet
Entrevennes
St Jeannet
Gros-Jas
Estoublon
Route Napoléon
Niozelles
la Brillanne
Bras-d'Asse
Gorges de Trévans
la Barre
le Riou-d'Ourgeas
Église romane
Courchons
Haute Provence
la Brillanne
Oraison
St Julien-d'Asse
La Bégude-Blanche
Majastres
Crête de Montmuye
Senez
Sommet du Cartellard
Blaron
Valbonette
Villeneuve
la Tuillière
la Baume
la Chapelle
St Jurs
la Maurelière
les Buissonnades
Allès
le Bas-Chaudoul
Brunet
le Grand Logisson
Pas-de-Laval
Chiran
Clue de Taulanne
le Chiron
Col de la Blache
le Bars
Andrieux
Valensole
Ste Apollinaire
Puimoisson
Ségriès
N.D. de Beauvoir
Église romane
Moustiers-Ste Marie
Blieux
Col des Leque
Pré Chauvin
N.D. du Roc
Castellane
Enceinte
Manosque
Parc
Naturel
Régional
St Jean
St Martin
les Louches
Brochiers
Berbené
Chasteuil
Villars-Brandis
Brans
la Trinité
Temple romain
Baptistère
Riez
Roumoules
Campagne
Châteauneuf-les-Moustiers
Clue de Chasteuil
St Thyrs
Robion
Pontfrac
Ecole
le Plan
Route de la Lavande
Point Sublime
Valcros
83 Var
Route de la Lavande
Rousset
le Serre
la Palud-sur-Verdon
Clue de Carejuan
Allemagne-en-Provence
Montagnac
les Roux
les Salles-sur-Verdon
Aiguines
Grand Canyon du Verdon
Gréoux-les-Bains
Laval
St Martin-de-Brômes
Ste Croix-de-Verdon
Chanteraine
Cirque de Vaumale
le Petit-St Maymes
Trigance
Riblaquon
N.D. des Œufs
Montpezat
Lac de Ste Croix
Verdon
Jabron
Barcelonnette
82
83
84
85
86
Nice-St Isidore
Grasse

Gc
Gd
Col de Larche
Ge
Barcelonnette
121
Gf
ITALIA
Ha
la Saulce
82
83
84
85
86
Barrême
Digne-les-Bains
Riez
05 Hautes-Alpes
04 Alpes-de-Haute-Provence
Montagne de Parpaillon
Le Lauzet-Ubaye
Barcelonnette
Jausiers
Col de Larche (Colle della Maddalena)
Argentera
Tête de Siguret
Serre Bourdou
Montagne de l'Alpe
Gorges du Bachelard
Grande Séolane
Col de Restefond
Cime de la Bonette
Parc National du Mercantour
Mont Pelat
Col de la Cayolle
Montagne de la Blanche
Tête de l'Estrop
Allos
Colmars
Fort de France
St-Dalmas-le-Selvage
Mont Ténibre
St Étienne-de-Tinée
Auron
Sauma Longue
Les Donnes
Isola
Montagne de l'Alp
Parc National
Pietrapórzio
Vinadio
Entraunes
Col des Champs
St Martin-d'Entraunes
Villars-Colmars
Beauvezer
Thorame-Haute
Laupon
le Petit Coyer
le Grand Coyer
04 Alpes-de-Haute-Provence
06 Alpes-Maritimes
Valberg
Guillaumes
Gorges de Daluis
Beuil
Gorges Supérieures du Cians
Mont St Honorat
Tête de Travers
Col de la Colle St Michel
Annot
Entrevaux
Puget-Théniers
Touët-sur-Var
St André-les-Alpes
Route de la Lavande d'Hiver des Alpes
Col de Toutes Aures
Castellane
Col des Leque
Parc Naturel Régional du Verdon
Col de Luens
Montagne de Charamel
Montagne du Cheiron
Cime du Cheiron
Gréolières
Montagne de l'Audibergue
Col de Valferrière
Draguignan
Grasse
148

Dronero
Pratavécchia
Villata
S.Pietro del Gallo
S.Benigno
Roata Chiusani
Montanera
Consovero
Magliano Alpi
Carrù
Cármine
Paglières
Rua del Prato
Tetti
Monte Cialme
2308
Allardo
Piatta
Montemale di Cúneo
S.Carlo
Paschera
S.Lorenzo
Borgetto
Madonna dell'Olmo
Castelletto Stura
Riforano
Pasquero
Crava
Morozzo
Rocca de'Baldi
Mondovì
Croce Praboccone
1422
Pradlèves
Cavaliggi
Caráglio
Ruà Bernardo
S.Bernardo
Tetti Pésio
Margarita
S.Biágio
Carassone
Castelmagno
Campomolino
Chiappi
Chiotti
Monterosso Grana
Frise
Saretto
Valgrana
S.Matteo
Figliere
Trucchi
Monastero
Monte Bram
2357
S.Lucia
Bernezzo
S.Rocco di Bernezzo
Fulcheri
S.Grato
Merlo
Mondovì
Cervasca
Spinetta
Canale
CÚNEO
S.Anna
Gorré
Rittana
Pianfei
Mad.d. Pasco
Beccas di Mezzodi
1931
Caricatore
S.Máuro
Castelletto
Vignolo
S.Margherita
Beinette
Combe
Mussi
Vasco
S.Giacomo
Airale
Roccasparvéra
S.Lorenzo
Villanova Mondovì
Bertolini Sottani
Monastero di Vasco
S.Maurizio
Valloriate
Garavagna
Grotta dei Dossi
Neraissa
Trinità
Cornaletto
Colli
Serre
Gaiola
Beguda
Borgo S.Dalmazzo
Fontanelle
Boves
Peveragno
Chiusa di Pésio
Roccaforte Mondovì
Bertolini Soprani
Fédio
Demonte
S.Lorenzo
Moiola
S.Antonio
Rivoira
S.Giovenale
Vinadio
Aisone
Pianetto
Roccavione
Lurisia
Annunziata
Frabosa Sottana
Sant'Anna
Goletta
Forani
Festiona
Andonno
T.to Piano
Terme di Lurisia
Nórea
Frabosa Soprana
Brignola
Robilante
S.Giacomo
Pradeboni
Miroglio
1885
Valdièri
Tetto Chiappello
Monte Besimáuda
2231
Vigna
Prea (838)
Monte Moro
1739
Corságlia
S.Bernardo
Snive
Roáschia
S.Bartolomeo
1505
Rastello
Monte Bourel
2450
Cima Górgia Cagna
2718
Rif.Bianco
Valletta
Becco Costa Rossa
2404
1768
Cima della Pigna
Rif.F.I.E. Artesina
Prato Nevoso
Colla d.Prel (1615)
Laghi della Sella
S.Anna di Valdieri
Entrácque
Vernante
Bossea Fontane
Gias la Grotta
Monte Matto
3088
Valle della Valletta
Monte Sapè
1867
Certosa di Pésio
Rif.Cacciatori
2382
Rif.Balma
Monte Mondolè
Borello
Cima del Lausetto
2687
Pico Miráuda
2157
Parco
Trinità
Monte Bussáia
2451
Folchi
M. Malinvern
2938
Terme di Valdieri
d. Alpi
Vallone della Rovina
Alta Valle Pesio
Limone Piemonte
(990)
Lago di Claus
Rif.Questa
Cima d'Argentera
3297
Monte Garbella
2306
Palanfrè
Monte Mongióie
2630
Lago della Rovina
S.Giácomo di Entrácque
Limonetto
Rif.Garelli
2650
Punta Marguareis
Rif. Saracco
Pizzo d'Ormea
2476
Marittime
Marittime
Lac Nègre
B. Chiotas
Lago Brocan
Colle di Tenda
(1908)
Rocher de l'Abisse
2755
2176
2300
Cima di Becco
Carnino
Viozene
Mollières
Briga Alta
Úpega
Cima di Piano Cavallo
1896
Pornassino
Vacherie du Collet
Col de Salèse
(2031)
Cougourde
Rif.E.Sória
Fort de Glaure
2241
Cime de l'Evèque
M.Bertrand
Mercantour
Ref des Adous
Rif.F.Pagari
Cima del Gelas
Lac de l'Agnel
Viévola
Granges-de-la-Pie
2482
Ísola
2526
le Boréon
3143
3043
Mont Giraud
2606
Madone de Fenestre
M. Clapier
Nice
Cime Missoun
2356
Imperia
Cuneo
le Salse
Lac Noir
Ste-Madeleine
Valcona
Baus de la Frema
2250
(1500)
Col St Martin
Mont Neillier
2786
Lac du Basto
Fontanalbe
Mont Bégo
2873
Tende
(816)
Morignole
1452
Mendática
Cósio d'Arróscia
Mónesi
St Martin-Vésubie
la Bolline
la Colmiane
St Dalmas
Cime de la Valette
2496
(1538)
St Grat
Lac Long Supérieur
Vallée de Merveille
St Dalmas-de-Tende
Bens
Mont Saccarel
3200
Monte Saccarello
2070
Montegrosso Pian Latte
Ponti
Berthemont-les-Bains
Cime du Diable
les Merveilles
2414
la Brigue
N.D. des Fontaines
Verdéggia
(1092)
(1801) Colle Garezzo
Rigons
Venanson
Plateau-de-Berthemont
2685
Granges-du-Colonel
Pointe de la Corne de Bouc
Granile
Supérieur
Val-del-Prat
Realdo
1882
Monte Mónega
la Lauze
Berque-Inférieur
Cime de Marte
2136
Mont Tournairet
2086
Roquebillière-Vieux
Roquebillière
les Adres
Belvédère
2149
Cima de Coss
1677
Creppo
Granges-de-la-Brasque
la Bollène-Vésubie
l'Authion
Mauroun
Fontan
Città medioevale
Triora
Andagna
P.so della Teglia
(1387)
1623
Chabanette
1889
Ft de Cayrons
Église romane
Saorge
Monte Pietravécchia
2038
Cetta
Molini di Triora
Rocca di Andagna
Lantosque
(510)
Route des Grandes Alpes
Col de Turini
(1607)
Ste Anne
Gorges de Saorge
Madone de Poggio
1971
Mont Torrage
Pian del Moro
Agággio
St Jean (652)
Brec d'Utelle
Pélasque
1606
1582
la Giandola
(1127) Coll.a di Langan
Búggio
Glori
la Tour
le Figaret-d'Utelle
Loda
l'Arpette
1610
Orvegno
Madonna Assunta
Croce di Praesto
Moulinet
Breil-sur-Roya
Tête d'Alpe
1587
1309
Pigna
Monte Ceppo
1627
le Suquet
Pierre Plate
1481
Peïra-Cava
(1450)
Col de Brouis
(879)
Monte Gouta
1269
Monte Mera
1063
Vignai
Ciabáudo
la Courbaisse
St Jean-la-Rivière
N.D.-de-la-Menour
Badalucco
Gorges du Piaon
Col du Pérus
(654)
Sgerea
Castèl Vittório
1174
Utelle
1504
Cima de Rocca Seira
Madone d'Utelle
Duranus
Cascade
Piene
Mont Colombin
1026
Rocchetta Nervina
Bajardo
Revest-les-Roches
Gorges de la Vésubie
Sospel
Lucéram (665)
(1002)
(349)
Airole
Apricale
Isolabona
Ceriana
Città medioevale
Colma
835
Mont Férion
1413
(970) Levens
15%
Col de Braus
Olivetta San Michele
Perinaldo
Monte Bignone
1299
(786) S.Romolo
Arma di Tággia
Bonson
Coaraze
Mt Razet
1281
Mont Grammont
1378
Collabassa
Doria
Dolceácqua
Verezzo
Plan-du-Var
Gilette
Ste Claire
Berre-des-Alpes
Touët-de-l'Escarène
Col de Castillon
Castillon
Torri
S.Pancrázio
Soldano
Negi
Borello
Bussana Vecchia
Poggio
la Roquette-sur-Var
Bendejun
Villatella
Bévera
San Biágio d.Cima
Seborga
St Martin-du-Var
St Antoine
l'Escarène
Autoporto Riviera dei Fiori
Camporosso
Vallebona
San Remo-Ovest
Coldirodi
La Pigna
Bussana
C.Verde
Città medioevale
Contes
St Blaise
la Garde
Pic de Baudon
Monti Castellar
Sealza
Ventimiglia
Bordighera
Ospedaletti
SANREMO
Città medioevale
Châteauneuf-de-Contes
Castagniers
Blausasc
Peille
1264
Ste Agnès
Menton
Mortola
Latte
Carros
Tourrette-Levens
la Grave
la Pointe-de-Blausasc
Gorbio
C.Nero
Peillon
Mont Agel
Roquebrune
Garavan
Giardini Botanici Hanbury
VENTIMÍGLIA
Vallecrósia
Bordighera
Aspremont
854
Borghéas
Roquebrune
Mont Chauve
Rayet
Cantaron
Scoperta
Laghet
MENTON
Cap-Martin
Colomars
Drap
La Turbie
Beausoleil
Beausoleil
St Roman
Falicon
Monaco
Riviera dei Fiori
Parco Marittime
Alpi Marittime
Parco du Mercantour
E74
E80
A8
Ceva Cherasco
Ceva
ITALIA
Imperia
82
83
84
85
86

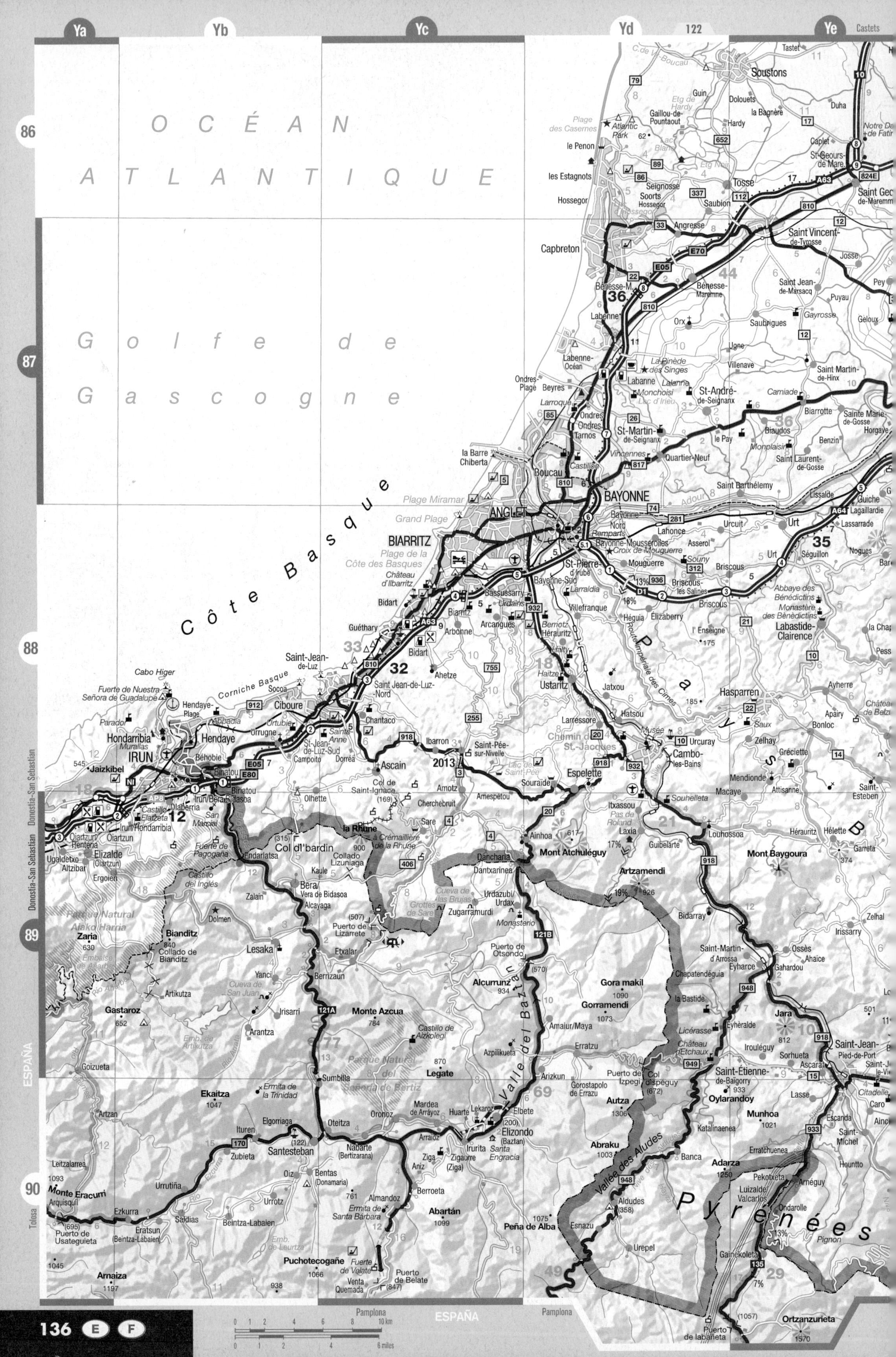

Ya
Yb
Yc
Yd
122
Ye
Castets
86
87
88
89
90
OCÉAN
ATLANTIQUE
Golfe de
Gascogne
Côte Basque
Soustons
Hossegor
Capbreton
Bayonne
BAYONNE
ANGLET
BIARRITZ
Bidart
Guéthary
Saint-Jean-de-Luz
Ciboure
Hendaye
Hondarribia
IRUN
Urrugne
Ascain
Sare
la Rhune
Col d'Ibardin
Espelette
Cambo-les-Bains
Hasparren
Ustaritz
Ainhoa
Dancharia
Elizondo
Valle del Baztán
Saint-Étienne-de-Baïgorry
Saint-Jean-Pied-de-Port
Vallée des Aludes
Pyrénées
Monte Azcua
Lesaka
Bera/Vera de Bidasoa
Santesteban
Donostia-San Sebastian
ESPAÑA
Tolosa
Pamplona

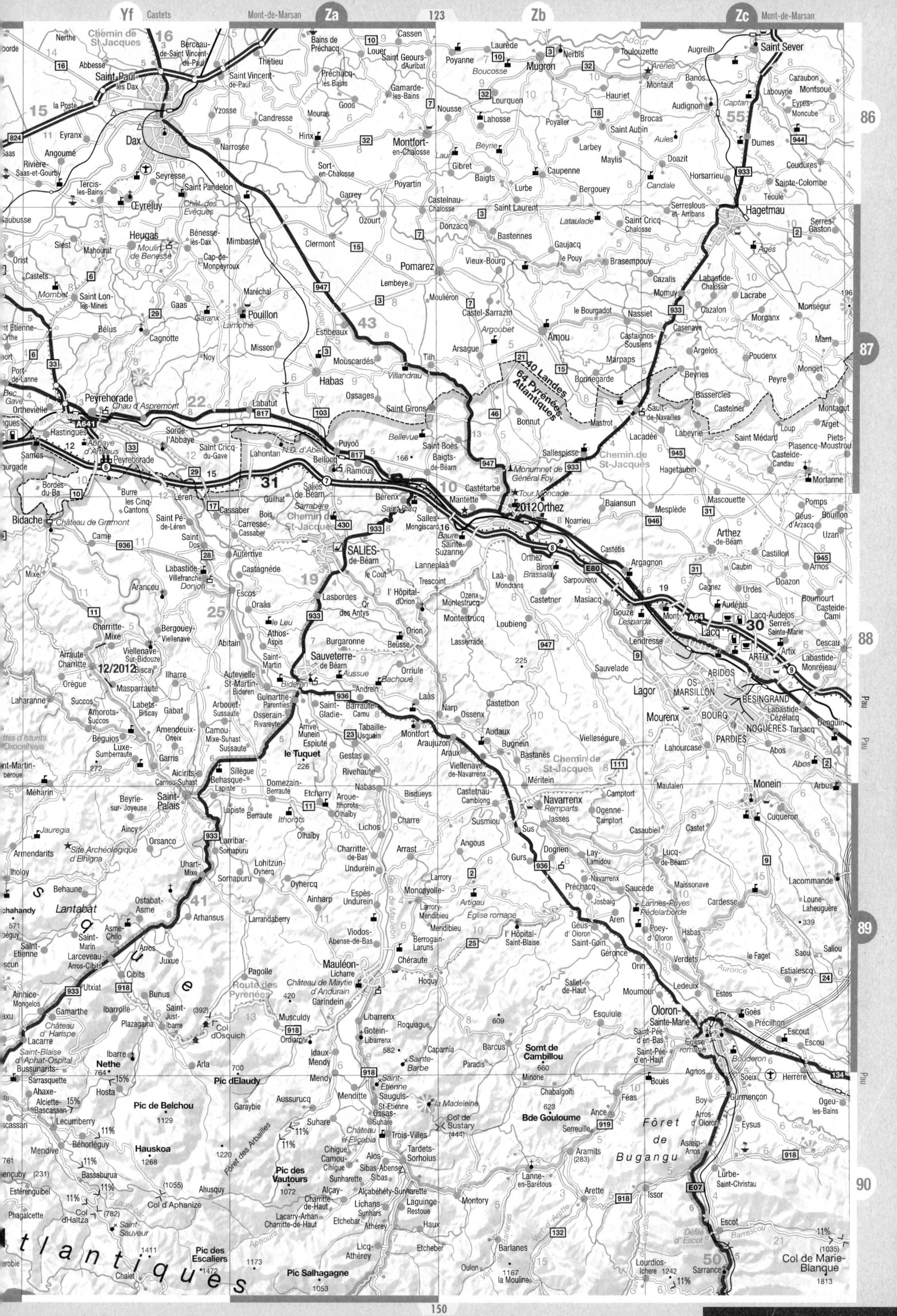
Saint-Paul-lès-Dax
Dax
Œyreluy
Heugas
Pouillon
Peyrehorade
Habas
Pomarez
Montfort-en-Chalosse
Mugron
Saint Sever
Hagetmau
Amou
Orthez
SALIES-de-Béarn
Sauveterre-de-Béarn
Navarrenx
Monein
Lacq
Artix
Mourenx
Lagor
Arthez-de-Béarn
Mauléon-Licharre
Oloron-Sainte-Marie
Saint-Palais
Bidache
40 Landes
64 Pyrénées Atlantiques
Chemin de St-Jacques
Route des Pyrénées
Forêt de Bugangu
Pic de Belchou
Hauskoa
Pic des Vautours
Pic des Escaliers
Pic Salhagagne
Pic dElaudy
Somt de Cambillou
Bde Goulourne
Col de Marie-Blanque
Col d'Aphanize
Col dOsquich
Lantabat
Atlantiques

86
87
88
89
90

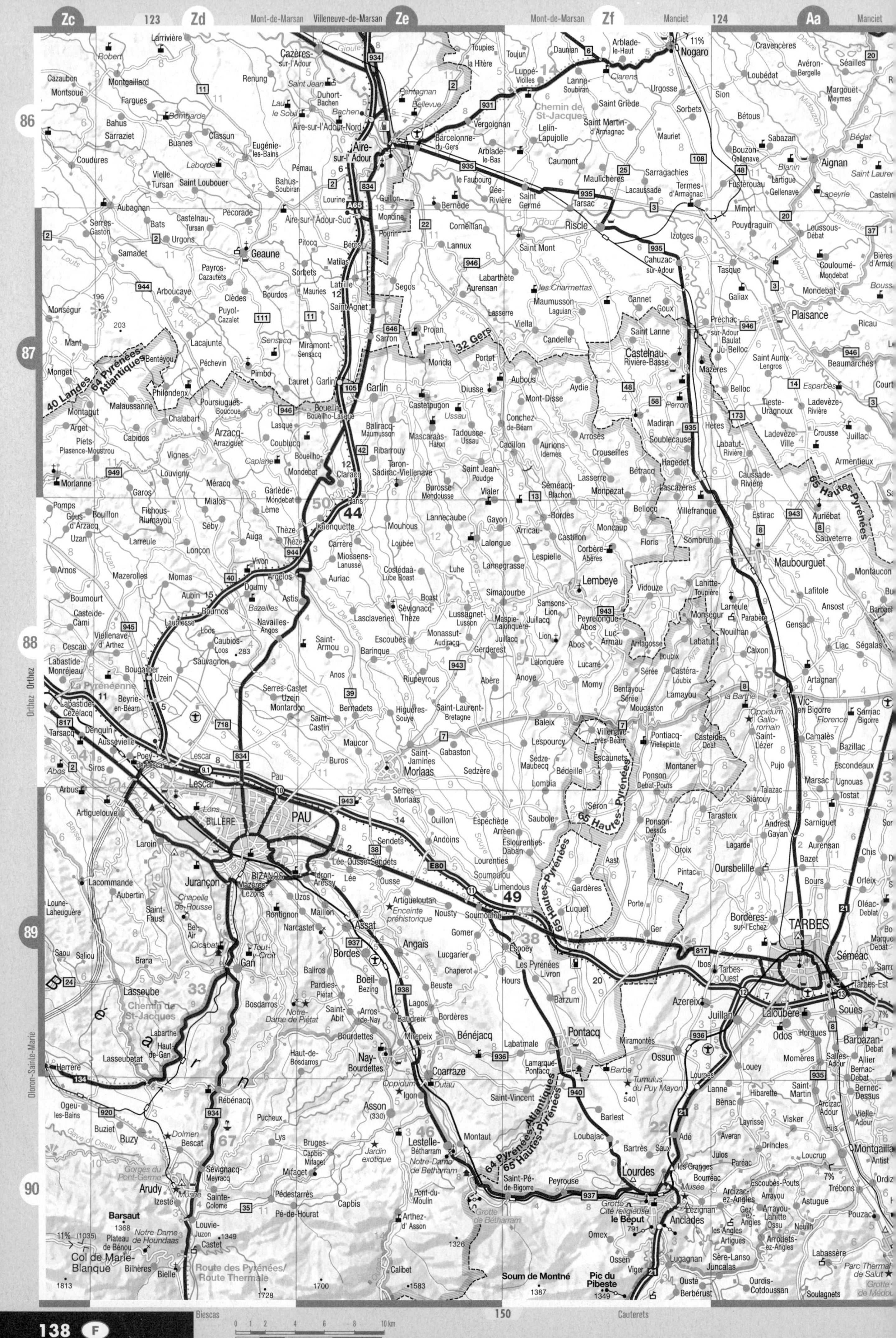



0 1 2 4 6 8 10 km
0 1 2 4 6 miles

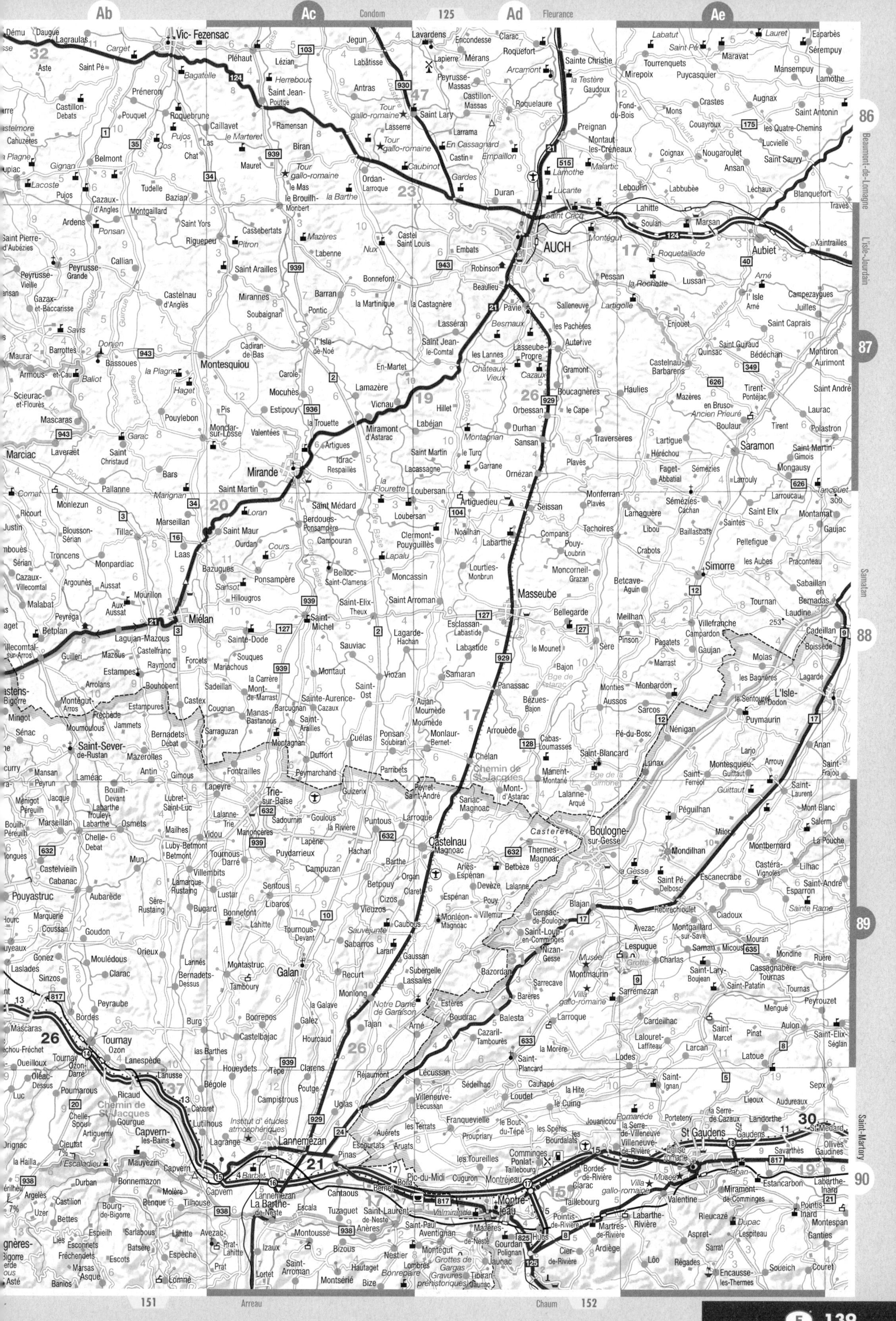
Ab
Ac
Condom
125
Ad
Fleurance
Ae
86
Beaumont-de-Lomagne
L'Isle-Jourdain
87
Samatan
88
89
Saint-Martory
90
151
Arreau
Chaum
152
Vic-Fezensac
AUCH
Montesquiou
Mirande
Marciac
Miélan
Masseube
Simorre
Aubiet
Saramon
Trie-sur-Baïse
Castelnau-Magnoac
Boulogne-sur-Gesse
L'Isle-en-Dodon
Lannemezan
Montréjeau
St Gaudens
Tournay
Capvern
La Barthe-de-Neste
Saint-Sever-de-Rustan
Galan

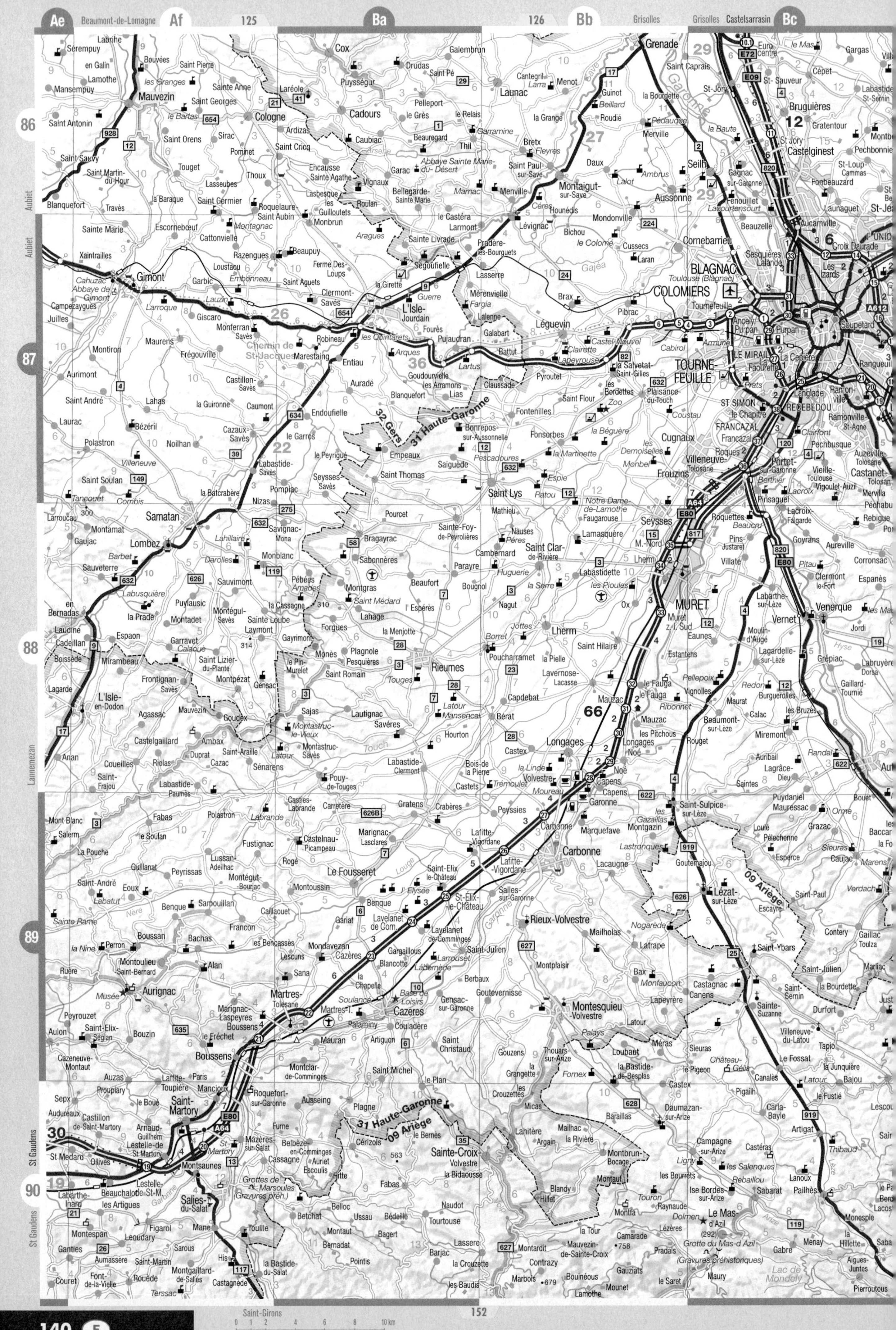
86
87
88
89
90
Serempuy
Mauvezin
Cologne
Cox
Cadours
Puysségur
Launac
Grenade
Saint Caprais
Bruguières
Castelginest
Saint Antonin
Saint Orens
Saint Cricq
Garac
Bellegarde-Sainte Marie
Menville
Montaigut-sur-Save
Merville
Aussonne
Seilh
Gagnac-sur-Garonne
Aucamville
Blanquefort
Sainte Marie
Escornebœuf
Cattonvielle
Razengues
Monbrun
Sainte Livrade
Mondonville
Cornebarrieu
Xaintrailles
Gimont
Ségoufielle
Lasserre
Brax
BLAGNAC
COLOMIERS
Toulouse (Blagnac)
L'Isle-Jourdain
Léguevin
Pibrac
Tournefeuille
Auradé
Pujaudran
Montiron
Aurimont
Frégouville
Marestaing
Entiau
Castillon-Savès
TOURNEFEUILLE
LE MIRAIL
Plaisance-du-Touch
Fontenilles
Saint André
Laurac
Polastron
Endoufielle
Empeaux
Fonsorbes
Cugnaux
Villeneuve-Tolosane
Frouzins
Portet-sur-Garonne
Saint Soulan
Pompiac
Saint Thomas
Saint Lys
Seysses
Samatan
Lombez
Bragayrac
Sabonnères
Saint Clar-de-Rivière
Labastidette
Lherm
MURET
Muret
Sauveterre
Sauvimont
Montgras
Lahage
Eaunes
Lagardelle-sur-Lèze
Venerque
L'Isle-en-Dodon
Rieumes
Poucharramet
Lavernose-Lacasse
Mauzac
Longages
Noé
Capens
Anan
Castelgaillard
Sénarens
Montastruc-Savès
Bérat
Carbonne
Marquefave
Lézat-sur-Lèze
Fustignac
Castelnau-Picampeau
Le Fousseret
Rieux-Volvestre
Saint-Elix-le-Château
Cazères
Aurignac
Martres-Tolosane
Boussens
Montesquieu-Volvestre
Saint-Martory
Sainte-Croix-Volvestre
Montbrun-Bocage
Salies-du-Salat
Mane
Montsaunes
Le Mas-d'Azil
Campagne-sur-Arize
Sabarat
Castéras
Daumazan-sur-Arize
31 Haute-Garonne
32 Gers
09 Ariège
Grotte du Mas-d'Azil
Lac de Mondely
Saint-Girons
152

St-Sulpice
Giroussens
Lavaur
Graulhet
Lautrec
Montastruc-la-Conseillère
Verfeil
St-Paul-Cap-de-Joux
Vielmur-sur-Agout
TOULOUSE
Puylaurens
Soual
Lanta
Caraman
Revel
Sorèze
Dourgne
Montgiscard
Villefranche-de-Lauragais
Castelnaudary
Nailloux
Cintegabelle
Mazères
Saverdun
Belpech
Pamiers
Mirepoix
Fanjeaux
Montréal
Bram
Alzonne
Saissac
Canal du Midi
Autoroute des deux-Mers
Chemin de St-Jacques
81 Tarn
11 Aude
86 Castres
87 Mazamet
88
89 Carcassonne
Carcassonne Ouest
90 Limoux

Réalmont
Cb
127
Cc
Cd
128
Ce
86
87
88
89
90
Toulouse
Lavaur
Soual
Castelnaudary
Toulouse
Castelnaudary
CASTRES
Mazamet
CARCASSONNE
Limoux
Lacaune
Brassac
Vabre
Montredon-Labessonnié
Roquecourbe
Labruguière
St-Amans-Soult
Anglès
La Salvetat-sur-Agout
St-Pons-de-Thomières
Olonzac
Lézignan-Corbières
Capendu
Trèbes
Conques-sur-Orbiel
Mas-Cabardès
Saissac
Alzonne
Montolieu
Fabrezan
Lagrasse
Rieux-Minervois
Peyriac-Minervois
Caunes-Minervois
Minerve
Labastide-Rouairoux
Monts de Lacaune
Sidobre
Montagne Noire
Monts du Somail
Montagne d'Alaric
Parc Régional du Haut-Languedoc
Pic de Nore
1210
Pic de Montaud
Roc de Peyremaux
Roc du Tonnerre
Puech du Singladou
Pic de Montalet
Pech Orre
81 Tarn
34 Hérault
81 Tarn
11 Aude
E80
A61
0 1 2 4 6 8 10 km
0 1 2 4 6 miles
154

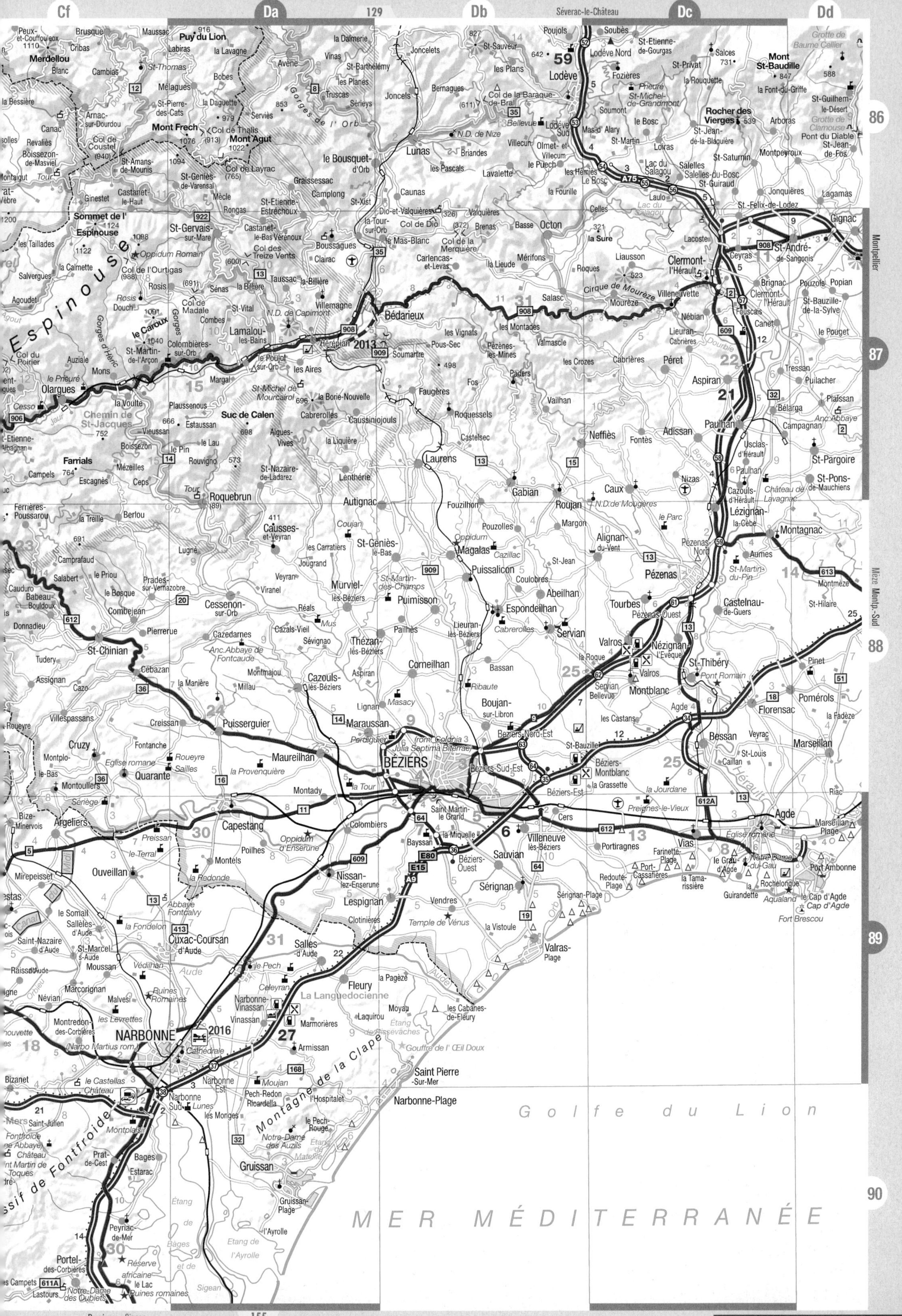
Peux-et-Couffouleux
Brusque
Maussac
Puy du Lion
Merdellou
Cribas
Labiras
la Lavagne
la Dalmerie
Joncelets
Poujols
Soubès
St-Etienne-de-Gourgas
Salces
Mont St-Baudille
St-Thomas
Avène
Vinas
St-Barthélemy
St-Sauveur
Lodève Nord
Lodève
Fozières
St-Privat
la Rouquette
la Font-du-Griffe
Cambias
Bobes
Mélagues
les Planes
Truscas
Sérieys
Joncels
Bernagues
Col de la Baraque-de-Bral
les Plans
Pheure
St-Michel-de-Grandmont
Soumont
St-Guilhem-le-Désert
la Bessière
Arnac-sur-Dourdou
St-Pierre-des-Cats
la Daguette
Serviès
Gorges de l'Orb
Bellevue
Lodève Sud
le Bosc
Rocher des Vierges
Arboras
Grotte de Clamouse
Pont du Diable
St-Jean-de-Fos
Canac
Revaliès
Boissezon-de-Masviel
Col de Coustel
Mont Frech
Col de Thalis
Mont Agut
N.D. de Nize
Lunas
Briandes
Villecun
Olmet-et-Villecun
Mas-d'Alary
St-Martin
Loiras
St-Jean-de-la-Blaquière
St-Saturnin
Montpeyroux
St-Amans-de-Mounis
Col de Layrac
le Bousquet-d'Orb
les Pascals
Lavalette
le Puech
les Hemies
Le Bosc
Lac du Salagou
Salelles
Salelles-du-Bosc
St-Guiraud
Jonquières
Lagamas
St-Geniès-de-Varensal
Graissessac
Camplong
St-Xist
Caunas
la Fourille
Laulo
Ginestet
Castanet-le-Haut
Mècle
Rongas
St-Etienne-Estréchoux
Dio-et-Valquières
Valquières
Celles
St-Félix-de-Lodez
Gignac
Sommet de l'Espinouse
St-Gervais-sur-Mare
Castanet-le-Bas
Vérenoux
la-Tour-sur-Orb
Col de Dio
Brenas
Basse
Octon
la Sure
Lacoste
Ceyras
St-André-de-Sangonis
les Taillades
Oppidum Romain
Col des Treize Vents
Boussagues
le Mas-Blanc
Col de la Merquière
Carlencas-et-Levas
la Lieude
Mérifons
Liausson
Clermont-l'Hérault
Montpellier
Espinouse
la Calmette
Col de l'Ourtigas
Clairac
Taussac-la-Billière
Roques
Cirque de Mourèze
Brignac
Pouzols
Popian
Salvergues
Rosis
Sénas
la Billière
Villemagne
Salasc
Mourèze
Villeneuvette
Nébian
Clermont-l'Hérault
St-Bauzille-de-la-Sylve
Agoudet
Douch
Col de Madale
St-Vital
N.D. de Capimont
Bédarieux
Fouscais
Canet
le Pouget
Combes
le Caroux
Gorges d'Héric
Lamalou-les-Bains
Hérépian
Sournartre
les Vignats
Pous-Sec
les Montades
Valmascle
Lieuran-Cabrières
Colombières-sur-Orb
le Poujol-sur-Orb
Pézènes-les-Mines
Cabrières
Péret
Col du Poirier
Auziale
St-Martin-de-l'Arçon
les Aires
les Crozes
Tressan
Mons
le Prieuré
Margal
Paders
Aspiran
Puilacher
Olargues
St-Michel de Mourcairol
la Borie-Nouvelle
Fos
Faugères
Vailhan
Plaissan
Bélarga
Cesso
la Voulte
Plaussenous
Suc de Calen
Cabrerolles
Caussiniojouls
Roquessels
Anc. Abbaye
Campagnan
Chemin de St-Jacques
Estaussan
Aigues-Vives
la Liquière
Castelsec
Neffiès
Fontès
Adissan
Paulhan
Usclas-d'Hérault
St-Etienne-Albagnan
Vieussan
Boissezon
le Pin
le Lau
Rouvigno
Laurens
St-Pargoire
Farrials
Mézeilles
Nizas
Campels
Escagnès
Ceps
St-Nazaire-de-Ladarez
Lenthérie
Gabian
Caux
Cazouls-d'Hérault
Château de Lavagnac
St-Pons-de-Mauchiens
Roquebrun
Tour
Ferrières-Poussarou
la Treille
Berlou
Autignac
Fouzilhon
Roujan
N.D. de Mougères
Lézignan-la-Cèbe
Causses-et-Veyran
Coujan
Pouzolles
Margon
le Parc
Montagnac
Camprafaud
Lugné
les Carratiers
St-Geniès-le-Bas
Oppidum
Magalas
Cazillac
Alignan-du-Vent
Pézenas-Nord
Aumes
Salabert
le Priou
Jougrand
St-Jean
Pézenas
St-Martin-du-Pin
Cauduro
Babeau-Bouldoux
le Bosque
Prades-sur-Vernazobre
Veyran
Puissalicon
Coulobres
Montmèze
Mèze
Montp.-Sud
Viranel
Murviel-lès-Béziers
St-Martin-des-Champs
Puimisson
Abeilhan
Tourbes
Castelnau-de-Guers
Donnadieu
Combejean
Cessenon-sur-Orb
Réals
Mus
Espondeilhan
Pézenas-Ouest
St-Hilaire
Pierrerue
Cazedarnes
Cazals-Vieil
Pailhès
Lieuran-lès-Béziers
Cabrerolles
Servian
St-Chinian
Anc. Abbaye de Fontcaude
Sévignac
Thézan-lès-Béziers
Valros
Nézignan-l'Evêque
Tudery
la Roque
St-Thibéry
Pinet
Montmajou
Corneilhan
Bassan
Pont Romain
Assignan
Cébazan
Cazo
la Manière
Millau
Cazouls-lès-Béziers
Aspiran
Ribaute
Montblanc
Pomérols
Roueyre
Villespassans
Creissan
Puisserguier
Masacy
Lignan
Maraussan
Boujan-sur-Libron
Servian Bellevue
Agde
Florensac
la Fadèze
Cruzy
Fontanche
Perdiguier
Julia Septima Biterrae
Béziers-Nord-Est
les Castans
St-Bauzille
Bessan
Veyrac
Marseillan
Montplo-le-Bas
Eglise romane
Roueyre
Quarante
Sailles
Maureilhan
BÉZIERS
Béziers-Sud-Est
Béziers-Montblanc
St-Louis
Caillan
Montouliers
Sérièges
la Provenquière
Montady
la Tour
la Grassette
la Jourdane
Hérault
Riac
Bize-Minervois
Argeliers
Capestang
Colombières
St-Martin-le Grand
Cers
Béziers-Est
Preignes-le-Vieux
Marseillan-Plage
Preissan
le Terral
Poilhes
Oppidum d'Enserune
Bayssan
la Miquelle
Villeneuve-lès-Béziers
Portiragnes
Vias
Agde
Eglise romane
Mirepeisset
Ouveillan
Montels
la Redonde
Nissan-lez-Enserune
Béziers-Ouest
Sauvian
Farinette-Plage
Port-Cassafières
le Grau-d'Agde
Notre Dame-du-Grau
Port Ambonne
Abbaye Fontcalvy
Lespignan
Vendres
Sérignan
Redoute-Plage
la Tamarissière
Rochelongue
Cap d'Agde
le Somail
Sallèles-d'Aude
la Fondelon
Clotinières
Temple de Vénus
la Vistoule
Sérignan-Plage
la Guirandette
Aqualand
Fort Brescou
Canal du Midi
Cuxac-Coursan d'Aude
Salles-d'Aude
Valras-Plage
Saint-Nazaire-d'Aude
St-Marcel-s-Aude
Moussan
Védilhan
le Pech
Raissac-d'Aude
la Pagèze
Marcorignan
Ruines Romaines
Celeyran
Fleury
La Languedocienne
Névian
Malvesi
Narbonne-Vinassan
Vinassan
Moyau
les Cabanes-de-Fleury
Montredon-des-Corbières
les Levrettes
Marmorières
Laquirou
Etang de Pissevaches
NARBONNE
Narbo Martius rom.
Cathédrale
Armissan
Gouffre de l'Œil Doux
Montagne de la Clape
Bizanet
le Castellas
Château
Narbonne-Est
Moujan
Saint Pierre-Sur-Mer
Narbonne Sud
Lunes
Pech-Redon
Ricardella
l'Hospitalet
Narbonne-Plage
Golfe du Lion
Saint-Julien
les Monges
le Pech-Rouge
Fontfroide
Montplaisir
Massif de Fontfroide
Château
Notre-Dame des Auzils
Etang de Mateille
Prat-de-Cest
Bages
Estarac
Gruissan
Gruissan-Plage
Etang de Bages
Etang de l'Ayrolle
l'Ayrolle
MER MÉDITERRANÉE
Peyriac-de-Mer
Portel-des-Corbières
Réserve africaine
le Lac
Sigean
Lastours
Notre-Dame des Oubiels
Ruines romaines
86
87
88
89
90

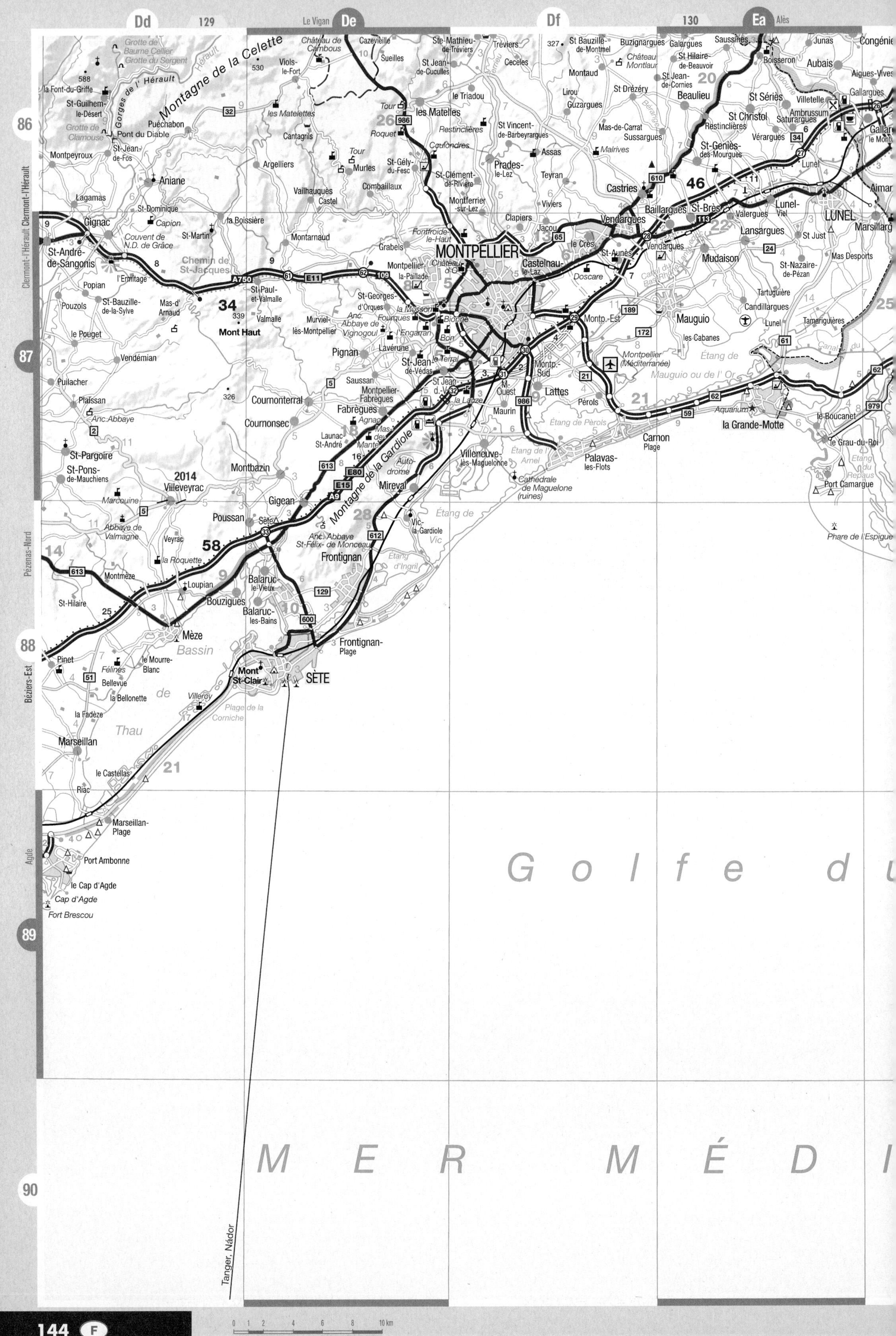




0 1 2 4 6 8 10 km
0 1 2 4 6 miles

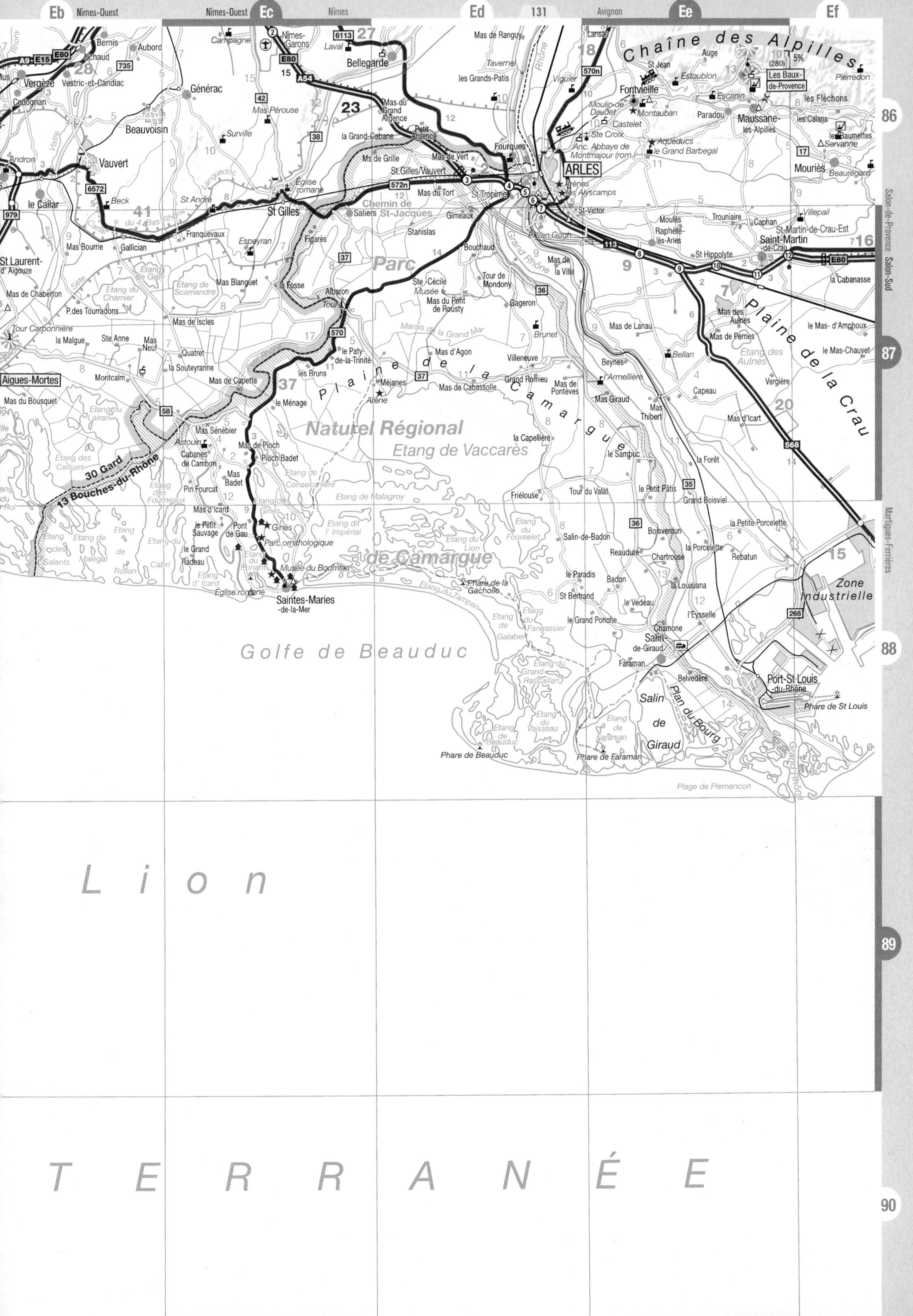


86
87
88
89
90
Salon-de-Provence Salon-Sud
Martigues-Ferrières

Ef
131
Cavaillon
Fa
Fb
132
Fc
86
87
88
89
90
Arles
Eygalières
St Sixte
Mas-de Montfort
les Plaines
Pierredon
Sénas
Logis-Neuf
Mérindol
les Borrys
les Baumes
Puget
Puyvert
Lourmarin
Tombe d' Albert Camus
Malconseil
Sannes
Lauris
Cadenet
Ansouis
la Danjotte
Parc
Régional
Brame-Jean
Mallemort
Charleval
Pont-Royal
la Roque
Villelaure
les Fléchons
les Calans
les Baumettes
Servanne
Aureille
les Opies
493
Castelas de Roquemartine
Roquemartine
Grottes de Calès
Lamanon
Eyguières
Alleins
Vernègues
St Martin
Cazan
Taillades
Ste Anne
St Christophe
Anc. Abbaye de Silvacane (rom.)
Durance
84 Vaucluse
13 Bouches-du-Rhône
Pertuis
Mouriès
Beauregard
Grand-Brays
Richebois
la Jasse
Salon-Nord
Bas Temple romain
Aurons
Badasset
Lambesc
Chaîne de la Trévaresse
St Estève-Janson
Rognes
Arnajon
le Puy-Ste Réparade
les Goirands
Meyrargues
Villepail
la Samatane
Croix-de-Crau
SALON-DE-PROVENCE
Vestiges antiques
Pélissanne
Barben
Brest
Beaulieu
la Cride
Fonscolombe
la Cabanasse
E80
A54
Salon-Ouest
Grans
Salon-Sud
la Barben
Valmousse
St Cannat
Autoroute du Soleil
Grand St Jean
St Canadet
Meyrargues-Fontbelle
Etang d' Entressen
Suffren
Entressen
Molières
le Mas- d'Amphoux
le Mas-Chauvet
MIRAMAS
Enceinte
Miramas-le-Vieux
le Pont-du-Raud
Confoux
Lançon-Provence
Caseneuve
T.G.V.
les Quatre-Termes
Camaisse
Pontès
Couteron
Venelles
Lignane
la Calade-Gare
Puyricard
Plaine de la Crau
Centre d' essais
Sulauze
Cornillon-Confoux
la Fare-les-Oliviers
Coudoux
Eguilles
Vestiges antiques
les Gervais
Beaufort
Aix-les-Plantanes
Etang de l'Olivier
St Chamas
Calissanne
les Baisses
la Provençale
les Figons
Bompard
Celony
AIX-EN-PROVENCE
Eglise romane
les 4 Tours
Ventabren
Pont Flavien (Flavius)
Velaux
Gallice
Aix-Ouest
Pioline
Aix-Est
Oppidum du Castellan
ISTRES
Rassuen
la Bosque
Aqueduc de Roquefavour
Chaîne de Vitrolles
les Milles
Luynes
la Malouesse
Meyreuil
Port des Heures Claires
Etang de Berre
Mauran
Bouquet
St Estève
la Suzanne
Berre-l'Etang
RAFF.SHELL
Rognac
la Mérindolle
le Petit Arbois
la Tour d' Arbois
les 3 Pigeons
Lenfant
Honorat
Châteauneuf-le-R.
Zone Industrielle
Varage
Massane
St Mitre-les-Remparts
Etang de Lavalduc
Fouilles de St Blaise
Etang de l'Estomac
N.-D. de Caderot
Etang de Vaïne
VITROLLES
Bouc-Bel-Air
Gardanne
Aéroport Marseille Provence
Montvallon
Calas
la Champouse
les Chabaudes
Cité Biver
Roseron
MARIGNANE
les Plaines d'Arbois
les Pinchinades
Cabriès
Plan de Campagne
Simiane-Collongue
Fos-sur-Mer
Enceinte
Port-de-Bouc
MARTIGUES
Mart.-Ferrières
la Mède-Ouest
la Mède-Est
Plage de Jaï
St Victoret
Pas-des-Lanciers
Marignane-Ville
les Pennes-Mirabeau
Plan de Camp.
les Peyrets
Pilon du Roi
Chaîne de l'Etoile
Tête du Grd Puech
Phare de St Louis
Mart.-Lavéra
Lavéra
Mart.-Jonquières
la Mède
les Ventrons
les Tourels
Châteauneuf-les-Martigues
Gignac-la-Nerthe
Rebuty
la Nerthe
les Cadeneaux
Jas-de-Rhodes
Septèmes-les-Vallons
St-Antoine
Grande Etoile
Auguette
Golfe de Fos
Ponteau
la Bastide-Blanche
Carry-le-Rouet
Gignat-la-Nerthe
le Rove
Douard
Chaîne de l'Estaque
St Julien
St-André
ST ANTOINE
LES AYGALADES
ST JOSEPH
LES ARNAVAUX
la Montade
Château-Gombert
Plan de Cuques
le Logis-Neuf
Croix-Rouge
Allauch
la Couronne
Carro
Ste Croix
les Rouges
Tamaris
Sausset-les-Pins
Carry-le Rouet
le Rouet-Plage
Ensuès-la-Redonne
la Vesse
Niolon
Rade de Marseille
la Madrague-de-Gignac
Cap Couronne
la Calade
la Madrague-de-la-Ville
Les Ports/St-Louis
la Cabucelle
MARSEILLE
(Grec: Massilia)
LES OLIVES
LA ROSE
ST JULIEN
ST JUST
ST BARNABE
la Pomme
la Valentine
Île Ratonneau
Île Pomègues
Château d'If
ST GINIEZ
LA CHAPELETTE
ST MARCEL
LA BARASSE
STE MARGUERITE
Chaîne de St Cyr
Vaufrèges
la Gélade
VALMANTE
MAZARGUES
la Madrague-de-Montredon
Luminy
Cap Croisette
Massif de Marseilleveyre
432
Île Tiboulen
Île Maire
les Goudes
Cassis
Île de Planier
Cap Morgiou
Île de Jarre
Île Calseraigne
les Calanques
Île de Riou
Congloué
MER MÉDITERRA
Wahrān (Oran)
Al-Jazā'ir (Alger)
Bejaïa
Skikda, Annaba
Tunis
Porto Torres
10 km
6 miles

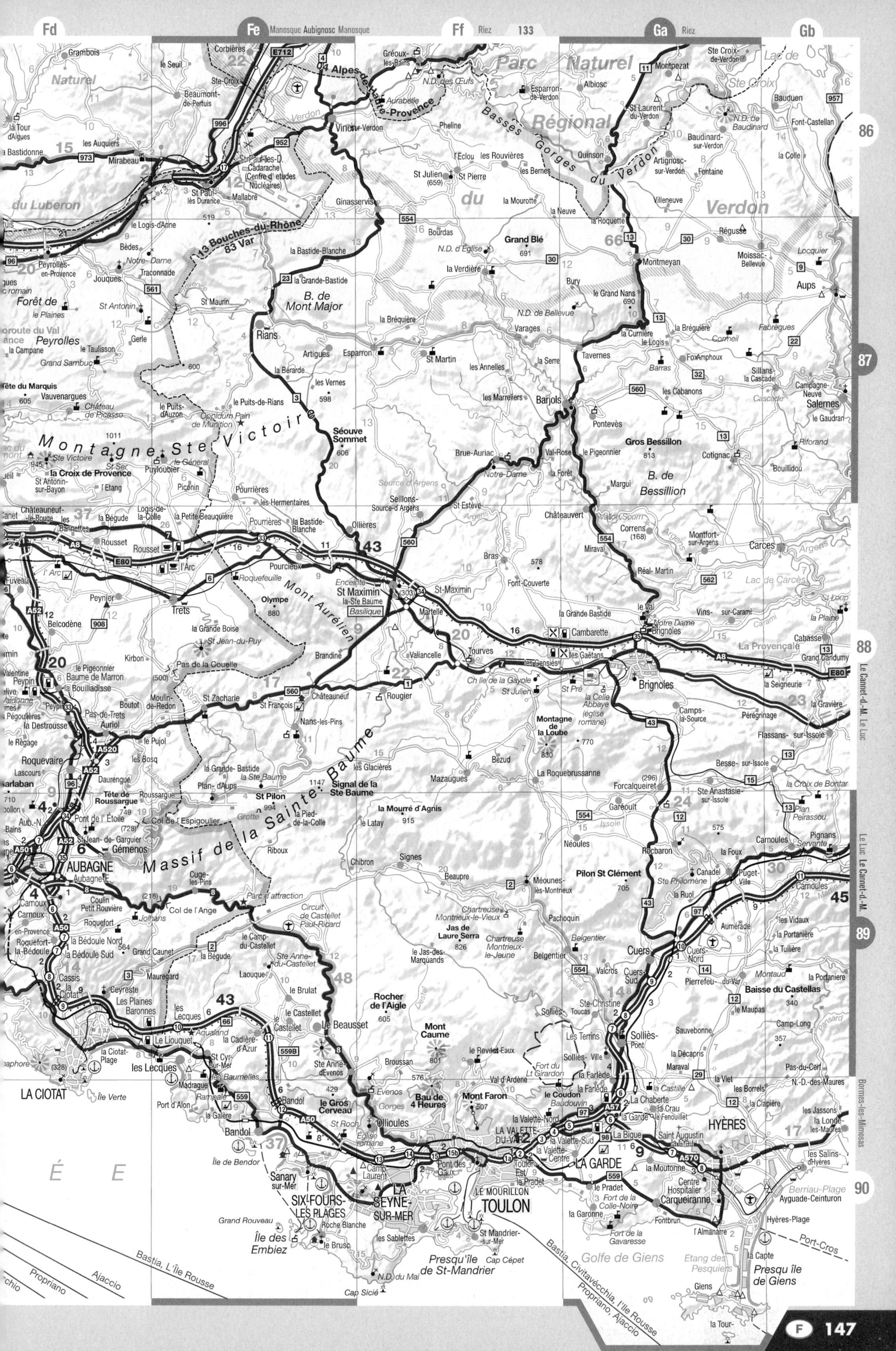
86
87
88
89
90
Le Cannet-d.-M. Le Luc
Le Luc Le Cannet-d.-M.
Bormes-les-Mimosas
04 Alpes-de-Haute-Provence
13 Bouches-du-Rhône
83 Var
Parc Naturel Régional du Verdon
Basses Gorges du Verdon
du Luberon
Gréoux-les-Bains
Vinon-sur-Verdon
Mirabeau
St-Paul-lès-D.
Cadarache
(Centre d'etudes Nucléaires)
Peyrolles-en-Provence
Jouques
Forêt de Peyrolles
Rians
B. de Mont Major
Grand Blé
Montmeyan
Quinson
Esparron-de-Verdon
Varages
Barjols
Tavernes
Aups
Salernes
Cotignac
Gros Bessilon
B. de Bessillion
Montagne Ste Victoire
Vauvenargues
la Croix de Provence
Puyloubier
Pourrières
Séouve Sommet
Seillons-Source-d'Argens
Ollières
St Maximin
la-Ste Baume
Basilique
Trets
Mont Aurélien
Olympe
Rousset
Fuveau
Peynier
Pourcieux
Tourves
Brignoles
Cambarette
Carcès
Correns
Montfort-sur-Argens
Châteauvert
Brue-Auriac
Val-Rose
Bras
le Val
Vins-sur-Caramy
Cabasse
La Provençale
Flassans-sur-Issole
Besse-sur-Issole
Montagne de la Loube
la Roquebrussanne
Forcalqueiret
Mazaugues
Nans-les-Pins
Rougier
St Zacharie
Auriol
Roquevaire
Gémenos
AUBAGNE
Massif de la Sainte Baume
Signal de la Ste Baume
St Pilon
la Mourré d'Agnis
Signes
Chibron
Méounes-lès-Montrieux
Pilon St Clément
Néoules
Rocbaron
Puget-Ville
Carnoules
Pignans
Cuers
Pierrefeu-du-Var
Baisse du Castellas
Belgentier
Solliès-Pont
Solliès-Ville
Solliès-Toucas
La Farlède
La Crau
HYÈRES
Carqueiranne
LA GARDE
La Valette-du-Var
TOULON
LE MOURILLON
LA SEYNE-SUR-MER
SIX-FOURS-LES PLAGES
Sanary-sur-Mer
Bandol
Ollioules
Le Beausset
le Castellet
la Cadière-d'Azur
St Cyr-sur-Mer
les Lecques
LA CIOTAT
Cassis
Carnoux
Roquefort-la-Bédoule
Ceyreste
Mont Caume
Mont Faron
Rocher de l'Aigle
Gros Cerveau
Bau de 4 Heures
Île des Embiez
Île Verte
Île de Bendor
Presqu'île de St-Mandrier
St Mandrier-sur-Mer
Cap Cépet
Cap Sicié
Golfe de Giens
Presqu île de Giens
Giens
Hyères-Plage
Port-Cros
Bastia, L'Île Rousse
Bastia, Civitavecchia, l'Île Rousse
Propriano, Ajaccio
Propriano
Ajaccio

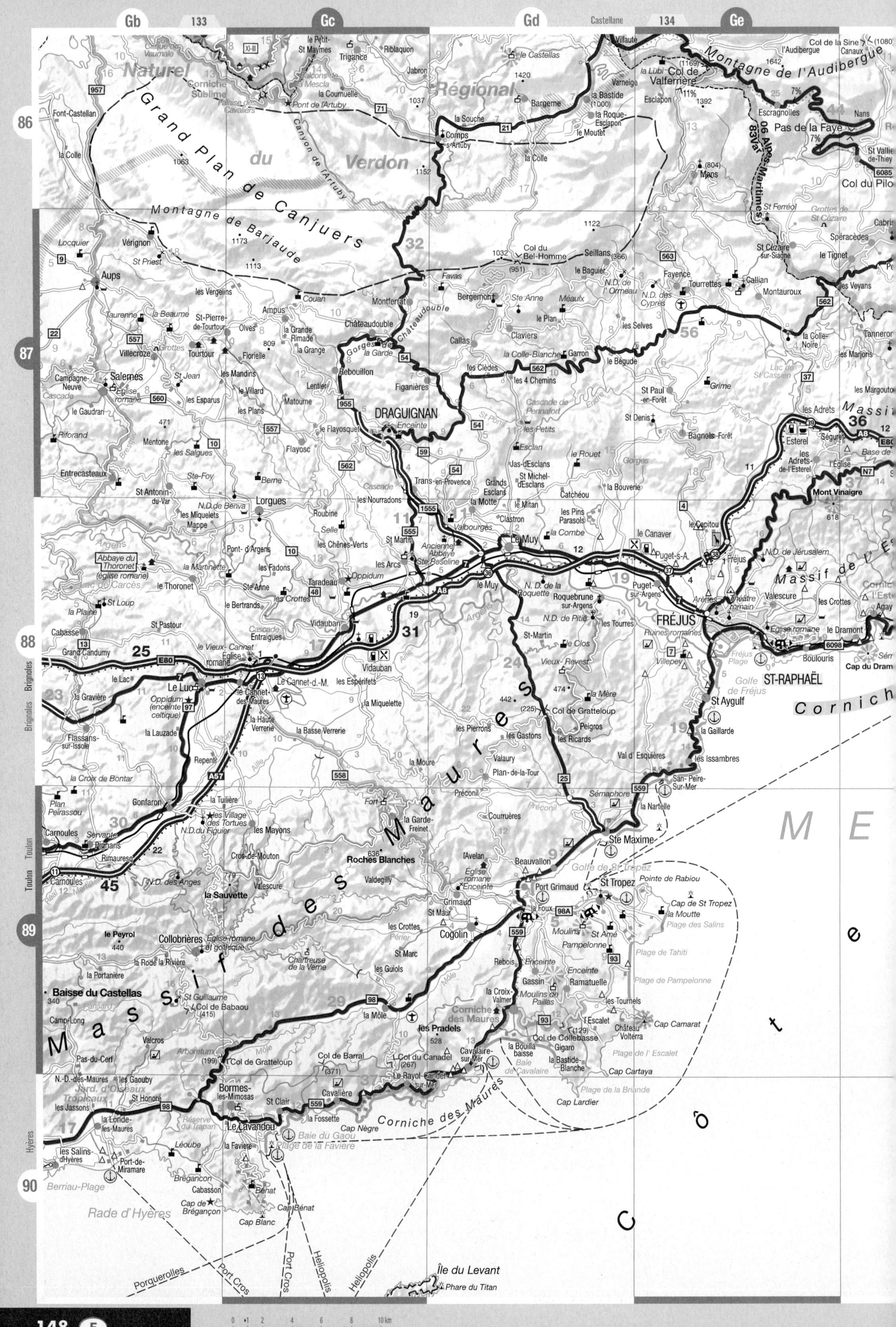
86
87
88
89
90
Grand Plan de Canjuers
Montagne de Barjaude
Naturel Régional du Verdon
Montagne de l'Audibergue
Aups
DRAGUIGNAN
Lorgues
Le Muy
FRÉJUS
ST-RAPHAËL
Golfe de Fréjus
St Aygulf
Ste Maxime
St Tropez
Golfe de St Tropez
Port Grimaud
Grimaud
Cogolin
Ramatuelle
Gassin
La Croix-Valmer
Cavalaire-sur-Mer
Le Lavandou
Bormes-les-Mimosas
Collobrières
Massif des Maures
Massif de l'Esterel
Le Luc
Vidauban
Le Cannet-des-Maures
Salernes
Comps-s-Artuby
Bargeme
Fayence
Callian
Montauroux
Seillans
Bagnols-en-Forêt
Puget-sur-Argens
Roquebrune-sur-Argens
Cap Camarat
Cap Lardier
Cap Bénat
Cap de Brégançon
Rade d'Hyères
Île du Levant
Phare du Titan
Corniche des Maures
Corniche d'Or
Mont Vinaigre
Col du Pilon
Pas de la Faye
06 Alpes-Maritimes
83 Var
Côte
MER
Port Cros
Porquerolles
Heliopolis
Brignoles
Toulon
Hyères
0 1 2 4 6 8 10 km
0 1 2 4 6 miles

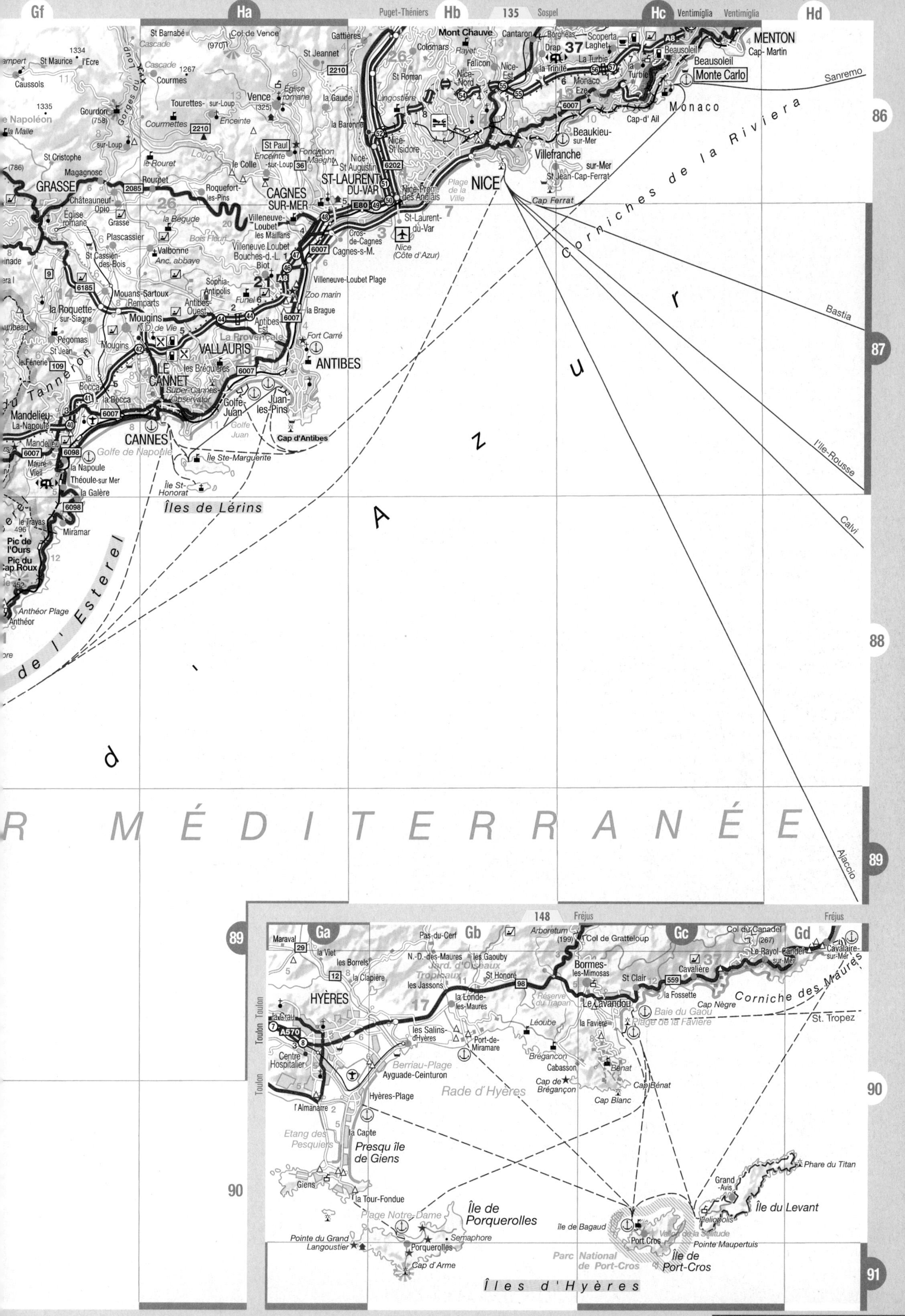

Puget-Théniers
135
Sospel
Ventimíglia
MENTON
Monte Carlo
Monaco
Sanremo
NICE
CANNES
ANTIBES
GRASSE
CAGNES SUR-MER
ST-LAURENT DU-VAR
VALLAURIS
LE CANNET
Mougins
Vence
Villefranche
Beausoleil
Corniches de la Riviera
Cap Ferrat
Cap d'Antibes
Îles de Lérins
Île Ste-Marguerite
Île St-Honorat
Golfe de Napoule
Juan-les-Pins
Golfe-Juan
Mandelieu-La-Napoule
Théoule-sur Mer
Miramar
Anthéor Plage
Côte d'Azur
Corniche de l'Esterel
Bastia
Calvi
l'Ile-Rousse
Ajaccio
MER MÉDITERRANÉE
148
Fréjus
HYÈRES
Toulon
Bormes-les-Mimosas
Le Lavandou
Cavalaire-sur-Mer
Corniche des Maures
St. Tropez
Rade d'Hyères
Presqu île de Giens
Giens
Île de Porquerolles
Porquerolles
Cap d'Arme
Île de Port-Cros
Port Cros
Île du Levant
Phare du Titan
Parc National de Port-Cros
Îles d'Hyères
Cap Bénat
Cap Blanc
Hyères-Plage
86
87
88
89
90
91

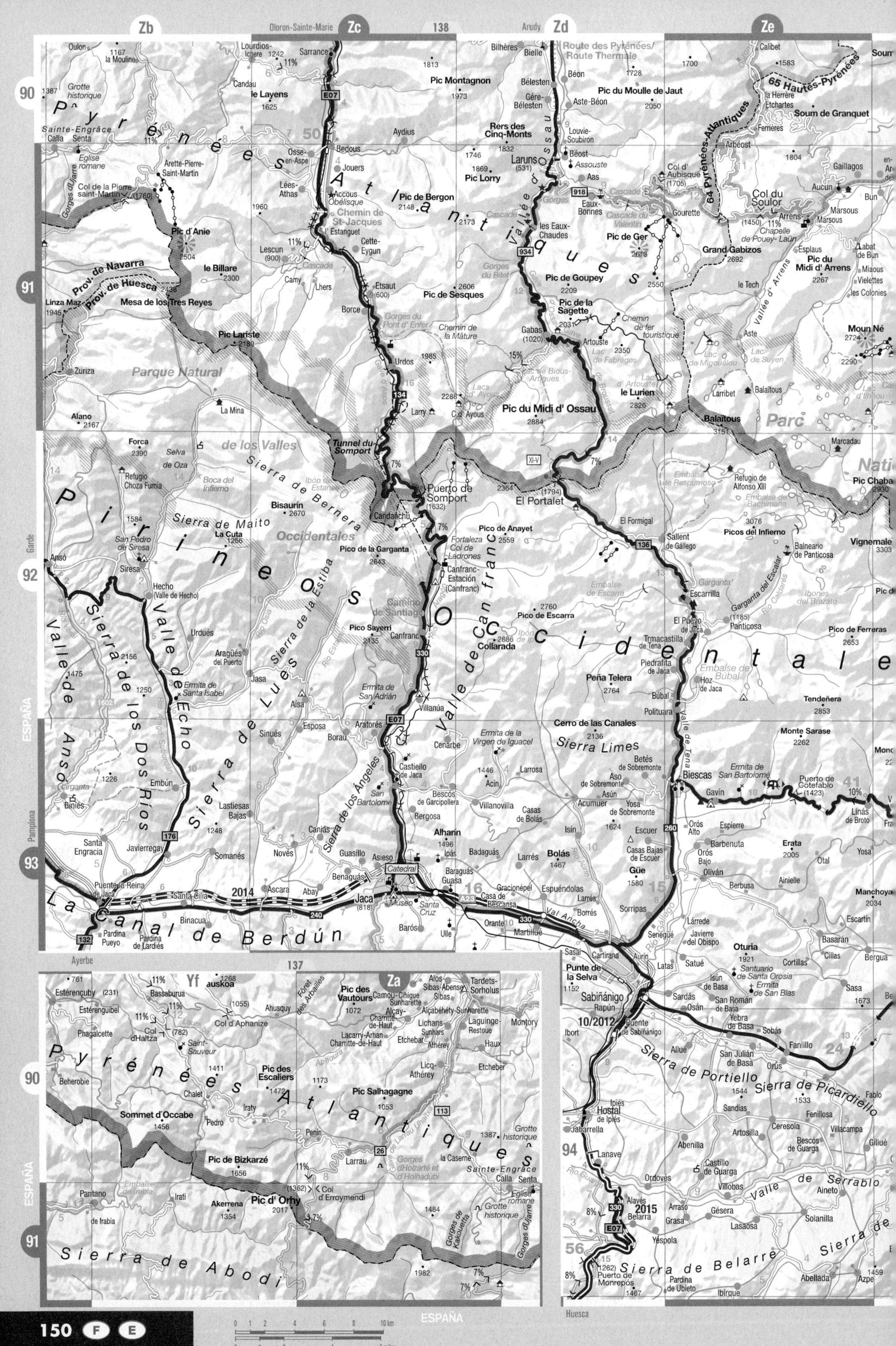

Zb
Oloron-Sainte-Marie
Zc
138
Arudy
Zd
Ze
90
91
92
93
Route des Pyrénées/
Route Thermale
Pyrénées Atlantiques
65 Hautes-Pyrénées
64 Pyrénées-Atlantiques
Oulon
Lourdios-Ichere
Sarrance
Bilhères
Bielle
Calibet
la Mouline
Candau
le Layens
Pic Montagnon
Bélesten
Béon
Pic du Moulle de Jaut
la Herrère
Etchartes
Soum de Granquet
Sainte-Engrâce
Calla
Senta
Grotte historique
Aydius
Gère-Bélesten
Aste-Béon
Rers des Cinq-Monts
Louvie-Soubiron
Ferrières
Arbéost
Eglise romane
Osse-en-Aspe
Bedous
Jouers
Arette-Pierre-Saint-Martin
Laruns
Béost
Assouste
Pic Lorry
Col d' Aubisque
Gaillagos
Col de la Pierre saint-Martin
Lées-Athas
Accous
Obélisque
Pic de Bergon
Aas
Col du Soulor
Aucun
Eaux-Bonnes
Cascade du Valentin
Gourette
Arrens-Marsous
Chapelle de Pouey-Laün
Chemin de St-Jacques
l' Estanguet
Cette-Eygun
Lescun
Pic d'Anie
Cascade
les Eaux-Chaudes
Pic de Ger
Grand Gabizos
Esplaus
Abat de Bun
Pic du Midi d' Arrens
Miaous
Vielettes
les Colonies
Prov. de Navarra
Prov. de Huesca
le Billare
Camy
Lhers
Etsaut
Gorges du Bitet
Pic de Goupey
le Tech
Vallée d' Arrens
Linza Maz
Mesa de los Tres Reyes
Pic de Sesques
Pic de la Sagette
Borce
Gorges du Pont d' Enfer
Chemin de la Mâture
Gabas
Artouste
Chemin de fer touristique
Lac de Fabrèges
Aste
Lac de Migouélou
Lac de Suyen
Moun Né
Pic Lariste
Zuriza
Parque Natural
Urdos
Lac de Bious-Artigues
Lac d' Artouste
le Lurien
Larribet
Balaïtous
Lac d'Ilhéou
La Mina
Larry
C d' Ayous
Lacs d' Ayous
Pic du Midi d' Ossau
Balaïtous
Parc
Alano
Forca
de los Valles
Tunnel du Somport
Marcadau
Selva de Oza
Refugio Choza Fumia
Boca del Infierno
Sierra de Bernera
Ibón de Estanés
Puerto de Somport
El Portalet
Embalse de Respumoso
Refugio de Alfonso XIII
Embalse de Bachimaña
Pic Chabarrou
Nati
Pirineos Occidentales
Bisaurín
Sierra de Maito
Candanchú
El Formigal
Picos del Infierno
Pico de Anayet
Fortaleza Col de Ladrones
Balneario de Panticosa
Vignemale
San Pedro de Siresa
La Cuta
Pico de la Garganta
Sallent de Gállego
Ansó
Siresa
Canfranc-Estación (Canfranc)
Garde
Hecho (Valle de Hecho)
Embalse de Escarra
Garganta del Escalar
Ibones del Brazato
Camino de Santiago
Pico de Escarra
Escarrilla
Sierra de la Estiba
El Pueyo de Jaca
Panticosa
Pico Sayerri
Canfranc
Collarada
Pico de Ferreras
Valle de Ansó
Sierra de los Dos Ríos
Valle de Echo
Urdués
Aragüés del Puerto
Sierra de Luesia
Valle de Canfranc
Tramacastilla de Tena
Piedrafita de Jaca
Embalse de Búbal
Hoz de Jaca
Peña Telera
Jasa
Ermita de Santa Isabel
Ermita de San Adrián
Aísa
Búbal
Tendeñera
Polituara
Valle de Tena
España
Sierra de los Ángeles
Sinués
Esposa
Borau
Aratorés
Villanúa
Cerro de las Canales
Sierra Limes
Monte Sarase
Cenarbe
Ermita de la Virgen de Iguacel
Betés de Sobremonte
Castiello de Jaca
Larrosa
Aso de Sobremonte
Biescas
Ermita de San Bartolomé
Puerto de Cotefablo
Gavín
Embún
Acumuer
Asún
Biniés
Sierra de Sobremonte
Pamplona
San Bartolomé
Bescós de Garcipollera
Villanovilla
Casas de Bolás
Yosa de Sobremonte
Linás de Broto
Lastiesas Bajas
Bergosa
Oros Alto
Espierre
Santa Engracia
Javierregay
Somanés
Novés
Canias
Alharín
Ipás
Badaguás
Isín
Escuer
Barbenuta
Erata
Guasillo
Asieso
Larrés
Bolás
Casas Bajas de Escuer
Oros Bajo
Otal
Yosa
Catedral
Baraguás
Güe
Oliván
Puente la Reina de Jaca
Santa Cilia
Ascara
Abay
Benaguás
Guasa
Gracionépel
Espuéndolas
Berbusa
Ainielle
Manchoya
Jaca
Museo
Santa Cruz
Casa de Bescansa
Sorripas
Escartín
Canal de Berdún
Binacua
Barós
Orante
Martillué
Val Ancha
Senegüé
Lárrede
Javierre del Obispo
Basarán
Pardina Pueyo
Pardina de Lardiés
Ulle
Sasal
Cartirana
Aurín
Latas
Satué
Oturia
Cillas
Bergua
Punte de la Selva
Cortillas
Santuario de Santa Orosia
Ermita de San Blas
Isún de Basa
Sabiñánigo
Rapún
Sardás
San Román de Basa
Osán
Sasa
Yebra de Basa
Puente de Sabiñánigo
Sobás
Fanlillo
Ibort
Allué
San Julián de Basa
Sierra de Portiello
Orús
Sierra de Picardiello
Fablo
Hostal de Ipiés
Sandías
Fenillosa
Villacampa
Jabarrella
Artosilla
Ceresola
Bescós de Guarga
Abenilla
Gillué
Lanave
Castillo de Guarga
Ordovés
Villobas
Valle de Serrablo
Aineto
Alavés
Belarra
Arraso
Grasa
Gésera
Lasaosa
Solanilla
Yéspola
Sierra de Belarre
Puerto de Monrepós
Pardina de Ubieto
Ibirque
Abellada
Azpe
Huesca
Ayerbe
137
Yf
Za
Estérençuby
Basseburua
Ahusquy
Pic des Vautours
Camou-Cihigue
Sunharrette
Alos-Sibas-Abense
Tardets-Sorholus
Estérenguibel
Col d'Aphanize
Alçay-Alçabéhéty-Sunharette
Laguinge-Restoue
Montory
Phagalcette
Col dHaltza
Saint-Sauveur
Charritte-de-Haut
Lacarry-Arhan
Charritte-de-Haut
Lichans-Sunhars
Etchebar
Athérey
Haux
Licq-Athérey
Etcheber
Pic des Escaliers
Beherobie
Chalet
Iraty
Pic Salhagagne
Sommet d'Occabe
Pedro
Penin
Grotte historique
Gorges d'Holzarté et d'Holhadubi
Larrau
la Caserne
Sainte-Engrâce
Pic de Bizkarzé
Col d'Erroymendi
Pantano
Embalse de Irabia
Irati
Akerrena
Pic d' Orhy
Eglise romane
Gorges de Kakouetta
Gorges d'Ujarre
de Irabia
Sierra de Abodi
España

Pic du Pibeste
Lugagnan
Ousté
Juncalas
Ourdis-Cotdoussan
Soulagnets
Parc Thermal de Salut
Gerde
Bagnères-de-Bigorre
Marsas
Escots
Espèche
Prat
Lortet
Saint-Arroman
Montsérié
Hautaget
Lombrès
Argelès-Gazost
Hautacam
Campan
Route des Pyrénées/Route Thermale
Nistos
Pic de Montaigu
Vallée de Lesponne
Vallée de Campan
Saint Marie-de Campan
Signal de Bassia
Pic de Montaut
Sarrancolin
Pierrefitte-Nestalas
Pic du Midi de Bigorre
Col d'Aspin
Arreau
Montagne d'Areng
Soum Arrouy
Pic de Viscos
Pène Taillade
Barèges
Col du Tourmalet
la Mongie
Cauterets
Luz-St Sauveur
Pic des 4 Termes
l'Arbizon
Bordères-Louron
Mont Né
Massif de Néouvielle
Pic de Néouvielle
Vielle Aure
Saint-Lary-Soulan
Soum de Matte
Pig Long
Pic Mèchant
Pyrénées
Aragnouet
Soum d'Aspé
Soum des Salettes
Gèdre
Pic d'Aret
Pic d'Arrouyette
Pic de Lustou
Tunnel de Bielsa
Túnel de Bielsa
Piméné
Gavarnie
Pic de Tantés
Port de Gavarnie
Cirque de Troumouse
Cirque de Gavarnie
Pic de Batoua
Pic Schrader
Monte Perdido
Parador de Bielsa
Parque Nacional
Circo de Cotatuero
Santa Custodia
Las Tres Marías
Punta Suelza
Posets
Sierra de las Cutas
Broto
Torla
Sierra de las Sucas
Garganta de Añisclo
Valle de Pineta
Valle de Bielsa
Sierra Marqués
Valle de Xistau (Gistain)
Pirineos
La Estiveta
Benasque
Cerler
Salinas
Desfiladero de las Devotas
Monte de Plan
Sierra de Chía
Sierra Sardanera
Sierra Ferrera
Peña Madrid
Boltaña
Aínsa
Sierra de Campanué
Sierra del Galardón
Lavasar
Cotiella
El Turbón
Baclero
Campo
Castejón de Sos
Estadilla
ESPAÑA
90
91
92
93
94

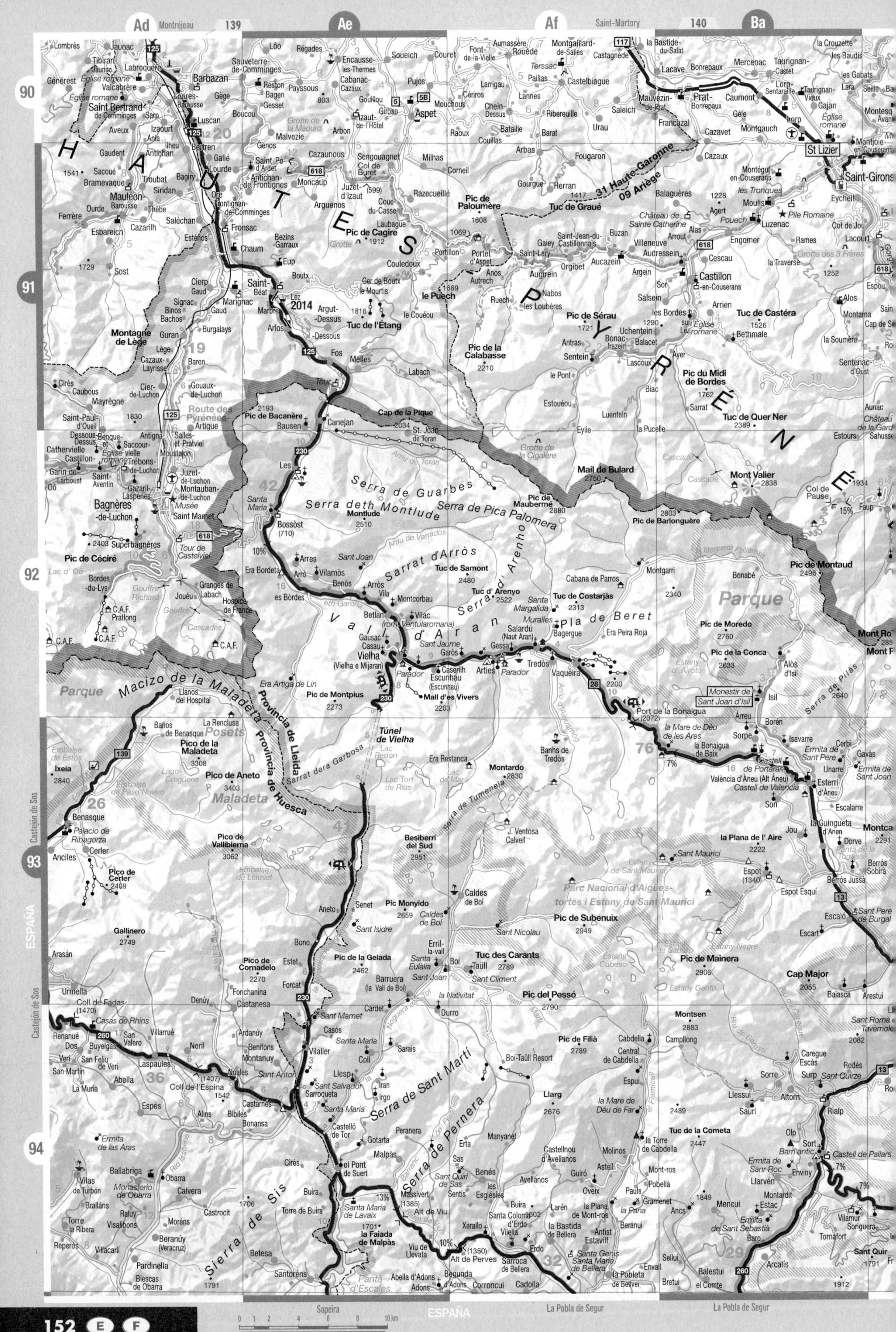

Ad
Montréjeau 139
Ae
Af
Saint-Martory 140
Ba
90
91
92
93
94
HAUTES PYRÉNÉES
31 Haute-Garonne
09 Ariège
Saint Bertrand-de-Comminges
Barbazan
Aspet
Saint-Girons
St Lizier
Castillon-en-Couserans
Saint-Béat
Bagnères-de-Luchon
Superbagnères
Pic de Cécíré
Montagne de Lège
Pic de Cagire 1912
Tuc de l'Étang
Pic de Paloumère 1608
Tuc de Graué
Pic de Sérau 1721
Tuc de Castéra
Pic du Midi de Bordes
Tuc de Quer Ner 2389
Mont Valier 2838
Mail de Bulard 2750
Pic de Mauberme 2880
Pic de Barlonguère
Pic de Montaud
Pic de Bacanère
Cap de la Pique 2034
Serra de Guarbes
Serra deth Montlude
Serra de Pica Palomera
Sarrat d'Arròs
Serra d'Arenho
Vall d'Aran
Pla de Beret
Vielha (Vielha e Mijaran)
Bossòst
Les
Salardú
Tredòs
Arties
Port de la Bonaigua
Túnel de Vielha
Macizo de la Maladeta
Provincia de Lleida
Provincia de Huesca
Pico de la Maladeta 3308
Pico de Aneto 3403
Maladeta
Posets
Benasque
Pico de Vallibierna 3062
Besiberri del Sud 2951
Montardo 2830
Pic Monyido 2659
Caldes de Boí
Parc Nacional d'Aigües-tortes i Estany de Sant Maurici
Pic de Subenuix 2949
Pic de Mainera 2906
Tuc des Carants 2789
Pic del Pessó 2790
Pic de Filià 2789
Serra de Sant Martí
Serra de Pernera
Sierra de Sis
Tuc de la Cometa
Esterri d'Àneu
València d'Àneu (Alt Àneu)
Espot
Montsen 2883
Llarg 2676
Cap Major 2055
Parque
El Pont de Suert
Castejón de Sos
ESPAÑA

Contrazy
Bouinéous
Mounet
Lamothe
le Saret
Maury
Lac de Mondely
Aigues-Juntes
Cazaux
Rieux-de-Pelleport
le Courbas
Coussa
Arvigna
Viviès
Mazerolles-Montcabirol
La Bastide-de-Bousignac
Bourch
la Grausse
Clermont
la Barbe
Montcru
Aron
Lasfittes
Pierroutous
Loubens
Charameau
Varilhes
Saint-Félix-de-Rieutord
Calzan
Vira
Engraviès
Senesse-de-Senabugue
Saint-Julien-de-Gras-Capou
90
Loubersenac
Château-de-Saint-Barthélemy
Allières
Durban sur-Arize
Brouzenac
Rhodes
Ségalas
Unjat
Sarguet
Carol
Dalou
Ségura
Malléon
Dun
Trespouech
Montseron
Bordette
La Bastide-de-Sérou
Cadarcet
Crampagna
Saint-Jean-de-Verges
Mont Pastouret
Seigneurix
Merviel
Gouiric
Limbrassac
Noailles
Lescure
Rimont
Castelnau-Durban
Vic
les Atiels
Castelmire
Montels
Clarac
Loubières
Baulou
Gudas
Ventenac
Aigues-Vives
Route des Pyrénées
Combelongue
Feillet
Rougé
Fages
Nescus
Alzen
Tresbens
Saint-Martin-de-Caralp
Vernajoul
Marseillas
Tournac
Labarre
Villeneuve du-Bosc
Arabaux
le Bousquet
le Taychel
Pradettes
Tabre
Régat
Laborie
Esplas de-Sérou
Sentenac-de-Sérou
Pombole
Montagagne
Serres-sur-Arget
Cos
Saint-Pierre-de-Rivière
Foix
la Vergnière
l'Herm
Carla-de-Roquefort
Lieurac
Laroque-d'Olmes
Touron
Balès
Cuillère
Col des Marrous
Sahuc
Pradières
Rappy
Sautel
Ilhat
Route des Pyrénées
Lauch
Rivèrenert
las Cabesses
Burret
Benac
Ganac
Musée
les Monges
Taniere
Raissac
Lavelanet
le Bosc
Col de Jouels
Cazals
Brassac
Becq
Carabat
Soula
Leychert
Roquefixade
Péreille
Ségalas
Boussan
Massif de l'Arize
Brègne
Prayols
Montgaillard
Saint-Cirac
Landes
Les Chaubets
Quillan
91
Soulan
Encenou
Tour Laffon
Saint-Paulet
Baure
Nalzen
Castet-d'Aleu
les Arils
les Bels
Col de Port
Rocher de Batail
Montoulieu
Saint-Paul-de-Jarrat
Celles
Freychenet
Villeneuve-d'Olmes
Bénaix
Soueix
Aleu
Biert
Boussenac
Jacoy
Cabus
le Pont du Diable
Antras
Labat
Montferrier
Eglise romane
Grottes de Ker
Massat
Liers
Pic d'Estibat
Tour Montorgueil
Amplaing
Garrabet
Pigaillous
Château de Montségur
Oust
Mourès
Bougarelt
Prat-Communal
Saurat
Bédeilhac
Aynat
Arignac
Mercus
Montségur
Sarailhé
Cominac
Naudou
le Port
Arac
le Carol
Musée Calamès-Château
Grotte Soudour
Croquié
la Peyregade
Rabat-les-Trois-Seigneurs
Surba
Parc Préhistorique
Bompas
Mont Fourcat
Pelail
Saint Pierre
Ercé
Moureou
la Freyte
Lacombe
Arnave
Château de Mirabat
Costes
Gourbit
Banat
Tarascon-sur-Ariège
Ussat
Cazenave
Montagne de la Frau
Bincarède
Goulos
les Escales
Peyre-Auselère
Pic des 3 Seigneurs
Ornolac
les Monts d'Olmes
la Pomarède
Pic de Boucarle
Grotte de Lombrives
Ussat-les-Bains
Pic de Saint Barthélemy
Escots
les Jammets
Cascades
Grotte de Niaux (Gravures Préhistoriques)
Niaux
Route des Pyrénées
le Trein
Sérac
Itès
Etang de Lers
Courtal-de-Lers
Lapège
Musée
Sinsat
Senconac
Pic Fourcat
Bielle
Aulus-les-Bains
Illier et-Laramade
Capoulet Junac
Larnat
Verdun
Caychax
Prades
Saint Lizier
Ustou
Norrat
Bouan
Les Cabannes
Appy
Axiat
Lordat
Prat Mataou
Suc
Sentenac
Orus
Miglos
Albiès
Vèbre
Urs
Estillon
Guzet Neige
Salingres
Vicdessos
Lercoul
Norgeat
Larcat
Château Verdun
Garanou
Egl.rom.
Bestiac
Caussou
Pic de Soubirou
Ossèse
Moussures
Cascade du Fouillet
Cascade d'Arse
Etangs de Bassies
Saleix
Auzat
Sem
Aston
la Remise
Vernaux
Unac
Signal de Chioula
Col de Marmare
92
Cirque de Cagateille
Etang d'Alet
Etang d'Aubé
Etang du Garbet
Goulier
Gestiès
Lassur
Luzenac
Egl.rom.
Perles
Tignac
Vaychis
Sorgeat
Cap de Ruhos
Pic Rouge de Bassiès
Artiès
Centraux
Sarradeil
Ignaux
Ascou
Pic de Certascan
Ranet
Pique d'Endron
Bouychet
Rieubel
Station de Beille
Savignac-les-Ormeaux
Marc
l'Artigue
Pradières
Pic de Baljésou
Ax-Les-Thermes
Orgeix
Estany de Certascan
Estany Romedo
Natural
Montcalm
Etang de Gnioure
Prat Moll
Pic du Col de Gos
Noarre
Etang d'Izourt
Vallée de Savignac
Barrage de Pla de Soulcem
Cascade
Artamont
Ison
Pic de Malcaras
Peyregrand
Quioulès
Tute de l'Ours
Pica d'Esta
Pica d'Estats
Etang Fourcat
Mérens-les-Vals
Serra de Costuix
Orrhys de Carla
Pic du Thoumasset
Pic du Port
Pic de Riet
Tavascan
Garsan
Aineto
Montarenyo
Estany Fons
26
Castell
Rubiru
Vall Ferrera
Pic de Ruille
Lladorre
Serra del Tuferlo
El Serrat
Boldis Sobirà
del Alto
Pic des Bareytes
Pic d'Auriol
Bonestarre
Ginestarre
Tudela
Monteixo
Pic de l'Estanyó
Esterri de Cardós
Parc Natural de Coma Pedrosa
Pics de Casamanya
Pic de la Cabaneta
l'Hospitalet près-l'Andorre
Pic Pédrous
93
Estaon
Arrós
Ainet de Cardós
Areu
Serra de Monteixo
Llorts
l'Aldosa
Ransol
Soldeu
Tunnel de Puymorens
Cassibròs
Arinsal
la Cortinada
Canillo
Túnel d'Envalira
Col de Puymorens
Noris
Tor
Erts
Sornàs
Santuari de Meritxell
Pla de-Negua
Santa Maria de la Torre
Ordino
Pas de la Casa
Porté-Puymorens
Ribera de Cardós (Vall de Cardós)
Pal
La Massana
Sant-Romà
Les Bons
Ermita de Sant Miquel
l'Aldosa
Anyos
Encamp
Péage
Port d'Envalira
Pics Orientaux de Font Nègre
Alins
Sispony
Vila
els Cortals
Défilé de la Frau
Porta
Ainet de Besan
Serra de Màniga
ANDORRA
Pic dels Pessons
Route des Pyrénées
Tírvia
Andorra La Vella
Sant Miquel d'Engolasters
30
Pic de Salòria
Aós
Burg
Tours Carol
Montesclado
Bordes de Conflent
Santa Coloma
les Escaldes-Engordany
Mallolís
Farrera
Bordes de Llosar
Bixessarri
Coloma
Aixovall
Certers
Quès
Pirineo
Pont sant Julià de Lòria
Nagol
Folch
Pic d'Urdossa
Civís
Aixirivall
Guils i Fontanera
Santa Magdalena de Ribalera
Auvinyà
Ras de Conques
Pic Negre
la Carabassa
Puigcerdà
Fontaneda
Els Plans
Guils de Cerdanya
Montenartró
el Romadriu
Arcs
Asnurri
Juberri
Pic de Monturull
Meranges
Sant Joan de l'Erm
Argolell
la Farga de-Moles
Sant Josep
Port Ainé
Arcavell
la Rabassa
Riu d'Aransa
Sant Saduni
Sant Joan Fumat
Seix
Puig Punçó
Sant Marc
Éller
Bolvir
94
Serreta de l'Orri
Solanell
Roc de la Guàrdia
Bescaran
Castell de Queralt
Aranser
Talltendre
Ger
Santa Creu de Castellbò
Albet
Sant Serni de Tavèrnoles
Santa Llogaia d'Aristot
Sant Cosme
Santa Anna
Cortàs
Ordèn
Olopte
Sant Andreu de Castellbò
Anserall
Castellnou de Carcolze
Aristot
Lles de Cerdanya
Ardòvol
All
Quadres
Rubió
Coll del Cantó
Castellbò
(les Valls de Valira)
Sant Marc
La Seu d'Urgell
Estamariu
Musser
Sant Martí dels Castells
Prullans
Sansor
Sant Salvador de Predanies
Pallerols del Cantó
Aravell
Castellciutat
la Cabana
Bellver de Cerdanya
Riu
Prats
Das
Avellanet
Sant Joan
Alàs
Sant Miquel
Arsèguel
Toloriu
Martinet
Montellà de Cadí
Talló
Area del Cadí
Urús
Vila-rubla
Guils del Cantó
Saulet
Parador Museu Diocesà
Catedral
Bell-lloc
El Carme
Ermita de Sant Chatòfol
Bellver
Coborriu de Bellver
Bor
Ermita de Sant Grau d'Urús
Ermita de Santa Ansina
Santa Secilla
Montferrer
Cerc
Artedó
Vilanova de Banat
Villec
Santa Magdalena
Bor de Cerdanya
Adrall
Adrall
ESPAÑA

90
91
92
93
94
Foix
Tarascon-sur-Ariège
La Seu d'Urgell
ESPAÑA
Limoux
Mazerolles
Montcabirol
la Bastide-de-Bousignac
Saint-Julien-de-Gras-Capou
Limbrassac
Aigues-Vives
Tréziers
Lagarde
Saint-Quentin-la-Tour
Château Montaragou
Camon
Belloc
Peyrefitte-du-Razès
Villelongue-d'Aube
Ajac
Courtauly
la Bezole
Castelreng
Saint-Benoît
Sonnac-l'Hers
Chalabre
Montjardin
Vinsou
Malras
la Digne-d'Aval
la Digne-d'Amont
Cournanel
Magrie
Tourreilles
la Plane
le Villa
Saint-Couat-du-Razès
Saint-Sernin
Bourigeole
Bouriège
Roquetaillade
Conilhac-de-la-Montagne
Tournebouix
Festes-et-St-André
la Serpent
Saint-André
Col de Festes
Villefort
Rivel
Sainte-Colombe-sur-l'Hers
Alet-les-Bains
Castel-Nègre
Luc-sur-Aude
Cassaignes
Coustaussa
Couiza
Antugnac
Croux
Montazels
Cairac
Château des Ducs de Joyeuse
Espéraza
Campagne-sur-Aude
Rouvenac
Saint-Jean-de-Paracol
Puivert
la Calmette
Villar-Saint-Anselme
Saint-Polycarpe
les Gélis
Route des Pyrénées
Saint-Salvayre
Véraza
Terroles
Peyrolles
Serres
Château de Blanchefort
Rennes-le-Château
Rennes-les-Bains
Sougraigne
les Clamenées
Villebazy
Belcastel-et-Buc
Clermont-sur-Lauquet
Plateau de Lacamp
Caunette-sur-Lauquet
Villardebelle
Lairière
Missègre
Montjoi
Bouisse
Valmigère
Fort de Razouls
Lanet
Saint-Pancrasse
Albières
Arques
Col du Paradis
le Pech
Savignan
Auriac
les Moulines
Fourtou
Hermita
Carcanet
Mayronnes
Salza
Régat
Léran
Montbel
Bge de Montbel
Tabre
Laroque-d'Olmes
le Peyrat
la Bastide-sur-l'Hers
Camp-Redon
Lesparrou
Lavelanet
Notre-Dame du Val d'Amour
l'Aiguillon
Bélesta
Col-del-Teil
Bénaix
Fougax-et-Barrineuf
l'Espine
Pelail
Montagne de la Frau
Langarail
la Bunague
Montplaisir
Plateau de Sault
les Bordes
Camp-Saure
Camp-Ferrier
Camp-Sylvestre
Nébias
Brenac
Lescale
Lamayrède
la Fage
Montmija
Coudons
Belvis
Quillan
Granès
Saint-Ferriol
le Bézu
Saint-Just-et-le-Bézu
Saint-Julia-de-Bec
Bugarach
Pic de Bugarach
Col du Linas
Parahou-Grand
Saint-Louis-et-Parahou
Camps-sur-l'Agly
Cubières-sur-Cinoble
Soulatgé
Belvianes-et-Cavirac
Église de Quirhaut
la Peyre
Défilé d'Able
Quirbajou
Saint-Martin-Lys
11 Aude
66 Pyrénées-Orientales
9 Ariège
Saint Antoine de Galamus
Gorges de Galamus
Comus
Camurac
Belcaire
Roquefeuil
Espezel
Belfort
Joucou
Galinagues
Rodome
Marsa
Gorges du Rebenty
Prades
Montaillou
Niort-de-Sault
Mérial
Mazuby
Aunat
Bessède-de-Sault
Défilé d'Adouxes
Fontanés-de-Sault
Campagna-de-Sault
la Fajolle
Col de Marmare
Caillà
Artigues
Axat
Gorges de Saint Georges
le Clat
Puilaurens
Lapradelle
Caudiès-de-Fenouillèdes
Prugnanes
Notre-Dame de Laval
Castel Fizel
Fenouillet
Castel Sabarda
Salvezines
Fosse
Saint-Martin
Vira
le Vivier
Felluns
Gincla
Fenouillèdes
Grottes de l'Aguzou
Escouloubre
le Bousquet
Buillac
Sainte-Colombe-sur-Guette
Roquefort-de-Sault
Counozouls
Montfort-sur-Boulzane
Prats-de-Sournia
Sournia
Rabouillet
Pézilla-de-Conflent
Picaucel
Sorgeat
Ascou
la Forge
l'Eycherque
Port-de-Pailhères
Mijanès
Rouze
Château d'Usson
le Puch
Carcanières-les-Bains
Escouloubre-les-Bains
Ax-Les-Thermes
Goulours
Orgeix
Orlu
Lavail
Pic de Tarbezou
Artigues
le Pla
Carcanières
Pic Dourmidou
Église Saint Michel
Arsa
Campoussy
Dent d'Orlu
Quérigut
Château du Donézan
Col de Jau
Rer.du Roussillou
Tarerach
Col de Roque-Jalère
la Coume
le Roc Blanc
la Glèbe
Mosset
Comes
Mérens-les-Vals
Pics de Roque Rouge
Pic de l'Homme
Rieutord
Puyvalador
Odeillo
Église romane
Madrès
Molitg-les-Bains
Campôme
les Bains
Arboussols
Eus
Fontrabiouse
Réal
Pic de Beys
C.A.F.
Pic de la Pelade
Urbanya
Nohèdes
Château Paracolls
Catllar
Marquixanes
Prades
Villeneuve
Formiguères
Pic d'Auriol
Mont Coronat
Conat
Ria-Sirach
les Masos
Espira-de-Conflent
Sansa
Chapelle Sirach
Abbaye Saint Michel de Cuxa
Estoher
Pic Pédrous
Étang de Lanous
Pic Carlit
Matemale
Railleu
Ayguatébia
Enceinte
Villefranche-de-Conflent
les Angles
Lac de Matemale
Caudiès-de-Conflent
Jujols
Serdinya
Evol
Clara
Taurinya
Lac des Bouillouses
Col de la Quillane
Talau
Oreilla
Fuilla
Grottes des Canalettes
Corneilla-de-Conflent
Fillols
Serrat de la Tausse
Llar
Canaveilles
Olette
Escaro
Vernet-les-Bains
Sahorre
Casteil
Abb.de St-Martin du Canigou
Serrat des Loups
Pyrénées
la Llagonne
Défilé des Graus
Thorrent
Tour de Goa
Puig de Très Estelles
Massif du Canigou
Pic du Canigou
Font-Romeu
Egat
Targasonne
Mont-Louis
Thuès-entre-Valls
Gorges de la Carança
Fontpédrouse
Bolquère
Superbolquère
Tours Carol
Route des Pyrénées
Porté-Puymorens
Dorres
Angoustrine
Villeneuve-des-Escaldes
Saint-Pierre-dels-Forcats
Planès
Prats-Balaguer
Église romane
Puig des Très Vents
Quès
Béna
Fanès
Latour-de-Carol
Enveitg
Museu
Llívia
Estavar
Via
Eyne
Mantet
Cime des Cums
Guils Fontanera
Guils de Cerdanya
Caldégas
Saillagouse
Err
Cambras d'Aze
Pic Redoun
les Estables
Collade des Roques Blanques
Puigcerdà
Sant Martí d'Aravó
Bourg-Madame
Ur
Llous
Nahuja
Gorges du Segre
Pic de la Dona
Roc Colom
la Llau
Bolvir
Ger
Age
Osséja
Palau-de-Cerdagne
Vallter
Pla dels Hospitalets
Saint-Sauveur
Fort Lagarde
Remparts
Prats-De-Mollo
la Preste
Vilallobent
Queixans
el Vilar d'Urtx (Fontanals de Cerdanya)
Cotzé
les Planes
Valcebollère
Santuari de Núria
Hotel Puigmal
Sant Gil
Puigmal
Coma de Vaca
Puig de Pastuira
la Redonella
Espinavell
Haut
Chapelle Sainte Marguerite
Das
Urús
Area del Cadí
la Masella
Castell Torre de Riu
la Molina
Super Molina
Sant Esteve
Pic de Dòrria
Dòrria
Queralbs
la Farga
Fustanya
el Serrat
Vilamanya
Santuari
Tregurà de Dalt
Setcases
Llebro
Faitús
Molló
Santa Cecília
Col d'Ares
Rocabruna
Roc del Tabal
Ripoll
ESPAÑA

90
91
92
93
94
Saint-Pierre-des-Champs
Saint-Martin-des-Puits
Serre de Blanes
Château de Durfort
Talairan
Coustouge
Fontjoncouse
Montplaisir
Ripaud
Cingle
Saint Victor Ermitage
Gléon
les Campets
Lastours
Portel-des-Corbières
Notre-Dame des Oubiels
Ruines romaines
le Lac
Étang de Bages
Sigean
Port-la-Nouvelle
Le Languedocienne
Villesèque-des-Corbières
Montpezat
le Razès
Jonquières
Albas
Villerouge-Termenès
Termes
Félines Termenès
Pech de Guillaumet
Cascastel-des-Corbières
Durban-Corbières
Villeneuve-les-Corbières
Roquefort-des-Corbières
La Palme
Davejean
Quintillan
Palairac
Saint-Jean-de-Barrou
Fraissé-des-Corbières
Étang de la Palme
Laroque-de-Fa
Col de Ferréol
Embres-et-Castelmaure
Notre-Dame de l'Olive
Castelmaure
Feuilla
Leucate
la Franqui
Dernacueillette
Massac
Maisons
Ségure
Tour des Géographes
Notre-Dame de Faste
Montgaillard
Caves
Treilles
Leucate-Plage
Nouvelles
Château d'Aguilar
Tuchan
Chapelle Saint Aubin
Fitou
Périllos
Rouffiac-des-Corbières
Roc Fourcat
Padern
la Vall Oriole
Tour
Opoul-Périllos
Port-Fitou
Centre d'Ostréiculture
Duilhac
Cucugnan
Paziols
la Serre
La Catalane
Port-Leucate
Château de Quéribus
Vingrau
Pas de l'Escale
Château Fort de Salses
Salses-le-Château
Aquamagic
Paquebot Lydia
Port-Barcarès
Maury
Tautavel
Serre del Clot
Port du Grau
St Ange
MER
Saint-Hippolyte
Cases-de-Pène
Espira-de-l'Agly
Perpignan-Nord
Saint-Laurent-de-la-Salanque
le Barcarès
Route des Pyrénées
Lansac
Rasiguères
Estagel
Calce
Notre-Dame de Pène
Rivesaltes
Claira
Planèzes
Latour-de-France
Sainte Catherine
Baixas
Peyrestortes
Torreilles
Cassagnes
Montner
Pia
Bompas
Villelongue-de-la-Salanque
Caramany
Cuchous
Force Réal
Ermitage
Caladroi
Bélesta
Saint-Estève
Sainte-Marie-Plage
Sainte-Marie
Château-Roussillon
Canet-en-Roussillon
Corneilla-la-Rivière
Pézilla-la-Rivière
Villeneuve-la-Rivière
Baho
Cathédrale
Palais des Rois de Majorque
PERPIGNAN
Sybille
Montalba-le-Château
Néfiach
Millas
Église romane
Saint-Féliu-d'Avall
le Soler
Saint-Féliu-d'Amont
Cabestany
Canet-Plage
Saint-Nazaire
Étang de Canet et de St Nazaire
Toulouges
Ille-sur-Têt
Rodès
Corbère-les Cabanes
Corbère
Perpignan-Sud
Mas-Palégry
Saleilles
Bouleternère
Saint-Michel-de-Llotes
Bellecroze
Politg
Canohès
Pollestres
Plaine du Roussillon
Théza
Alénya
Saint Cyprien
Saint Cyprien-Plage
MÉDITERRANÉE
Thuir
Ponteilla
Nyls
Villeneuve-de-la-Raho
Corneilla-del-Vercol
Parc Aquatique
Casefabre
Sainte-Colombe
Camélas
Castelnou
Llupia
Terrats
Trouillas
Village Catalan
Villemolaque
Bages
Montescot
Latour-Bas-Elne
les Capellans
Prieuré de Serrabone (romane)
Église de Fontcouverte
Fontcouverte
Cathédrale (romane)
Elne
(Illiberis Ibér.)
Glorianes
Boule-d'Amont
Monestir del Camp (Ancien Prieuré)
Saint-Jean-Lasseille
Caixas
Passa
Llauro-Tordères
Banyuls-dels-Aspres
Ortaffa
Palau-del-Vidre
Taxo-d'Amont
Château Pujols
Côte Vermeille
Château Belpuig
Prunet
Col de Fourtou
les Hostalets
Montauriol
Fourques
Brouilla
Argelès-sur-Mer
Argelès-Plage
Chapelle de la Trinité
Tordères
Llauro
Tresserre
la Grange
Saint-Génis-des-Fontaines
Saint-André
La Bastide
Calmeilles
Fort Miradou
Collioure
Saint-Marsal
Oms
Aguoillous
Église romaine
Musée Olivette
Villelongue-dels-Monts
Sorède
Taillet
Vivès
le Boulou
Laroque-des-Albères
la Pave
Valmy
Port-Vendres
Cap Béar
Fort Béar
Taulis
Notre-Dame de la Route
Aubiry
Château d'Ultrera
Lavall
Fort Saint Elme
Tour de Batère
Montesquieu-des-Albères
la Vallée
Heureuse
Gorges de Lavall
Tunel d. Perthus
Saint-Jean-Pla-de-Corts
La Catalane
Tour de la Massane
Notre-Dame de Consolation
Montbolo
Abbaye de Valbonne
Banyuls-sur-Mer
Maureillas-las-Illas
l'Albère
P. Neulos
Église romane
Céret
Remparts
Musée d'Art moderne
Château des Maures
Saint-Martin
Pic des 3 Thermes
Pic des 4 Termes
la Ville-Amont
Cap Rederis
Corsavy
Amélie-les-Bains-Palalda
Reynès
Riunoguès
le Perthus
Mas Atxer
Thermes gallo-romaines
Fort de Bellegarde
els Limits
Serra de l'Albera
Grotte de Pouade
Arles-sur-Tech
Gorges de la Fou
Pic de Fontfrède
Castell de Rocaberti
Castell de Requesens
Cerbère
Montferrer
Montalba-d'Amélie
Super-las-Illas
Sant Martí
Ermita de Santa Llúcia
Sant Genís d'Esprac
El Pils
Aduana
Roc de France
la Illas
Cantallops
Mas Corbera
Serra Gisbert
Portbou
Santa Eugènia
La Jonquera
Convent de Sant Quirze de Colera
Colera
Ermita de les Salines
Castell de Cabrera
la Vajol
Agullana
Molinàs
Garbet
Platja de Garbet
Cap Ras
Grifeu
Platja de Grifeu
Saint Laurent de-Cerdans
Ermita de Sant Bernabé
Autopista del Mediterràneo
Bell-lloc
Vilartoli
Espolla
Serralongue
Église romane
Sant Brici
Tapies
Macanet de Cabrenys
Menhirs i dolmens
Sant Climent Sescebes
Rabós
Vilamaniscle
Llançà
Muralla
el Port de Llançà
Castell de Bac Grillera
Ermita de Sant Esteve
Darnius
Capmany
zona de monuments megalítics
Mollet de Peralada
Delfià
Monestir de el Camp
Valleta
Deciana rom.
Far de s'Arnella
Mont Negre
Villeroge
Coustouges
Can Damon
Panta de Boadella
Castell de Mont-roig
Masarac
Garriguella
Pujola
Castell de Quermançó
Sant Bartomeu de Pincaró
Carbonils
Muralles
Biure
Vilarnadal
les Costes
el Port de la Selva

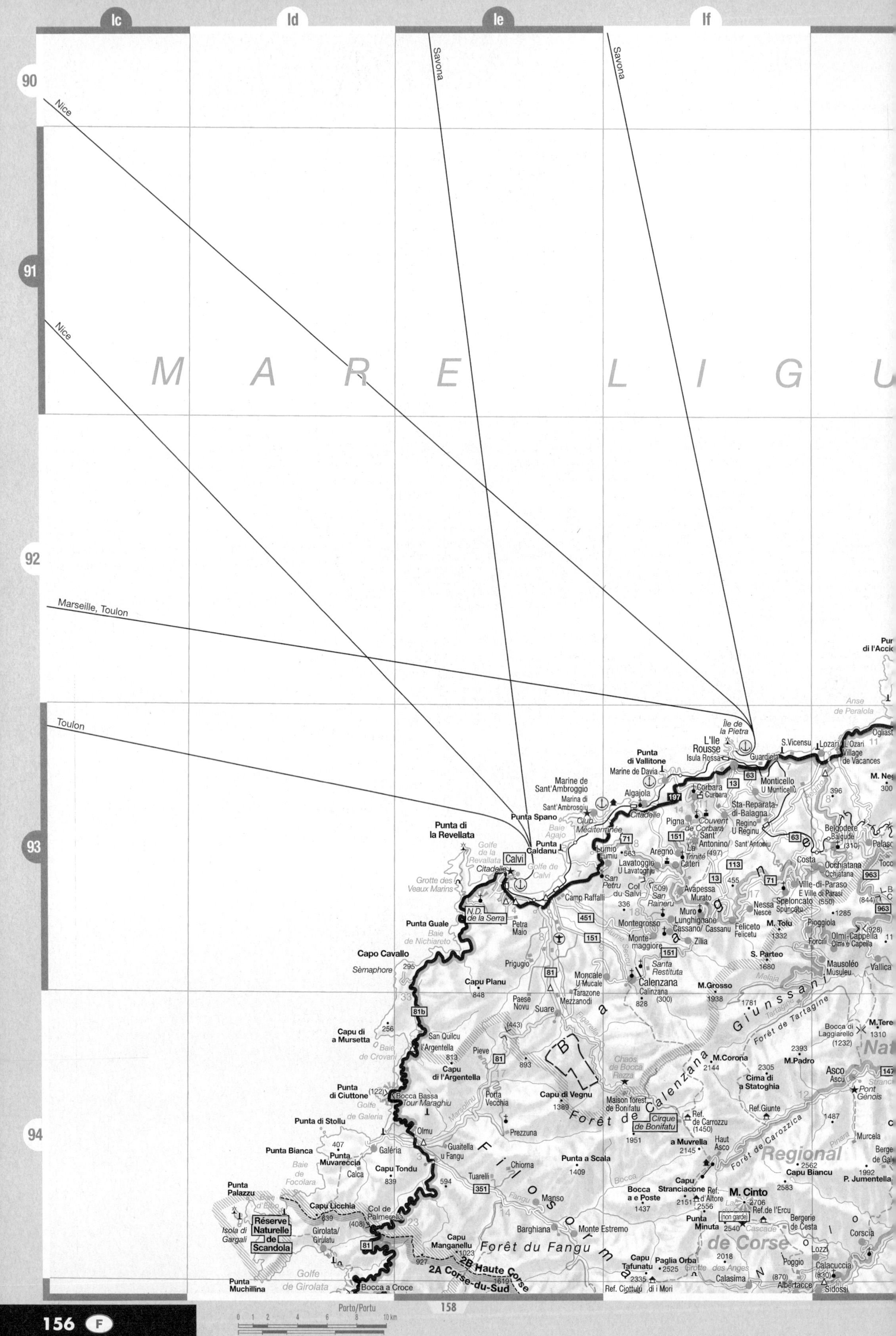

Ic
Id
Ie
If
90
91
92
93
94
Nice
Savona
Savona
Nice
M A R E L I G U
Marseille, Toulon
Toulon
L'Ile Rousse
Calvi
Punta di la Revellata
Golfe de Calvi
Calenzana
Forêt de Calenzana
Giunssani
Balagna
Filosorma
Forêt du Fangu
Capo Cavallo
Punta Guale
Galéria
Réserve Naturelle de Scandola
Golfe de Girolata
Bocca a Croce
M. Cinto
Asco
Monte Estremo
2B Haute Corse
2A Corse-du-Sud
Regional
de Corse

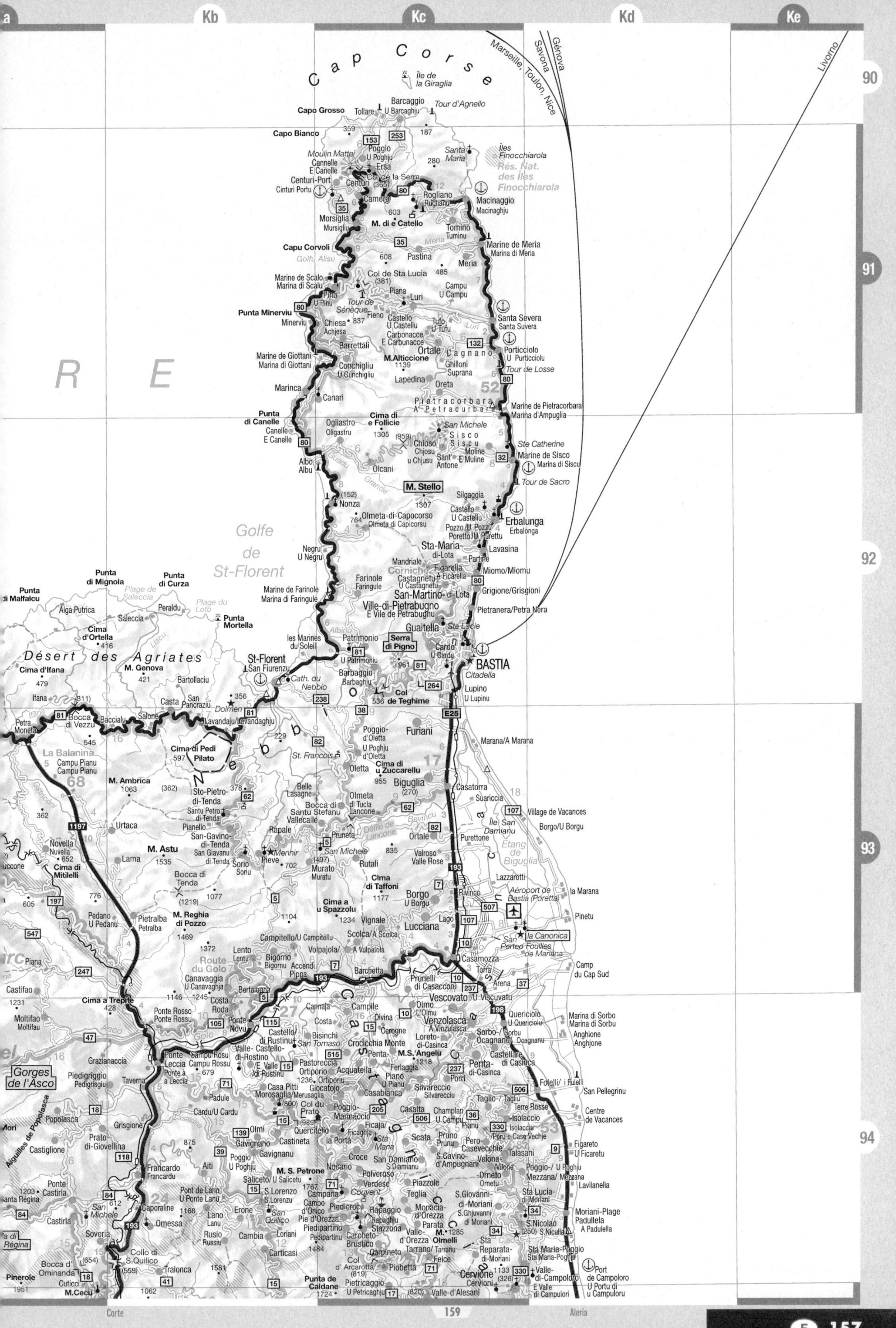
Cap Corse
Golfe de St-Florent
Désert des Agriates
BASTIA
St-Florent
Erbalunga
Macinaggio
Centuri
Rogliano
Nonza
Lucciana
Borgo
Vescovato
Cervione
Aéroport de Bastia (Poretta)
Marseille, Toulon, Nice
Savona
Gênova
Livorno
Gorges de l'Asco
90
91
92
93
94

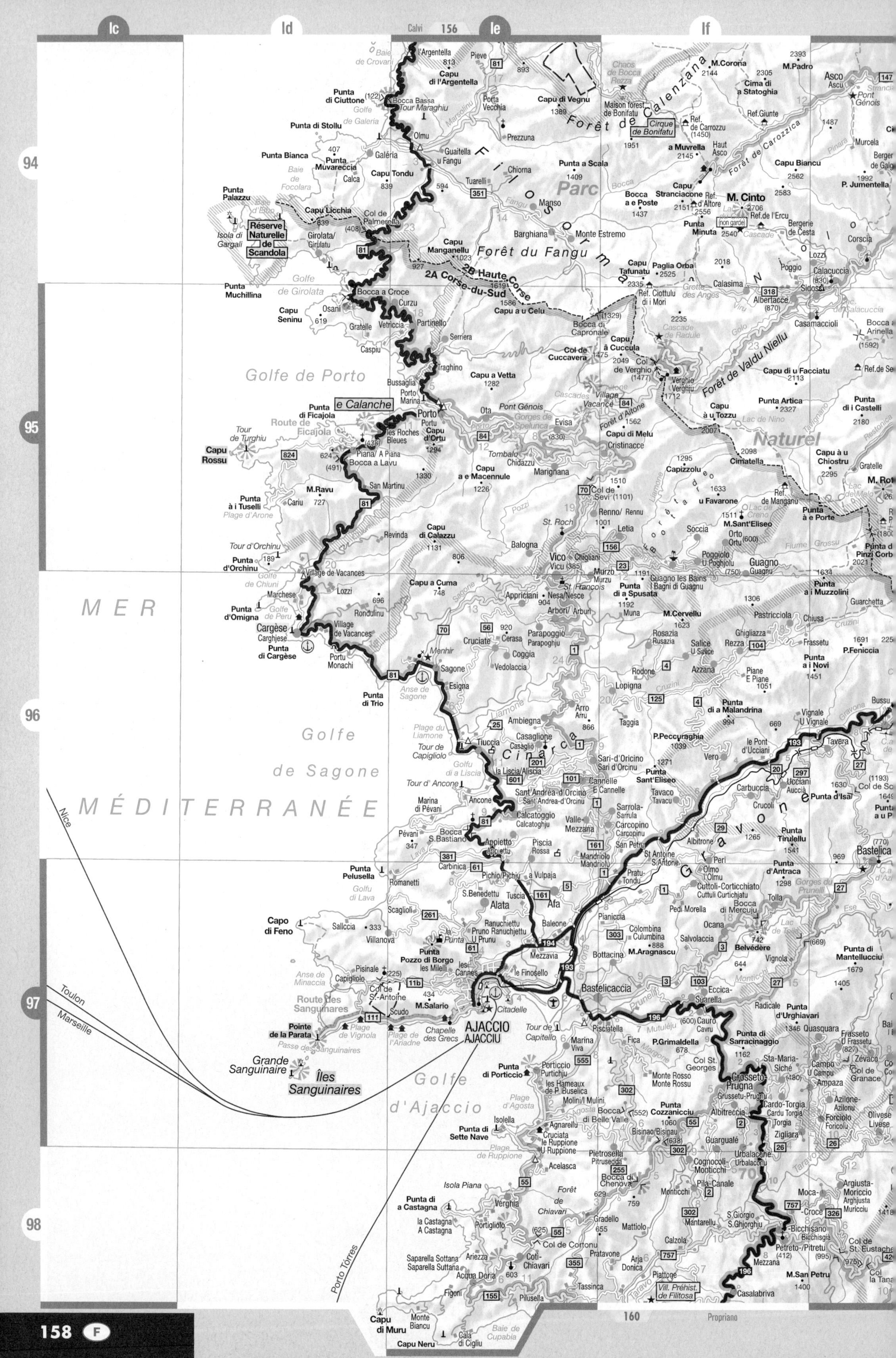

Ic
Id
Ie
If
Calvi 156
94
95
96
97
98
MER
MÉDITERRANÉE
Golfe de Porto
Golfe de Sagone
Golfe d'Ajaccio
Golfe de Galeria
Golfe de Girolata
Golfe de Chiuni
Golfe de Peru
Golfu di Lava
Golfu di a Liscia
Baie de Crovani
Baie de Focolara
Baie de Cupabia
Anse de Sagone
Anse de Minaccia
Nice
Toulon
Marseille
Porto Torres
l'Argentella
Capu di l'Argentella
Punta di Ciuttone
Bocca Bassa
Tour Maraghiu
Punta di Stollu
Olmu
Galéria
Punta Bianca
Punta Muvareccia
Calca
Capu Tondu
Punta Palazzu
Capu Licchia
Col de Palmerella
Réserve Naturelle de Scandola
Isola di Gargali
Girolata/ Girulatu
Punta Muchillina
Bocca a Croce
Curzu
Capu Seninu
Osani
Gratelle
Vetriccia
Partinello
Serriera
Caspiu
Traghino
Bussaglia
Porto Marina
Porto Portu
e Calanche
Punta di Ficajola
Route de Ficajola
Tour de Turghiu
Capu Rossu
Piana/ A Piana
Bocca a Lavu
Capu d'Ortu
Les Roches Bleues
San Martinu
M.Ravu
Punta à i Tuselli
Cariu
Plage d'Arone
Revinda
Capu di Calazzu
Tour d'Orchinu
Punta d'Orchinu
Village de Vacances
Lozzi
Marchese
Punta d'Omigna
Cargèse Carghjese
Punta di Cargèse
Rondulinu
Portu Monachi
Punta di Trio
Capu a Cuma
Sagone
Esigna
Menhir
Vico Vicu
Murzo Murzu
St.François
Appriciani
Nesa/Nesce
Arbori/ Arburi
Cruciate
Cerasa
Coggia
Parapoggio
Vedolaccia
Pieve
Porta Vecchia
Prezzuna
Guaitella
u Fangu
Tuarelli
Chiorna
Manso
Barghiana
Monte Estremo
Forêt du Fangu
Capu Manganellu
2B Haute-Corse
2A Corse-du-Sud
Capu a u Celu
Filosorma
Forêt de Calenzana
Chaos de Bocca Rezza
Capu di Vegnu
Maison forest. de Bonifatu
Cirque de Bonifatu
Punta a Scala
Parc
Naturel
M.Corona
M.Padro
Cima di a Statoghia
Asco Ascu
Pont Génois
Ref.Giunte
Ref. de Carrozzu
Haut Asco
a Muvrella
Forêt de Carozzica
Capu Biancu
P. Jumentella
Bocca a e Poste
Capu Stranciacone
M. Cinto
Ref.de l'Ercu
Bergerie de Cesta
Punta Minuta
Capu Tafunatu
Paglia Orba
Ref. Ciottulu di i Mori
Grotte des Anges
Calasima
Albertacce
Sidossi
Calacuccia
Lozzi
Poggio
Corsica
Casamaccioli
Bocca di Capronale
Col de Cuccavera
Capu à Cuccula
Col de Verghio
Cascade de Radule
Verghio Verghju
Forêt de Valdu Niellu
Capu di u Facciatu
Capu a Vetta
Ota
Pont Génois
Gorges de Spelunca
Evisa
Village Vacances
Forêt d'Aitone
Capu di Melu
Cristinacce
Capu à u Tozzu
Punta Artica
Lac de Nino
Cimatella
Capu a u Chiostru
Tombalo
Chidazzu
Capu a e Macennule
Marignana
Capizzolu
Col de Sevi
Renno/ Rennu
Letia
St. Roch
Balogna
Soccia
u Favarone
M.Sant'Eliseo
Orto Ortu
Ref. de Manganu
Punta à e Porte
Poggiolo U.Poghjolu
Guagno Guagnu
Guagno les Bains I Bagni di Guagnu
Punta di a Spusata
Muna
M.Cervellu
Rosazia Rusazia
Salice U Salice
Rezza
Ghigliazza
Pastricciola
Chiusa
Frassetu
P.Feniccia
Punta a i Novi
Punta a i Muzzolini
Guarchetta
Rodone
Azzana
Piane E Piane
Lopigna
Punta di a Malandrina
Arro Arru
Taggia
Ambiegna
Casaglione Casagliò
Tiuccia
Plage du Liamone
Tour de Capigliolo
Cinarca
Sari-d'Orcino Sari d'Orcinu
P.Peccuraghia
Vero
le Pont d'Ucciani
Vignale U Vignale
Tavera
Bussu
Punta Sant'Eliseo
Tavaco Tavacu
Carbuccia
Ucciani Aucciani
Punta d'Isa
Tour d' Ancone
Ancone
Marina di Pévani
la Liscia/Aliscia
Sant'Andréa-d'Orcino Sant'Andrea-d'Orcinu
Cannelle E Cannelle
Calcatoggio Calcatoghju
Sarrola-Sarrula
Carcopino Carcopinu
Valle-Mezzana
Gravona
Pévani
Bocca S.Bastiano
Appietto Appiettu
Piscia Rossa
San Petru
St Antoine S.Antone
Albitrone
Peri
Punta Tirulellu
Bastelica
Punta Pelusella
Romanetti
Carbinica
Mandriolo Mandriolu
Pratu-Tondu
Olmo l'Olmu
Cuttoli-Corticchiato Cuttuli Curtichjatu
Punta d'Antraca
Tolla
Gorges du Prunelli
Pichio/Pichju
a Vulpaja
S.Benedettu
Tuscia
Alata
Afa
Scaglioli
Baleone
Pianiccia
Pedi Morella
Bocca di Mercuju
Capo di Feno
Sallccia
Villanova
Ranuchiettu Pruno Ranuchiettu U Prunu
la Punta
Colombina Culumbina
M.Aragnascu
Salvolaccia
Ocana
Belvédère
Vignola
Punta di Mantellucciu
Punta Pozzo di Borgo
les Milelli
les Cannes
Mezzavia
le Finosello
Bottacina
Pisinale
Capigliolo
Col de S.-Antoine
Route des Sanguinaires
Scudo
M.Salario
Citadelle
Bastelicaccia
Eccica-Suarella
Prunelli
Radicale
Punta d'Urghiavari
Quasquara
Frasseto U Frassetu
Pointe de la Parata
Passe des Sanguinaires
Plage de Vignola
Plage de l'Ariadne
Chapelle des Grecs
AJACCIO AJACCIU
Tour de Capitello
Marina Viva
Pisciatella
Fica
Cauro Cavru
P.Grimaldella
Punta di Sarracinaggio
Grande Sanguinaire
Îles Sanguinaires
Punta di Porticcio
Porticcio Purtichju
les Hameaux de P. Buselica
Molini/I Mulini
Col St. Georges
Monte Rosso Monte Rossu
Grosseto-Prugna Grussetu-Prugna
Sta-Maria-Siché
Campo U Campu
Zevaco
Col de Granace
Ampaza
Plage d'Agosta
Bocca di Belle Valle
Punta Cozzanicciu
Bisinao/Bisinau
Albitreccia
Cardo-Torgia Cardu Torgia
Torgia
Zigliara
Azilone-Ampaza
Forciolo Forciolu
Olivese Livese
Isolella
Punta di Sette Nave
Agnarellu
Cruciata
le Ruppione U Ruppione
Plage de Ruppione
Acelasca
Pietrosella Pitrusedda
Guargualé
Cognocoli-Monticchi
Urbalacone Urbalaconu
Bocca di Chenova
Pila-Canale
Monticchi
Isola Piana
Forêt de Chiavari
Punta di a Castagna
Verghia
la Castagna A Castagna
Portigliolo
Gradello
Mattiolo
Mantarellu
S.Giorgio S.Ghjorghju
Moca-Croce
Argiusta-Moriccio Arghjusta Muricciu
Bicchisano Bicchisgia
Petreto-/Pitretu
Col de St. Eustache
Col de Cortonu
Calzola
Pratavone
Arja Donica
Saparella Sottana
Ariezza
Coti-Chiavari
Acqua Doria
Mezzana
M.San Petru
Piattone
Vill. Préhist. de Filitosa
Casalabriva
Tassinca
Figoni
Pilusella
Capu di Muru
Monte Biancu
Capu Neru
Cala di Cigliu
160
Propriano

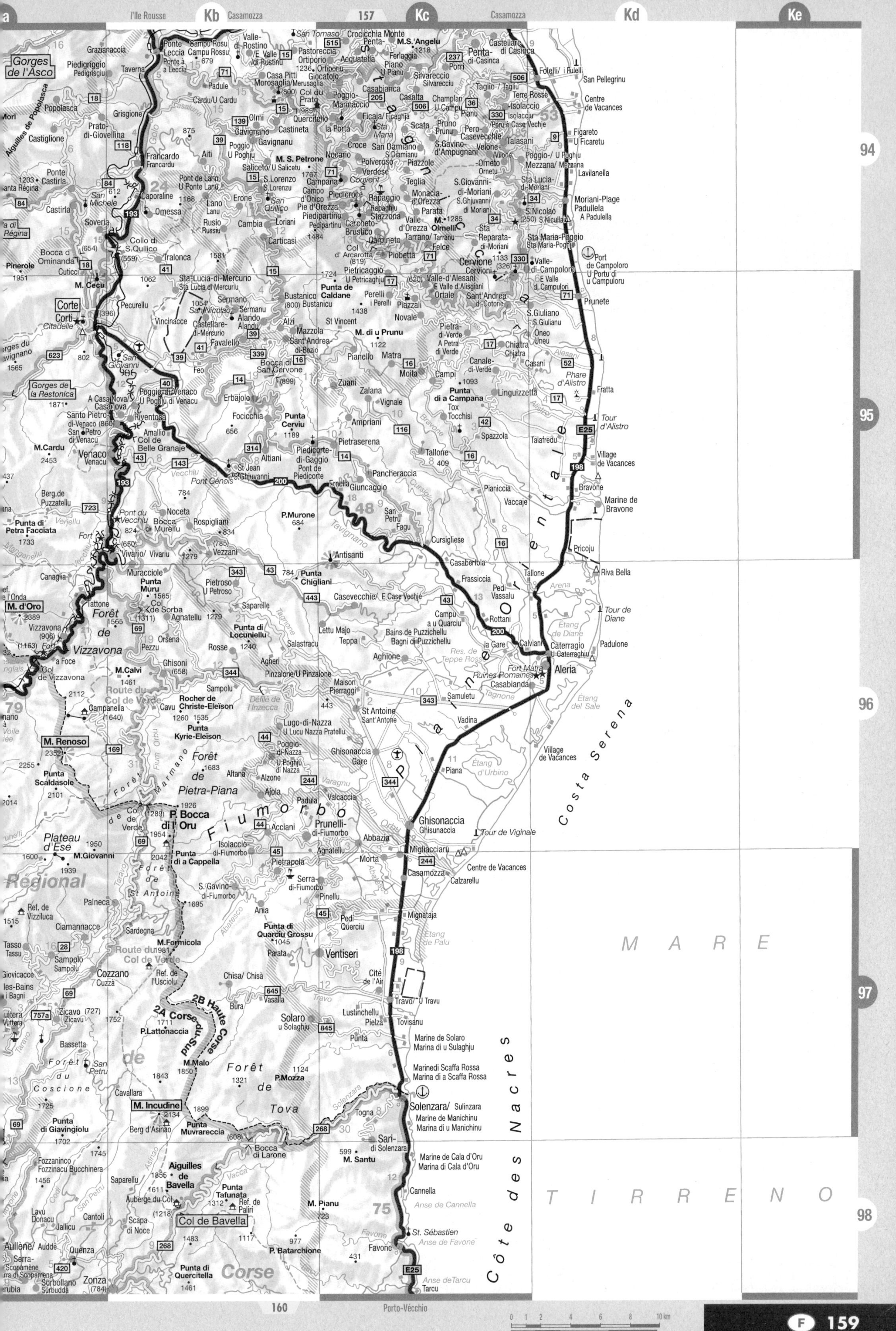

Gorges de l'Asco
Aiguilles de Popolasca
Ponte Leccia
Casa Pitti
Morosaglia
Col de Prato
Quercitello
S. Petrone
Piedicroce
Castagniccia
Penta-di-Casinca
Folelli
San Pellegrinu
Centre de Vacances
Taglio-Isolaccio
Figareto
Poggio-Mezzana
Moriani-Plage
Padulella
S.Nicolao
Sta Maria-Poggio
Port de Campoloro
Valle-di-Campoloro
Cervione
Prunete
Corte
Citadelle
Gorges de la Restonica
Venaco
M.Cardu
Bustanico
Punta de Caldane
Sermano
Alando
Favalello
Bocca di San Cervone
Zalana
Vignale
Punta di a Campana
Linguizzetta
Tour d'Alistro
Phare d'Alistro
Fratta
Village de Vacances
Bravone
Marine de Bravone
Riva Bella
Tour de Diane
Padulone
Pont Génois
St Jean
Altiani
Piedicorte-di-Gaggio
Giuncaggio
Pancheracia
Tallone
Antisanti
Noceta
Rospigliani
Vezzani
Vivario
Muracciole
Punta Muru
Col de Sorba
Forêt de Vizzavona
Col de Vizzavona
M. d'Oro
Ghisoni
Punta di Locuniellu
Casevecchie
Aghione
Campu a u Quarciu
Bains de Puzzichellu
Teppa
Ruines Romaines
Fort Matra
Aleria
Caterragio
Étang de Diane
Étang del Sale
Casabianda
Costa Serena
Village de Vacances
Vadina
Samuletu
Étang d'Urbino
Piana
Plaine Orientale
M. Renoso
Punta Scaldasole
Route du Col de Verde
Rocher de Christe-Eleison
Punta Kyrie-Eleison
Forêt de Pietra-Piana
Défilé de l'Inzecca
Lugo-di-Nazza
Ghisonaccia Gare
Ghisonaccia
Tour de Viginale
Fiumorbo
P. Bocca di l'Oru
Plateau d'Ese
Prunelli-di-Fiumorbo
Abbazia
Migliacciaru
Casamozza
Calzarellu
Centre de Vacances
Isolaccio-di-Fiumorbo
Punta di a Cappella
Pietrapola
Serra-di-Fiumorbo
S. Gavino-di-Fiumorbo
Pinellu
Mignataja
Pedi Querciu
Étang de Palu
Punta di Quarciu Grossu
Ventiseri
Cité de l'Air
Travo
Parata
Chisa
Vasalla
M.Formicola
Route du Col de Verde
Cozzano
Zicavo
2B Haute Corse
2A Corse-du-Sud
P.Lattonacia
Solaro
Lustinchellu
Pielza
Tovisanu
Marine de Solaro
Marinedi Scaffa Rossa
Solenzara
Marine de Manichinu
Forêt de Tova
P.Mozza
M.Malo
Forêt du Coscione
M. Incudine
Punta Muvrareccia
Bocca di Larone
Sari-di-Solenzara
M. Santu
Marine de Cala d'Oru
Cannella
Anse de Cannella
Aiguilles de Bavella
Punta Tafunata
Col de Bavella
M. Pianu
St. Sébastien
Anse de Favone
Favone
P. Batarchione
Punta di Quercitella
Corse
Quenza
Zonza
Aullène
Serra-di-Scopamène
Sorbollano
Anse de Tarcu
Tarcu
Côte des Nacres
MARE TIRRENO
94
95
96
97
98

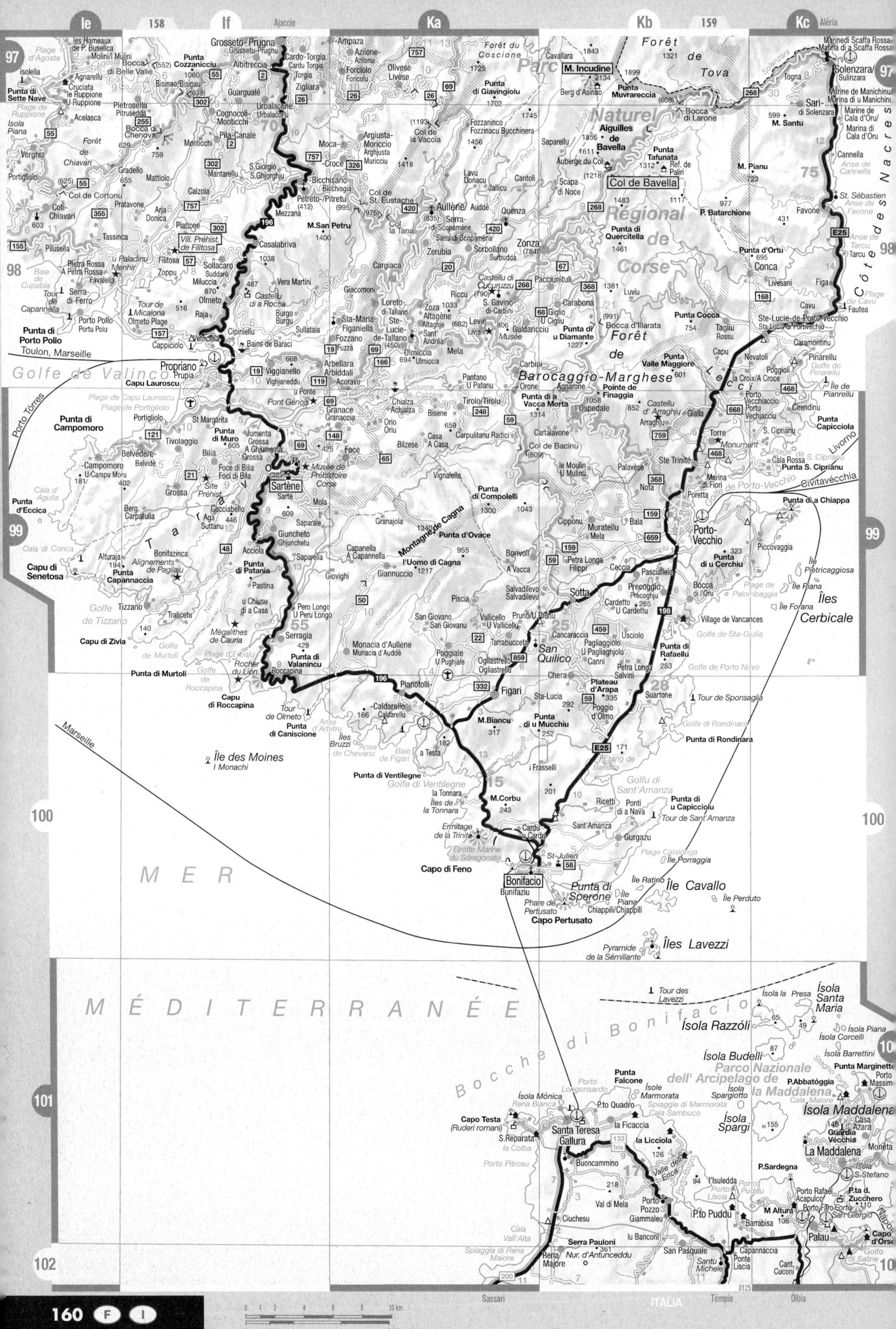

# 1:20 000 / 1cm = 200m

Avignon *
Bordeaux
Brest
Dijon
Grenoble
le Havre
le Mans
Limoges
Lille
Lyon
Marseille
Monaco **
Nancy
Nice
Nîmes **
Orléans

## Paris ***

Reims
Rennes
Rouen
Strasbourg
Toulouse

* 1:10 000 / 1cm = 100m | ** 1:15 000 / 1cm = 150m | *** 1:100 000 / 1cm = 1km + 1:20 000 / 1cm = 200m

Photo: Eiffelturm, Paris (IFA-Bilderteam/Harris)

F GB I E CZ PL | D NL P H DK S

Autoroute avec point de jonction et numéro - Gare de péage
Motorway with junction and number - Toll station
Autostrada con svincolo e numero - Stazione a barriera
Autopista con enlace y número - Estación de peaje
Dálnice s nájezdem a s číslem - Místo výběru poplatků
Autostrada z rozjazdem i numerem - Płatna rogatka

Autobahn mit Anschlussstelle und Nummer - Mautstelle
Autosnelweg met aansluiting en nummer - Tolkantoor
Auto-estrada com ramal de acesso e número - Portagem
Autópálya csatlakozóhelyel és számmal - Vámház
Motorvej med tilkørsel og nummer - Vejafgiftsstation
Motorväg med trafikplats och nummer - Vägavgiftstation

Autoroute en construction avec date de mise en service - en projet
Motorway under construction with expected completion date - projected
Autostrada in costruzione con data di completamento prevista - in progetto
Autopista en construcción con fecha de terminación prevista - en proyecto
Dálnice ve stavbě s termínem uvedení do provozu - plánovaná
Autostrada w budowie z przewidywanym terminem oddania do ruchu - projektowana

Autobahn in Bau mit voraussichtlichem Fertigstellungsdatum - in Planung
Autosnelweg in aanleg met vermoedelijke datum van openstelling - in ontwerp
Auto-estrada em construção com data para estrada transitável - em projecto
Autópálya építés keszítes határozat idő - tervezés alatt
Motorvej under opførelse med planlagt færdiggørelse - under planlægning
Motorväg under byggnad med sannolikt datum - under planerad

Chaussée double de type autoroutier avec point de jonction et numéro
Dual carriageway with motorway characteristics with junction and number
Doppia carreggiata di tipo autostradale con svincolo e numero
Autovía con enlace y número
Dvouproudá silnice dálnicového typu se čtyřmi jízdními pruhy s nájezdem a s číslem
Autostradopodobna droga szybkiego ruchu z rozjazdem i numerem

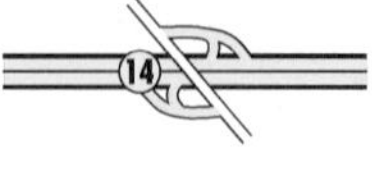


Autobahnähnliche Schnellstraße mit Anschlussstelle und Nummer
Autoweg met gescheiden rijbanen met aansluiting en nummer
Via rápida de faixas separadas com ramal de acesso e número
Gyorsforgalmi út autópályahoz hasonlóan csatlakozóhelyel és számmal
Motortrafikvej med to vejbaner med tilkørsel og nummer
Motortrafikled med trafikplats och nummer

Route nationale - Route de communication importante - Autre route
National road - Important main road - Other road
Strada statale - Strada di interesse regionale - Altra strada
Carretera nacional - Carretera general importante - Otra carretera
Státní silnice - Důležitá hlavní silnice - Ostatní silnice
Droga państwowa - Ważna droga główna - Droga inna

Nationalstraße - Wichtige Hauptstraße - Sonstige Straße
Rijksweg - Belangrijke hoofdweg - Overige weg
Estrada nacional - Estrada importante de ligação principal - Outra estrada
Országos főútvonal - Fontos főútvonal - Egyéb út
Nationalvej - Vigtig hovedvej - Anden vej
Riksväg - Viktig huvudled - Övrig väg

Numéros des routes: Route européenne - Route nationale - Route départementale
Road numbers: European road - National road - Departemental road
Numeri di strade: Strada europea - Strada statale - Strada dipartimentale
Números de carreteras: Carretera europea - Carretera nacional - Carretera departamental
Čísla silnic: Evropská silnice - Státní silnice - Okresní silnice
Numery dróg: Droga europejska - Droga państwowa - Droga krajowa

Straßennummern: Europastraße - Nationalstraße - Departementstraße
Wegnummers: Europees weg - Rijksweg - Departementweg
Números de estradas: Estrada europeia - Estrada nacional - Estrada departamental
Útszámok: Európa-útvonal - Országos főútvonal - Departement-út
Vejnumre: Europavej - Nationalvej - Departementvej
Vägnummer: Europaväg - Riksväg - Departementväg

RER (Réseau Express Regional) station - Arrêt - Gare auto-train
RER (Rapid city railway) station - Stop - Car-loading terminal
Stazione di RER (di treno rápido) - Fermata - Terminal auto al seguito
Estación de RER (de tren rápido) - Parada - Terminal autoexpreso
RER (Příměstská dráha) stanice - Zastávka - Terminál autovlaků
RER (Szybka kolej miejska) stacja - Przystanek - Stacja przeładunkowa dla samochódu

RER- (S-Bahn-) Station - Haltestelle - Autozug-Terminal
RER (Snelle lokaaltrein) station - Halte - Autotrein-terminal
RER (Linha férrea rápida) estação - Paragem - Estação com carregação de viaturas
RER- (Gyorvasút-) állomás - Megállóhely - Autórakodó-terminál
RER (Bybane) station - Stoppested - Autotog-terminal
RER (Förortståg) station - Hållplats - Lastningsstation för motorfordon

Station de métro - Arrêt de chemin de fer métropolitain ou tramway (sélection)
Underground station - Light railway or tramway station (selection)
Stazione della metropolitana - Fermata della ferrovia urbana o dell' tram (selezione)
Estación de subterráneo - Parada de cercanías o tranvías (selección)
Stanice metra - Zastávka městské drahy nebo tramvaje (výběr)
Stacja metra - Przystanek szybkiej kolej miejskiej lub tramwaju (wybór)

U-Bahnhof - Stadtbahn- oder Straßenbahnhaltestelle (in Auswahl)
Station van de ondergrondse spoorweg - Halte van de stadbaan of de tram (selectie)
Estação de metro - Paragem de caminho de ferro urbano ou eléctrico (escolha)
Földalatti-állomás - Városi vasút- vagy villamosmegállóhely (különbözteés)
Underjordisk banestation - Bybane- eller sporvejvognstoppested (udvalg)
Tunnelbanastation - Stadsbana- eller spårvagnshållplats (urval)

Château fort - Monastère - Terrain de golf - Stade
Castle - Monastery - Golf-course - Stadium
Fortezza - Monastero - Campo da golf - Stadio
Castillo - Monasterio - Campo de golf - Estadio
Hrad - Klášter - Golfové hřiště - Stadion
Zamek - Klasztor - Pole golfowy - Stadion

Burg - Kloster - Golfplatz - Stadion
Burcht - Klooster - Golfterrein - Stadion
Castelo - Mosteiro - Área de golfe - Estádio
Vár - Kolostor - Golfpálya - Stadion
Borg - Kloster - Golfbane - Stadion
Borg - Kloster - Golfbana - Stadion

Curiosité, parc des expositions, endroit de grand événement
Place of interest, fairground, place of big event
Curiosità, area fieristica, posto dell' evento grande
Curiosidade, recinto ferial, lugar del acontecimiento grande
Pozoruhodnost, veletržní plocha, místo pro rozsáhlé akce
Interesujące obiekt, tereny targów, miejsca dużych imprez

Sehenswürdigkeit, Messegelände, Großveranstaltungsstätte
Bezienswaardigheid, jaarbeursterrein, plaats van grote manifestatie
Ponto de interesse, recinto da feira, lugar do evento grande
Látványosság, vásárterület, nagyrendezvény
Seværdighed, messeområde, storforanstaltningssted
Sevärdhet, mässområde, storevenemangplats

Aéroport - Aéroport régional
Airport - Regional airport
Aeroporto - Aeroporto regionale
Aeropuerto - Aeropuerto regional
Dopravní letiště - Regionální letiště
Port lotniczy - Lotnisko regionalne

Verkehrsflughafen - Regionalflughafen
Luchthaven - Regionaal luchthaven
Aeroporto - Aeroporto regional
Közlekedési repülőtér - Regionális repülőtér
Lufthavn - Regional lufthavn
Flygplats - Lokalflygplats

Poste d'essence - Hôtel - Restaurant
Filling-station - Road-side restaurant and hotel - Road-side restaurant
Area di servizio - Area di ristoro in autostrada con motel - Area di ristoro in autostrada
Estación de servicio - Parador - Albergue
Čerpací stanice - Hostinec s motelem - Hostinec
Stacja benzynowa - Zajazd z noclegiem - Zajazd

Tankstelle - Rasthaus - Raststätte
Tankstation - Motel - Restaurant
Posto de abastecimento - Hotel - Restaurante
Benzinkút - Vendéglő és szálloda autópálya mentén - Vendéglő
Tankanlæg - Rastested med overnatning - Rastested
Bensinstation - Vägrestaurang med hotell - Vägrestaurang

Snack-bar - Accueil bébés - Jeux d'enfants
Snackbar - Babyroom - Playground
Snack-bar - Fasciatoio per bébé - Area giochi per bambini
Bar - Sala maternal - Juegos infantiles
Občerstvení - Místo pro matky s dětmy - Dětské hřištěÚ
Bufet - Pomieszczenie dla niemowląt - Plac zabaw

Kleinraststätte - Babywickelraum - Kinderspielplatz
Snackbar - Verzorgingsruimte voor babys - Kinderspeelplaats
Snack-bar - Sala para enfaixar bébés - Parque infantil
Büfé - Gyerek polyázo szóba - Gyermekjátszótér'
Forfriskninger - Puslerum - Børnelegeplads'
Cafeteria - Skötrum - Barnlekplats

Relais routier - Parc avec WC - Parc sans WC
Truckstop - Parking area with WC - Parking area without WC
Parco automobilistico - Parcheggio con WC - Parcheggio senza WC
Área de servicio y descanso - Aparcamiento con retrete - Aparcamiento sin retrete
Parkoviště pro TIR - Parkoviště s WC - Parkoviště bez WC
Postój ciężarówek noclegi dla kierowców - Parking i WC - Parking bez WC

Autohof - Parkplatz mit WC - Parkplatz ohne WC
Truckstop - Parkeerplaats met WC - Parkeerplaats zonder WC
Área de serviço para camiãos - Parque de estacionamento com retrete - sem retrete
Autópihenő - Parkolóhely vécével - Parkolóhely vécé nélkül
Motorvejsstation - Parkeringplads med WC - Parkeringplads uden WC
Truck-stop - Parkeringplats med WC - Parkeringplats utan WC

Zone bâtie - Zone industrielle - Forêt, parc
Built-up area - Industrial area - Forest, park
Caseggiato - Zona industriale - Foresta, parco
Zona edificada - Zona industrial - Bosque, parque
Zastavěná plocha - Prumyslová plocha - Les, park
Obszar zabudowany - Obszar przemysłowy - Las, park

Bebauung - Industriegebiet - Wald, Park
Bebouwing - Industrieterrein - Bos, park
Área urbana - Zona industrial - Floresta, parque
Beépítés - Iparvidék - Erdő, park
Bebyggelse - Industriområde - Skov, park
Bebyggt område - Industriområde - Skog, park

| F | GB | D | NL | I | E |
|---|---|---|---|---|---|
| Autoroute | Motorway | Autobahn | Autosnelweg | Autostrada | Autopista |
| Route à quatre voies | Road with four lanes | Vierspurige Straße | Weg met vier rijstroken | Strada a quattro corsie | Carretera de cuatro carriles |
| Route de transit | Thoroughfare | Durchgangsstraße | Weg voor doorgaand verkeer | Strada di attraversamento | Carretera de tránsito |
| Route principale | Main road | Hauptstraße | Hoofdweg | Strada principale | Carretera principal |
| Autres routes | Other roads | Sonstige Straßen | Overige wegen | Altre strade | Otras carreteras |
| Rue à sens unique - Zone piétonne | One-way street - Pedestrian zone | Einbahnstraße - Fußgängerzone | Straat met eenrichtingsverkeer - Voetgangerszone | Via a senso unico - Zona pedonale | Calle de dirección única - Zona peatonal |
| Information - Parking | Information - Parking place | Information - Parkplatz | Informatie - Parkeerplaats | Informazioni - Parcheggio | Información - Aparcamiento |
| Chemin de fer principal avec gare | Main railway with station | Hauptbahn mit Bahnhof | Belangrijke spoorweg met station | Ferrovia principale con stazione | Ferrocarril principal con estación |
| Autre ligne | Other railway | Sonstige Bahn | Overige spoorweg | Altra ferrovia | Otro ferrocarril |
| Métro | Underground | U-Bahn | Ondergrondse spoorweg | Metropolitana | Metro |
| Tramway | Tramway | Straßenbahn | Tram | Tram | Tranvía |
| Bus d'aéroport | Airport bus | Flughafenbus | Vliegveldbus | Autobus per l'aeroporto | Autobús al aeropuerto |
| Poste de police - Bureau de poste | Police station - Post office | Polizeistation - Postamt | Politiebureau - Postkantoor | Posto di polizia - Ufficio postale | Comisaria de policia - Correos |
| Hôpital - Auberge de jeunesse | Hospital - Youth hostel | Krankenhaus - Jugendherberge | Ziekenhuis - Jeugdherberg | Ospedale - Ostello della gioventù | Hospital - Albergue juvenil |
| Église - Église remarquable | Church - Church of interest | Kirche - Sehenswerte Kirche | Kerk - Bezienswaardige kerk | Chiesa - Chiesa interessante | Iglesia - Iglesia de interés |
| Synagogue - Mosquée | Synagogue - Mosque | Synagoge - Moschee | Synagoge - Moskee | Sinagoga - Moschea | Sinagoga - Mezquita |
| Monument - Tour | Monument - Tower | Denkmal - Turm | Monument - Toren | Monumento - Torre | Monumento - Torre |
| Zone bâtie, bâtiment public | Built-up area, public building | Bebaute Fläche, öffentliches Gebäude | Bebouwing, openbaar gebouw | Caseggiato, edificio pubblico | Zona edificada, edificio público |
| Zone industrielle | Industrial area | Industriegelände | Industrieterrein | Zona industriale | Zona industrial |
| Parc, bois | Park, forest | Park, Wald | Park, bos | Parco, bosco | Parque, bosque |

| P | H | CZ | PL | DK | S |
|---|---|---|---|---|---|
| Auto-estrada | Autópálya | Dálnice | Autostrada | Motorvej | Motorväg |
| Estrada com quatro faixas | Négysávos út | Čtyřstopá silnice | Droga o czterech pasach ruchu | Firesporet vej | Väg med fyra körfällt |
| Estrada de trânsito | Átmenő út | Průjezdní silnice | Droga przelotowa | Genemmfartsvej | Genomfartsled |
| Estrada principal | Főút | Hlavní silnice | Droga główna | Hovedvej | Huvudled |
| Outras estradas | Egyéb utak | Ostatní silnice | Drogi inne | Andre mindre vejen | Övriga vägar |
| Rua de sentido único - Zona de peões | Egyirányú utca - Sétáló utca | Jednosměrná ulice - Pěší zóna | Ulica jednokierunkowa - Strefa ruchu pieszego | Gade med ensrettet kørsel - Gågade | Enkelriktad gata - Gågata |
| Informação - Parque de estacionamento | Információ - Parkolóhely | Informace - Parkoviště | Informacja - Parking | Information - Parkeringplads | Information - Parkering |
| Linha principal ferroviária com estação | Fővasútvonal állomással | Hlavní železnice s stanice | Kolej główna z dworcami | Hovedjernbanelinie med station | Huvudjärnväg med station |
| Linha ramal ferroviária | Egyéb vasútvonal | Ostatní železnice | Kolej drugorzędna | Anden jernbanelinie | Övrig järnväg |
| Metro | Földalatti vasút | Metro | Metro | Underjordisk bane | Tunnelbana |
| Eléctrico | Villamos | Tramvaj | Linia tramwajowa | Sporvej | Spårväg |
| Autocarro c. serviço aeroporto | Repülőtéri autóbusz | Letištní autobus | Autobus dojazdowy na lotnisko | Bus til lufthavn | Flygbuss |
| Esquadra da polícia - Correios | Rendőrség - Postahivatal | Policie - Poštovní úřad | Komisariat - Poczta | Politistation - Posthus | Poliskontor - Postkontor |
| Hospital - Pousada da juventude | Kórház - Ifjúsági szálló | Nemocnice - Ubytovna mládeže | Szpital - Schronisko młodzieżowe | Sygehus - Vandrerhjem | Sjukhus - Vandrarhem |
| Igreja - Igreja interessante | Templom - Látványos templom | Kostel - Zajímavý kostel | Kościół - Kościół zabytkowy | Kirke - Seværdig kirke | Kyrka - Sevärd kyrka |
| Sinagoga - Mesquita | Zsinagóga - Mecset | Synagoga - Mešita | Synagoga - Meczet | Synagoge - Moské | Synagoga - Moské |
| Monumento - Torre | Emlékmű - Torony | Pomník - Věž | Pomnik - Wieża | Mindesmærke - Tårn | Monument - Torn |
| Área urbana, edifício público | Beépítés, középület | Zastavěná plocha, veřejná budova | Obszar zabudowany, budynek użyteczności publicznej | Bebyggelse, offentlig bygning | Bebyggt område, offentlig byggnad |
| Zona industrial | Iparvidék | Průmyslová plocha | Obszar przemysłowy | Industriområde | Industriområde |
| Parque, floresta | Park, erdő | Park, les | Park, las | Park, skov | Park, skog |

0 1 2 4 6 8 10 km
0 1 2 4 6 miles

Creil
Creil
Creil
Pont-Ste-Maxence
Compiègne
Roye
Crépy-en-Valois
Crépy-en-Valois
Villers-Cotterêts
Villers-Cotterêts
St-Leu-d'Esserent
St-Maximin
Vineuil-St-Firmin
Apremont
Senlis
Chamant
Barbery
Ermenonville
Auger-St-Vincent
Rouville
Gondreville
Chavres
Courteuil
Montépilloy
Ducy
Fresnoy-le-Luat
Villeneuve
Lévignen
Ormoy-le-Davien
Bourfontaine
Ivors
Boursonne
Billemont
Gouvieux
Chantilly
Forêt de Chantilly
Lamorlaye
Avilly-St-Léonard
Borest
Fontaine-Châalis
Baron
Rosières
Ormoy-Villers
Macquelines
Bargny
Cuvergnon
Thury-en-Valois
Autheuil-en-Valois
Marolles
la Ferté-Milon
Pontarmé
Montlognon
Versigny
Droizelles
Péroy-les-Gombries
Boissy-Fresnoy
Betz
Antilly
Baillon
Viarmes
Seugy
Chaumontel
Luzarches
Coye-la-Forêt
Thiers-sur-Thève
La Chapelle-en-Serval
Orry-la-Ville
Parc Astérix
Mortefontaine
Autoroute du Nord
Abb. de Chaalis
La Mer de Sable
Ermenonville
Montagny-Ste-Félicité
Nanteuil-le-Haudouin
Villers-St-Genest
Sennevières
Etavigny
Boullarre
Neufchelles
Mareuil-s-Ourcq
Bois de Montigny
Chauvigny
Surviliers
Plailly
Ver-sur-Launette
Silly-le-Long
Chèvreville
Bouillancy
Acy-en-Multien
Rosoy-en-Multien
Rouvres
Montigny-l'Allier
Belloy-en-France
Bellefontaines
Fosses
le Plessis-Luzarches
Marly-la-Ville
Jagny-sous-Bois
Villiers-le-Sec
St-Witz
Vémars
Beaumarchais
Othis
Eve
le Plessis-Belleville
Lagny-le-Sec
St-Pathus
Ognes
Brégy
Fosse-Martin
Varinfroy
Crouy-sur-Ourcq
Coulombs-en-Valois
Mareil-en-France
Puiseux-en-France
Fontenay-en-Parisis
Villeron
Moussy-le-Neuf
Dammartin-en-Goële
Rouvres
Oissery
Forfry
Douy-la-Ramée
Vincy-Manœuvre
Puisieux
le Plessis-Placy
May-en-Multien
Certigny
Le Mesnil-Aubry
Le Plessis-Gassot
GOUSSAINVILLE
Chennevières-lès-Louvres
Louvres
Moussy-le-Vieux
Longperrier
Marchémoret
St-Mard
Montgé-en-Goële
St-Soupplets
Marcilly
Etrépilly
Echampeu
Ocquerre
Vendrest
Ecouen
Bouqueval
Epiais-lès-L.
Mauregard
Villeneuve-sous-D.
le Mesnil-Amelot
Juilly
Cuisy
Le Plessis-l'Evêque
Barcy
Lizy-sur-Ourcq
Mary-s-Marne
Rademont
Chaton
Crépoil
Cocheral
VILLIERS-LE-BEL
SARCELLES
le Thillay
GONESSE
Roissy-en-France
Aérogare
Paris (Charles de Gaulle)
Thieux
Vinantes
Monthyon
Chambry
Varreddes
Congis-s-Thérouanne
Isles-les-Meldeuses
Tancrou
Jaignes
Arnouville-lès-Gon.
GARGES-LÈS-GON.
TREMBLAY-VIEUX-PAYS
Parc des Exposition(Nord)
Mitry-Mory
Compans
Nantouillet
Iverny
Villeroy
Penchard
Neufmontiers
Crégy-lès-Meaux
Germigny-l'Evêque
Armentières-en-Brie
STAINS
DENIS
Dugny
Aulnay
Villepinte
TREMBLAY-EN-FRANCE
Mitry-Mory
Villeparisis
Gressy
St-Mesmes
Messy
Charny
Chauconin
Poincy
Forêt de Montceaux
Changis-sur-Marne
Ussy-sur-Marne
Courneuve
LE BLANC-MESNIL
AULNAY-SS-BOIS
VILLEPINTE
VILLEPARISIS
Claye-Souilly
Meaux
MEAUX
Trilport
St-Jean-les-Deux-Jumeaux
Sammeron
La Ferté-sous-Jouarre
Jouarre
AUBERVILLIERS
DRANCY
BOBIGNY
SEVRAN
Coubron
Courtry
Bobigny
Annet-s-M.
Charmentray
Fresnes-s-M.
Trilbardou
Vignely
Mareuil-lès-Meaux
Nanteuil-lès-Meaux
Fublaines
St-Fiacre
Montceaux
Villemareuil
Signy-Signets
PANTIN
BONDY
Noisy-le-Sec
LIVRY-GARGAN
MONTFERMEIL
Villevaudé
le Pin
Montjay-la-Tour
Jablines
Esbly
Condé-Ste-Libiaire
Boubigny
Précilliers
Autoroute de l'Est
Pierre-Levée
Péreuse
Montebise
ROMAINVILLE
LE RAINCY
GAGNY
Chelles
Brou-sur-Chantereine
St-Thibault
Thorigny-s-M.
Dampmart
Coupvray
Chessy
Montry
Quincy-Voisins
Magny-St-Loup
Vaucourtois
Sancy
Courte-Soupe
la Fringale
MONTREUIL
ROSNY-S-BOIS
CHELLES
Lagny-s-M.
Montévrain
St-Germain-sur-Morin
Couilly-Pont-a-D.
Crécy
Coulommes
Bouleurs-le-Mont
la Haute Maison
VINCENNES
NEUILLY-PLAISANCE
NEUILLY-SUR-MARNE
VAIRES-S-MARNE
TORCY
Gouvernes
Conches
Euro Disneyland
Magny-le-Hongre
Coutevroult
Villiers-s.-M
La Chapelle-sur-Crécy
Crécy-la-Chap.
Villers
NOGENT-S-M.
LE PERREUX
NOISY-LE-GRAND
NOISEL
MARNE-LA-VALLEE
Guermantes
Bussy-St-Georges
Chanteloup
Serris
Jossigny
Bailly-Romainvilliers
Fontenay-Trésigny
Chessy Coupvray
Voulangis
Giremoutiers
Aulnoy
Boissy-le-Châtel
CHARENTON-LE-PONT
VILLIERS-S-M.
CHAMPIGNY-S-M.
Croissy-Beaubourg
Bussy-St-Georges
Ferrières-en-Brie
Villeneuve-le-Comte
Villeneuve-St-Denis
Tigeaux
Monthérand
le Charnoy
Guérard
Mouroux
Tresmes
Pommeuse
Les Parrichets
Coulommiers
Chailly-en-Brie
IVRY
MAISONS-ALFORT
ST-MAUR-DES-FOSSES
CHENNEVIÈRES
PONTAULT-COMBAULT
Emerainville
Roissy-en-Brie
Pontcarré
La Route
Dammartin-sur-Tigeaux
le Plessis-Ste.-Avoye
Génevray
Faremoutiers
VITRY
CHOISY-LE-ROI
CRÉTEIL
BONNEUIL-S-MARNE
Noiseau
Forêt de Notre-Dame
Lesigny
Ozoir-la-Ferrière
Forêt d'Armainvilliers
Favières
Forêt de Crécy
Neufmoutiers-en-Brie
Mortcerf
les Tournelles
St-Augustin
les Bordes
Forêt de Malvoisine
Mauperthuis
THIAIS
L'Anneau-Sogaris
Orly
VALENTON
VILLENEUVE-ST-GEORGES
BOISSY-ST-LÉGER
Marolles-en-Brie
Santeny
Gretz-Armainvilliers
Gde Romaine
Tournan-en-Brie
les Chapelles-Bourbon
Crèvecœur-en-Brie
la Houssaye-en-Brie
Pézarches
Saints
Beautheil
Amillis
Paray-Vieille-Poste
ATHIS
YERRES
CROSNE
Villecresnes
Chevry-Cossigny
Férolles-Attilly
La Francilienne
Presles-en-Brie
les Boulayes
Châtres
Marles-en-Brie
Lumigny
Rigny
Touquin
la Boisserette
MONS
VIGNEUX-SUR-SEINE
DRAVEIL
MONTGERON
BRUNOY
Epinay-sous-Sénart
Servon
Mandres-les-Roses
Périgny
Brie-Comte-Robert
Forêt de Coubert
Liverdy-en-Brie
Fontenay-Trésigny
Lumigny-Nesles-Ormeaux
Ormeaux
Nesles
Villeneuve-la-Hurée
Voinsles
Vaudoy-en-Brie
le Plessis-feu-Aussoux
les Bordes
VIRY-CHÂTILLON
Forêt de Sénart
Quincy-sous-Sénart
Boussy-St-Antoine
Varennes-Jarcy
Grégy-sur-Yerres
Grisy-Suisnes
Coubert
Courquetaine
Vilbert
Bernay-Vilbert
Rozay-en-Brie
GRIGNY
Champrosay
Soisy-s-S.
Combs-la-Ville
Evry-Grégy-s-Y
Suisnes
Ozouer-le-Voulgis
Chaumes-en-Brie
Courtomer
la Chapelle-Iger
Jouy-le-Châtel
RIS-ORANGIS
EVRY
Tigery
Evry-les-Châteaux
Cordon
Soignolles-en-Brie
Solers
Mauvevert
Verneuil-l'Etang
Argentières
Beauvoir
Bonfruit
Courpalay
Mélenfroy
Pécy
le Petit Paris
Etiolles
Lieusaint
Moissy-Cramayel
Galande-la-Sablière
Barneau
Yèbles
Guignes
Aubepierre
Grandvillé
Fleury
Gastins
Fleury-Mérogis
Hippodrom
St-Germain-lès-Corbeil
St-Pierre-du-Perray
Savigny
Réau
Limoges-Fourches
Lissy
Champdeuil
Suscy-sous-Yèbles
Andrezel
Mormant
Ouzouer-le-Repos
Quiers
Clos-Fontaine
Courcouronnes
Lisses
Saintry-s.-S.
Melun-Sénart
Montereau-s.-l.-J.
Galande-La Mare-Laroche
Aubigny
Crisenoy
St-Germain-Laxis
Champeaux
Bagneaux
Elf France
la Croix-en-Brie
CORBEIL-ESSONNES
Plessis-Picard-Ourdy
Nandy
Voisenon
St-Mery
Lady
Bailly-Carrois
les Loges
Châteaubleau
Villabé
Ormoy
Mennecy
Echarcon
Morsang
St-Fargeau-Ponthierry
SAVIGNY-LE-TEMPLE
Vert-St-Denis
Rubelles
Moisenay
Vaux-le-Vicomte
Blandy
Bombon
Grandpuits
Bréau
St-Quentin-en-Brie
Nangis
Fontenay-le-Vicomte
Auvernaux
le Coudray-Montceaux
Seine-Port
Cesson
MELUN
le Mée-s-S.
Maincy
Châtillon-La-Borde
la Chapelle-Gauthier
Fontenailles
Eglise Rampillon
Vanvillé
Ballancourt-sur-Essonne
Chevannes
Champcueil
Ponthierry
Boissise-la-Bertrand
Boissettes
Vaux-le-Pénil
Courtry
Sivry-Courtry
la Borde
Champ-Brûlé
Fontains
Roggenvilliers
Meigneux
Nainville-les-Roches
Beauvais
Pringy
Brinvillé
Boissise-le-Roi
Orgenoy
Dammarie-les-Lys
laRochette
Livry-s-S.
Le Châtelet-en-Brie
Saveteux
les Ecrennes
les Montils
la Chapelle-Rablais
Valjouan
les Bordes
Seine et Marne
02 Aisne
60 Oise
Reims
Château-Thierry
Montmirail
La Ferté-Gaucher
Esternay
Provins
Provins
Etampes
Nemours
Fontainebleau
Milly-la-Forêt
Fontainebleau
Saint-Germain-Laval
Troyes

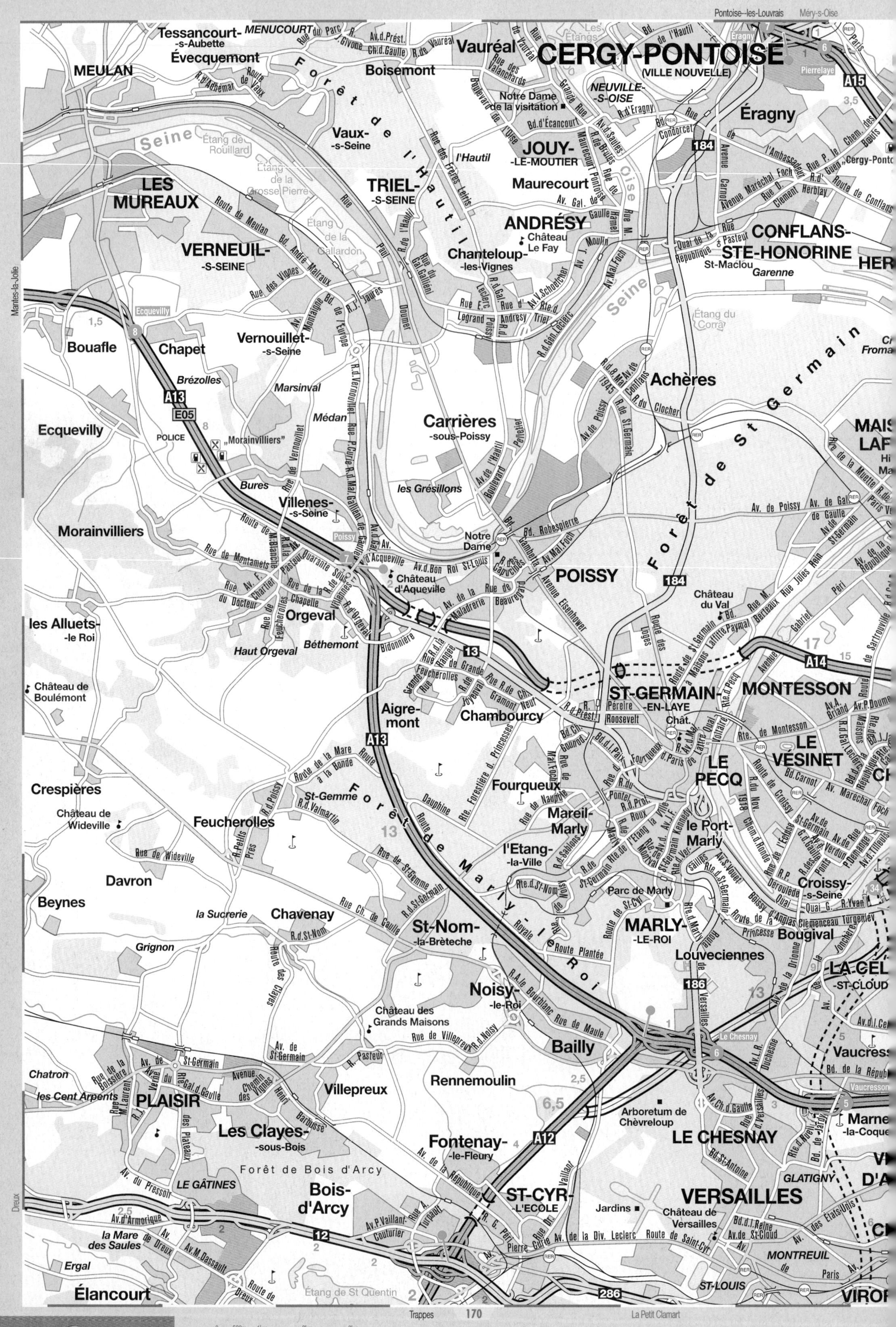




0 500m 1km 2km 3km
0 0.5mile 1mile 2miles

Méry-s-Oise
Montsoult
Villiers-le-Sec
Forêt de Montmorency
TAVERNY
Notre Dame
Bouffémont
Château de la Chasse
DOMONT
Moisselles
le Mesnil-Aubry
Ezanville
Ecouen
Château d'Ecouen
ST-LEU-LA-FORÊT
Château de Bois Corbon
St-Prix
Montlignon
Fort
Piscop
Andilly
VILLIERS-LE-BEL
BEAUCHAMP
Château de Boissy
le Plessis-Bouchard
Montigny-les-Cormeilles
FRANCONVILLE
Margency
St-Brice-sous-Forêt
ERMONT
EAUBONNE
MONT-MORENCY
SARCELLES
Hippodr. d'Enghein
SOISY-SOUS-MONTMORENCY
Château du Duc de Dino
Groslay
la Frette-s-Seine
CORMEILLES-EN-PARISIS
DEUIL-LA-BARRE
SANNOIS
ST-GRATIEN
Montmagny
PIERREFITTE-S-SEINE
Etablissement thermal
ENGHIEN-LES-BAINS
ARGENTEUIL
VILLE-TANNEUSE
GARGES-LES-GONESSE
SARTROUVILLE
EPINAY-S-SEINE
Seine
Parc des Chanteraines
STAINS
HOUILLES
BEZONS
l'Île-St-Denis
Basilique St-Denis
Parc de la Courneuve
ST-DENIS
GENNEVILLIERS
VILLENEUVE-LA-GARENNE
„La Courneuve"
COLOMBES
BOIS-COLOMBES
LA COURNEUVE
Stade de France
CARRIÈRES-S-SEINE
ASNIÈRES-S-SEINE
LA GARENNE-COLOMBES
AUBERVILLIERS
NANTERRE
COURBEVOIE
CLICHY
ST-OUEN
Parc André Malraux
LA DÉFENSE
LEVALLOIS-PERRET
PANTIN
la Villette
RUEIL-MALMAISON
Fort du Mt-Valérien
PUTEAUX
NEUILLY-S-SEINE
Sacre Cœur
LE PRÉ-ST-GERVAIS
Parc de la Malmaison
SURESNES
Jardin d'acclimatation
Palais des Congrès
Arc de Triomphe
Bois de Bologne
BAGNOLET
Hippodr. de St-Cloud
Hippodrome de Longchamp
Grand Palais
Tr. Eiffel
Louvre
Centre G.Pompidou
PARIS
Hippodr. d'Auteuil
Invalides
Notre Dame
ST-CLOUD
Mais.d. Radio-France
Parc d.Princes
UNESCO
Pantheon
Parc de St-Cloud
BOULOGNE-BILLANCOURT
Palais d.Sports
Paris Expo
Palais Omnisports
ST-MANDE
SÈVRES
ISSY-LES-MOULINEAUX
VANVES
Fort d'Issy
MALAKOFF
Zoo
CHARENTON
MEUDON
MONTROUGE
Stade Seb. Charlety
Vélodr.J.Anquetil
IVRY-S-SEINE
Forêt de Meudon
Fort de Vanves
CHÂTILLON
Fort de Montrouge
GENTILLY
La Petit Clamart
171
Antony
Fresnes
Chevilly Larue
Thiais
Z.A.Paris Nord
Bondy (RN3)
Bondy
Noisy-le-Sec
Fontenay-sous-Bois
Joinville

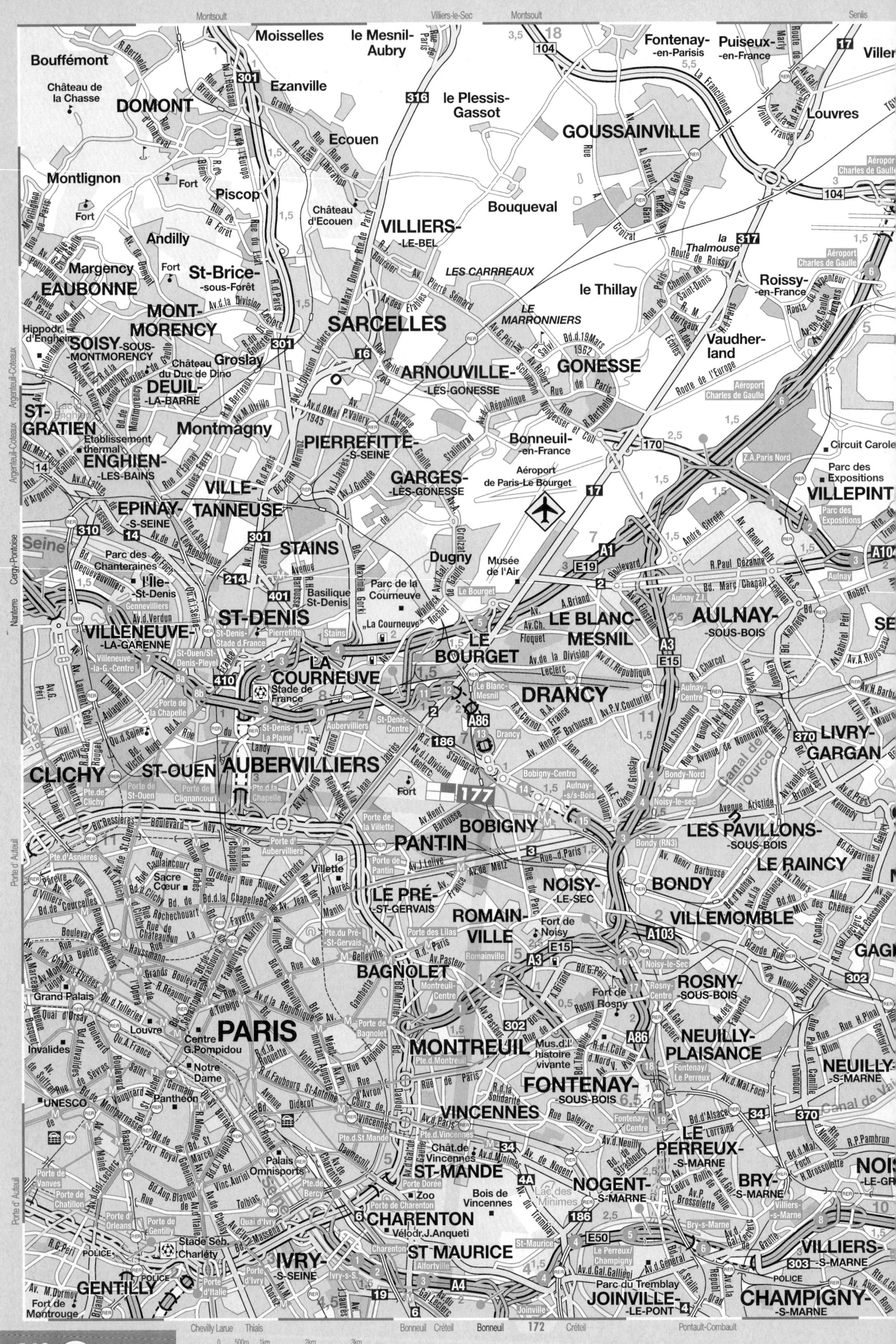

Montsoult
Villiers-le-Sec
Montsoult
Senlis
Bouffémont
Moisselles
le Mesnil-Aubry
Fontenay-en-Parisis
Puiseux-en-France
Château de la Chasse
DOMONT
Ezanville
le Plessis-Gassot
Louvres
GOUSSAINVILLE
Ecouen
Montlignon
Fort
Piscop
Château d'Ecouen
Bouqueval
Aéroport Charles de Gaulle
VILLIERS-LE-BEL
Andilly
la Thalmouse
Margency
St-Brice-sous-Forêt
LES CARREAUX
Roissy-en-France
EAUBONNE
le Thillay
MONT-MORENCY
SARCELLES
LE MARRONNIERS
Vaudherland
Hippodr. d'Enghein
SOISY-SOUS-MONTMORENCY
Groslay
Château du Duc de Dino
DEUIL-LA-BARRE
ARNOUVILLE-LÈS-GONESSE
GONESSE
ST-GRATIEN
Montmagny
Etablissement thermal
PIERREFITTE-S-SEINE
Bonneuil-en-France
Circuit Carole
ENGHIEN-LES-BAINS
GARGES-LÈS-GONESSE
Aéroport de Paris-Le Bourget
Parc des Expositions
VILLEPINT
EPINAY-S-SEINE
VILLE-TANNEUSE
STAINS
Dugny
Musée de l'Air
Parc des Chanteraines
l'Île-St-Denis
Basilique St-Denis
Parc de la Courneuve
AULNAY-SOUS-BOIS
ST-DENIS
LE BLANC-MESNIL
VILLENEUVE-LA-GARENNE
„La Courneuve"
LE BOURGET
LA COURNEUVE
Stade de France
DRANCY
LIVRY-GARGAN
CLICHY
ST-OUEN
AUBERVILLIERS
BOBIGNY
LES PAVILLONS-SOUS-BOIS
PANTIN
LE RAINCY
Sacre Cœur
la Villette
NOISY-LE-SEC
BONDY
LE PRÉ-ST-GERVAIS
ROMAIN-VILLE
VILLEMOMBLE
BAGNOLET
ROSNY-SOUS-BOIS
Grand Palais
PARIS
NEUILLY-PLAISANCE
Louvre
Centre G.Pompidou
Invalides
Notre Dame
MONTREUIL
Mus.d.l'histoire vivante
Pantheon
FONTENAY-SOUS-BOIS
NEUILLY-S-MARNE
UNESCO
VINCENNES
LE PERREUX-S-MARNE
Palais Omnisports
Chât.de Vincennes
ST-MANDE
NOGENT-S-MARNE
BRY-S-MARNE
Zoo
Bois de Vincennes
CHARENTON
Vélodr.J.Anqueti
Stade Seb. Charléty
ST MAURICE
VILLIERS-S-MARNE
IVRY-S-SEINE
GENTILLY
Parc du Tremblay
JOINVILLE-LE-PONT
CHAMPIGNY-S-MARNE
Fort de Montrouge
Seine
Canal de l'Ourcq
Chevilly Larue
Thiais
Bonneuil
Créteil
Bonneuil
172
Créteil
Pontault-Combault
0 500m 1km 2km 3km
0 0,5mile 1mile 2miles

Senlis
Le Plessis-Belleville
Le Plessis-Belleville

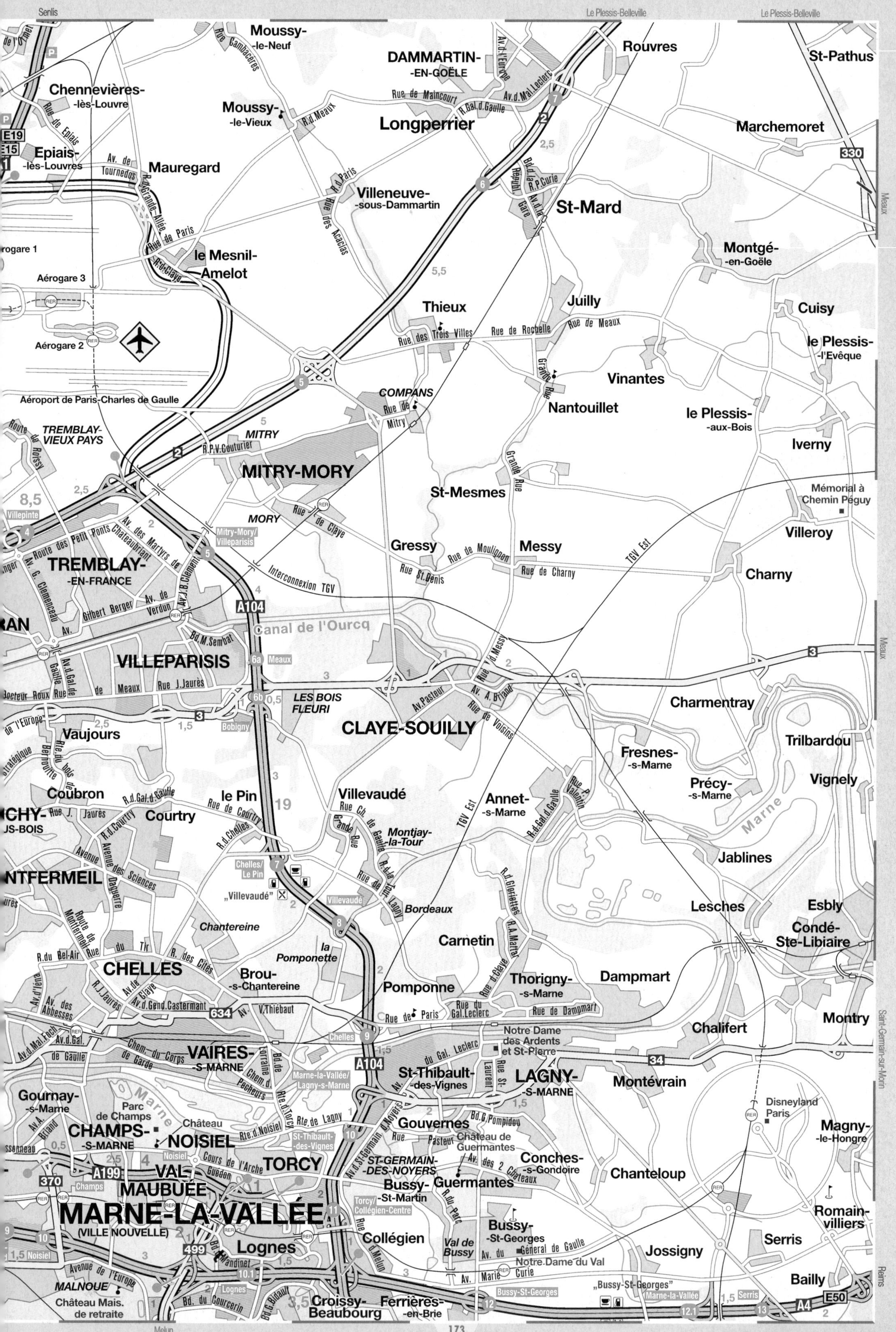


Meaux
Meaux
Saint-Germain-sur-Morin
Reims
Melun
173

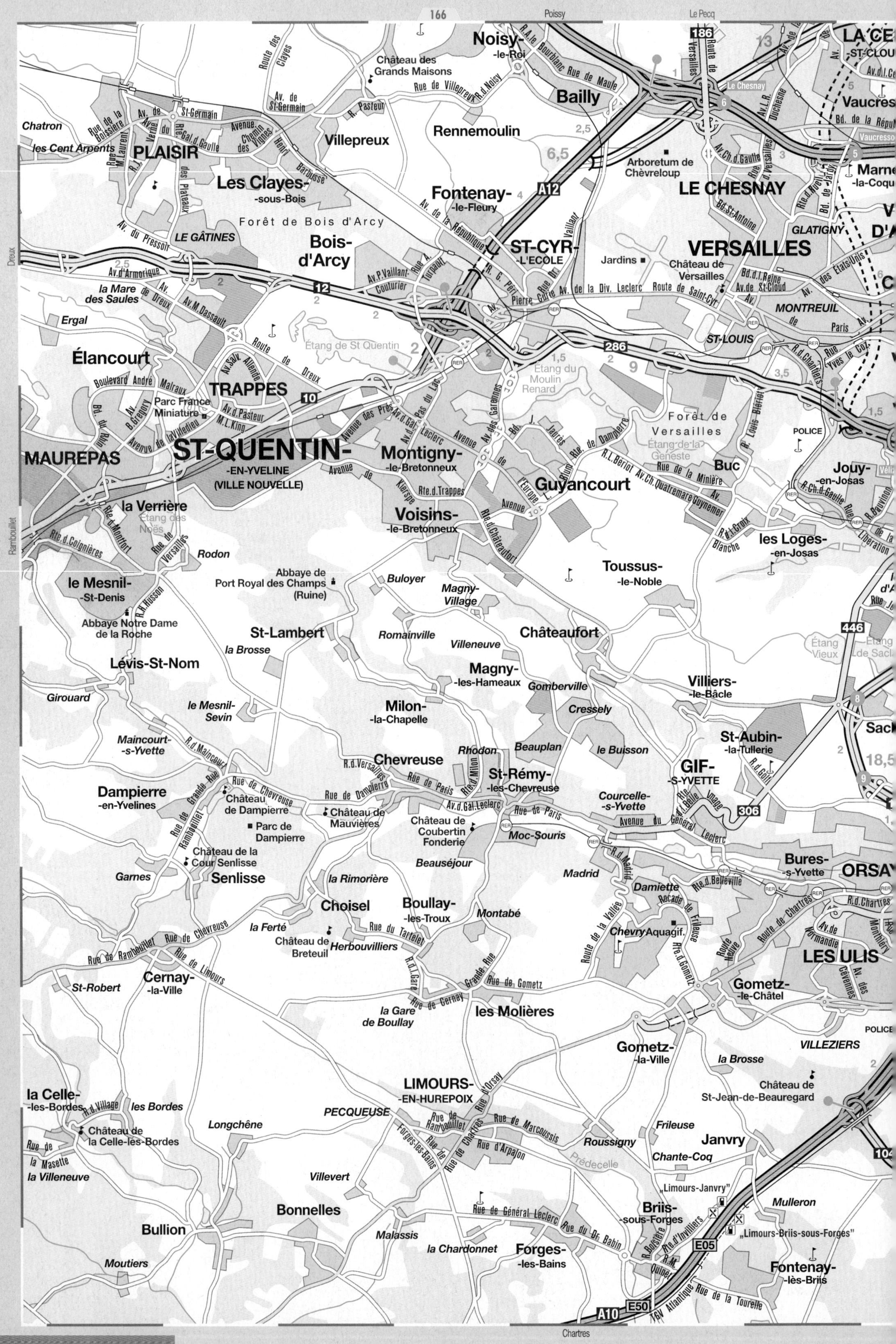
Poissy
Le Pecq
Dreux
Rambouillet
Chartres
Noisy-
-le-Roi
Château des
Grands Maisons
Bailly
Rennemoulin
Villepreux
Chatron
les Cent Arpents
PLAISIR
Les Clayes-
-sous-Bois
Forêt de Bois d'Arcy
Fontenay-
-le-Fleury
Arboretum de
Chèvreloup
LE CHESNAY
Le Chesnay
Vaucresson
LA CELLE-
-ST-CLOUD
Marnes-
-la-Coquette
LE GÂTINES
Bois-
d'Arcy
ST-CYR-
-L'ECOLE
Jardins
VERSAILLES
Château de
Versailles
GLATIGNY
MONTREUIL
ST-LOUIS
la Mare
des Saules
Ergal
Élancourt
Étang de St Quentin
Étang du
Moulin
Renard
TRAPPES
Parc France
Miniature
Forêt de
Versailles
Étang de la
Geneste
POLICE
MAUREPAS
ST-QUENTIN-
-EN-YVELINE
(VILLE NOUVELLE)
Montigny-
-le-Bretonneux
Guyancourt
Buc
Jouy-
-en-Josas
la Verrière
Étang des
Noës
Voisins-
-le-Bretonneux
les Loges-
-en-Josas
Rodon
Toussus-
-le-Noble
le Mesnil-
-St-Denis
Abbaye de
Port Royal des Champs
(Ruine)
Buloyer
Magny-
Village
Abbaye Notre Dame
de la Roche
St-Lambert
la Brosse
Romainville
Villeneuve
Châteaufort
Étang
Vieux
Étang
de Saclay
Lévis-St-Nom
Magny-
-les-Hameaux
Gomberville
Villiers-
-le-Bâcle
Girouard
le Mesnil-
Sevin
Milon-
-la-Chapelle
Cressely
Maincourt-
-s-Yvette
Rhodon
Beauplan
le Buisson
St-Aubin-
-la-Tullerie
Saclay
Chevreuse
St-Rémy-
-les-Chevreuse
GIF-
-S-YVETTE
Dampierre
-en-Yvelines
Château
de Dampierre
Parc de
Dampierre
Château de
Mauvières
Château de
Coubertin
Fonderie
Moc-Souris
Courcelle-
-s-Yvette
Château de la
Cour Senlisse
Beauséjour
Bures-
-s-Yvette
ORSAY
Garnes
Senlisse
la Rimorière
Madrid
Damiette
Choisel
Boullay-
-les-Troux
Montabé
Chevry
Aquagif.
la Ferté
Château de
Breteuil
Herbouvilliers
LES ULIS
St-Robert
Cernay-
-la-Ville
Gometz-
-le-Châtel
la Gare
de Boullay
les Molières
POLICE
VILLEZIERS
Gometz-
-la-Ville
la Brosse
Château de
St-Jean-de-Beauregard
la Celle-
-les-Bordes
les Bordes
LIMOURS-
-EN-HUREPOIX
PECQUEUSE
Château de
la Celle-les-Bordes
Longchêne
Frileuse
Roussigny
Janvry
la Masette
la Villeneuve
Chante-Coq
Prédecelle
Villevert
„Limours-Janvry"
Bonnelles
Briis-
-sous-Forges
Mulleron
„Limours-Briis-sous-Forges"
Bullion
Malassis
la Chardonnet
Forges-
-les-Bains
Fontenay-
-lès-Briis
Moutiers
A12
A10
E05
E50
12
10
286
306
446
186
0 500m 1km 2km 3km
0 0.5mile 1mile 2miles

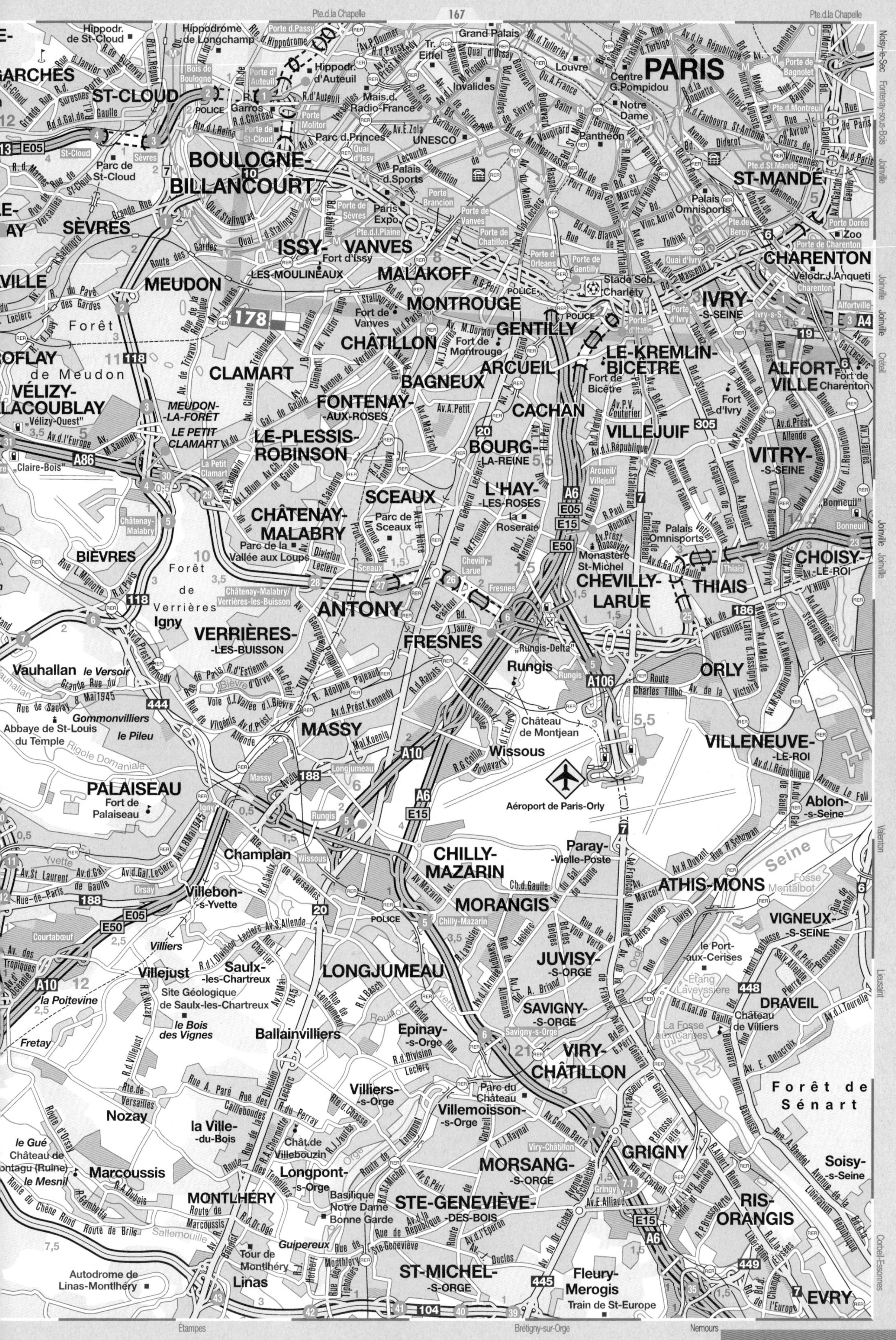
PARIS
Grand Palais
Louvre
Centre G.Pompidou
Notre Dame
Panthéon
Tr. Eiffel
Invalides
UNESCO
Hippodr. de St-Cloud
Hippodrome de Longchamp
Bois de Boulogne
Hippodr. d'Auteuil
Mais.d. Radio-France
Parc d.Princes
Palais d.Sports
Paris Expo
ST-CLOUD
BOULOGNE-BILLANCOURT
SÈVRES
MEUDON
ISSY-LES-MOULINEAUX
Fort d'Issy
VANVES
Fort de Vanves
MALAKOFF
MONTROUGE
Fort de Montrouge
GENTILLY
Stade Seb. Charléty
IVRY-S-SEINE
CHARENTON
Vélodr.J.Anquetil
ST-MANDÉ
Zoo
Palais Omnisports
LE-KREMLIN-BICÊTRE
Fort de Bicêtre
ARCUEIL
CHÂTILLON
CLAMART
BAGNEUX
FONTENAY-AUX-ROSES
CACHAN
VILLEJUIF
Fort d'Ivry
ALFORT-VILLE
VITRY-S-SEINE
Forêt de Meudon
VÉLIZY-VILLACOUBLAY
MEUDON-LA-FORÊT
LE PETIT CLAMART
LE-PLESSIS-ROBINSON
BOURG-LA-REINE
L'HAY-LES-ROSES
la Roseraie
SCEAUX
Parc de Sceaux
CHÂTENAY-MALABRY
Parc de la Vallée aux Loups
BIÈVRES
Forêt de Verrières
Igny
VERRIÈRES-LES-BUISSON
ANTONY
FRESNES
CHEVILLY-LARUE
Monastère St-Michel
THIAIS
CHOISY-LE-ROI
Rungis
ORLY
Vauhallan
Abbaye de St-Louis du Temple
Gommonvilliers
le Pileu
MASSY
Château de Montjean
Wissous
Aéroport de Paris-Orly
VILLENEUVE-LE-ROI
Ablon-s-Seine
PALAISEAU
Fort de Palaiseau
Champlan
CHILLY-MAZARIN
Paray-Vieille-Poste
ATHIS-MONS
Villebon-s-Yvette
MORANGIS
VIGNEUX-S-SEINE
Villiers
Villejust
Saulx-les-Chartreux
Site Géologique de Saulx-les-Chartreux
LONGJUMEAU
JUVISY-S-ORGE
le Port-aux-Cerises
DRAVEIL
Château de Villiers
la Poitevine
le Bois des Vignes
Ballainvilliers
Epinay-s-Orge
SAVIGNY-S-ORGE
VIRY-CHÂTILLON
Fretay
Nozay
Villiers-s-Orge
Parc du Château
Villemoisson-s-Orge
Forêt de Sénart
la Ville-du-Bois
Chât.de Villebouzin
MORSANG-S-ORGE
GRIGNY
le Gué
Château de Montagu (Ruine)
le Mesnil
Marcoussis
Longpont-s-Orge
Basilique Notre Dame de Bonne Garde
STE-GENEVIÈVE-DES-BOIS
Soisy-s-Seine
RIS-ORANGIS
MONTLHÉRY
Tour de Montlhéry
Guipereux
ST-MICHEL-S-ORGE
Fleury-Merogis
Train de St-Europe
EVRY
Autodrome de Linas-Montlhéry
Linas
Seine
A86
A6
A10
A106
E05
E15
E50
A4
Étampes
Brétigny-sur-Orge
Nemours
Noisy-le-Sec
Fontenay-sous-Bois
Joinville
Créteil
Valenton
Lieusaint
Corbeil-Essonnes

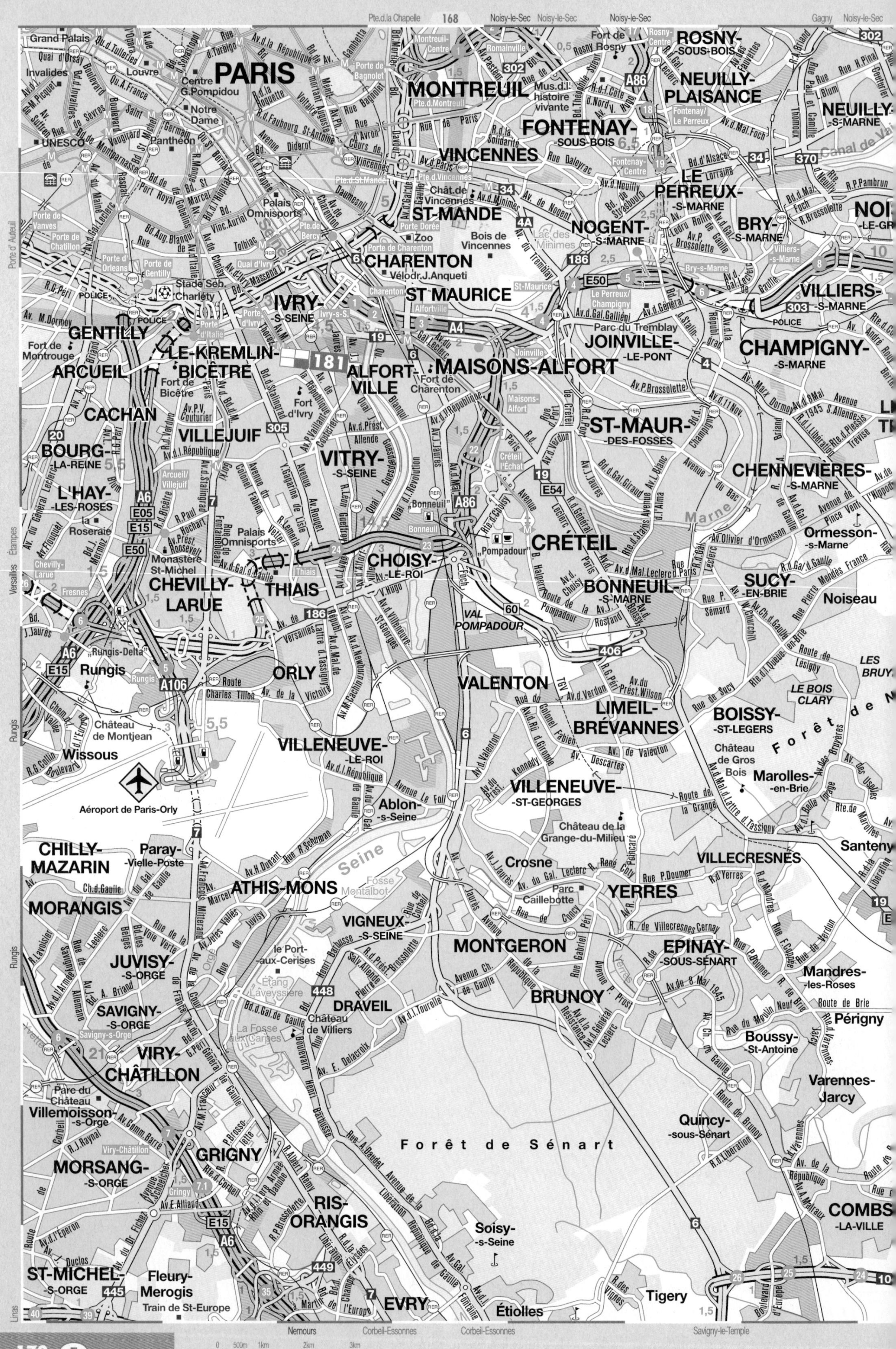



0 500m 1km 2km 3km
0 0.5mile 1mile 2miles

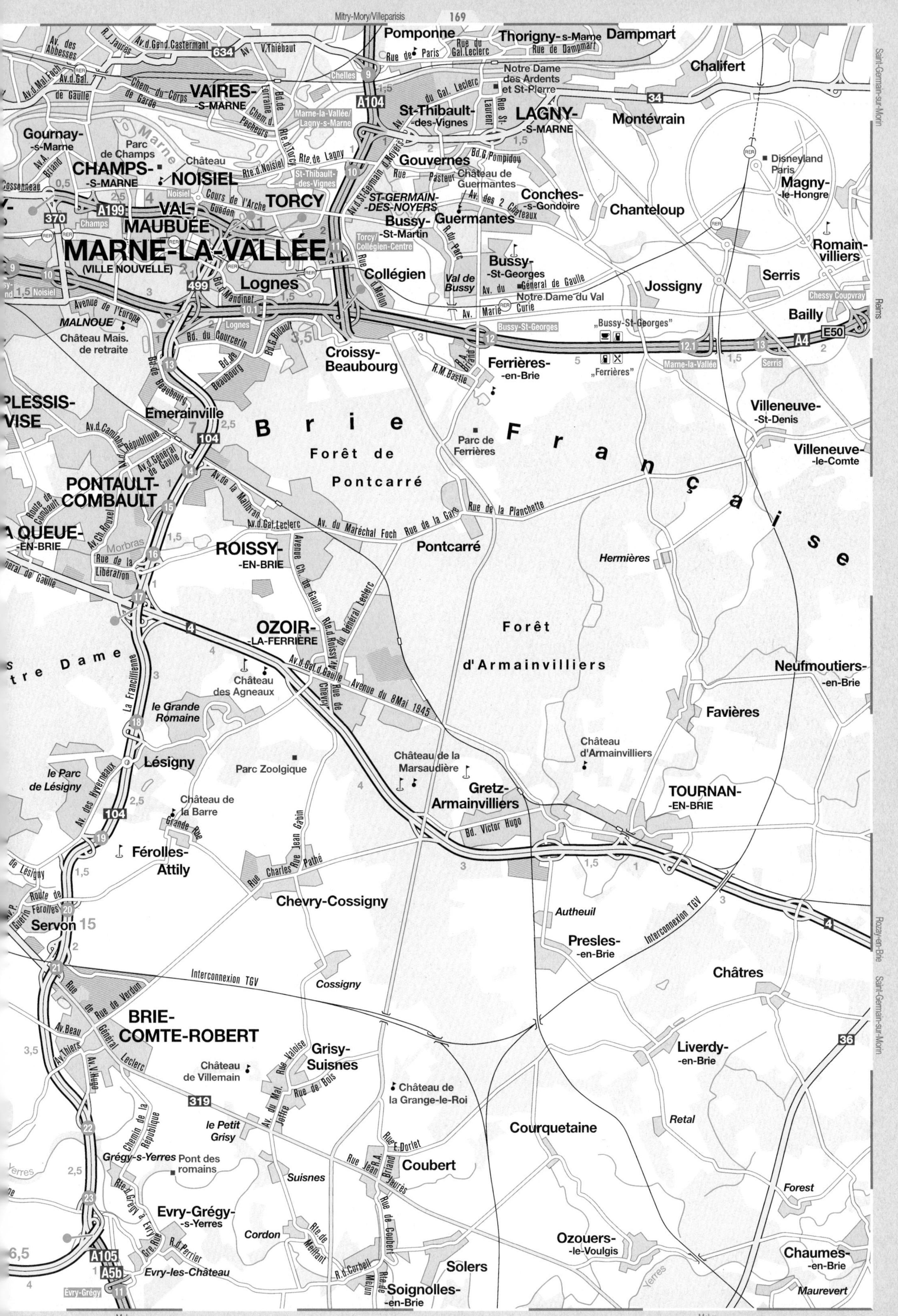


Saint-Germain-sur-Morin
Reims
Rozay-en-Brie
Saint-Germain-sur-Morin
Melun
Melun

0 500 Maisons-Lafitte 1000M

167

Argenteuil

St-Germain-en-L. A14 Poissy

St-Cloud

167

St-Cloud

COURBEVOIE

LEVALLOIS-PERRET

NEUILLY-SUR-SEINE

PUTEAUX

Île de Puteaux

Île du Pont

TERNES

Bois de Boulogne

Jardin d'Acclimatation

178

Pontoise Clichy, St-Denis 167

176

179

0 500 1000M
Enghien-l.-B. 168
Charles de Gaulle, Lille
175
180
SAINT-OUEN
MARCHE AUX PUCES
A1
N301
Porte de St Ouen
Porte de Clignancourt
Porte de la Chapelle
Stade des Poissonniers
Hôpital Bichat Claude Bernard
Boulevard Ney
B.d Bessières
Guy Môquet
Lamarck Caulaincourt
Jules Joffrin
Simplon
Marcadet-Poissonniers
Marx Dormoy
Cimetière de Montmartre
MONTMARTRE
Basilique du Sacré Cœur
Abbesses
Blanche
Pigalle
Anvers
Barbès Rochechouart
La Chapelle
Stalingrad
Hôpital Lariboisière
Gare du Nord
Gare de l'Est
Hôpital Fernand Widal
Louis Blanc
Château Landon
Place de Clichy
Gare St Lazare
Europe
Liège
Trinité d'Est d'Orves
St Georges
N. D. de Lorette
Le Peletier
Cadet
Poissonnière
Château Rouge
Havre Caumartin
Galeries Lafayette
Chaussée d'Antin La Fayette
Opéra
Madeleine
Concorde
Tuileries
Jardin des Tuileries
Pyramides
Palais Royal Musée d. Louvre
Musée du Louvre
Musée d'Orsay
Quai François Mitterand
Pont Neuf
Châtelet
Les Halles
Hôtel de Ville
Rambuteau
Centre Georges Pompidou
Strasbourg St Denis
Bonne Nouvelle
Grds. Boulevards
Rich. Drouot
Quatre Sep.re
Bourse
Sentier
Réaumur Sébastopol
Arts et Métiers
Temple
République
Jacques Bonsergent
Château d'Eau
Gare de l'Est
Hôpital St. Louis
Goncourt
Oberkampf
Filles du Calvaire
St Sébastien Froissart
Chemin Vert
MARAIS
Pl. des Vosges
Solférino
Rue du Bac
Saint Germain
Pont Neuf
Louvre Rivoli
E. Marcel
Place Vendôme
Place de la République
Boulevard de Magenta
Boulevard de Rochechouart
Rue La Fayette
Rue de Rivoli
Boulevard Haussmann
Boulevard Voltaire

168
Soissons, Laon
PANTIN
LA VILLETTE
LE PRÉ
SAINT GERVAIS
LES LILAS
BELLEVILLE
BAGNOLET
Parc des Buttes Chaumont
Cimetière du Père Lachaise
Cité des Sciences et de l'Industrie
Macdonald
Boulevard Sérurier
Boulevard Mortier
Avenue Gambetta
Avenue de la République
Meaux
Charles de Gaulle Lille
Porte de la Villette
Porte de Pantin
Porte des Lilas
Porte de Bagnolet
Père Lachaise
Ménilmontant
19
20
11
181

0 500 1000M

174

141

171

175

180

Vélizy-Villacoublay, Rambouillet
171
Etampes, Orléans
Paris-Orly

0 500 1000M

176

179

172

Étampes, Orléans Paris-Orly Paris-Orly Corbeil-Essonnes, Fontainebleau

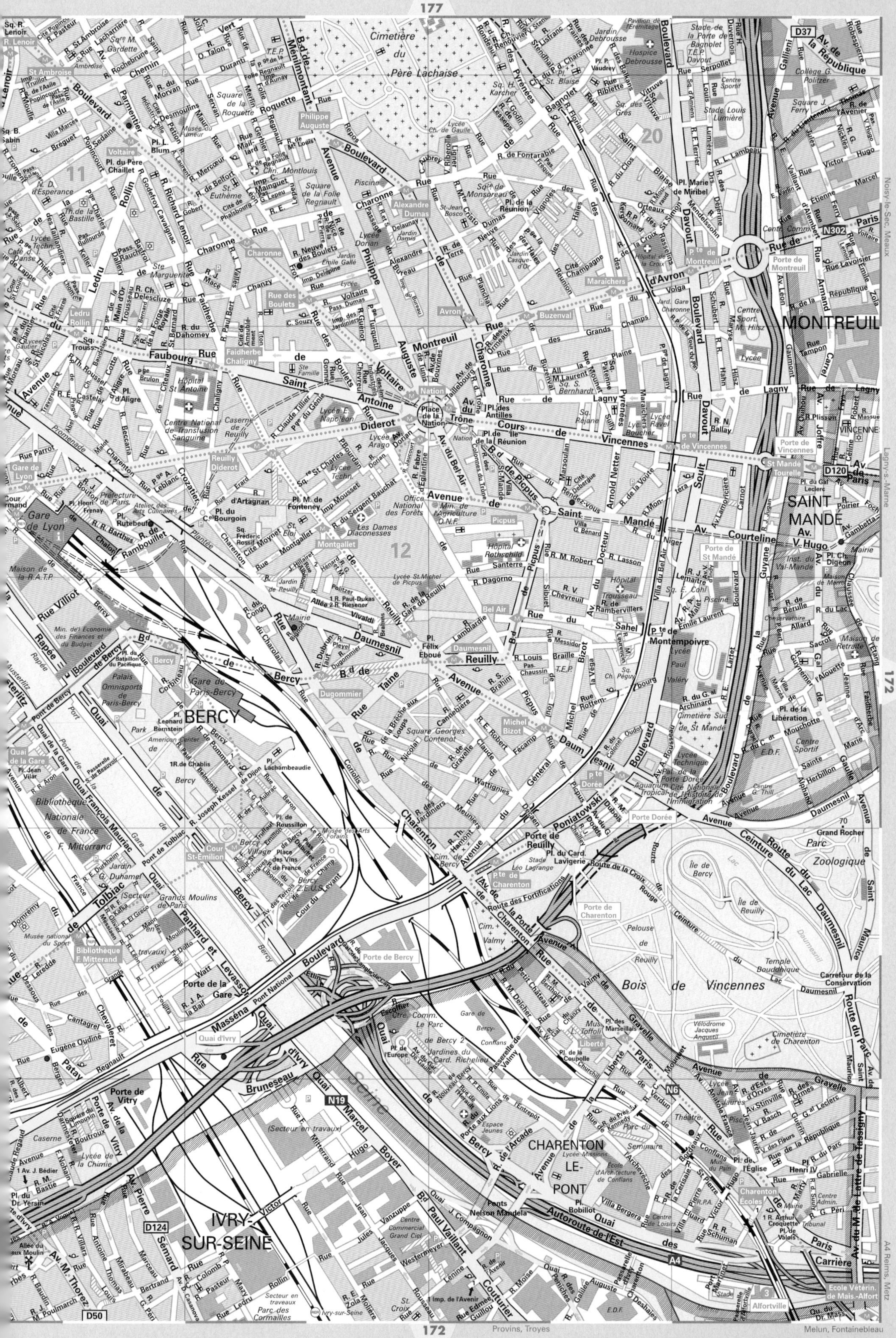

177

172

Noisy-le-Sec, Meaux

Lagny-s.-Marne

A4 Reims, Metz

172

Provins, Troyes

Melun, Fontainebleau

# 1:20 000 / 1cm = 200m

Avignon *
Bordeaux
Brest
Dijon
Grenoble
le Havre
le Mans
Limoges
Lille
Lyon
Marseille
Monaco **
Nancy
Nice
Nîmes **
Orléans
Reims
Rennes
Rouen
Strasbourg
Toulouse

* 1:10 000 / 1cm = 100m | ** 1:15 000 / 1cm = 150m

Photo: Porte de la Craffe, Nancy (Bildagentur Huber/Spila Riccardo)

## 84 ☎04 F-84000 Avignon

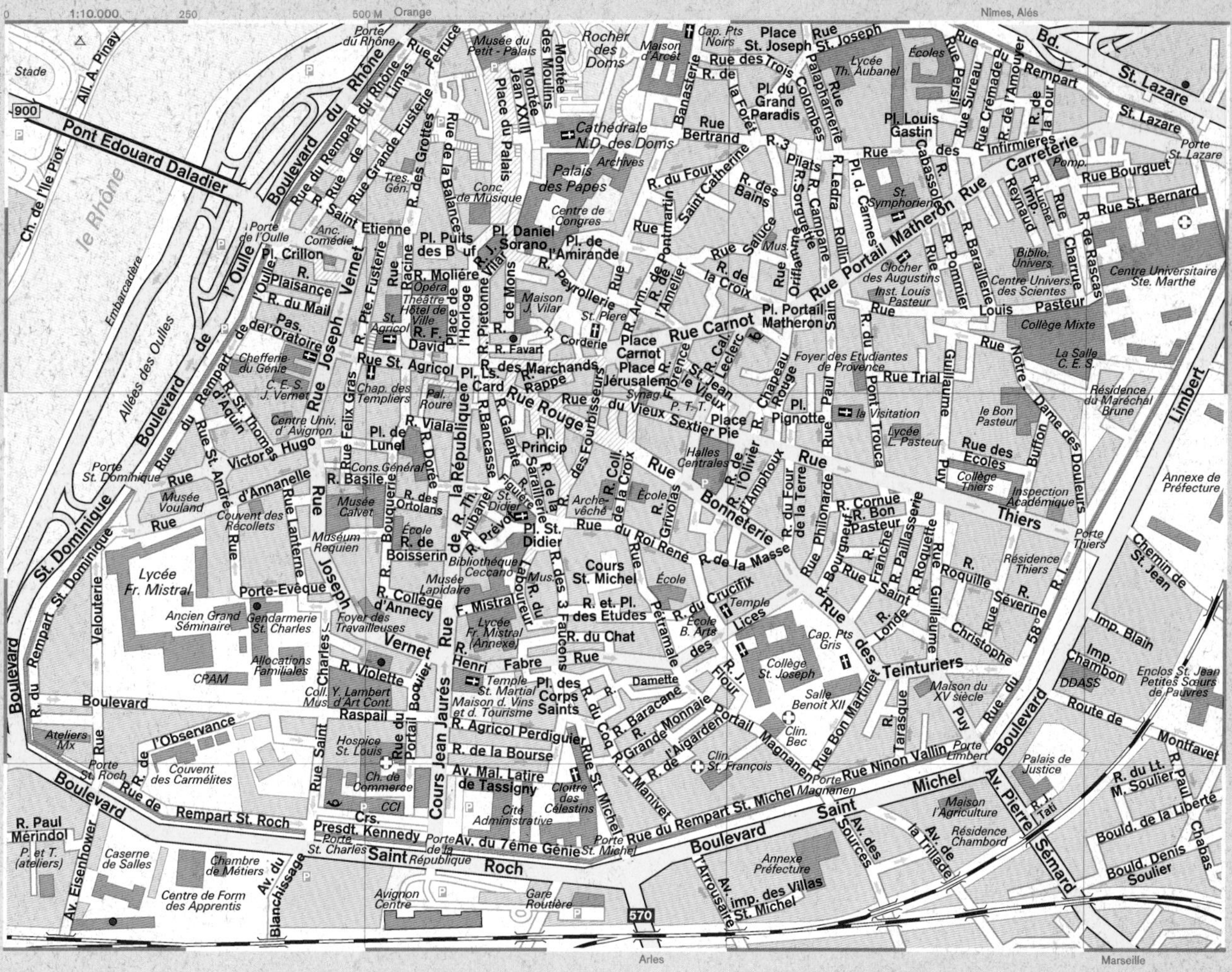

1:10.000 0 250 500 M

## 33 ☎05 F-33000 Bordeaux

0 500 1000 M

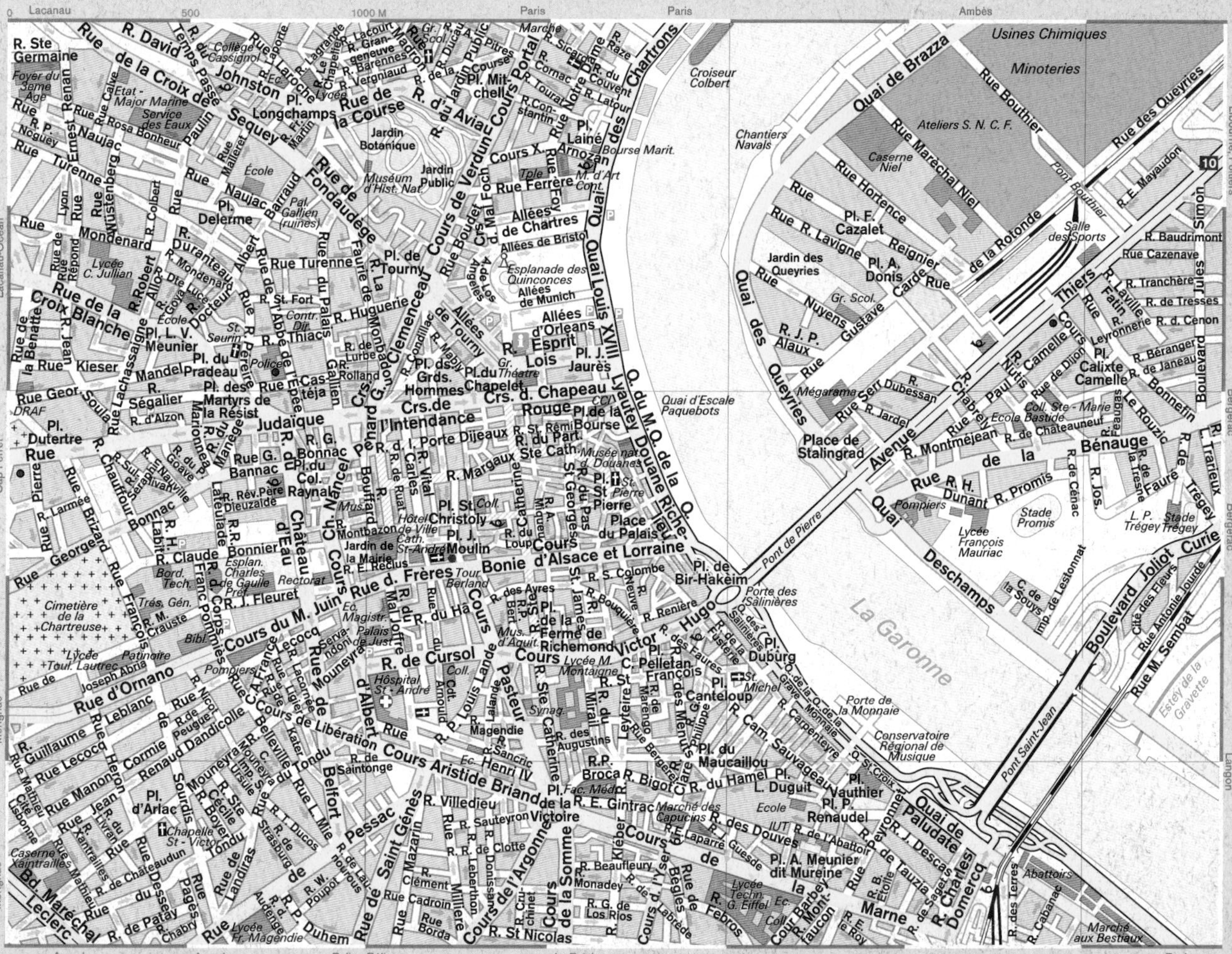

## Brest F-29200 ☎02 🚗29

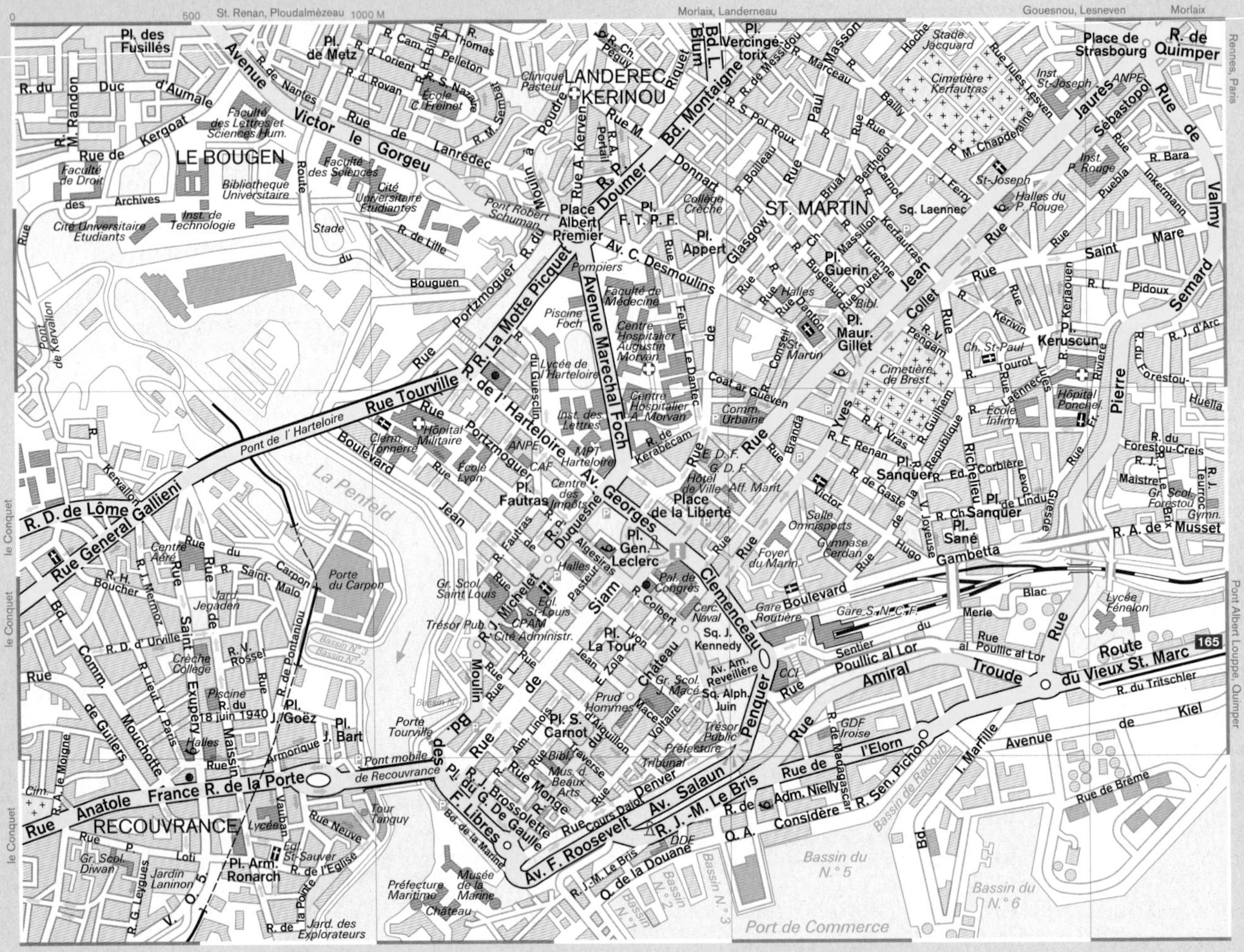

0 500 St. Renan, Ploudalmézeau 1000 M

Morlaix, Landerneau

Gouesnou, Lesneven Morlaix

Rennes, Paris

le Conquet

Pont Albert Louppe, Quimper

## Dijon F-21000 ☎03 🚗21

0 500 Châtillon-s.-S., Troyes 1000 M

Langres, Vittel, Nancy

Gray, Besançon

Châtillon-sur-Seine

Avallon

Gray

Beaune, Autun Lyon Beaune, Lyon Louhans, Lons - le - Saunier Beaune Dole, Genève

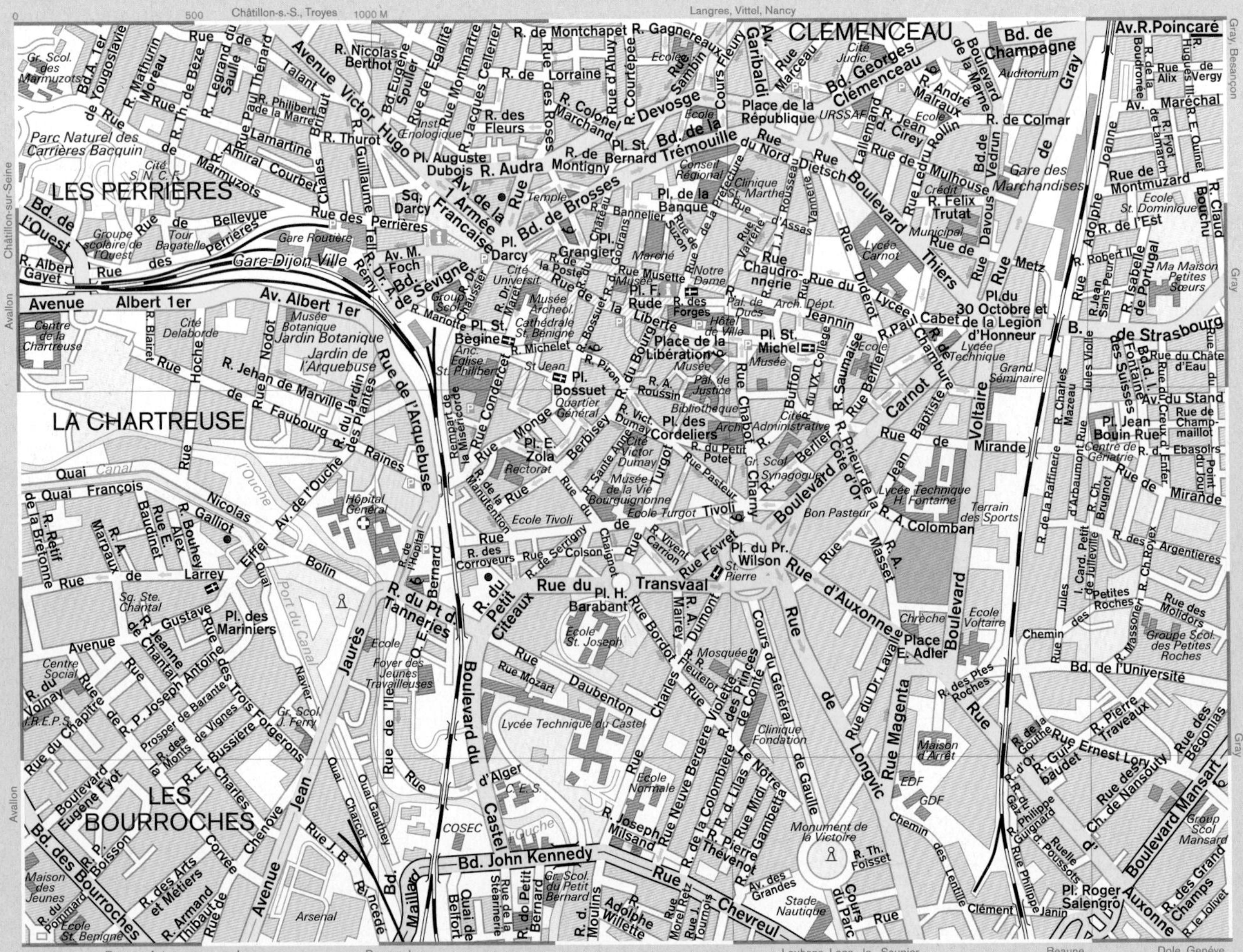

## le Havre

76 02 F-76600

## le Mans F-72000 ☎02 🚗72

0 500 1000 M

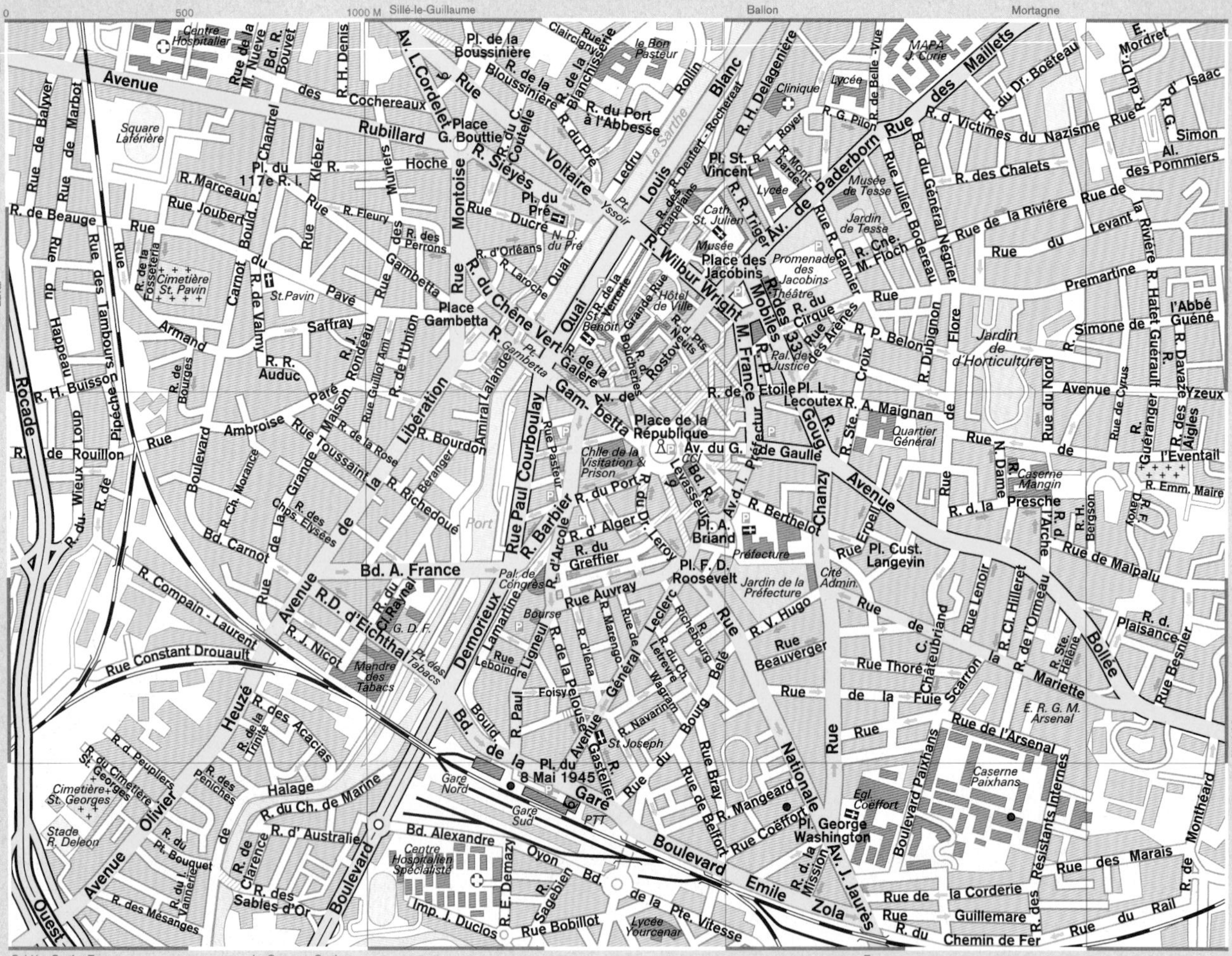

Sillé-le-Guillaume · Ballon · Mortagne

Laval · Laval · Orléans

Sablé-s-Sarthe Tours · La Suze-sur-Sarthe · Tours

## Limoges F-87000 ☎05 🚗87

0 Poitiers, Bellac 500 1000 M

Châteauroux · Châteauroux, Paris

Angoulême · Axe · Guéret · Brive-la-Gaillarde

Perigueux · Toulouse · Tulle · Eymoutiers

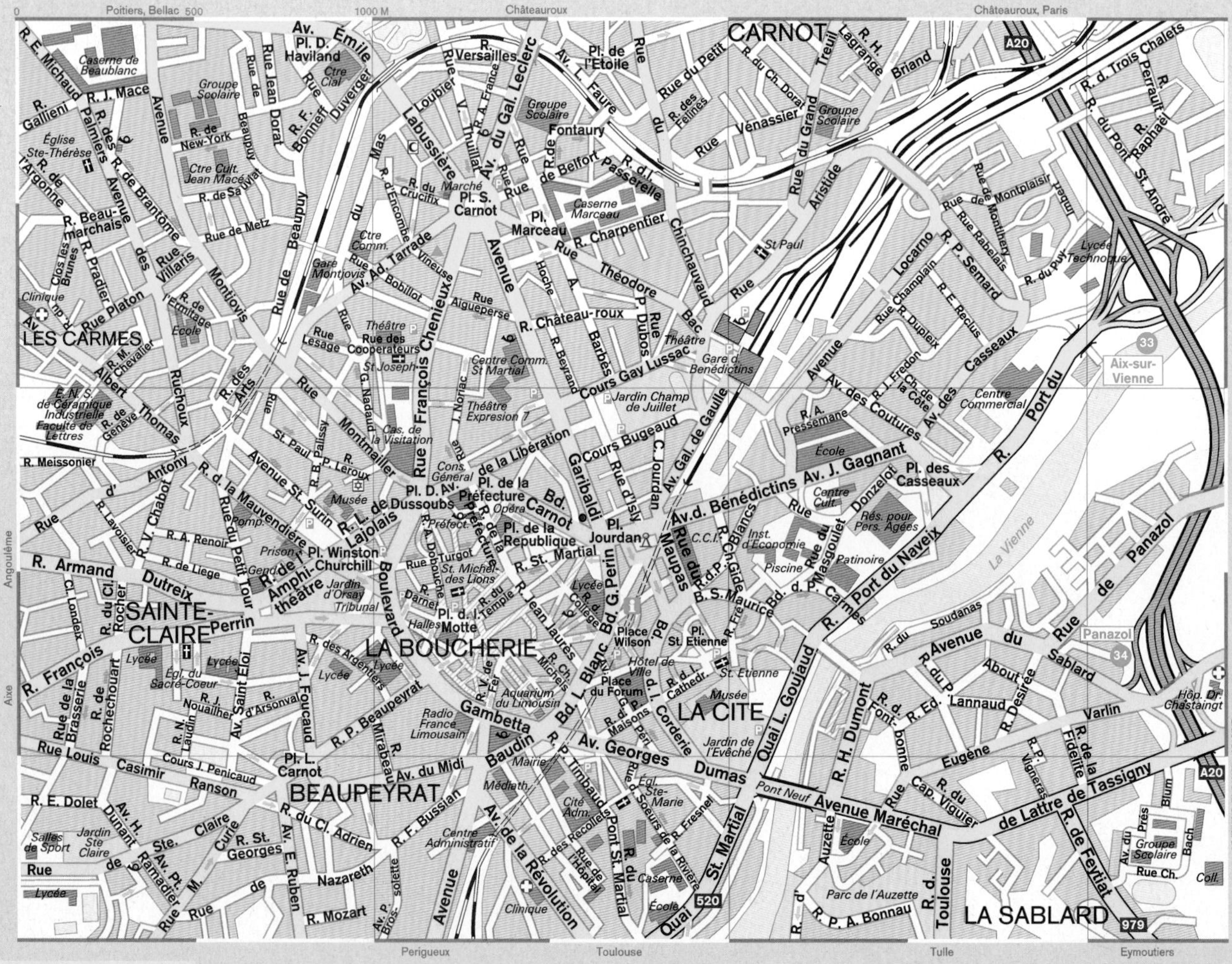

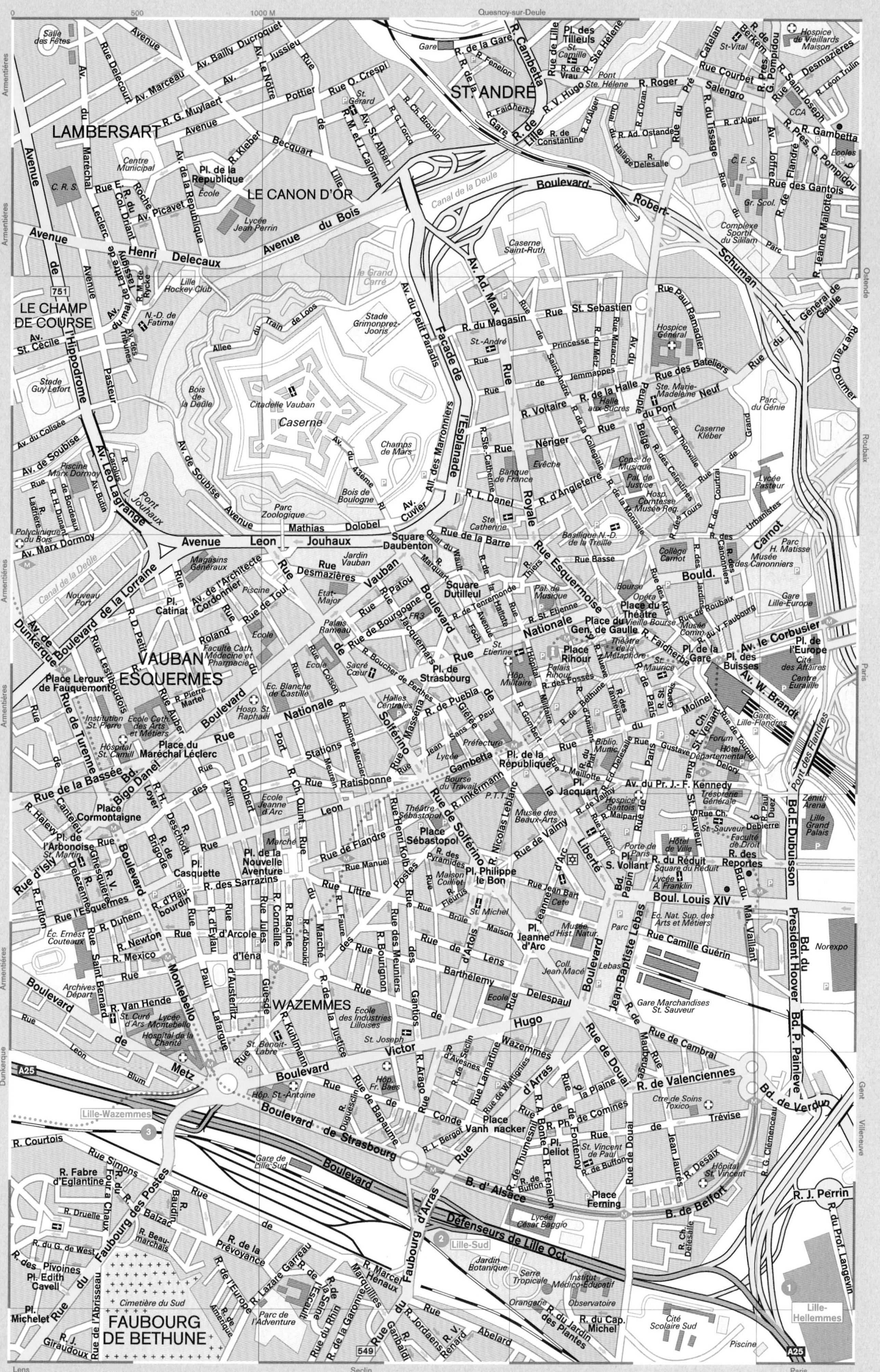
0
500
1000 M
Quesnoy-sur-Deule
LAMBERSART
LE CANON D'OR
ST. ANDRÉ
LE CHAMP DE COURSE
VAUBAN ESQUERMES
WAZEMMES
FAUBOURG DE BETHUNE
Citadelle Vauban
Caserne
Stade Grimonprez-Jooris
Bois de la Deûle
Champs de Mars
Bois de Boulogne
Parc Zoologique
Le Grand Carré
Canal de la Deule
Avenue du Bois
Avenue Henri Delecaux
Avenue Leon Jouhaux
Avenue Mathias Dolobel
Boulevard Robert Schuman
Boulevard de la Lorraine
Boulevard de Strasbourg
Boulevard Victor Hugo
Boulevard de Metz
Boulevard Montebello
Boulevard Vauban
Rue Nationale
Rue Royale
Rue Esquermoise
Rue Solférino
Rue Gambetta
Rue de Paris
Rue Faidherbe
Rue de Béthune
Rue Léon Gambetta
Rue de Valmy
Rue de Douai
Rue de Cambrai
Rue Pierre Mauroy
Rue de la Bassée
Rue de Turenne
Rue des Postes
Rue d'Arras
Rue Jean Jaurès
Rue de Valenciennes
Place du Général de Gaulle
Place Rihour
Place du Théâtre
Pl. de la République
Place Sébastopol
Pl. Philippe le Bon
Pl. Jeanne d'Arc
Pl. de Strasbourg
Place du Maréchal Leclerc
Place Cormontaigne
Place Leroux de Fauquemont
Pl. de la Nouvelle Aventure
Place Vanhoenacker
Pl. Deliot
Place Ferning
Pl. Catinat
Pl. Casquette
Pl. de la Gare
Pl. des Buisses
Pl. de l'Europe
Pl. S. Vollant
Square Daubenton
Square Dutilleul
Hospice Général
Caserne Kléber
Parc du Génie
Lycée Pasteur
Parc H. Matisse
Gare Lille-Europe
Gare Lille-Flandres
Centre Euralille
Cité des Affaires
Forum
Hôtel Départemental
Hôtel de Ville
Zénith Arena
Lille Grand Palais
Norexpo
Gare Marchandises St. Sauveur
Préfecture
Musée des Beaux-Arts
Gare de Lille-Sud
Lille-Wazemmes
Lille-Sud
Lille-Hellemmes
Jardin Botanique
Cimetière du Sud
Parc de l'Aventure
Cité Scolaire Sud
Observatoire
Bd. P. Painlevé
Bd. de Verdun
Bd. du Président Hoover
B. de Belfort
B. d'Alsace
Défenseurs de Lille Oct.
A25
751
549
Armentières
Dunkerque
Ostende
Roubaix
Paris
Gent
Villeneuve
Lens
Seclin

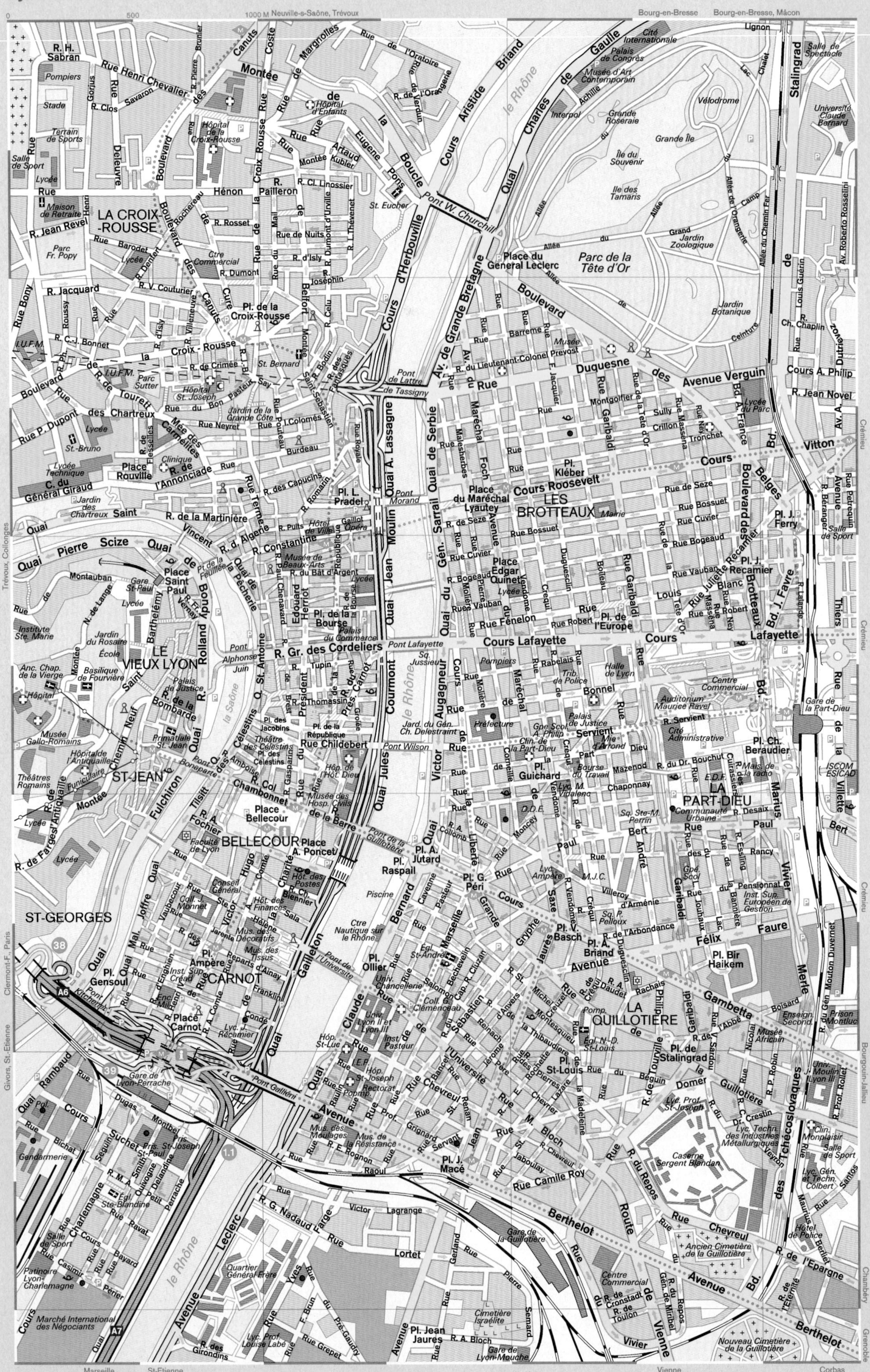
0
500
1000 M
Neuville-s-Saône, Trévoux
Bourg-en-Bresse
Bourg-en-Bresse, Mâcon
LA CROIX-ROUSSE
Pl. de la Croix-Rousse
Parc de la Tête d'Or
Place du Général Leclerc
Cité Internationale
Palais de Congrès
Musée d'Art Contemporain
Vélodrome
Grande Île
Jardin Botanique
Université Claude Bernard
LES BROTTEAUX
Cours Roosevelt
Cours Lafayette
Cours Vitton
Pl. Kléber
Place du Maréchal Lyautey
Place Edgar Quinet
Pl. de l'Europe
Pl. J. Ferry
Pl. J. Récamier
Pl. L. Pradel
Pl. de la Bourse
Palais du Commerce
Musée des Beaux-Arts
Place Saint Paul
LE VIEUX LYON
Basilique de Fourvière
Musée Gallo-Romains
Théâtres Romains
ST-JEAN
Primatiale St. Jean
Palais de Justice
Place Bellecour
BELLECOUR
Place A. Poncet
Théâtre des Célestins
Hôtel de Ville
Opéra
ST-GEORGES
Pl. Gensoul
Pl. Ampère
CARNOT
Place Carnot
Gare de Lyon-Perrache
Pont Gallieni
Pont de l'Université
Pont de la Guillotière
Pont Wilson
Pont Lafayette
Pont Morand
Pont de Lattre de Tassigny
Pont W. Churchill
Quai Pierre Scize
Quai Saint Vincent
Quai Jean Moulin
Quai Jules Courmont
Quai Victor Augagneur
Quai A. Lassagne
Quai Charles de Gaulle
Cours Aristide Briand
Av. de Grande Bretagne
Cours d'Herbouville
le Rhône
la Saône
Préfecture
Pl. Guichard
Bourse du Travail
Halle de Lyon
Centre Commercial
Auditorium Maurice Ravel
Cité Administrative
Gare de la Part-Dieu
LA PART-DIEU
Communauté Urbaine
Pl. Ch. Beraudier
Pl. A. Jutard
Pl. Raspail
Pl. G. Péri
Pl. Ollier
Pl. A. Briand
Pl. Bir Haikem
LA QUILLOTIÈRE
Pl. de Stalingrad
Pl. St-Louis
Pl. J. Macé
Pl. Jean Jaurès
Caserne Sergent Blandan
Ancien Cimetière de la Guillotière
Nouveau Cimetière de la Guillotière
Gare de la Guillotière
Cimetière Israélite
Gare de Lyon-Mouche
Marché International des Négociants
Avenue Berthelot
Cours Gambetta
Avenue Jean Jaurès
Avenue Leclerc
Route de Vienne
Bd. des Tchécoslovaques
Trévoux, Collonges
Clermont-F., Paris
Givors, St.-Etienne
Crémieu
Bourgoin-Jallieu
Chambéry
Grenoble
Marseille
St-Etienne
Vienne
Corbas

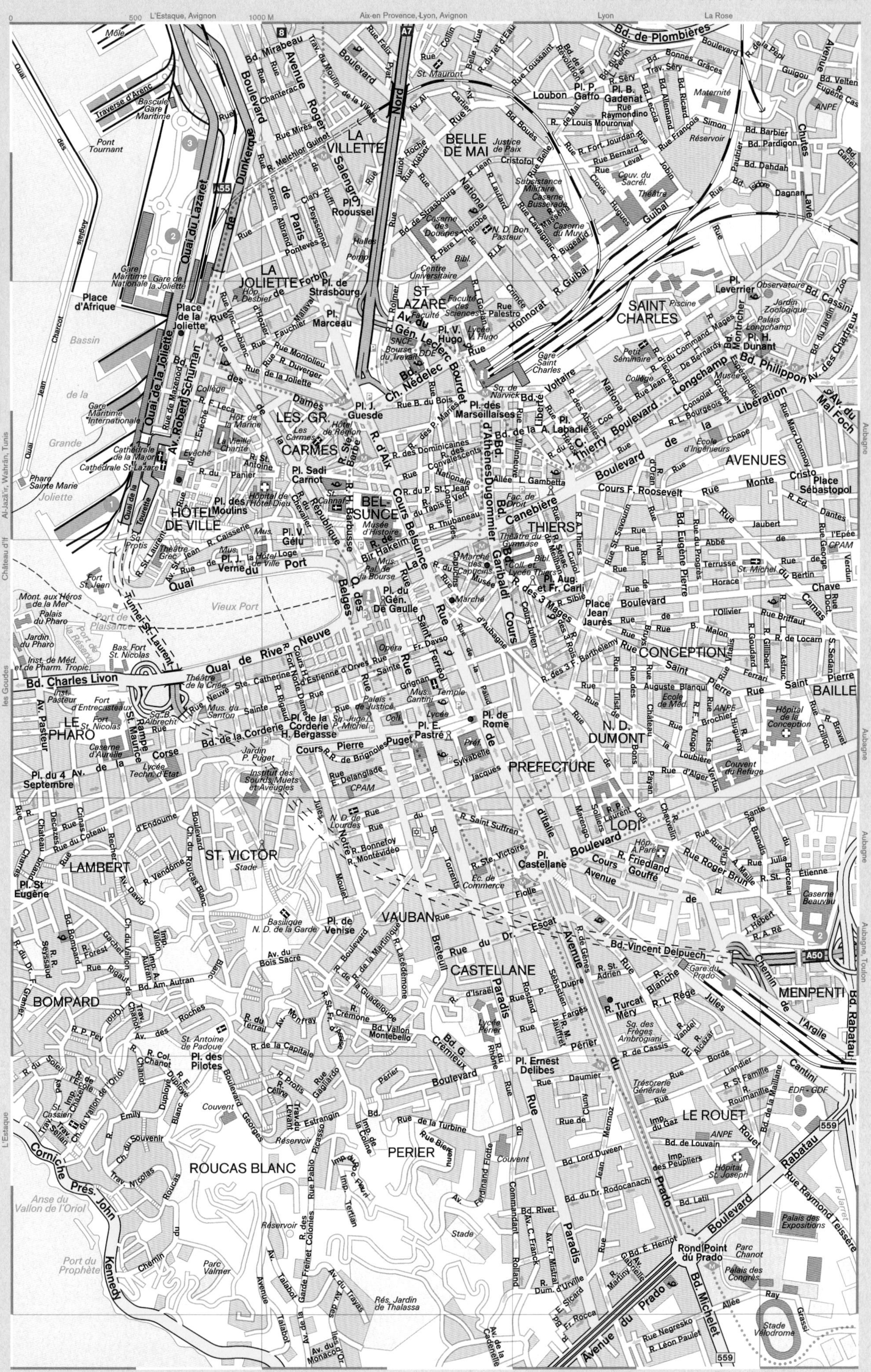
0
500
1000 M
L'Estaque, Avignon
Aix-en Provence, Lyon, Avignon
Lyon
La Rose
Aubagne
Aubagne, Toulon
Toulon
les Goudes, Cassis
les Goudes
L'Estaque
Château d'If
Al-Jazā'ir, Wahrān, Tunis
LA VILLETTE
BELLE DE MAI
LA JOLIETTE
ST LAZARE
SAINT CHARLES
LES GR. CARMES
HOTEL DE VILLE
BELSUNCE
THIERS
AVENUES
CONCEPTION
BAILLE
LE PHARO
N. D. DUMONT
PREFECTURE
LODI
LAMBERT
ST. VICTOR
VAUBAN
CASTELLANE
MENPENTI
BOMPARD
LE ROUET
PERIER
ROUCAS BLANC
Vieux Port
Place d'Afrique
Canebière
Cours Belsunce
Bd. de Plombières
Boulevard Rabatau
Avenue du Prado
Rond Point du Prado
Stade Vélodrome
Corniche Prés. John Kennedy

## Monaco MC-98000 ☎93 🚗MC

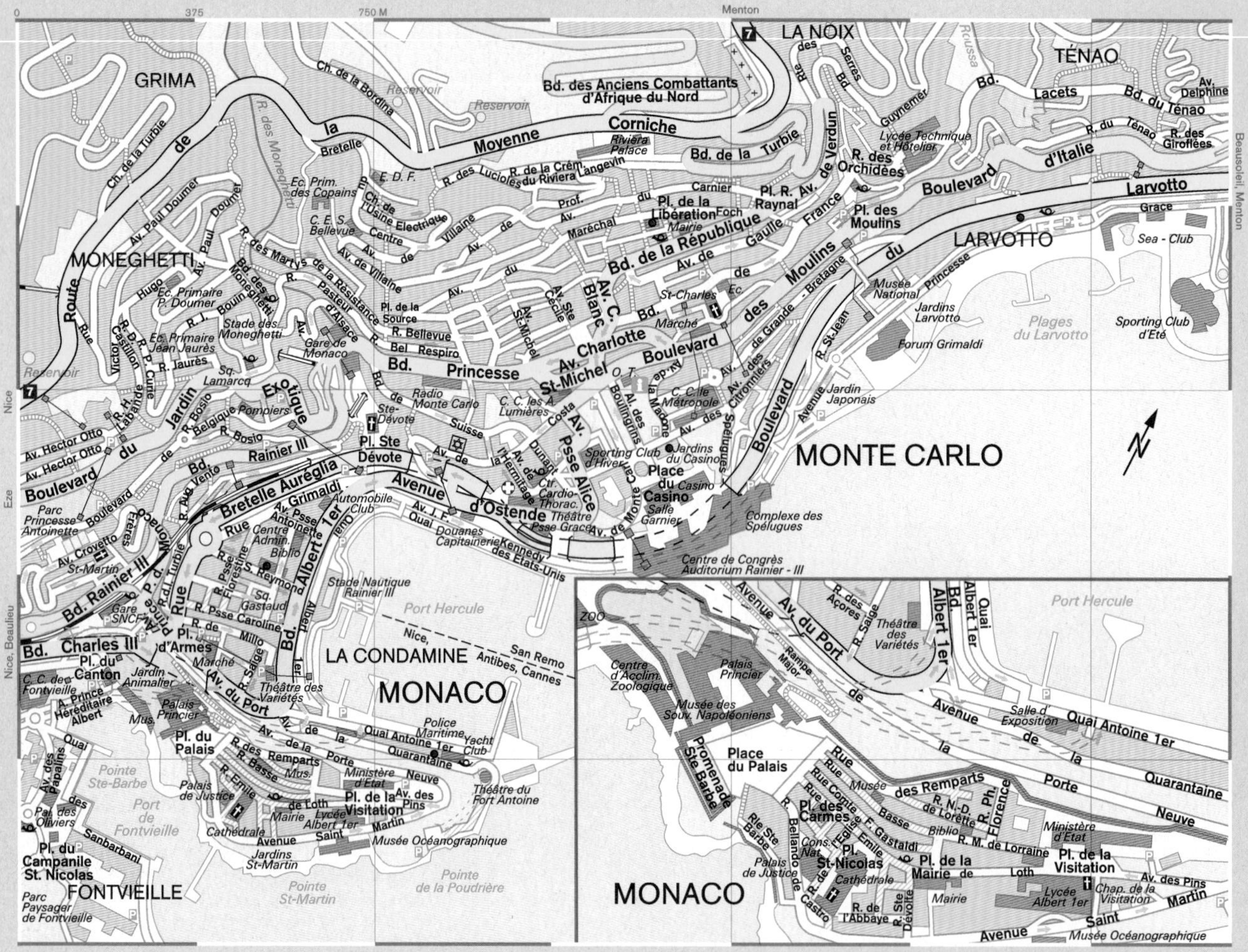

MONTE CARLO

MONACO

## Nancy F-54000 ☎03 🚗54

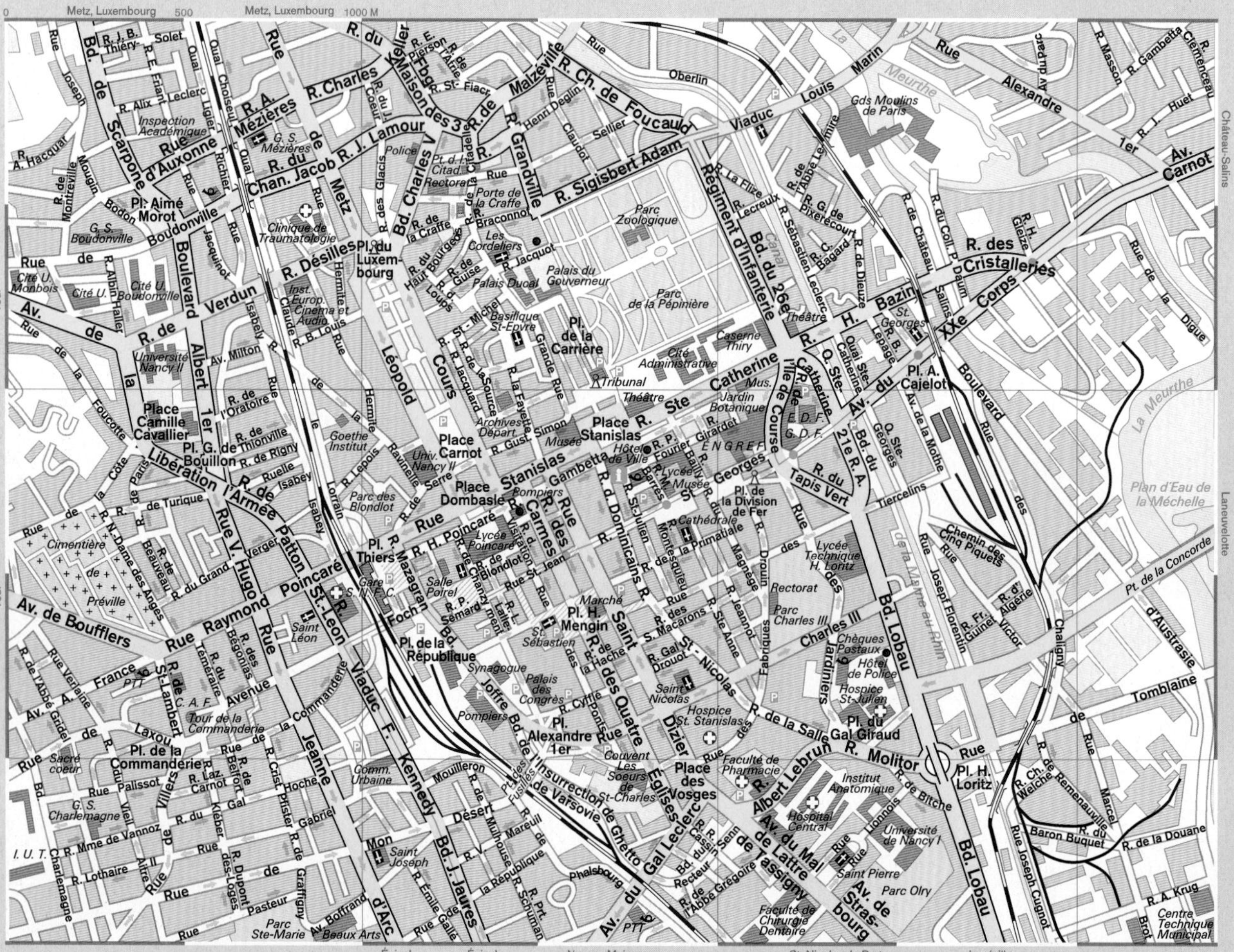

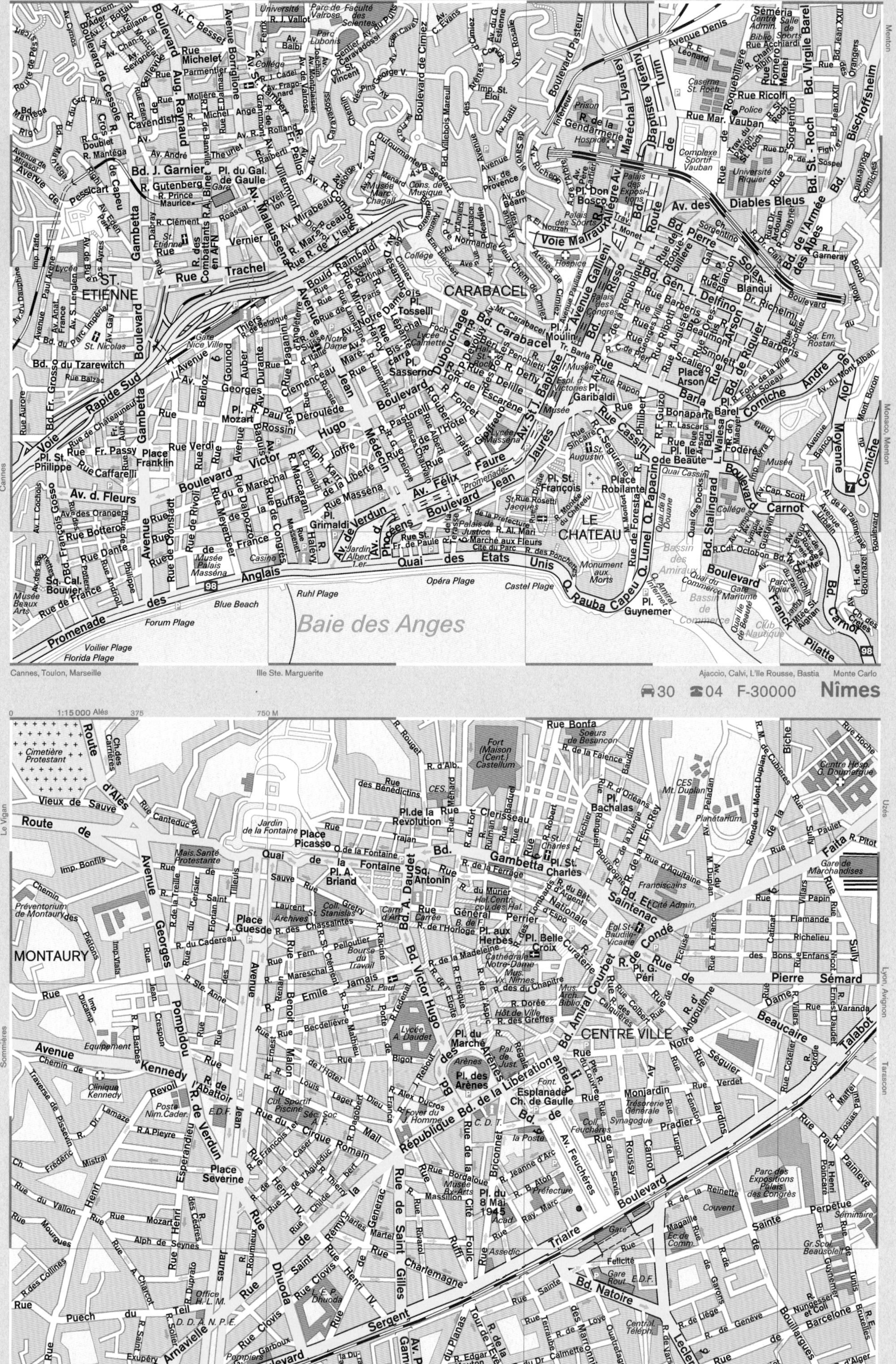
0
500
Antibes, Monaco
1000 M
Levens, Sospel
Menton
Cannes
Monaco, Menton
Cannes, Toulon, Marseille
Ille Ste. Marguerite
Ajaccio, Calvi, L'Ile Rousse, Bastia
Monte Carlo
ST. ETIENNE
CARABACEL
LE CHATEAU
Baie des Anges
Promenade des Anglais
Quai des Etats Unis
Blue Beach
Forum Plage
Ruhl Plage
Opéra Plage
Castel Plage
Voilier Plage
Florida Plage
Bd. Carabacel
Boulevard de Cimiez
Av. Jean Médecin
Place Masséna
Pl. Garibaldi
Monument aux Morts
Bassin des Amiraux
Bassin de Commerce
Gare Nice Ville
30 04 F-30000 Nîmes
0
1:15 000 Alès
375
750 M
Le Vigan
Sommières
Uzès
Lyon, Avignon
Tarascon
Montpellier, Arles
Arles
Arles, Marseille
MONTAURY
CENTRE VILLE
Jardin de la Fontaine
Quai de la Fontaine
Bd. Gambetta
Bd. Victor Hugo
Pl. des Arènes
Esplanade Ch. de Gaulle
Fort (Maison Cent.) Castellum
Cathédrale Notre-Dame
Maison Carrée
Bd. Amiral Courbet
Rue de la République
Bd. de la Libération
Bd. Talabot
Rue Pierre Sémard
Parc des Expositions Palais des Congrès
Cimetière Protestant
Route d'Alès
Avenue Jean Jaurès

## Orléans F-45000 ☎02 🚗45

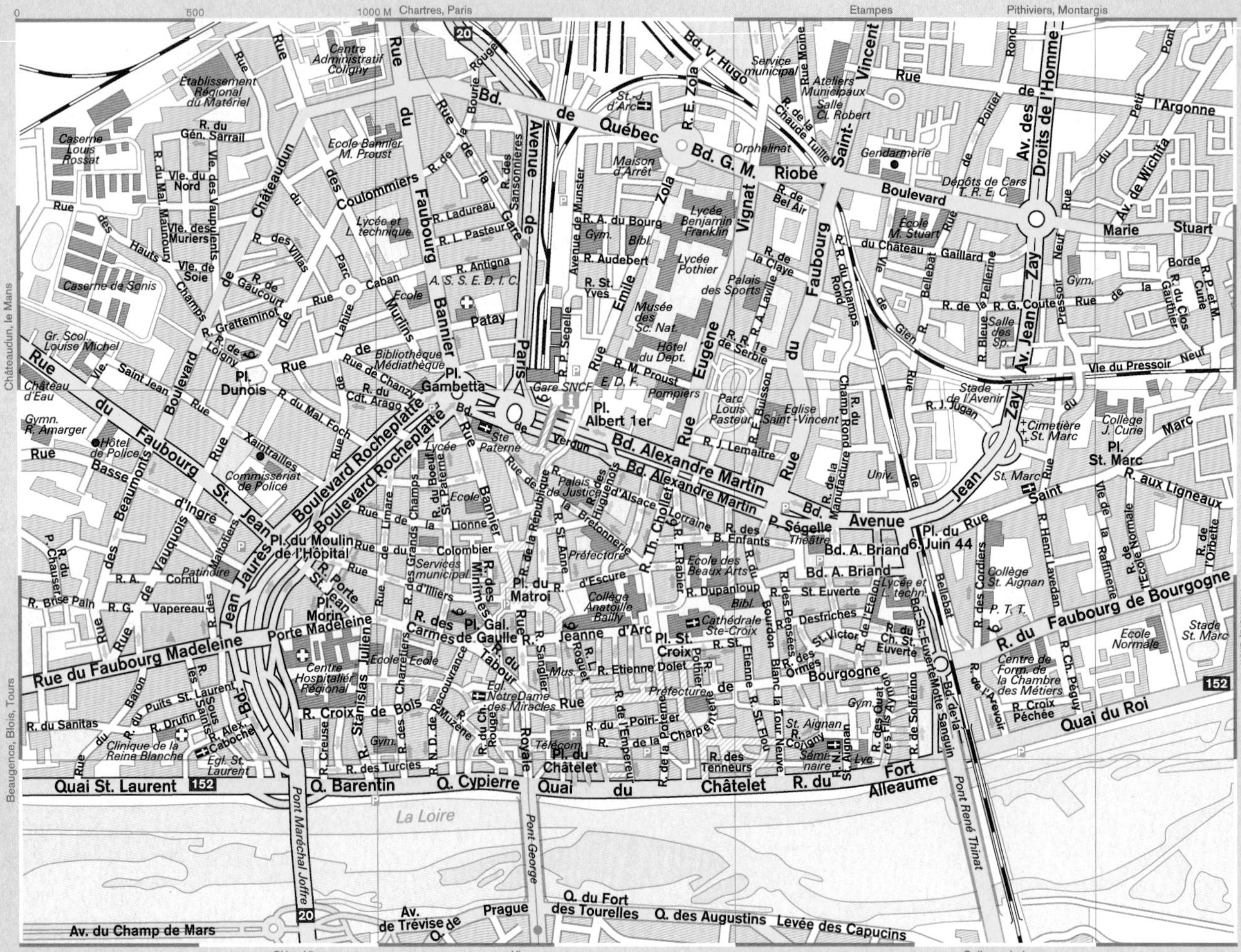

## Reims F-51100 ☎03 🚗51

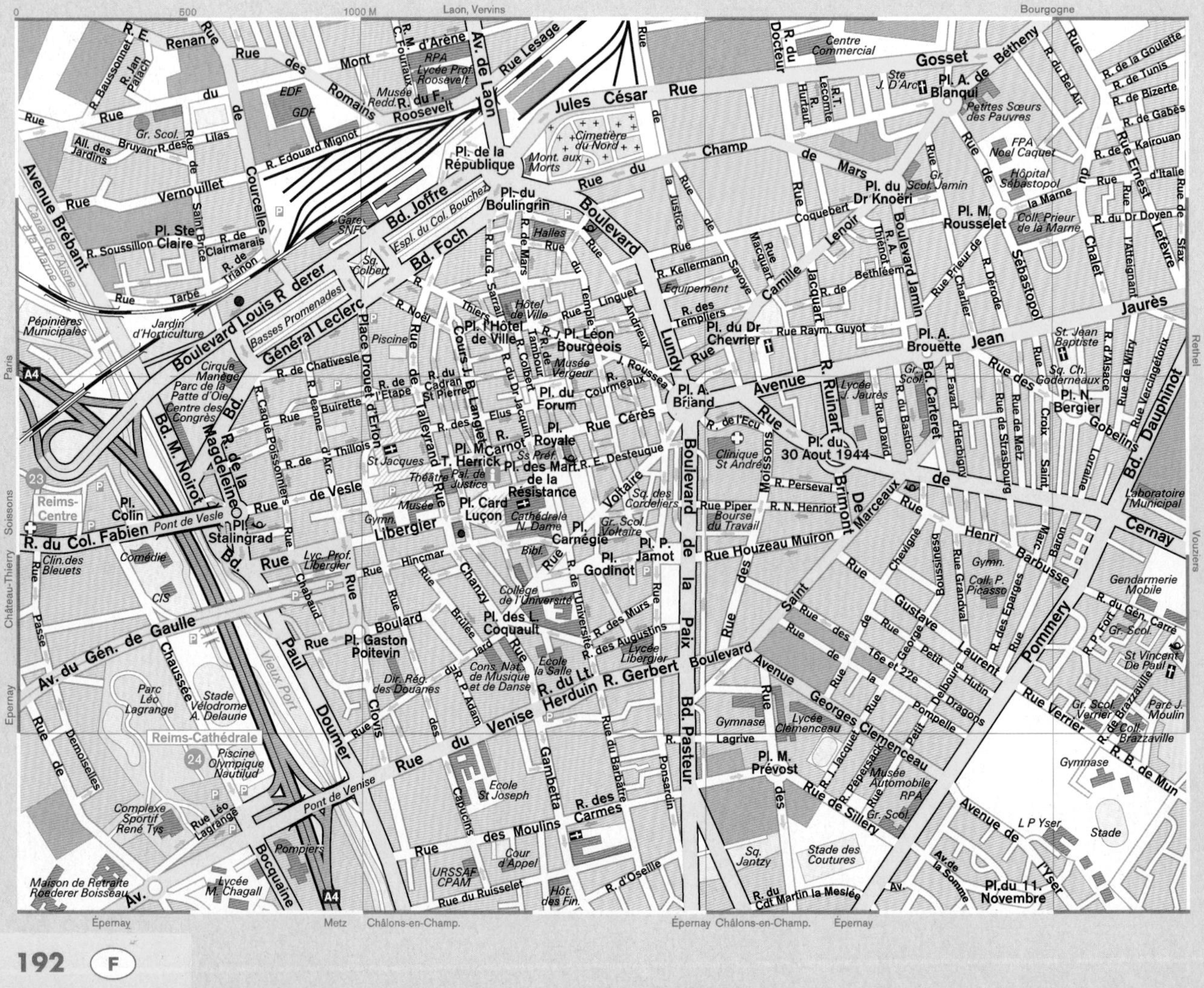

## 35 02 F-35000 Rennes

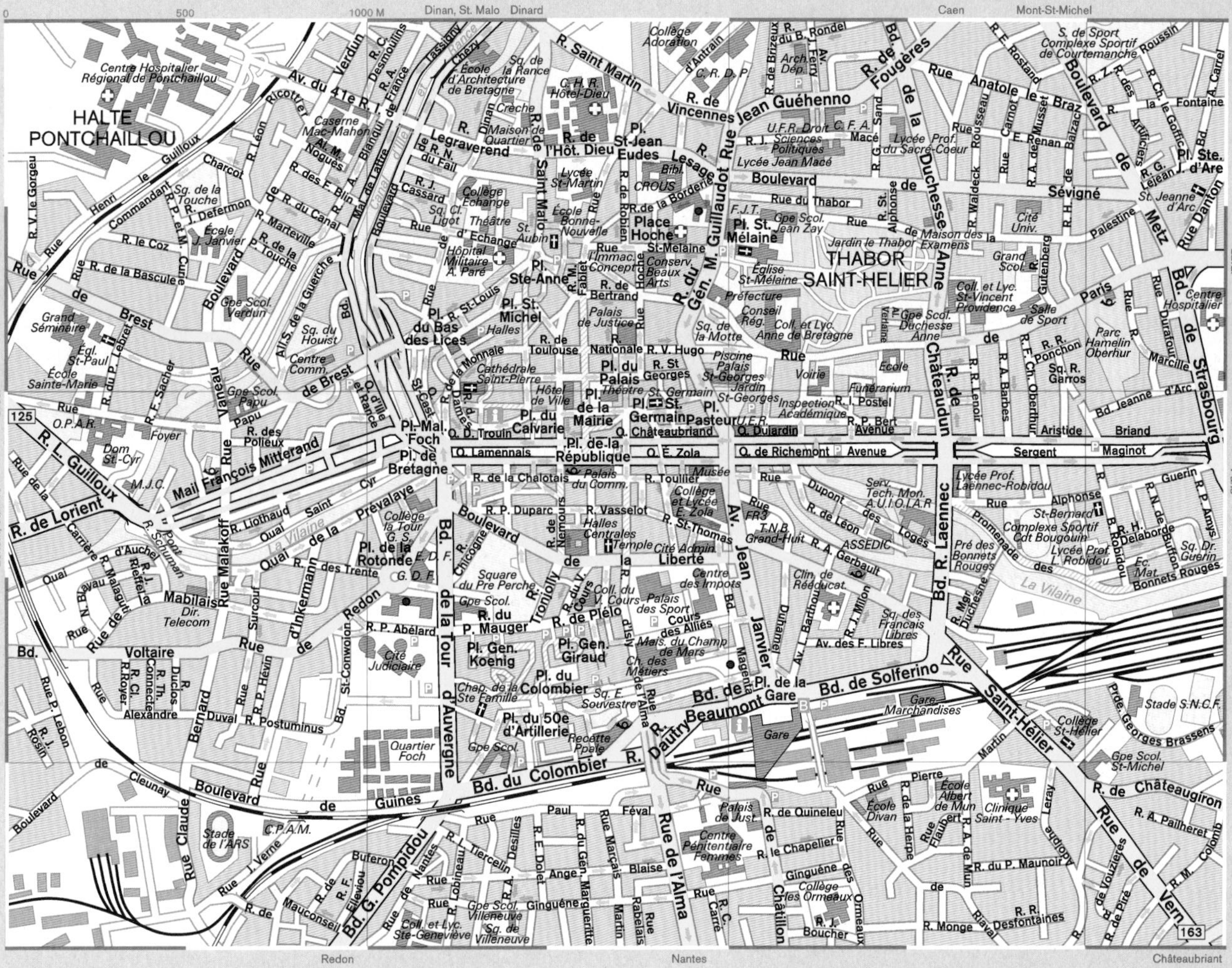

0 500 1000 M

Dinan, St. Malo · Dinard · Caen · Mont-St-Michel

Brest · Lorient, Vannes · Laval · Paris

Redon · Nantes · Châteaubriant

## 76 02 F-76000 Rouen

0 500 1000 M

Abbeville

Duclair, Dieppe · Caen, le Havre · Abbeville, Amiens

Caen, Paris · Caen, Paris · le Havre, Caen · Caen, Paris · Louviers, Vernon · Paris

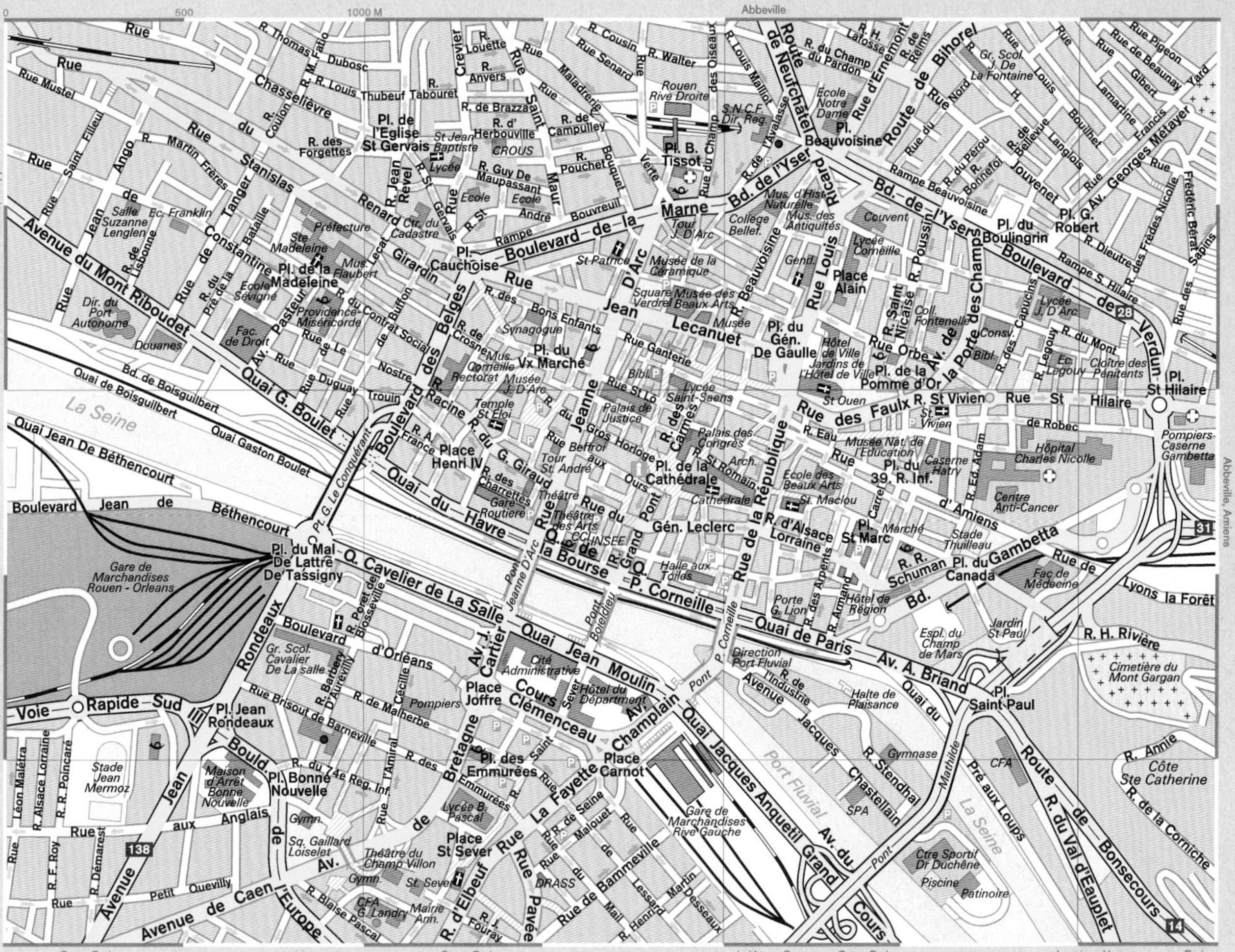

# Strasbourg F-67000 ☎03 🚘67

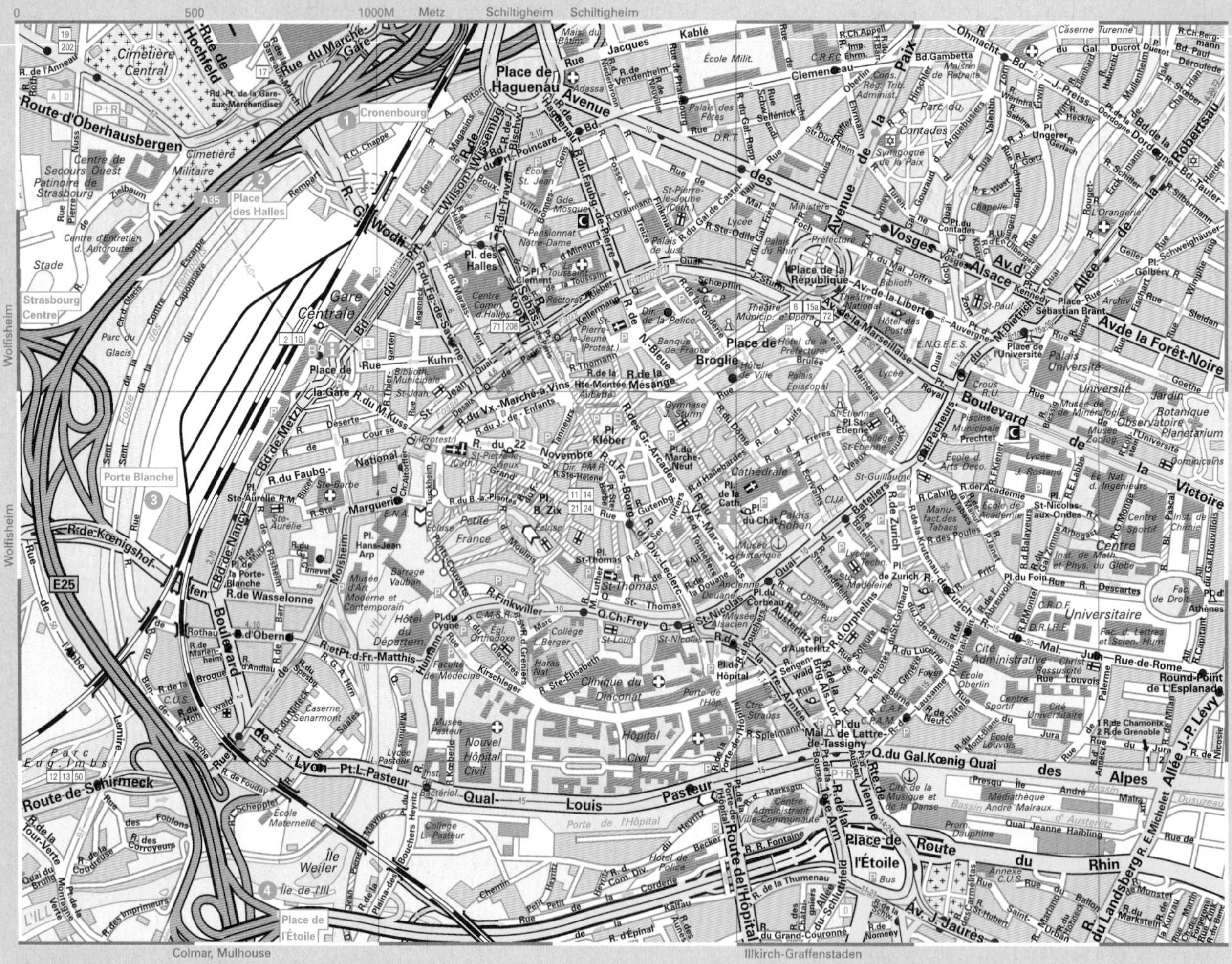

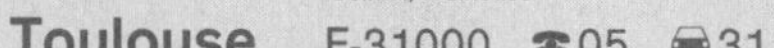


# Toulouse F-31000 ☎05 🚘31

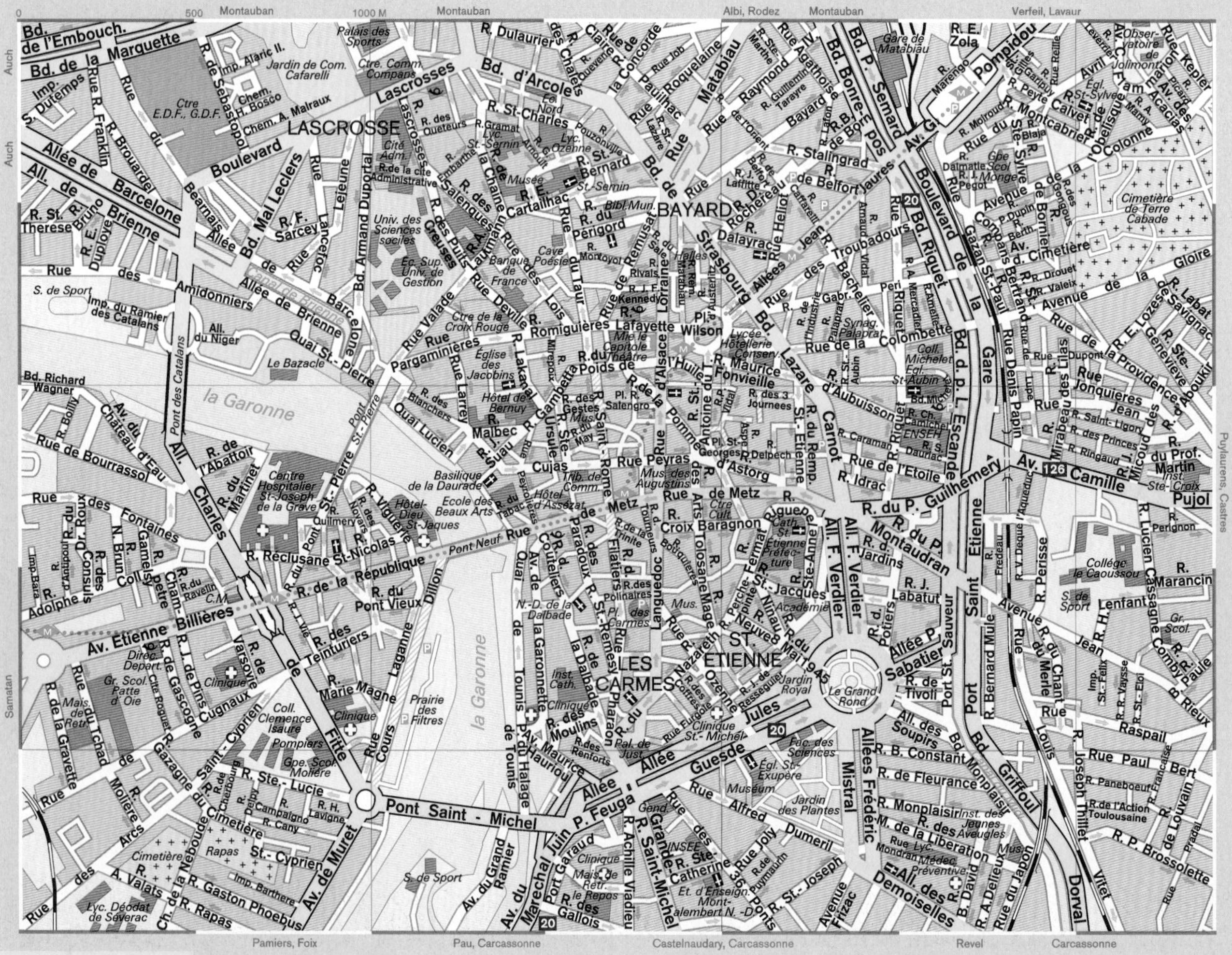

# Index des localités | Index of place names | Ortsnamenverzeichnis | Register van plaatsnamen
# Elenco dei nomi di località | Índice de topónimos | Índice dos topónimos | Helységnévjegyzék
# Rejstřík sídel | Skorowidz miejscowości | Stednavnsfortegnelse | Ortnamnsförteckning

| ① | ② | ③ | ④ | ⑤ |
|---|---|---|---|---|
| 64460 | Aast | (64) | **138** | **Zf89** |
| 80000 * | Amiens | (80) | **14** | **Cb49** |
| AD500 | Andorra la Vella | (AND) | **152** | **Bd93** |

| | ① | * |
|---|---|---|
| F | Code postal | Code postal le plus bas pour les localités à plusieurs codes posteaux |
| GB | Postal code | Lowest postcode number for places having several postcodes |
| D | Postleitzahl | Niedrigste Postleitzahl bei Orten mit mehreren Postleitzahlen |
| NL | Postcode | Laagste postcode bij gemeenten met meerdere postcodes |
| I | Codice postale | Codice di avviamento postale riferito a città comprendenti più codici di avviamento postale |
| E | Código postal | Código postal más bajo en lugares con varios códigos postales |
| P | Código postal | Código postal menor em caso de cidades com vários códigos postais |
| H | Irányítószám | Több irányítószámmal rendelkező helységeknél a legalacsonyabb irányítószám |
| CZ | Poštovní směrovací číslo | Nejnižší poštovní směrovací číslo v městech s vicenásobnými poštovními směrovacími čísly |
| PL | Kod pocztowy | Najniższy kod pocztowy w przypadku miejscowości z wieloma kodami pocztowymi |
| DK | Postnummer | Laveste postnummer ved byer med flere postnumre |
| S | Postnummer | Lägsta postnumret vid uppgifter med flera postnummer |

| | ② | ③ |
|---|---|---|
| F | Localité | Département |
| GB | Place name | Administrative district |
| D | Ortsname | Verwaltungseinheit |
| NL | Plaatsnaam | Bestuursdistrict |
| I | Località | Circondario amministrativo |
| E | Topónimo | Distrito |
| P | Topónimo | Unidade administrativa |
| H | Helységnév | Közigazgatási egység |
| CZ | Jmeňo obcí | Administrační jednotka |
| PL | Nazwa miejscowości | Jednostka administracyjna |
| DK | Stednavn | Administrativ enhed |
| S | Ortnamn | Förvaltningsområde |

| | ④ | ⑤ |
|---|---|---|
| F | Numéro de page | Coordonnées |
| GB | Page number | Grid search reference |
| D | Seitenzahl | Suchfeldangabe |
| NL | Paginanummer | Zoekveld-gegevens |
| I | Numero di pagina | Riquadro nel quale si trova il nome |
| E | Número de página | Coordenadas de localización |
| P | Número da página | Coordenadas de localização |
| H | Oldalszám | Keresőadat |
| CZ | Čislo strany | Údaje hledacího čtverce |
| PL | Numer strony | Współrzędne skorowidzowe |
| DK | Sidetal | Kvadratangivelse |
| S | Sidnummer | Kartrutangivelse |

# Département | Administrative district | Verwaltungseinheit | Bestuursdistrict
# Circondario amministrativo | Distrito | Unidade administrativa | Közigazgatási egység
# Administrační jednotka | Jednostka administracyjna | Administration område | Förvaltningsområde

(01) Ain
(02) Aisne
(03) Allier
(04) Alpes-de-Haute-Provence
(05) Hautes-Alpes
(06) Alpes-Maritimes
(07) Ardèche
(08) Ardennes
(09) Ariège
(10) Aube
(11) Aude
(12) Aveyron
(13) Bouches-du-Rhône
(14) Calvados
(15) Cantal
(16) Charente
(17) Charente-Maritime
(18) Cher
(19) Corrèze
(2A) Corse-du-Sud
(2B) Haute-Corse
(21) Côte-d'Or
(22) Côtes-d'Armor
(23) Creuse
(24) Dordogne
(25) Doubs
(26) Drôme
(27) Eure
(28) Eure-et-Loir
(29) Finistère
(30) Gard
(31) Haute-Garonne
(32) Gers
(33) Gironde
(34) Hérault
(35) Ille-et-Vilaine
(36) Indre
(37) Indre-et-Loire
(38) Isère
(39) Jura
(40) Landes
(41) Loir-et-Cher
(42) Loire
(43) Haute-Loire
(44) Loire-Atlantique
(45) Loiret
(46) Lot
(47) Lot-et-Garonne
(48) Lozère
(49) Maine-et-Loire
(50) Manche
(51) Marne
(52) Haute-Marne
(53) Mayenne
(54) Meurthe-et-Moselle
(55) Meuse
(56) Morbihan
(57) Moselle
(58) Nièvre
(59) Nord
(60) Oise
(61) Orne
(62) Pas-de-Calais
(63) Puy-de-Dôme
(64) Pyrénées-Atlantiques
(65) Hautes-Pyrénées
(66) Pyrénées-Orientales
(67) Bas-Rhin
(68) Haut-Rhin
(69) Rhône
(70) Haute-Saône
(71) Saône-et-Loire
(72) Sarthe
(73) Savoie
(74) Haute-Savoie
(75) Paris
(76) Seine-Maritime
(77) Seine-et-Marne
(78) Yvelines
(79) Deux-Sèvres
(80) Somme
(81) Tarn
(82) Tarn-et-Garonne
(83) Var
(84) Vaucluse
(85) Vendée
(86) Vienne
(87) Haute-Vienne
(88) Vosges
(89) Yonne
(90) Territoire-de-Belfort
(91) Essonne
(92) Hauts-de-Seine
(93) Seine-St-Denis
(94) Val-de-Marne
(95) Val-d'Oise
[AND] Andorra
[MC] Monaco

## A

## B

## D

## E

A B C D E F G H I J K L M N O P Q R S T U V W X Y Z

## F

## G

A B C D E F G H I J K L M N O P Q R S T U V W X Y Z

# H

# K

# L

A
B
C
D
E
F
G
H
I
J
K
L
M
N
O
P
Q
R
S
T
U
V
W
X
Y
Z

A B C D E F G H I J K L M N O P Q R S T U V W X Y Z

A
B
C
D
E
F
G
H
I
J
K
L
M
N
O
P
Q
R
S
T
U
V
W
X
Y
Z

## N

## O

## P

## Q



## R

A B C D E F G H I J K L M N O P Q R S T U V W X Y Z

## S

A B C D E F G H I J K L M N O P Q R S T U V W X Y Z

## W

# X



# Y



# Z





Chaque édition est remaniée suivant les supports les plus récents. Des erreurs ne peuvent malheureuseme jamais être exclues. Aussi vos informations sont les bienvenues. Vous pouvez nous écrire à notre adresse postal MAIRDUMONT, D-73751 Ostfildern ou bien envoyez-nous un courrier électronique à l'adresse suivante: **korrekturhinweise@mairdumont.com**

Every edition is always revised to take into account the latest data. Nevertheless, despite every effort, errors ca still occur. Should you become aware of such an error, we would be very pleased to receive the respecti information from you. You can contact us at any time at our postal address: MAIRDUMONT, D-73751 Ostfildern by e-mail: **korrekturhinweise@mairdumont.com**

Jede Auflage wird stets nach neuesten Unterlagen überarbeitet. Irrtümer können trotzdem nie ganz ausgeschloss werden. Ihre Informationen nehmen wir jederzeit gern entgegen. Sie erreichen uns über unsere Postanschri MAIRDUMONT, D-73751 Ostfildern oder unter der E-Mail-Adresse: **korrekturhinweise@mairdumont.com**

Ogni edizione viene sempre elaborata secondi i documenti più recenti. Nonostante ciò non si possono m escludere completamente degli errori. Volentieri riceviamo le vostre informazioni. Il nostro indirizzo posta MAIRDUMONT, D-73751 Ostfildern è e-Mail: **korrekturhinweise@mairdumont.com**

**Design:** fpm – factor product münchen (Cover) / Stilradar, Stuttgart

→ 2017 © 2012 MairDumont, D-73751 Ostfildern (2.) Printed in Germany 01-30-1306

1:4 500 000 / 1cm = 45km
IS
REYKJAVÍK
Narvik
Murmansk
Arhangel'sk
Oulu
FIN
Umeå
S
Trondheim
N
Perm'
RUS
Kazan'
HELSINKI
Sankt-Peterburg
Nižnij Novgorod
Bergen
OSLO
STOCKHOLM
TALLINN
EST
MOSKVA
RĪGA
LV
LT
VILNIUS
Glasgow
KØBENHAVN
DK
MĪNSK
BY
KZ
Volgograd
DUBLIN
IRL
GB
Gdańsk
WARSZAWA
Hamburg
AMSTERDAM
NL
BERLIN
PL
KYJIV
Charkiv
UA
LONDON
BRUXELLES
B
D
Rostov-na-Donu
PRAHA
CZ
L'viv
Frankfurt
L
Brest
PARIS
München
SK
MD
BRATISLAVA
CHISINĂU
WIEN
FL
BUDAPEST
A
H
RO
F
BERN
CH
SLO
Sevastopol'
GE
LJUBLJANA
ZAGREB
BUCURESTI
Bordeaux
Venézia
BIH
BEOGRAD
Trabzon
A Coruña
Gènova
SR
Marseille
MC
RSM
HR
SARAJEVO
PRIŠTINA
BG
SOFIJA
İstanbul
AND
PODGORICA
RKS
P
MADRID
Barcelona
Bastia
ROMA
CG
SKOPJE
ANKARA
TR
LISBOA
V
I
TIRANË
MK
E
AL
Thessaloniki
València
GR
İzmir
Palma d. M.
Cágliari
Palermo
ATHÍNAI
LEFKOSIA
SYR
CY
RL
Tanger
BAYRŪT
TUNIS
Ĭrakleion
AL JAZĀ'IR
Annaba
AMMĀN
AR-RĪBAT
DZ
M
VALLETTA
YERŪSHALAYIM
Ad-Dār-al-Baydā
MA
TN
IL
JOR
Photo: Satellitenaufnahme, Europa (getty images/GSO Images)

ÍSLAND
Grimsey
REYKJAVÍK
Akureyri
Ísafjörður
Bolungarvík
Patreksfjörður
Hornbjarg
Húnaflói
Breiðafjörður
Faxaflói
Borgarnes
Akranes
Keflavík
Hafnarfjörður
Grindavík
Selfoss
Hveragerði
Þorlákshöfn
Eyrarbakki
Hella
Hekla
Hvolsvöllur
Vestmannaeyjar
Heimaey
Surtsey
Mýrdalsjökull
Vík í Mýrdal
Dyrhólaey
Langjökull
Hofsjökull
Sprengisandur
Vatnajökull
Bárðarbunga
Grímsvötn
Kirkjubæjarklaustur
Höfn
Stokksnes
Ingólfshöfði
Djúpivogur
Stöðvarfjörður
Búðir
Eskifjörður
Reyðarfjörður
Neskaupstaður
Seyðisfjörður
Egilsstaðir
Bakkagerði
Vopnafjörður
Bakkafjörður
Þórshöfn
Raufarhöfn
Kópasker
Rifstangi
Fontur
Húsavík
Ásbyrgi
Dettifoss
Mývatn
Reykjahlíð
Dalvík
Ólafsfjörður
Siglufjörður
Hofsós
Sauðárkrókur
Blönduós
Hólmavík
Gjögur
Stykkishólmur
Ólafsvík
Búðir
Búðardalur
Borðeyri
Þingvellir
Geysir
Gullfoss
Skjálfandafljót
Ódáðahraun
Askja
Jökulsá
Lofoten
Vesterålen
Andøy
Andenes
Senja
Finnsnes
Kvaløy
Ringvassøy
Hinnøy
Langøya
Stokmarknes
Melbu
Sortland
Lødingen
Harstad
Narvik
Austvågøy
Vestvågøy
Svolvær
Stamsund
Ramberg
Moskenes
Sørvågen
Moskenesøy
Værøy
Røst
Vestfjorden
Bodø
Fauske
Sulitjelma
Ørnes
Glomfjord
Svartisen
Træna
Mo i Rana
Korgen
Nesna
Sandnessjøen
Mosjøen
Vega
Brønnøysund
Vennesund
Vikna
Namsos
Grong
Steinkjer
Levanger
Stjørdal
Trondheim
Frøya
Hitra
Frohavet
Kristiansund
Molde
Ålesund
Runde
Vestkapp
Måløy
Nordfjordeid
Stryn
Geiranger
Sunndalsøra
Oppdal
Dombås
Rondane
Jotunheimen
Jostedalsbre
Sognefjorden
Lillehammer
Hamar
Røros
Tynset
Leirvik
Bergen
NORSKEHAVET
NORWEGIAN SEA
NORGE
SVERIGE
Kiruna
Abisko
Storuman
Vilhelmina
Östersund
Jämtland
Åre
Sveg
Ljusdal
Bollnäs
Mora
Rättvik
Dalarna
Sollefteå
Kramfors
Älvdalen
Idre
Sälen
Stora Sjöfallet
Kvikkjokk
Jäckvik
Sorsele
Sarektjåkko
Ad
Ae
Af
Ag
At
Au
Av
Ao
Ap
Aq
Ar
As
Bergen
Oslo
Borlänge
Stockholm
0 25 50 100 150 km
0 25 50 100 miles

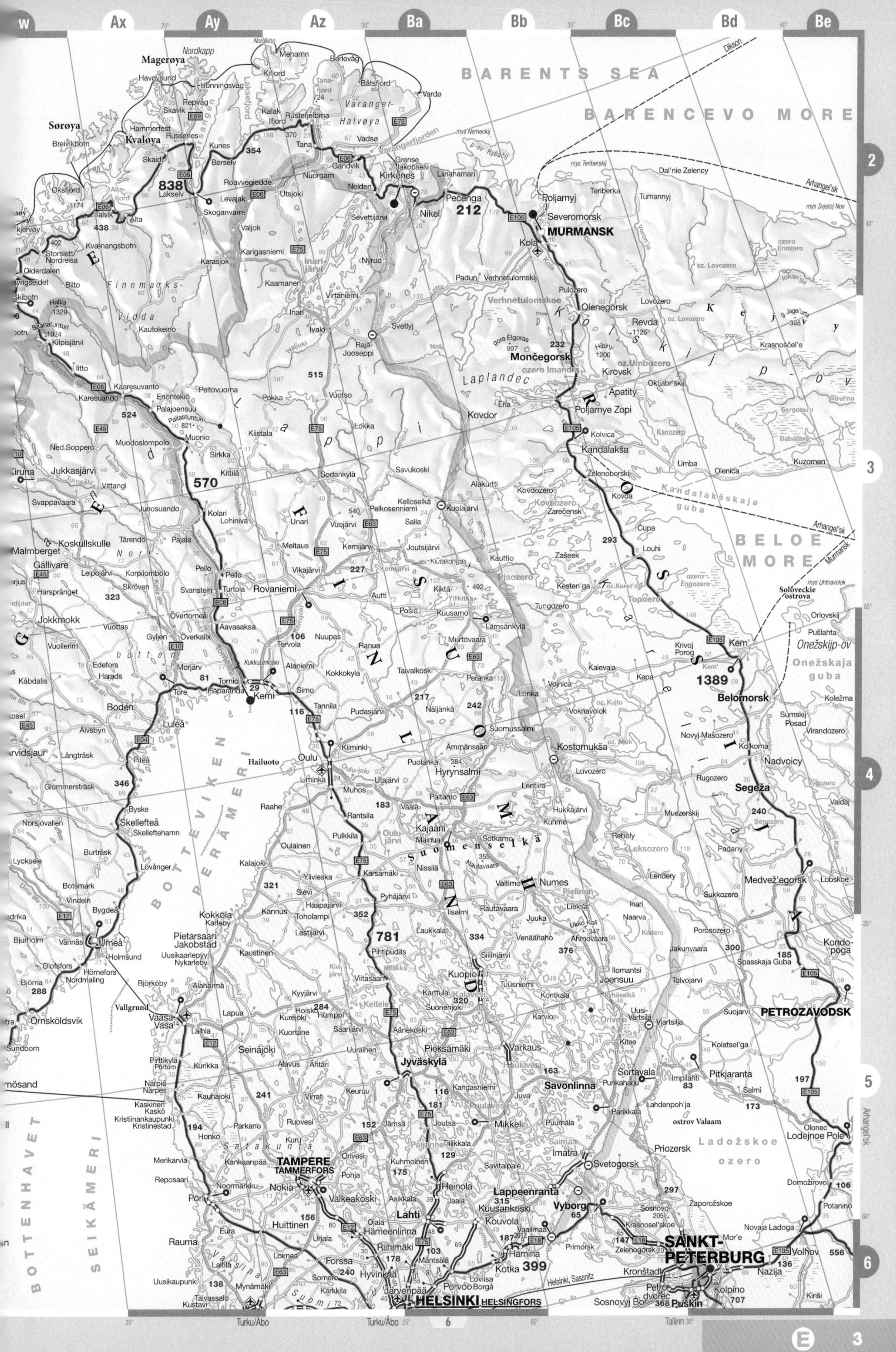

Ax
Ay
Az
Ba
Bb
Bc
Bd
Be
BARENTS SEA
BARENCEVO MORE
BELOE MORE
Nordkapp
Magerøya
Sørøya
Kvaløya
Hammerfest
Honningsvåg
Mehamn
Berlevåg
Båtsfjord
Vardø
Varanger-Halvøya
Vadsø
Tana
Kirkenes
Nikel'
Pečenga
Poljarnyj
Severomorsk
MURMANSK
Kola
Teriberka
Dal'nie Zelency
Tumannyj
Olenegorsk
Lovozero
Revda
Krasnoščel'e
Mončegorsk
Kirovsk
Apatity
Poljarnye Zori
Kovdor
Kandalakša
Umba
Kuzomen'
Zelenoborskij
Kovda
Louhi
Kem'
Belomorsk
Onežskaja guba
Segeža
Medvež'egorsk
Kondopoga
PETROZAVODSK
Olonec
Lodejnoe Pole
Ladožskoe ozero
Sortavala
Pitkjaranta
Priozersk
Vyborg
SANKT-PETERBURG
Kronštadt
Kolpino
Puškin
Volhov
Alta
Karasjok
Kautokeino
Finnmarks-Vidda
Inari
Ivalo
Lapland
Kiruna
Gällivare
Jokkmokk
Muonio
Kittilä
Sodankylä
Kemijärvi
Rovaniemi
Kemi
Tornio
Haparanda
Luleå
Boden
Piteå
Skellefteå
Umeå
Örnsköldsvik
Oulu
Hailuoto
Kajaani
Suomenselkä
Kokkola
Pietarsaari Jakobstad
Vaasa
Seinäjoki
Jyväskylä
Kuopio
Joensuu
Savonlinna
Mikkeli
Lappeenranta
Imatra
Kouvola
Kotka
Lahti
TAMPERE TAMMERFORS
Pori
Rauma
Hämeenlinna
HELSINKI HELSINGFORS
Porvoo Borgå
BOTTENVIKEN PERÄMERI
BOTTENHAVET SEIKÄMERI
SUOMI FINLAND
Turku/Åbo
Tallinn

Ag
Ah
Ai
Ak
Al
Am
An
ATLANTIC
OCEAN
Rockall (U.K.)
St. Kilda
Føroyar (Danmark)
Streymoy
Vestmanna
Vágar
Sandoy
Suðuroy
Tvøroyri
Tórshavn
Eiði
Fuglafjørdur
Klaksvík
Eysturoy
Hirtshals
Shetland Islands
North Roe
Yell
Foula
Lerwick
Grutness
Fair Isle
Westray
Sanday
Orkney Islands
Mainland
Stromness
Kirkwall
Hoy
Thurso
John o'Groat's
Wick
Outer Hebrides
Nah - Eileanan Siar
Lewis
Leodhais
Stornoway
Steornabhag
Port of Ness
Port Nis
Harris
Na Hearadh
Tarbert
Tairbeart
Rodel/Roghadal
North Uist
Uibhist a Tuath
Lochmaddy
Loch Na Madadh
South Uist
Uibhist a Deas
Lochboisdale
Loch Baghasdail
Castlebay
Bagh a Chaisteil
Inner Hebrides
Skye
Portree
Dunvegan
Kyle of Lochalsh
Rum
Rhum
Mallaig
Tiree
Scarinish
Mull
Oban
Colonsay
Scalasaig
Jura
Islay
Port Askaig
Port Ellen
Cape Wrath
Durness
Tongue
Scourie
Ullapool
Gairloch
Achnasheen
Helmsdale
Dornoch
Tain
Bonar Br.
Invergordon
Dingwall
Inverness
Nairn
Elgin
Moray Firth
Banff
Fraserburgh
Peterhead
Huntly
Fochabers
North West Highlands
Fort Augustus
Fort William
Ben Nevis
Kingussie
Ben Macdhui
Ballater
Banchory
Stonehaven
ABERDEEN
Grampian Mountains
Rannoch Station
Blair
Pitlochry
Brechin
Montrose
Arbroath
Glamis
Killin
Tyndrum
Dalmally
Inveraray
Lochgilphead
Perth
DUNDEE
Dunblane
Stirling
Kirkcaldy
Crail
Firth of Forth
North Berwick
Greenock
Rothesay
GLASGOW
EDINBURGH
Brodick
Arran
Campbeltown
Ayr
Kilmarnock
Galashiels
Kelso
Melrose
Berwick
Abington
Hawick
Jedburgh
Moffat
Dumfries
Alnwick
Warkworth
Otterburn
Cumnock
Carlisle
Brampton
SOUTH SHIELDS
NEWCASTLE
SUNDERLAND
Durham
Penrith
Hartlepool
MIDDLESBROUGH
Stockton on Tees
Whitby
Darlington
Northallerton
Kendal
Keswick
Lake District
Workington
Kirkcudbright
Stranraer
Withorn
Malin Head
Malin
Portrush
Coleraine
Derry
Letterkenny
Gaoth Dobhair
An Charraigh
Donegal
Ballyshannon
Béal an Mhuirthead
Sligo
Sligeach
Enniskillen
Omagh
Lough Neagh
Northern Ireland
Ballymena
Larne
Bangor
BELFAST
Lisburn
Armagh
Monaghan
Newcastle
Achill Island
Ballina
Nephin
Westport
Castlebar
Claremorris
Boyle
Carrick-on-Shannon
Cavan
Longford
Roscommon
Clifden
Cong
Connemara
IRELAND
Galway
Gaillimh
Athlone
Mullingar
Kells
Dundalk
Dun Dealgan
Drogheda
Droichead Átha
Aran Islands
Oileáin Árainn
Loughrea
Tullamore
Kinnegad
DUBLIN
BAILE ÁTHA CLIATH
Dún Laoghaire
Naas
Wicklow
Arklow
Portlaoise
Roscrea
Ennis
Kilkee
Loop Head
Nenagh
EIRE
Limerick
Luimneach
Tralee
Trá Lí
Dingle
An Daingean
Killarney
Cahirciveen
Kilkenny
Cill Chainnigh
Carlow
Cashel
Cahir
Clonmel
Cluain Meala
Thomastown
Enniscorthy
Wexford
Loch Garman
Rosslare Harbour
Waterford
Port Láirge
Fermoy
Dungarvan
Mallow
Kenmare
CORK
CORCAIGH
Bantry
Skibbereen
Kinsale
Mizen Head
Isle of Man
Peel
Douglas
IRISH SEA
North Channel
St. George's Channel
Bristol Channel
Barrow-in-Furness
Lancaster
BLACKPOOL
PRESTON
Southport
Burnley
BOLTON
LIVERPOOL
MANCHESTER
BRAD-FORD
LEEDS
YORK
Thirsk
Scarborough
Bridlington
Beverley
KINGSTON UPON HULL
Selby
HUDDERSFIELD
Doncaster
Scunthorpe
GRIMSBY
SHEFFIELD
STOCKPORT
Chester
Chesterfield
Lincoln
Anglesey
Holyhead
Bangor
Caernarfon
Colwyn Bay
Snowdon
Crewe
STOKE-ON-TRENT
NOTTINGHAM
DERBY
Newark
Skegness
Boston
Sleaford
Aberdaron
Harlech
Dolgellau
Corwen
Whitchurch
Shrewsbury
Telford
Burton upon Trent
WALSALL
LEICESTER
Aberystwyth
Aberayron
Newtown
WOLVERHAMPTON
BIRMINGHAM
COVENTRY
Stamford
Peterborough
King's Lynn
Wells
Cromer
Fishguard
St. David's
Haverfordwest
Carmarthen
Pembroke Dock
Brecon
Builth Wells
Worcester
Hereford
Stratford up. Avon
Kettering
NORTHAMPTON
Thetford
Newmarket
Cambridge
Bedford
IPSWICH
Felixstowe
Harwich
Colchester
SWANSEA
Port Talbot
Neath
Merthyr Tydfil
NEWPORT
CARDIFF
Ross
Gloucester
Cheltenham
OXFORD
LUTON
St. Albans
Bishop's Stortford
Swindon
BRISTOL
Bath
LONDON
Windsor
READING
Newbury
SOUTHEND-ON-SEA
Rochester
Ramsgate
Canterbury
Maidstone
Ashford
Folkestone
Dover
Calais
Ilfracombe
Barnstaple
Clovelly
Stratton
Holsworthy
Taunton
Dunster
Wells
Stonehenge
Salisbury
Winchester
SOUTHAMPTON
Guildford
BRIGHTON
Worthing
Chichester
Newhaven
Eastbourne
Hastings
Lydd
King Arthur's Castle
Okehampton
Exeter
Honiton
Yeovil
Dorchester
Weymouth
Poole
BOURNEMOUTH
Isle of Wight
PORTSMOUTH
Gosport
Bodmin
Torquay
Totnes
PLYMOUTH
Salcombe
Penzance
Truro
Falmouth-Penryn
Lizard
Land's End
Isles of Scilly
Hugh Town
Roscoff
Cherbourg-Octeville
Santander
St. Peter Port
Caen
Le Havre
Dieppe
Boulogne-sur-Mer
Le Touquet-Paris-Plage
UNI
KIN
In Great Britain and Northern Ireland distances in miles
0° Greenwich
Paris
FRANC

Ao
Ap
Aq
Ar
As
At
Au
Ålesund
Trondheim
5
6
7
8
9
Gävle
Stockholm
Västervik
Oskarshamn
Koszalin
Walcz
Gorzów Wlkp.
Poznań
POLSKA
Görlitz
NORTH SEA
NORDSEE
SKAGERRAK
Kattegat
OSTSEE
DANMARK
DEUTSCHLAND
NEDERLAND
BERGEN
Stavanger
Haugesund
Kristiansand
Arendal
Larvik
Skien
Porsgrunn
Drammen
OSLO
Hønefoss
Lillehammer
Hamar
Elverum
Kongsvinger
Moss
Sarpsborg
Fredrikstad
Halden
Karlstad
Arvika
Karlskoga
Örebro
Falun
Mora
Ludvika
Motala
Linköping
Mariestad
Skövde
Lidköping
Vänersborg
Trollhättan
Uddevalla
GÖTEBORG
Borås
Jönköping
Värnamo
Halmstad
Helsingborg
Helsingør
MALMÖ
KØBENHAVN
Roskilde
Trelleborg
Ystad
Bornholm
Rønne
Skagen
Frederikshavn
Hjørring
Aalborg
Viborg
Randers
AARHUS
Silkeborg
Herning
Holstebro
Esbjerg
Vejle
Fredericia
Kolding
ODENSE
Sjælland
Svendborg
FLENSBURG
Schleswig
KIEL
Husum
Rendsburg
Neumünster
LÜBECK
HAMBURG
Cuxhaven
BREMERHAVEN
WILHELMSHAVEN
BREMEN
OLDENBURG
Emden
GRONINGEN
Rügen
Stralsund
ROSTOCK
Wismar
Schwerin
Lüneburg
Neubrandenburg
SZCZECIN
BERLIN
POTSDAM
Brandenburg
Frankfurt (Oder)
Cottbus
MAGDEBURG
BRAUNSCHWG.
Wolfsburg
HANNOVER
Celle
OSNABRÜCK
BIELEFELD
MÜNSTER
ENSCHEDE
AMSTERDAM
HAARLEM
DEN HAAG ('S-GRAVENHAGE)
UTRECHT
ROTTERDAM
APELDOORN
ARNHEM
NIJMEGEN
BREDA
TILBURG
EINDHOVEN
ANTWERPEN
GENT
Brugge
BRUSSEL BRUXELLES
DUISBG.
ESSEN
DORTMUND
DÜSSELDORF
WUPPERTAL
KÖLN
BONN
AACHEN
KASSEL
GÖTTINGEN
Halberstadt
HALLE (SAALE)
LEIPZIG
DRESDEN
CHEMNITZ
GERA
Jena
Weimar
ERFURT
Eisenach
Gotha
Siegen
Marburg
BELGIË BELGIQUE
Luxembourg
Koblenz
Frankfurt a. M.
Würzburg
Nürnberg

Au
Sundsvall
Av
Aw
Pori
3
Ax
Tampere
Jyväskylä, Mikkeli
Ay
Lappeenranta
Vyborg
Az
Vyborg
Sortavala
BOTTENHAVET
SELKÄMERI
Ahvenanmaa
Åland
SUOMI
FINLAND
TURKU
ÅBO
HELSINKI
HELSINGFORS
Lahti
Hämeenlinna
Kotka
Porvoo
Borgå
Hamina
SANKT-PETERBURG
Kronštadt
Petrodvorec
Puškin
Gatčina
Narva
Kingisepp
Slancy
Kohtla-Järve
TALLINN
Rakvere
Luga
Gävle
Uppsala
Västerås
Eskilstuna
Södertälje
STOCKHOLM
Nynäshamn
Norrtälje
Kappelskär
Norrköping
Nyköping
Linköping
SVERIGE
Gotska Sandön
Gotland
Visby
Hiiumaa
Saaremaa
Kuressaare
Pärnu
EESTI
Tartu
Viljandi
PSKOV
Valga
Võru
Livi laht
Ruhnu
Rīgas līcis
Ventspils
RĪGA
LATVIJA
Jelgava
Liepāja
Daugavpils
Jēkabpils
Rēzekne
Šiauliai
Panevėžys
LIETUVA
Klaipėda
Palanga
Kaunas
KAUNAS
VILNIUS
Kėdainiai
Marijampolė
Alytus
Sovetsk
ROSSIJA
KALININGRAD
Baltijsk
Öland
Kalmar
Karlskrona
Oskarshamn
Västervik
ÖSTERSJÖN
BALTIC SEA
GDYNIA
GDAŃSK
Sopot
Elbląg
OLSZTYN
KOSZALIN
Słupsk
BYDGOSZCZ
TORUŃ
Grudziądz
Płock
WARSZAWA
Włocławek
Białystok
BIAŁYSTOK
Łomża
Ostrołęka
Siedlce
Biała Podlaska
Brest
POZNAŃ
Gniezno
Konin
Kutno
ŁÓDŹ
Kalisz
Sieradz
Piotrków Tryb.
RADOM
LUBLIN
Chełm
Zamość
KIELCE
CZĘSTOCHOWA
OPOLE
WROCŁAW
Legnica
Wałbrzych
WAŁBRZYCH
Zielona Góra
Gorzów Wlkp.
Hrodna
Lida
MINSK
Maladzečna
Baranavičy
Pinsk
Kobryn
Slonim
Navahrudak
Luck
Rivne
Kovel'
Dubno
Kremenec'
Volodymyr-Volyns'kyj
BELARUS
Belaruskaja hrada
POLSKA
UKRAJINA
Praha
Katowice
Gliwice
Kraków
10
Rzeszów
L'viv
Ternopil'
5
6
7
8
9

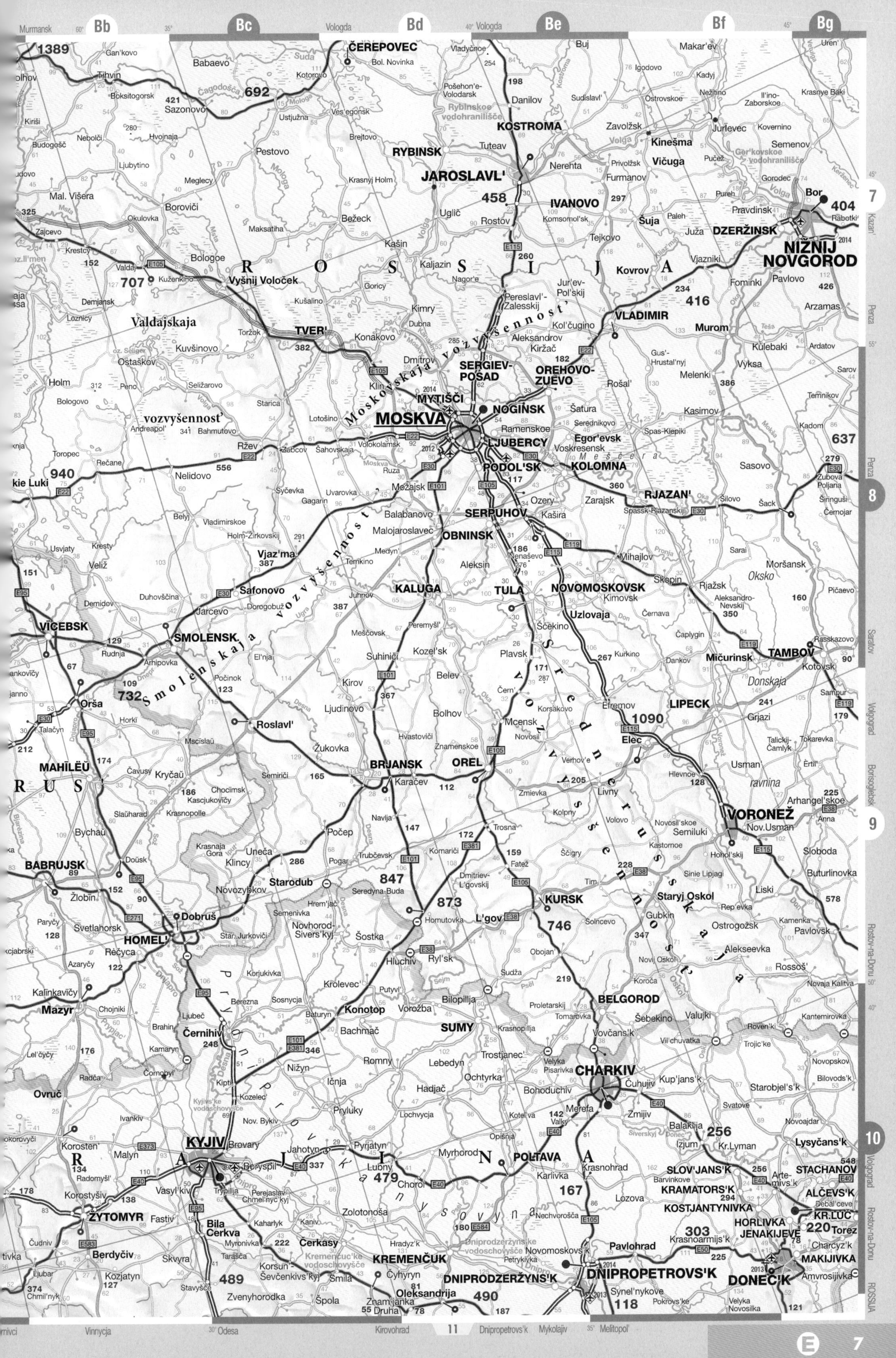
Murmansk
Vologda
ČEREPOVEC
Babaevo
Tihvin
Kiriši
Budogošč
Mal. Višera
Boroviči
Okulovka
Bologoe
Valdaj
Vyšnij Voloček
Valdajskaja vozvyšennost'
Ostaškov
Toržok
TVER'
Kimry
Dubna
Konakovo
Dmitrov
Klin
RYBINSK
JAROSLAVL'
Uglič
Rostov
Kašin
Kaljazin
Pereslavl'-Zalesskij
SERGIEV-POSAD
MYTIŠČI
MOSKVA
LJUBERCY
PODOL'SK
NOGINSK
OREHOVO-ZUEVO
KOSTROMA
IVANOVO
Kinešma
Vičuga
Šuja
Kovrov
VLADIMIR
Murom
DZERŽINSK
NIŽNIJ NOVGOROD
Bor
Arzamas
Sarov
Rossija
Moskovskaja vozvyšennost'
Ržev
Nelidovo
Velikie Luki
Toropec
Vjaz'ma
Safonovo
Jarcevo
SMOLENSK
Smolenskaja vozvyšennost'
VICEBSK
Orša
Roslavl'
MAHILËŬ
BABRUJSK
Žlobin
Dobruš
HOMEL'
Rečyca
Mazyr
KALUGA
OBNINSK
SERPUHOV
Aleksin
TULA
NOVOMOSKOVSK
Uzlovaja
Ščekino
Kolomna
RJAZAN'
Kasimov
Egor'evsk
Voskresensk
Mičurinsk
TAMBOV
LIPECK
Elec
Efremov
Srednerusskaja vozvyšennost'
BRJANSK
OREL
Mcensk
Kursk
Starodub
Klincy
Novozybkov
Novhorod-Sivers'kyj
Šostka
Hluchiv
Konotop
SUMY
BELGOROD
Staryj Oskol
Gubkin
VORONEŽ
Rossoš'
CHARKIV
Čuhujiv
Izjum
Kup'jans'k
Černihiv
Nižyn
KYJIV
Brovary
Boryspil'
Bila Cerkva
ŽYTOMYR
Berdyčiv
Korosten'
Pryluky
Lubny
Myrhorod
POLTAVA
Kremenčuk
Čerkasy
Smila
Oleksandrija
DNIPRODZERŽYNS'K
DNIPROPETROVS'K
Novomoskovs'k
Pavlohrad
SLOV'JANS'K
KRAMATORS'K
KOSTJANTYNIVKA
HORLIVKA
JENAKIJEVE
DONEC'K
MAKIJIVKA
Lysyčans'k
STACHANOV
ALČEVS'K
KR.LUČ
Prydniprovs'ka nyzovyna
Ukrajina
Rus'
Kazan'
Penza
Saratov
Volgograd
Borisoglebsk
Rostov-na-Donu
Vinnycja
Odesa
Kirovohrad
Dnipropetrovs'k
Mykolajiv
Melitopol'

Derry
Al
Belfast
Am
Glasgow
4
Newcastle
An
Ao
Ap
In Great Britain and Northern Ireland distances in miles
NORTH SEA
NORDSEE
UNITED KINGDOM
IRISH SEA
DUBLIN BAILE ÁTHA CLIATH
IRELAND
ÉIRE
Dundalk Dún Dealgan
Drogheda Droichead Átha
Dún Laoghaire
Wexford Loch Garman
Rosslare Harbour
Isle of Man
Douglas
SUNDERLAND
Hartlepool
MIDDLESBROUGH
Darlington
Stockton
Whitby
Scarborough
Kendal
Lancaster
Barrow-in-Furness
BLACKPOOL
PRESTON
Southport
LIVERPOOL
Holyhead
Anglesey
Bangor
Chester
Crewe
BOLTON
MANCHESTER
STOCKPORT
BRADFORD
LEEDS
HUDDERSFIELD
YORK
Bridlington
KINGSTON UPON HULL
Scunthorpe
GRIMSBY
Doncaster
SHEFFIELD
Lincoln
NOTTINGHAM
STOKE-ON-TRENT
DERBY
Telford
Shrewsbury
WOLVERHAMPTON
WALSALL
BIRMINGHAM
LEICESTER
COVENTRY
Peterborough
Kettering
NORTHAMPTON
Cambridge
NORWICH
Great Yarmouth
Lowestoft
IPSWICH
Colchester
Aberystwyth
Carmarthen
SWANSEA
Merthyr Tydfil
NEWPORT
CARDIFF
Gloucester
Cheltenham
OXFORD
LUTON
Bedford
Swindon
BRISTOL
Bath
READING
LONDON
SOUTHEND-ON-SEA
Rochester
Ramsgate
Canterbury
Dover
Maidstone
Guildford
Salisbury
Winchester
SOUTHAMPTON
BRIGHTON
PORTSMOUTH
BOURNEMOUTH
Taunton
Exeter
Torquay
PLYMOUTH
Penzance
Truro
Bristol Channel
English Channel
La Manche
Channel Islands
Guernsey
St.Peter Port
Jersey
St.Helier
Cherbourg-Octeville
LE HAVRE
Caen
ROUEN
Dieppe
Calais
Dunkerque
Boulogne-sur-Mer
AMIENS
LILLE
Arras
Oostende
Brugge
GENT
ANTWERPEN
BRUSSEL
BRUXELLES
LIÈGE
NAMUR
CHARLEROI
ROTTERDAM
DEN HAAG ('S-GRAVENHAGE)
AMSTERDAM
HAARLEM
UTRECHT
NEDERLAND
Waddeneilanden
REIMS
PARIS
VERSAILLES
Beauvais
Compiègne
Soissons
Chartres
Orléans
Troyes
METZ
NANCY
Thionville
Verdun-s.-M.
Châlons-en-Champagne
Brest
Quimper
Lorient
Vannes
RENNES
St.Malo
St.Brieuc
Le Mans
Laval
ANGERS
NANTES
St.Nazaire
TOURS
Blois
Bourges
DIJON
BESANÇON
Poitiers
la Rochelle
Niort
Angoulême
LIMOGES
CLERMONT-FERRAND
LYON
ST.ÉTIENNE
GRENOBLE
GENÈVE
BORDEAUX
Périgueux
Cahors
Agen
ATLANTIC OCEAN
Golfe de Gascogne
Golfo de Vizcaya
Bilbao
Pau
Toulouse
13
Albi
Narbonne
Marseille
8
9
10
11
12

Esbjerg Ar Kolding Kolding As København Malmö At 5 Au Av
DANMARK
ODENSE
FLENSBURG
KIEL
Helgoland
HAMBURG
BREMERHAVEN
BREMEN
OLDENBURG
OSNABRÜCK
HANNOVER
BRAUNSCHWG.
BIELEFELD
DORTMUND
KASSEL
GÖTTINGEN
WUPPERTAL
SOLINGEN
KÖLN
FRANKFURT
WIESBADEN
MAINZ
DARMSTADT
WÜRZBURG
MANNHEIM
HEIDELBERG
KARLSRUHE
STUTTGART
FREIBURG
ZÜRICH
BERN
SCHWEIZ
LÜBECK
ROSTOCK
Schwerin
Rügen
Stralsund
OSTSEE
BALTIC SEA
Bornholm
BERLIN
POTSDAM
MAGDEBURG
LEIPZIG
HALLE (SAALE)
DRESDEN
CHEMNITZ
ERFURT
ZWICKAU
GERA
NÜRNBERG
REGENSBURG
MÜNCHEN
AUGSBURG
INNSBRUCK
SALZBURG
LINZ
WIEN
GRAZ
ÖSTERREICH
PRAHA
ČESKÁ REPUBLIKA
PLZEŇ
BRNO
OSTRAVA
SZCZECIN
KOSZALIN
GDAŃSK
GDYNIA
BYDGOSZCZ
TORUŃ
POZNAŃ
POLSKA
ŁÓDŹ
WROCŁAW
OPOLE
CZĘSTOCHOWA
BRATISLAVA
SLOVENSKÁ REP.
MAGYARORSZÁG
LJUBLJANA
ZAGREB
RIJEKA
TRIESTE
HRVATSKA
BOSNA I HERCEGOVINA
MILANO
TORINO
BÉRGAMO
BRÉSCIA
VERONA
VICENZA
PADOVA
VENÉZIA
FERRARA
BOLOGNA
MÓDENA
PARMA
ITALIA
Cúneo Savona Nice Génova La Spézia Firenze Rímini Ravenna 14 Zadar

Au
Av
Aw
Ax
Ay
7
8
9
10
11
12
BALTIC
SEA
ROSSIJA
LIETUVA
Sovetsk
Kaunas
Vilnius
KALININGRAD
Maladzečna
MINSK
GDYNIA
GDAŃSK
Słupsk
Elbląg
KOSZALIN
Kołobrzeg
OLSZTYN
Marijampolė
Alytus
Lida
Navahrudak
Hrodna
Suwałki
Augustów
Baranavičy
Belaruskaja hrada
Słonim
BIAŁYSTOK
Grudziądz
BYDGOSZCZ
TORUŃ
Gorzów Wlkp.
POZNAŃ
Gniezno
Włocławek
Płock
WARSZAWA
Biała Podlaska
Brest
Pinsk
Kobryn
Łódź
Zielona Góra
Kalisz
Piotrków Tryb.
RADOM
LUBLIN
Chełm
Kovel
Luc'k
Rivne
Dubno
Legnica
WROCŁAW
OPOLE
CZĘSTOCHOWA
KIELCE
Zamość
Jelenia Góra
WAŁBRZYCH
Liberec
Hradec Králové
Pardubice
Opava
BYTOM
SOSNOWIEC
ZABRZE
GLIWICE
KATOWICE
KRAKÓW
TARNÓW
RZESZÓW
Przemyśl
Jarosław
LVIV
Ternopil'
OSTRAVA
BIELSKO-BIAŁA
Olomouc
Zlín
BRNO
Jihlava
ČESKÁ
REPUBLIKA
Žilina
Poprad
Prešov
KOŠICE
Užhorod
Mukačeve
Ivano-Frankivs'k
ČERNIVCI
SLOVENSKÁ
REPUBLIKA
Trenčín
Banská Bystrica
Zvolen
Nitra
Trnava
BRATISLAVA
WIEN
St. Pölten
Linz
MISKOLC
Nyíregyháza
DEBRECEN
Satu Mare
Baia Mare
Győr
Sopron
BUDAPEST
Tatabánya
Székesfehérvár
ÖSTERREICH
Szombathely
GRAZ
Kecskemét
Szolnok
ORADEA
CLUJ-NAPOCA
Turda
Târgu Mureş
Sighişoara
MAGYAR
Békéscsaba
ARAD
SZEGED
Hódmezővásárhely
Pécs
Subotica
MARIBOR
Ljubljana
SLOVENIJA
ZAGREB
TIMIŞOARA
Deva
Hunedoara
SIBIU
BRAŞOV
Petroşani
OSIJEK
NOVI SAD
Zrenjanin
REŞIŢA
Râmnicu Vâlcea
PITEŞTI
ROMÂNIA
Carpaţii Meridionali
HRVATSKA
Rijeka
Karlovac
BANJA LUKA
BOSNA I HERCEGOVINA
Tuzla
SRBIJA
BEOGRAD
Pančevo
Kragujevac
Drobeta-Turnu Severin
CRAIOVA
BUC
Sarajevo
Čačak
Sofija
Montana
14

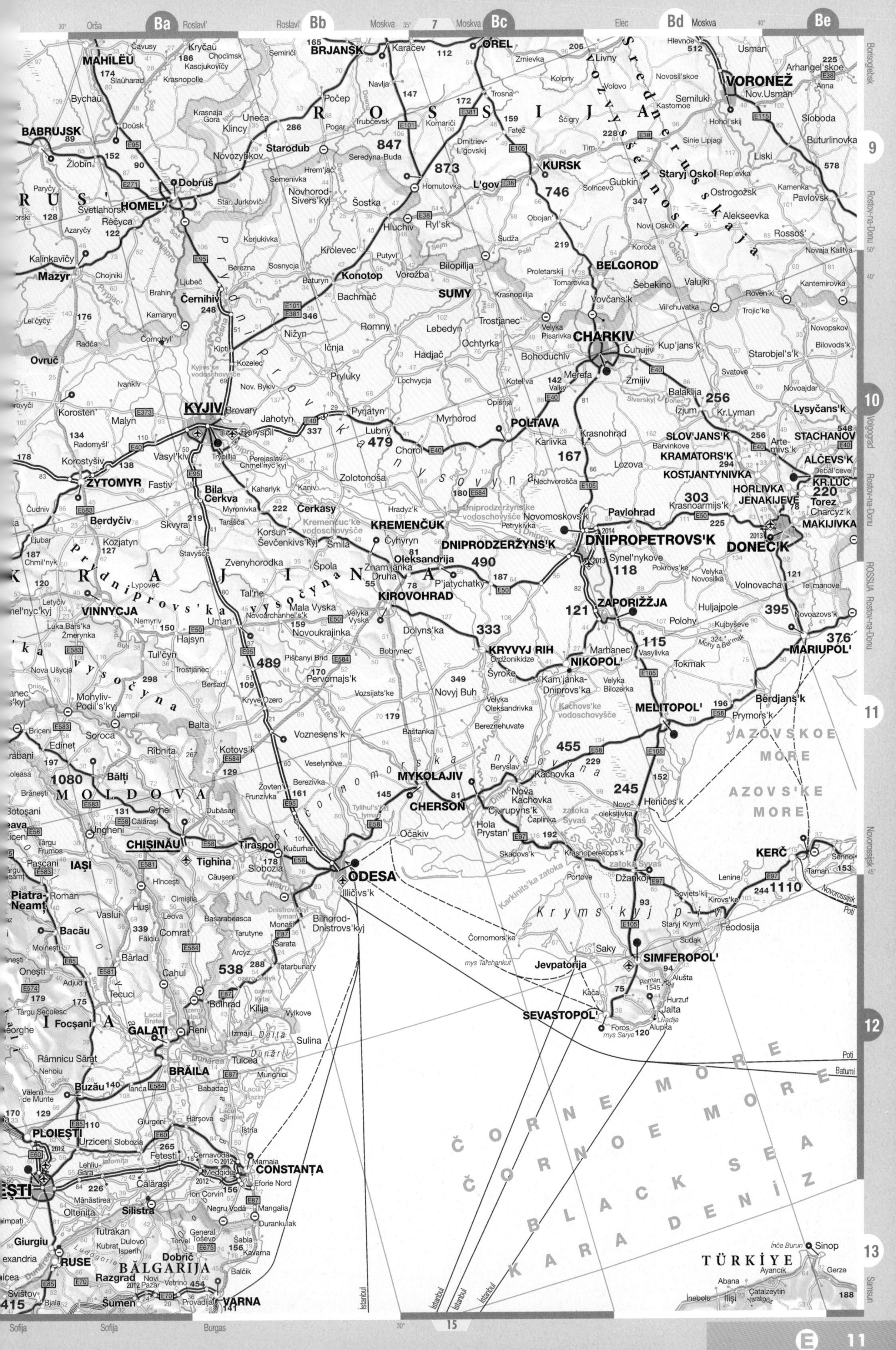 
Ba
Bb
7
Bc
Bd
Be
Orša
Roslavl'
Moskva
Elec
BRJANSK
OREL
MAHILËŬ
VORONEŽ
BABRUJSK
Žlobin
Dobruš
HOMEL'
Rečyca
Mazyr
Ovruč
Korosten'
KYJIV
Boryspil'
Brovary
Černihiv
Nižyn
Konotop
SUMY
KURSK
BELGOROD
CHARKIV
Staryj Oskol
Rossoš'
Poltava
POLTAVA
Myrhorod
Lubny
Pyrjatyn
Pryluky
Romny
Kremenčuk
KREMENČUK
Čerkasy
Bila Cerkva
ŽYTOMYR
Berdyčiv
VINNYCJA
Uman'
KIROVOHRAD
Oleksandrija
DNIPRODZERŽYNS'K
DNIPROPETROVS'K
DONEC'K
MAKIJIVKA
HORLIVKA
KRAMATORS'K
SLOV'JANS'K
LYSYČANS'K
ZAPORIŽŽJA
KRYVYJ RIH
NIKOPOL'
MARIUPOL'
Berdjans'k
MELITOPOL'
Pavlohrad
Lozova
Izjum
MYKOLAJIV
CHERSON
ODESA
Illičivs'k
Bilhorod-Dnistrovs'kyj
Tiraspol
CHIŞINĂU
Bălţi
IAŞI
Soroca
Vaslui
Bacău
Bârlad
GALAŢI
BRĂILA
Tulcea
Buzău
PLOIEŞTI
CONSTANŢA
Mangalia
Silistra
RUSE
VARNA
Dobrič
Šumen
Razgrad
Burgas
Sofija
SIMFEROPOL'
SEVASTOPOL'
Jevpatorija
Jalta
Feodosija
KERČ
Džankoj
Sinop
TÜRKİYE
R O S S I J A
U K R A J I N A
M O L D O V A
R O M Â N I A
BĂLGARIJA
AZOVSKOE MORE
AZOVS'KE MORE
ČORNE MORE
ČORNOE MORE
BLACK SEA
KARADENİZ
Krymskyj p-iv
Rostov-na-Donu
Volgograd
Novorossijsk
Samsun
Batumi
Poti
İstanbul
9
10
11
12
13
15

Ai
Ak
Al
Am
12
13
14
15
16
ATLANTIC OCEAN
Golfe de Gascogne
Golfo de Vizcaya
Cabo Ortegal
A CORUÑA
Ferrol
Ortigueira
SANTIAGO
Lugo
OVIEDO
GIJÓN
SANTANDER
BILBAO
DONOSTIA SAN SEBASTIÁN
Gasteiz Vitoria
PAMPLONA (IRUÑEA)
Logroño
Burgos
LEÓN
Palencia
VALLADOLID
Zamora
Salamanca
Segovia
Ávila
MADRID
Alcalá de Henares
Guadalajara
Toledo
Cuenca
Teruel
ZARAGOZA
Soria
Tudela
Calahorra
OURENSE
VIGO
Pontevedra
PORTO
Braga
Aveiro
Coimbra
Leiria
Santarém
LISBOA
Cascais
Setúbal
Évora
Beja
Faro
Portimão
BADAJOZ
Mérida
Cáceres
Plasencia
Huelva
SEVILLA
CÓRDOBA
Jaén
GRANADA
MÁLAGA
Almería
MURCIA
CARTAGENA
Albacete
Ciudad Real
Puertollano
JEREZ DE LA FRONTERA
CÁDIZ
San Fernando
Algeciras
La Línea de la Concepción
Gibraltar (UK)
Costa del Sol
Costa Cálida
Costa Blanca
Golfo de Cádiz
Cordillera Cantábrica
Sierra Morena
Sierra Nevada
Isla del Alborán
TANGER
Ceuta (Esp.)
TÉTOUAN
Melilla (Esp.)
Nador
WAHRĀN (ORAN)
Mestghanem
SIDI-BEL-ABBES
Tlemcen
OUJDA
Taza
FÈS
MEKNÈS
Kénitra
AR-RIBAT (RABÂT)
AD-DĀR-AL-BAYDĀ (CASABLANCA)
Mohammedia
El-Jadida
Kasba Tadla
Azrou
Bouârfa
Aïn Sefra
Béchar
0 25 50 100 150 km
0 25 50 100 miles

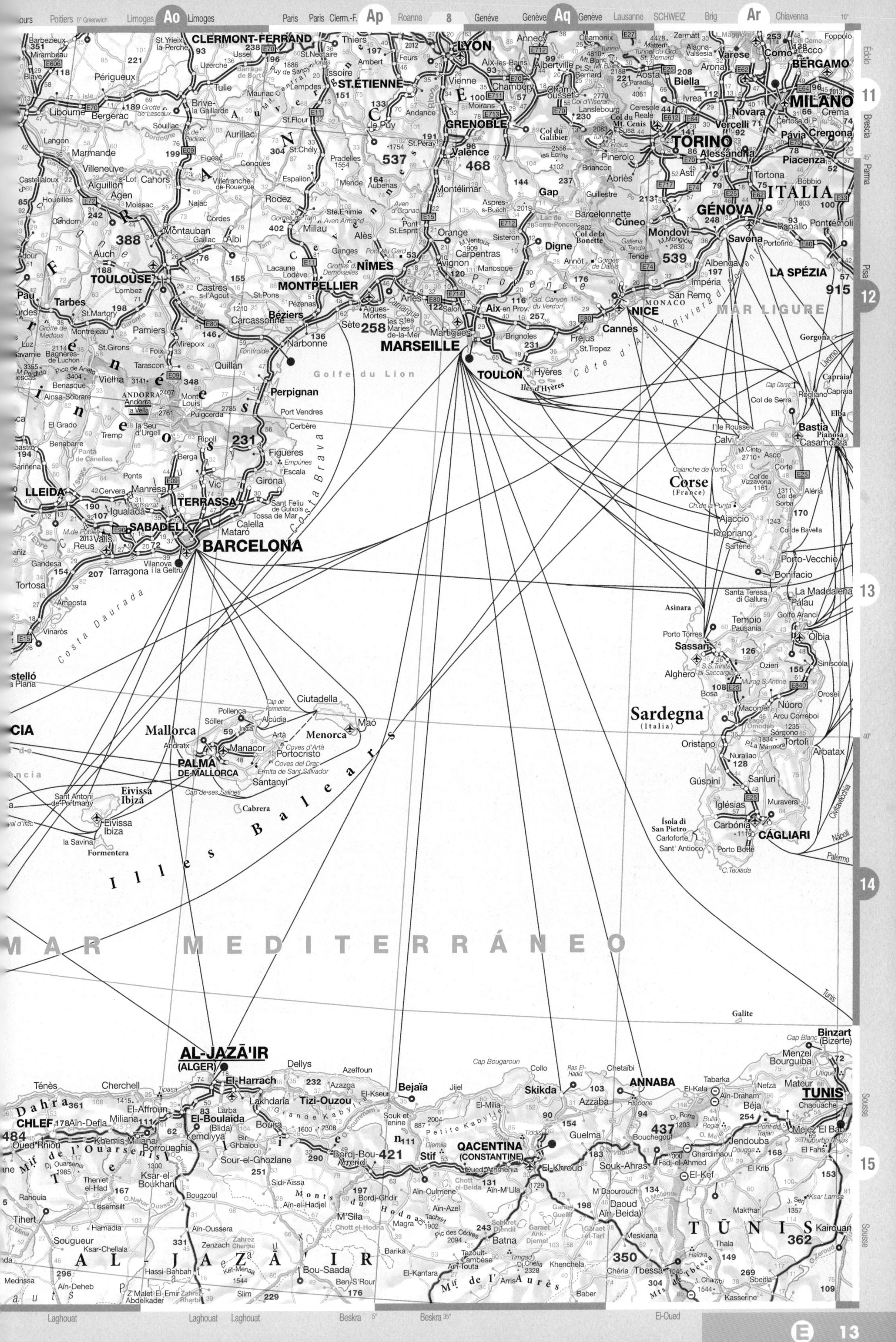

Ao
Ap
Aq
Ar
Poitiers
Limoges
Paris
Clerm.-F.
Roanne
Genève
Lausanne
SCHWEIZ
Brig
Chiavenna
CLERMONT-FERRAND
LYON
Annecy
Chamonix
Zermatt
Varese
Como
BERGAMO
MILANO
Périgueux
Thiers
ST.ÉTIENNE
Aix-les-Bains
Albertville
Aosta
Biella
Ivrea
Novara
Vercelli
Crema
Libourne
Bergerac
Brive-la-Gaillarde
Tulle
Aurillac
Le Puy
Chambéry
GRENOBLE
TORINO
Pavia
Cremona
Langon
Marmande
Villeneuve-s-Lot
Cahors
Figeac
St.Flour
Valence
Pinerolo
Alessandria
Piacenza
Agen
Rodez
Millau
Montélimar
Gap
Cúneo
Asti
Tortona
ITALIA
Montauban
Albi
Alès
Orange
Barcelonnette
Mondovì
GÉNOVA
Rapallo
TOULOUSE
Auch
Castres
Avignon
Carpentras
Digne
Savona
Albenga
LA SPÉZIA
Tarbes
Carcassonne
Béziers
MONTPELLIER
NÎMES
Arles
Aix-en Prov.
Manosque
NICE
MONACO
San Remo
MAR LIGURE
Pau
Sète
Narbonne
MARSEILLE
Cannes
Fréjus
Perpignan
Golfe du Lion
TOULON
Hyères
Côte d'Azur
Riviera di Ponente
ANDORRA
Andorra la Vella
Figueres
Girona
LLEIDA
Manresa
TERRASSA
SABADELL
BARCELONA
Tarragona
Reus
Tortosa
Vinaròs
Costa Brava
Costa Daurada
Calvi
Bastia
Corse (France)
Ajaccio
Propriano
Porto-Vecchio
Bonifacio
Sardegna (Italia)
Sassari
Olbia
Alghero
Nùoro
Oristano
Iglésias
CÁGLIARI
Mallorca
Menorca
PALMA DE MALLORCA
Ciutadella
Maó
Eivissa Ibiza
Formentera
Cabrera
Illes Balears
MAR MEDITERRÁNEO
Tunis
Galite
Bizerte
AL-JAZĀ'IR (ALGER)
Tizi-Ouzou
Bejaïa
Skikda
ANNABA
QACENTINA (CONSTANTINE)
Sétif
Batna
CHLEF
Medea
Tébessa
TUNIS
TŪNIS
AL-JAZĀ'IR
Kairouan
Laghouat
Beskra
El-Oued
Sousse
11
12
13
14
15

0 25 50 100 150 km
0 25 50 100 miles

PLOIEŞTI
BUCUREŞTI
ROMÂNIA
CONSTANŢA
CRAIOVA
PITEŞTI
Râmnicu Vâlcea
Drobeta-Turnu Severin
RUSE
Giurgiu
Silistra
Dobrič
VARNA
Šumen
Razgrad
Pleven
Veliko Tărnovo
Gabrovo
Burgas
Jambol
Sliven
Stara Zagora
PLOVDIV
SOFIJA
Pernik
Haskovo
Dimitrovgrad
Pazardžik
Montana
NIŠ
Leskovac
PRIŠTINA PRISHTINË
SKOPJE
MAKEDONIJA
F.Y.R.O.M.
Bitola
Prilep
Ohrid
ČORNE MORE
ČORNOE MORE
BLACK SEA
KARA DENİZ
İSTANBUL
ADAPAZARI
İZMİT
Edirne
Kırklareli
Tekirdağ
MARMARA DENİZİ
BURSA
Balıkesir
Kütahya
Çanakkale
TÜRKİYE
Manisa
İZMİR
Aydın
DENIZLI
Bodrum
Muğla
THESSALONÍKI
Kavala
Xanthi
Komotiní
Alexandroúpoli
Thássos
Samothráki
Límnos
Lésvos
Híos
Sámos
Kateríni
Lárissa
Vólos
Trikala
Ioánnina
Lamía
Halkída
Évvia
ATHÍNA
PIREÁS
PÁTRA
Kórinthos
Trípoli
Kalamáta
Spárti
Zákinthos
Kefalloniá
Andros
Tínos
Mikonos
Náxos
Páros
Thíra (Santoríni)
Kós
Ródos
Kárpathos
Kíthira
Iráklio
Haniá
Réthimno
Kríti
Kritikón Pélagos
Mirtóon Pélagos
Karpáthio Pélagos
Vóries Sporádes
Nótiï Sporádes (Dodekánissa)
EAN SEA
12
13
14
15
16

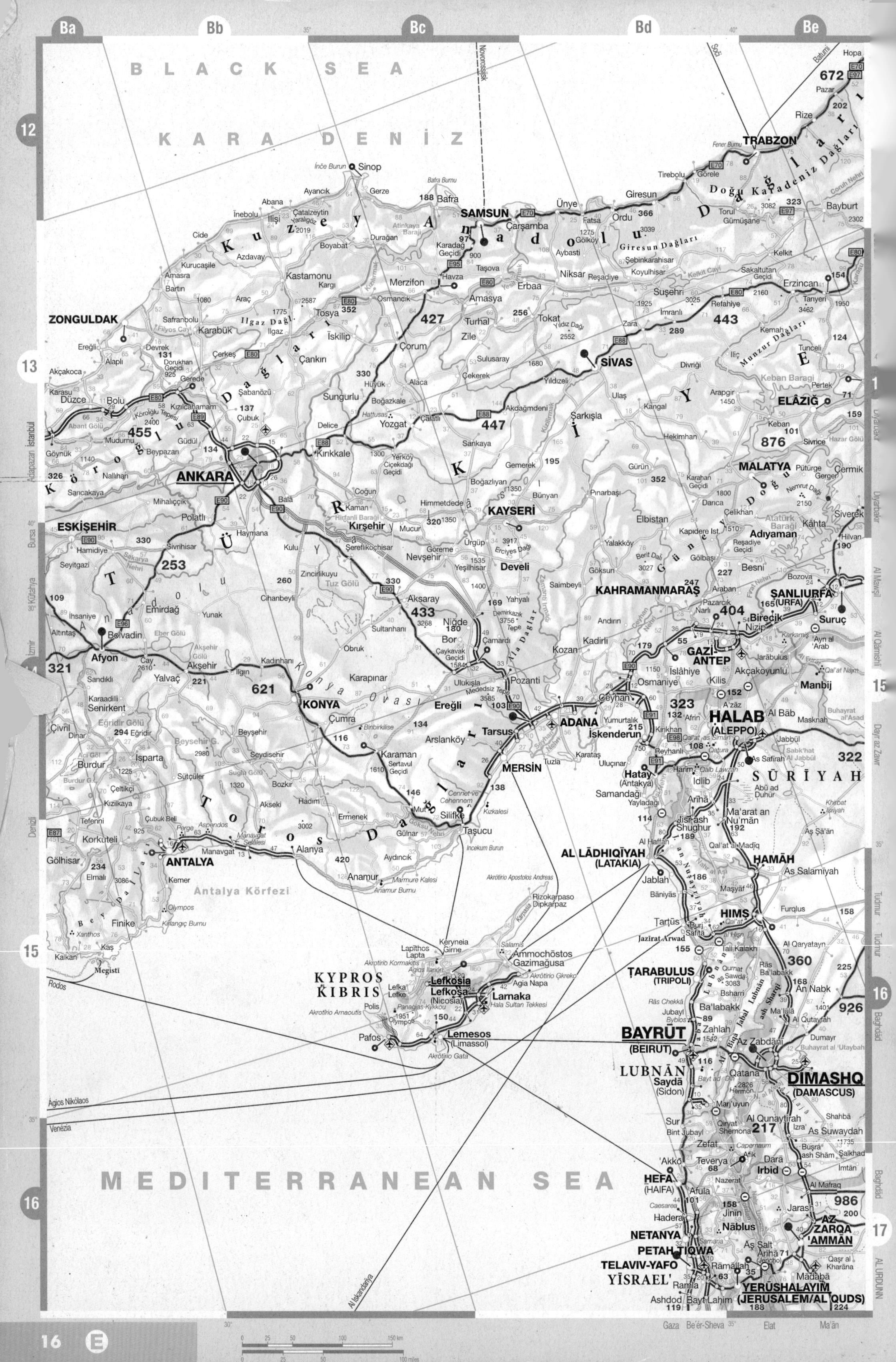

Ba
Bb
Bc
Bd
Be
BLACK SEA
KARA DENİZ
MEDITERRANEAN SEA
Sinop
Bafra
SAMSUN
Ünye
Ordu
Giresun
Tirebolu
TRABZON
Rize
Hopa
Bayburt
Kuzey Anadolu Dağları
Doğu Karadeniz Dağları
Kastamonu
Merzifon
Amasya
Tokat
Niksar
Erbaa
Çorum
Çankırı
ZONGULDAK
Karabük
Bolu
Düzce
Gerede
Köroğlu Dağları
ANKARA
Kırıkkale
Yozgat
SİVAS
Erzincan
Tunceli
ELÂZIĞ
MALATYA
KAYSERİ
Kırşehir
Nevşehir
Niğde
Aksaray
ESKİŞEHİR
Polatlı
Afyon
KONYA
Karaman
Ereğli
Isparta
Burdur
ANTALYA
Alanya
Manavgat
Antalya Körfezi
Toros Dağları
Anamur
Silifke
MERSİN
Tarsus
ADANA
İskenderun
KAHRAMANMARAŞ
Adıyaman
ŞANLIURFA (URFA)
GAZİANTEP
Kilis
HALAB (ALEPPO)
SŪRĪYAH
Hatay (Antakya)
AL LĀDHIQĪYAH (LATAKIA)
Idlib
HAMĀH
HIMS
Ţarţūs
ŢARABULUS (TRIPOLI)
BAYRŪT (BEIRUT)
LUBNĀN
Saydā (Sidon)
DIMASHQ (DAMASCUS)
KYPROS KIBRIS
Lefkosia
Lefkoşa (Nicosia)
Larnaka
Lemesos (Limassol)
Pafos
Ammochōstos Gazimağusa
HEFA (HAIFA)
NETANYA
PETAH TIQWA
TELAVIV-YAFO
YĪSRAEL'
YERUSHALAYIM (JERUSALEM/AL QUDS)
Irbid
AZ ZARQA
'AMMĀN
Gaza
Be'ér-Sheva
Elat
Ma'ān
12
13
14
15
16
17